Hans Issel

BAUERNHÄUSER
BAUERNGEHÖFTE

Hans Issel

BAUERNHÄUSER BAUERNGEHÖFTE

LANDWIRTSCHAFTLICHE BAUKUNDE

NIKOL
VERLAG

Reprint nach dem Original aus dem Jahre 1910

Umschlaggestaltung: Nele Schütz Design
unter Verwendung von shutterstock/Oleg Datsun (Bauernhof),
Jaa /Roggenähre), Canicula (Gartenwerkzeug), Svesla Tasla (Rübe)
Druck: UAB BALTO print
Printed in Lithuania

ISBN: 978-3-86820-696-8

Besuchen Sie uns im Internet:
www.nikol-verlag.de

DIE

LANDWIRTSCHAFTLICHE BAUKUNDE

UMFASSEND:

BAUERNHÄUSER UND BAUERNGEHÖFTE, GUTSHÄUSER UND GUTSGEHÖFTE MIT SÄMTLICHEN NEBENANLAGEN, FELD- UND HOFSCHEUNEN, STALLUNGEN FÜR GROSS- UND KLEINVIEH UND GEBÄUDE FÜR LANDWIRTSCHAFTLICHE GEWERBE

FÜR DEN SCHULGEBRAUCH UND DIE BAUPRAXIS

BEARBEITET

VON

HANS ISSEL
ARCHITEKT, ORDENTLICHER LEHRER FÜR HOCHBAU AN DER KÖNIGL. BAUGEWERKSCHULE
IN HILDESHEIM

MIT 714 TEXTABBILDUNGEN UND 29 TAFELN

DRITTE ERWEITERTE UND VERBESSERTE AUFLAGE

LEIPZIG 1910

VERLAG VON BERNH. FRIEDR. VOIGT.

Vorwort

zur ersten Auflage

In der Reihe derjenigen technischen Lehrfächer, die in diesem Handbuche eingehend vorgeführt worden sind, spielt die „Landwirtschaftliche Baukunde" eine nicht unwichtige Rolle insofern, als der ausführende Bautechniker nicht selten in die Lage kommt, landwirtschaftliche Bauten zu entwerfen, die den Grundbedingungen einer gediegenen und zweckentsprechenden Billigkeit mit voller Sachkenntnis Rechnung tragen müssen. Hierzu bedarf er eines eingehenden Studiums derjenigen Ansprüche, die der Landwirt, der seinen Betrieb nicht durch unnütze Belastung von Grund und Boden noch mehr erschweren will, stellen wird und muß. Auf eine richtige Erkenntnis nach dieser Seite hin wird es in der Tat hier in der Hauptsache ankommen.

Ohne eine erschöpfende technische Ausbildung kann aber der Bautechniker überhaupt nicht an größere landwirtschaftliche Objekte herantreten. Eine solche bildet immer die Voraussetzung. Deshalb haben wir in diesem Handbuche auch ganz davon abgesehen, Auszüge aus dem Gebiete der Baukonstruktionslehre, wie solche sich in anderen größeren Kompendien über landwirtschaftliches Bauwesen finden, anzuschließen.

Bei den heutigen gesteigerten Ansprüchen an das Wissen eines geschulten Bautechnikers genügen solche Auszüge nicht mehr, vielmehr ist, wie bemerkt, vorauszusetzen, daß der landwirtschaftliche Baumeister mit den Regeln der Baukunst vollständig vertraut sein muß.

Hingegen ist in diesem Handbuche wohl auf die einschlägigen neueren Baumaterialien, sowie auf neue billige Baukonstruktionsweisen gebührend Rücksicht genommen.

Möge denn diese Arbeit dem Bautechniker für Schule und Praxis nutzbringend werden. Aus der Baupraxis ist der Verfasser dabei in so reichlicher und entgegenkommender Weise unterstützt worden, daß nicht vergessen werden darf, an dieser Stelle den Herren Fachgenossen ganz besonderen Dank auszusprechen, nicht minder auch der Verlagsbuchhandlung, die sich zu der Wiedergabe des ungemein reichen Materiales an Abbildungen bereit erklärte.

Der Verfasser

Vorwort

zur zweiten Auflage

Die Pflege der landwirtschaftlichen Baukunde, insonderheit die architektonische Neubelebung unseres heimatlichen Dorfbaues, hat in den letzten Jahren mancherlei Förderung erfahren, wohl seitens der ausführenden Baumeister als auch seitens der im Lehramt stehenden Architekten. Es liegt mir dafür hier ein erfreulicher Beweis vor, der mich in die angenehme Lage bringt, schon heute eine neue Auflage dieses Werkchens herausgeben zu können.

Dabei möchte ich es aber nicht unterlassen, an dieser Stelle einem Vorwurf entgegen zu treten, der in letzter Zeit recht beliebt geworden und ebenso leichtfertig wie ungerecht ist. Ich meine die in der Fachliteratur so häufig wiederkehrende Gepflogenheit, für den Verfall der ländlichen Baukunst die Baugewerkschulen mit ihrem Einfluß auf ihre Schüler verantwortlich zu machen. Wer in der Schule und in der Praxis bewandert ist, der weiß, daß da ganz andere Faktoren bestimmend waren, daß die Renaissance-Schablonen nicht durch die Meister auf das Land gekommen sind, sondern daß sie meist höchst unfreiwillig aus der Stadt in die Dörfer wanderten, und daß gerade die Baugewerkschulen es gewesen sind, die seit einigen Jahren die Förderung der landwirtschaftlichen Baukunde zuerst in die Hände genommen haben.

Und daß an den Schulen die landwirtschaftliche Baukunde eingehende Pflege findet, beweisen sowohl die öffentlichen Ausstellungen der betreffenden Entwürfe, als auch die in den Programmen vorgesehenen Lehrpläne zur Genüge. Mir selber hat diese Pflege stets am Herzen gelegen.

In diesem Sinne übergebe ich denn auch diese neue Auflage der Oeffentlichkeit mit dem Wunsche, daß sie der Förderung dieses wichtigen Gebietes weiter neue Freunde erwerben möge.

Der Verfasser

Vorwort

zur dritten Auflage

Es ist ein erfreuliches Zeichen von dem Interesse, das heute in Fachkreisen dem Landwirtschaftlichen Bauwesen entgegengebracht wird, daß ich in der Lage bin, eine dritte vermehrte und verbesserte Auflage dieses Buches der Oeffentlichkeit zu übergeben. Die Verbesserungen sind ganz besonders dem fünften Abschnitt „Molkereien“ zuteil geworden, der seitens der Verlagshandlung in dankenswerter Weise ausgestattet worden ist. Möge dies dazu beitragen, dem Buche weitere Verbreitung zu sichern.

Hildesheim, 15. März 1910

Der Verfasser

Inhaltsverzeichnis

Zweiter Abschnitt

Ländliche Wirtschaftsgebäude

Dritter Abschnitt

Gebäude für Unterbringung der Feldfrüchte und Ackergeräte

Vierter Abschnitt

Stallgebäude nebst Zubehör

Fünfter Abschnitt

Gebäude für landwirtschaftliche Gewerbe

Erster Abschnitt.

Ländliche Wohngebäude.

1. Bauernhäuser und Bauerngehöfte.

A. Die geschichtliche Entwickelung.

Zwei voneinander gänzlich verschiedene Entwickelungsarten sind es, die uns in den deutschen Landen am Bauernhause und an dem daraus entstehenden Bauerngehöfte entgegentreten. Wir unterscheiden sie mit den Namen der „oberdeutschen" und der „niederdeutschen Bauweise".

Das oberdeutsche oder fränkische Bauernhaus hat seinen Ursprung am Rhein, im Elsaß und in Süddeutschland und verbreitete sich von hier aus im Laufe der Zeiten über Mittel- und Ostdeutschland bis in die angrenzenden slavischen Gegenden.

Die niederdeutsche oder auch niedersächsische Bauart ging von Westfalen aus und beherrschte die Gebiete der Nordseeküste und weiter auch diejenigen der Ostsee bis nach Mittelpommern hinein. In Ostdeutschland flossen dann beide Bauweisen ineinander.

Das fränkische Bauernhaus war in der Hauptsache zum Aufenthalte für Menschen bestimmt. Das notwendige Vieh und die Erntevorräte wurden in gesonderten Räumen untergebracht, die sich allmählich zu gesonderten Einzelgebäuden auswuchsen. Es entstand daraus der Bauernhof.

Im sächsischen Bauernhause wurden Menschen und Vieh, Rauhfutter und Knollengewächse unter demselben schützenden Dache vereinigt.

Die fränkische Bauart wurde in Deutschland die verbreitetste und ist die für die heutigen Bedürfnisse maßgebende geworden. Aber auch an der sächsischen Anlage halten noch in Westfalen und in den Gegenden der Elbmündung die zähen Nachkommen der alten Sachsen und die eingewanderten Holländer fest bis auf den heutigen Tag. Und wenn auch das alte gewaltige Strohdach einer feuersicheren Dachdeckung weichen und manche Veränderung im Innern des Hauses durch baupolizeiliche Vorschriften erfolgen mußte — die Gesamtanlage ist dieselbe geblieben und vereinigt in ihrer Einförmigkeit und behaglichen Ruhe die eigentümlichen Gegensätze von Luxus und Einfachheit, die oft mit einem tief eingewurzelten Mißtrauen gegen alle theoretische Landwirtschaft und deren Neuerungen Hand in Hand gehen.

Fig. 1.

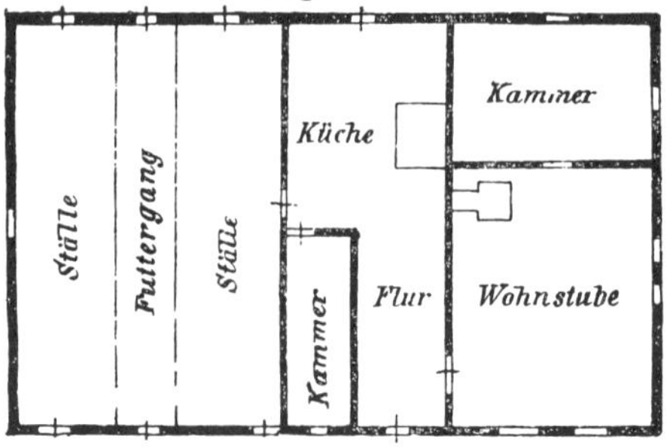

a) Die fränkische Bauweise.

Das alte fränkische Bauernhaus. Wie im deutschen Wohnhause überhaupt, so bildet auch bei dem alten fränkischen Bauernhause der Flur (Oer, Eren) zunächst den Hauptraum für das Wohnen. Hier steht der Herd, hier versammeln sich die Hausbewohner. Eine kleinere Wohnstube, die zugleich als Schlafraum diente, lehnte sich auf der einen, ein

Fig. 2.

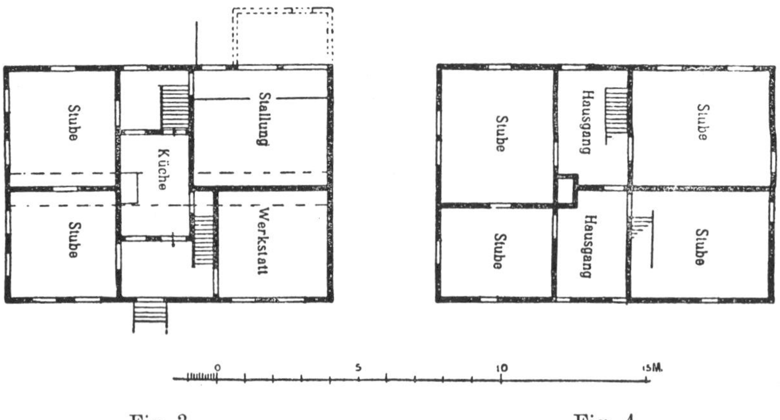

Fig. 3. Fig. 4.

Stallraum auf der anderen Seite an diesen Flur an. Später wurde der Herdraum als sogen. Küche aus diesem großen Flur herausgeschnitten und zu der Wohn-

Fig. 5.

stube fügte man nach hinten zu und an der anderen Flurseite Kammern an. Der einzelne Stall wurde zu einer Reihe von Ställen und Schuppen, die aber weder unter sich, noch mit dem Flur in Verbindung standen*) (Fig. 1). Alle diese Räume wurden unter ein und demselben Dache vereinigt, so daß das ganze Haus eine langgestreckte rechteckige Grundrißform annahm, deren Front als Giebelfassade an der Straße erscheint.

Fig. 6.

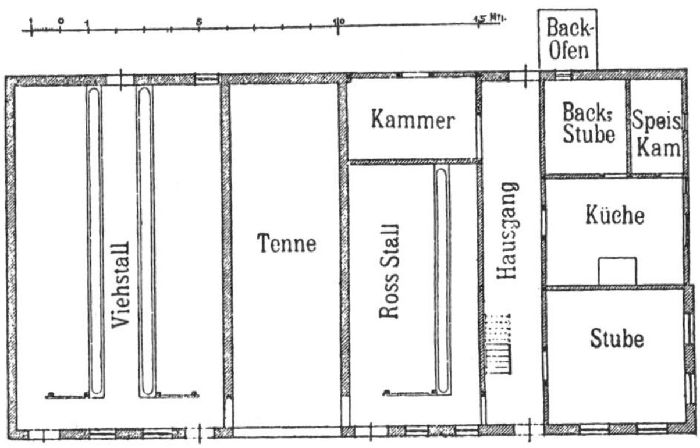

Diese Art der Raumverteilung zeigen des weiteren die Fig. 2 bis 7. In den Fig. 2 bis 4 (Bauernhaus aus Unterweißenbrunn in Unterfranken, 1673) wurde sogar noch die Anordnung der Küche in unmittelbarer Verbindung mit dem Eingangsflur beibehalten,

Fig. 7.

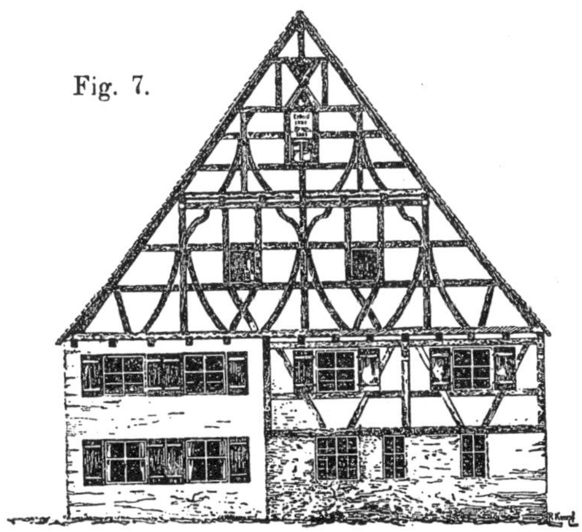

*) Vergl. R. Henning, Das deutsche Haus in seiner historischen Entwickelung. Straßburg 1882.

während in Fig. 5 bis 7 (Bauernhaus in Babenhausen in Schwaben, 1527) bereits ein besonderer Raum hierfür neben dem Hauseingange eingezeichnet ist. (Beide Beispiele sind dem Werke „Das Bauernhaus im deutschen Reiche und in seinen Grenzgebieten", Verlag von G. Kühtmann, Dresden, entnommen.)

Das linksrheinische Bauernhaus. Mit der Zeit machte sich in der Anlage des fränkischen Bauernhauses das Bestreben geltend, neben dem eigentlichen Wohnhause getrennte Gebäude für die einzelnen Wirtschaftsbedürfnisse zu errichten. Es entstand, wie bereits bemerkt, der Bauernhof. So finden wir im Rhein- und Moseltale die Ställe zumeist vom Wohnhause getrennt angeordnet. Das Wohnhaus liegt in der Mitte und rechts und links reihen sich in symmetrischer Anordnung die Ställe an. Den rückseitigen Abschluß des Gehöftes bilden die dem Wohnhause gegenüberliegenden Scheunen. Den Hauptraum im Wohnhause vertrat noch immer die Küche, die häufig in sehr stattlichen Abmessungen gehalten wurde. Von ihr aus sind die übrigen Räume zugänglich gemacht. So wohnt zum Beispiel am Mittelrhein und an der Mosel teilweise noch heute der Landmann mehr in der Sommerküche (Herdraum) als in der Wohnstube. Dieser Herdraum bildet im Sommer gleichzeitig Wohnstube, Küche und Gesellschaftsraum*). Hier versammeln sich abends, nach der Tagesarbeit, die Hausgenossen und Nachbarn und sitzen plaudernd um das Herdfeuer herum.

Fig. 8.

Der in Süddeutschland allgemein verbreitete Kachelofen findet sich in den Bauernhäusern des Rheinlands nirgends vor. Die Wohnstuben werden überall durch moderne eiserne Säulenöfen geheizt.

*) Vergl. Eberlein, Bauernhäuser der Rheinprovinz. Westdeutsche Bauzeitung 1898.

Die Außenarchitektur zeigt, besonders im Moseltale, Holzfachwerk aus Eichenholz mit reichen schönen Schnitzarbeiten (Fig. 8 nach Neumeister und Häberle, Holzarchitektur, Stuttgart 1900).

Gegen die Straße hin ist der rheinische Bauernhof mit einer Mauer abgeschlossen. Ein breiter Torweg mit einer kleineren Nebenpforte stellt die Verbindung mit der Straße her. Die rheinischen Dörfer lassen keine geordnete Gesamtanlage erkennen, sondern bilden einen ziemlich regellosen Haufen von Einzelgehöften.

Fig. 9.

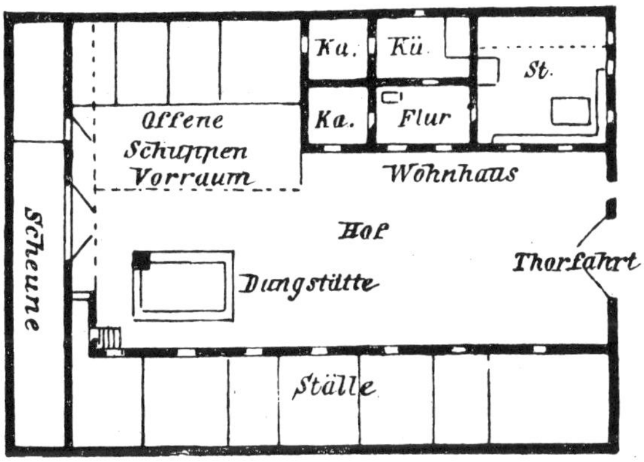

Den fränkischen Bauernhof in seiner weitverbreiteten Anlage stellt Fig. 9 dar. Hier ist das Wohnhaus mit dem Giebel an die Straße gelegt und seine Langseite, die auch den Eingang enthält, in den Hof hineingebaut. Daran reihen sich offene Schuppen mit einem Vorraum, Schopf genannt, der durch das weit überhängende Dach gebildet wird. Gegenüber liegen die Stallungen und an der Rückseite des Hofes die Scheune. Den Abschluß nach der Straße bildet eine hohe Mauer mit Torfahrt und Seitenpförtchen.

Das alemannische Bauernhaus. Anders, als in der Ebene, entwickelte sich naturgemäß das Bauernhaus in gebirgigen Gegenden. Allerdings bleiben die Hauptgrundzüge dieselben; deshalb sehen wir im Schwarzwalde und in der Schweiz an den berühmten Holzbauten die Zweiteilung des Hauses in Wohnhaus und Wirtschaftshaus (eingeschlossen die Ställe) beibehalten. Beide finden sich wieder unter einem Dache vereinigt, aber die Neigung, das Ganze in ein Gehöft von vielen Einzelbauten aufzulösen, fehlt, wenigstens beim Schwarzwaldhause, gänzlich.

Das Schwarzwälder Bauernhaus. Auf mehr oder weniger stark abfallender Baustelle errichtet, erheben sich die Häuser des Schwarzwaldes zumeist in drei für sich besonders ausgenutzten Stockwerken. Nicht neben — sondern übereinander liegen also hier die für den landwirtschaftlichen Betrieb notwendigen Räume. Im massiven Erdgeschosse befinden sich die Viehställe. Reich gemusterter sichtbarer, manchmal aber auch mit Bohlen verkleideter Fachwerksbau darüber umschließt die niedrigen Wohnräume und die Kammern. Darüber legt sich das mächtige schützende Strohdach mit den weiten Korn- und Speicherräumen (Fig. 10, 11, 12). Auf der Rückseite des Hauses ist eine massive Brücke angelegt, die, von einer Rampe erreichbar, in den hinteren Hausgiebel oder, bei steilem Abhange, unmittelbar in eine Dachluke führt. Sie vermittelt also die Zufahrt zu den Speicherräumen. Diese selber nehmen, wie R. Henning in seinem Buche „Das deutsche Haus“ (Straßburg 1882) berichtet, oft eine ganz gewaltige Ausdehnung an. Er traf solche Dachböden, in denen sieben vollgeladene Erntewagen hintereinander aufgefahren werden konnten. Das Strohdach, das auch im Norden am Sächsischen Bauernhause die übliche Bedachung bildete, gewährt

Fig. 10.

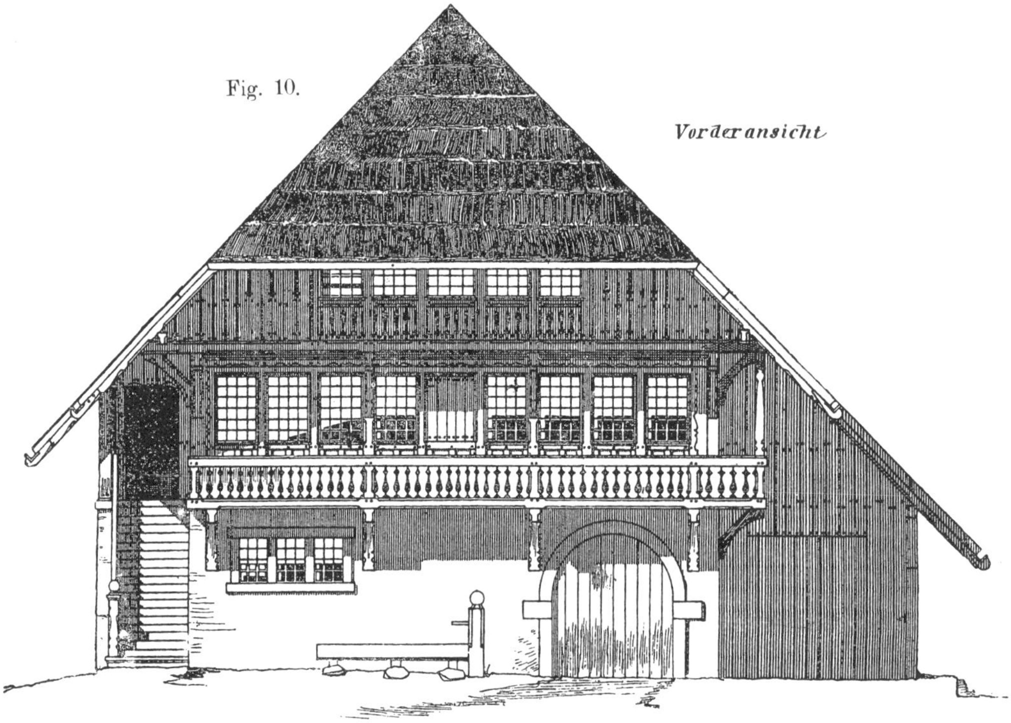

Fig. 11.

Schwarzwälder-Haus

mancherlei Vorzüge. Es wirkt kühlend im Sommer und hält die Wärme fest im Winter. Es ist staubdichter als ein Pfannendach und bewahrt die Futtervorräte reiner. Es ist leicht und ohne fremde Hilfe auszuflicken. Wo, wie dies

Fig. 12.

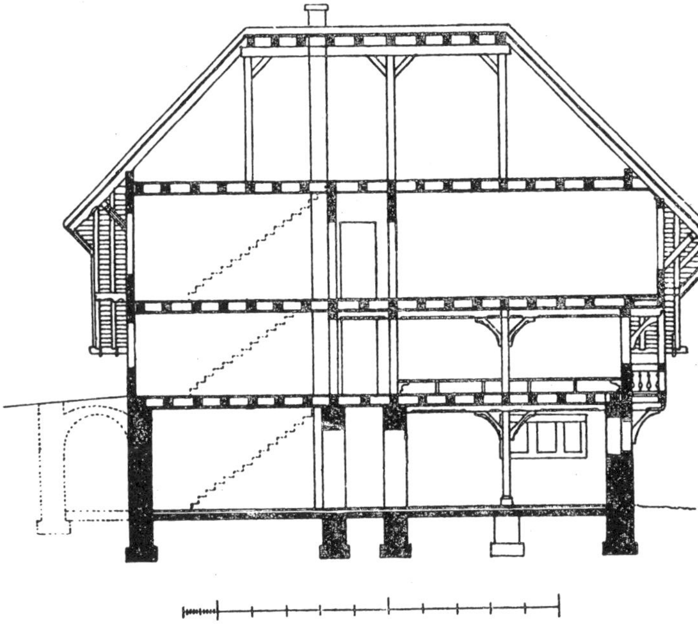

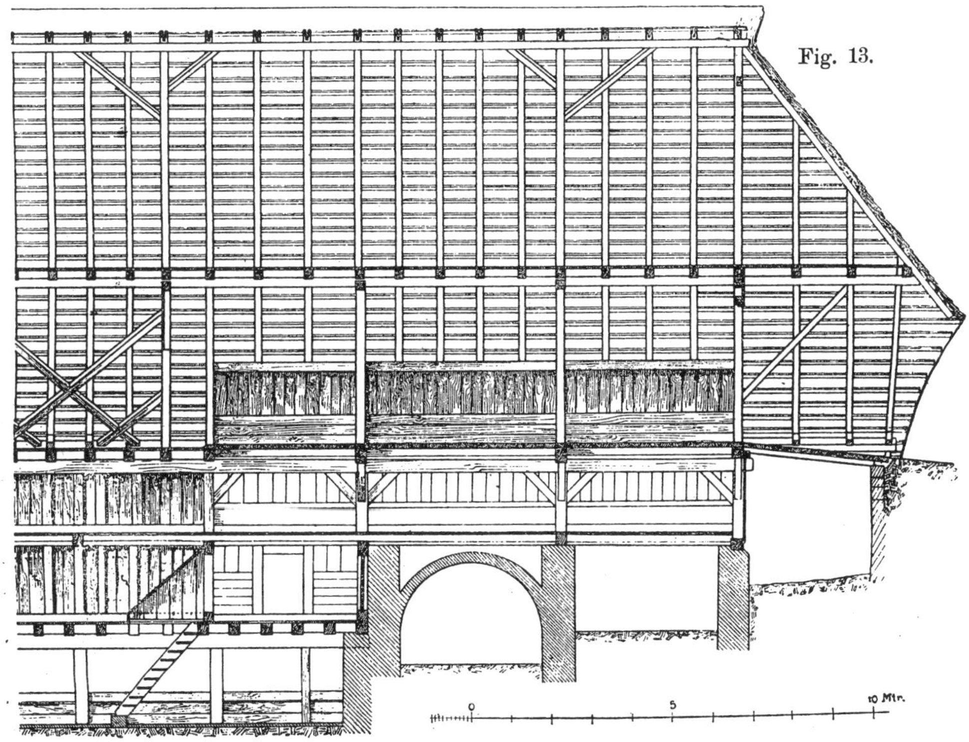

Fig. 13.

in neuerer Zeit geschieht, die Schornsteine heraustreten, ist das Strohdach zum Schutze gegen Sprühfunken mit Ziegel- oder Schieferdeckung in nächster Nähe der Rauchrohre versehen (Fig. 11).

Das gegen den Berg liegende Hinterhaus eines großen Bauernwesens aus dem Schwarzwalde zeigt Fig. 13, den zugehörigen Erdgeschoß-Grundriß Fig. 14 (nach „Das Bauernhaus in Deutschland“, Kühtmann, Dresden). Die Einfahrtstenne hat eine Tiefe von 13 m, der gesamte Dachraum eine solche von 36 m, so daß also nach Abzug der überdachten Rampe 30 m Länge für eingefahrene Erntewagen verbleiben.

Fig. 14.

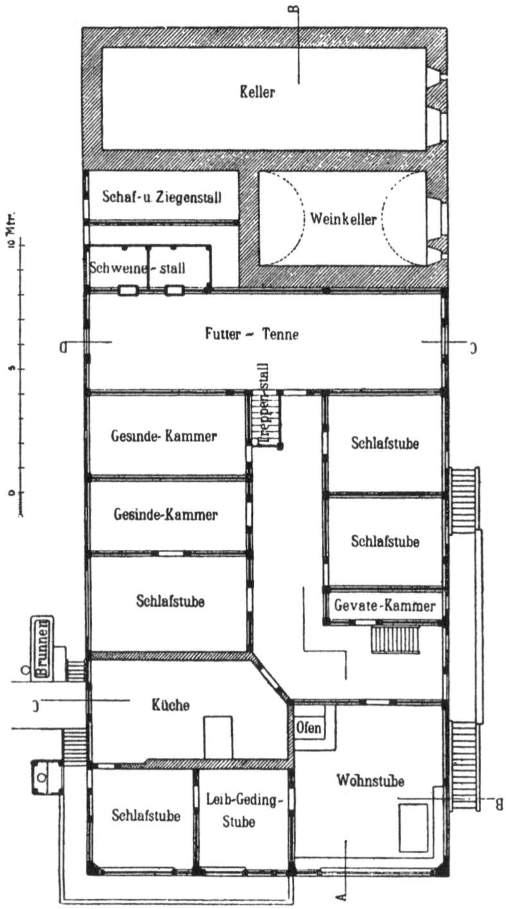

Das Bauernhaus in den Alpen.

Das alpine Bauernhaus gehört dem oberdeutschen Haustypus an und ist ein „Flurhallenhaus“, d. h. es besteht aus drei Hauptbestandteilen, — dem Flur oder der Eingangshalle, in der ursprünglich auch der Herd stand, — der Stube und der Kammer, zu denen später noch die vom Flur abgetrennte Küche hinzukommt. Werden Wohnhaus, Stall und Scheuer unter einem Dache zusammengefaßt, so spricht man von einem „Einheitshaus“, wobei aber die Eingänge zu diesen Räumen stets getrennt sind. Einen anderen Typus des Gehöftes bildet der fränkische Hof, bei dessen alpiner, namentlich im oberösterreichischen Vorlande herrschenden Varietät, dem Vierkant, Wohn- und Wirtschaftsgebäude in einem geschlossenen Geviert mit fortlaufendem Dachfirst um einen rechteckigen Hof herum verbunden sind. Der häufigste Hoftypus ist jedoch der Haufenhof, bei dem die einzelnen Gebäude alleinstehend und unregelmäßig um das Wohnhaus gruppiert sind. So stehen sich im allgemeinen zwar Einheitshaus und Haufenhof gegenüber, doch sind die beiden Typen nicht immer scharf getrennt, indem dem letzten oft einzelne Räume angegliedert werden, jenes aber oft selbständige Nebengebäude besitzt. Lokale Bedürfnisse oder solche der Zweckmäßigkeit verwischen häufig die reinen Formen. Das Einheitshaus herrscht in der Ostschweiz, in Voralberg und in Tirol; speziell das Tiroler Haus hat ein flaches, steinbeschwertes Dach, meist quadratischen Grundriß und gedeckte Balkone oder Lauben auf drei Seiten, den Eingang zumeist der Straße zugewendet; in der Schweiz und in Voralberg hat das Haus meist rechteckigen Grundriß und den Eingang auf der Langseite. Im inner-österreichischen Gebiet herrscht der Haufenhof; das Wohnhaus besitzt ein Steildach mit Stroh-, Schindel- oder Bretterbedeckung, das häufig nach vorne an der Schmalseite als Halbwalmdach abgeschrägt ist. In Südtirol tritt infolge Strohmangels an dessen Stelle das flach geneigte Ziegeldach. Von diesen Typen der deutschen Gebiete, bei denen nur der Unterbau gemauert, das übrige aus Holz gezimmert wird, ist die italienische Siedelungsweise durchaus verschieden, wobei das Haus — es ist fast stets ein Einheitshaus — in der Regel bis zum Dachstuhl aus

Stein gebaut wird und das Dach auf Holz- oder Steinpfeilern ruht, so daß die Luft ungehindert den ganzen Dachraum durchstreifen kann. Das deutsche Bauernhaus in den Alpen ist durchaus einstöckig mit dem Aufgang auf Freitreppen; beim italienischen Bauernhause erinnert die häufige Mehrstöckigkeit bereits an städtische Siedelungen. Während der deutsche Alpenbewohner sein Haus durch Schnitzwerk, Bilder, Malereien, Erker und Türmchen zu verzieren liebt, zeigen die italienischen Alpenhäuser zumeist schmucklose Hausfronten, überhaupt oft genug ein recht verwahrlostes Aussehen, eine Folge der Uebervölkerung, Güterteilung und Verarmung der Bevölkerung, die den männlichen Teil zu periodischer Auswanderung zwingt.

Die Anlage von Siedelungen im Hochgebirge knüpft stets an bestimmte Terrainformen an. Breite Talböden und Becken werden wegen ihrer Neigung zur Versumpfung naturgemäß selten von größeren Siedelungen aufgesucht; mit Vorliebe liegen diese auf den sanft geböschten, leichter entwässerbaren und sonnigeren Schuttkegeln von Wildbächen (im Valsertal entfallen auf sie 94 Proz. der Gesamtsumme der Bewohner) und auf Schotter- oder Felsterrassen in geringer Höhe über dem Talboden. Solche herrschen u. a. im Pinzgau, im breiten Inntal und Etschtal vor. Auch auf steilen Gehängen, namentlich der Sonnenseite, sind Hofsiedelungen häufig, besonders wegen der Temperaturumkehrung im Winter. Im Pinzgau sind (nach Schjerning) von den vierzig größeren Orten 24 Schuttkegel-, 9 Becken- und Boden- und 7 Terrassensiedelungen.

Aehnlich wie im Hügelland und im Mittelgebirge gruppierten sich auch im Gebirge an die Gründung einer Herrenburg in gesicherter Lage, vielfach am Ausgang eines Hochtales in ein breiteres Hauptal, andere bäuerliche Siedelungen, die den Schutz der Burg aufsuchten; solche Burgorte sind an lebhafteren Verkehrsstraßen und dort, wo der Grundbesitz zumeist unter adlige Geschlechter bäuerlicher Herkunft verteilt war, wie in Graubünden, besonders häufig. Wo der Erwerb neben den auf die Landwirtschaft gegründeten Existenzbedingungen auf den lokalen oder Durchzugsverkehr, auf Bergbau oder Industrie sich stützen konnte, entstanden größere Siedlungszentren, die den Charakter der ländlichen Siedlungsweise immer mehr abstreifen und alle Uebergänge zur städtischen Wohnart aufweisen, sich mitunter auch zu großen Städten entwickelt haben.

(Vergl. „Die Alpen“ von Dr. Machacek.)

Das schweizerische Bauernhaus. Die Schweizer haben im wesentlichen die stammverwandte alemannische Wohnungseinrichtung beibehalten. Ihre Häuser zeigen aber eine reichere Holzarchitektur als die Schwarzwaldhäuser. Die Wohnräume und Stallungen liegen unter einem Dache, aber nicht über-, sondern nebeneinander. Die Bewohner treiben aber, ebenso wie die Schwarzwälder, bei ihren ungünstigen Bodenverhältnissen neben der Landwirtschaft und Viehzucht häufig noch allerhand Hausindustrie, deshalb findet man hier die eigentümliche Fensterstellung an der südlichen Hausecke beiderseits um den Arbeitstisch im Wohnzimmer*) (Fig. 15). Dieser Teil des Wohnzimmers ist deshalb der Mittelpunkt des Hauses und des Familienlebens. Die Sonne muß hier den Tag über mit ihren Strahlen Zugang finden. Die vielen kleinen in Blei gefaßten Scheiben der Fenster brechen das reichliche Licht. Die über den Fenstern hängenden Klebdächer und das weit vorspringende Hauptdach geben Schutz vor zu arger Sonnenglut und auch gegen Regen und Schnee. Bei der geringen Holzstärke der Blockwände (meist nur 12 bis 13 cm) sind sie im Innern vertäfelt. Ein großer glasierter Kachelofen spendet belebende Wärme im Winter. Die Stallungen und Speicher sind in den Alpengegenden der Schweiz und ebenso in Tirol getrennt von den Wohnungen erbaut. Auch ihre Wände sind als Blockwände konstruiert, allerdings mit dem Unterschiede, daß für den Heuraum unbeschlagene runde Hölzer zur Verwendung kommen. Um das Heu dem Luftzuge auszusetzen,

*) Vergl. für das Folgende: Der Schweizer Holzstil von E. Gladbach. Zürich 1897.

hat man an allen Blockbauten dieser Gattung die Verbindung der Wandbalken so hergestellt, daß sich dieselben an den Ecken zwar überblatten, aber nur so weit, daß ein etwa 5 bis 6 cm breiter Zwischenraum übrig bleibt. Hierdurch entstehen zwischen den einzelnen Wandbalken entsprechend breite Fugen, die in Zwischenräumen von etwa 1 m mit passenden Klötzchen ausgefalzt werden, um ein Durchbiegen der Wandhölzer zu verhindern (Fig. 16 und 17).

Fig. 15.

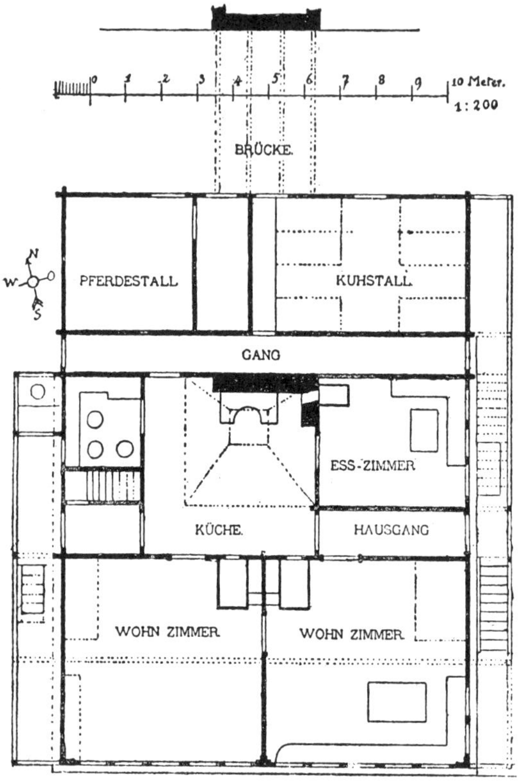

Die Ställe haben in der Mitte einen Futtergang und beiderseits die Kuh- und Ochsenstände. An den Giebelseiten liegen die Remisen für Wagen und Geräte oder die Käsereien, um die Kälte von den Stallungen abzuhalten (Fig. 18 und 19).

Wo aber Stallungen und Speicher mit der Wohnung in Verbindung stehen, schließen sie sich unter einem gemeinsamen Dache an die Giebelseite der Wohnung an. Dann ist häufig die Traufseite des Hauses die Vorderseite und durch einen Hofraum von der Straße getrennt. Der Hausgang, in der Mitte dieser Seite, geht quer durch das Haus hindurch, links zum Wohnzimmer und der dahinter liegenden Küche führend, rechts zu der Tenne oder zu dem Kuhstall (Fig. 20 und 21). Oft liegt die Tenne in der Mitte des Hauses über den Stallungen, und man fährt auf einer

Fig. 16.

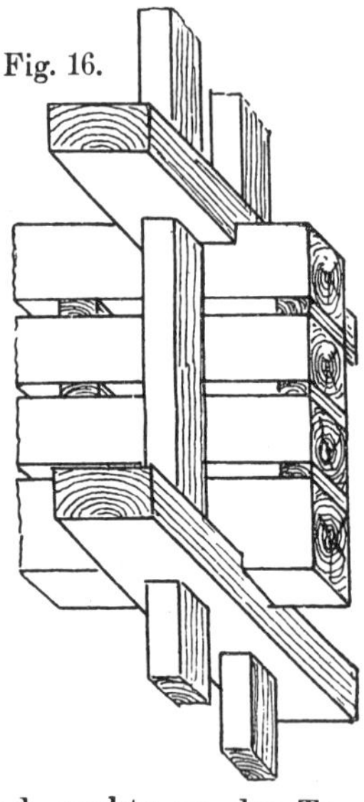

Fig. 17.

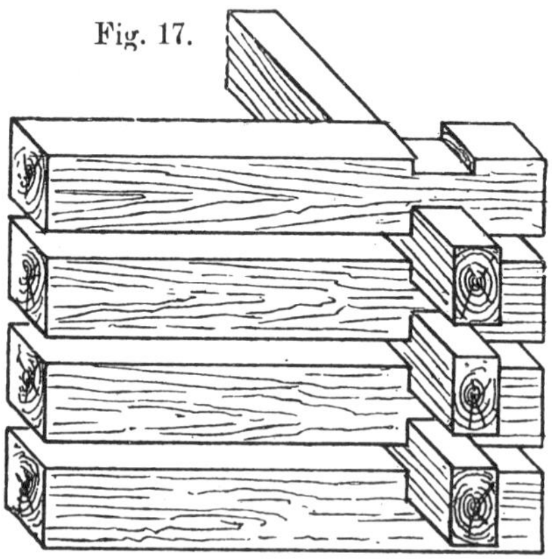

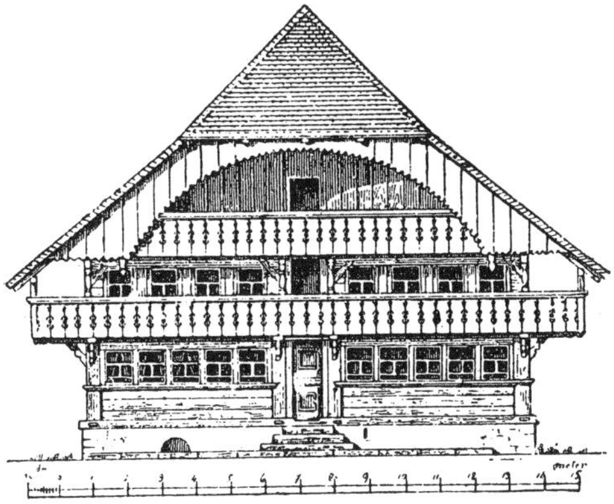

Fig. 18.

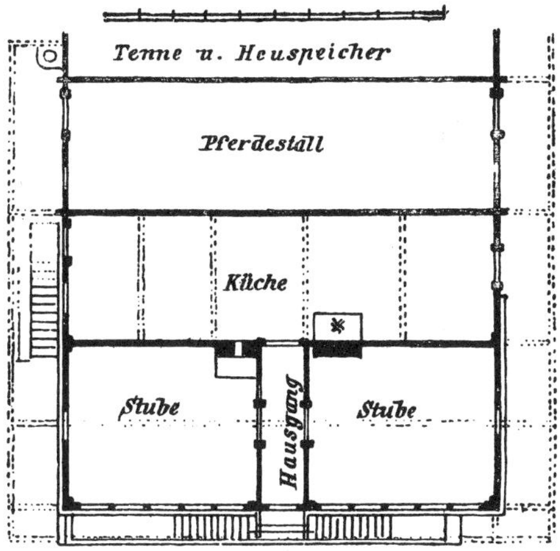

Fig. 19.

Fig. 20.

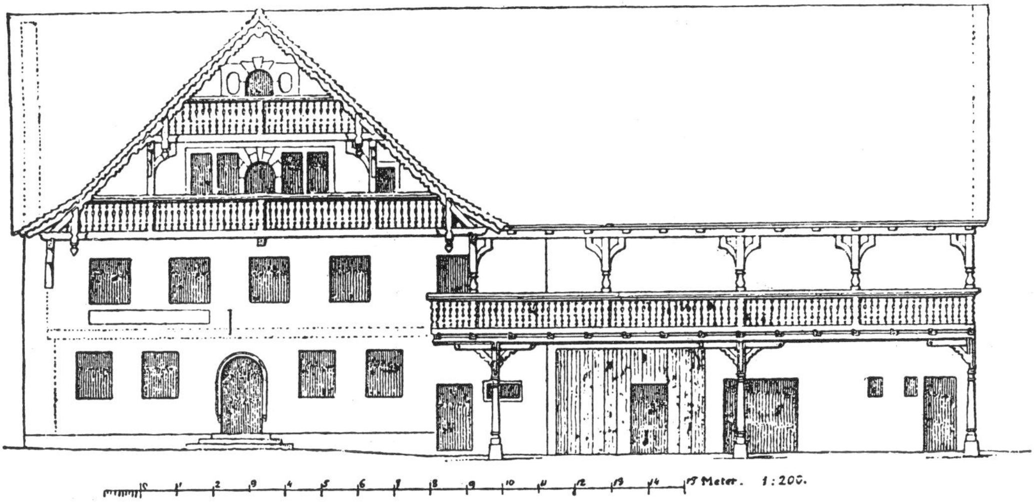

Fig. 21.

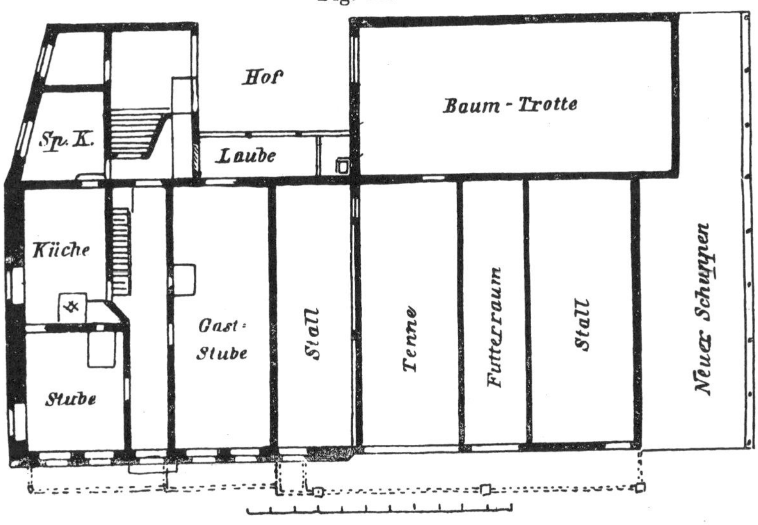

gemauerten Rampe über eine bedeckte hölzerne oder gewölbte Brücke in den hohen Dachraum. Vermöge dieser Brücke bleibt der Gang vor den Stallungen außen offen.

Die fränkische Sitte, einen Hofraum mit getrennten Gebäuden auf drei Seiten zu umgeben, hat sich in den östlichen Kantonen der Schweiz bei größeren Hofraithen eingeführt.

Das oberbayerische Bauernhaus. In seiner Gesamtanlage ähnelt dieses breit und kräftig hingelagerte Haus mit seinem mächtigen, weit ausladenden Dache, mit den freundlichen hölzernen Umgängen und den kleinen Fenstern dem Schweizerhause, dessen Vorzüge es auch mit ihm teilt. Wir finden hier dieselben stimmungsvollen wohnlichen Räume, die unverhüllt den warmen braunen Ton

Fig. 22.

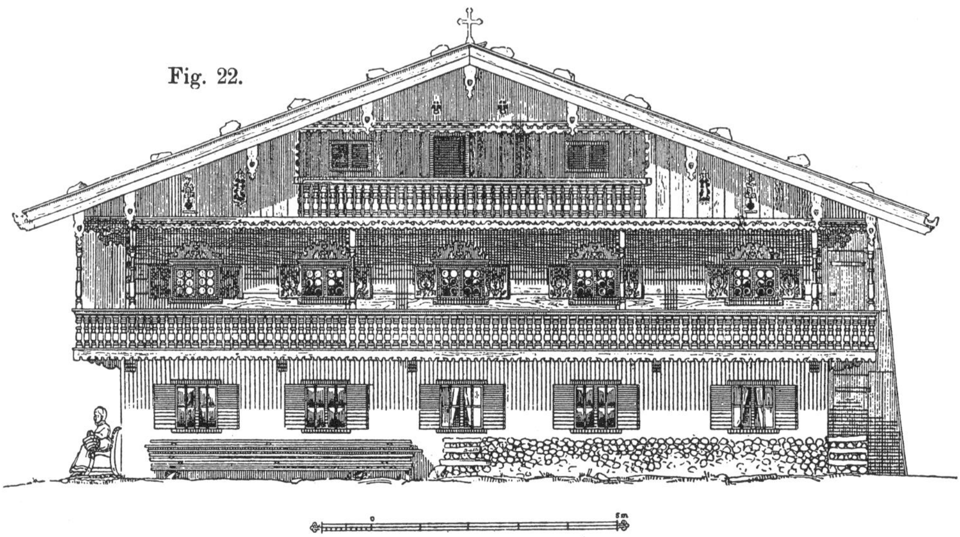

Fig. 23.

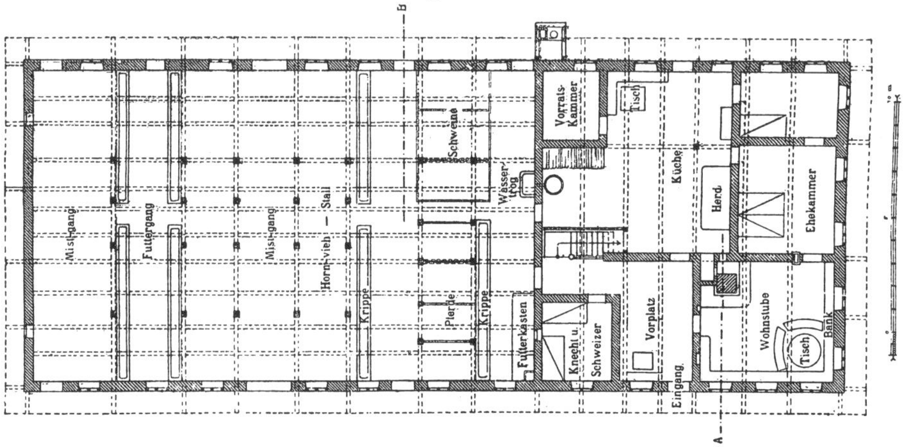

der vom Alter gedunkelten Holzwände zeigen und die bei mäßiger Höhe, breit und geräumig, der Behaglichkeit volle Heimstätte bieten, Fig. 22 bis 24 (nach „Das Bauernhaus in Deutschland“, Kühtmann, Dresden).

Im Aeußeren wird das feuergefährliche, mit Steinen belastete Schindeldach heutzutage durch ein Metalldach aus Eisenblech ersetzt, dem ein Mennigeanstrich gegen Rostschutz beigegeben wird. Letzterer muß öfter erneuert werden.

Ueber die auf Erfahrung beruhende Einrichtung des ganzen Hauses heißt es in der Denkschrift des Münchener Architekten-Vereins:

„Die alte quadratische Wohnstube mit ihrer gleichbleibenden behaglichen Einrichtung liegt in der nach Süden und Osten gerichteten Hausecke; wo aber der Ausblick auf die vorüberführende Straße es nötig macht, in der Nordostecke. Durch ihre kleinen, aber zahlreichen Fenster dringt die Wintersonne bis in die äußersten Winkel und füllt den traulichen Raum mit Wohlbehagen. Gegen die Strahlen der hochstehenden Sonne hingegen, sowie vor dem Schlagregen schützen die Lauben und das tiefsitzende, weitausladende Dach. Deshalb sind diese Wohnungen im Winter warm, im Sommer kühl und das ganze Jahr trocken. Die ungewöhnlich starken Niederschläge (die jährliche Regenmenge ist im Gebirge dreimal größer als im Flachland nördlich der Donau) machen besonders weit ausladende Dächer nötig, um das Regenwasser möglichst weit vom Hause abzuweisen und den Boden ringsum trocken zu halten. Zum Schutze des Hauses vor Nässe trägt die geringe Stockwerkshöhe (durchschnittlich 2,10 bis 2,40 m von Boden zu Boden) wesentlich bei, zum Schutze vor Kälte die tiefe Lage des Wohnungsbodens in fast gleichem Niveau mit der Umgebung. Man beachte, wie die geringe Stockwerkshöhe im Verein mit den großen Ausladungen der Laube und des Daches den Fuß des Hauses in der ausgiebigsten Weise vor Nässe schützen. Werden also die Lauben abgesägt, die Dachvorsprünge gestutzt und die kleinen Fenster durch große ersetzt, so sind die nachteiligen Folgen: 1. Belästigung durch Hitze und Blendung im Sommer, 2. Schädigung der Hauswände durch die anfallende Nässe und 3. leichteres Eindringen der Winterkälte“.

Fig. 24.

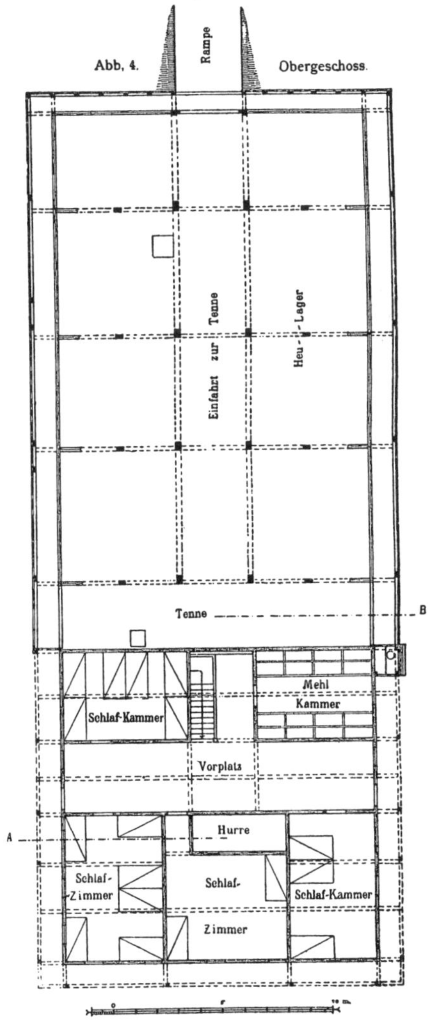

Im Aeußeren des Hauses wird allerhand Schmuck von Schnitzereien angebracht, wie es der großen handwerksmäßigen Geschicklichkeit des Bewohners entspricht. Immer ist dabei auf solide Arbeit, die den Eigenschaften des Holzes Rechnung trägt, gesehen; Laubsägearchitekturen sind ausgeschlossen, obwohl auch hier, besonders an Brüstungen, Giebelfüllungen und Pfetten-Schutzbrettern sich eine reiche Phantasie in geschnitzter Ornamentik, die noch durch die Zutat von Farbe in ihrer Wirkung erhöht wird, kenntlich macht.

Wo steinerne Massivbauten die Stelle von Holzhäusern ersetzen, bleibt ihre Grundform dieselbe. Die meist getünchten Wände der Fassaden werden dann gern mit bunter Malerei geschmückt. Auf diesem Gebiete sind die reichen Formen und bunten Farben des Barock und Rokoko volkstümlich geworden. „Religiöse Gegenstände, mannigfache Heiligenbilder und Szenen aus der biblischen Geschichte bilden meist den Stoff der Darstellungen. Bei manchen Beispielen aber ist die ganze Wandfläche mit bunt gemalter, zierlicher Rokokoarchitektur gegliedert, und in den so gebildeten Feldern sind figurenreiche Schilderungen angebracht. Alles ist derb und einfach, handwerksmäßig, aber mit kräftigen und sicheren Strichen und leuchtenden Farben gemalt". (Vergl. Erich Schwinghammer: Die ländl. Baukunst in Oberbayern, Deutsche Bauhütte 1901).

Gründe für Aufgeben der alten Bauweise: Dieselben liegen besonders in dem nicht zu leugnenden Umstande, daß ein solches, in alter Weise errichtetes Blockhaus bei den heutigen Holzpreisen sehr teuer — viel teurer als ein Massivbau — wird. Aber auch die Bauhandwerker selber haben die Uebung zur Herstellung derartiger Holzbauten verloren; ganz besonders ist ihre Ornamentik roh und kunstlos geworden. Sodann läßt sich das bloße Schindeldach, trotz aller seiner Vorzüge, nicht aufrecht erhalten. Es ist zu feuergefährlich und erhöht deshalb die Versicherungsprämie gegenüber einer harten Bedachung um das drei- bis vierfache. Für die flache Neigung von 1 : 3 bis 1 : $2^1/_2$ eignet sich als Deckungmaterial nur Falzziegel, die wiederum aber nur auf Lattung, nicht, wie bisher, auf Schalung verlegt werden können. Daß auch die Fenster als zu klein heute gelten für genügende Luftzufuhr und Ventilation, mag gelten. Etwas größer könnte man sie ja ohne Mühe ausführen, womit sie noch lange nicht die übermäßige Größe der Fenster an Stadtfassaden zu erreichen brauchen. Gehen wir doch heute auch am Einfamilien-Landhause dabei auf weit praktischere und bescheidenere Maße wieder zurück.

Fig. 25.

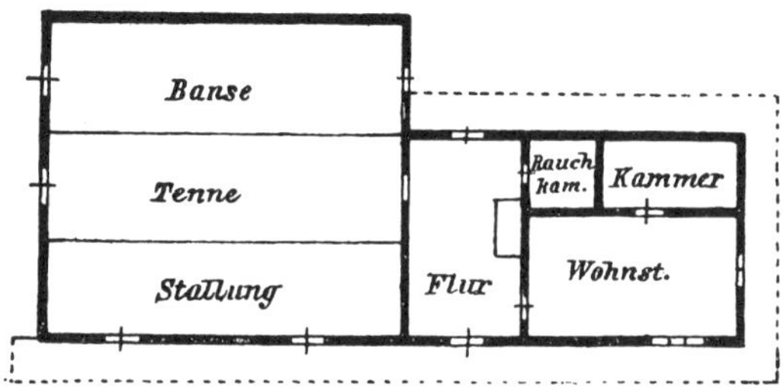

Fig. 26.

Das bayerische (Salzburger) Bauerngehöft. Am vollständigsten und eigenartigsten sehen wir die fränkische Bauweise in der bayerischen Hofanlage der

Fig. 27.

Fig. 28.

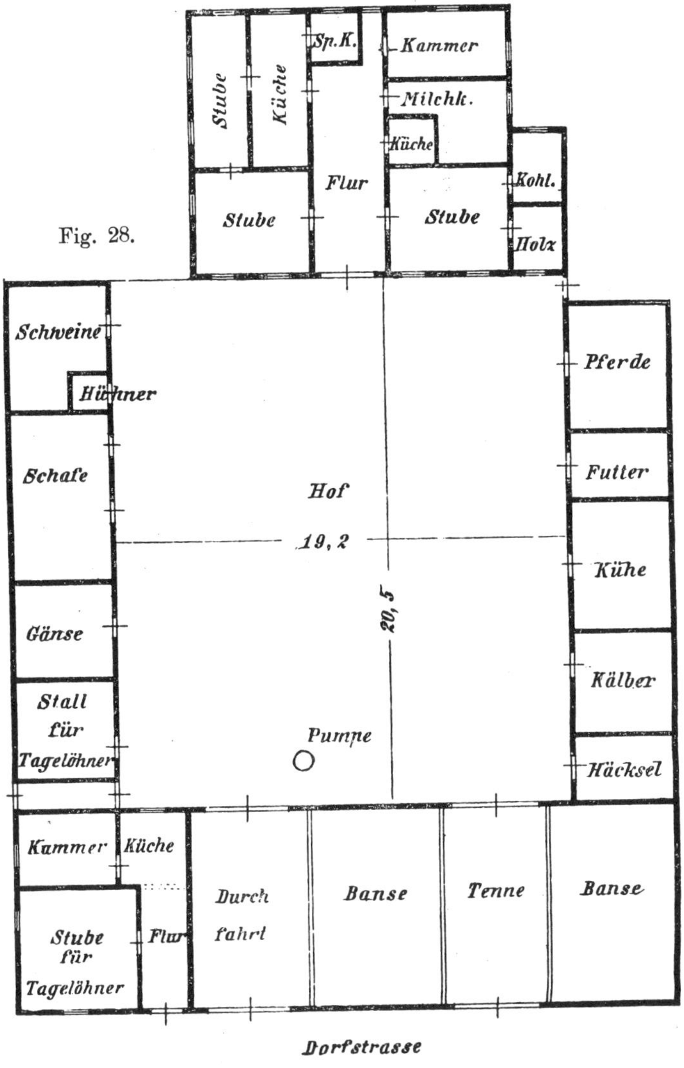

Salzburger Gegend durchgeführt. Hier ist der Hof ringsum von Gebäuden eingeschlossen. Die Einfahrt geschieht durch einen Torbau, oft auch durch ein Torhaus neben dem Giebel. Die Wände der Gebäude bestehen durchweg aus Holz und Lehm. Die hohen Strohdächer reichen deshalb mit ihrem starken Vorsprunge zum Schutze der schwachen Wände tief herab, so daß sie an den Langseiten beinahe den Boden berühren. Die ganze Anlage zeigt noch durchaus das alte germanische Streben nach gesondertem Wohnen.

Das Bauernhaus aus den Böhmerwaldgerichten. Die Trennung von Wohnräumen und Stallungen bezw. Speichern sehen wir auch in der Nähe der slavischen Grenze in den Bauernhäusern der neun alten selbständigen Böhmerwaldgerichte durchgeführt. Hier ist sogar oft zweierlei Baumaterial für die besonderen Gebäudeanlagen zur Verwendung gelangt. Während das Wohnhaus im Holzbau errichtet ist, finden wir den Stall- und Scheunenbau massiv ausgeführt (Fig. 25 nach R. Henning, Das deutsche Haus).

Eigentümlich sind für diese im Holzbau ausgeführten Bauernhäuser die rings herumlaufenden Galerien.

Andere, der Ebene angehörende, Gehöfte sind niedrig im Massivbau ausgeführt (Fig. 26 und 27). Besonders eigentümlich sind diesen Bauernhäusern die massiven Torbauten mit der seitlich angeordneten Schlupftür. In den Fig. 26 und 27 sind zwei solche Beispiele, die wir der „Architektonischen Rundschau“ entnommen haben, dargestellt. Sie enthalten einen eigenartigen Reiz durch die barock geschwungenen Linien des Verdachungs-Gesimses.

Ostdeutsches Bauernhaus. Gehen wir weiter hinauf nach Ostdeutschland, so finden wir entweder rein fränkische oder auch mit sächsischen Gewohnheiten gemischte Gehöftanlagen vor.

Fig. 29.

Fig. 30.

So führen wir in Fig. 28 (nach H. Lutsch, Zentralblatt des Bauv. 1887) eine Grundrißgestaltung vor, die sich in einer Anzahl von Ortschaften in Mittelpommern gern wiederholt und die rein fränkische Eigentümlichkeit zeigt.

Die Zufahrt geschieht durch ein Torhaus, der Zugang durch das daneben liegende Schlupfpförtchen. Die Gesamtanlage des Bauerngehöftes ist eine vollständig in sich abgeschlossene. Sie läßt sich vom Wohnhause, das fast stets in der Achse der Einfahrt angeordnet wird, klar übersehen. Deshalb ist diese Behandlung des Lageplanes auch heute noch üblich. Bauliche Eigentümlichkeiten bieten diese Bauernhäuser nicht.

Architektonisch reizvoll sind auf deutschem Boden besonders die Bauernhäuser der Rheingegend, in Süddeutschland, Thüringen und Hessen. Sie zeigen neben dem farbigen und reich gemusterten Fachwerk der Außenwände alle jene lebhaften Motive der Holzarchitektur, die, wie überdeckte Vorhallen und Umgänge, äußere Freitreppen und überschießende Dächer, gerade der Anlage des Bauernhauses ihr trauliches und anheimelndes Gepräge geben.

In den Fig. 29 und 30 (nach „Die Holzarchitektur" von Neumeister und Häberle, Stuttgart 1900) sind derartige Haustürüberdachungen an süddeutschen Bauernhäusern dargestellt.

b) Die niedersächsische Bauweise.

Im schärfsten Gegensatze zur fränkischen steht die sächsische Bauweise. Dort sahen wir beim Bauerngehöfte das wachsende Streben nach Teilung in Einzelgebäude — hier ist engste Vereinigung unter demselben schützenden Dache die feststehende Regel.

Nach Dr. Peßler's (Hannover) Forschungen weicht das Gebiet, in dem das niedersächsische Bauernhaus verbreitet ist, wesentlich von dem niederdeutschen Sprachgebiet ab, während es sich geographisch mit der Aussprache des „St" ziemlich genau deckt.

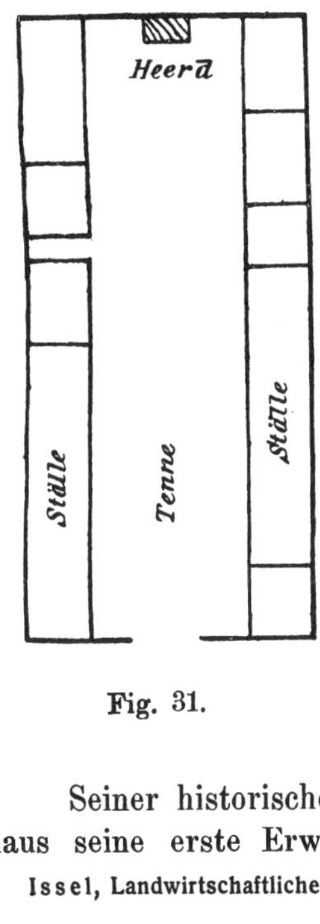

Fig. 31.

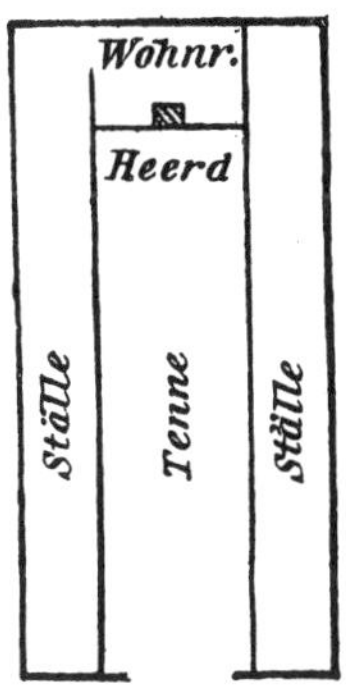

Fig. 32.

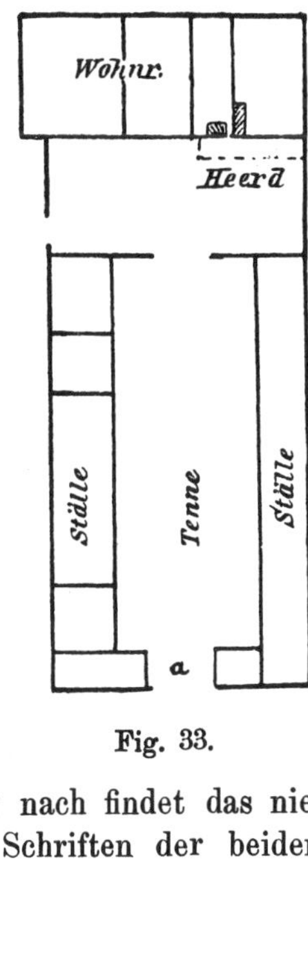

Fig. 33.

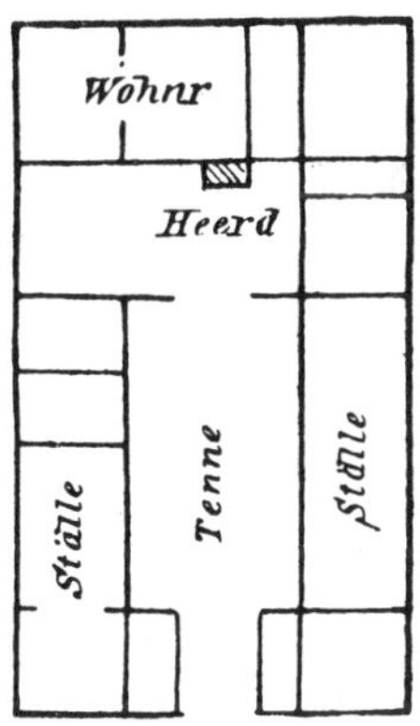

Fig. 34.

Seiner historischen Entwickelung nach findet das niedersächsische Bauernhaus seine erste Erwähnung in den Schriften der beiden Römer Tacitus und

Plinius d. Jüng. Die Wohnung paßte sich dem Leben der namentlich Viehwirtschaft treibenden Germanen an. Für das Unterkommen des Viehes mußte wegen des rauhen Klimas und langen Winters besonders gesorgt und weiter auch auf die Bergung des Winterfutters Bedacht genommen werden. Die Wohnung mußte sich dehnen zu dem langen breiten Gebäude, das im Vorderteile zu beiden Seiten die Viehställe, im kleineren Hinterraum die Wohnung und darüber den vom Strohdach geschützten Boden für Futtervorräte enthielt. Das niedersächsische Bauernhaus ist somit das Urbild deutsch-nationaler Architektur. Diese Architektur, die sich besonders in den hohen, spitzen, überragenden Fachwerkgiebeln ausprägt, hat sich auch auf die Städte übertragen, wie die altertümlichen Häuser in Hildesheim, Osnabrück, Alt-Hannover usw. beweisen.

Fig. 35.

Fig. 36.

Fig. 37.

Das westfälische Bauernhaus weist unter der sächsischen Bauart das eigenartigste Gepräge auf. Ausgehend von der Herdanlage entwickelte sich auch hier die gesamte innere Einrichtung. Dieselbe kennzeichnet sich in der Grundrißform als eine dreischiffige Anlage mit vorliegendem Querhause.

Die Diele und in ihrer Fortsetzung

Fig. 38.

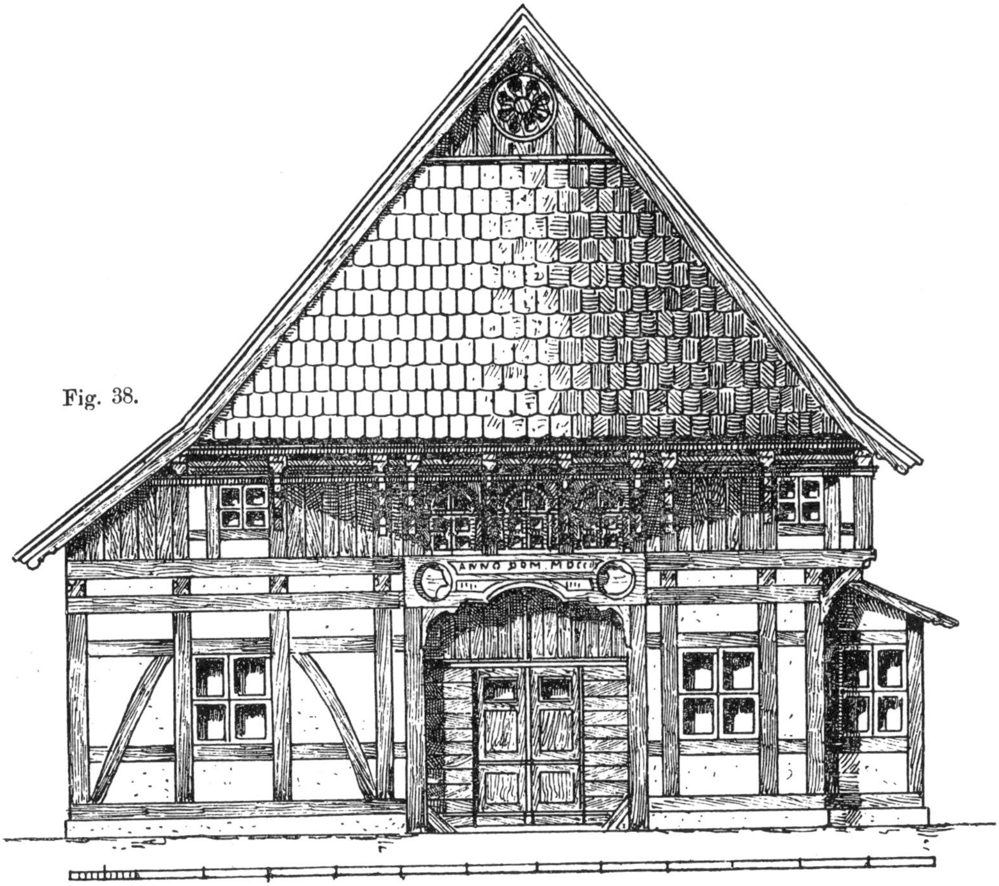

Fig. 39.

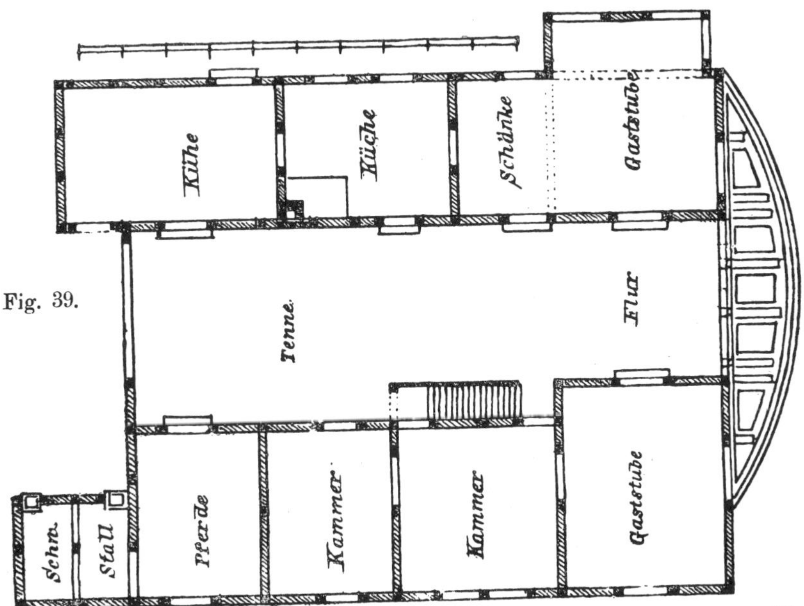
Kühe
Küche
Schänke
Gaststube
Tenne
Flur
Schn.
Stall
Pferde
Kammer
Kammer
Gaststube

die Küche bilden das Mittelschiff. Zu beiden Seiten der Diele liegen die Viehställe, deren Insassen von der Diele aus gefüttert werden. Die Knechte schlafen bei den Pferden, die Mägde neben dem Kuhstall. Das Querhaus bildet die Familienwohnung, die sich im Laufe der Zeiten mit mehreren Einzelräumen allmählich von der durchlaufenden Diele abtrennt (Fig. 31 bis 34).

Zuerst lag an der Hinterwand des Hauses der mächtige Herd (Fig. 31) und zu beiden Seiten desselben fanden die erhöhten schrankartigen Bettstellen ihren Platz. Vom Bette aus konnte somit der Hausherr auch bei Nacht sein ganzes Gehöft samt Gesinde und Vieh übersehen. Ein mächtiges Dach überdeckt die ganze große Anlage und bietet Raum für Heu und Getreide (Fig. 35 und 36).

Fig. 40.

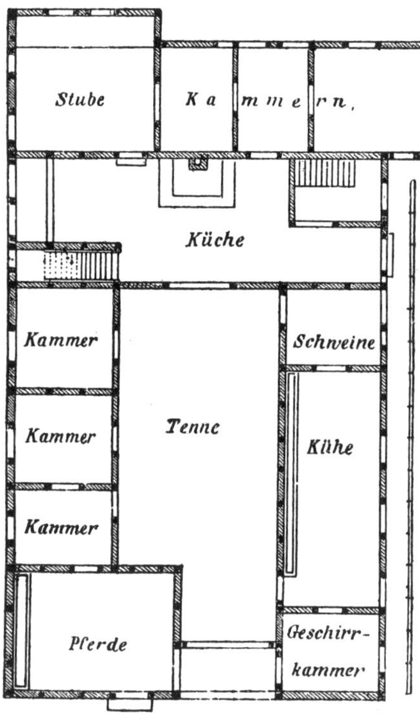

Aus dieser einfachen Grundform, die durch die Fig. 31 bis 34 erläutert wird, entwickelte sich allmählich die eigentliche Wohnung durch Anbauten an die Rückwand des Flures. Die langen Außenseiten des Hauses erfuhren mancherlei Belebung durch Fenster, Klappen, Eingänge und Anstrich. Die Türen waren zweiteilig, der Türsturz oft rundbogig (nach „Das westfälische Bauernhaus“ von J. B. Nordhoff, Westermann's Monatshefte 1895). Dazu kamen geschnitzte Zierplatten und unter den „Uebergezimbern“ des Giebels ausgekehlte und eingekerbte Kopfbänder. Besonders ins Auge fielen über und neben den Türen die eingeschnitzten Sinnsprüche (Fig. 37). Farbiger Anstrich war zu allen Zeiten von der Holzarchitektur unzertrennlich.

In Bauerhäusern der späteren Zeit finden wir eine ganze Anzahl Wohnräume, die aber durch die Diele getrennt sind, wie in Fig. 38, 39 und 40 (nach O. Häberle, „Bauernhäuser“, Stuttgart).

Das Altländer Bauernhaus in den Marschen der Elbmündung hat die alte sächsische Bauweise bis auf den heutigen Tag beibehalten. Hier, in dem mit Viehweiden, Kornfeldern und gewaltigen Obsthöfen gesegneten Landstriche am linken Ufer der Unterelbe hat sich eine Mischbevölkerung aus Niedersachsen und Holländern angebaut, deren Wohlhabenheit an zahlreichen großen Einzelgehöften zum Ausdruck kommt. Insonderheit zeigte die Behandlung der alten mächtigen Giebelfassaden eine reiche bäuerliche Kunst, die leider an den neueren Bauten zumeist den Putzformen großstädtischer Zementverkleidung gewichen ist. Weiß gestrichenes Fachwerk, grüne Windfedern, bunt behandelte Türen und Einzäunungen geben in Verbindung mit den roten, sauber gefugten Fachwerksfüllungen, die häufig in reichen Mustern auftreten, ein reizendes Gesamtbild, das wundervoll in die grüne Umrahmung der mächtigen Linden oder Eschen hineinpaßt.

Fig. 41.

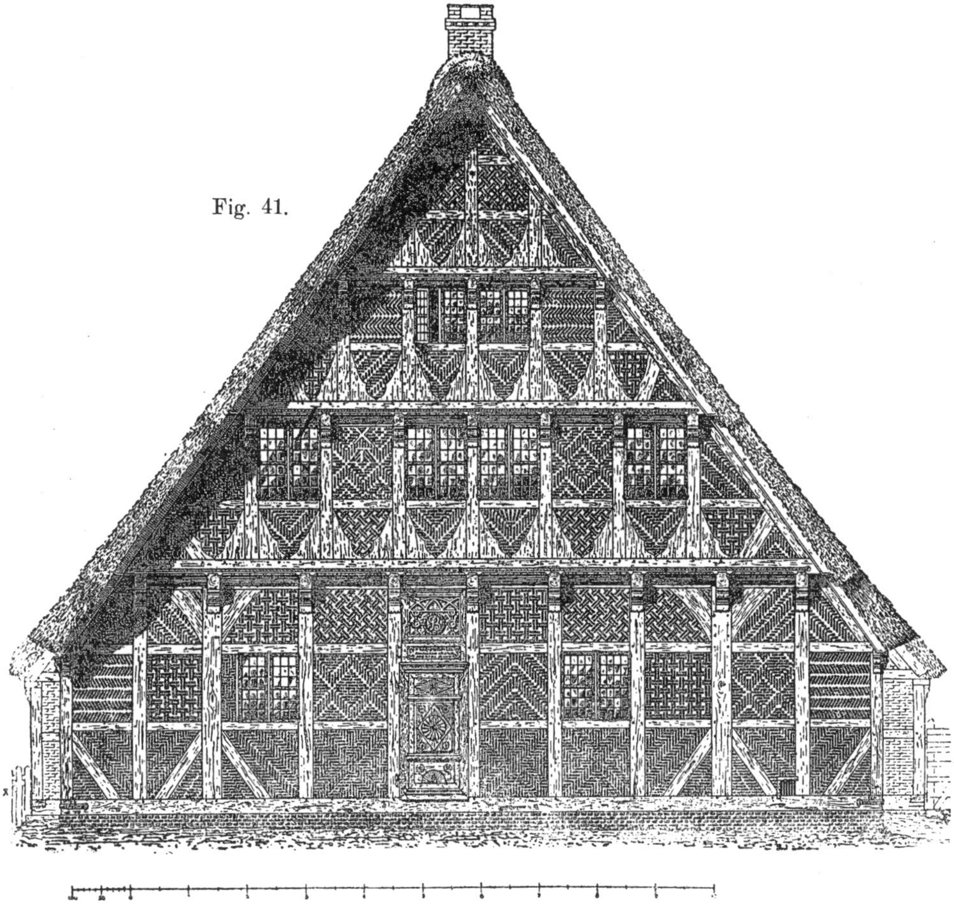

Fig. 42.

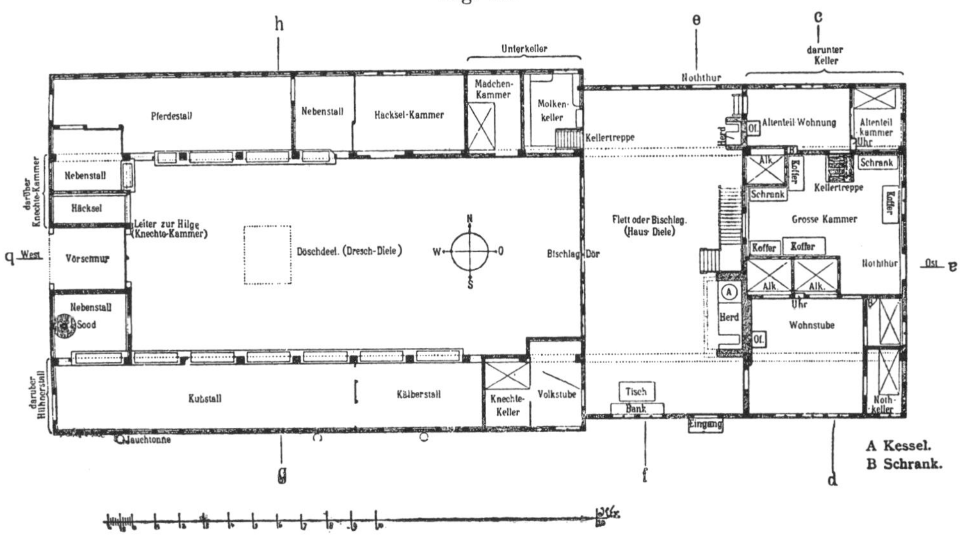

Die Wohnungen liegen an der Straße. Ein gemeinsames mächtiges Stroh- oder Schieferdach beschirmt sämtliche Wohn- und Wirtschaftsräume und bietet als Heuraum Platz für das Rauhfutter.

In Fig. 41 ist ein Hauptgiebel, in Fig. 42 ein Grundriß nach alter Art, in Fig. 43 und 44 ein solcher in moderner Anlage dargestellt.

Einzelne Motive von derartigen alten niedersächsischen Bauernhäusern geben die Fig. 45 bis 48 (nach Studien von Architekt W. Matthies-Bardowik, Deutsche Bauhütte, Hannover).

Fig. 43.

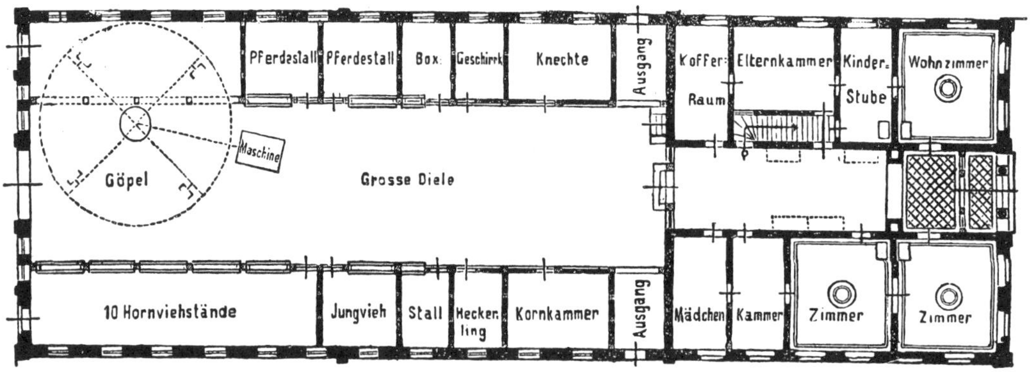

Die Fig. 45 und 46 stellen Windfedern in Gestalt von Pferdeköpfen dar, die am Hauptgiebel fast durchgängig nach dem Vorbilde des alten heiligen Sachsenrosses angebracht sind.

In den Fig. 47 und 48 finden sich reizvolle Ausbildungen der Hinterfront derartiger Bauernhäuser mit der großen Dieleneinfahrt wiedergegeben.

Fig. 44.

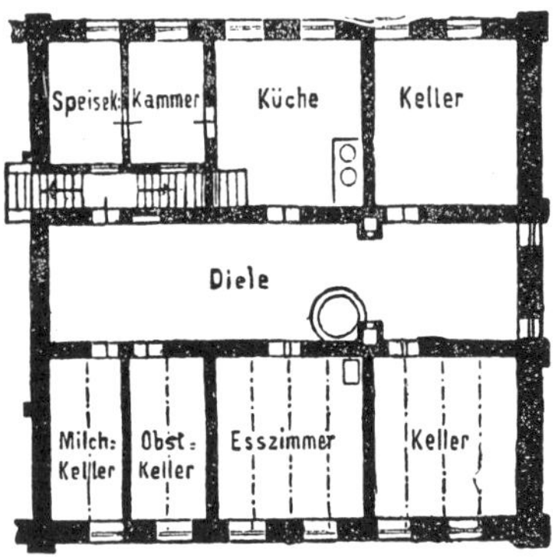

Wo die Fachwerkfelder, die meist nur klein sind, nicht in weißem Putz bei farbiger (grüner) Behandlung des Holzwerkes auftreten, tragen sie, wie erwähnt, gemusterte Backsteinfüllungen von roter Farbe, die mit kleinen Steinen im dort üblichen Format (22 × 10,5 × 5 cm) ausgeführt sind. Leider muß das tief herabreichende grün bemooste Strohdach heutzutage einer feuersicheren Dachdeckung weichen, obwohl es Strohdachdeckungen gibt, die feuersicher zu nennen sind.

Die Vorzüge des alten Strohdaches waren seine Billigkeit, Einfachheit der Herstellung und seine absolute Staubdichtigkeit bei schwachem Dachverband. Hierzu hat nun der Dachdeckermeister W. Klement in Teterow i. M. eine Behandlungsweise des Strohes gefunden, die dessen Verwendung als Dachdeckungsstoff wieder möglich macht. Das Stroh wird vorher in einer eisenoxydhaltigen Ton-, Sand- oder Kalk-Erdart, der ein gewisser Zusatz von Ammoniak-Kalkwasser und, zwecks Erhöhung der Dichtigkeit, eine gewisse Menge von Spreu beigemengt ist, imprägniert. Hierdurch wird das Dach nicht nur feuersicher, sondern auch dauerhafter, dabei aber nicht teurer. Die Imprägnierung ist leicht mit den sich überall findenden Stoffen ausführbar. Um eine schnellere und leichtere Eindeckung solcher Dächer zu bewerkstelligen, werden Strohgeflechtplatten von etwa 70 cm im Quadrat bei 4 bis

6 cm Stärke mittels verzinktem Draht oder geteertem Band gefertigt. Diese Strohplatten werden kurz vor der Eindeckung imprägniert.

Diese an der Baustelle auf einem Arbeitstisch so vorgearbeiteten Platten befestigt man auf einer Lattung von 35 cm Weite, von den Traufen beginnend mit verzinktem Draht. Hierbei muß die erste Platte noch reichlich 10 cm von der dritten überdeckt werden.

Das friesische Bauernhaus hat die Herdstellung nicht in der Mitte der Hinterwand des Flures, sondern seitlich, sehr häufig in einer besonderen Küchenanlage. In der Achse der Diele liegt hier der sogen. „Pesel“, ein für feierliche Angelegenheiten ausgesparter Raum. Zu beiden Seiten erstrecken sich die Wohn- und Schlafräume der Familie und die sogenannte „Brautkammer“. Oft besteht die gesamte Hausanlage eigentlich aus zwei oder mehreren Gebäuden, die aber wieder zu einer einheitlichen Anlage unter demselben gewaltigen Strohdache zusammengefaßt sind. Dieses Dach führt auch den Namen „Heuberg“. Es erreichte eine Höhe von 10 bis 12 m, die kolossale Konstruktionshölzer erforderlich machte. An den neueren friesischen Bauernhäusern ist dies jedoch nicht mehr der Fall.

Fig. 45.

Fig. 46.

Fig. 47.

Fig. 48.

Das schleswig-holsteiner Bauernhaus. Im allgemeinen zeigen auch hier die alten Bauernhäuser das Gepräge der niedersächsischen Bauweise. Das Gebot, von innen nach außen zu bauen, ist hier seit 300 Jahren verständig befolgt. Wer in ein solches Bauernhaus eintritt, ist erstaunt über seine Weiträumigkeit, Uebersichtlichkeit und die streng befolgte häusliche Vereinigung von Bauer, Gesinde und Vieh. Dies beweisen wieder die hier wiedergegebenen Fig. 49 bis 52, die nach Aufnahmen von Architekt Oskar Fischer-Kiel der Deutschen Bauhütte, Hannover, entnommen sind.

Fig. 49.

Die Fig. 49 bis 52 geben ein ganzes Bauernhaus wieder in Ansicht, Grundriß und Querschnitt. Der zugehörige Bauernhof umfaßt außer diesem Haupt-

Fig. 50.

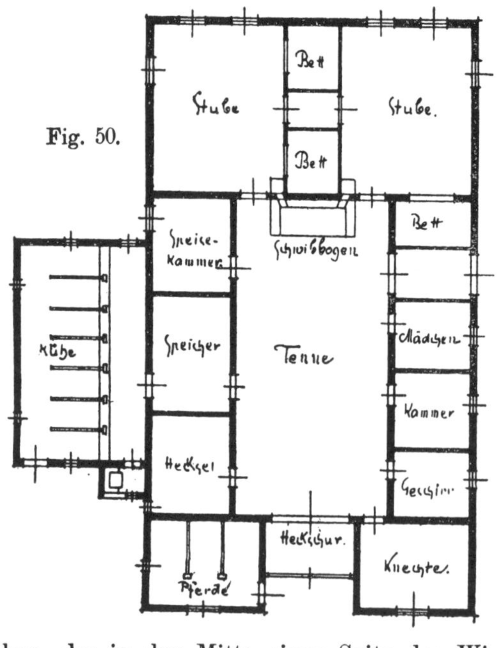

Fig. 51.

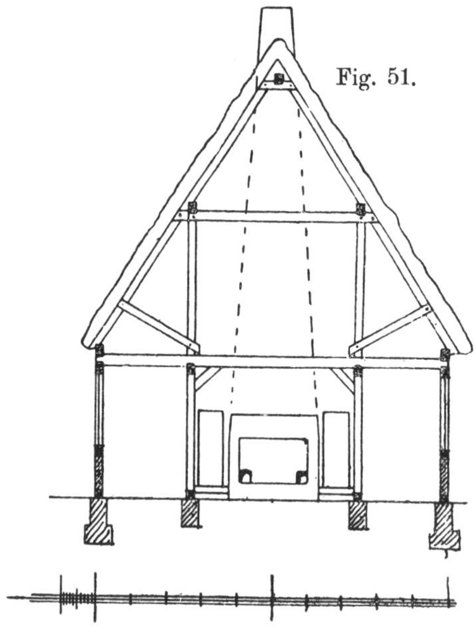

bau, der in der Mitte einer Seite des Wirtschaftshofes liegt, in Hufeisenform zu beiden Seiten noch Scheunenbauten. Alle Gebäude öffnen sich nach dem Hofe.

Vom Hauptbau ist nach außen meist nur das Erdgeschoß sichtbar; nur über dem Tennentor zeigt sich die eigentliche Höhe des Baues. Der First erscheint verlängert mit senkrechten kleinen Giebelanlagen, die den Zweck haben, Luft und Licht den obersten Räumen zuzuführen.

Den Mittelpunkt der inneren Anlage bildet die große Tenne mit dem nötigen Kamin von eigenartiger Form (vergl. Fig. 52), der mit einem Schwibbogen überdeckt ist. Sämtliche Räume öffnen sich nach der Tenne hinzu; die Türen zu den Stuben sind mit Scheiben versehen. Der Vorraum vor dem Tennentor wird nachts durch ein Gatter, die sogen. Heckschur, abgeschlossen.

Fig. 52.

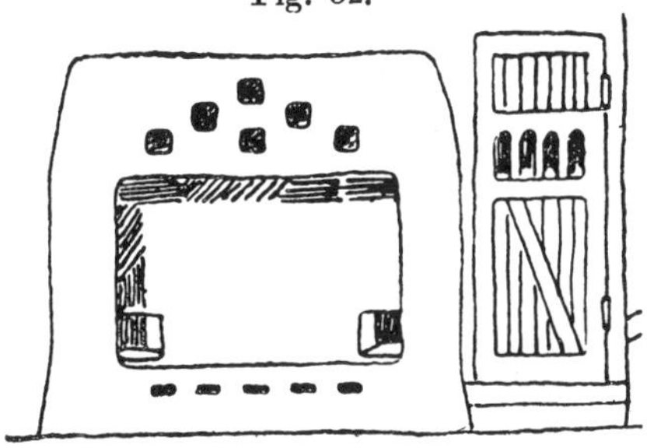

Ostdeutsche Bauernhäuser (vergl. Zentralblatt d. Bauvereins 1887 „Wanderungen durch Ostdeutschland“ von H. Lutsch). In Mittelpommern herrscht neben der fränkischen die sächsische Bauart; in den südlichen Kreisen östlich der Oder sogar fast nur die sächsische. Sie hat hier aber die alte strenge Grundrißform geändert. Die alte mächtige Diele ist zusammengeschrumpft und die Wohnräume liegen an der Dorfstraße. Ebenso sieht man den Eingang auch an der Straßenseite.

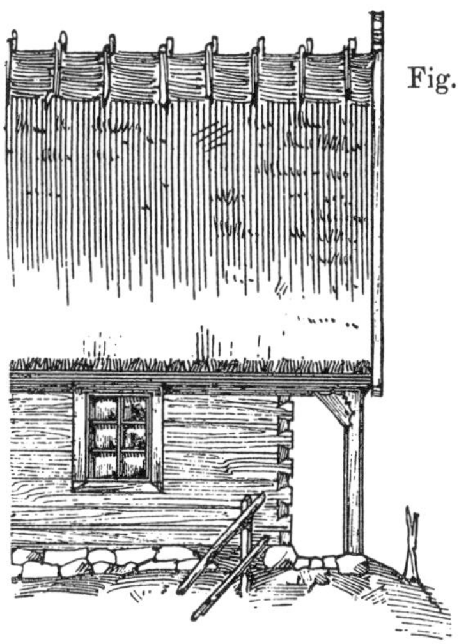

Fig. 53.

Fig. 54.

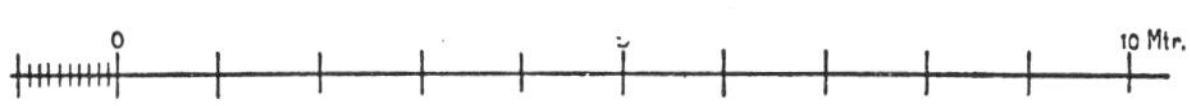

Den Mittelpunkt der Anlage bildet der Herdraum am Ende des Hausflures mit gewaltigem Schlot (Fig. 55, 56); links und rechts von diesem liegen die Stuben und Kammern. Hinter dem Herdraum zieht sich quer durch das Gebäude der Stall und hinter diesem, an der anderen Giebelseite, befinden sich Wagenscheuer und Scheune, sowie Futter- und Wirtschaftskammern.

Was aber das ganze Gebäude augenfällig von den anderen Stilarten unterscheidet, ist die seine Vorderseite bildende Säulenstellung, die also dem eigentlichen Hauseingang vorgelagert ist und das obere, vorspringende Stockwerk trägt. Die so entstehende Vorhalle, „Löwing“ oder Läwing (Laube) genannt, ist den Häusern im Oderbruch und in der Uckermark eigentümlich und entstammt aus Russisch-Polen und Galizien, ist also slavischen Ursprungs. Viele Häuser zeigen über der Säulenhalle, die stets 5 Säulen aufweist, einen hohen Giebel, der mehrfach in 2 Stockwerken je zwei Fenster aufnimmt. Die Pfosten oder Stützen im Erdgeschoß selber sind vierkantig, selten rund. An Knaggen, Sparrenköpfen und Giebelbalken zeigen sich die Anfänge einer schlichten Holzarchitektur.

Fig. 55.

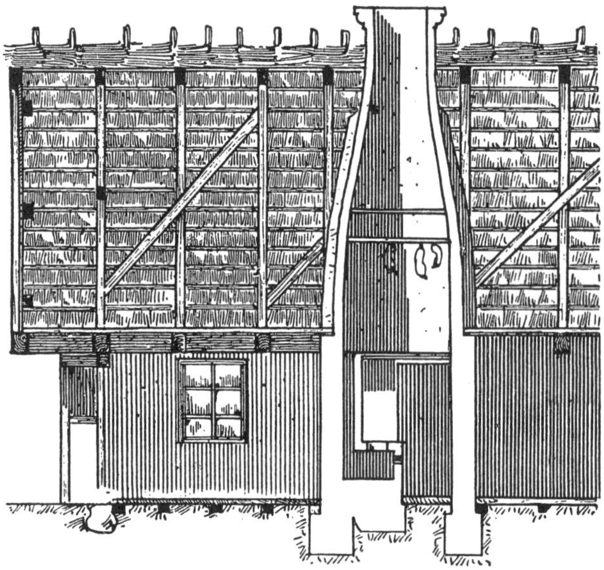

Fig. 56.

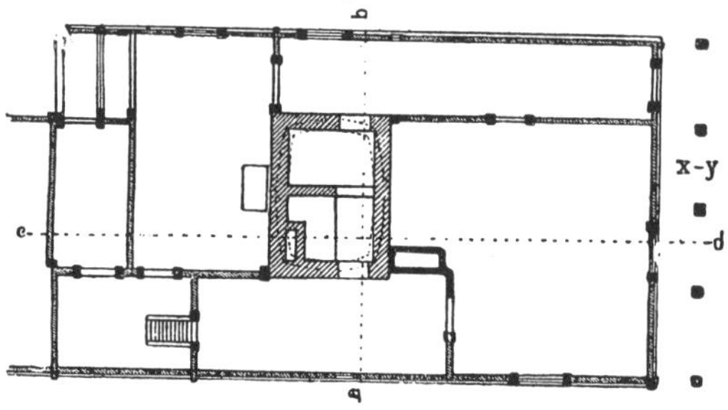

Immer endigen an diesen Häusern, entgegen der sächsischen Bauart, die Giebelsparren nicht in einer Kreuzung, sondern es tritt hier als Verzierung ein einzelnes, senkrecht stehendes, ornamental behandeltes Brett auf. Die sehr geräumigen Lauben dienen meist zur Unterfahrt für Wagen (bei Gastwirtschaften), oder als Remise für Ackergeräte, oft auch als Trockenschuppen für die Tabakernte. (Fig. 41, 42 und 53 bis 56 nach „Das Bauernhaus im Deutschen Reiche“, G. Kühtmann, Dresden.)

Aehnliche Grundrißbildung, aber ohne die hölzernen Vorhallen, zeigen die Fig. 57 und 58.

Deutlicherer Anschluß an die sächsische Bauweise kennzeichnet die Fig. 59 und 60, die zwei Bauernhäuser aus der Gegend von Treptow wiedergeben. Mit breitem Giebel stehen die Häuser an der Dorfstraße. In Fig. 59 hat die Diele eine Breite von 5 m, die hierdurch an die alte Dielenanlage erinnert. Das am Tage offene Tor liegt hinter einem bedeckten Vorflur, unter dessen Dach gewöhnlich der Schlitten aufgehängt ist. An der rechten Seite ist eine Bank aufgestellt. So hat der Eingang zum Hause eine anheimelnde gemütliche Ausstattung gefunden. Die Wohnung liegt in Fig. 59 noch ganz wie im alten Vorbilde hinten am Ende der Diele. Die Gesindebetten sind dabei in einem alkovenartigen Verschlage untergebracht. Vom Wohnzimmer aus kann die Diele durch

Fig. 57.

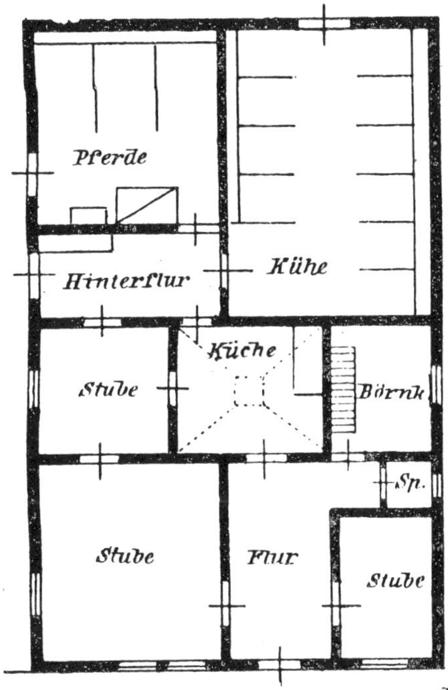

Fig. 58.

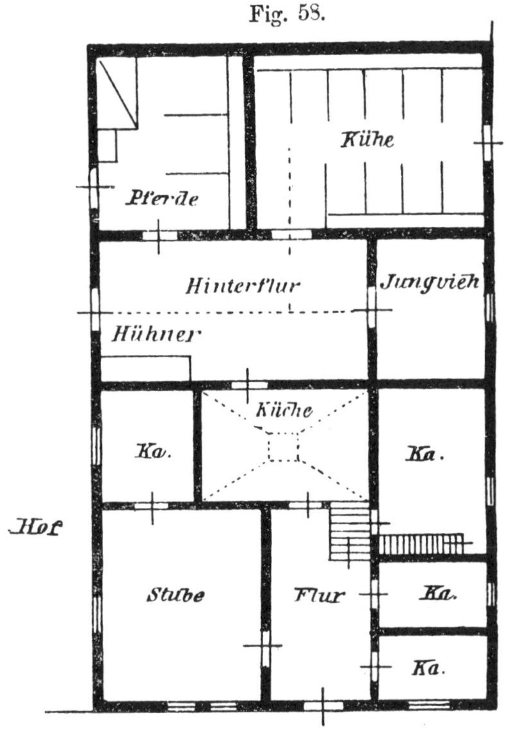

Dorfstrasse

Ostdeutsche Bauerngehöfte.

a = bedeckter Flur b = Thorweg c = Truhe
d = Schrank e = Bank f = Tisch
g = Bett h = Guckloch i = Ofen
k = Herd l = hängender Kessel

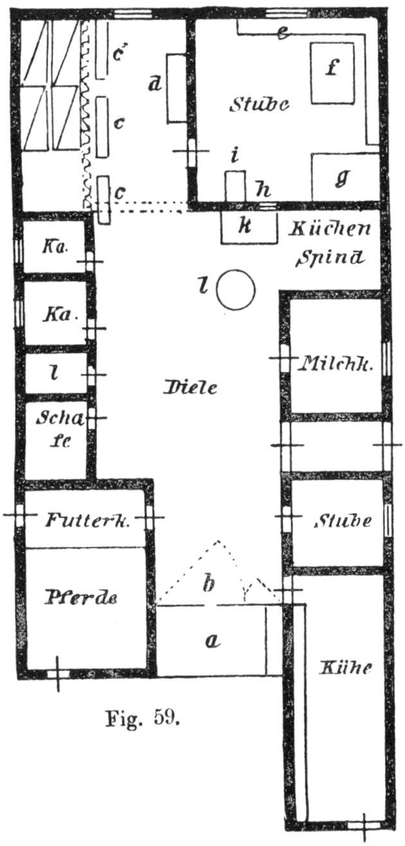

Fig. 59.

Dorfstrasse

Fig. 60.

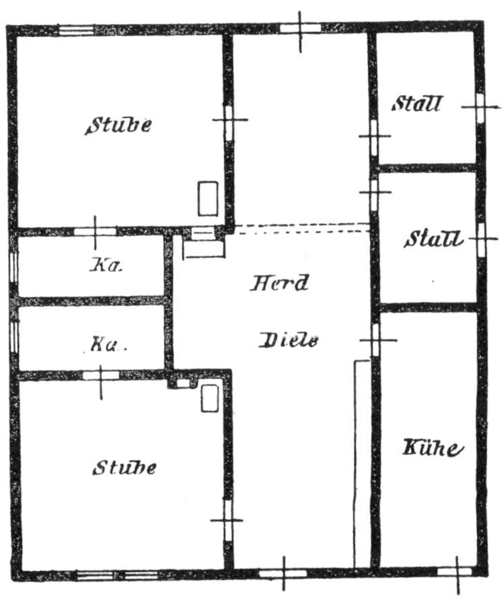

ein Guckloch h übersehen werden. Schornsteine fehlen hier noch — der Rauch zieht wie bei den alten Häusern überhaupt über die Diele.

Eine ähnliche Anlage ist durch Fig. 60 dargestellt. Die Diele ist hier 3,8 m breit und die Stallungen liegen unter dem tief herabgeführten Dache.

Fig. 61.

Gemeinsam ist allen sächsischen Bauernhäusern der Zierat vorn an der Kreuzung der Giebelsparren. Hier wurden zwei geschnitzte Zierbretter aufgenagelt, die frei in die Luft ragen und teils als Pferdeköpfe, teils als Fahnen und dergl. ausgebildet sind (Fig. 45, 46, 61 nach Mielke, „Das Bauernhaus“, Berlin).

B. Neue bäuerliche Gehöftanlagen.

Der Bautechniker, der sich hauptsächlich mit landwirtschaftlichen Bauten beschäftigt, muß ein Verständnis für das Althergebrachte haben. Nur dann kann er den Versuch machen, die Bauart der Vorfahren den modernen praktischen Anforderungen anzupassen. Im allgemeinen entsprechen die alten Anlagen den heutigen Betrieben nicht; sie sind unter ganz anderen Verhältnissen errichtet. Die wirtschaftlichen Verhältnisse haben sich auch hier und da im Laufe der Zeiten geändert. Aber wohl ist die äußere Behandlung der alten Bauerngehöfte oft sehr beachtenswert. Auf diesem Gebiete ist in dem verflossenen Jahrhundert schwer gesündigt worden. Man hat klassische Kunstmotive in das Dorf getragen und langweilige, unwahre Putzarchitekturen geschaffen, die hier in jeder Beziehung unberechtigt sind. Sie sind dies in ihrer Armut an Material an sich und überhaupt an der Stelle, wo sie stehen. Unsere Dörfer haben auf diese Weise viel von ihrer originellen Schönheit eingebüßt.

Nicht die aufdringliche Vornehmheit des Stiles, sondern vor allem die alte Behaglichkeit sollte hier gepflegt werden. Das Bauernhaus soll von Behaglichkeit und Wärme geradezu durchdrungen sein.

Die harmonische Eingliederung in seine Umgebung, das ist die Hauptsache, die bei dem Entwurfe eines ländlichen Baues im Auge behalten werden muß.

Ein Erlaß der Kgl. preuß. Regierung sagt hierüber sehr treffend: „Es ist in hohem Maße erwünscht, beim Publikum die Erkenntnis zu wecken und zu befestigen, daß ein Straßen-, Stadt- und Landschaftsbild, möge es sich aus noch so einfachen und scheinbar anspruchslosen Teilen zusammensetzen, ein kulturgeschichtliches Erbteil ist, dessen Wert erkannt und gewürdigt werden muß, — daß es im künstlerischen Sinne ein Ganzes bildet, das durch aufdringliche, unschöne und fremdartige Bauten ebenso sehr geschädigt wird, wie durch Beseitigung wesentlicher Teile des Vorhandenen. Wenn das Verständnis für diese Fragen in weiteren Kreisen herrschend wird, so ist bei entsprechender Belebung und Anregung auch zu erwarten, daß der einzelne sich bemühen wird, so zu bauen, wie es in Anpassung an die örtlichen Verhältnisse natur- und sachgemäß ist". —

a) Das Raumbedürfnis.

Bei dem Entwurfe, selbst für den kleinsten landwirtschaftlichen Betrieb, ist zunächst das richtige entsprechende Größenverhältnis einzuhalten. Maßlosigkeit in Anlage und Ausstattung kann leicht den Grund zu dem schließlichen wirtschaftlichen Zusammenbruche des Bauherrn legen.

Das kleinste Bauernhaus muß immer noch enthalten: 2 Stuben von je etwa 20 qm, 1 Küche von etwa 11 bis 14 qm, 1 Speisekammer von etwa 4 qm Grundfläche, dazu Flur und Treppe im Erdgeschoß, 2 Kammern im Obergeschoß, einen Abort und einen Keller.

Fig. 62.

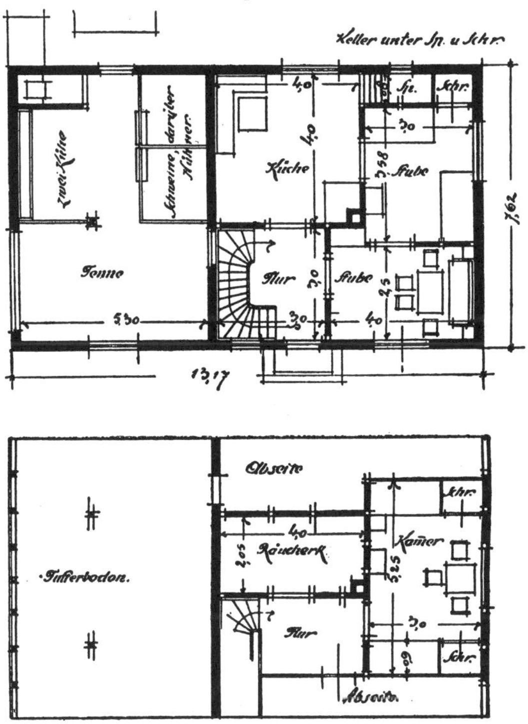

Der Viehstand besteht aus einem Mastschwein, einer Ziege und einigen Hühnern. Das nötige Heu und Stroh findet auf dem Bodenraum, der Vorrat an Kartoffeln und Rüben im Keller Platz. Das Ganze stellt noch keinen selbständigen Betrieb dar, sondern ist ähnlich einer Arbeiterwohnung, da der Besitzer in der Tat neben der Landwirtschaft noch einen Erwerb suchen muß. Der zugehörige Besitz an Acker und Garten wird sich auf etwa 1 ha berechnen.

Derartige kleinste Bauernhäuser behandelt man mit Vorteil auch als Miethäuser. Es enthält dann das Gebäude im Obergeschoß eine Mietwohnung, bestehend aus: 1 Stube, 2 Kammern, 1 Küche, 1 Abort und 1 Keller. Die Schlafkammern sind so groß zu halten, daß Betten und Schränke an den Wänden Aufstellung finden können.

Die Höhe der Räume beträgt von Oberkante Fußboden bis Oberkante im Keller 2,0 m, im Erdgeschosse 3,30, im Obergeschosse 2,90 m.

Kleine Bauernhäuser für kleinen landwirtschaftlichen Betrieb erhalten: 2 Stuben, 1 Küche von etwa 15 bis 16 qm, 1 Speisekammer von etwa 5 bis 6 qm

Grundfläche, dazu Flur und Treppe im Erdgeschoß, — 1 Stube, 4 Kammern im Obergeschoß, 1 Abort unten und 1 Abort oben, 1 Milchkeller, 1 Kartoffelkeller.

Der Viehstand besteht aus 1 bis 2 Kühen, einem Mastschwein, einer Muttersau und dem nötigen Federvieh. Der Grundbesitz wird ungefähr 5 ha an Feld und Wiese betragen*). Die benötigten Wirtschaftsräume, außer der Scheune, sind hier leicht und am besten mit dem Wohnhaus zu vereinigen.

Fig. 62 vom Architekten Münch, Lübeck, sowie Fig. 63 von den Architekten Hahn u. Runge, Lübeck, entstammen einem Preisausschreiben für Entwürfe von kleinbäuerlichen Gehöften für den Heimatbund Mecklenburg. (Verlag von E. Wasmuth, Berlin, Architektur-Konkurrenzen.)

Fig. 63a.

Fig. 63b.

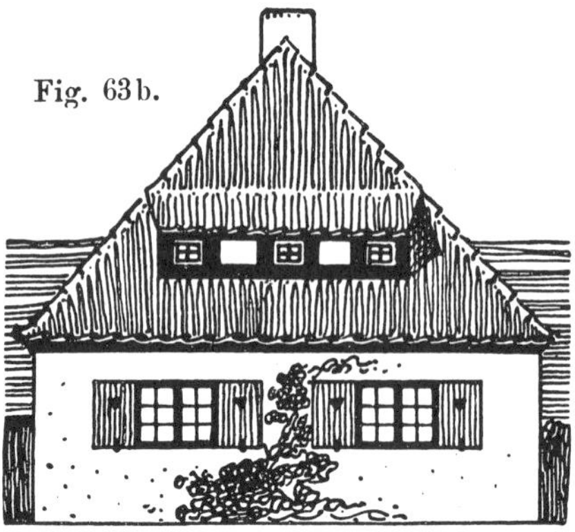

Fig. 63c.

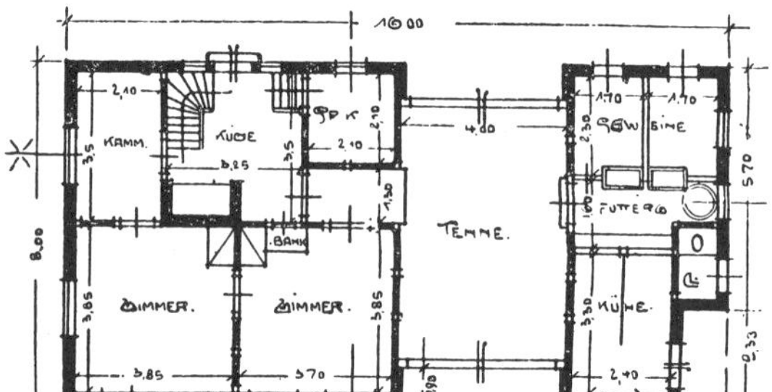

Mittlere Bauernhäuser beanspruchen an Wohnräumen: 2 Stuben, 1 Küche von 17 bis 18 qm, 1 Speisekammer, 1 Raum für die Zentrifuge von etwa 8 bis 10 qm, 1 Abort, Flur und Treppe im Erdgeschoß, 1 Stube, etwa 5 bis 6 Kammern und 1 Abort im Obergeschoß — 1 Milchkeller und 1 Keller für die Speisekartoffeln. Der Keller für Futterkartoffeln und Rüben wird gewöhnlich mit der Scheune verbunden.

*) Wir folgen hier dem von der sächsischen Staatsregierung ausgeschriebenen Programm zu Erlangung von „Entwürfen kleinbäuerlicher Gehöftanlagen“. Verlag von Baumgärtner, Leipzig 1898.

An Viehstand rechnet man 6 bis 10 Stück Rindvieh, 2 Stück Jungvieh, 1 bis 2 Pferde, 2 Muttersauen und 2 Mastsauen und das nötige Federvieh. Der Grundbesitz beträgt ungefähr 10 ha Feld und Wiese.

Die Wirtschaftsanlage kann mit dem Wohnhause unter einem Dache vereinigt werden, wird aber ebenso häufig davon getrennt in besonderem Gebäude untergebracht (Fig. 69 bis 76).

Für große Bauernhäuser rechnet man 3 Stuben, 1 Küche, 1 Speisekammer, einen Raum für die Zentrifuge, 2 Aborte, Flur und Treppe im Erdgeschoß — 2 Stuben, etwa 8 bis 10 Schlaf- und Vorratskammern und 2 Aborte im Obergeschoß — 3 Keller für Milchprodukte Speisekartoffeln usw.

Stallgebäude sind zu errichten für ungefähr 18 Kühe, 6 Stück Jungvieh, 6 Muttersauen, 6 Mastsauen, für die Ferkel, ferner für 4 Pferde und das nötige Federvieh. Eine Futterküche in Verbindung mit dem Stallgebäude muß vorgesehen werden. Die Scheune enthält wieder außer Tenne und Bansen den Keller für die Knollenfrüchte.

Eine Knechtekammer im Stalle selbst zur Ueberwachung des Viehes ist erwünscht.

Der Grundbesitz beträgt nicht unter 30 ha an Feld und Wiesen (Taf. 1 und 2 und Fig. 80 bis 86).

b) Die innere Einrichtung.

Die landwirtschaftlichen Betriebsverhältnisse sind bei dem Entwurfe eingehend zu berücksichtigen. Unzweckmäßigkeit in der Anlage wird gerade beim Bauernhause schwer empfunden.

Für kleinbäuerliche Gehöfte empfiehlt es sich, Wohnung und Ställe unter einem Dache zu vereinigen. Ein solches Zusammenbauen bringt Kostenersparnis, auch wird die Wärme besser zusammengehalten. So zeigen z. B. die von der Kommission zur Beförderung deutscher Ansiedelungen in den Provinzen Posen und Westpreußen ausgearbeiteten Musterentwürfe bis zu 25 ha Landbesitz durchweg den Zusammenbau (Fig. 89). Für einzelne Bezirke gelten aber verschiedene baupolizeiliche Bestimmungen, durch die unter Umständen der Zusammenbau wertlos werden kann. Dies tritt z. B. ein, wenn eine Verbindung durch Türen zwischen Wohnräumen und Stallungen verboten ist.

Bei kleineren Bauernhäusern müssen die beiden unteren Wohnstuben vom Flur aus unmittelbar zugänglich gemacht werden (Fig. 70 und 87). Gegen diese Forderung wird leider nur zu oft verstoßen. Zwischen Wohnung und Viehställe wird als Trennung die Futterküche gelegt (Fig. 63c, 64). Die Kochküche sollte man niemals unmittelbar mit den Ställen durch Türen verbinden.

In größeren Bauernhäusern werden die Wohnräume auf zwei Geschosse verteilt (Fig. 80, 82 und 84). Auf möglichst bequeme Zugänglichkeit ist auch hier Rücksicht zu nehmen.

Das Wohnhaus und die Stallanlage können hier als Gruppenbau aneinander geschlossen werden. Sie müssen aber dann auch in zweckmäßiger Verbindung zueinander stehen und durch doppelten Türabschluß getrennt sein (Fig. 64 und 73). Der Hausflur bildet dann den Mittelpunkt des Wirtschaftsbetriebes.

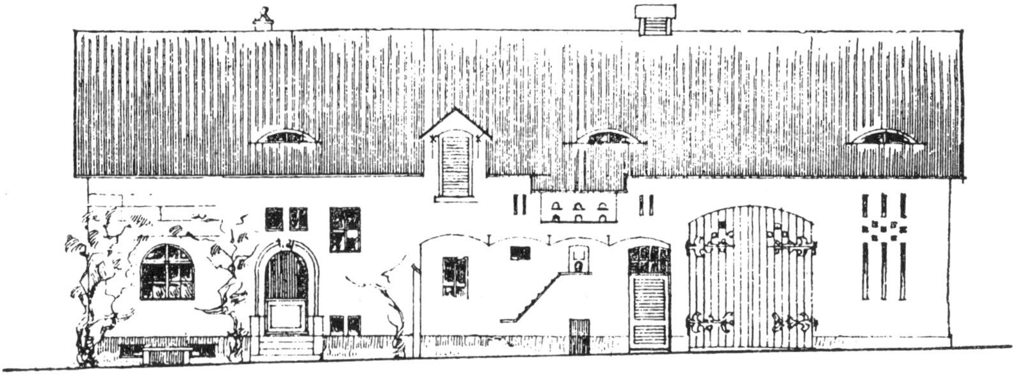
Seitenansicht

Fig. 64.

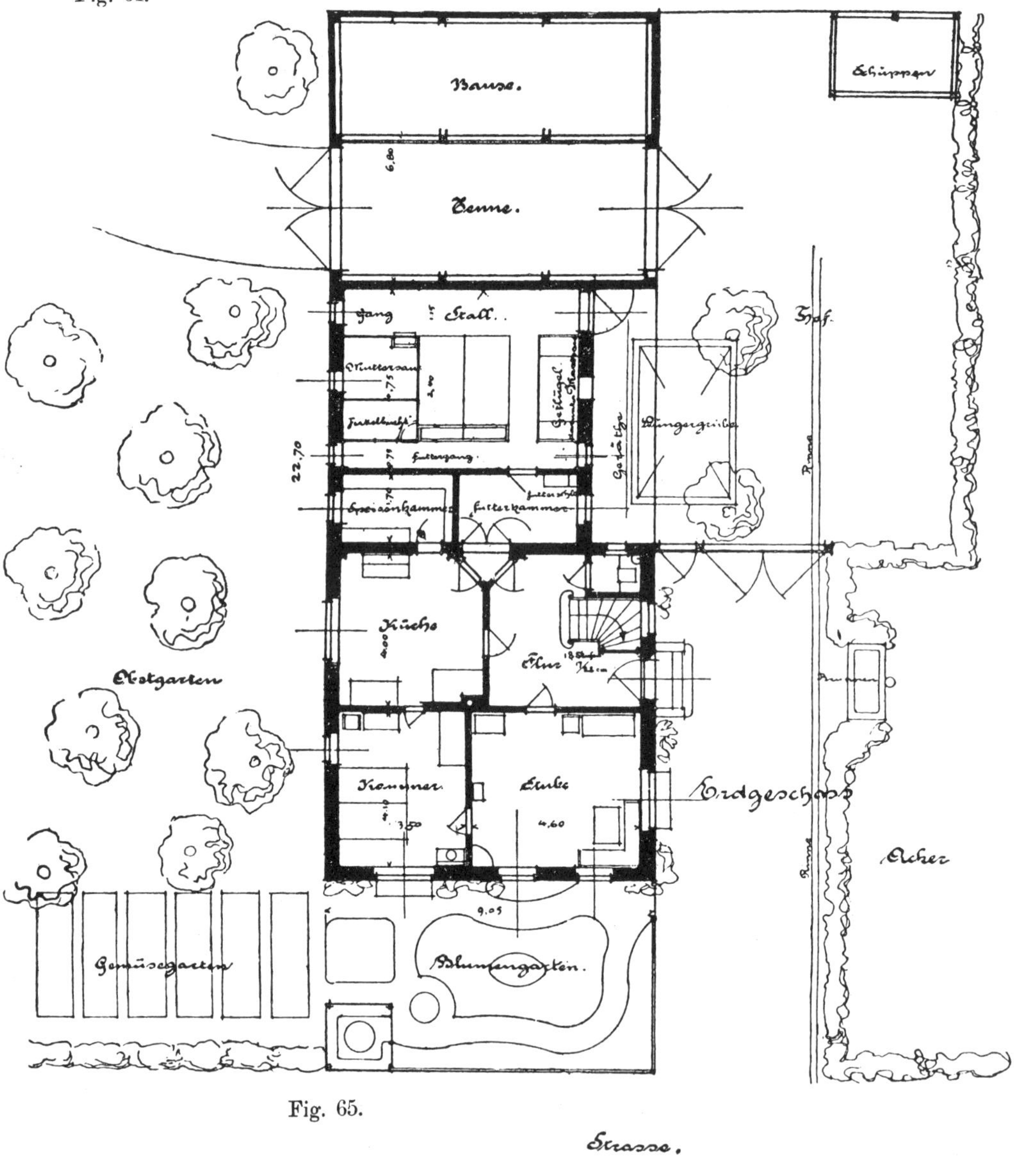
Banse.
Tenne.
Schuppen
Gang
Stall.
Hof.
Düngergrube
Speisekammer
Futterkammer
Küche
Flur
Kammer
Stube
Erdgeschoss
Obstgarten
Gemüsegarten
Blumengarten.
Acker
22,70
9,05
4,60
3,50
Strasse.

Fig. 65.

Eine Trennung von Wohnräumen und Stallungen wird auch hier am besten durch dazwischen gelegte Wirtschaftsräume erreicht. Als solche gelten: die Futterkammer, die Speisekammer, der Zentrifugenraum usw. (Fig. 73).

Das Wohnhaus steht gewöhnlich mit dem Giebel an der Straße. An der Hofseite legt man das Zimmer des Hausherrn so an, daß er von hier aus den gesamten Hofbetrieb beobachten kann. Dies wird ermöglicht durch Fenster in mehreren Außenwänden, oder auch durch einen Erkerausbau (Fig. 80 und 84).

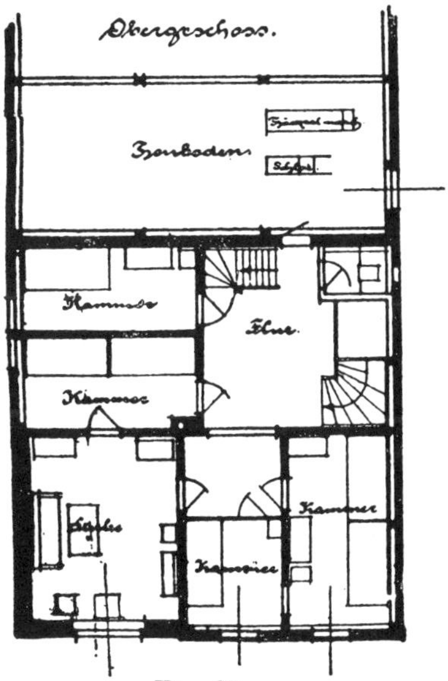

Fig. 66.

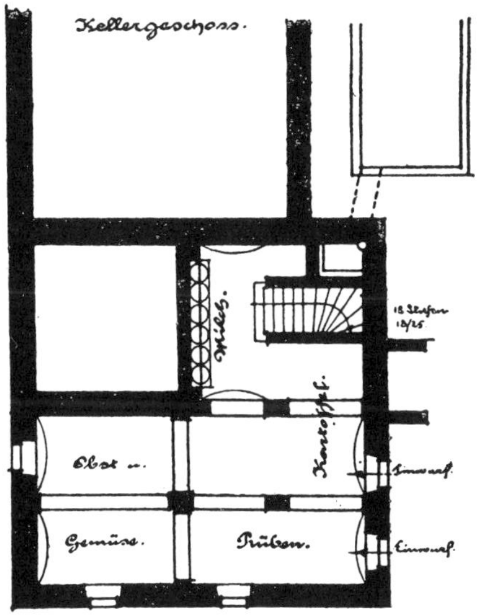

Fig. 67.

Von den Stallungen kann man nur einige oder auch alle in einem Gebäude vereinigen. So werden z. B. der Kuh- und der Schweinestall praktisch zusammengelegt. Wenn aber sämtliche Ställe unter demselben Dache untergebracht werden, so müssen die Pferde in festen Standwänden Platz finden, damit die Ordnung nicht gestört wird (Fig. 84 und 88).

Die Düngerstätte liegt zweckmäßig in nächster Nähe des Kuhstalles.

Die Scheune mit dem Geräteschuppen und dem Körnerboden wird der Feuersgefahr halber von den übrigen Gebäuden getrennt angeordnet, zumeist dem Hoftor gegenüber, an der Schmalseite des Hofes.

Fig. 68.

Der Futterboden liegt über den meist gewölbten Stallungen (Figur 73, 84 und 89).

Auf größeren Bauerngehöften wird das Wohnhaus vorteilhaft durch einen gedeckten, geschlossenen Gang mit der Stallanlage verbunden (Fig. 84).

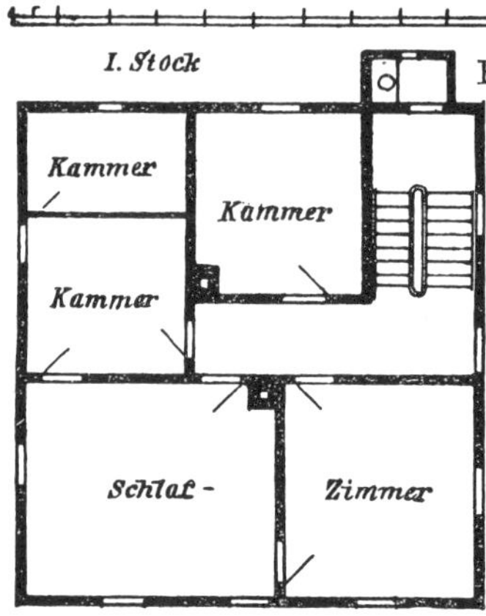

Fig. 69.

Alle Zugänge und Zufahrten auf dem Hofe sollen so bequem als möglich angeordnet sein.

In den Stallgebäuden liegt die Futterküche am besten zwischen den Hauptställen, z. B. zwischen Kuh- und Schweinestall. Eine Knechtekammer ist, wie bereits bemerkt, hier außerdem zur Ueberwachung vorzusehen (Fig. 84).

Eine vernünftige Blitz-Ableiteranlage ist nicht zu vergessen. Sie ermäßigt oft auch die Versicherungsprämien.

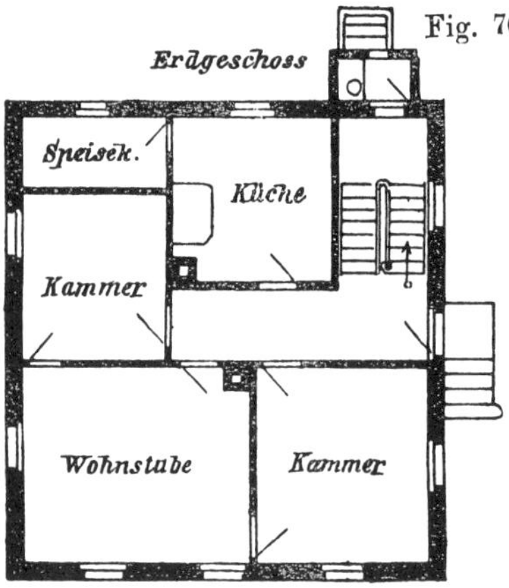

Fig. 70.

c) Der konstruktive Ausbau.

Die leichtere billige oder die schwerere und teuere Bauweise für Bauerngehöfte wird zunächst bedingt durch deren Lage. In geschlossene Dörfer gehören feuergefährliche Bauten aus verbretterten Holzwänden nicht hinein; anders wird dies bei einzeln liegenden Bauten (Feldscheunen) oder Gehöften.

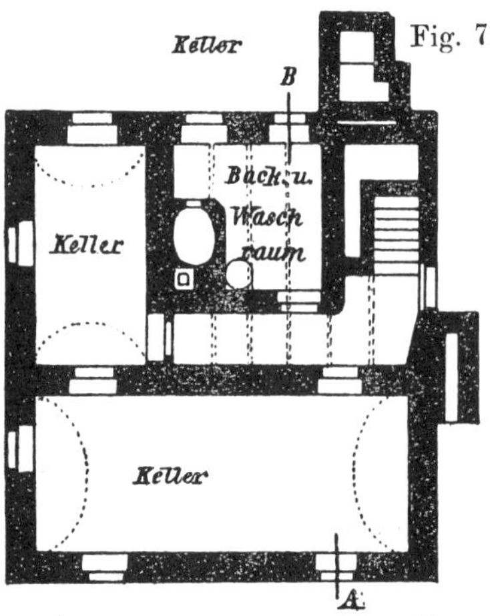

Fig. 71.

Sparsamkeit bei Aufrichtung der Gebäude muß aber zunächst der leitende Grundsatz sein, denn der Wert der Gebäude muß immer in einem entsprechenden Verhältnis zum gesamten Gutswerte stehen. Wird dieses Verhältnis zu groß, so belasten die Gebäudeanlagen den Grundbesitz in zu großem Maße und schädigen den Besitzer.

Dasselbe wird aber der Fall, wenn man allzu sparsam baut, z. B. bei zu geringer Tiefe der Grundmauern oder bei zu geringer Stärke der Hauptmauern.

Die Bodengestalt und das übliche Baumaterial der Gegend sind ebenfalls zu berücksichtigen (Schwarzwald, Schweiz usw.).

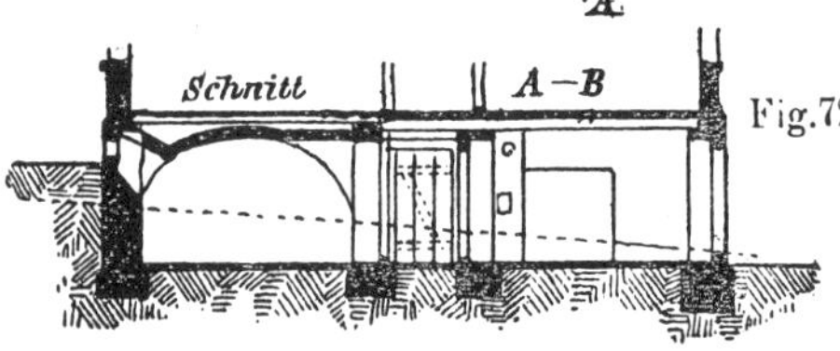

Fig. 72.

Am besten wirkt am Bauernhause ein steiles Dach, das außerdem zur Aufnahme von Vorrats- und Dienstbotenkammern gut ausgenutzt werden kann. Ein flaches, z. B. ein Holzzement- oder

Pappdach bietet ja in bezug auf Wohnlichkeit der darunter liegenden Räume auch gewisse Vorteile, aber es macht, wie L. v. Tiedmann in seinem Buche

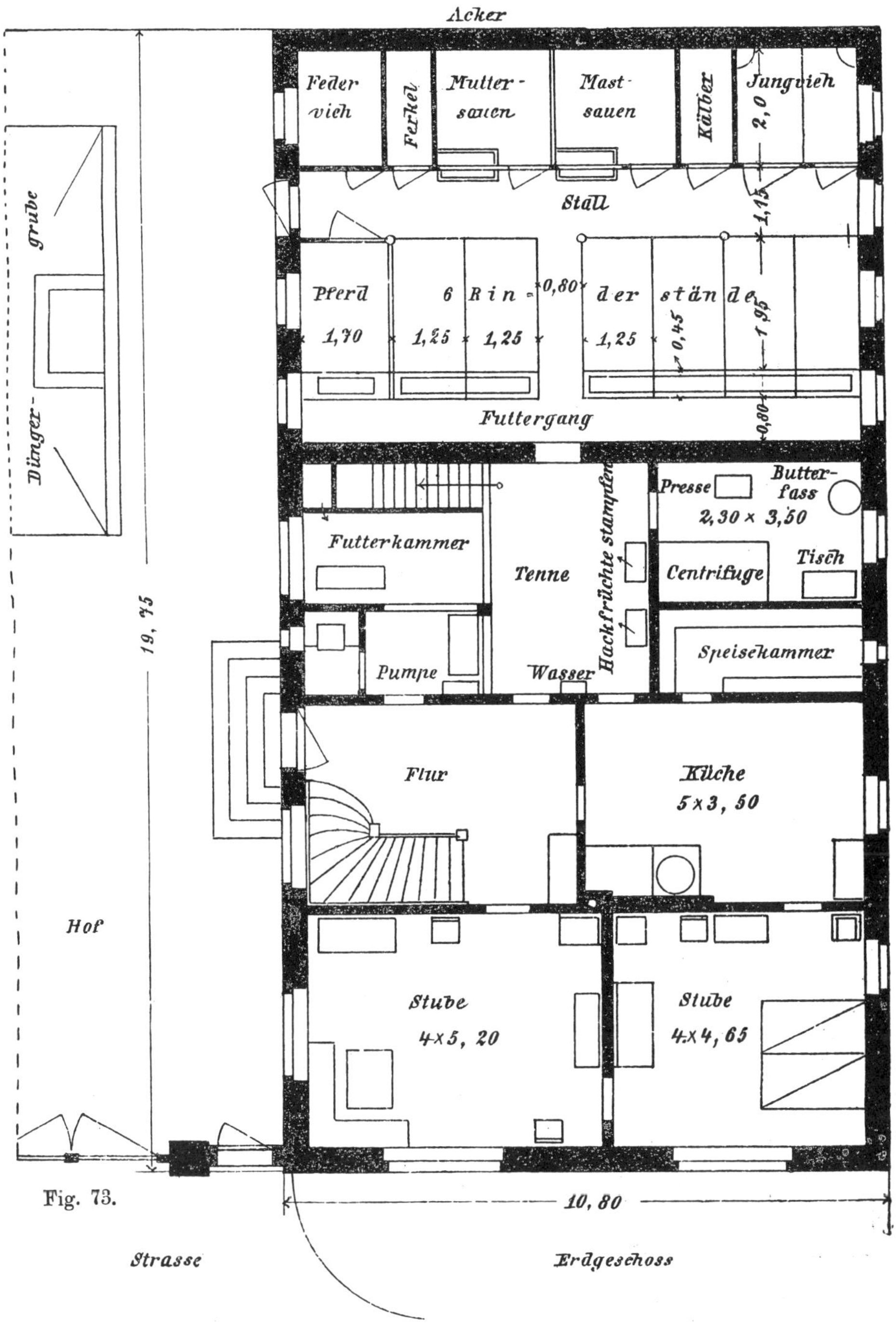

Fig. 73.

„Das landwirtschaftliche Bauwesen“, Halle, ganz richtig bemerkt, unter allen Umständen einen fremdartigen Eindruck und sollte umso weniger von bautechnischer Seite empfohlen werden, als über die praktischen Vorzüge dieser modernen Errungenschaften der Bauwissenschaft für Bauernhäuser sehr widersprechende Ansichten zutage treten.

Fig. 74.

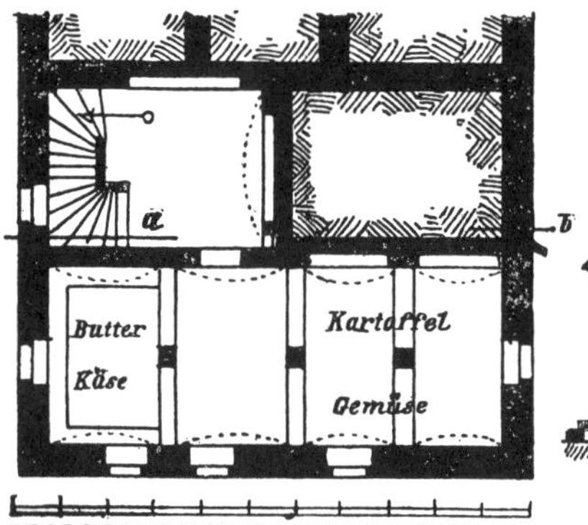

Fig. 75.

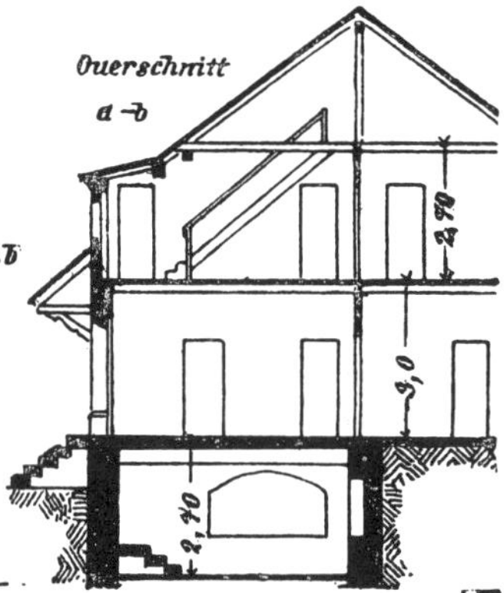

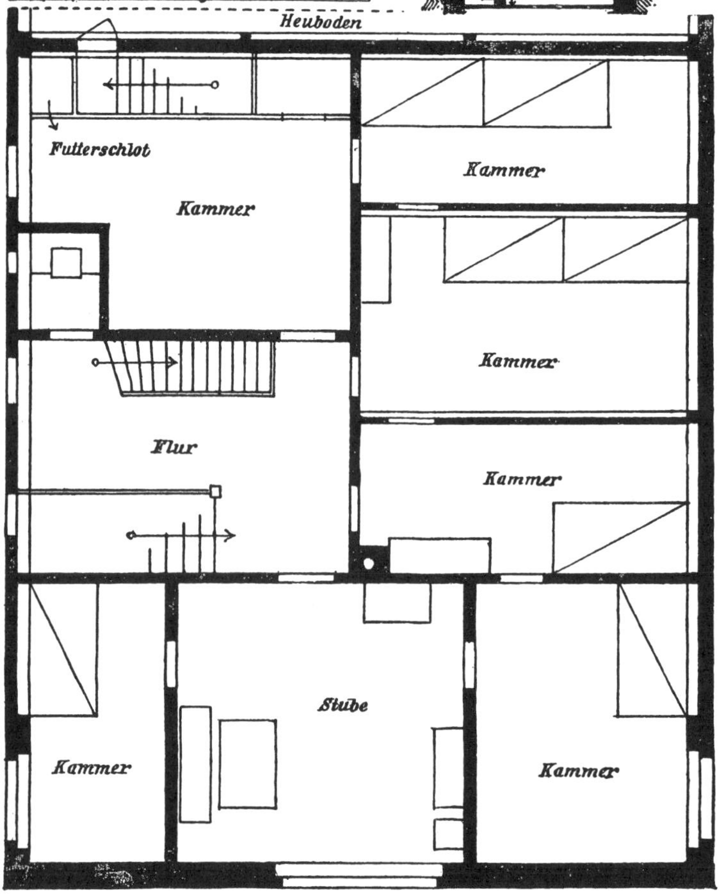

Fig. 76. Obergeschoss

Fehlerhaft ist es, für Wohnungen und Viehställe nur ganz leichte Bauten aufzuführen, denn sie werden zu kalt. Sie sind außerdem feuergefährlich und unterliegen deshalb einer sehr hohen Versicherungsprämie.

Immer empfiehlt sich ein billiger Massivbau für Ställe und Scheunen. Für die Wände des Erdgeschosses wählt man z. B. gewöhnliche Hintermauerungssteine und stellt nur die Fenster- und Türumrahmungen, dazu oft auch die Gebäudeecken mit gepreßten Backsteinen her. Die Wandflächen erhalten später glatten oder rauhen Putz (Rapputz). Das Obergeschoß wird als Kniestock oder auch als voller Stock in Fachwerk ausgebildet (Fig. 83, 85 und 86) und an den Wetterseiten mit Schiefern oder Dachsteinen benagelt.

Die Preisunterschiede der üblichen Baumaterialien stellen sich, abgesehen von örtlichen Verhältnissen, etwa so:

Es kosten 1 cbm volles Ziegelmauerwerk je nach der Mörtelzutat etwa 19 bis 22 Mk.

1 cbm volles Bruchsteinmauerwerk 11 bis 15 Mk.

1 cbm Zement Pisé 10 Mk.

1 cbm Kalksand Pisé 8 Mk.

Näheres über den konstruktiven Ausbau der Wirtschaftsgebäude und Stallungen bringen die entsprechenden Kapitel im zweiten, dritten und vierten Abschnitte dieses Buches.

Zur Frage der Reform der ländlichen Bauweise hat u. a. die sächsische Regierung die Landbauämter veranlaßt, bei Bearbeitung des Bauplanes von bäuerlichen Gehöftanlagen die folgenden Gesichtspunkte zu berücksichtigen:

1. Einfachste äußere Gestaltung, unter Vermeidung von Aufbauten und allem sonstigen an eine Stadtvilla erinnernden Schmuck.
2. Bei fallendem Gelände geringe Tiefe des Gebäudes, ebensowohl zur Vermeidung kostspieliger Unterbauten, wie umfangreicher Dachentwickelung.
3. Tunliche Vermeidung von Hausteinen.
4. Anwendung von Lehmstak oder Ziegelflachwänden anstelle der jetzt gebräuchlichen massiven Innenmauern.
5. Abminderung der Geschoßhöhen auf die durch das Baugesetz vorgesehenen Mindestmaße.
6. Anwendung einfacher Flachziegeltäfelung oder eines Zementestrichs in Hausfluren. Keller bedürfen dann einer Fußbodenbefestigung nicht, wenn Sand oder Kies zur Verfügung stehen.
7. Beschränkung der Anbringung von Dachrinnen und Abfallrohren, namentlich bei weit ausladenden Dächern und bei einem das rasche Abfließen des Wassers gestattenden Erdboden.
8. Anwendung von Lehmstak mit Bretterverkleidung anstelle der jetzt angewendeten 1 bis 1½ Stein starken Umfassungen des Obergeschosses, bezw. auch eines gegen Bodenfeuchtigkeit gut geschützten Erdgeschosses. Auch die Anwendung von Bohlenumfassungswänden ist in Betracht zu ziehen.
9. Anwendung von Schindeln zur Dachdeckung.
10. Anwendung vorzugsweise eiserner Heiz- und Wirtschaftsöfen.
11. Beschränkung der Anlage von Vorplätzen und Gängen, mit Ausnahme derjenigen Fälle, wo — wie in entlegenen Gegenden — die Bewohner zur Viehhaltung genötigt sind und daher eines größeren Vor- und Wirtschaftsraumes zur Futterbereitung (Aufstellung eines Kessels, in sehr rauhen Gegenden auch das Aufstellen des Wassertroges in demselben) benötigen.
12. Verzicht auf die besondere Anlage einzelner oder gemeinsamer Waschküchen (bei dem geringen Bedarf kann die Wäsche in der Küche gewaschen werden).
13. Vereinfachung der Ausstattung von Türen und Fenstern unter Weglassung gestemmter Arbeiten.
14. Einfachste Einfriedigung unter Verzicht auf Stein- oder Eisensäulen.
15. Verwendung lagerhafter gewöhnlicher Feldsteine für etwa nötige Pflasterungen, sowie Ersatz der Futtermauern durch Böschungen.
16. Abminderung der Holzstärken für Balken, Dachholz, Fenster- und Türrahmen auf das geringste zulässige Maß.

d) Beispiele.

Fig. 64 bis 68. **Bauernhaus für Landbesitz, 5 ha,** vom Architekten E. Kühn-Dresden. Dies Projekt erhielt in der Gruppe II des Preisausschreibens für

Entwürfe kleinbäuerlicher Gehöftanlagen für das Königreich Sachsen (herausgegeben vom Ministerium des Innern, Leipzig 1898) den ersten Preis. Derselbe wird folgendermaßen begründet:

Von einem gemeinschaftlichen Flur sind hier Wohnräume, Küche, Keller, Abort, Treppe zum Obergeschoß und Stall bequem und ohne Umwege zu erreichen. Das Aeußere entbehrt bei aller Einfachheit nicht einer künstlerischen Frische. Der Kostenüberschlag ergibt 15 887 Mk., d. h. abzüglich der Fuhrlöhne etwa 1500 Mk., d. h. pro 1 cbm 10 Mk.

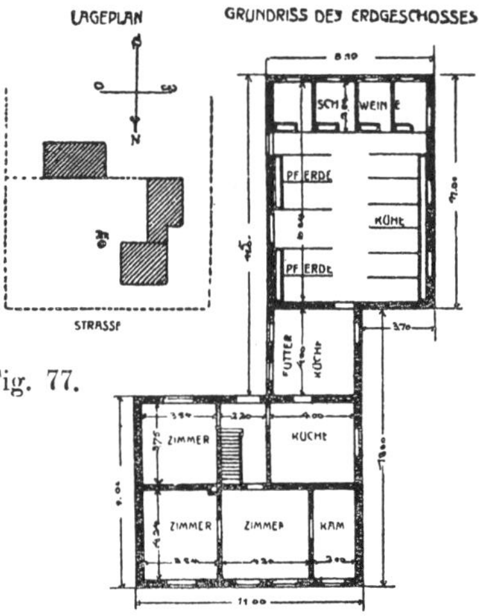

Fig. 77.

Fig. 69 bis 72. **Süddeutsches Bauernhaus** vom Architekten Angebrand in Meßkirch. Das Wohnhaus zeigt eine gute Zugänglichkeit und Verteilung der Räume.

Fig. 73 bis 76. **Bauernhaus für einen Grundbesitz von 10 ha** vom Architekten E. Kühn-Dresden (aus Sammlung von Entwürfen kleinbäuerlicher Gehöftanlagen,

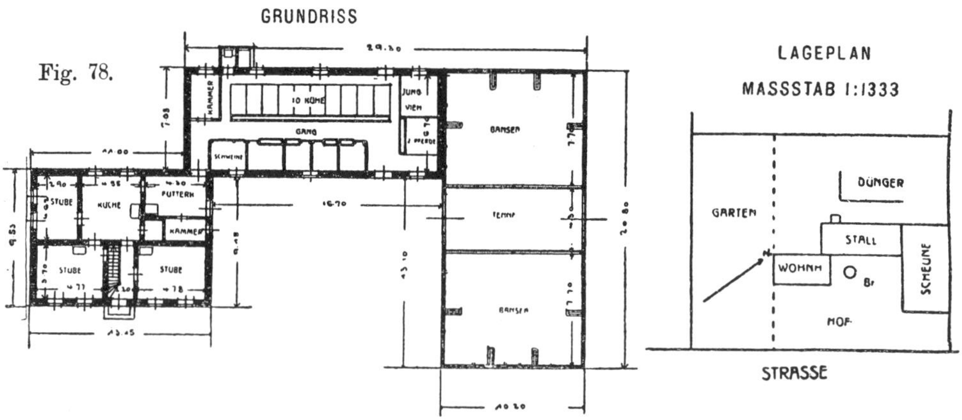

Fig. 78.

Leipzig 1898). Das Projekt, von dem wir hier nur die notwendigen Grundrisse ohne die Scheune, Hofanlage, Schnitte und Fassaden wiedergeben, erhielt in Gruppe III den ersten Preis. Wohnräume und Stallanlage sind zur Erleichterung des Betriebes unter einem Dache vereinigt und durch zwischengeschobene Wirtschaftsräume getrennt. In der gemeinsamen Stallanlage sind die Pferde in Standwände eingestellt. Der Heuboden liegt über dem Stalle. Von ihm führt ein Heuschacht hinunter zur Futterkammer.

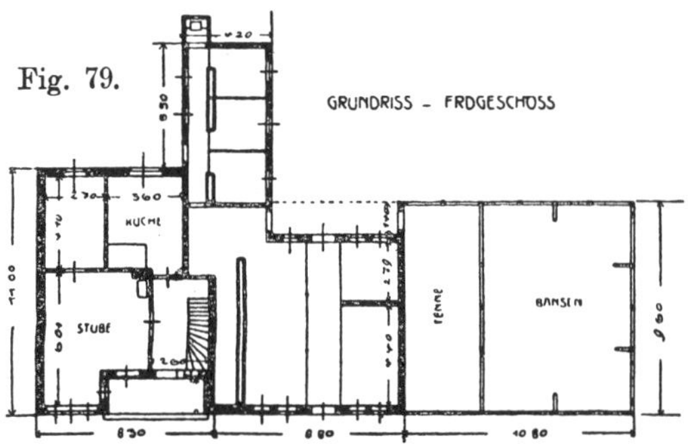

Fig. 79.

Die Scheune mit Geräteschuppen und Körnerboden liegt dem Wohnhaus gegenüber. An Kosten erfordert das Projekt etwa 20160 Mk., die Scheune dazu etwa 7400 Mk. oder abzüglich der Fuhren usw. 26450 Mk., d. h. pro 1 cbm für Wohn- und Stallgebäude 12,30 Mk. und für die Scheune 7,50 Mk.

Fig. 77 bis 79. **Bebauungsbeispiele der Königl. Ansiedelungs-Kommission in den Ostmarken.**

Fig. 77. **Gehöft für 15 ha.** Wohnhaus mit angebautem Stall, Scheune besonders.

Bauart: Umfassungswände Ziegelmauerwerk geputzt. Giebel massiv, 25 cm stark. Eindeckung Falzziegel. Scheune Holzfachwerk mit Bretterverkleidung. Pappdach.

Ausführungskosten 8300 Mk.

99 qm Wohnhaus à 40 Mk. = rd 4000 Mk.
109 qm Stall à 30 Mk. = rd 3300 „
128 qm Scheune à 8 Mk. = rd 1000 „
Summa 8300 Mk.

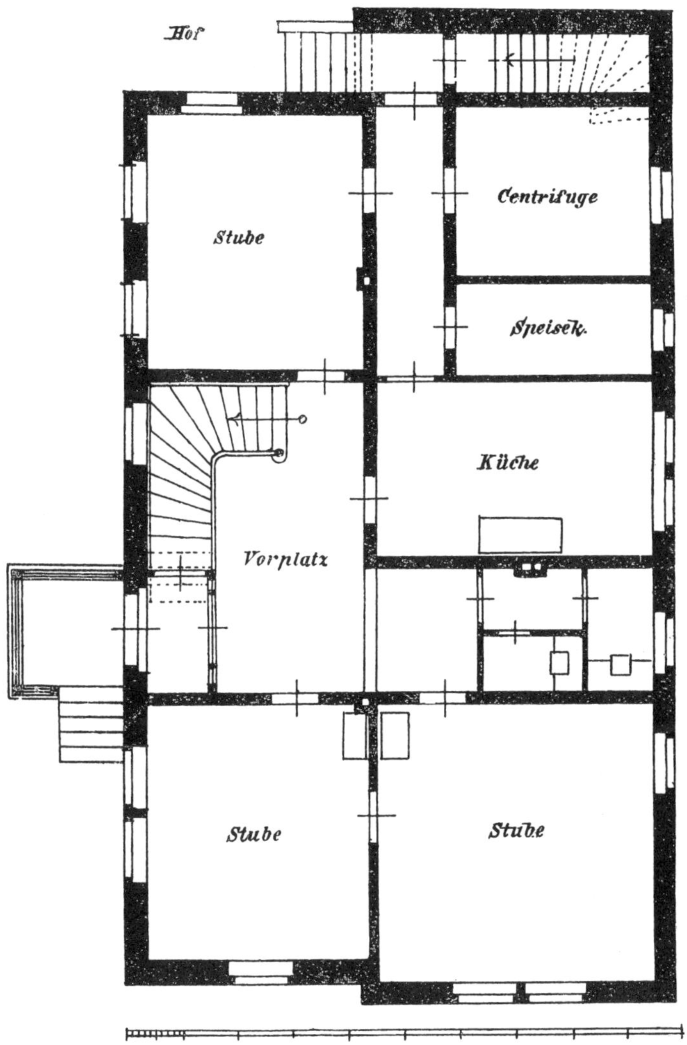

Fig. 80. Erdgeschoss

Fig. 78. **Gehöft für 18 ha.** Wohnhaus, Stall und Scheune zusammenhängend erbaut; niedersächsische Fortbildung.

Bauart: Ziegelmauerwerk geputzt. Die Scheune Fachwerk, unten ausgemauert, oben mit Brettern verkleidet. Eindeckung Kron- und Falzziegeldach.

Ausführungskosten 9300 Mk.

125 qm	Wohnhaus	à qm 35 Mk.	=	rd 4400 Mk.
135 „	Stallgebäude	à „ 20 „	=	„ 2700 „
212 „	Scheune	à „ 10 „	=	„ 2200 „
				Summa 9300 Mk.

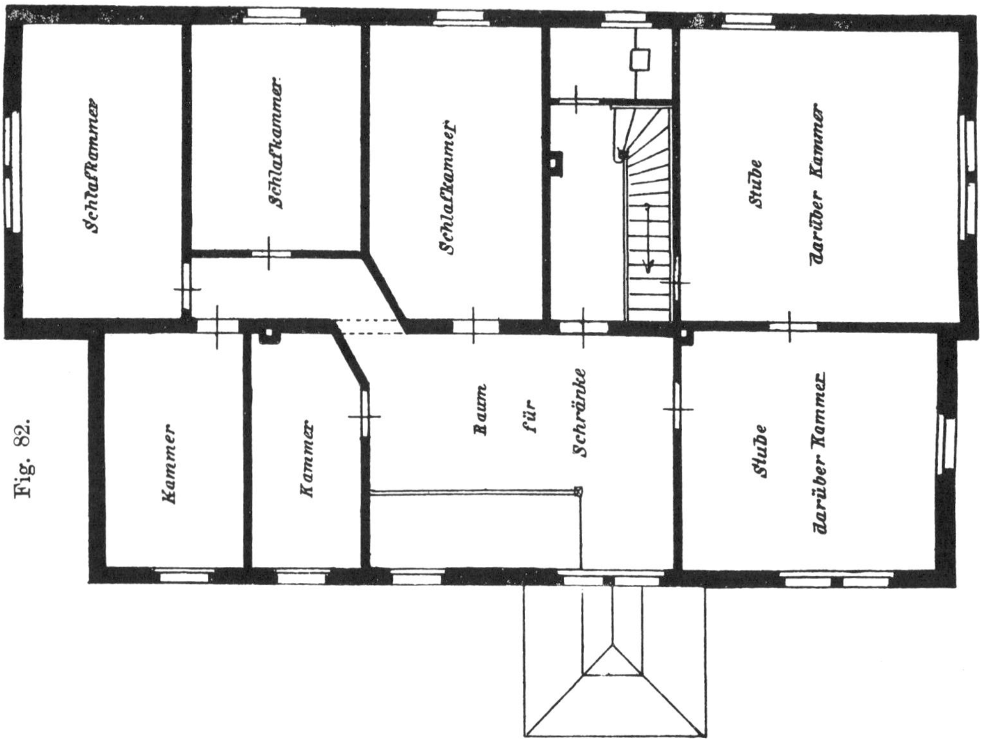
Schlafkammer
Schlafkammer
Schlafkammer
Stube
darüber Kammer
Kammer
Kammer
Raum
für
Schränke
Stube
darüber Kammer

Fig. 82.

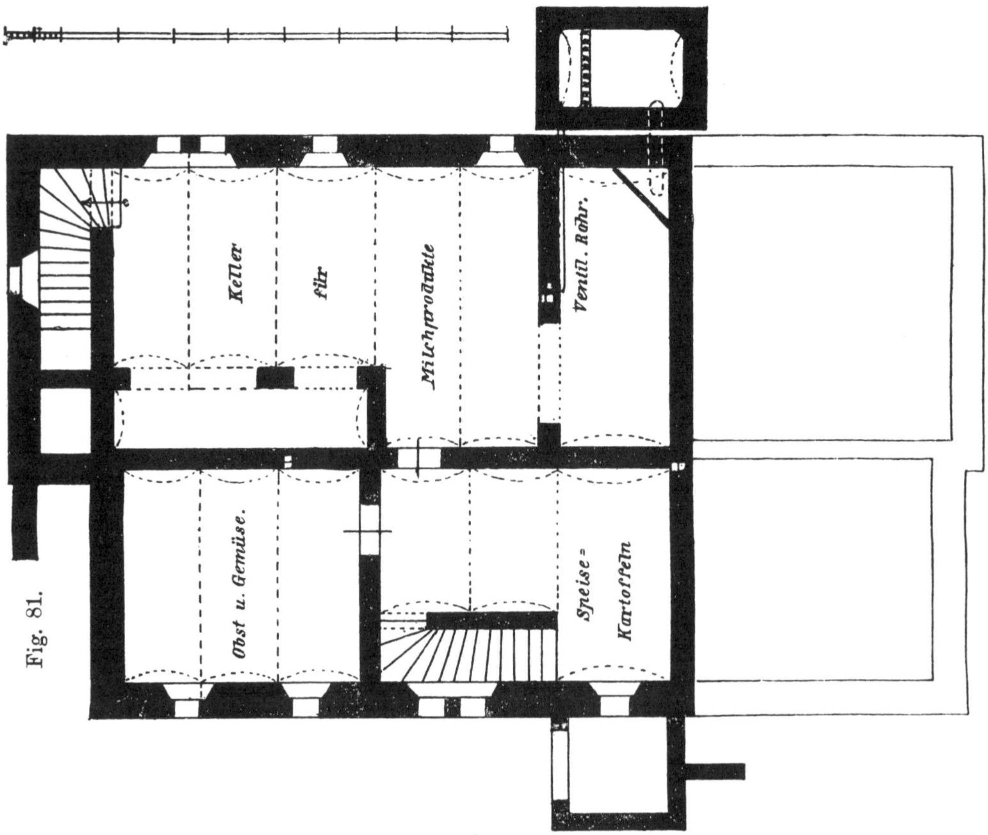
Keller
für
Milchprodukte
Ventil. Röhr.
Obst u. Gemüse.
Speise=
Kartoffeln

Fig. 81.

Fig. 79. **Gehöft für 19 ha.** Wohnhaus, Stall und Scheune unter einer Decke.

Bauart: Fundamente und Sockelmauer der Scheune Bruchsteine. Umfassungswände Ziegelmauerwerk geputzt. Scheune und Giebel des Wohnhauses in Fachwerk, 12 cm ausgemauert. Kronziegeldach.

Ausführungskosten 8400 Mk.

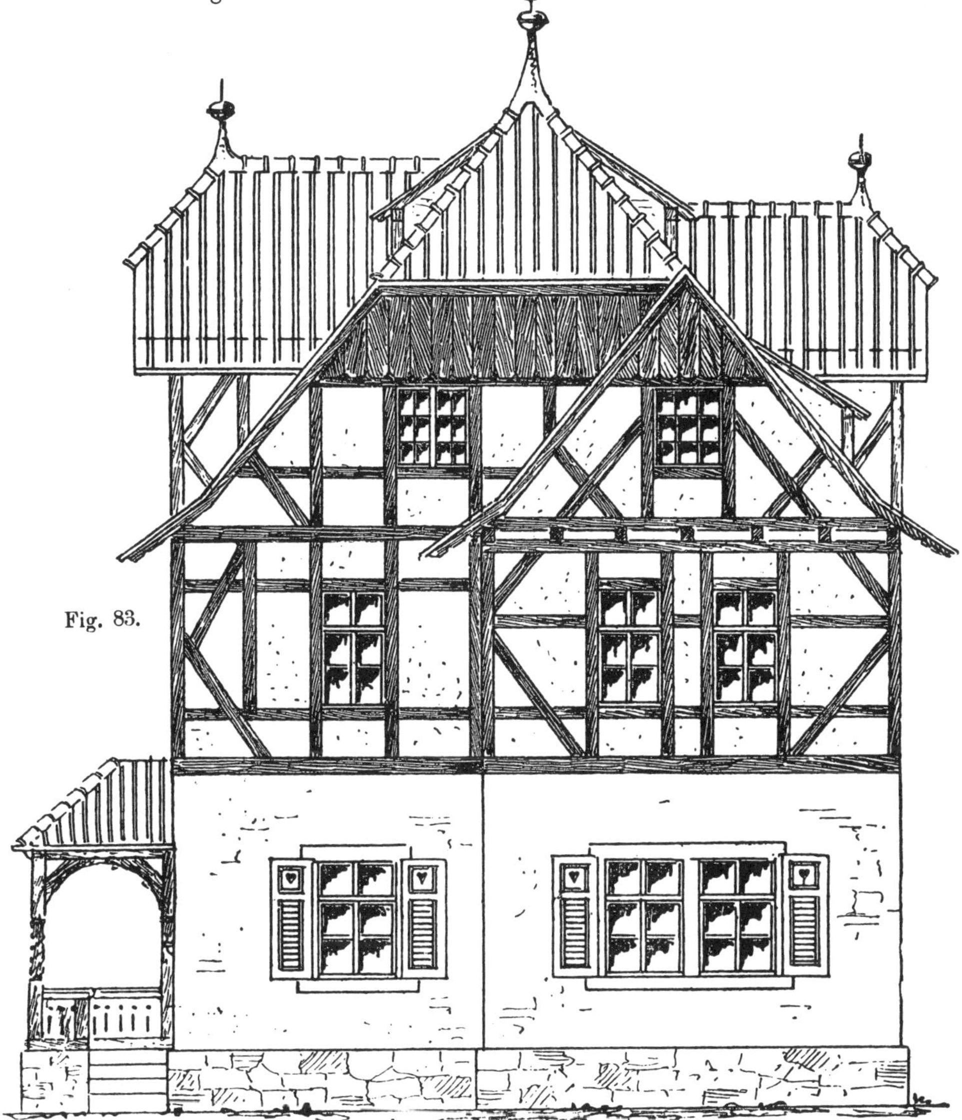

Fig. 83.

91 qm	Wohnhaus	à qm 40 Mk.	= rd	3600 Mk.
85 „	Stall	à „ 30 „	= „	2600 „
104 „	Scheune	à „ 12 „	= „	1300 „
23 „	Schweinestall	à „ 15 „	= „	400 „
Abort, Umwehrung, Brunnen			= „	500 „
			Summa	8400 Mk.

Taf. 1 u. 2.

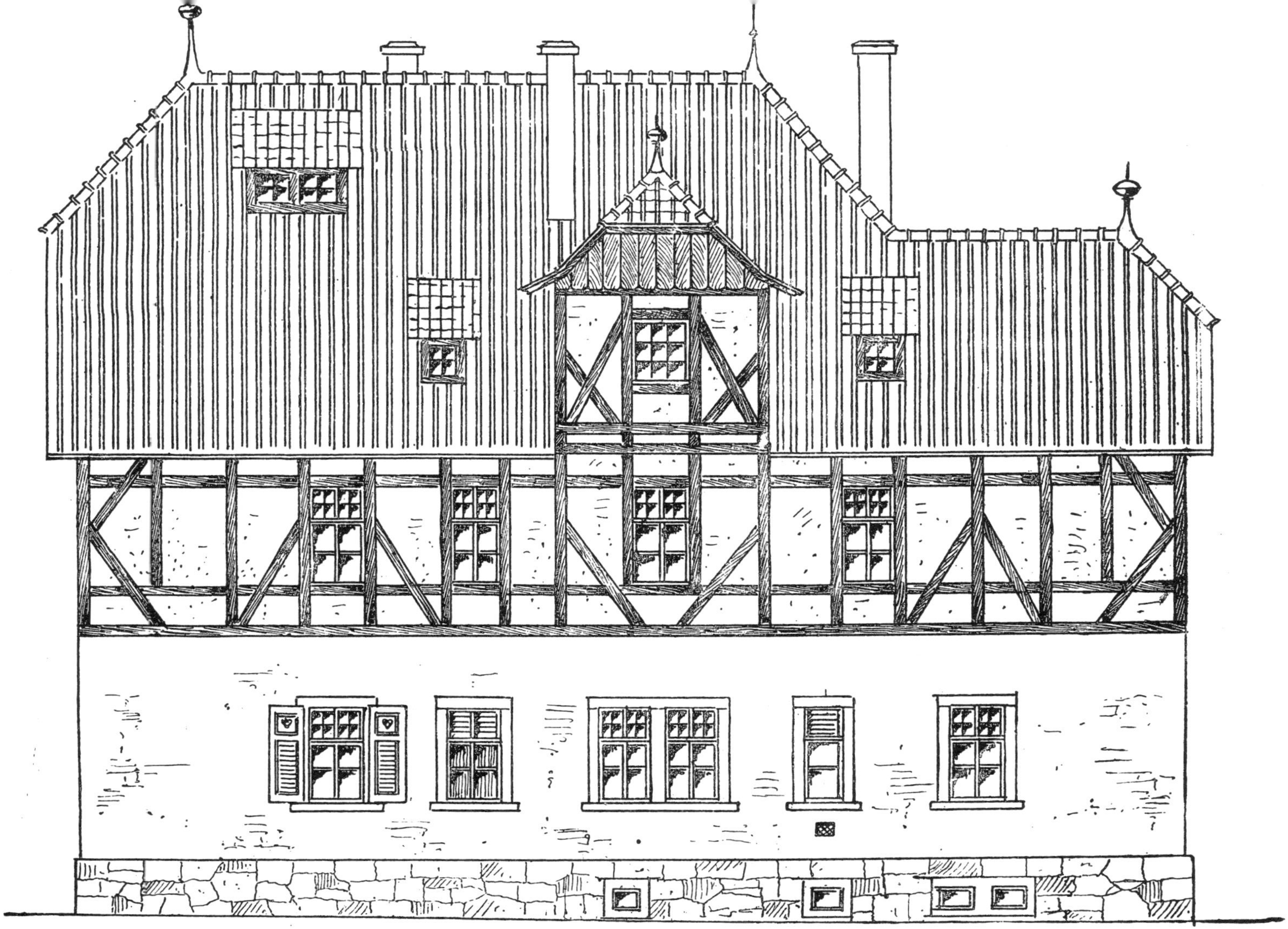

Issel, Landwirtschaftliche Baukunde.

Tafel 1 und 2 und Fig. 80 bis 83. **Bauernhaus für einen Grundbesitz von etwa 30 ha** (Acker und Wiesen) vom Architekten Hans Issel-Kassel. Die nötigen Wohn- und Wirtschaftsräume sind sowohl im Erd- als auch im Obergeschoß unmittelbar zugänglich gemacht. Die Verbindung mit den Stallanlagen geschieht durch die Hoftür. Eine Treppe führt hier ohne Umweg zum Milchkeller. Die rückwärts gelegene Stube ist als Wohnzimmer des Besitzers aufzufassen. Von hier aus ist der Hof zu übersehen. Sie steht mit dem Vorderhause und mit dem Hofe in bequemer Verbindung. Das Obergeschoß enthält die nötigen Kammern, zu denen außerdem noch einige im ausgebauten Dachgeschoß hinzukommen.

Fig. 84 bis 86. **Bauernhaus für einen Grundbesitz von 30 ha** vom Architekten R. Hartmann-Dresden, mit Fassaden vom Architekten A. Käppler-Leipzig (Sammlung von Entwürfen kleinbäuerlicher Gehöftanlagen, Leipzig 1898).

Fig. 84.

von Architekt R. Hartmann Dresden für 30 ha. Grundbesitz

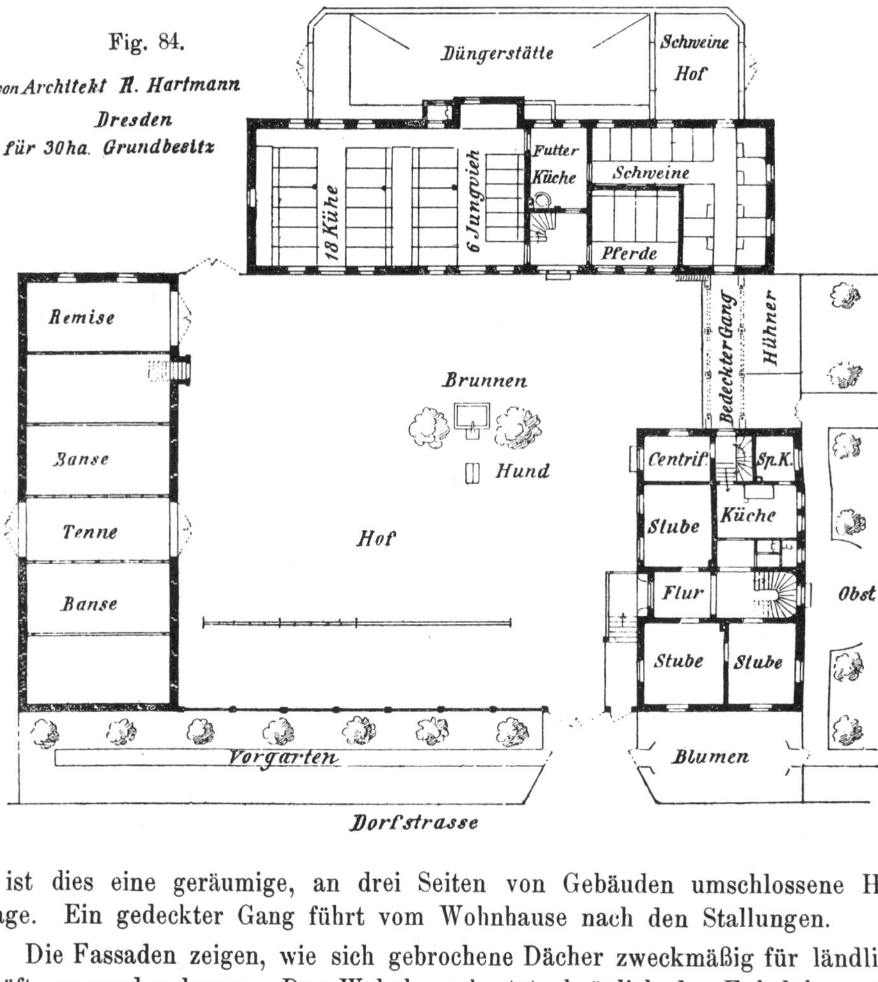

Es ist dies eine geräumige, an drei Seiten von Gebäuden umschlossene Hofanlage. Ein gedeckter Gang führt vom Wohnhause nach den Stallungen.

Die Fassaden zeigen, wie sich gebrochene Dächer zweckmäßig für ländliche Gehöfte anwenden lassen. Das Wohnhaus kostet abzüglich der Fuhrlöhne etwa 24000 Mark.

In den Fig. 87 bis 93 sind weitere **Bauerngehöfte** dargestellt. Fig. 87 für 12 ha vom Architekten Nabenhauer zeigt die Zusammenlegung von Wohn- und Stallgebäude. Fig. 88, von demselben Architekten, ist für 30 ha berechnet. Fig. 89 für 8 ha Grundbesitz und Fig. 92 für 36 ha entstammen den Muster-

Fig. 85.

Fig. 86.

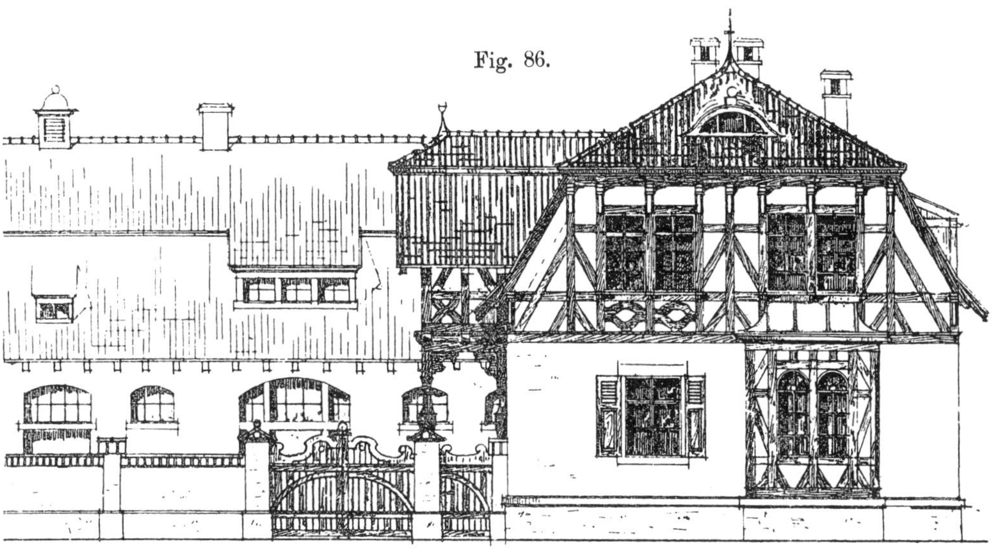

entwürfen zur Beförderung deutscher Ansiedelungen in den Provinzen Posen und Westpreußen. Fig. 90 ist ein Bauernhof aus dem Oderbruch. Fig. 91 für 10 ha ein solcher aus Ostholstein. Fig. 93 stellt ein mittelgroßes Gut mit Weinbau und Brennereibetrieb in Rheinhessen dar. Die Stallungen sind für 6 Pferde, 10 Kühe, 3 Schweinebuchten und das nötige Federvieh berechnet.

Neuere rheinische Bauernhöfe (Fig. 94 bis 99) von A. Waldner-Mettenheim (Deutsche Bauhütte, Hannover). In den Figuren 94 und 95 ist ein Bauernhof dargestellt, bei dem der Grundriß des Wohnhauses die gute Anordnung zeigt, daß alle Räume vom Flur aus unmittelbaren Zugang haben. Das Stallgebäude ist tiefer gelegen als das Wohnhaus, deshalb stellt von diesem aus eine überbaute Treppe die Verbindung her. Scheunen und Schuppen liegen dem Hauptgebäude gegenüber.

Bei dem kleineren, in Fig. 96 und 97 wiedergegebenen Projekt, legen sich sämtliche Räume des Hauses um eine große Wohndiele und sind von hier aus zugänglich gemacht worden. Die Fassade ist bei aller Schlichtheit hier sehr anheimelnd ausgestaltet, was auch in der Hofansicht durch die vorgelegte Veranda unter dem gemeinsamen Schleppdache zum Ausdruck kommt.

Fig. 87.

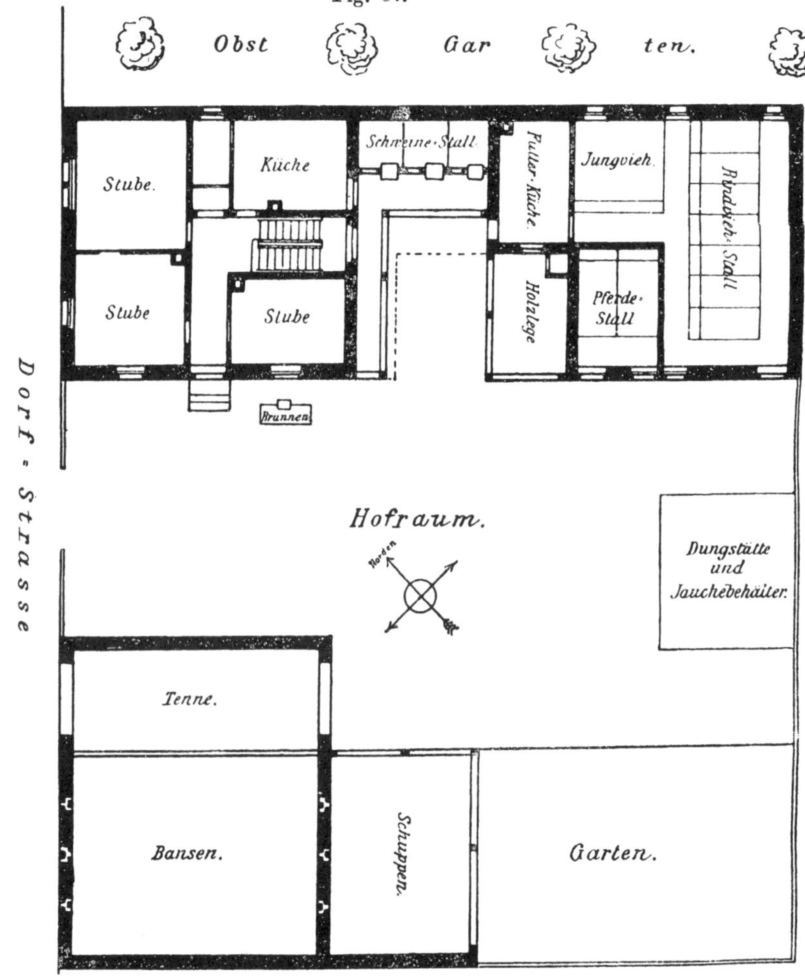

In Fig. 98 vermittelt der Zentrifugenraum die Verbindung des Wohnhauses mit dem angeschlossenen Stallgebäude. Ganz eigenartig ist die große Wohnstube ausgebildet, die so eine Uebersicht über den gesamten Wirtschaftsbetrieb gewährt. Auch hier finden wir eine heizbare Wohndiele. Die Scheune ist zumeist für den mit der Wirtschaft verbundenen Weinbau unterkellert.

Gehöft in Obercrinitz (Erzgeb.) (Fig. 100 bis 103) vom Architekten Ernst Kühn-Dresden, nach „Neuzeitlicher Dorfbau“ vom Architekten E. Kühn. Leipzig bei Karl Scholtze.

a) Wohngebäude: Die notwendigen Wohnräume sind hier bei äußerst beschränktem Grundriß auf Erd-, Ober- und Dachgeschoß verteilt worden. Die Verbindung zwischen Wohnhaus und Stallgebäude geschieht durch die einge-

Fig. 88.

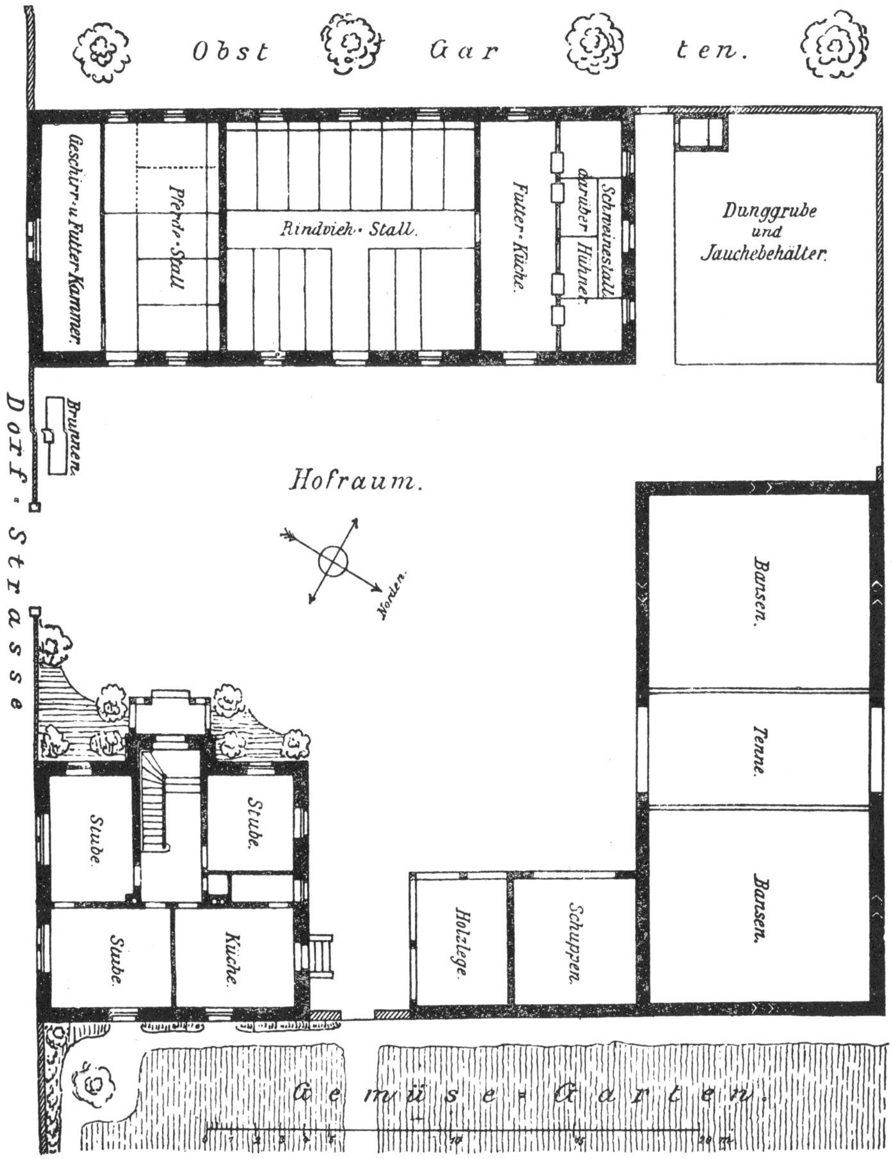

schobene Futterküche, die den Stalldunst vom Wohnhaus fernhält. Der Besitzer bewohnt Erd- und Obergeschoß; die Mägdekammern wurden im ausgebauten Dachraume untergebracht. — Stube, Küche und Flur sind unterkellert.

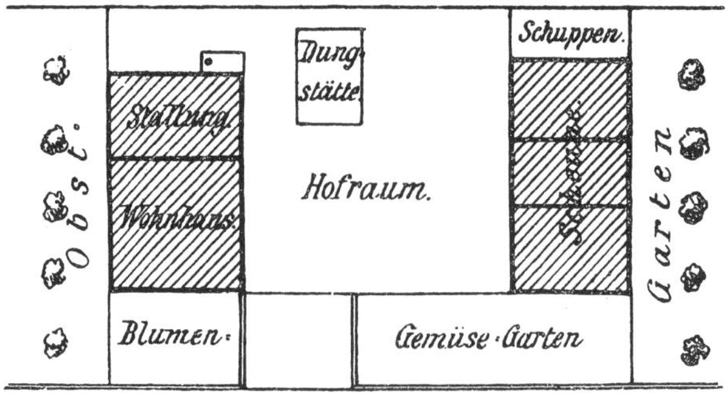

Fig. 89.

Fig. 90.

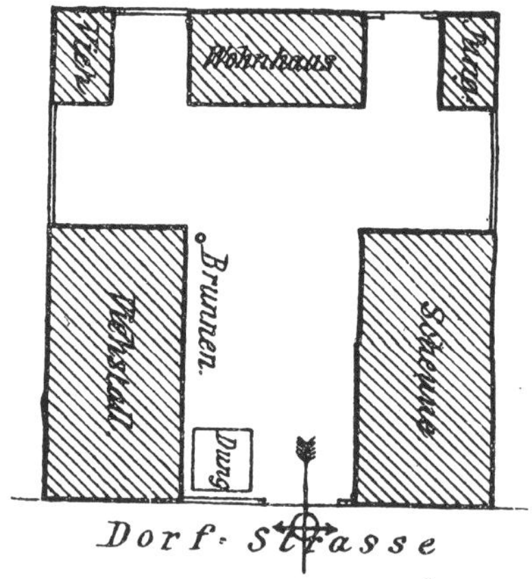

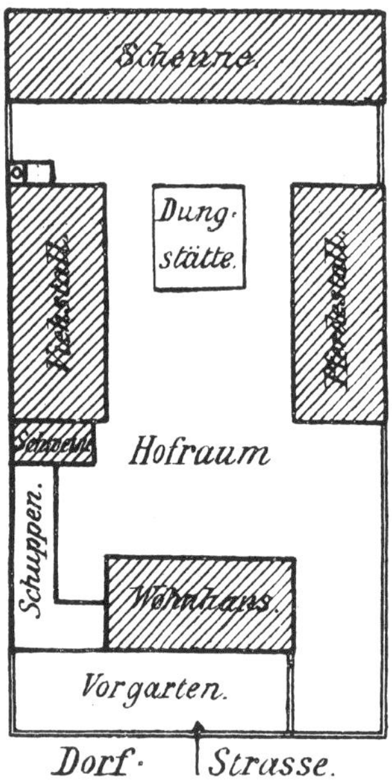

Fig. 91.

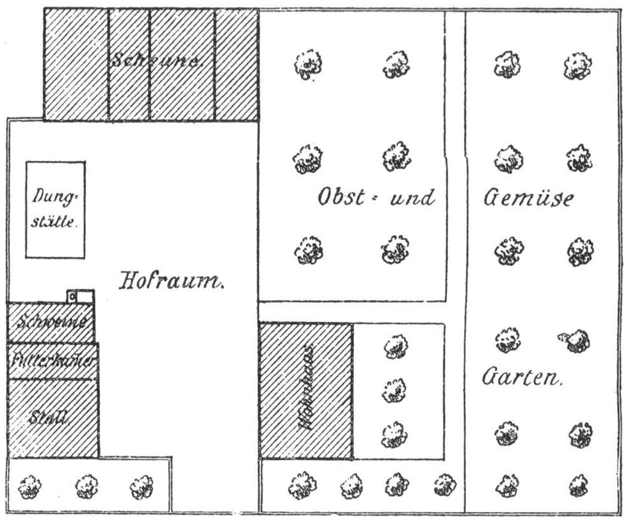

Fig. 92.

Fig. 89 bis 93

Lagepläne von Bauerngehöften

aus den verschiedenen Gegenden Deutschlands.

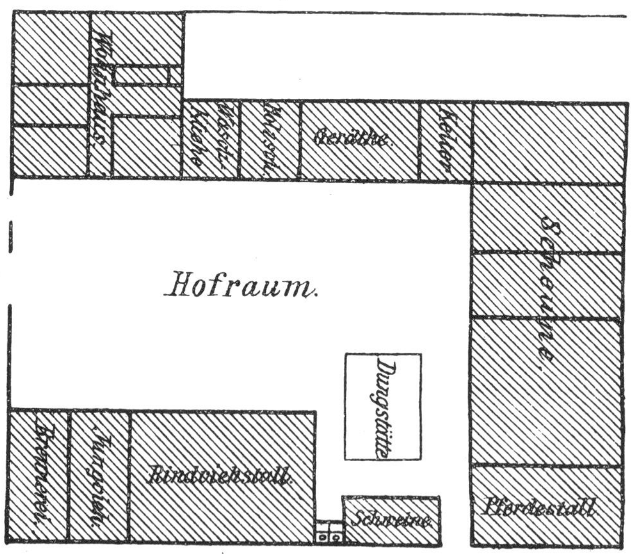

Fig. 93.

Fig. 94.

1 Stube.
2 Diele
3 Offene Halle.
4 Küche.
5 Speisekammer
6 Kuhstall.
7 Schweine.
8 Ferkel.
9 Dünger.
10 Schuppen.
11 Tenne.
12 Bansen.
13 Garten.

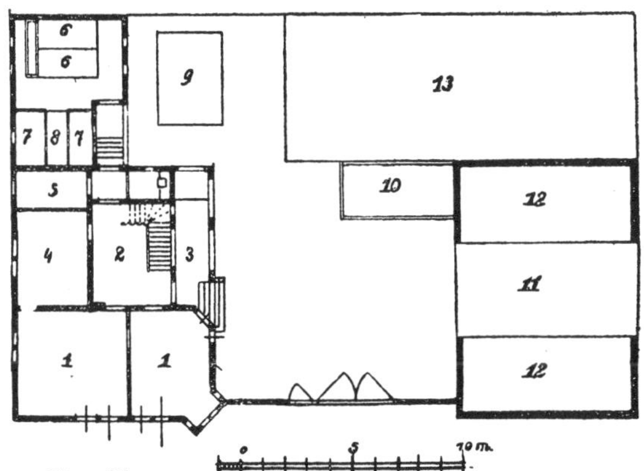

Fig. 95.

Fig. 96.

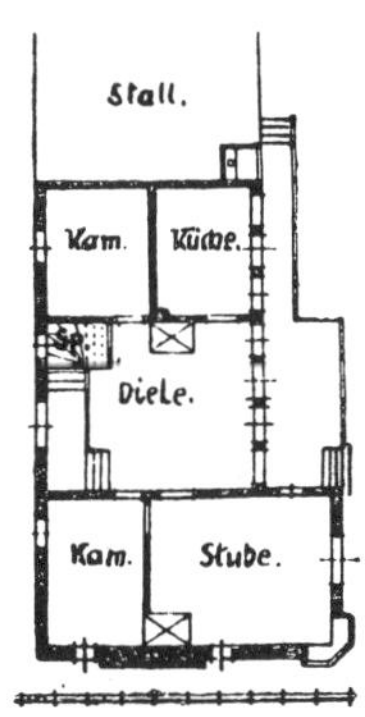

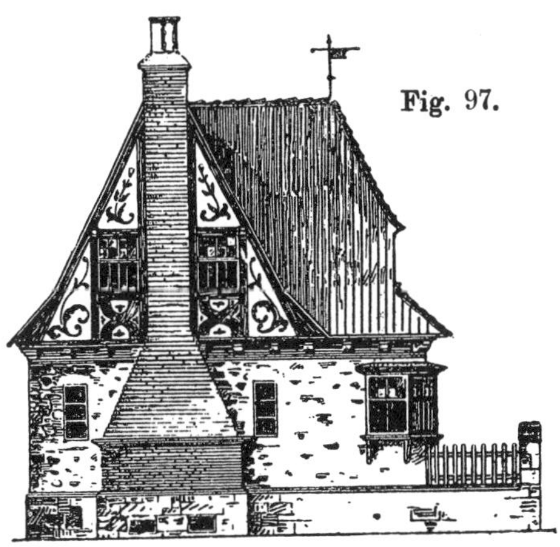

Fig. 97.

b) Stallgebäude: Mit Rücksicht auf die vorherrschende Windströmung bilden Stallgebäude und Wohnhaus einen Winkelbau.

Es sind hier 12 Stück Rindvieh, 2 Pferde sowie Buchten für Schweine und Stallung für Federvieh untergebracht. Als Stalllüftung dient ein lotrechter Lüftungsschlot (von Josef Nepp, Leipzig-Plagwitz) mit durch Kork- oder Dorfmull isolierten Wandungen. Frische Luft wird durch gemauerte Wandkanäle, die unter der Stalldecke münden, zugeführt.

Die Jauchengrube faßt etwa 50 cbm.

c) Scheune. Die Scheune (im Grundriß hier nicht zu sehen) liegt isoliert an der dritten Hofseite. Sie enthält Tennen, Bansen und Wagenschuppen, sowie Keller für Knollenfrüchte unter einer Banse. Der Aufbau ist in Fachwerksfeldern mit Lehmstakfeldern ausgeführt. Giebel und Drempel sind mit Brettern verkleidet. Dasselbe ist am Drempel des Futterbodens zu sehen.

Fig. 98. Fig. 99.

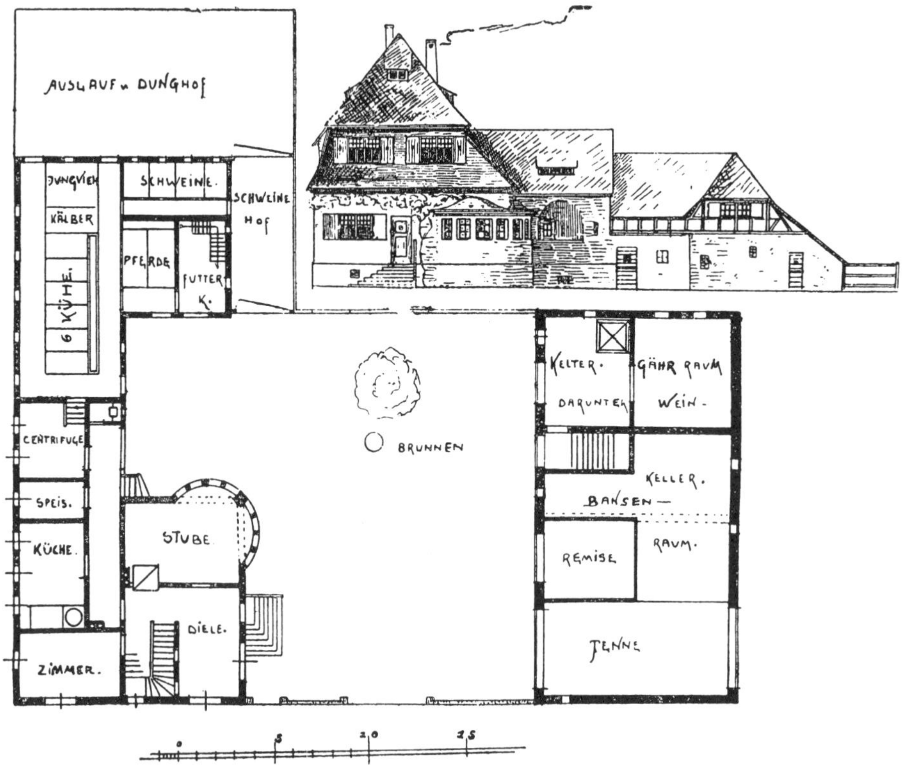

Moderne niedersächsische Gehöftanlage (Fig. 104 bis 107) vom Arch. Wilh. Matthies-Bardowik. Auf den ersten Blick macht dieses Bauerngehöft nicht den Eindruck einer niedersächsischen Anlage, denn die Hauptansicht legt sich breit und behaglich dem Ganzen vor und ist nicht als Giebelfassade ausgebildet. Dennoch schließt sich die Anordnung der Räume im Innern des Gehöftes genau an niedersächsische Ueberlieferungen an; sie ist nur dem modernen Wirtschaftsbetriebe angepaßt und der betreffende Architekt hat hier gezeigt, in welchem

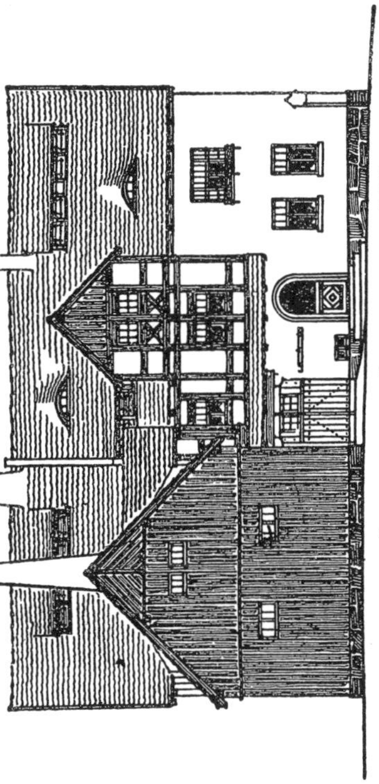

Fig. 101.

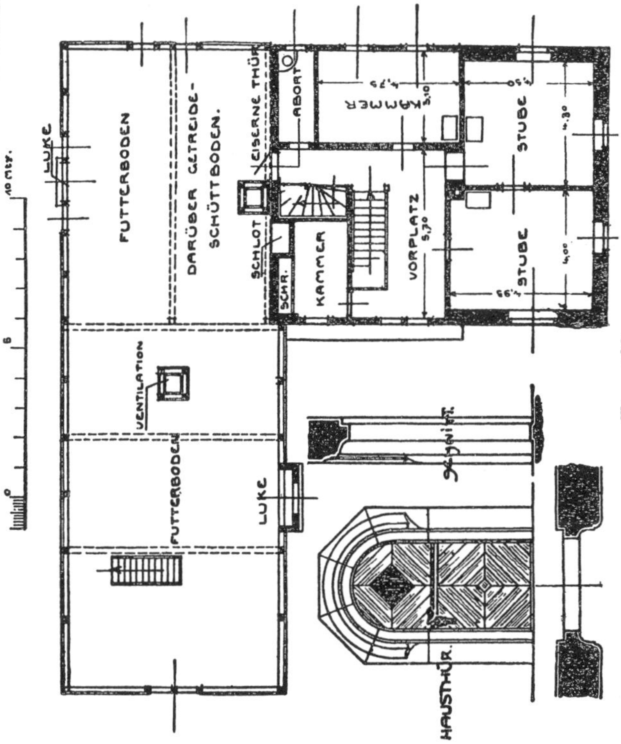

Fig. 103.

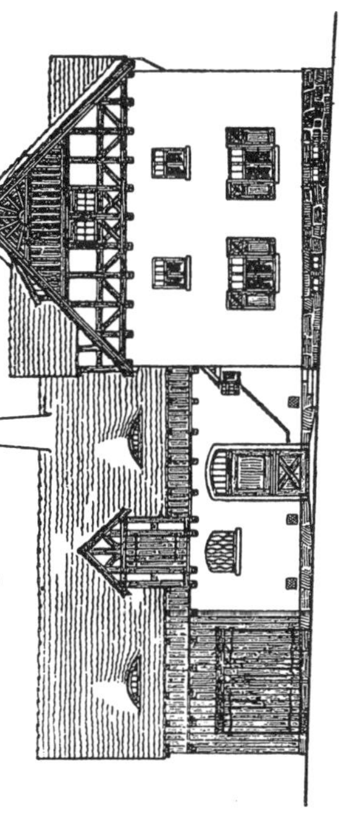

Fig. 100.

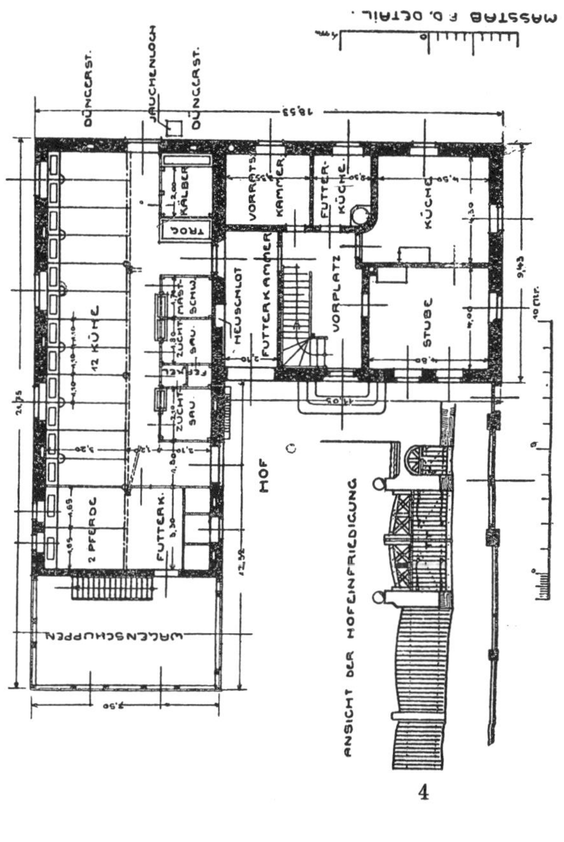

Fig. 102.

Sinne mit Glück das Alte im Bauernhause wieder belebt werden kann. Da haben wir zunächst linker Hand von der Diele aus Küche, Speisekammer und Eßstube, also das, was zusammengehört, und diese Gruppe im Gehöft wieder durch einen

Fig. 104.

Fig. 105.

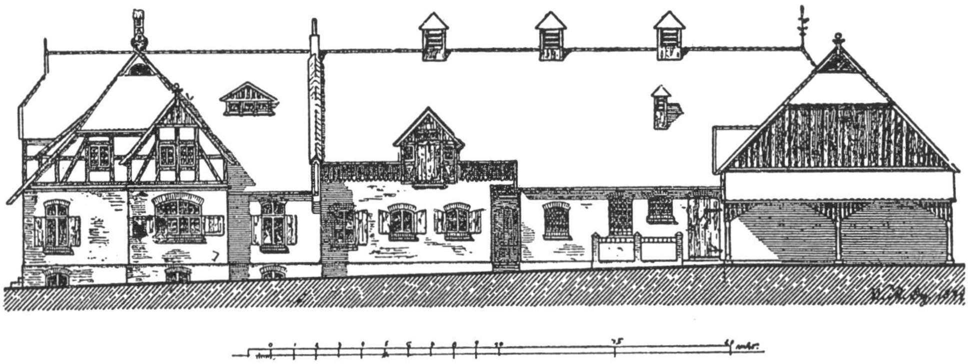

Fig. 106.

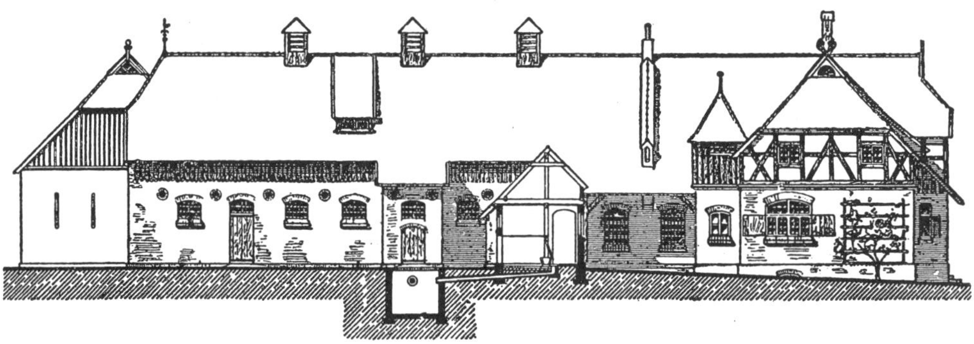

besonderen Zu- bezw. Ausgang mit dem Hofe verbunden. In nächstem Anschluß finden wir hier weiter Wasch- und Futterküche, wiederum durch einen überdeckten Gang mit dem Hofe in Verbindung gesetzt (nach Deutsche Bauhütte, Verlag von C. R. Vincentz in Hannover).

Rechts von der Diele liegen die Wohnzimmer. Im unmittelbar angebauten, im Dachboden aber durch eine Brandmauer getrennten Hinterhause befinden sich die Stallungen sowie Knecht- und Futterkammern mit mehreren Ausgängen nach dem Hofe hinzu. Ein rechts sich anschließender, hoher Flügelbau nimmt die große Scheune auf, ein niedriger, linker Hand, die Schweineställe, Aborte und den Ferkelhof.

Die im niedersächsischen Hause durch das ganze Hinterhaus durchlaufende mächtige Diele ist hier zu einem 2 m breiten Futtergange zusammengeschrumpft. Aber, wie bei dem alten Vorbilde, ist auch hier alles unter ein Dach gebracht und doch im Betriebe wesentlich vervollkommnet.

Fig. 107.

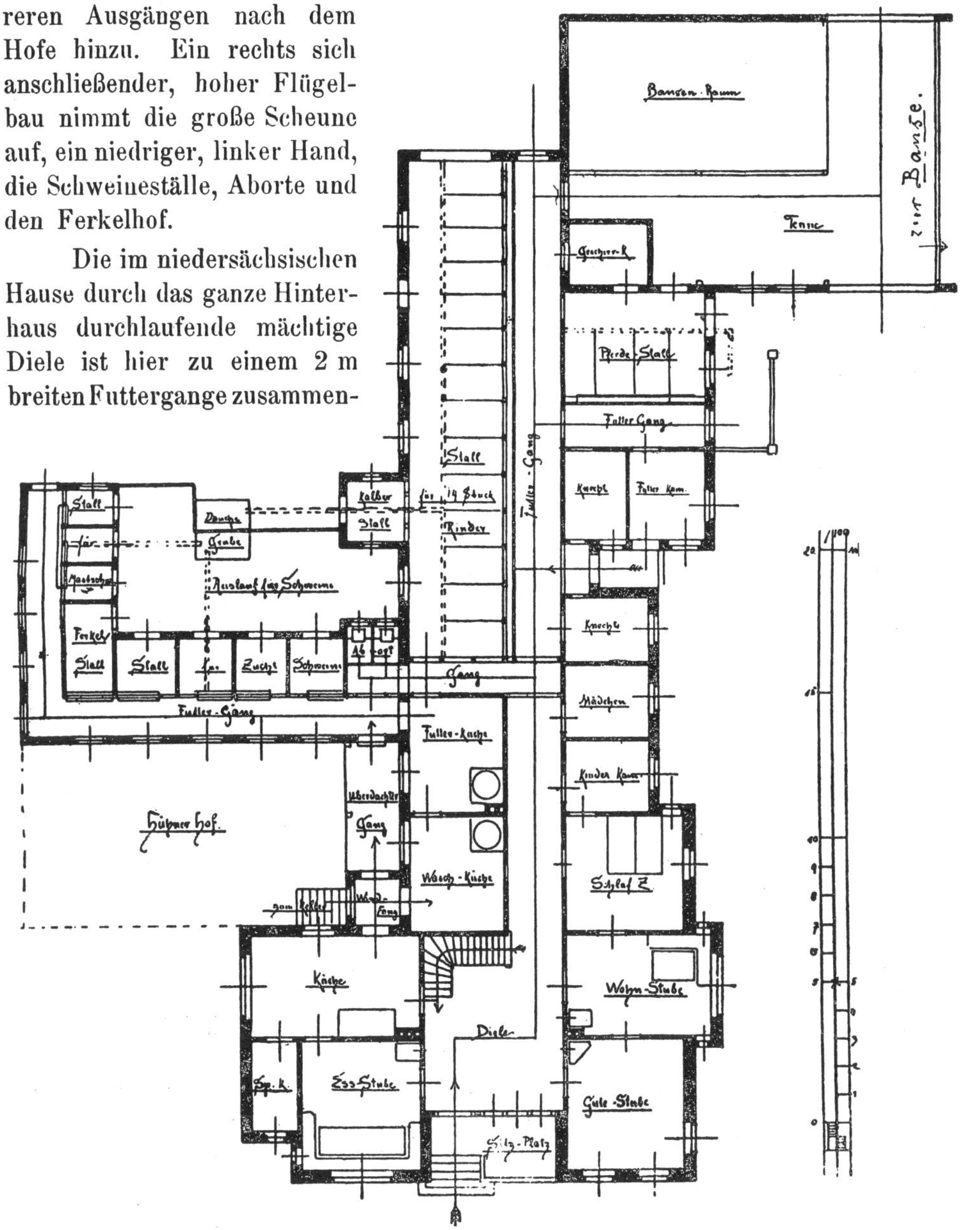

Holsteinisches Bauerngehöft vom Architekten Oscar Fischer-Kiel (nach Deutsche Bauhütte - Hannover) (Fig. 108 bis 111). Das in seiner Gesamterscheinung sehr anheimelnde Gehöft hat leider den Nachteil größter Feuergefährlichkeit, die durch die Anordnung der Banse unmittelbar zwischen Wohnung und Stallung bedingt wird. Wenn aber anstelle der Tenne und Banse der Kuhstall tritt, und die Scheune nach hinten zu gelegt wird, so ist dieser Nachteil leicht aufzuheben. Die Wirkung der Gesamtgruppe ist sehr ansprechend

Fig. 108.

Fig. 109.

Fig. 110.

und den ländlichen Verhältnissen gut angepaßt, so daß wir sie hier nicht entbehren mochten.

Gehöft Sarfert zu Bockwa (Fig. 112 und Tafel 3 und 4) vom Architekten Ernst Kühn-Dresden nach: „Neuzeitlicher Dorfbau" von E. Kühn-Dresden. Verlag von Karl Scholtze, Leipzig.

a) Wohngebäude: Die Anordnung der Räume zeigt das behagliche Heim eines reichen Grundbesitzers. Die Küchen- und Gesinderäume vermitteln durch eine Grünfuttertenne die praktische Verbindung nach denjenigen Ställen, wo warmes, gekochtes Futter verabreicht werden muß. Außerdem ermöglicht diese Tenne das Abladen des Futters im Trocknen sowie die Unterbringung der Hackfrüchte in dem darunterliegenden Keller, und sie dient im Winter und bei schlechter Witterung als Arbeitsraum.

b) Stallgebäude: Der Kuhstall ist für 27 Stück Rindvieh eingerichtet; ein Jungviehstall und eine Abteilung für Kälber sind vorgesehen. Daran schließen sich vier Schweinebuchten und eine Ferkelbucht.

Die Schweinebuchten sind vorn durch Gitterwerk abgeschlossen; die halbrunden Tröge bestehen aus glasiertem Ton, die Scheidewände aus 5 cm starken Zementplatten. Für das Gitter ist die Marke „Triumph“, D. R. G. Nr. 101 990 als einfacher, billiger und leicht zu handhabender Abschluß gewählt. Neben den Zuchtbuchten liegen die Ferkelkoben; sie enthalten niedrige, aus verzinktem Blech hergestellte Ferkeltröge mit abnehmbarem Trenngitter, die mit Milch bezw. mit Körnerfutter gefüllt werden. Die Tröge sind für 6 bis 20 Ferkel eingerichtet.

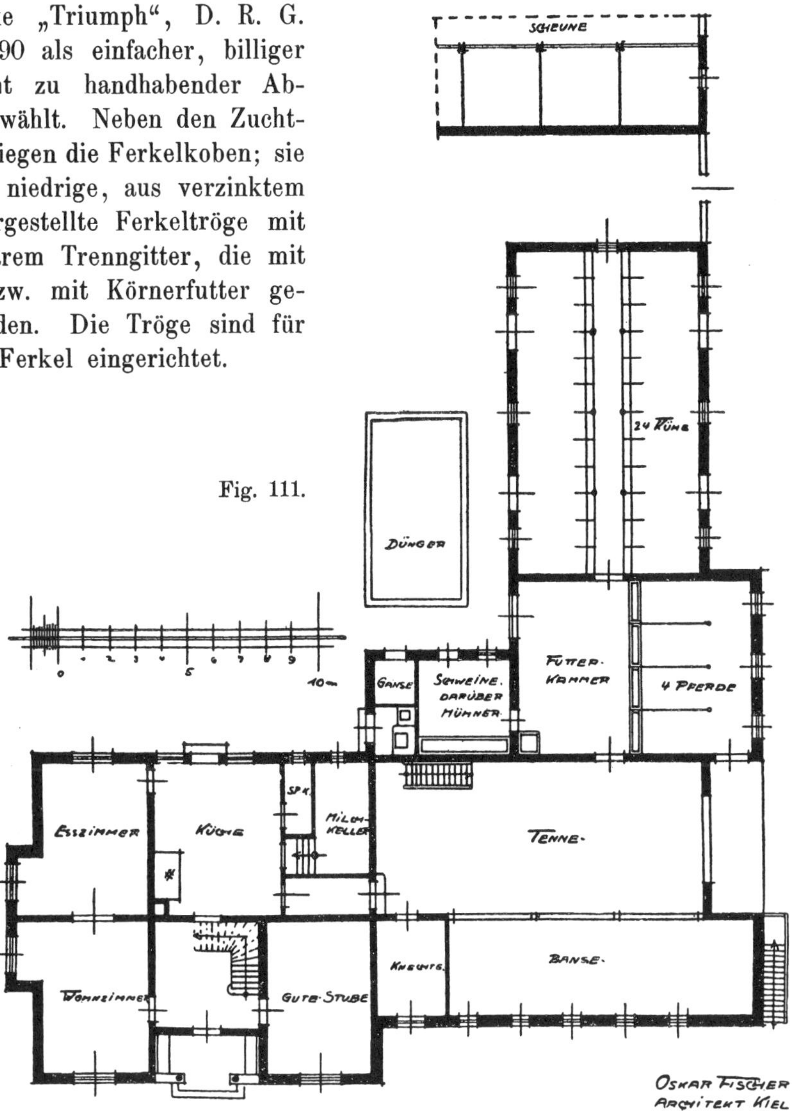

Fig. 111.

Der Raum über den Schweinebuchten ist als Hühnerstall ausgenutzt. Die Buchten sind auf 1,50 m Höhe mit Zementplatten abgedeckt; hierüber sind mittels Drahtgeflechtes drei Abteilungen für Hühner hergestellt. Eine 25 cm hohe Blechbekleidung verhindert, daß Schmutz usw. vom Boden nach dem Gange gelangen kann. An der Rückfront befinden sich Türen nach den einzelnen

Taf. 3 u. 4.

Gehöft Sarfert in Bockwa von Arch. Ernst Kühn in Dresden.

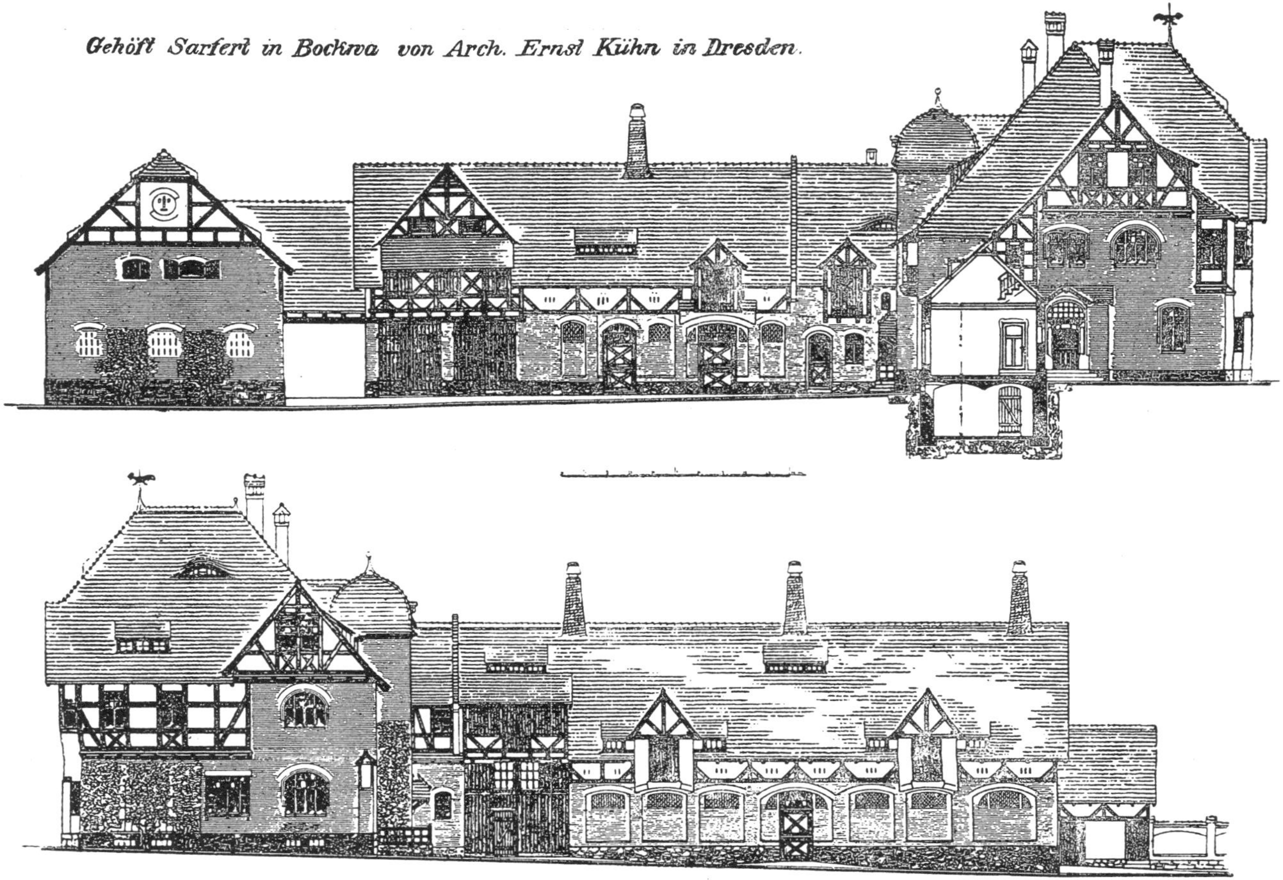

Abteilungen sowie Futterkrippen. So leben die Tiere während des Winters in warmer Temperatur.

Die Scheune schließt die vierte Hofseite, dem Wohnhause gegenüber, so ab, daß der Betrieb daselbst während der Ernte vom Zimmer des Herrn aus

Fig. 112.

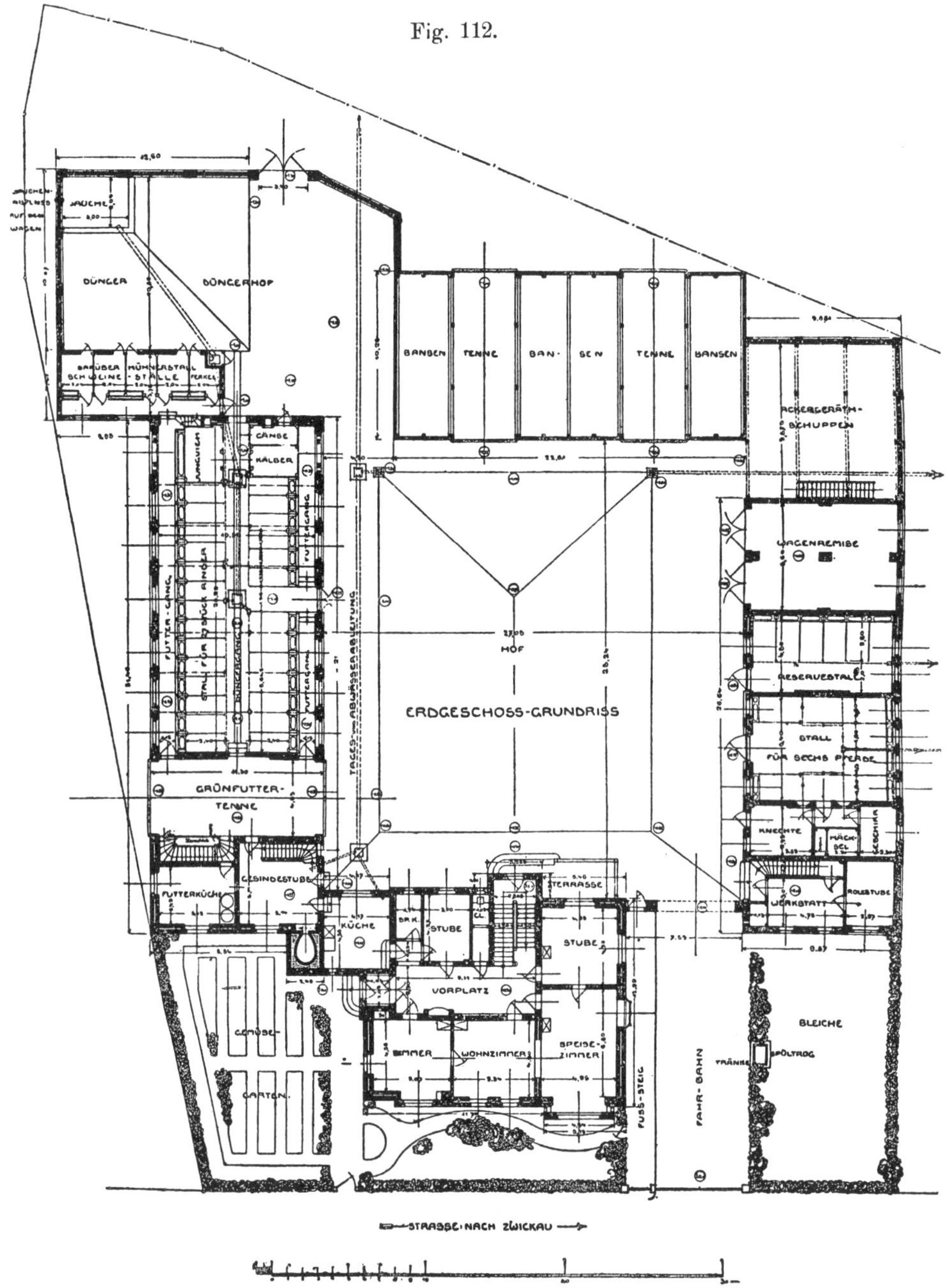

beobachtet werden kann. Sie besteht aus zwei einfachen Bansen, einer Doppelbanse und zwei Quertennen. Ihre Tiefe beträgt 10,26 m, ihre Länge 22,60 m.

2. Gutsbesitzer- und Gutspächterhäuser. Gutsgehöfte.

Die Größe und ganz besonders die innere Einrichtung eines Gutshauses haben sich in erster Linie nach dem Ertrage des betreffenden Gutes zu richten. Vernünftige Anlagen müssen, wenn nicht der Besitz auf die Dauer geschädigt werden soll, hiermit in Einklang stehen, da sie genau so wie das Bauernhaus als Belastung des Grundbesitzes aufzufassen sind.

Im allgemeinen vereinigen größere Gutshäuser die gesamten notwendigen Wohn- und Wirtschaftsräume für die Gutsherrschaft unter demselben Dache; hier und da aber kommt es auch vor, daß sie auf mehrere Gebäude verteilt sind. Der erste Fall ist jedenfalls für den Gebrauch der günstigere.

Derartige Landhäuser müssen naturgemäß nach ganz anderen Grundsätzen behandelt werden, als etwa herrschaftliche Familienhäuser in der Stadt. Es muß ein solches Gebäude eben den veränderten Lebensgewohnheiten auf dem Lande gegenüber denjenigen in der Stadt volle Rechnung tragen und andererseits mit seiner Umgebung, mit der Landschaft überhaupt, in Einklang gesetzt werden.

Die gesamte Grundrißanlage entwickelt sich hier insofern überhaupt weit freier, als bei der ungezwungenen Lage für jeden einzelnen Raum die gebührende Rücksicht auf die Himmelsrichtung genommen werden kann.

Die willkürlichste Aneinanderreihung der Räume mag hier stattfinden, willkürlich in den Beziehungen zueinander und auf die Achsen, mit denen sie gegeneinander stehen. Jeder nur denkbare Winkel, jede Zimmerform kommt hierbei vor. Auch die Höhenlage der Räume zueinander kann den Terrainverhältnissen verschieden angepaßt sein, so daß man mehrere Stufen von einem Raum zum anderen emporsteigt oder die Räume von der Treppe abzweigen läßt von vor ihnen eingeschalteten Podesten. Alle scheinbaren Zufälligkeiten können ausgenutzt werden, um damit anmutige Wirkungen im Innern wie im Aeußern, die malerisch ansprechen, zu erzielen. Der Einblick von dem höheren Standpunkt eines Zimmers in ein tiefer liegendes hat einen eigenen Reiz, der es ermöglicht, bei der Ausstattung des letzteren auf diesen Umstand Rücksicht zu nehmen.

Aber auch im A e u ß e r e n ergibt sich durch die lagerhafte Breite des Grundrisses wie auch des Aufbaues, da nie mehr als Erd-, Ober- und höchstens ausgebautes Dachgeschoß vorhanden sind, ein wesentlich anderes Gepräge. Der Grund- und Bodenwert ist nur gering, daher der Ausbreitung des Baues nichts im Weg steht. Darum wird häufig nur Erd- und Dachgeschoß oder ins Dach eingebautes Obergeschoß notwendig, was den niederen lagerhaften Charakter erhöht. Es kann auf dem Lande, wo der Bau allein in der großen Natur liegt, diesem ein freier, wesentlich malerischer Charakter gegeben werden, der sich in der Stadt durch die Nachbarhäuser einschränkt.

Bauten, die von vornherein viele Reparaturen in sich schließen, sind auf dem Lande, wo man die betreffenden Handwerker meist schwer zur Hand hat, unpraktisch. Die Südwand des Hauses wird gern mit Spalierobst, mit Wein und dergl. bepflanzt. Schließt sich ein parkartiger Garten an das Haus an, so finden hier Anbauten von Veranden, Glashallen usw. passende Anordnung.

(Vergl. hierzu Handbuch des Bautechnikers Bd. V: H a n s I s s e l, Die Wohnungsbaukunde.)

a) Die äußere Gestaltung.

Rampen und Freitreppen.

In größeren Gutshäusern wird der Küchenbetrieb gern in das Kellergeschoß verlegt. Dasselbe muß daher mindestens 2,75 m lichte Höhe haben und kennzeichnet sich nach außen hin durch einen hohen, von Fenstern durchbrochenen, Gebäudesockel. Soll hier die Haustür eine bedeckte Zufahrt erhalten, so muß diese durch eine Rampe (Fig. 113) vermittelt werden. Das Steigungsverhältnis derselben geht nicht über 1:12 und nicht unter 1 : 20. Das Podest vor dem Hauseingange ist mindestens 5 m lang, damit Wagen und Pferde auf der Horizontalen ausruhen können. Die Breite der Rampe beträgt 2,80 m. Sie wird mit einer abgetreppten, mit Platten abgedeckten Mauer von etwa 0,75 m Höhe eingefaßt. Die hinter der Rampe liegenden Keller werden durch einen schmalen Lichtschacht erleuchtet (Fig. 113).

Fig. 113.

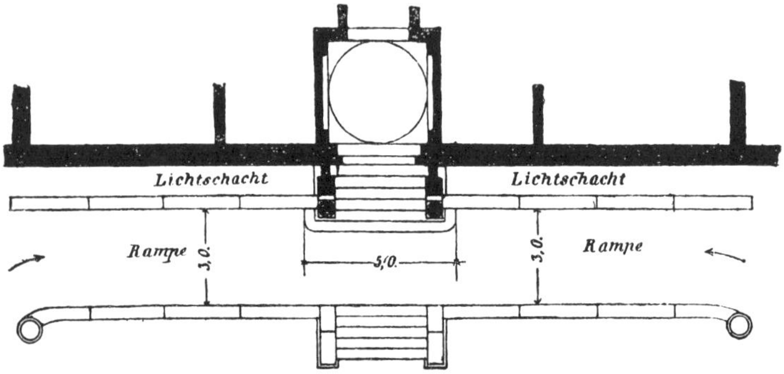

Aeußere Freitreppen, und um solche kann es sich in diesem Falle nur handeln, werden immer in gebrochener Grundrißform ausgeführt, also zwei- oder dreiarmig (Fig. 114 bis 116 nach Lothar Abel „Gartenarchitektur“, Verlag von A. Lehmann, Wien 1891). Ihr Steigungsverhältnis beträgt 15 : 30 oder 16 : 31.

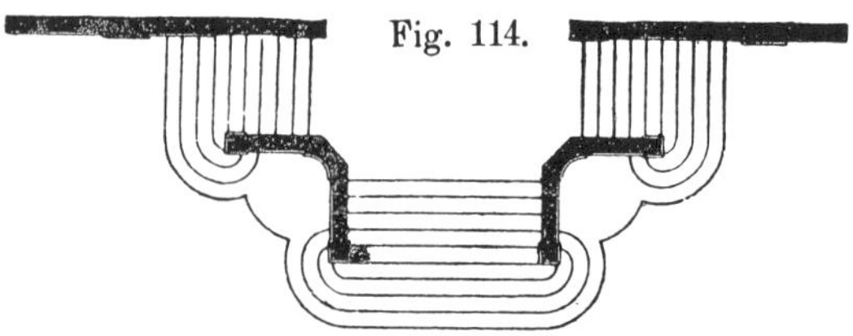

Fig. 114.

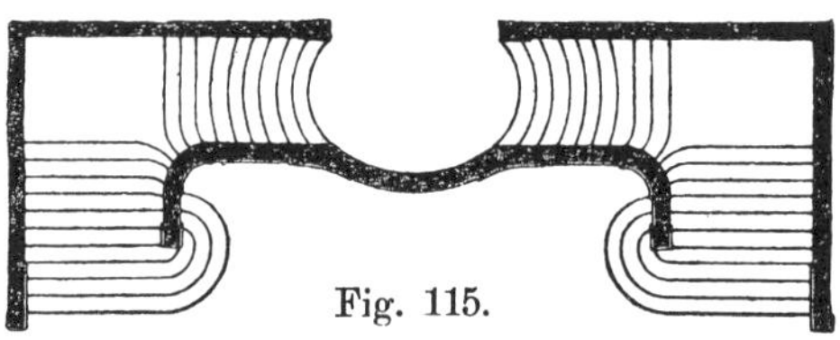

Fig. 115.

Herrschaftliche Zufahrten. Die Zufahrt zum Gutshause geschieht häufig durch den zugehörigen Park mit einem Verbindungsweg, der von der Landstraße abzweigt. Die Einmündung dieser Zufahrt in die Parkmauer wird durch eine sogenannte Zufahrtskrümmung vermittelt, die aus naheliegenden Gründen möglichst unter einem rechten Winkel den Uebergang vermitteln soll. Die Breite einer solchen Zufahrtstraße übersteigt gewöhnlich nicht das Minimum von 3 bis 4 m, d. h. sie ist eingleisig. Es ist deshalb bei der Zuführung zur Haustür darauf zu achten, daß die Wagen bequem zum Stallhofe weiter fahren können, ohne eine breite Kehre in Anspruch zu nehmen. Hierdurch benötigte größere Sandflächen würden hier schlecht wirken. Fig. 117 bis 119.

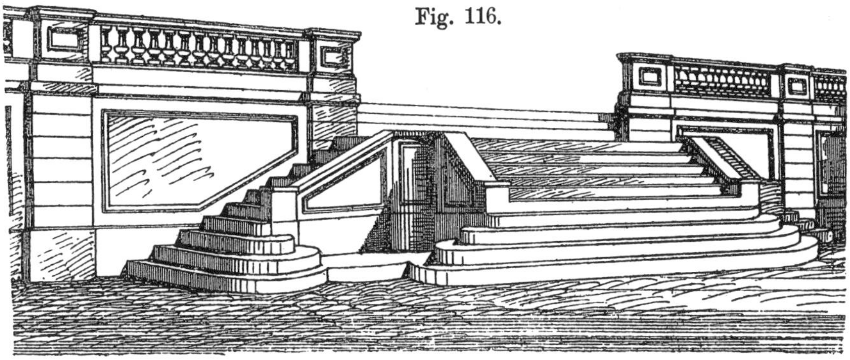

Fig. 116.

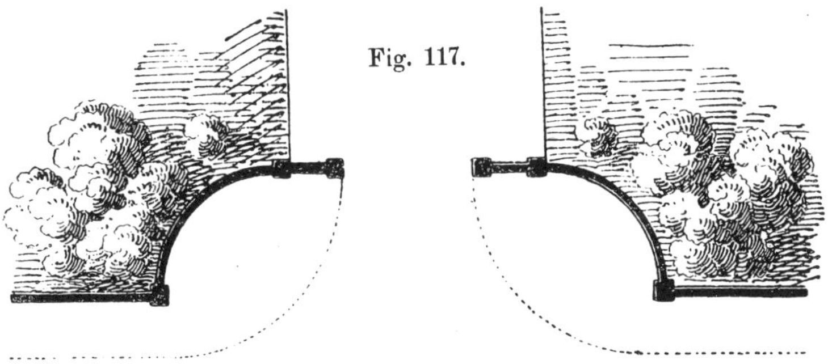

Fig. 117.

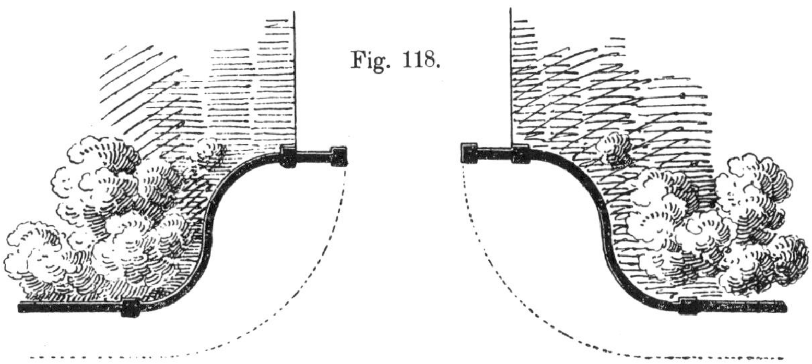

Fig. 118.

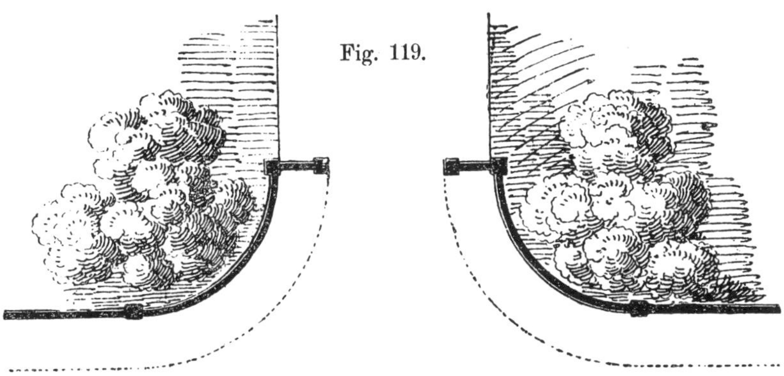

Fig. 119.

b) Die innere Einrichtung.

Gutshäuser erhalten nicht mehr als zwei Stockwerke. Das Kellergeschoß nimmt neben den Kellern die Küchen und die Gesinderäume auf; im Erdgeschoß liegen die Wohn- und Gesellschaftszimmer, im oberen Stock die Schlaf- und Fremdenzimmer. Das Dach wird zur Aufnahme von Gesindeschlafzimmern ausgebaut*).

Der Flur oder die Diele.

Das bürgerliche Wohnhaus entwickelte sich aus dem fränkischen Bauernhause. Bei dem ersten Auftreten eigener Familienhäuser in den festen Plätzen, also in den Städten, behielt man die Anordnung der Räume um eine gemeinschaftliche „Halle“ bei. Hier fand außerdem die Treppe ihren Platz.

Diese Halle oder Diele spielt in alten und wieder auch in ganz neuen Herrensitzen ihre angestammte Rolle weiter. Sie bildet wieder wie früher den Empfangsraum für die Gäste, den Versammlungsort der Jagdgenossen, kurz, einen Gesellschaftsraum für alltägliche zwanglose Zusammenkünfte. Hier finden an den Wänden allerhand Waffen und Jagdtrophäen, altertümliche Geräte, kunstvolle Schränke usw. passende Unterkunft. Die Decke wird gewölbt oder auch als Holzdecke behandelt. Der Fußboden ist am besten ein Riemen- oder Parkettboden. Die Wände haben in ihrem unteren Teile, also bis etwa 1,50 m Höhe, Wandvertäfelung, in die auch die Türen mit hineingezogen werden. Selbstredend sind die letzteren dann architektonisch reicher zu behandeln als gewöhnliche Zimmertüren. Dabei sind sie aber zumeist einflügelig gestaltet, was für den Gebrauch genügt.

Die Diele ist heizbar und zwar wird der Heizkörper mit Vorliebe durch einen massiven Kaminaufbau verkleidet. In der neuesten Zeit ist die Ausgestaltung der Diele eine Hauptaufgabe für den Architekten geworden. Sie bestimmt den ersten Eindruck vom Hause und läßt sofort auf den Geschmack des Hausbesitzers schließen. Sie muß aber eingeschossig sein und behagliche Sitzgelegenheit in Ecken und Winkeln für gruppenweise Verteilung der Gesellschaft bieten. Eine malerisch angeordnete Treppe mit Unterbrechungen durch breite Podeste für Sitzplätze gewährt interessante Einblicke in den Dielenraum von oben aus.

Die Wohnzimmer.

In herrschaftlichen Gutshäusern finden wir gewöhnlich zwei gesonderte Wohnzimmer angeordnet, nämlich eins für den besonderen Gebrauch des Herrn und eins für die Frau.

Das Zimmer des Herrn haben wir, wenn nicht eine besondere Schreibstube angeordnet ist (Fig. 128) zugleich als Geschäftszimmer aufzufassen. Es wird mithin unmittelbar von außen oder vom Flur aus zugänglich sein. Seine

---

*) Wir geben hier nur einige für Gutshäuser besonders zu berücksichtigende Gesichtspunkte. Für die Wohnungseinrichtung im allgemeinen verweisen wir auf das Werk: „Die Wohnungs-Baukunde“ von Hans Issel, wo die einzelnen Raumeinrichtungen eingehend besprochen worden sind. Leipzig, Verlag von Bernh. Friedr. Voigt. Preis 5 Mk.

Größe beträgt etwa 25 bis 30 qm. Auf eine zweckmäßige Aufstellung des Schreibtisches mit Seitenlicht von links her ist Rücksicht zu nehmen. Ein Erker an einer äußeren Zimmerecke ermöglicht die Beobachtung des gesamten Wirtschaftshofes. Für den Geldschrank wird ein feuerfester, in Zementmauerwerk hergestellter kleiner Tresor hinzugefügt. Nebenräume, wie Ankleidezimmer, Bibliothek, Billardzimmer usw., sind je nach den Ansprüchen des Besitzers an das Herrenzimmer anzuschließen. Eine bequeme Verbindung nach dem Hofe zu ist vor allen Dingen nötig, um den schnellsten Verkehr mit dem Hofgesinde zu ermöglichen. Eine Wendeltreppe in nächster Nähe dieses Zimmers vermittelt mit Vorteil die Verbindung zu den oberen Schlafzimmern.

Das Zimmer der Frau braucht nicht unmittelbar vom Flur aus zugänglich zu sein, sondern kann durch einen Nebenflur oder einen Durchgangsraum betreten werden. Es liegt am natürlichsten an der Gartenseite des Hauses und steht durch eine Vorhalle oder Veranda oder einen besonderen Gartensaal mit diesem in Verbindung. Blumenerker und aus- oder eingebaute Sitzplätze vermehren das heitere Gepräge dieses Raumes, der durchaus nur der Behaglichkeit des Wohnens gewidmet ist.

Das Kinderzimmer. Ein heller luftiger Wohnraum nach Süden von 30 bis 40 qm Größe, der mit der entsprechenden Anzahl von Schlafzimmern in Verbindung steht, genügt zunächst hierfür. Auf Gütern pflegt man Bonnen, später Hauslehrer und Erzieherinnen für die Kinder zu halten. So finden die Räume für die Kinder ebensogut im oberen Stockwerk des Gutshauses praktische Anordnung. Von den Gesellschaftsräumen müssen sie möglichst getrennt liegen.

Hauslehrer- resp. Erzieherinnenzimmer sind gewöhnlich kleinere Räume von 15 bis 20 qm Größe, die zugleich als Schlafzimmer dienen und im oberen Stockwerke liegen. Werden die Kinder größer, so muß die Anordnung der Zimmer so sein, daß die betreffenden männlichen oder weiblichen Erzieher in unmittelbarer Nähe ihrer Zöglinge untergebraucht werden können.

Gesellschaftsräume.

Der Saal. Auf dem Lande liebt man die Geselligkeit. Zu ihrer Pflege hat man im Hause große Gesellschaftsräume nötig, deren größter meist als Saal für besondere Festlichkeiten ausgebaut wird. Unter mittleren Verhältnissen, die wir hier überall zugrunde legen, hat derselbe eine Grundfläche von 45 bis 60 qm. Seine Form bildet dabei ein Rechteck von etwa $9 \times 6{,}50$ oder 9×5 m. Soll der Saal auch zum Tanzen benutzt werden, so darf er in seiner Grundform das Seitenverhältnis von 2 : 3 nicht übersteigen, da sonst die Wendung zu kurz wird. Eine quadratische oder annähernd so gehaltene Form ist gut. Nach der Größe des Saales richtet sich seine Höhe; sie muß mit der Größe der Grundfläche wachsen. Bei einem Verhältnis von 9×6 Seitenlänge genügt eine lichte Höhe von 5 m. Die übrigen Räume haben aber nur bis 4 m lichte Höhe, mithin müssen die über dem Saal liegenden Räume niedriger und durch eingelegte Stufen zugänglich werden. Eine gute Verbindung des Saales mit den übrigen Wohn- und Gesellschaftsräumen ist durchaus notwendig (Fig. 128 bis 133).

Der Speisesaal erhält, der aufzustellenden Speisetafel halber, eine längliche Form. Die Speisetafeln sind zur Aufnahme von reichem Tafelschmuck bestimmt und werden deshalb 1,20 bis 1,50 m breit angenommen. Soll hufeisenförmig gedeckt werden, so muß der Saal eine Breite haben, die gleich ist 2 Tafelbreiten + 4 Stuhlreihen + 2 Seitengängen + 1 Mittelgang = 6 bis 7 m. Diese Maße ermittelt man folgendermaßen:

Tafelbreite	= 1,20 bis 1,50
Einzelplatzbreite	= 0,55 bis 0,60
Breite der Stuhlreihe	= 0,50 bis 0,60
Gang an der Wand	= 0,60 bis 0,70
Mittelgang	= 1,0

Ein besonderes Anrichtezimmer, das den Verkehr mit der Küche vermittelt, wird hier notwendig. Seine Größe beträgt etwa 12 bis 15 qm.

Das Eßzimmer. Für den täglichen Gebrauch in der Familie wird ein besonderes Eßzimmer verlangt. Es liegt am besten an der Schattenseite des Hauses. Sonnenstrahlen und Fliegen hält man gern von hier fern. Die Verbindung mit der Küche, die im Keller liegt, wird durch einen Speiseaufzug bewirkt, der vorteilhaft in einem besonderen Anrichtezimmer untergebracht ist. Der Speisetisch ist gewöhnlich 1,95 m breit, dazu 2 Stuhlreihen zu je 0,50 bis 0,60 m Breite, ferner 2 Gänge an den Wänden von je 0,70 bis 0,80 m ergibt

Fig. 120.

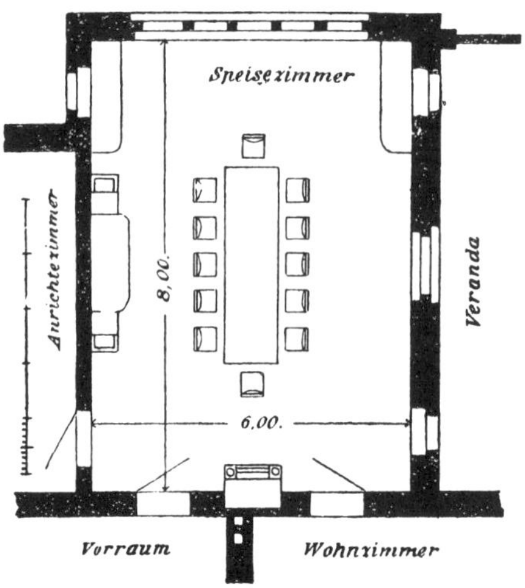

Fig. 121.

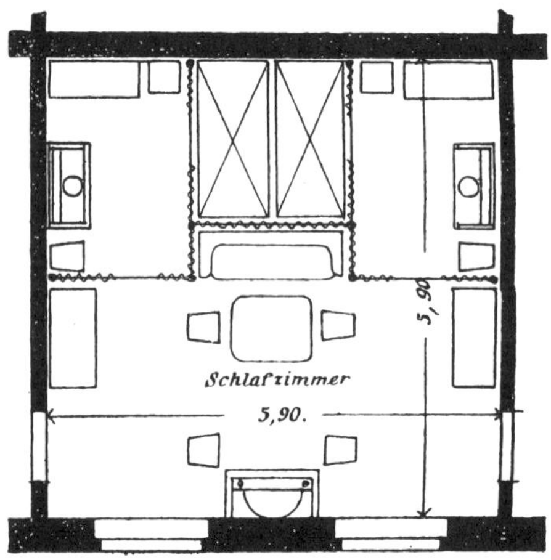

eine gesamte Breite von 3,75 m. Sollen an den Wänden aber außerdem noch Möbel aufgestellt werden, so muß die Zimmerbreite auf 4 bis 4,50 m bemessen werden. Die Beleuchtung des Speisetisches durch das Tageslicht von den Fenstern aus muß stets von der Kopfseite her erfolgen, damit alle Tischgäste Seitenlicht erhalten (Fig. 120).

Das Billardzimmer. Bei der gewöhnlichen Größe eines französischen Billards von 1,60 × 2,60 m und einer Gangbreite für die Spieler von 1,60 m genügt eine Gesamtgröße von 30 bis 36 qm. Die Zimmerbreite beträgt 5 bis 5,50 m, die Zimmerlänge 6 bis 6,50 m.

Die Schlafzimmer.

Im Hauptschlafzimmer für die Eltern stehen die Betten entweder mitten im Raume als sogen. Himmelbett oder mit dem Kopfende nebeneinander an einer Mittel- oder Scheidewand. Die Aufstellung an einer Außenwand ist unzulässig. Die Betten haben eine Größe von 2 $\times$ 2 m, mithin hat das Schlafzimmer bei freistehendem Himmelbett eine Breite von mindestens 6 m. Bettstellung an der Wand, am besten in einer Bettnische (Fig. 121), erfordert für die Betten einschl. Nachttische 3 m Breite, so daß die geringste Zimmerbreite 4,50 m, besser aber 5 m beträgt.

Für Kinderschlafzimmer werden die Wandplätze der inneren Wände in den Längen von je 1,80 m zur Aufstellung der Betten benutzt.

Alle Familienschlafzimmer liegen am besten nach Osten oder Südosten und sind sämtlich vom Flur oder Korridor aus unmittelbar zugänglich. Reichlicher Zubehör zu den Schlafzimmern ist vorzusehen (siehe „Zubehör“).

Fremdenzimmer. Bei dem Entwurfe eines Gutsbesitzerhauses ist von vornherein auf die Anlage einer größeren Anzahl von Fremdenzimmern Rücksicht zu nehmen. Sie sind im oberen Stockwerk als kleine Schlafzimmer anzuordnen. Jedes einzelne muß von außen unmittelbar zugänglich sein; eine Verbindung der Räume untereinander ist nicht empfehlenswert. Heizung braucht für die meisten nicht vorgesehen zu werden. Es muß aber hier für reichliche Wasch- und Badegelegenheit gesorgt sein. Auch sind Wandschränke in den Zimmern in größerem Maße vorzusehen, weil häufiger Toilettenwechsel im Laufe des Tages nötig wird. Durch derartige eingebaute Wandschränke bildet man Bettnischen, Waschnischen u. dergl.

Zubehör.

Badezimmer, am besten in Verbindung mit einem Schlafzimmer oder in der nächsten Nähe desselben dürfen selbstverständlich nicht fehlen. Als Größe dafür genügt ein Raum von 6 bis 7 qm Grundfläche. Eine Zinkbadewanne ist 1,50 bis 1,80 m lang und 0,70 bis 1 m breit. Soll ein sogen. Badeofen im Badezimmer selber Aufstellung finden, so muß dasselbe mindestens 15 bis 20 qm Grundfläche erhalten.

Kleiderkammern (Garderoben) zur Aufstellung von Wäsche- und Kleiderschränken sind ebenfalls in der Nähe der Hauptschlafzimmer anzuordnen (Fig. 122). Hierfür genügen gangartige schmale Räume von 1,80 bis 2 m Breite.

Aborte. In einem größeren Gutsbesitzerhause ist für jedes Stockwerk mindestens ein Abort vorzusehen. Wasserklosetts, die durch Wasserverschlüsse leicht geruchfrei zu halten sind, können wegen des Mangels einer Druckwasserleitung hier nicht angeordnet werden. Bei Grubenanlagen empfiehlt es sich, das gemeinsame Abfallrohr zunächst über Dach zu führen und mit Saugkäppchen zu versehen. Dann werden die einzelnen Abortsitze mit doppeltem Verschlußdeckel eingerichtet. Die Grube wird zweiteilig angelegt, damit die flüssigen Stoffe in einen Jauchenbrunnen abfließen können. Alle Zuführung von Abfallwasser in die Grube wird im Haushalte möglichst vermieden. Sodann erhält die Grube oben eine Ventilationsöffnung, die mit einem Ventilationskanale in Verbindung steht. Dieser Kanal steigt ein wenig an und mündet in ein Ventilationsrohr, das am zweckmäßigsten neben ein Küchenrohr gelegt und durch dasselbe erwärmt wird. Wenn dieses Ventilationsrohr über den First des Daches hinausgeführt und mit einem Luftsauger versehen wird, so entsteht eine Luftbewegung in der Richtung der Pfeile, wie in Fig. 123 angedeutet, wobei die Abortkammern nicht durch Grubengase belästigt werden können. Schließlich wird jede Abortkammer mit einem bis nahe unter die Decke reichenden Fensterchen versehen, dessen oberer Teil aus sogenannten Luftscheiben besteht. Ferner erhält am besten jede Abortkammer, die für sich nur 1,50 m Tiefe und 1,20 m Breite zu haben braucht, einen Vorraum, so daß sie nicht unmittelbar an den Flur oder Korridor angrenzt. Ein solcher Abort ist auch bei Grubenanlage geruchfrei zu erhalten.

Fig. 122.

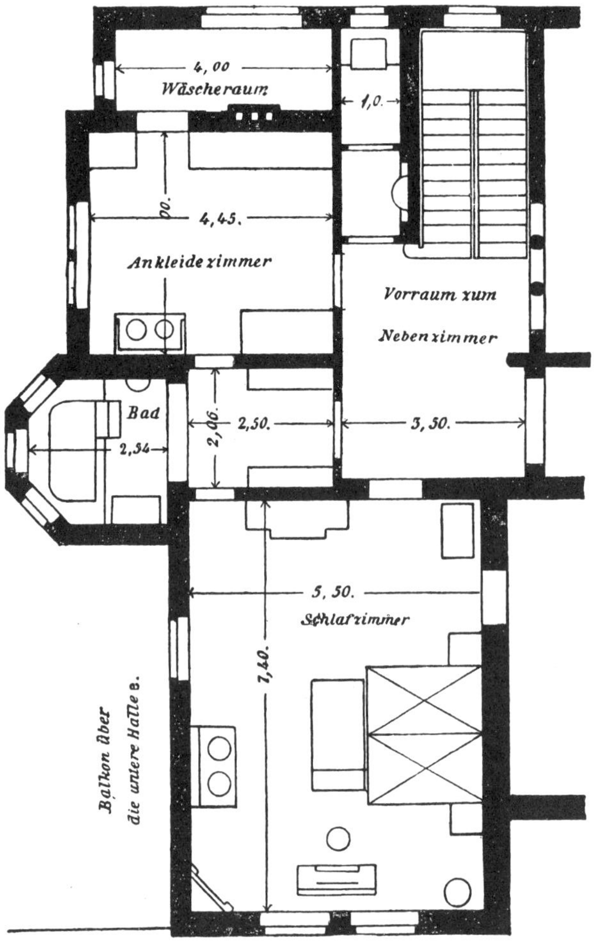

Fig. 123.

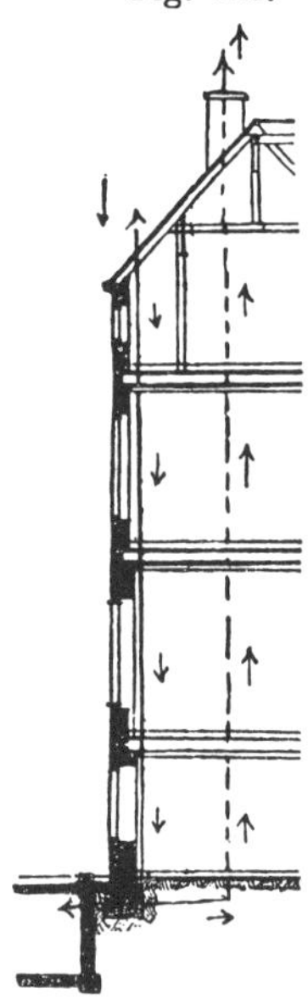

Andere hier brauchbare Abortsysteme sind die Torfstreu-Klosette und die transportabeln Kübel-Aborte, die beide auch miteinander verschmolzen werden können. (Vergl. A. Opderbecke, Die allgemeine Baukunde. Verlag von Bernh. Friedr. Voigt in Leipzig. Preis 5 Mk.)

Fig. 124.

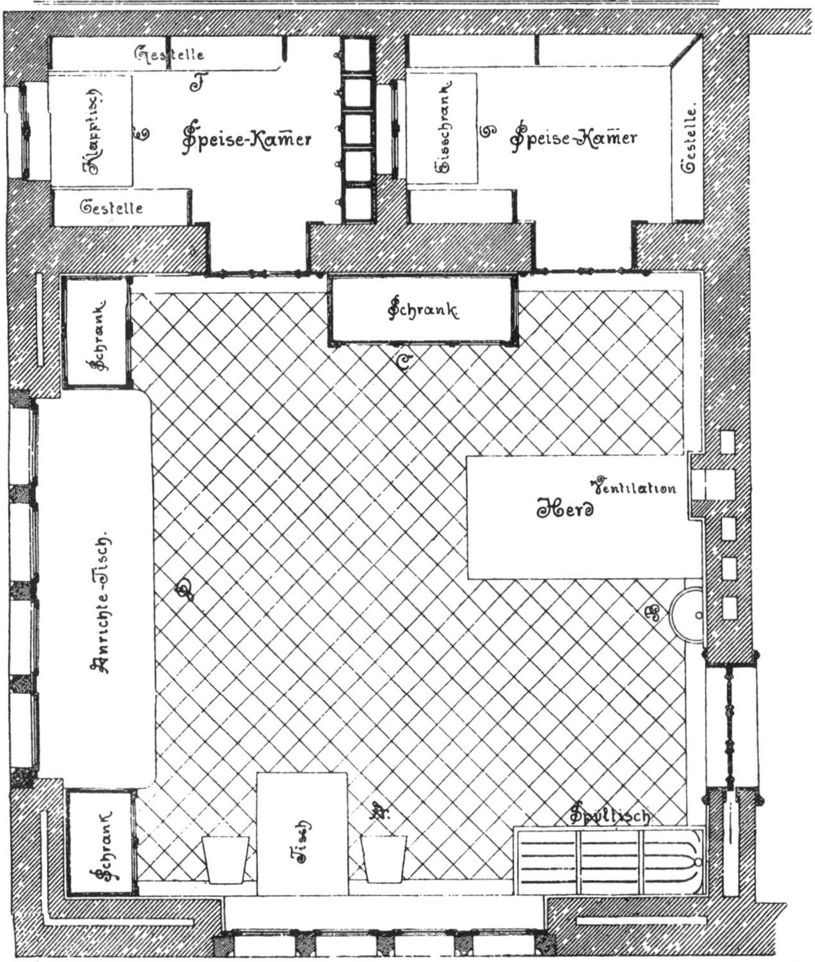

Fig. 125.

Wirtschaftsräume.

Die Herrschaftsküche. In größeren Gutsbesitzerhäusern ist selbstverständlich das nötige Küchenpersonal vorhanden, weshalb die Küche und die dazu gehörigen Wirtschaftsräume vorteilhaft im ausgebauten Kellergeschoß Platz finden.

Die Kochküche erfordert hier eine Grundfläche von 30 bis 40 qm. Der Herd steht entweder frei im Küchenraume, oder er ist mit dem Kopfende an eine innere Wand gestellt. Auf diese Weise wird er ringsum zugänglich. Seine Größe beträgt 0,70 bis 0,75 m Breite bei 1,60 m Länge oder 0,80 bis 0,90 m Breite bei 1,70 bis 1,80 m Länge. Das Rauchrohr erhält einen Querschnitt von 20 × 20 cm; daneben liegt ein mit Oeffnung unter der Decke versehenes Dunstrohr von derselben Weite. Große Anrichtetische in unmittelbarer Nähe der Fenster, Wandschränke, Bratspieß, Wasserkran, Ausguß und einige Stühle vollenden die übrige Einrichtung.

An die Hauptküche oder Tafelküche schließt sich ein Eßraum für die Dienerschaft; außerdem steht sie durch einen Speiseaufzug mit dem Anrichteraum in Verbindung (Fig. 124 und 125 nach „Deutsche Bauzeitung", Berlin).

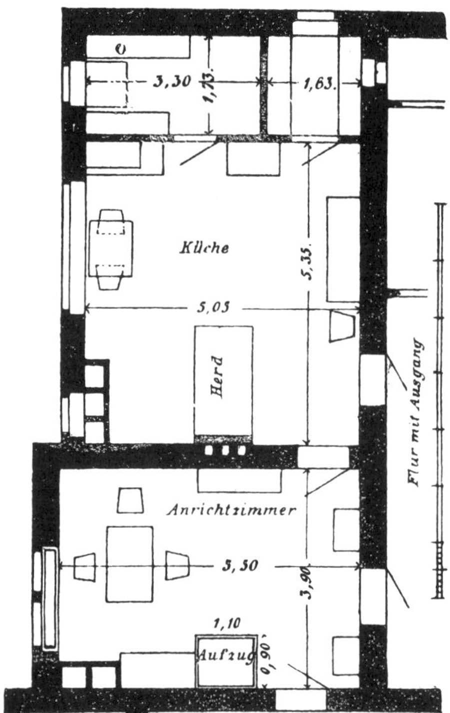

Fig. 126.

Die Spülküche, neben der Kochküche und mit ihr verbunden, enthält den Küchenspül-Waschbehälter, Abspültische und Ausguß. Sie hat eine Grundfläche von 12 bis 15 qm und wird mit dem Anrichtezimmer gern durch eine kleine Wendeltreppe verbunden.

Die Gesindeküche wird oft als besonderer Kochraum im Kellergeschoß des Hauptgebäudes mit untergebracht. Sie steht dann in Verbindung mit einem Eßzimmer für das Gesinde. In kleineren Haushaltungen ist mit der Herdanlage in der Kochküche ein Gesindekessel verbunden. Derselbe ist mit einem besonderen Wrasensauger zu versehen. Ein solcher Kessel faßt etwa 32 bis 44 l. Größere Kessel erfordern eine besondere Herdanlage, die zwar neben dem Tafelherd liegen kann, aber breiter als dieser wird. Ein Tafelherd mit Gesindekessel hat eine durchschnittliche Größe von 0,70 × 1,60 m.

Die Speisekammern. Der Küchenbetrieb erfordert zunächst zwei Speisekammern von ungleicher Größe. Die größere ist etwa 2 m breit bei 4 bis 5 m Länge. Sie enthält an den Wänden eine Anzahl von Borden, am kleinen Fenster einen Tisch. Das Fenster geht bis nahe zur Decke und besteht in seinem oberen Teile aus Luftscheiben. Etwa 50 cm über dem Fußboden unter der Fensterbank befindet sich eine abstellbare Ventilationsöffnung von etwa 15 × 15 cm Weite. Sie dient zur Einführung frischer Luft. In der kleineren Speisekammer, die indirektes Licht haben kann, steht ein großer Eisschrank (Figur 125, 126). Beide Speisekammern unterstützen den Küchenbetrieb und unterstehen der Wirtschafterin. Für die Hausfrau wird oft noch eine dritte Speisekammer angelegt, die die Hauptvorräte enthält, wovon an den Küchenbetrieb abgegeben wird.

Fig. 127.

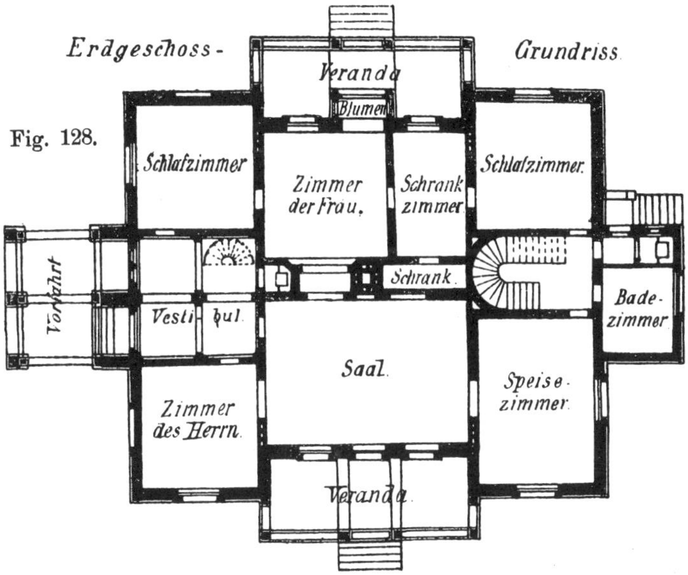

Fig. 128.

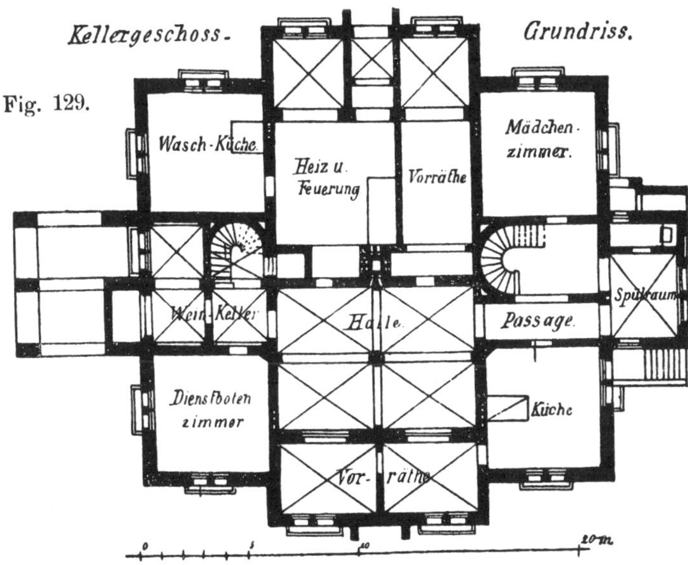

Fig. 129.

Ein Kühlraum (Figur 127 nach „Deutsche Bauhütte“ von F. Rud. Vogel) befindet sich möglichst neben der Speisekammer, die er zum Teil ersetzt. Er ist daher abgetrennt vom eigentlichen Eishaus. Dieses, in dem der Eisvorrat für den ganzen Sommer aufgespeichert ist, wird meist als Keller in der Erde und mit Erdfüllung und Rasenbelag oder Strohdeckung des über der Erde befindlichen Teiles und des Zuganges angeordnet. Der Kühlraum liegt möglichst nach Norden oder Osten und hat oben den Eisbehälter, oder derselbe liegt zwischen zwei Abteilen, die mit Fliesen ausgekleidet und mit Börden und Haken versehen sind, getrennt für Milch, Obst und sonstige Waren. Erwünscht ist noch eine dritte Abteilung für frisches Fleisch, die so geräumig sein muß, daß, je nach der Neulieferung, seitens des Fleischers genug Vorrat für die Zwischenzeit aufgehängt werden kann. Einige Vorratsräume für Kartoffeln, Obst und Gemüse befinden sich im Keller (unter dem Wirtschaftsflügel bei herrschaftlichen Landhäusern).

Die Vorratskeller. Durch Mauern für sich abgeschlossene Kellerräume sind: der Feuerungskeller für das Brennmaterial, der Weinkeller, der Keller für Milch und Milchprodukte und der Fleischkeller. Alle übrigen Vorratskeller für Obst, Gemüse und Kartoffeln können durch Lattenverschläge voneinander getrennt werden.

Waschküche und Backhaus werden zumeist in einem besonderen Gebäude untergebracht (siehe weiter unten bei Abschnitt II „Ländliche Wirtschaftsgebäude“).

Dienstbotenräume.

Die Räume zur Unterbringung des Dienstpersonals liegen teils im ausgebauten Keller, teils im Ober- und im Dachgeschosse. Die Wirtschafterin, die Köchin und das Küchenmädchen erhalten je ein Zimmer im Kellergeschoß, das aber nach der Sonnenseite des Hauses hin liegen muß. Das Stubenmädchen wird im oberen Stock in der Nähe des herrschaftlichen Schlafzimmers untergebracht. Weitere Dienstboten finden im Dachgeschoß Unterkunft.

Korridore und Treppen.

Längere Korridore zur Vermittelung des Zuganges für die Wohn- und Schlafräume können im ländlichen Gutshause nicht wohl vorkommen. Dagegen sind kleinere, sogen. Wirtschaftskorridore oft unvermeidlich. Ihre Breite beträgt etwa 1,30 m. Hauptkorridore sind mindestens 2 m breit.

Treppen kommen im Gutshause mehrere vor, nämlich Haupttreppen und Nebentreppen. Die Haupttreppe in der Diele, die den Verkehr mit dem oberen Stockwerke vermittelt, endigt im ersten Stock. Von hier führt zum Dache eine untergeordnete Nebentreppe. Die Haupttreppe überschreitet selten die Breite von 1,5 m. Da sie bei Gesellschaften keine Rolle spielt, so ist sie für den Hausbedarf auch in ihrer Ausstattung zwar solide, aber doch einfach zu behandeln. Nebentreppen macht man 0,80 bis 1 m breit im Lichtmaße.

Beispiele von Gutsbesitzerhäusern.

In den Fig. 128 bis 129 ist ein Herrenhaus dargestellt, das von Professor J. Otzen-Berlin für Sternfelde bei Angermünde erbaut worden ist (vergl. Zeitschr. d. Arch. u. Ing.-Vereins zu Hannover 1876). Im Kellergeschoß liegen die Koch- und Spülküche, zwei Dienstbotenräume, die Waschküche, Keller für verschiedene Zwecke und ein Abort. Das Erdgeschoß enthält ein Zimmer des

Herrn, ein Zimmer der Frau mit Blumen-Erker und anschließender Veranda, ein Speisezimmer, einen Saal, zwei Schlafzimmer, ein Schrankzimmer, ein Badezimmer, zwei Aborte, eine größere Vorhalle und die Treppe. Im Obergeschosse liegen 9 Fremden- resp. Schlafzimmer. Die Heizung wird durch eine Warmwasserheizung bewirkt.

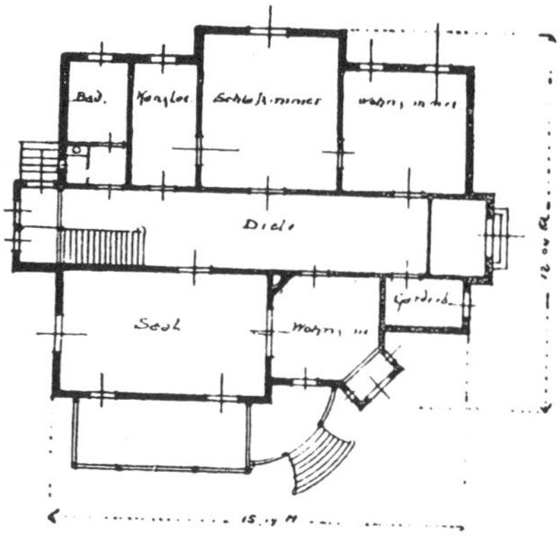

Fig. 130.

Fig. 130 und 131. Gutshaus auf Schönkamp bei Lübeck, erbaut von den Architekten Puttfarken und Janda-Hamburg (Architektonische Rundschau, Stuttgart 1889).

Fig. 132 und 133. Gutshaus bei Hamburg von denselben Architekten (nach „Die deutsche Villa“, Berlin

Fig. 131.

1891—1898). Hier sind die Zimmer für den Herrn und den Inspektor auf einer Seite, diejenigen für die Frau auf der anderen Seite je durch einen kleinen Korridor zugänglich gemacht. Dazwischen liegt eine große Diele mit Zugang zu dem Gesellschaftssaal.

Auf Tafel 5 sind in Vorder- und Seitenansicht die Fassaden des herrschaftlichen Landsitzes von Luttiz bei Aachen dargestellt, wie sie nach dem

Entwurf des Architekten Geheimrat Otto March, Charlottenburg, errichtet sind. Diese reizvolle Gruppierung, die unter Vermeidung aller architektonischen Schmuckformen für den ländlichen Stil geradezu vorbildlich genannt werden kann, stellt zugleich den Typus des modernen Landbesitzes dar. Wohnhaus und Stallungen fügen sich harmonisch zueinander und dabei in reizvoller Weise auch in die Umgebung hinein. Somit eignet sich diese Anlage als Musterdarstellung für die neueste Erscheinungsart, die das Herrschaftshaus auf dem Lande heute gewonnen hat. (Berl. Arch.-Welt, E. Wasmuth, Berlin.)

Taf. 6 u. 7, 8 u. 9. Herrenhaus für ein kleines Landgut von Arch. Werner Issel. Das Projekt stellt einen Umbau dar, bei dem die alten Wände zum Teil die Neueinteilung bestimmt haben. Der Eingang wird von Garderoben und Toiletten flankiert. Um eine große Wohndiele gruppieren sich die wenigen Wohnzimmer und die Wirtschaftsräume. Das Obergeschoß nimmt

Fig. 132.

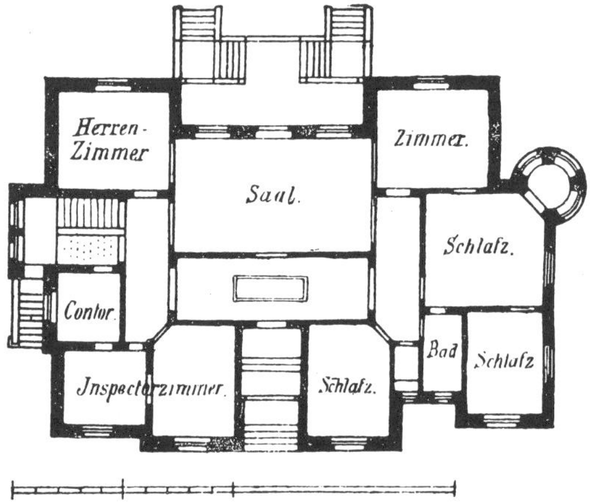

Fig. 133.

mehrere Wohn- und Schlafzimmer auf, sowie Fremdenzimmer und Bad. Weitere Fremdenzimmer liegen in dem Giebel der Hauptfront. Die Gesamtanlage strebt bei ziemlicher Weiträumigkeit nach vornehmer Behaglichkeit, die vorzugsweise im Erdgeschoß durch die wirkungsvolle Diele erreicht wird.

c) Gutspächterhäuser.

Wo das Haus des Gutsbesitzers Familieneigentum ist, wird seine innere Einrichtung stets durch die Vermögensverhältnisse des Besitzers, sowie durch dessen mehr oder weniger luxuriöse Neigungen bestimmt werden. Anders ist dies bei solchen Gutshäusern, die von vornherein zum Vermieten oder Verpachten eingerichtet sind. Hier hat der Besitzer — in diesem Falle der Staat oder irgend eine größere private Domänenverwaltung — bestimmte Vorschriften erlassen, die den Zweck haben, das Gutshaus, das durchaus nur als Mittel zum Zweck gilt, in seiner Einrichtung genau von dem Ertrage des Grundbesitzers abhängig zu machen. Hier pflegt man selbst bei ertragreichen Domänen für etwaige luxuriöse Neigungen des Pächters begreiflicherweise keine öffentlichen Mittel aufzuwenden.

Fig. 134. I. Stock

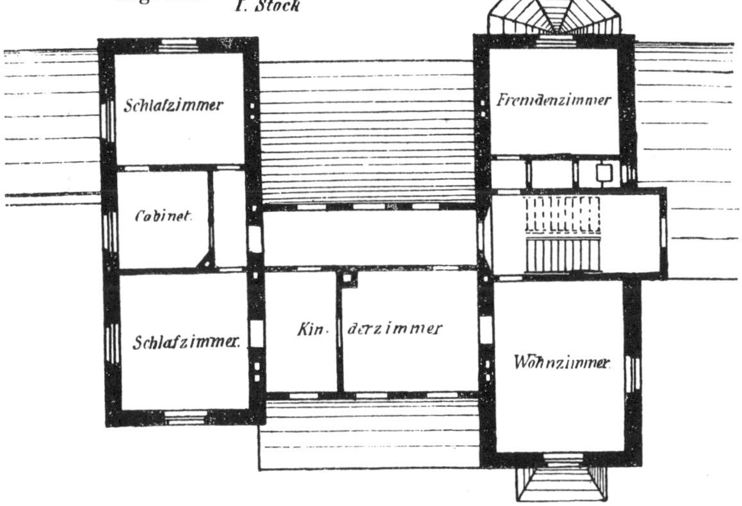

Fig. 135. Erdgeschoss

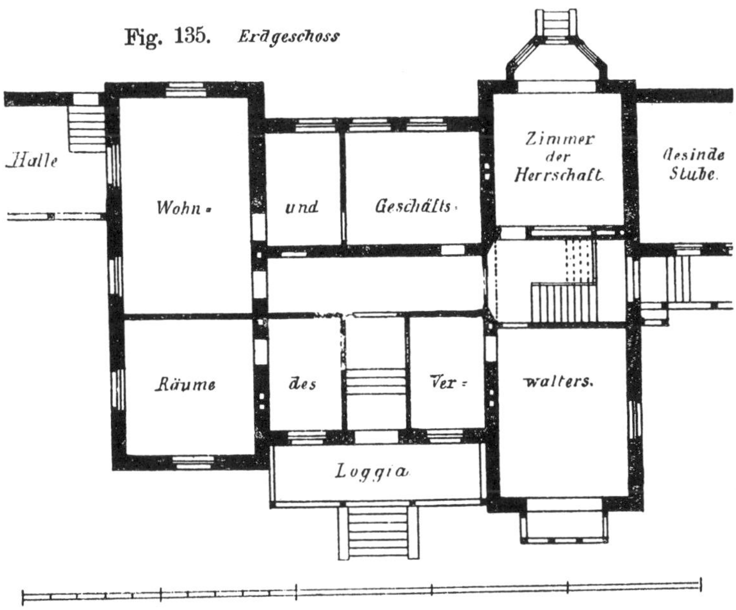

Taf. 6 u. 7.

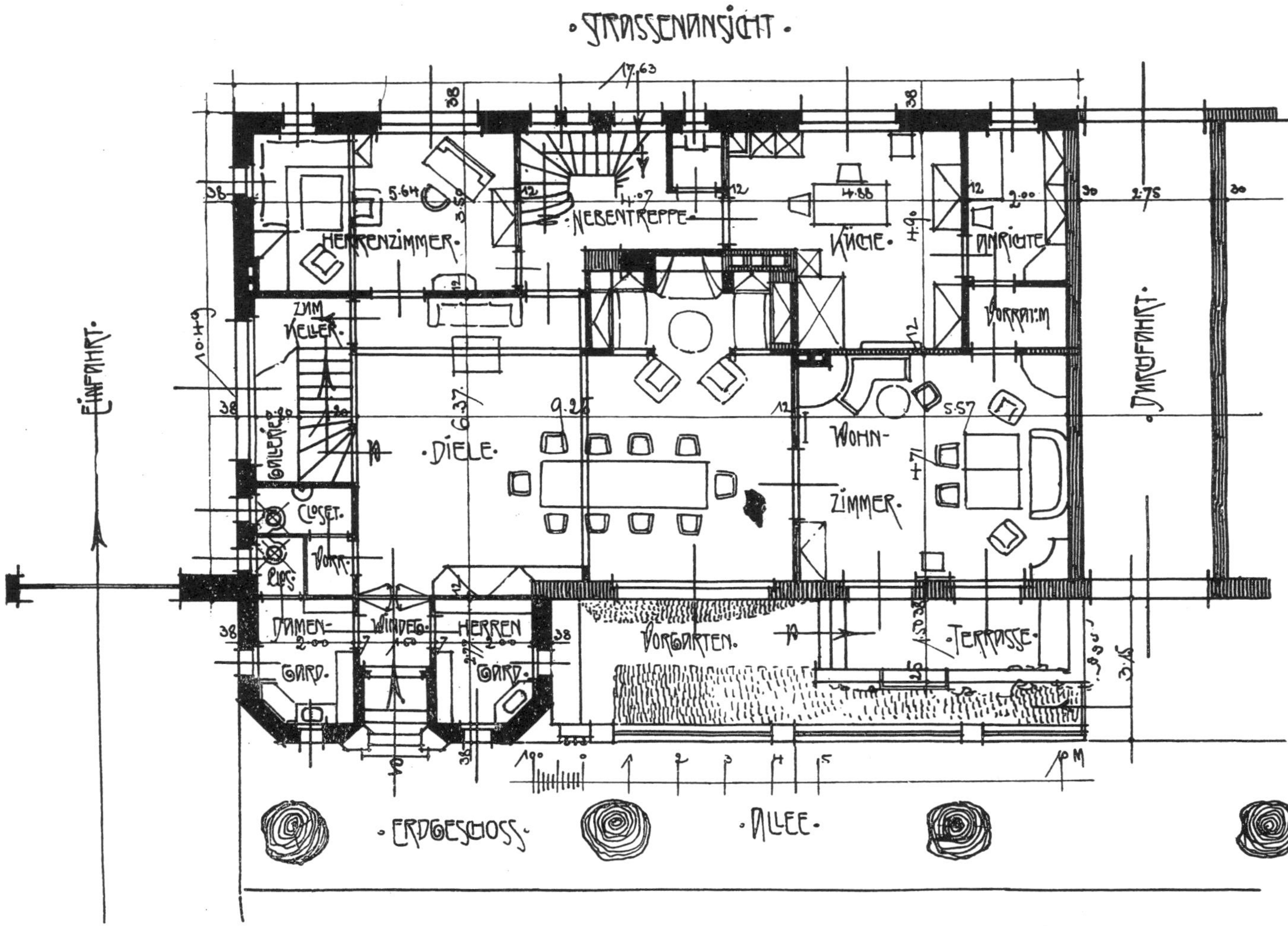

Issel, Landwirtschaftliche Baukunde.

HEMPEL:

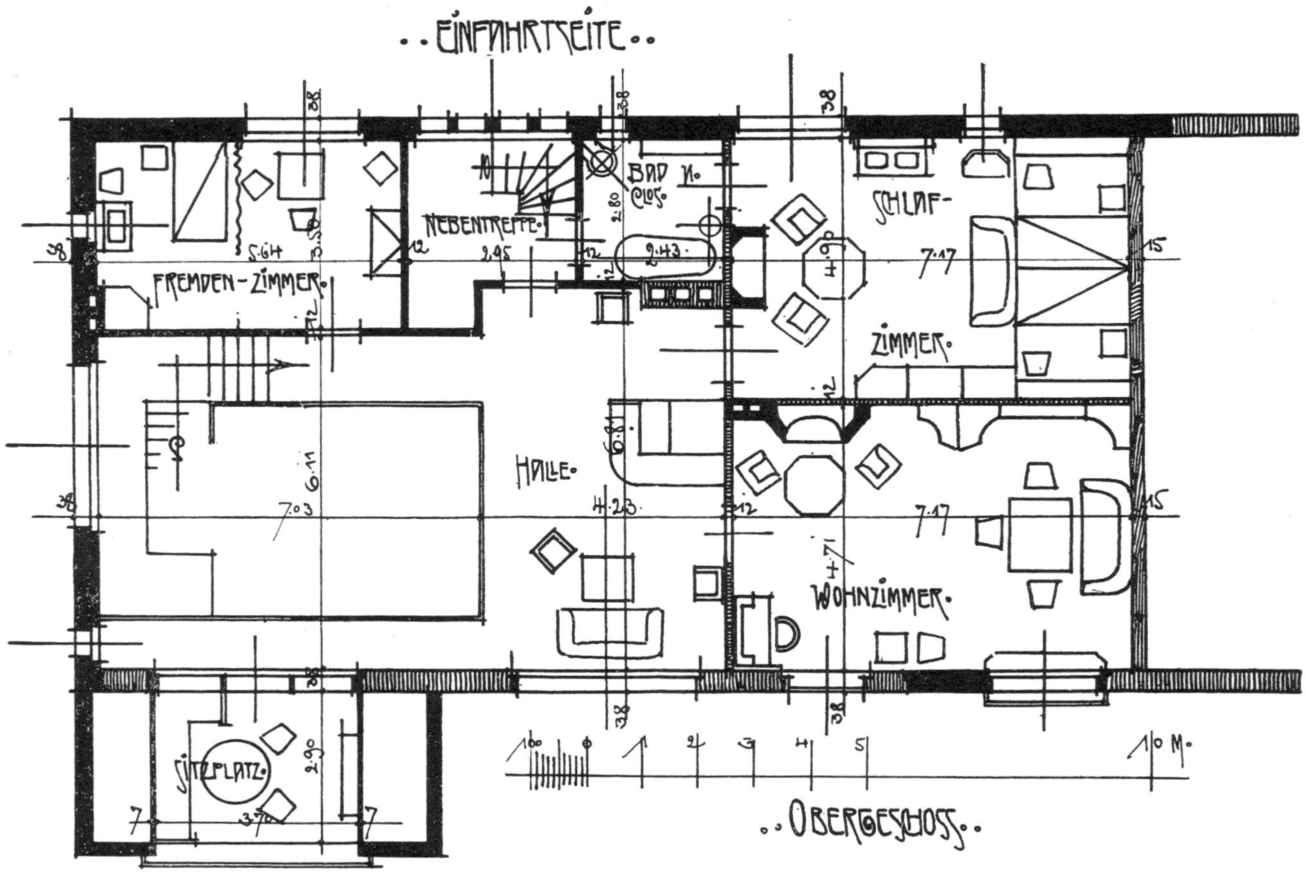
..EINFAHRTSEITE..
FREMDEN-ZIMMER.
NEBENTREPPE.
BAD u.
CLOS.
SCHLAF-
ZIMMER.
HALLE.
WOHNZIMMER.
SITZPLATZ.
..OBERGESCHOSS..
10 M.

Die Einrichtung des Gutspächterhauses.

Die Grundrissbildung soll klar und einfach sein. Alle Räume des Erdgeschosses, soweit sie zu Wohnräumen dienen, sollen unterkellert werden. Diese Keller gebraucht man zu wirtschaftlichen Zwecken.

Die Küche kann bei knapper Bemessung des Grundrisses in den Keller verlegt werden, damit das Erdgeschoß entlastet wird und hierdurch in engeren Grenzen erhalten bleibt.

Bei besseren Gebäuden mit höherem Pachtertrage verlangt man aber meist deren Anlage im Erdgeschosse, weil dies für die Hausfrau, von der natürlich vorausgesetzt wird, daß sie sich um die Küche bekümmert, bequemer ist.

Fig. 136.

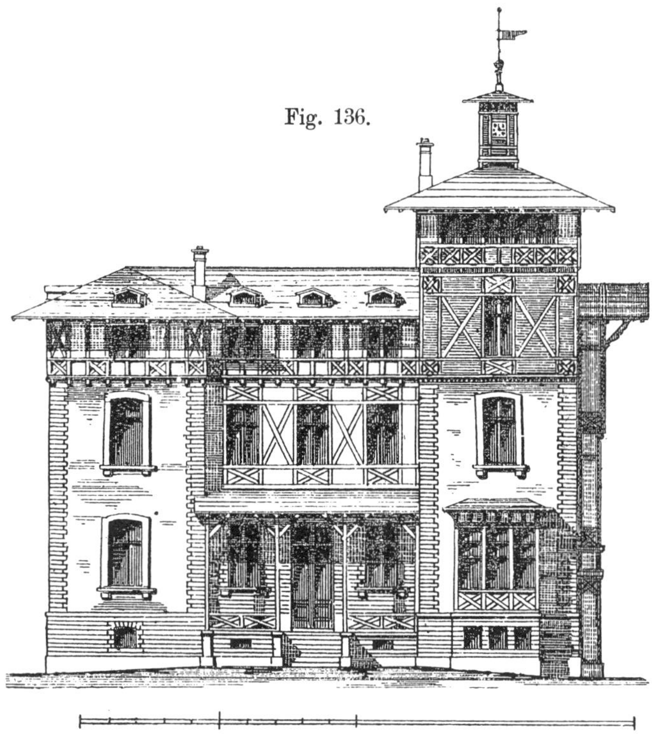

Die Speisekammern, die auch hier in den nötigen Abmessungen zu halten sind, sollen besser nicht von der Küche aus, sondern von außen zugänglich sein. Selbstredend legt man sie nicht an die Herdwand, da sie dadurch erwärmt und für die Aufbewahrung vieler Speisen unbrauchbar werden würde.

Die Waschküche wird gewöhnlich im Keller ihren Platz finden, muß aber ebenfalls von außen zugänglich sein.

Die Rollkammer neben der Waschküche soll nicht mit dieser in Verbindung stehen, damit die feuchten Dünste ferngehalten werden.

Backräume und Backöfen können mit der Waschküche verbunden werden.

Dienstbotenräume im Kellergeschoß, also Köchin- und Mädchenzimmer, müssen an die Südseite des Hauses gelegt werden.

Konstruktive Bestimmungen für Pächterwohnungen.

Wohnräume im Keller müssen selbstverständlich trockenen Fußboden und ebensolche Umwandungen haben. Für die königl. preußischen Domänen ist hier Holzdielung in Asphalt vorgeschrieben, während die Gesindestuben nur Klinkerpflaster mit Asphalt-Estrich zu erhalten haben.

Die Stockwerkhöhen (im Lichtmaße) sind für Pächterwohnungen auf königl. preußischen Domänen folgendermaßen geregelt:

Kellergeschoß 2,50 m,
Erdgeschoß 3,30 bis 3,50 m,
Obergeschoß 2,50 bis 2,80 m.

Das Dach. Wie bei dem Gutsbesitzerhause, so wird auch hier die Unterbringung von Dienstboten im Dachraume notwendig; hierzu muß das Dach ausgebaut werden. Dies geschieht am besten durch Anlage eines angemessen hohen Drempels mit flachem Dache. Ein solches Dachgeschoß läßt sich mit Vorteil zu Wohnzwecken ausnutzen. Unmittelbar unter dem Dache liegt dann eine Balkendecke mit halbem Windelboden, die leicht im Gewicht und daher ohne Belastung ist. Im anderen Falle müßten die Unterseiten des flachen Daches selbst als Decken benutzt werden. In den Dachraum legt man ebenfalls die Fremdenzimmer, die nur zeitweise benutzt werden.

Die Abortanlage muß den ländlichen Verhältnissen entsprechend einfach sein. Kotkästen auf Rädern genügen dafür. Für gehörige Entlüftung des Tonnenraumes und der Aborte selber ist natürlich Sorge zu tragen.

Beispiele von Pächterwohnhäusern.

Eine Pächterwohnung, die nur teilweise dem Pächter überlassen ist, wird durch die Fig. 134, 135 und 136 erläutert. Sie ist ausgeführt auf der für den Freiherrn Karl von Rothschild vom Architekten H. Burnitz erbauten Muster-Oekonomie Luisenhof bei Frankfurt a. M.

Hier befindet sich im Erdgeschoß ein abgetrenntes Zimmer für die Herrschaft, das als sogen. Milchzimmer bezeichnet wird. Es hat Ausgang und Terrasse nach dem Garten. Im Kellergeschoß liegen der Milchkeller, die Räucherkammer und die Haushaltungs- und Wirtschaftskeller. Der Dachraum ist, wie in solchen Fällen üblich, zu Schlafkammern für das Gesinde und zu Gerätekammern ausgebaut.

Fig. 137.

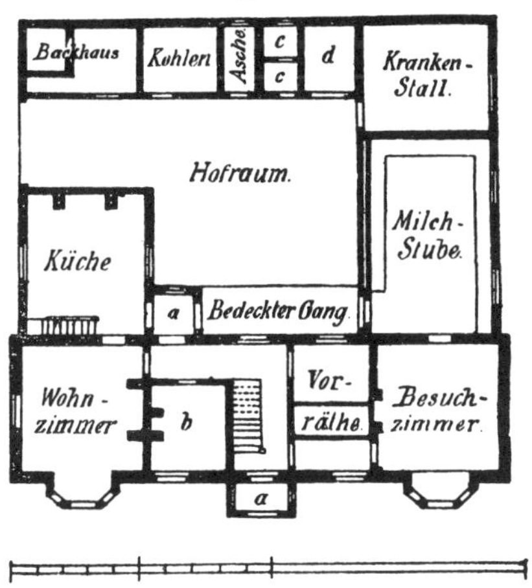

Ein kleines Pächter- oder eigentlich Verwalterhaus von der englischen Musterwirtschaft bei Liscard in Cheshire ist in Fig. 137 wiedergegeben. An das Wohnhaus selber schließt sich hier noch ein kleiner Hof, enthaltend den Krankenstall, das Backhaus, die Milchstube usw.

Durch eine kleine Vorhalle a betritt man einen schmalen Flur, der auch die Treppe enthält. Von hier aus sind zunächst eine Schreibstube b, ein Wohnzimmer und ein Besuchszimmer zugänglich gemacht. Auch die Küche wird durch eine zweite Vorhalle a hier angeschlossen. Im Obergeschoß liegen über den Vorderzimmern des Erdgeschosses die Schlaf- und Fremdenzimmer. Alles übrige ist einstöckig behandelt.

d) Gutsgehöfte.

Die Grundrißform der Hofanlage.

Sämtliche Wohn- und Wirtschaftsgebäude einer Gutsbesitzung (Rittergut, Domäne) gruppieren sich nach der fränkischen Bauweise um einen Hof, sehr große Anlagen wohl auch um mehrere Höfe (Fig. 139). Vom Herrenhause aus muß dieser Hof vollständig übersehbar sein. Die Größe der Anlage ist genau dem Zwecke entsprechend abzuwägen. Maßlosigkeit in Anlage und Ausführung führt zu dauernder Schädigung des Bauherrn.

Der Lageplan der Einzelbauten nach der Himmelsrichtung

ist bei landwirtschaftlichen Anlagen ganz besonders ins Auge zu fassen.

Das Gutshaus selber liegt am besten an der Südseite des Hof-Rechteckes. Dann können die Wohn- und Schlafräume an der Sonnenseite, die Wirtschaftsräume und das Zimmer des Wirtschaftsleiters an der Nordseite Platz finden (Taf. 10 und 11). Die Hauptseite der Stallungen erhält hiermit ebenfalls eine vorteilhafte Lage gegen Südosten oder Südwesten. Die Scheune, gewöhnlich dem Wohnhause gegenüber an der zweiten kurzen Seite des Hofes errichtet, hat ihre Front dann gegen Osten oder Westen.

Der Lageplan der Einzelbauten nach den Grundsätzen des Wirtschaftsbetriebes.

Bei rechteckiger Grundrißform des Hofes lag, wie bereits bemerkt, das Herrenhaus oder das Pächterhaus an der südlichen kurzen Seite des Rechteckes. Es kann genau in der Mittelachse des Gutshofes angeordnet (Fig. 139 und Tafel 10 und 11), kann aber auch an eine Ecke dieser Seite verlegt werden (Fig. 142 und 143). Die Hauptsache bleibt, daß der Hof von hier aus übersehbar ist.

In nächster Nähe des Herrenhauses, und zwar unmittelbar von der Zufahrts-Rampe zu erreichen, finden die Ställe für Kutsch- und Reitpferde, die zugehörige Geschirrkammer, Futterkammer und Knechtstube, ferner die Remise für Herrschaftswagen und ein Stall für Fremdenpferde ihren Platz.

Daran schließt sich der Stall für Ackerpferde. Bei einigen Gutsgehöften hat man aber zwischen beide Pferdeställe Wagen- und Geräteschuppen eingeschoben, um bei Ausbruch einer Seuche die Uebertragung zu erschweren. Sonst liegen sie neben den vorerwähnten Pferdeställen samt einem Maschinen- und Instrumentenschuppen, der auch die wertvolleren Ackergeräte aufzunehmen hat.

Schafstall, Krankenstall, Scheune können den Abschluß dieser einen langen Rechteckseite des Hofes bilden.

Auf der anderen Langseite des Hofes finden wir in nächster Nähe des Gutshauses das Wasch- und Backhaus und dann den Kuhstall, um die Verbindung mit der Milchwirtschaft im Gutshauskeller so nahe als möglich zu haben.

Daran schließt sich der Stall für das Jungvieh.

Für die nötigen Brunnenanlagen und überhaupt für bequeme Wasserzufuhr ist Hauptsorge zu tragen.

Weiter folgen die Schweineställe mit ihren zugehörigen Höfen und Futterküchen.

Die Scheune wird meist an das Ende des Gutshofes, dem Pächter- oder Herrenhause gegenüber, verlegt, wodurch sie bei offenstehenden Tennen gut übersehbar bleibt. Vielfach wird sie, der Feuersgefahr halber, von allen Seiten freistehend angeordnet. Jedenfalls muß sie von allen Feuerungsanlagen gänzlich isoliert sein. Zur Erleichterung der Strohbeförderung nach den Ställen sollte sie von den Stallungen nicht zu weit entfernt liegen, umsomehr, wenn sie mit Kellerräumen für Futterrüben und Kartoffeln versehen ist. Große Gutshöfe haben an der kurzen Rechteckseite Doppelscheunen mit zwischenliegendem Einfahrtstor. Auf Tafel 13 und 14 ist ein solches Beispiel dargestellt, wobei sich vorteilhaft an die Torseiten je ein Spritzen- und ein Pförtnerhaus anschließen.

Fig. 138.

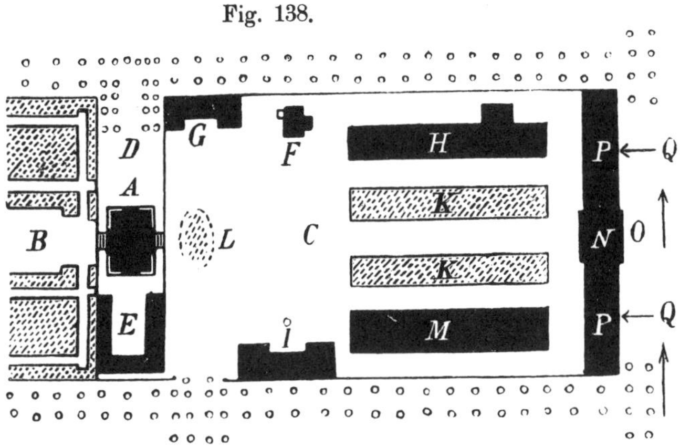

Buchstabenerklärung.

A das Gutshaus,
B der Garten,
C der Hofraum,
D kleiner Hof mit besonderer Ausfahrt,
E Hof für Schwarz- und Federvieh,
F Schmiede,
G Leute-Wohnhaus,
H Kuh- und Pferdestall,
I Brennerei,
K Düngerstätten und Raum für Wagen und Geräte,
L Rasenplatz,
M Schafstall,
N Magazingebäude, O Einfahrt, P Scheunen, Q Landstraße.

Die Dungstätte kann nach alter Sitte auch bei großen Gutshöfen in der Mittelachse des Hofes gegenüber den Stallungen angeordnet werden, wobei auf bequeme Zu- und Abfuhr Wert zu legen ist (Tafel 10 und 11). Bei anderen Anlagen finden wir zwei langgestreckte Dungstätten parallel zu den Stallungen im Hofe (Fig. 138). Wieder bei anderen hat man die Dungstätte aus dem Hofe heraus hinter die Stallungen gelegt (Fig. 84).

Nebenanlagen.

Größere Gutshöfe, die vermöge ihrer Ausdehnung außer den nötigen Zufahrten und den Dungstätten noch freien Raum im inneren Hofe gewähren, nehmen zur Verschönerung des Anwesens noch weitere Anlagen hinzu. So findet sich hier wohl ein eingefriedigter Rasenplatz mit Sträuchern und Blumenbeeten, dazu auch wohl ein zierliches Geflügelhäuschen, das in einen Turmbau für Tauben endigt. Weiter ist von großem Werte die Anlage eines Teiches für Enten und Gänse, für das Tränken des Viehes und das Schwemmen der Pferde (vergl. Tafel 10 und 11 und Fig. 139); auch bei Feuersgefahr wird ein solcher gute Dienste tun.

Lageplan des Rittergutes Mönchhof bei Eschwege in Hessen.
Erbaut von Architekt A. Karst in Kassel.

Taf. 10 u. 11.

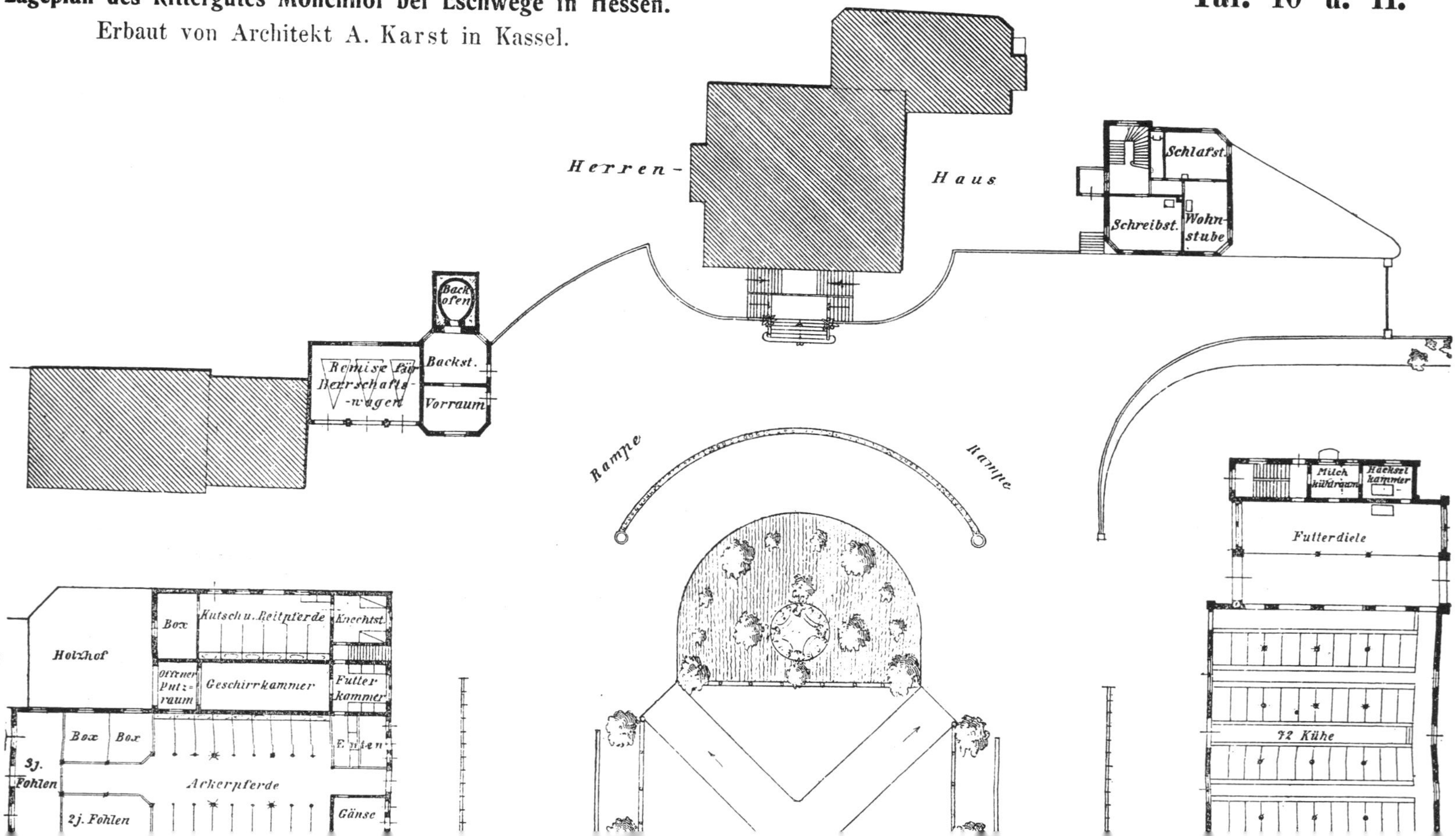

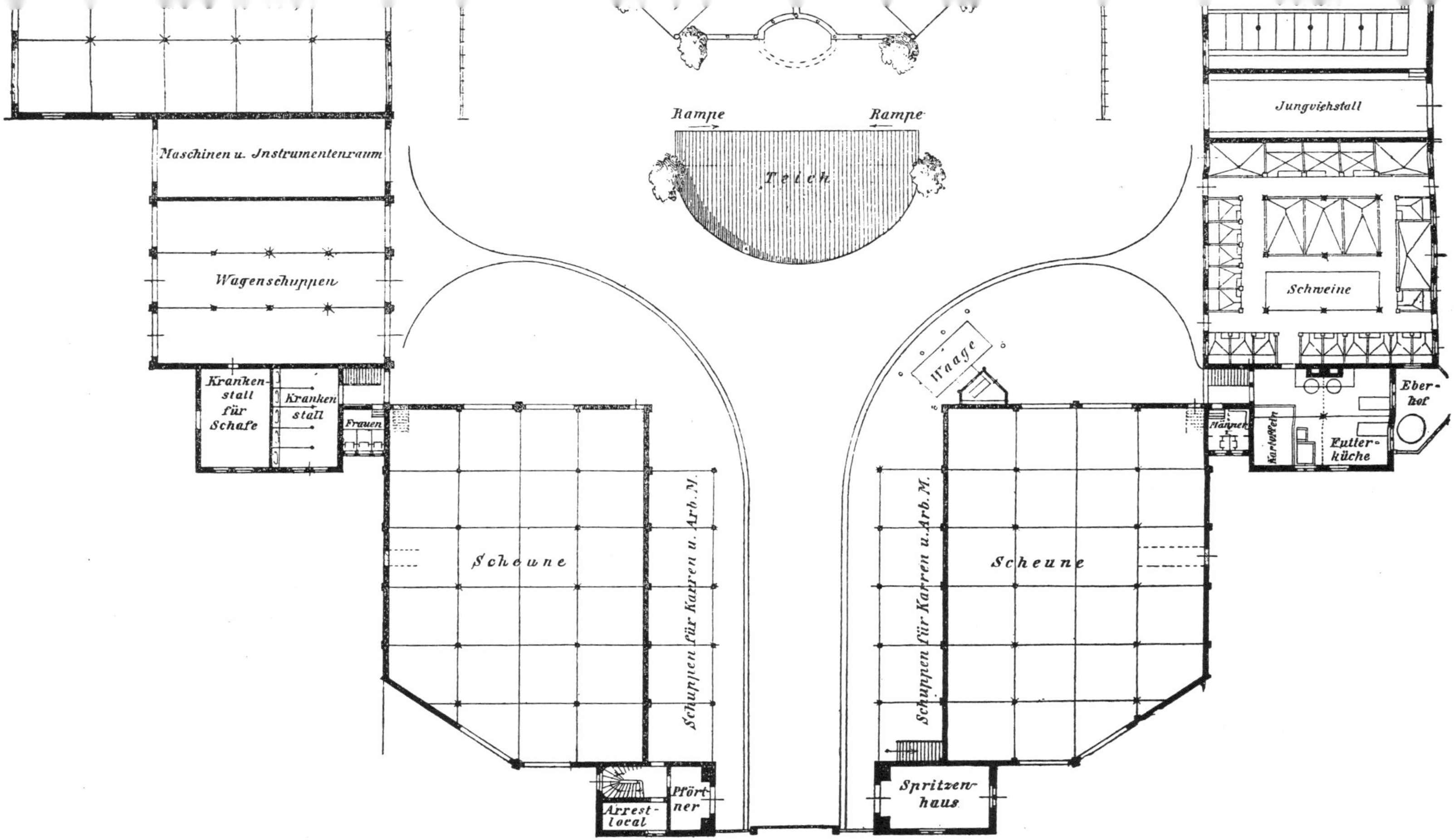
Jungviehstall
Schweine
Eber-
hof
Futter-
küche
Kartoffeln
Männer
Rampe
Rampe
Teich
Maschinen u. Instrumentenraum
Wagenschuppen
Kranken-
stall
für
Schafe
Kranken
stall
Frauen
Waage
Scheune
Scheune
Schuppen für Karren u. Arb. M.
Schuppen für Karren u. Arb. M.
Pförtner
Arrest-
local
Spritzen-
haus

Beispiele.

Fig. 138. **Wirtschaftsgebäude zu Marienberg** bei Rosnowo in Posen von Ed. Knoblauch.

Fig. 139. **Der Luisenhof,** Muster-Oekonomie des Freiherrn Karl von Rothschild bei Frankfurt a. M. vom Architekten H. Burnitz (nach Wiener Allgemeine Bauzeitung).

Die Anlage dieses Gutshofes zerfällt in zwei Höfe. Der größere umfaßt das Wohnhaus des Verwalters (Fig. 134), die Stallungen, die Schuppen und Scheunen; der kleinere ist zum Wirtschaftsbetriebe im engeren Sinne bestimmt.

Fig. 139.

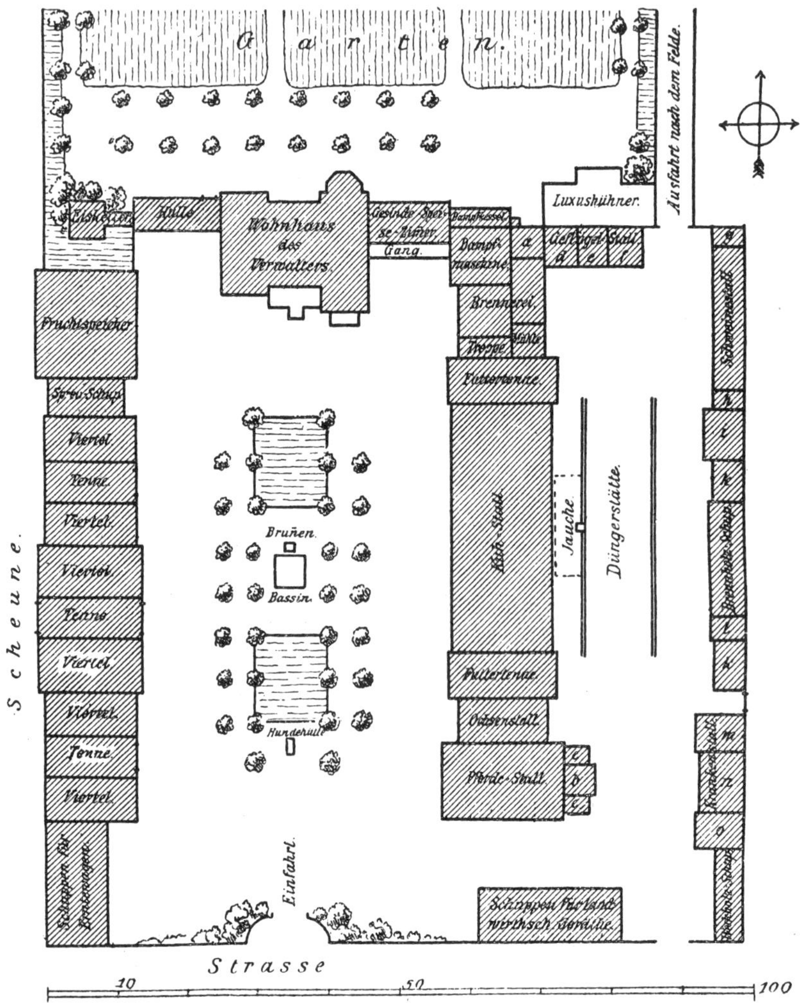

Buchstabenerklärung:

a Reservoir,
b Treppe mit Heuwurf,
c Roßwärter,
d Marstall,
e Entenstall,
f Puterstall,
g Eselstall,
h Futterküche,
i Schlachthaus,
k Kompost,
l Aborte,
m Pferdestall,
n Rindviehstall,
o Stellmacherei.

Das zu diesem Hofe gehörende Areal beträgt 11137,94 a Ackerland, 1012,54 a Wiesen und 1012,54 a Garten, zusammen 131,65 ha. Unter der Scheune liegen Keller für Wurzel- und Knollengewächse. Der Fruchtspeicher wird im Erdgeschosse als Remise benutzt.

Der Pferdestall enthält 14 Stände und zwei Boxes; in dem niederen Anbau dahinter liegen die Futterkammern und die Schlafstellen für die Roßwärter (c. b. c.). Zwischen denselben führt eine Treppe zum Heuboden; zwischen den Treppenarmen kann das Heu hinabgeworfen werden.

Der Ochsenstall ist für 14 Stück eingerichtet; der Kuhstall hat Raum für 46 Stück Großvieh oder 54 kleinere Tiere. Ueber Kuhstall und Futtertennen liegt der Heuboden. Die Dächer des Kuhstalles und der gegenüberliegenden Scheune sind weit vorgekragt, so daß beladene Wagen hier Schutz vor der Witterung finden können.

Doppeltafel 10 und 11 gibt den Lageplan des Rittergutes **Mönchhof** bei Eschwege (Hessen), nach dem Entwurfe des Architekten A. Karst in Kassel. Die vom früheren Hofe übrig gebliebenen Gebäude sind hier schraffiert, alles übrige ist neu erbaut.

Der Gutshof ist so gestaltet, daß genau in seine Mittelachse das Gutshaus nebst eleganter Freitreppe und Auffahrtsrampe, der Rasenplatz mit Gebüsch- und Blumenanlage, die mächtige Dungstätte und der Teich, sowie die Haupteinfahrt mit dem Torbau gelegt sind.

Zu beiden Seiten finden sich die Scheunen und Stallungen verteilt. Der Sau- und Faselhof, sowie das überdachte Göpelwerk rechter Hand und ebenso der Schafhof, Fohlenhof,

Fig. 140.

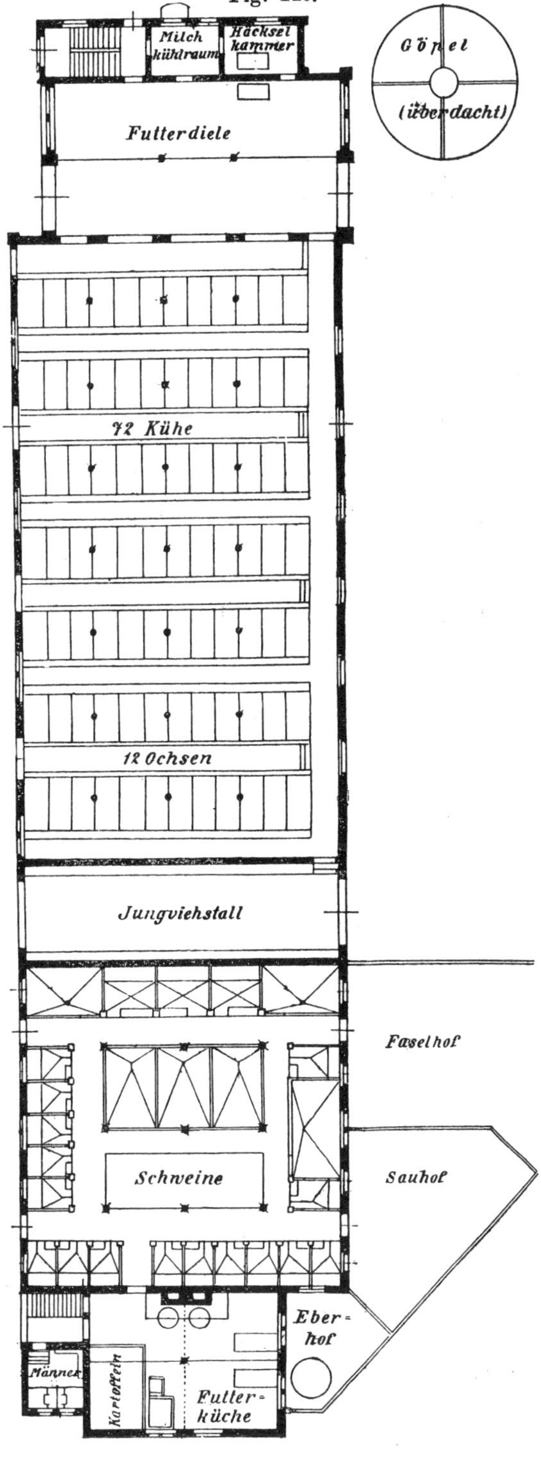

Schlachthof, das Gebäude für Waschküche, Rollstube und Schlachthaus, sowie dasjenige für Fremdenstall und Schmiede mußten hier aus Raummangel in Fortfall kommen. Dieselben finden ihre Ergänzung in den Fig. 140 und 141. Die

Fig. 141.

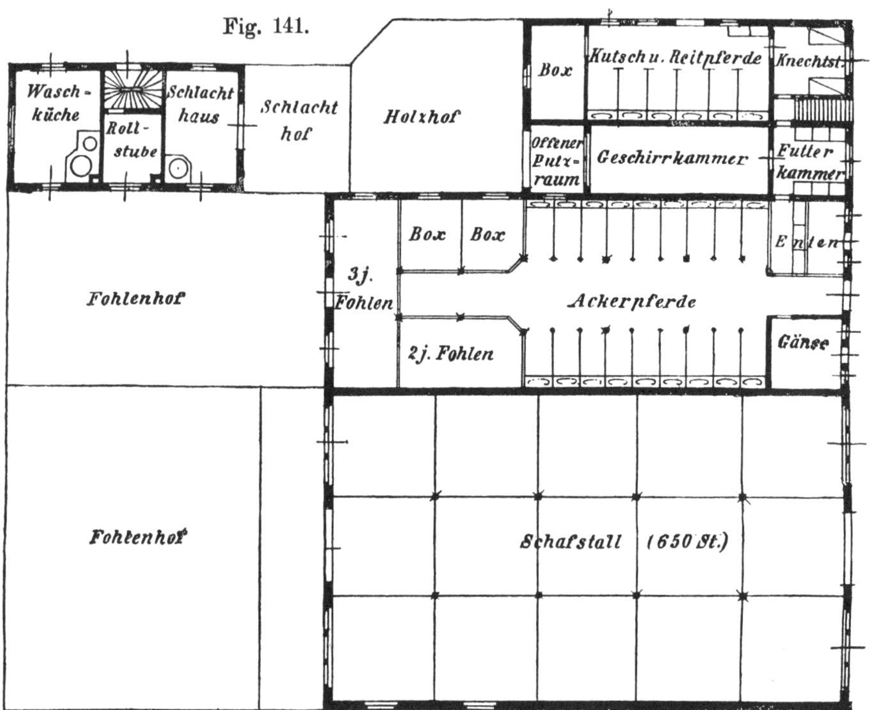

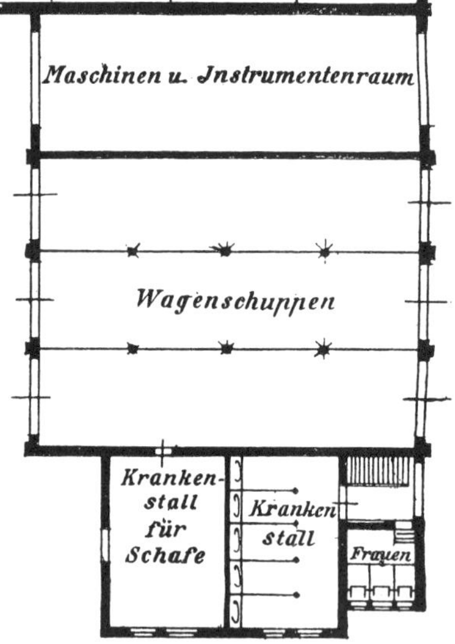

Scheunenbauten haben weit überstehende Dächer zur Unterfahrt und zur Aufbewahrung von Karren und Arbeitsmaterial.

Fig. 140 stellt die rechte Seite des Gutshofes Mönchhof dar.

An die Scheune rechts hofeinwärts reihen sich folgende Bauten:

1 Doppelabort für Männer,
1 Futterküche nebst Kartoffelraum,
1 Schweinestall für 12 Zuchtsauen, 2 Eber, 2 Absatzsauen, 60 Kleinfasel, 24 Großfasel, 15 Mastschweine nebst Futterdiele; dazu 1 Eberhof, 1 Sauhof und 1 Faselhof,
1 Jungviehstall,
1 Rindviehstall für 12 Ochsen und 72 Kühe,
1 Futterdiele mit 1 Milchkühlraum, 1 Häckselkammer,
1 überdachtes Göpelwerk.

Fig. 141, die linke Seite des Gutes Mönchhof, zeigt an die Scheunen anschließend:

1 Doppelabort für Frauen,
1 Krankenstall für 5 Pferde,
1 Krankenstall für Schafe,
1 Wagen-Schuppen,
1 Maschinen- und Instrumentenraum,
1 Schafstall für 650 Stück,
1 Pferdestall für 18 Ackerpferde,
1 Fohlenstall, 2 Boxes, dazu Gänse- und Entenstall,
1 Stall für 6 Kutsch- und Reitpferde, 1 Geschirrkammer, 1 Futterkammer, 1 Knechtestube, 1 Putzraum, 1 Box.

Hinter den Ställen liegen: 1 Schafhof, 1 Fohlenhof, 1 Schlachthof, 1 Holzhof, das Gebäude für Schlachthaus, Rollstube u. Waschküche, der Fremdenstall und die Schmiede.

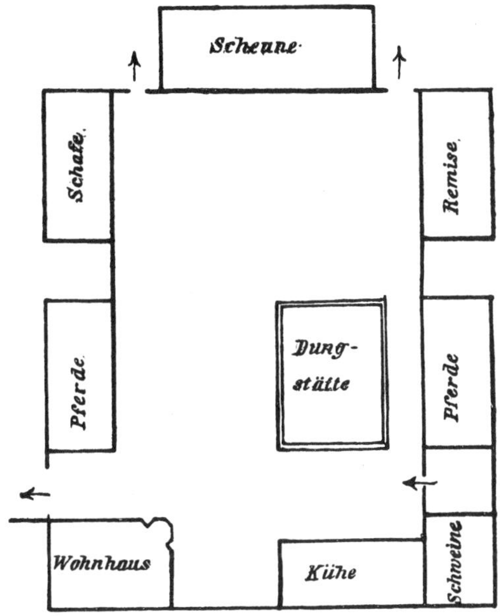

Fig. 142.

Neben dem Gutshause sind die Remise für Herrschaftswagen und das Backhaus angeordnet.

Tafel 12 stellt die Gesamtansicht des Rittergutes Mönchhof (von Architekt Karst in Kassel) dar. Vorn liegt das Einfahrtstor mit den flankierenden Scheunen.

Auf den Tafeln 13 und 14 sind die Außenseite mit Einfahrtstor, sowie die inneren Ansichten rechter und linker Hand abgewickelt.

Im Grundriß (Fig. 142) (nach L. v. Tiedemann, Das landwirtschaftliche Bauwesen, Halle a. S.) ist ein Gutshof dargestellt, bei dem das Gutshaus in der Ecke der schmalen Seite angeordnet ist.

Ein preisgekrönter Entwurf der Architekten Reimer und Körte-Berlin ist in Fig. 143 dargestellt. Es betrifft eine **Gehöftanlage zu Landonvillers in Lothringen.** (Dtsche. Bauztg., Berlin 1892). Von einem im Zentrum gelegenen Maschinengebäude aus sollten hier die den verschiedenen Zwecken dienenden Maschinen getrieben werden.

Das Wirtschaftshaus liegt hier ebenfalls in der Ecke einer Hofseite so, daß der ganze Hof und alle Stalleingänge von hier aus beobachtet werden können.

Im Maschinenhause befindet sich eine 16pferdige Betriebsmaschine, die Dynamomaschine für die elektrische Beleuchtung, für die Eisfabrik und für die Molkerei. Ueber der Futterkammer steht die Futterschneidemaschine. Die Dreschmaschine mit Strohelevator steht im nördlichen Raume des Maschinenhauses. Eine Auffahrt a vermittelt die direkte Einfuhr der Garben in den oberen Stock. Ein Teil des Maschinenhauses ist unterkellert für Futterlager, und ein Aufzug verbindet dasselbe mit der Rübenwäsche und der Schneidemaschine. Im Turm

Taf. 12.

Mönchshof

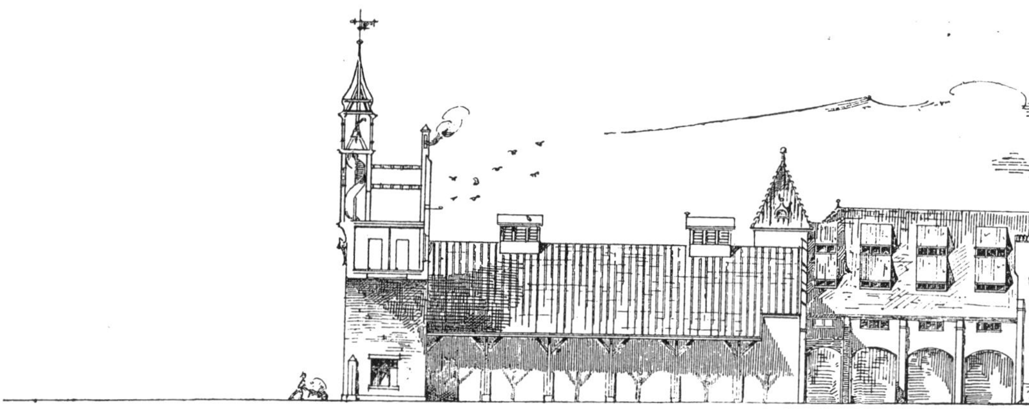

Taf. 13 u. 14.

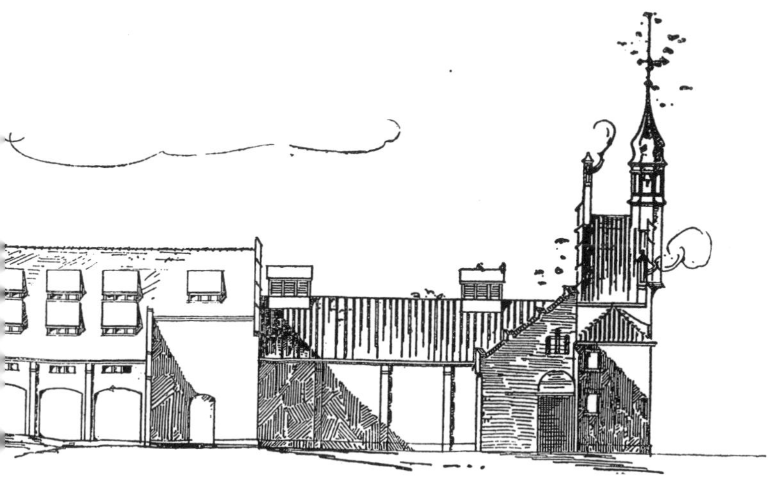

befindet sich ein Reservoir für Wasserleitung nach allen Räumen. Die landwirtschaftlichen Gebäude verteilen sich folgendermaßen:

1 Scheune, 25 m lang, 23 m breit, mit 10,8 m Durchschnittshöhe (faßt 6000 cbm). Die Hochtenne liegt 4,5 m hoch über Gelände und wird erreicht durch die Auffahrt a.

1 Rindviehstall, für 102 Stück Großvieh mit Boxes für 6 Bullen, Buchten für 25 Kälber und Laufstall für 45 Stück Jungvieh und 50 bis 60 Schafe. Eine zweite Auffahrt a ermöglicht das direkte Einbringen von Stroh in den Dachboden.

Fig. 143.

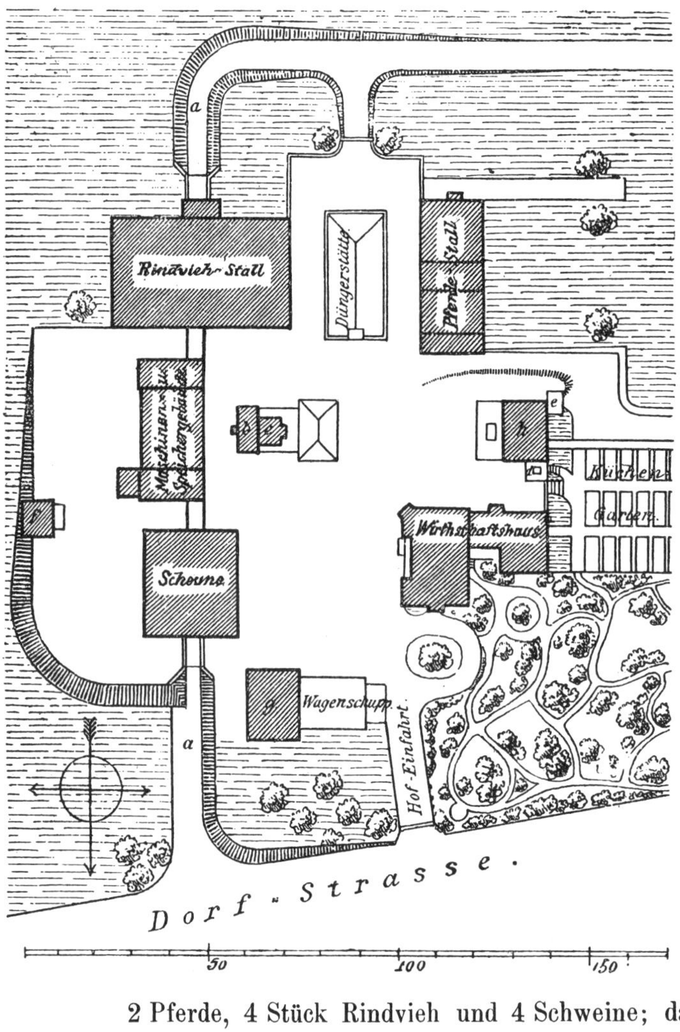

1 Pferdestall für 20 Arbeitspferde, 12 Boxen für Zuchtstuten und Fohlen, mit Futter-, Geschirr- und Knechtekammer. Im Dachboden ist Raum für 400 cbm Heu und für das nötige Streustroh und den Hafer.

1 Schweinestall h für 12 Mastschweine, 6 Mutterschweine, 1 Eber und 3 Buchten für 18 Ferkel; dazu eine Futterküche mit Dampfkochgefäßen und Futtermischtrögen.

1 Düngerstätte, 30 m lang, 15 m breit.

1 Krankenstall g mit 3 Abteilungen für 2 Pferde, 4 Stück Rindvieh und 4 Schweine; dazu Wärterzimmer und Futterraum.

1 Raum für künstlichen Dünger und ein Schuppen für Ackermaschinen.

1 Schuppen für 10 Wagen und 12 Pflüge (an der Westseite) mit Schmiede.

1 Kesselhaus b für 2 Kessel.

1 Hühnerhaus c, der Wärme halber darangebaut.

1 Kohlenschuppen für 1000 Zentner Kohlen.

1 Eiskeller, vom Küchengarten aus zugänglich.

Eine englische **Musterwirtschaft** mit sogen. Diemenhof wird durch Fig. 144 zur Anschauung gebracht.

Es ist ein Farmgehöft bei Liscard in Cheshire, von dem wir in Fig. 137 bereits den Grundriß des Gutshauses gebracht haben.

Auf dem 250 ha Land umfassenden Gute wird hauptsächlich Milchwirtschaft getrieben. Der Viehstand zählt 83 Milchkühe und 15 Ackerpferde.

Fig. 144.

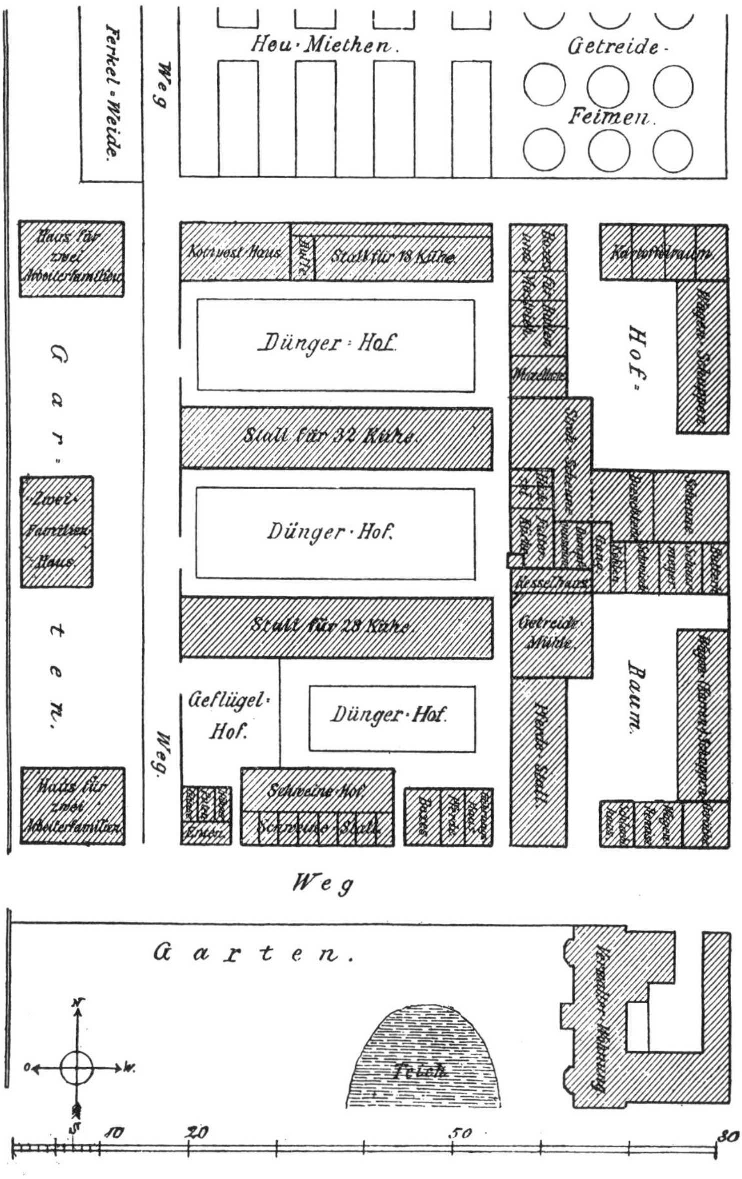

Im Mittelbau der Anlage befindet sich die 10pferd. Dampfmaschine, die alle übrigen Maschinen zu treiben hat. Alle Gebäude, mit Ausnahme des mittleren Scheunen- und Maschinengebäudes, sind einstöckig.

Da hier die Heu- und Getreidevorräte in Diemen oder Feimen aufbewahrt werden, so ist das massive Scheunengebäude bedeutend in seinem Umfange verringert worden. Ein solcher Diemenhof muß so angelegt werden, daß seine Feuergefährlichkeit den übrigen Gebäuden möglichst wenig Schaden bringt. Mithin liegt er stets so, daß die Hauptwindrichtung von ihm nicht über den Hof geht.

In Deutschland sind derartige Diemenhöfe weniger üblich. Wo sie angeordnet werden, macht man die Feimen besser rechteckig als rund. Im übrigen bringt man den einen Teil der Ernte in frei auf dem Felde stehenden Diemen unter, die in der Nähe des Gutshofes und bequem zugänglich liegen. Wo ein Diemenhof ausgeführt wird, muß er eingezäunt werden.

Weiteres siehe unter Abschnitt 3 „Feimengerüste und Feldscheunen“.

Die Fig. 145 bis 149 stellen Gutshöfe dar, wie sie als musterhafte Vorbilder landwirtschaftlicher Bauten in Oesterreich aufgefaßt werden*).

Fig. 145.

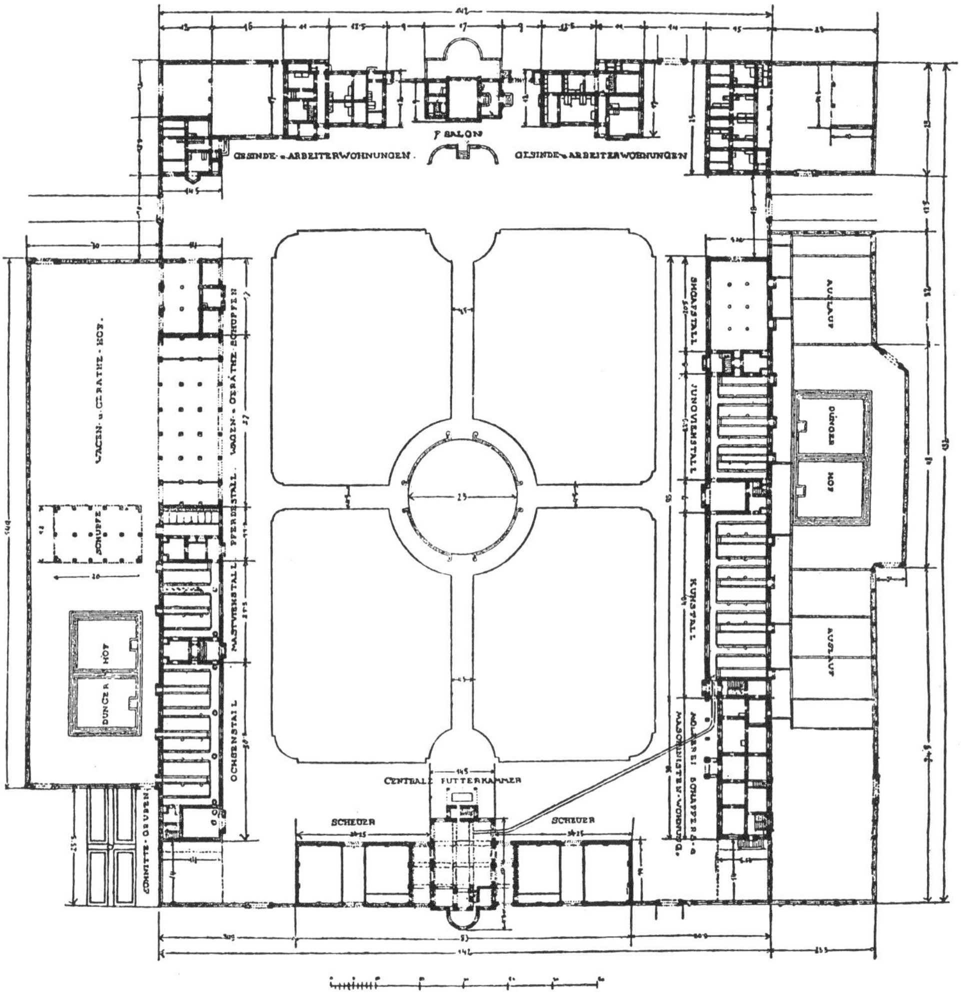

Fig. 145 ist der in den Jahren 1895 bis 1900 erbaute Fürst Schwarzenbergsche Meierhof „Vondroo“.

In der Mittelachse vorn liegen eine Zentral-Futterkammer und auf jeder Seite derselben eine Scheune sowie die erforderlichen Durchfahrten.

Rechter Hand am Hofe folgen nun die Molkerei, die Schaffners- und Maschinistenwohnung, ein Kuhstall, ein Jungviehstall und ein Schafstall.

*) Wir entnehmen diese Grundrisse einer Veröffentlichung im „Bautechniker“, Wien 1900.

An der linken Hofseite liegen der Ochsenstall, der Mastviehstall, Pferdestall, Wagen- und Geräteschuppen.

An der vierten Hofseite sind in der Mitte der Salon des Fürsten und zu beiden Seiten Gesinde- und Arbeiterwohnungen angeordnet.

Fig. 146.

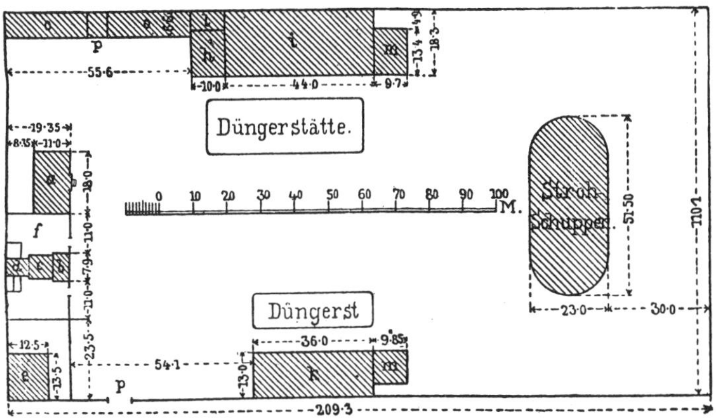

a Wohnhaus für einen Beamten und zwei Diener.
b Waschküche.
c Holzlagen.
d Stall für Geflügel und Schweine.
e Knechte-Kaserne.
f Hof für Diener.
h Stall für 18 Pferde.
i Stall für 110 Mastochsen.
k Stall für 88 Zugochsen.
l Knechteraum.
m Futterkammern.
o Geräteschuppen, darüber Schüttböden.
p Einfahrten.

Die Fig. 146 und 147 geben zwei Liechtensteinsche Meiereien aus neuester Zeit wieder. Die Anordnung der Gebäude ist aus der beigefügten Legende zu

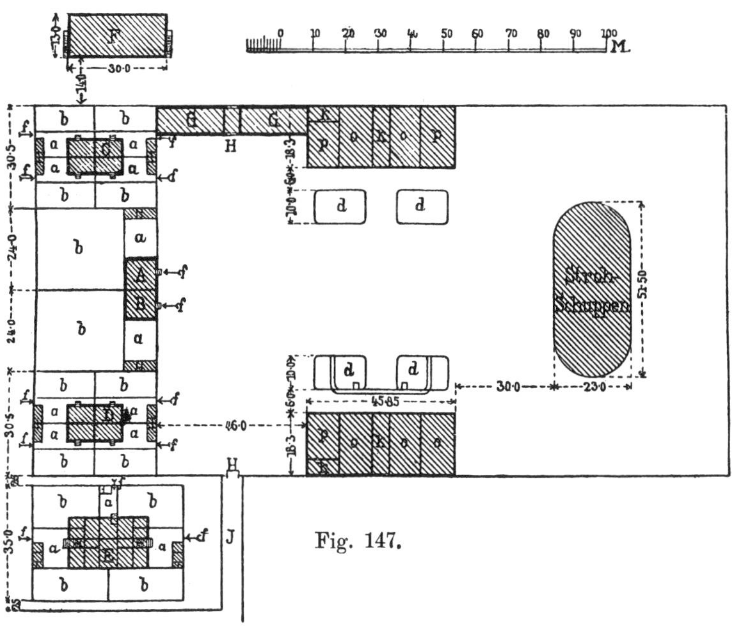

Fig. 147.

A Schaffner.
B Aufseher.
C D Knechte-Wohnungen.
E Kühgesinde-Wohnungen.
F Arbeiter-Kasernen.
G Geräte, darüber Schüttboden.
H Einfahrten.
J Zuführung.

a Höfe mit Abort und Holzlage.
b Gärten.
d Düngerstätten.
f Eingänge.
k Futterkammern.
o Ochsen.
p Pferde.

ersehen. In Oesterreich beriefen angesehene Großgrundbesitzer schon vor vielen Jahrzehnten tüchtige Architekten und Ingenieure für die Ausführungen ihrer landwirtschaftlichen Bauten, und große Herrschaften haben hierfür ihre eigenen Bauämter eingerichtet.

In den in Fig. 148 und 149 vorgeführten Grundrissen sind zwei prämiierte Entwürfe für Gehöftanlagen zu Landonvillers bei Metz dargestellt.

Fig. 148.

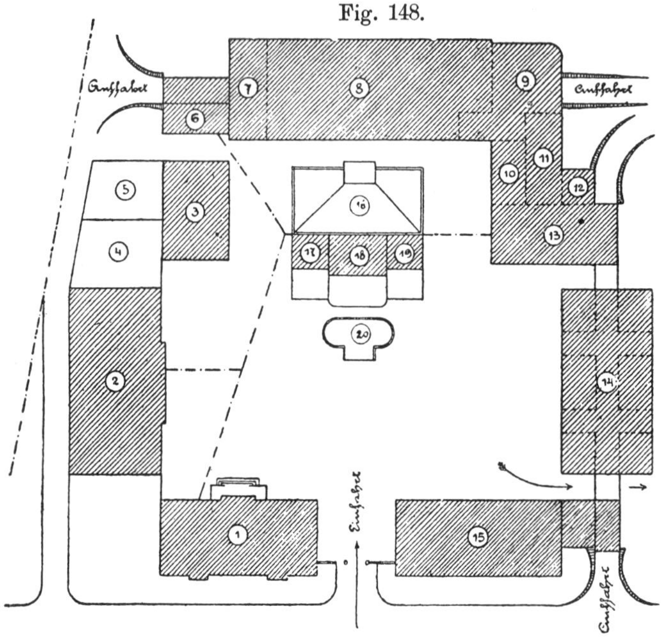

1. Wohngebäude.
2. Pferdestall.
3. Schweinestall.
4. Laufplatz.
5. Schweinehof.
6, Krankenstall.
7. Schafstall.
8. Rindviehstall.
9. Futter.
10. Stallpersonal.
11. Molkerei.
12. Eiskeller.
13. Maschinenhaus.
14. Scheune.
15. Schuppen.
16. Düngerstätte.
17. Kunstdünger.
18. Hühnerstall.
19. Hundezwinger.
20. Bassin.

Fig. 149.

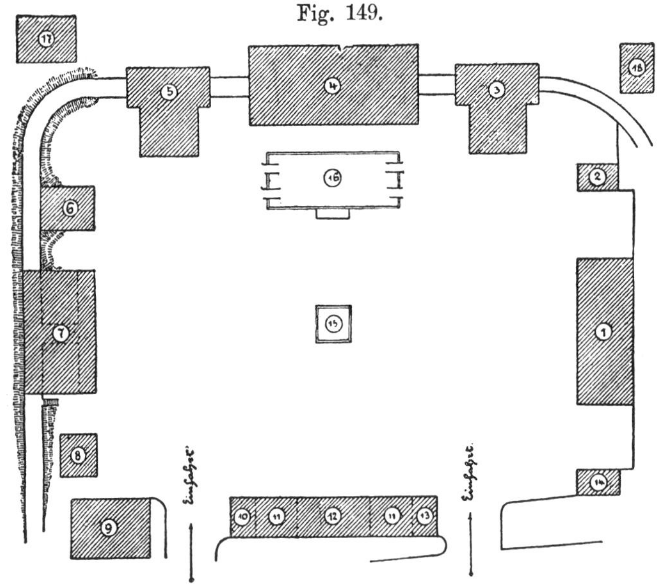

1. Wohngebäude.
2. Hühnerstall.
3. Pferdestall.
4. Rindviehstall.
5. Jungvieh- und Schafstall.
6. Molkerei u. Eiskeller.
7. Scheune.
8. Werkstätte.
9. Maschinenhaus.
10. Schmiede.
11. Remise.
12. Maschinenschuppen.
13. Kunstdünger.
14. Hundezwinger.
15. Bassin.
16. Düngerstätte.
17. Schweinestall.
18. Krankenstall.

e) Der Hoffmannsche Tiefbau.

Entgegen dem Bestreben der fränkischen Bauweise, das Gutsgehöft in viele Einzelbauten aufzulösen, ist in letzter Zeit auch eine andere Richtung aufgetreten, die sich der sächsischen Bauweise nähert und alle Wirtschaftsbedürfnisse unter einem Dache vereinigen will. Ihr Urheber ist der bekannte verstorbene Kreisbaumeister E. H. Hoffmann. Derselbe will damit die Wirtschaft vereinfachen, indem er sie gewissermaßen auf einen Punkt ohne lange Verkehrswege vereinigt. Diese Tiefbauten erhalten quadratischen Grundriß und werden zur größeren Feuersicherheit ausschließlich in Wänden und Decken mit Ziegelsteinen ausgeführt. Es hat diese Grundrißanordnung Anhänger und Widersacher gefunden, ist aber im allgemeinen nur vereinzelt zur Ausführung gelangt. Wir verweisen zu ihrer Erkenntnis auf die Hoffmannsche Schrift: „Ueber feuersichere landwirtschaftliche Tiefbauten", die genügenden Aufschluß gibt.

3. Beamten- und Dienstwohnungen
für Gutsbezirke.

Für größere Gutsbezirke sind Wohnungen für eine gewisse Klasse von Beamten vorzusehen. Diese Wohnungen verschmilzt man in der Regel nicht mit dem Gutshause oder mit einem anderen Wirtschaftsgebäude, sondern errichtet dafür besondere Häuschen, die je nach ihrer Bestimmung größer oder kleiner, immer aber im Aeußeren mit einem gewissen „Chic" behandelt werden. Sie müssen sich in vielen Fällen ihrer landwirtschaftlichen Umgebung (Garten, Park, Wald) anschließen und bei aller Einfachheit dennoch ein gutes Zeugnis geben von dem Geschmacke und der Wohlhabenheit des Gutsherrn. Hierdurch nehmen diese Häuschen eine ganz eigenartige architektonische Behandlung für sich in Anspruch, die selbstverständlich mit einem praktischen und geschickt gruppierten Grundriß Hand in Hand gehen muß. Die Fig. 156 bis 174 mögen hierfür einige moderne Beispiele geben, wobei wir von größeren bis zu den kleinsten Wohnhäusern dieser Art herabsteigen wollen.

Fig. 150.

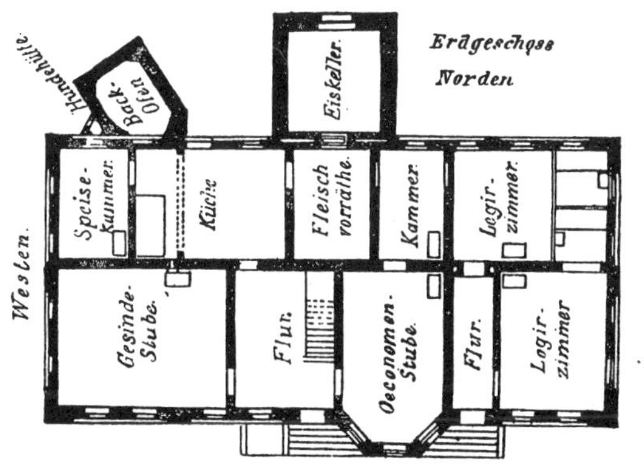

Fig. 151.

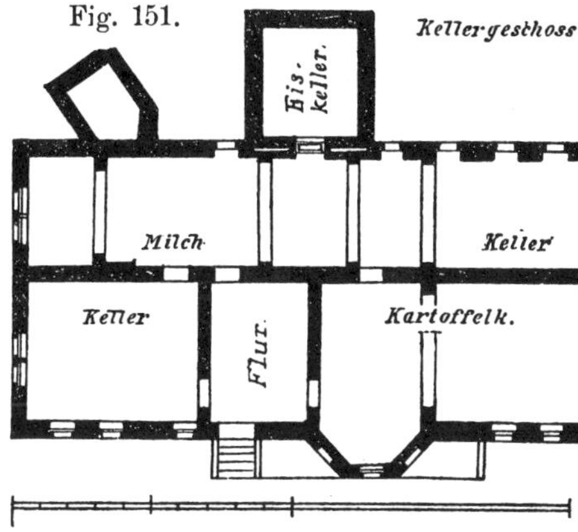

Die Gutsbeamten, für die derartige Wohnhäuschen in Frage kommen, dürften sein: Wirtschaftsinspektoren, Verwalter, Buchhalter, Amtsschreiber (wenn der Gutsbesitzer zugleich Amtsvorsteher ist), Förster, Obergärtner, Hofmeister. Alle übrigen Angestellten, wie Kutscher, Gärtner, Schafmeister usw. erhalten Wohnungen, die mit anderen Wirtschaftsgebäuden verbunden sind.

Fig. 152.

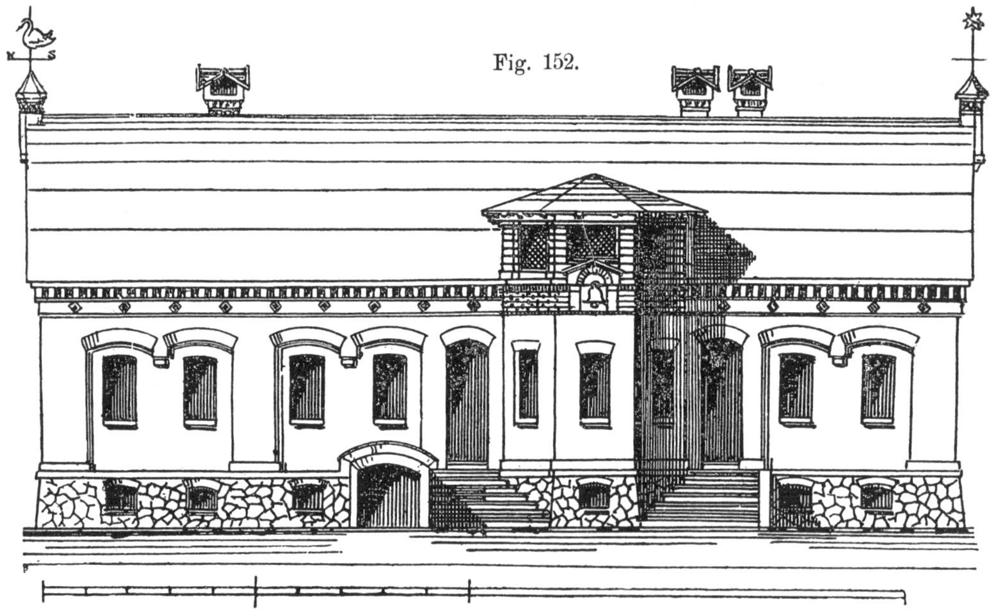

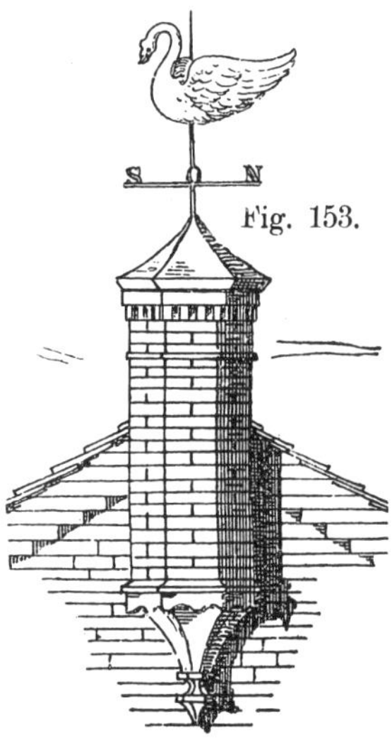

Fig. 153.

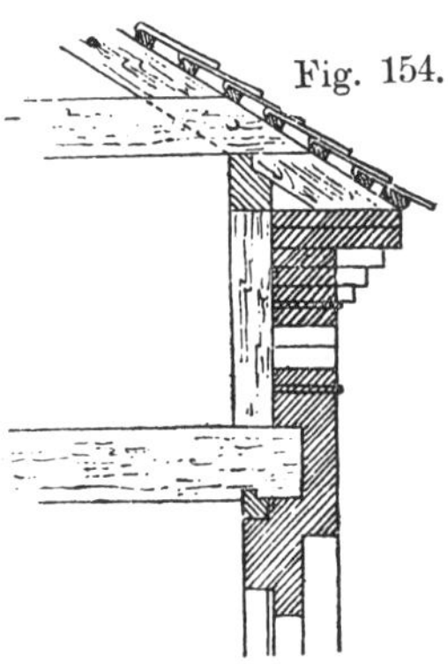

Fig. 154.

Beispiele.

Fig. 150 bis 155. **Wirtschaftshaus zu Fahlhorst** (aus der „Sammlung landwirtschaftlicher und ländlicher Bauausführungen“ von F. Engel, Berlin).

Das Gebäude bildet die Verwalter-Wohnung und nimmt zugleich eine Anzahl von Wirtschaftsräumen auf, die sonst im Kellergeschoß des Gutsgebäudes untergebracht zu werden pflegen. Das größte erkerartig ausgebaute Zimmer bildet zugleich das Amtszimmer der Gutsverwaltung. Der Oekonom kann aus den vortretenden Fenstern den ganzen Hof übersehen. Durch das Läuten der über den Fenstern hängenden Glocke gibt er von seinem Zimmer aus das Zeichen zum Beginn und Schluß der Arbeit.

Im Keller nach Norden zu liegen die Räume für die Aufbewahrung von Milch und der Milchprodukte, die im Sommer durch Oeffnen der Obertüren des anschließenden Eiskellers kühl erhalten werden.

Die einfache, aber recht ansprechende architektonische Behandlung des Gebäudes wird durch die Fig. 153 bis 155 des näheren erläutert.

Fig. 156 und 157. **Beamtenwohnung auf Rittergut Schloß Halberg.** Der Grundriß ist so angeordnet, daß das Gebäude von allen Seiten nette Ansichten gibt. Es enthält im Erdgeschoß 2 Zimmer und 2 Kammern, Küche, Speisekammer und Abort. Bemerkenswert ist die gute Zugänglichkeit der Räume, ein Umstand, der bei kleinen Häusern eine außerordentlich große Rolle spielt. Da nur wenige Wohnräume vorhanden

Fig. 155.

sind, so müssen sie vor allen Dingen sämtlich vom Hausflur aus betreten werden können (Fig. 156 bis 161 nach Architektonische Rundschau, J. Engelhorn, Stuttgart).

Fig. 156.

Im Dach liegen ein Zimmer, einige Kammern und der Speicher. Die Fassade wurde aus dem in der Nähe gebrochenen Werksteinmaterial aufgeführt. Sie schließt sich in ihrer architektonischen Behandlung an die frühgotische Bauweise an, wobei natürlich, wenn sie im Zusammenhange mit einer Gutsanlage steht, vorausgesetzt werden muß, daß auch diese in ihren Hauptgebäuden in denselben Bauformen durchgeführt worden ist.

Fig. 157.

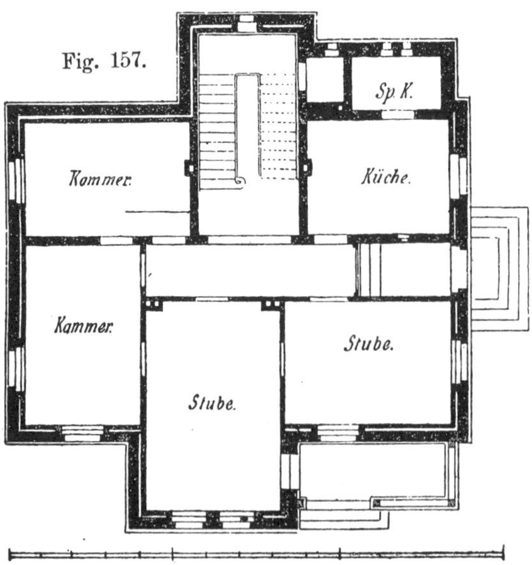

Fig. 158 und 159. Ansicht und Grundriß eines Wohnhauses für den Obergärtner auf einem Gutshof in Oberschlesien, erbaut vom Architekten A. **Seiffhardt**, München. Auch bei dieser Grundrißanordnung ist die bequeme Zugänglichkeit der Räume wohl ins Auge gefaßt worden. Das Erdgeschoß enthält drei Zimmer und die Küche, das zum Teil

Fig. 158.

ausgebaute Obergeschoß zwei Kammern und Speicher. Wir geben den Grundriß nach dem Original wieder, möchten aber darauf aufmerksam machen, daß sowohl in Fig. 157 als auch in der vorliegenden Fig. 159 die Anordnung der Fenster in den verhältnismäßig kleinen Zimmern zugleich an zwei Außenwänden nur aus dem Bestreben hervorgegangen ist, hübsche Außenansichten zu schaffen. In Fig. 159 hätte das Fenster im links gelegenen Wohnzimmer in der Rücklage der linken Fassadenseite mit Vorteil aus der Mitte der Wand heraus weiter nach hinten oder nach vorne zu verschoben werden können.

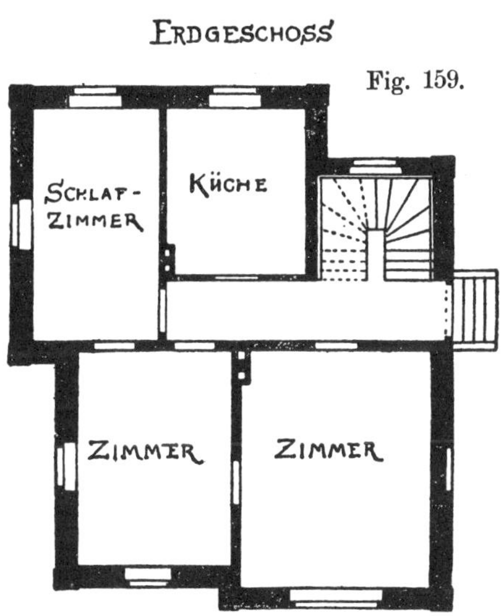

Fig. 159.

Fig. 160 und 161. **Försterhaus auf Rittergut Schloß Halberg.** Die ansprechende architektonische Behandlung ist beachtenswert. Die Grundrißbildung ist einfach. Sie umfaßt 2 Zimmer, 1 Kammer und Küche im Erdgeschoß und 1 Zimmer nebst

Fig. 160.

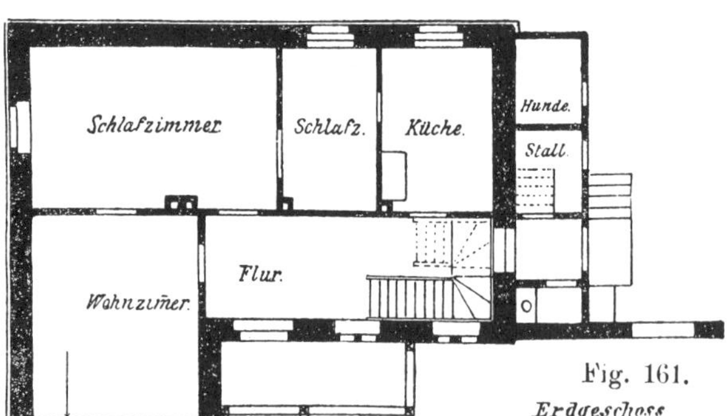

Fig. 161.
Erdgeschoss

1 bis 2 Kammern im Dachstock. Die einfache aber recht wirkungsvolle architektonische Behandlung steht in Einklang mit der schon bei Fig. 156 besprochenen frühgotischen Bauweise.

Fig. 162 bis 165. **Beamten-Wohnhaus in Konopischl** vom Architekten A. Weber-Wien (Wiener Bauindustrie-Zeitung 1899). Die äußerst reizende Fassadengestaltung wurde hier durch die schöne parkartige Umgebung bedingt, in der das Gebäude liegt. So macht dasselbe, obwohl es nur 2 Zimmer, Küche und Dachzimmer enthält, also für sehr einfache Verhältnisse bestimmt ist, dennoch einen

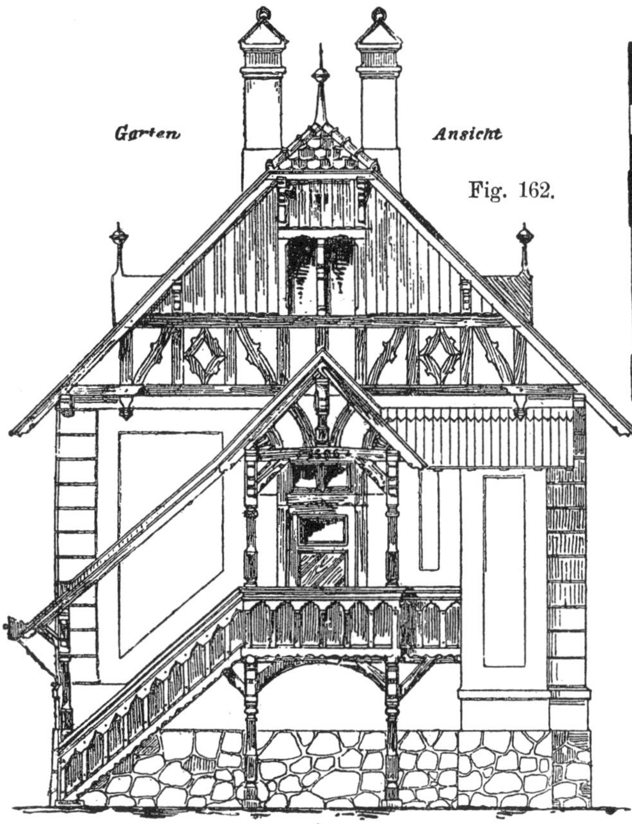

Fig. 162.

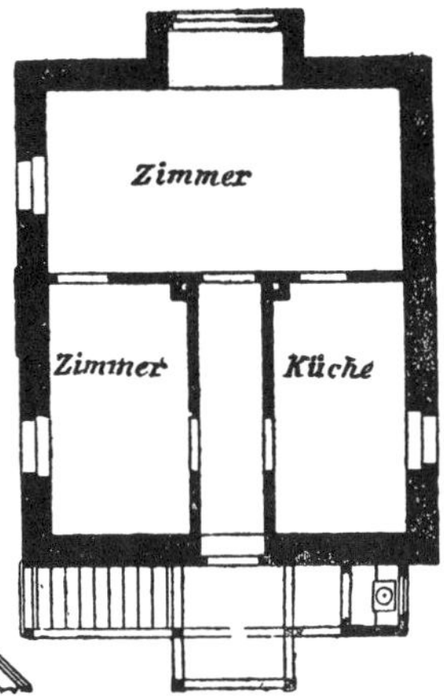

Fig. 164.

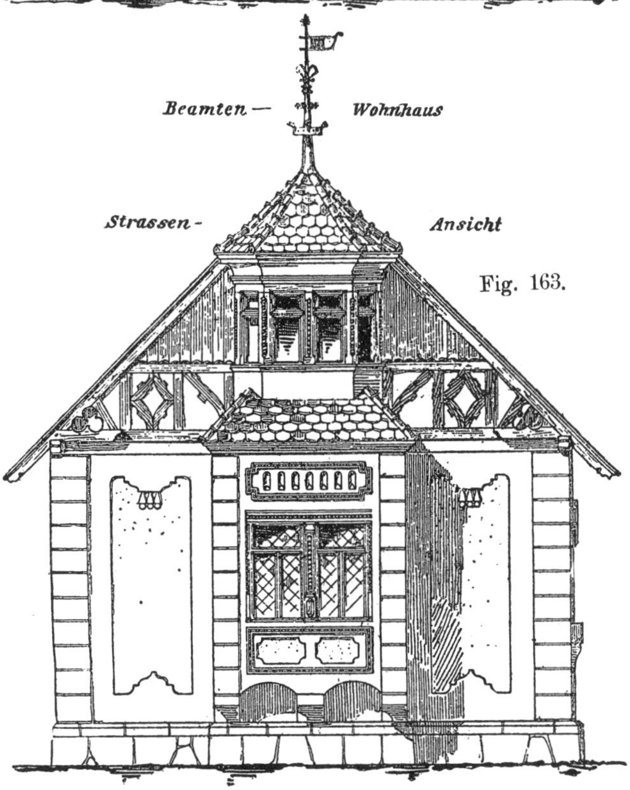

Fig. 163.

ungemein freundlichen cottageartigen Eindruck.

Im Erdgeschoß ist der Abort in ländlicher Sitte an das Ende des hölzernen Vorbaues gelegt. Die Seite mit dem Erker ist die Straßenseite. Das Gebäude ist ein Putzbau mit Holzarchitektur an den Giebelseiten.

Wesentlich gehoben wird die flotte Erscheinung dieses Häuschens durch die Farbenzusammenstellung der verschiedenen Baumaterialien. Der Sockel besteht aus dunkelen Bruchsteinen, die Eckquadern erscheinen wieder im Ton etwas dunkeler als die geputzten Wandflächen. Dazu bilden die dunkel rotbraun gefärbten Holzarchitekturen mit dem hellroten Ziegeldache einen äußerst wirkungsvollen Abschluß.

Fig. 166 bis 168. **Kleines Beamten-Wohn-**

haus mit 3 Zimmern, Küche, Abort und event. Badeeinrichtung*). Das Häuschen zeigt bei aller Einfachheit ein äußerst ansprechendes Aeußere. Die architektonische Behandlung schließt sich dabei sehr treffend an die bessere ländliche Bauweise an. Die große Wohnstube von 30 qm genügt den Bedürfnissen eines älteren kinderlosen Ehepaares vollständig. In der kleinen Kammer hat das

Fig. 165.

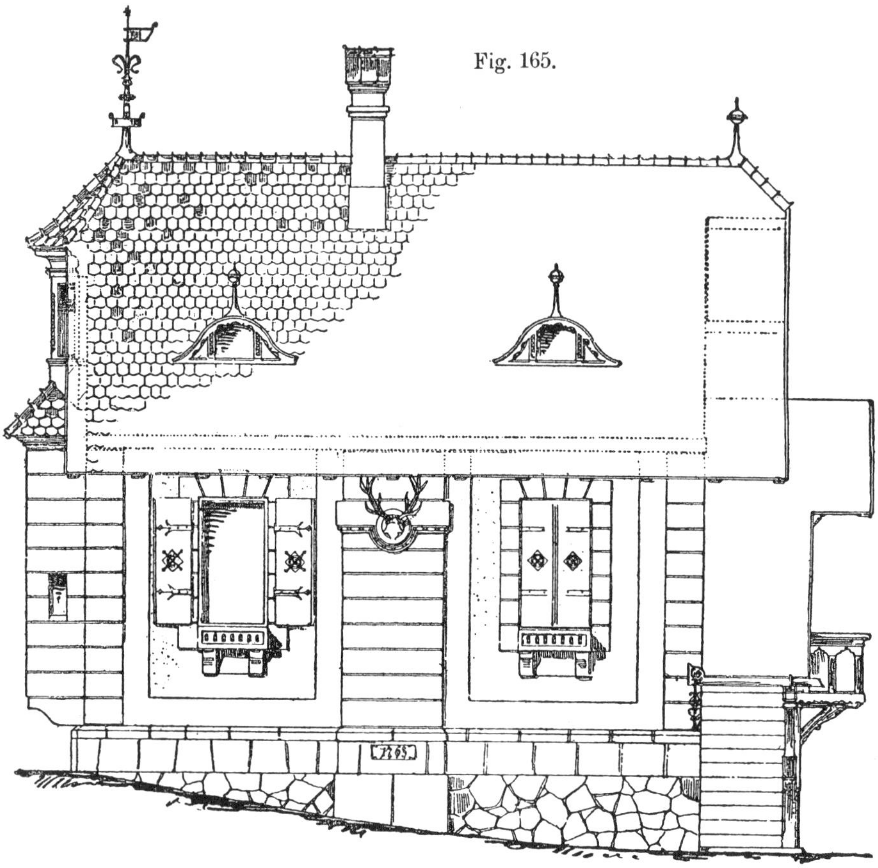

Klosett Aufstellung gefunden; auch eine Badeeinrichtung kann auf Wunsch hier noch Platz finden. Das im vorderen Giebel liegende obere Schlafzimmer hat etwa 21 qm, das kleinere 15 qm Grundfläche. Das Haus ist teilweise unterkellert. Die Baukosten ergeben sich aus folgender Berechnung:

Keller 193,70 cbm
Erdgeschoß 310,00 „
503,70 cbm

503,7 cbm à 14 Mk. = 7050 Mk.
dazu für den Dachausbau 1950 „
macht in Summa 9000 Mk.

---

*) Aus „Stadt- und Landhäuser“ von R. Landé. Eine Sammlung von modernen Entwürfen in gotischen Formen, 24 Tafeln mit erläuterndem Text. Leipzig, Verlag von Bernh. Friedr. Voigt.

Fig. 166.

Fig. 169 bis 174 vom Rittergut Mönchhof (Architekt A. Karst-Kassel). Das Häuschen enthält 3 Zimmer, Küche und im Bodenraum event. 1 oder 2 Kammern auf beiden Giebelseiten. Die Kellerräume dienen wirtschaftlichen Zwecken und sind deshalb unmittelbar von außen zugänglich. Das Häuschen liegt auf dem Lageplane, Taf. 10 und 11, rechts vom Herrenhause.

Fig. 167.

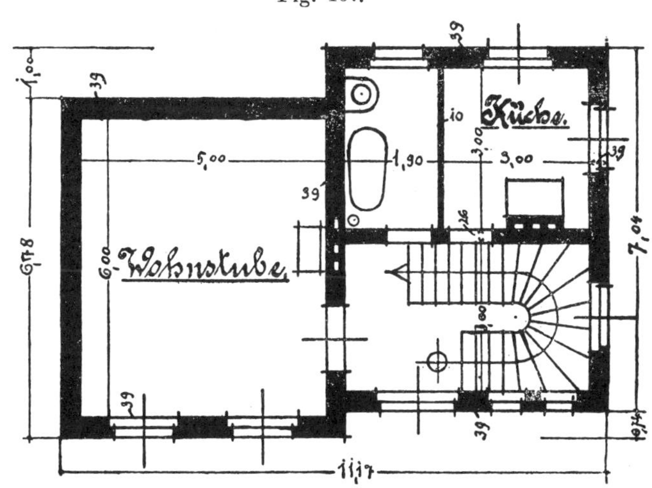

4. Arbeiter-Wohnhäuser.

A. Arbeiter-Familienhäuser.

Größere landwirtschaftliche Betriebe haben einen Stamm von verheirateten Arbeitern nötig. Wo dieselben bei alleinliegenden Gutshöfen nicht in allernächster Nähe in einem Dorfe Unterkunft finden können, muß daher für angemessene Wohnungen im Gutsbezirke selber, und zwar in möglichster Nähe des Hofes, gesorgt werden. Es wird mithin die **Errichtung von Arbeiter-Familienhäusern** notwendig, die nach ganz bestimmten Gesichtspunkten und Grundsätzen vor sich zu gehen hat.

Fig. 168.

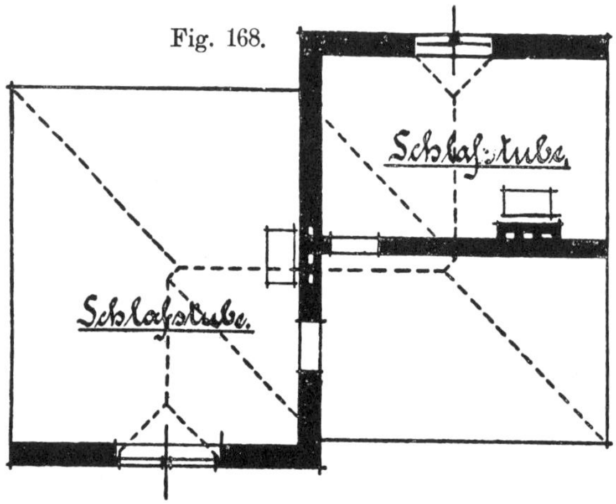

Im allgemeinen gelten freilich auch hier die für kleine Familienwohnhäuser heutzutage in den Vordergrund gestellten Anforderungen an möglichste Wohnlich- und Bequemlichkeit. Es unterscheiden sich aber derartige Wohnhäuser für ländliche Arbeiterfamilien von denen für Industriearbeiter durch eine größere Einfachheit in der äußeren Erscheinung. Wo, wie z. B. in Höchst oder in Alfredshof, große Arbeiterkolonien begründet sind, da hat man bei der Gesamtanlage auch deren äußere Erscheinung ins Auge gefaßt. Man hat ein landschaftlich angenehmes Bild zu schaffen sich bemüht, das durch den abwechselnden Reiz verschiedenartiger Architekturen und Gruppierungen zugleich das Auge der Bewohner erfreuen sollte. Derartige Arbeiterfamilienhäuser sind deshalb teurer in der Anlage und außerdem meist dazu bestimmt, in das Eigentum des Bewohners durch Abschlagszahlung überzugehen. Diese Gesichtspunkte fallen bei der Errichtung von Familienhäusern für ländliche Arbeiter nicht ins Gewicht. Bei größeren Staatsdomänen z. B. bleibt der Fiskus Eigentümer der Arbeiterhäuser und gewährt dem Pächter zu deren Errichtung nur einen festgesetzten Zuschuß. Mit demselben muß weise gewirtschaftet werden, damit die Häuser den Grundbesitz nicht übermäßig belasten. Auch bei Gütern in Privatbesitz gehören die Arbeiterhäuser zum Gute und können, wenn sie auf dem Boden des Gutes liegen, nur vermietet werden.

a) Einfamilienhäuser.

Die Raumbedürfnisse für das Wohngebäude.

Eine gesunde, annehmliche Wohnung begründet das körperliche Wohlergehen, die Freude am häuslichen Herd und befestigt die Liebe zur Familie, in der die wesentliche Grundlage einer sittlichen Lebensführung zu erblicken ist.

Diesem Grundsatze entsprechend sind auch die Arbeiter-Familienhäuser zu behandeln. Bei der zu berücksichtigenden Billigkeit der Anlage können freilich nur die notwendigsten Räume gewährt werden.

Das Haus muß aber enthalten eine Stube von 20 bis 22 qm, eine Kammer von 10 qm, eine Küche nebst Eingangsflur von zusammen 10 bis 17 qm Grundfläche; dazu einen kleinen Keller und einen Bodenraum mit mindestens noch einer Kammer. Das gibt zusammen eine bebaute Grundfläche von etwa 55 bis 60 qm und entspricht ungefähr einem Kostenaufwande von 3000 bis 3300 Mark.

Als Geschoßhöhen gelten für die Keller 2,20 m (vom Fußboden bis zur Fußboden-Oberkante) als ausreichend; die Erdgeschoßräume haben 2,50 m lichte Höhe, die Dachkammern eine solche von 2,20 m.

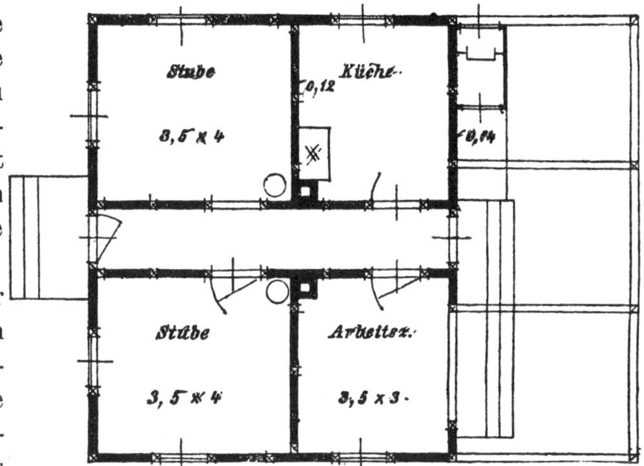

Fig. 169.
Erdgeschoss

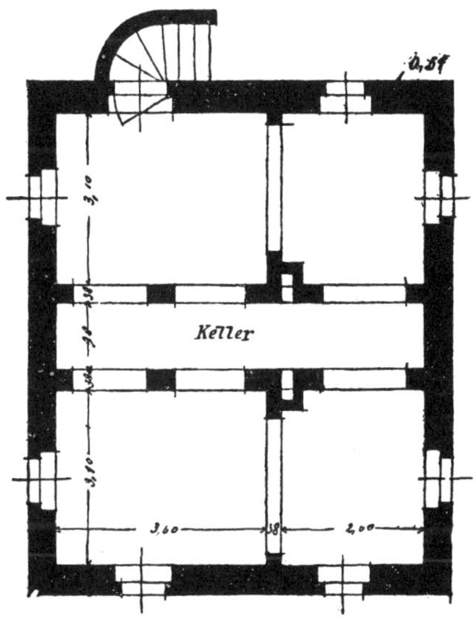

Fig. 170.
Kellergeschoss

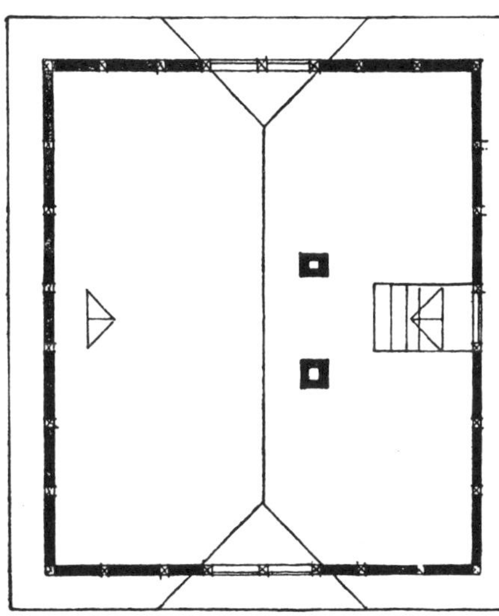

Fig. 171.
Dachgeschoss

Die Raumbedürfnisse für den Stall.

Da der ländliche Gutsarbeiter selber für sich etwas Landwirtschaft betreibt, so muß ihm weiter ein kleines Nebengebäude zur Verfügung gestellt werden, in dem ein Raum zur Unterbringung von Haustieren (Ziege, Schwein, Kuh) vorgesehen ist; außerdem müß-

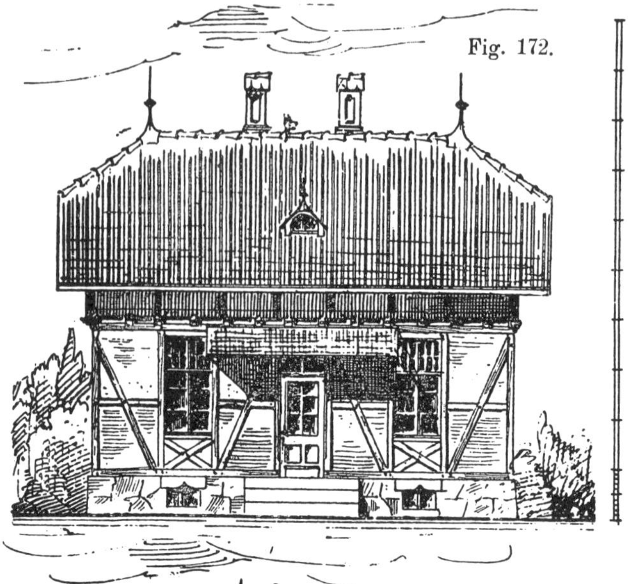

Fig. 172.

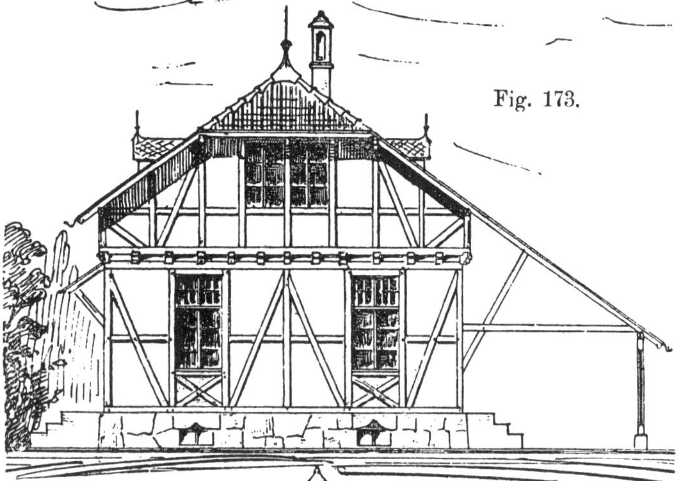

Fig. 173.

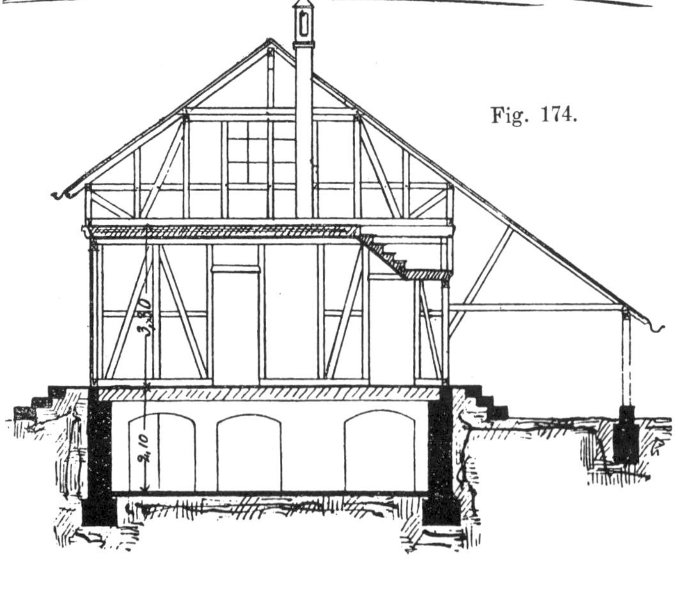

Fig. 174.

ten hier die Futtervorräte für diese Tiere sowie die Brennmaterialien Platz finden können. Es genügt hierfür zumeist eine Raumgröße von 12 bis 16 qm. Die lichte Höhe der Stallräume beträgt 2,0 bis 2,30 m. Siehe weiteres unter dem Abschnitt „Stallgebäude für gemischte Viehgattungen A“.

Der Lageplan.

Die Arbeiter-Familienhäuser liegen am besten in der Nähe des Gutshofes und in bequemer Verbindung mit diesem. An der Straße läßt man einen Streifen von 3 bis 5 m Breite für einen kleinen Vorgarten liegen (Fig. 176). Ein von der Straße sanft ansteigendes Gelände ist für die Anordnung der Wohnhäuser am günstigsten wegen einer vereinfachten Entwässerung des Bauplatzes.

Die Stallgebäude legt man hinter die Wohnhäuser derart, daß ihre Eingänge vom Wohnhause aus bequem übersehen werden können. Am besten geschieht dies von der Küche aus. Die Entfernung zwischen

Wohnhaus und Stallgebäude soll etwa 15 bis 20 m betragen, mindestens aber soll sie 6 bis 7 m sein.

Sämtliche Wohnräume sollen aus naheliegenden Gründen möglichst an der Sonnenseite des Hauses untergebracht werden.

Die Konstruktion.

Die Außenwände stellte man bisher meist aus Backsteinmauerwerk her, da dieses den Bedingungen an Feuersicherheit, Wärme und Dauerhaftigkeit am meisten zu entsprechen schien. In neuerer Zeit ist man aber auch zur Verwendung anderer Baumaterialien, wie Fachwerk, Lehm- und Kalkpisé übergegangen.

Bei der Errichtung von derartigen ländlichen Arbeiterhäusern kommt es in erster Linie darauf an, die ländliche Bauweise zu verbilligen, damit es der ländlichen arbeitenden Bevölkerung ermöglicht wird, ein eigenes Heim aus geringen Ersparnissen zu erwerben. Wird dies erreicht, so ist der beklagenswerten Landflucht und der Zunahme des städtischen Proletariates ein nicht zu unterschätzender Damm entgegengestellt. Es läßt sich dieses Ideal aber wieder, wie früher, erreichen, wenn man den Leuten eine Bauart an die Hand gibt, bei der sie selber bedeutende Teile des Hauses, wie hauptsächlich die Wände und die Decken, herzustellen vermögen, — gerade so, wie dies in früheren Zeiten geschehen ist.

Deshalb soll an dieser Stelle auf die praktischen sogen. „Lehmdrahtwände“*) des Königl. Baurates W. Paetz in Harburg a. E. hingewiesen werden, deren Billigkeit bereits allgemein anerkannt worden ist. Denn, man mag sagen, was man will, die Ziegelsteinbauten bilden immer für ländliche Verhältnisse einen konstruktiven kostspieligen Luxus. Die Bauweise, die wir hier im Auge haben, hat sich vorzüglich bewährt und die Festigkeit der zahlreichen Ausführungen ist stets unverändert dieselbe geblieben. Dabei betragen die Baukosten selbst da, wo der Lehm zur Baustelle gefahren werden muß, pro cbm nur etwa 6,50 Mk., also etwa $^1/_3$ der Kosten von Ziegelsteinwänden. Wird das Stampfmaterial auf der Baustelle selber gewonnen (beim Ausschachten), so stellt sich der cbm auf etwa 5 Mk., also auf den vierten Teil der Kosten der Ziegelsteinwände. Dazu kommt noch die Verminderung durch Selbstarbeit und durch Hinzuziehung von Gelegenheitsarbeitern, wie sie auf dem Lande leicht zu haben sind und die hierfür vollständig genügen.

Für Freitreppen genügt die Herstellung der Stufen aus Klinkern, wenn nicht solche aus Sandstein oder Kunststein leicht zu beschaffen und sehr billig sind.

Keller, Flur und Küche erhalten Ziegelsteinpflaster. Für die Bodenräume genügt Streckfußboden mit Laufgängen aus rauhen Brettern oder rauhe Dielung auf Zwischendecke. Die Fensterlichtmaße betragen etwa 80 × 140 cm. Die Fensterflügel schlagen am besten nach außen auf und werden durch Sturmhaken festgestellt.

Die Dächer erhalten flache und steile Neigung; beide Arten sind mit gleichgutem Erfolg im Gebrauch.

---

*) Wir verweisen dieserhalb an die erläuternde Broschüre des Erfinders (Lehmdrahtwände, die billigste Bauweise der Gegenwart. 50 Pf.).

Die Stallgebäude werden zumeist unten massiv, im oberen Teile aus Fachwerk, das ausgemauert oder verbrettert sein kann, ausgeführt. Für das Innere der Wände genügt einfacher Fugenverstrich. Der Fußboden der

Fig. 175.

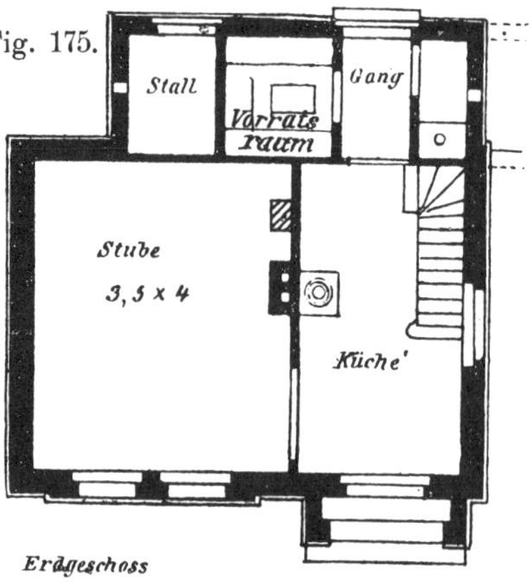

Fig. 176.

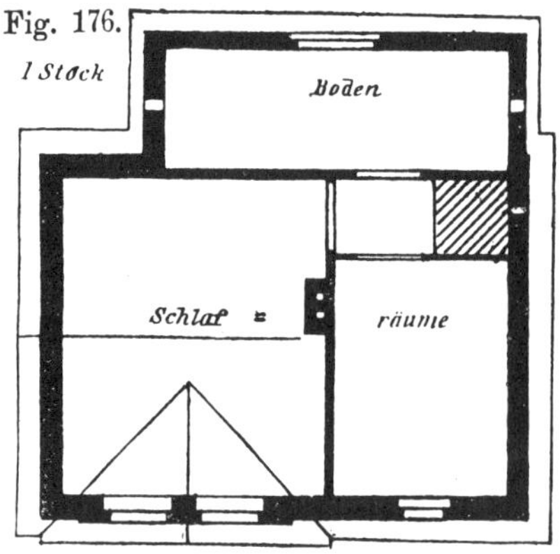

Fig. 177.

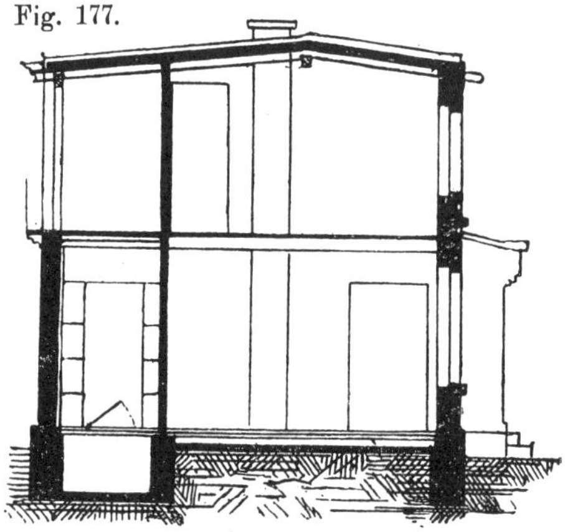

Fig. 178.

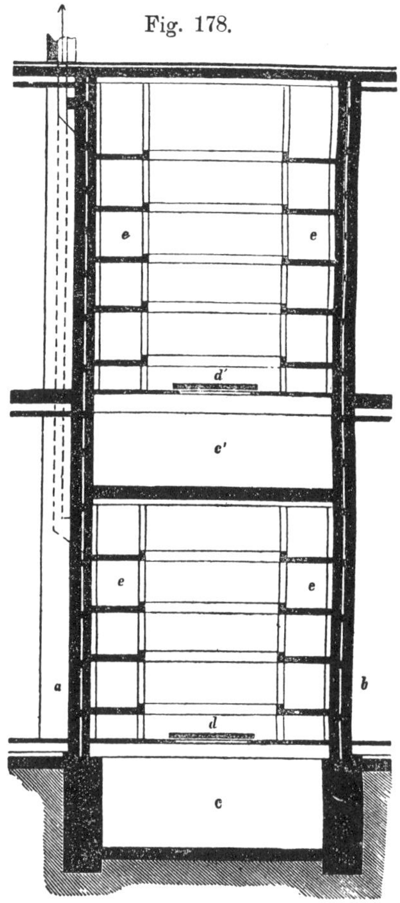

Stallräume ist zu pflastern und in den Fugen mit Zement zu vergießen. Gute Jauchenableitung ist vorzusehen. (Weiteres darüber siehe unter Abschnitt VI „Die Stallgebäude").

Die innere Einrichtung.

Die Beheizung geschieht durch Stubenöfen mit oder ohne Kochvorrichtung.

Die Lüftung wird für die Wohnräume erreicht durch Zu- und Abluftrohre. Die Zuluftrohre liegen als **Z**-förmige Röhren in den Umfassungswänden; das Abluftrohr ist neben dem Schornsteinrohr bis über Dach aufzuführen. Es beginnt meist erst unter der

Zimmerdecke mittels Auskragung. Auch in den Kellerwänden sind Lüftungsrohre zweckmäßig.

Zur Beobachtung der Kinder legt man gern zwischen Küche und Wohnstube ein kleines Fenster ein (Fig. 179). Genügend große Wandflächen für Aufstellung der Betten sind in den Wohnzimmern und Kammern auszusparen.

b) Häuser für zwei und mehrere Familien.

Wo sich die Errichtung von mehreren Arbeiterhäusern notwendig macht, pflegt man dieselben häufig zu einem gemeinschaftlichen Bau zusammenzuziehen, um an Bauplatz und an Kosten für Außenmauern zu sparen. So entstehen Häuser für zwei, drei und vier Familien.

Immer ist aber hierbei festzuhalten, daß eine möglichste Trennung der einzelnen Familien innerhalb des Hauses durchgeführt wird. Keine gemeinschaftlichen Flure und Treppen oder Hauseingänge, keine gemeinsame Benutzung der Nebenanlagen und Ställe darf vorgesehen werden.

Ebenso ist die Verteilung der Familien auf mehrere Stocke unzulässig, denn dann würden gemeinsame Treppenhäuser entstehen. Es sind mithin nur ebenerdige Anlagen auszuführen. Am üblichsten ist die Anlage von Zweifamilienhäusern, sogen. Doppelhäusern (Fig. 179, 185 und Tafel 15 und 16).

Vierfamilienhäuser haben zwar den Vorzug, daß die in der Mitte gelegenen Wohnungen wärmer sind; will man sie aber durch kreuzweise Teilung des Grundrisses herbeiführen, so kann man nur zwei Wohnungen nach der Sonnenseite legen. Deshalb geht man über das Zwei-, höchstens Dreifamilienhaus nicht hinaus.

c) Beispiele.

In den Fig. 175 bis 178 führen wir ein kleines Arbeiterhaus vor, das vom verstorbenen Baumeister Klette in Holzminden nach ganz besonderen Grundsätzen geplant ist. Dieselben gipfeln etwa in folgenden Ausführungen:

„Man muß zugestehen, daß die weit überwiegende Anzahl der Keller in alten und neuen Häusern nichts weiter als feuchte, dumpfe, modrige Löcher sind, die den Anforderungen an einen Aufbewahrungsort für Pflanzenstoffe nicht im mindesten entsprechen. Gerade diese Unterkellerungen mit ihren Gewölben führen aber allezeit eine unverhältnismäßige Verteuerung des Baues herbei, deshalb ersetzte der genannte Fachmann den Keller in kleinen Familienhäusern durch einen sog. Vorratsraum (Fig. 178). Derselbe kann nur durch einen Stock, aber ebenso gut auch durch zwei hindurchgeführt werden. Den gewöhnlichen Umwandungen a und b ist eine innere Isolierungswand, $^1/_4$ Stein stark, vorgesetzt. Im unteren Raum ist der Zwischenraum c zwischen den Grundmauern bis zur Sohle ausgehoben und mit Betonboden versehen. Dieser Raum dient als Kartoffellager und ist durch eine Falltür d im Fußboden zugänglich. Ein ähnlicher Raum c′ ist für die obere Wohnung vorgesehen. Rings an den Wänden sind Börde e angebracht. Dunstrohre neben dem Küchenschornstein münden über Dach, die Gegenöffnung für frische Luft ist unten an der Zugangstür ausgeschnitten. Diese Tür wird als Doppeltür konstruiert“.

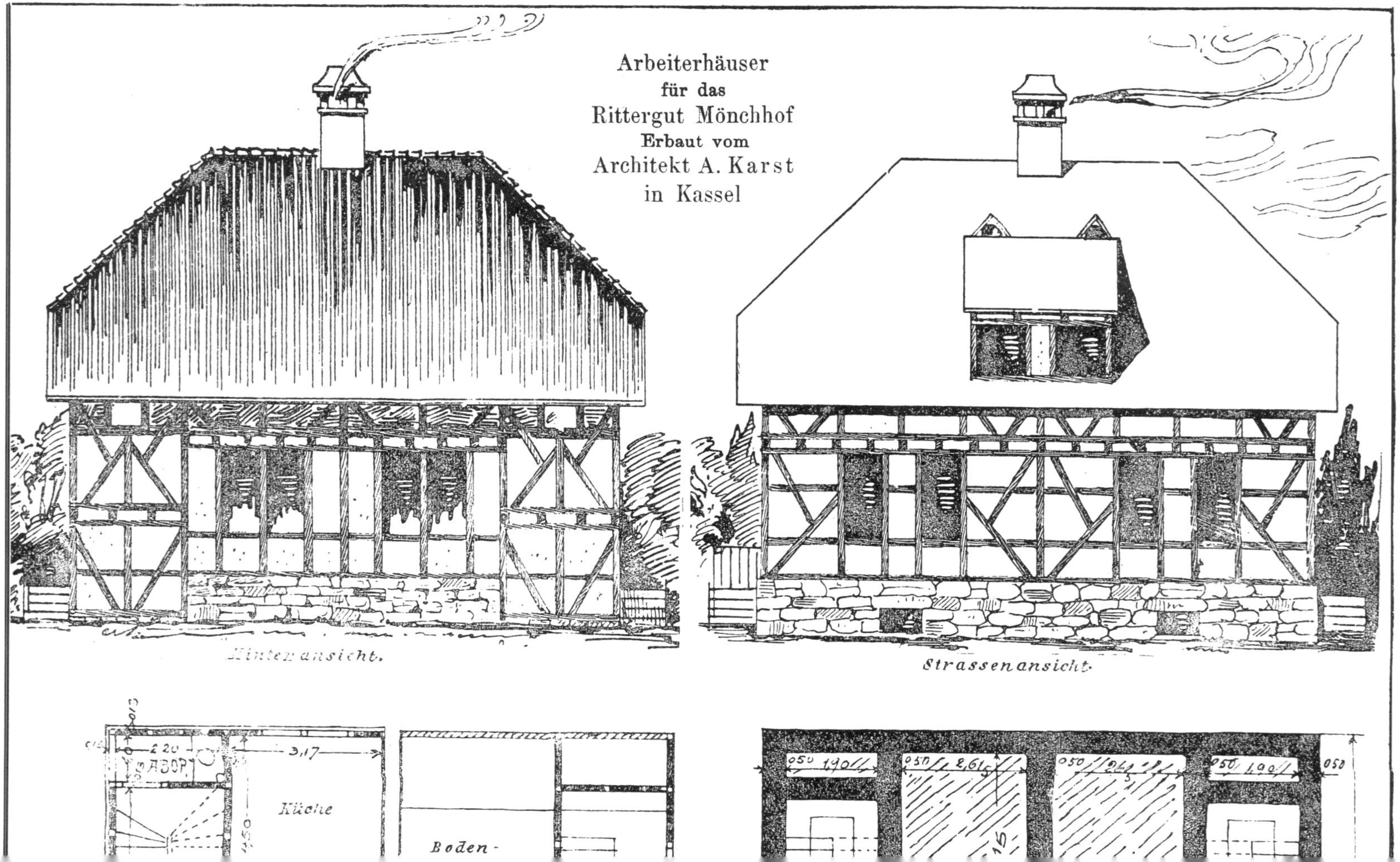
Arbeiterhäuser
für das
Rittergut Mönchhof
Erbaut vom
Architekt A. Karst
in Kassel
Hinteransicht.
Strassenansicht.
2,20
ABORT
3,17
Küche
4,50
Boden-
0,50
1,90
2,61
0,50

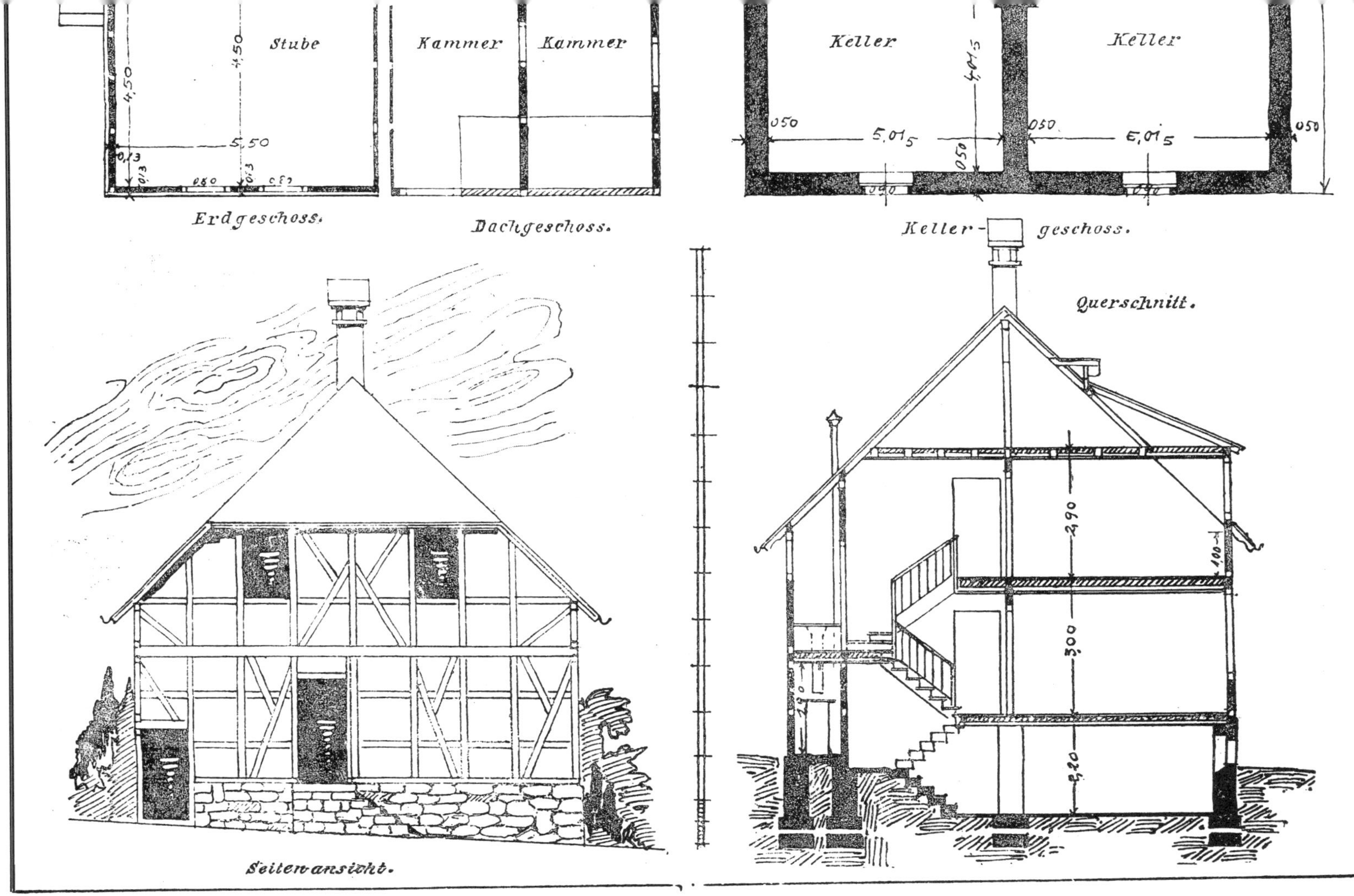

Issel, Landwirtschaftliche Baukunde.

Also kein Keller und — als weitere Ersparnis — kein Dachboden, der ebenfalls jedes Haus verteuert! Die übrige Konstruktion des Hauses ist die folgende: Die Umfassungsmauern sind 27 bis 30 cm stark mit 2 bis 5 cm starker Isolierschicht. Die Grundgräben sind 40 cm weit, bis 1 m tief ausgehoben und mit Beton von groben Kiesbrocken oder mit Bruchsteinen in Kalkzement-Mörtel ausgefüllt. Die Sockelhöhe beträgt 40 cm.

Der ausgehobene Mutterboden wird durch Kies- oder Sandschüttung ersetzt. Ueber dem Boden aller Räume liegt ein guter Betonschlag. Unter den Wohnräumen wird er stark geteert und mit trockener Sandschüttung überdeckt. Darauf kommen die Lagerhölzer. Wände und Decken sind in Lehm geputzt. Die Balken und darüber der gefalzte Fußboden bleiben von unten sichtbar. Die Türen sind teils Tapeten-, teils Brettertüren, nur mit einfacher Kehlleiste umrahmt. Das Dach ist Holzzementdach. Der Preis eines solchen Häuschens stellt sich annähernd wie folgt:

	Mark
36 cbm Erdarbeiten (0,50 Mk.)	18
12 „ Grundmauerwerk in Bruchsteinen oder Beton (8 Mk.)	96
30 „ aufgehendes Ziegelmauerwerk (15 Mk.)	450
Zulage für Gesimse	10
30 qm Betonschlag (1 Mk.)	30
30 „ Holzzementierung (0,20 Mk.)	6
200 qm Wandputz (0,40 Mk.)	80
5 cbm Holz (30 Mk.)	150
250 lfd. m Zimmerarbeiten (0,20 Mk.)	50
44 qm Dachschalung (1,50 Mk.)	66
40 „ Dacheindeckung (2,50 Mk.)	100
30 Stück Sparrenköpfe (0,20 Mk.)	6
25 lfd. m Dachsaum (0,20 Mk.)	5
Grubendeckel, Einrichtung des Abortes, Vorratsraum zusammen	50
Treppe, 15 Stufen (3 Mk.)	45
36 qm Fußboden (2 Mk.)	72
50 lfd. m Fußleisten (0,10 Mk.)	5
11 Stück Türen mit Beschlag und Anstrich (durchschnittlich 18 Mk.)	198
6 Stück Fenster mit Beschlag, Anstrich und Verglasung (15 Mk.)	90
30 lfd. m Rinnen und Fallrohr (1,50 Mk.)	45
1 Herd	15
1 Ofen	20
1 Reinigungsklappe	2
50 kg Eisenzeug (0,20 Mk.)	10
8 Prozent Zuschlag für unvorgesehene Ausgaben, rund	131
	etwa 1800 Mk.

Rechnet man dazu den Bauplatz mit 100 bis 150 qm zum Preise von 200 Mk., so stellt sich das Ganze auf etwa 2000 Mk. Nach örtlichen Verhältnissen und nach heutigen Preisen werden sich diese Kosten natürlich verändern, was leicht umzurechnen ist.

Die Fig. 179 bis 183 stellen ein **Zweifamilienhaus nebst Zubehör** von der Regierung zu Stralsund dar (vergl. „Behandlung von Entwürfen und Bauausführungen für die Königl. Preußischen Domänen“).

Dieser Musterentwurf entspricht im großen und ganzen den weiter vorn gegebenen allgemeinen Vorschriften. Im Wohngebäude hat die örtliche Gewohnheit

Berücksichtigung gefunden, nach welcher jeder Arbeiterwohnung eine kleine Speisekammer zugeteilt zu werden pflegt. Unter dieser Speisekammer ist in zweckmäßiger und billiger Weise der Vorratskeller eingebaut (vergl. den Querschnitt c—d Fig. 183). Die nur wenig tiefe Lage desselben unter dem Erdboden ermöglicht es, ihn auch bei weniger günstigen und vorteilhaften Grundwasserverhältnissen auszuführen.

Auf Doppeltafel 15 und 16 ist ein **Zweifamilienhaus für das Gut Mönchhof** dargestellt (von Architekt A. Karst-Kassel).

Das Aeussere ist hier in dem ortsüblichen hessischen Fachwerkbau gehalten. Der Abort, vom Treppenpodest aus zugänglich, hat eine transportable Kübelvorrichtung. Jede Wohnung besteht aus Flur, Küche, Stube (etwa 25 qm), 2 Kammern und Bodenraum, einem Keller und Abort.

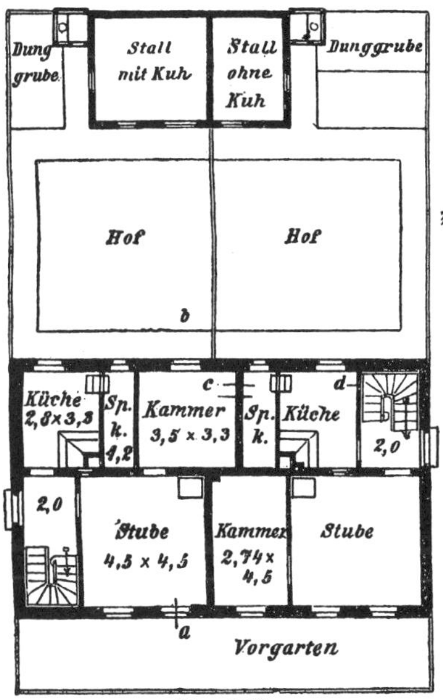

Fig. 179.

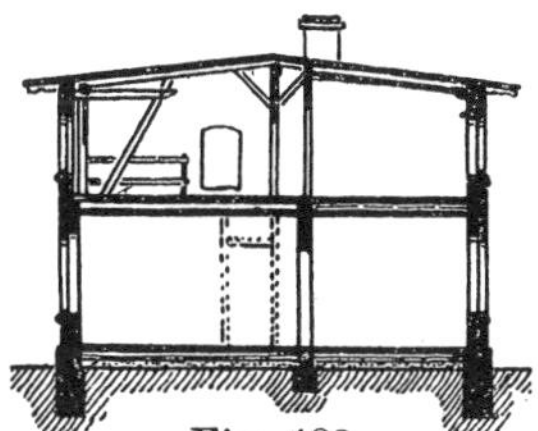

Fig. 182.

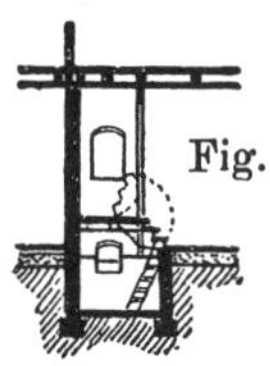

Fig. 183.

Zweifamilienhaus der Regierung zu Stralsund

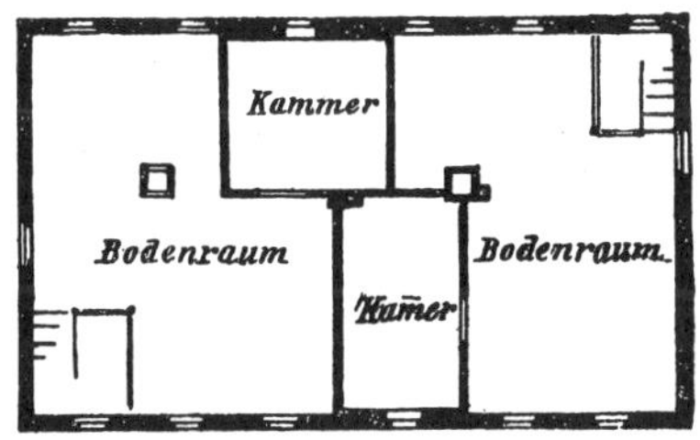

Dachgeschoss

Fig. 180.

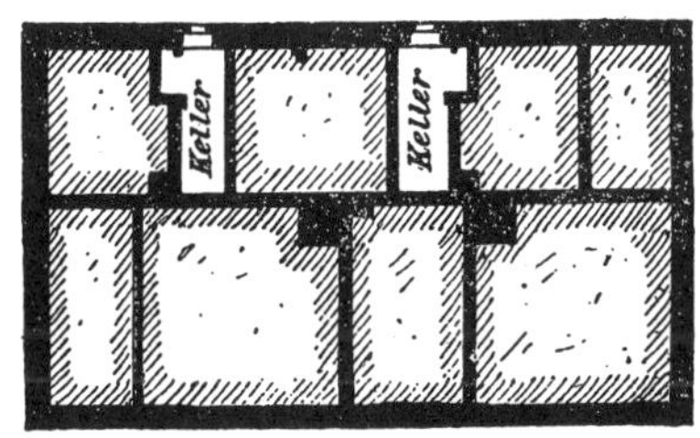

Keller

Fig. 181.

Die Fig. 184 und 185 sind wieder den für das Gut Mönchhof entworfenen Gebäulichkeiten entnommen. Sie stellen ein **Arbeiterhaus für 3 Familien** dar. Die beiden Eckhäuser sind nach derselben Grundrißanordnung behandelt und bestehen aus je 1 Stube von etwa 25 qm Grundfläche, 1 Küche, 1 Abort, 1 Treppenhaus, 2 Schlafkammern oben und Speicher. Der mittlere Grundriß ist nur bezüglich der Abortanlage verschieden ausgebildet. Dieselbe beruht auf dem beweglichen Tonnensystem.

B. Wanderarbeiter-Häuser.

Der Wirtschaftsbetrieb vieler größerer Güter macht im Sommer die Heranziehung von fremden Arbeitskräften notwendig. Für die Unterkunft derselben hat der Gutsbesitzer Sorge zu tragen. In denjenigen Regierungsbezirken, wo erfahrungsgemäß die Einstellung von Wanderarbeitern sich alljährlich zu wiederholen pflegt (z. B. bei Zuckerrübenbau) sind bereits bestimmte Vorschriften erlassen, die einen dankenswerten Anhalt für die Ausgestaltung von derartigen „Arbeiterkasernen“ geben.

Fig. 184.

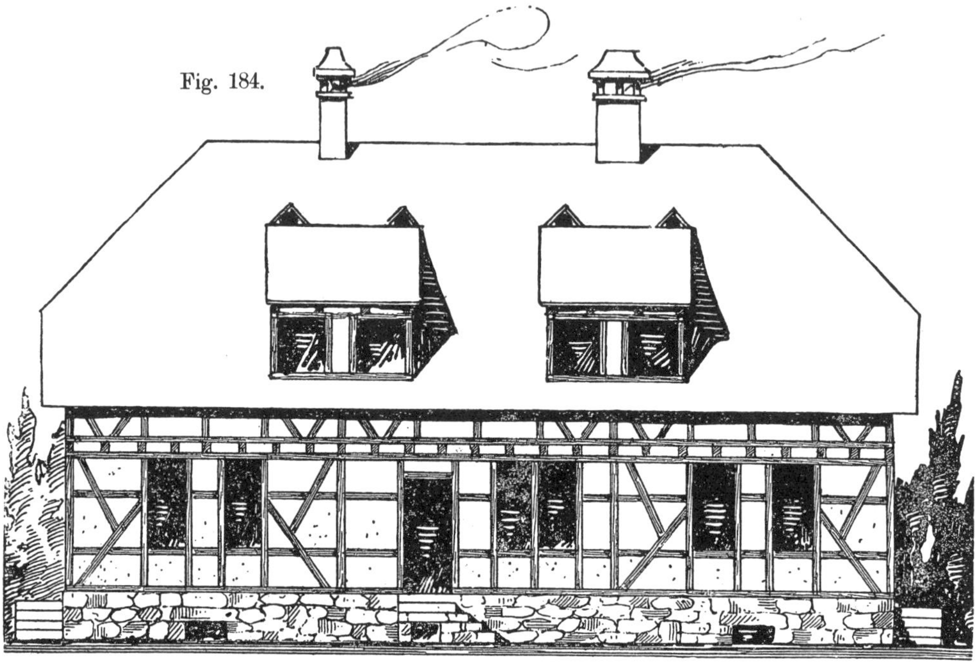

Fig. 185.

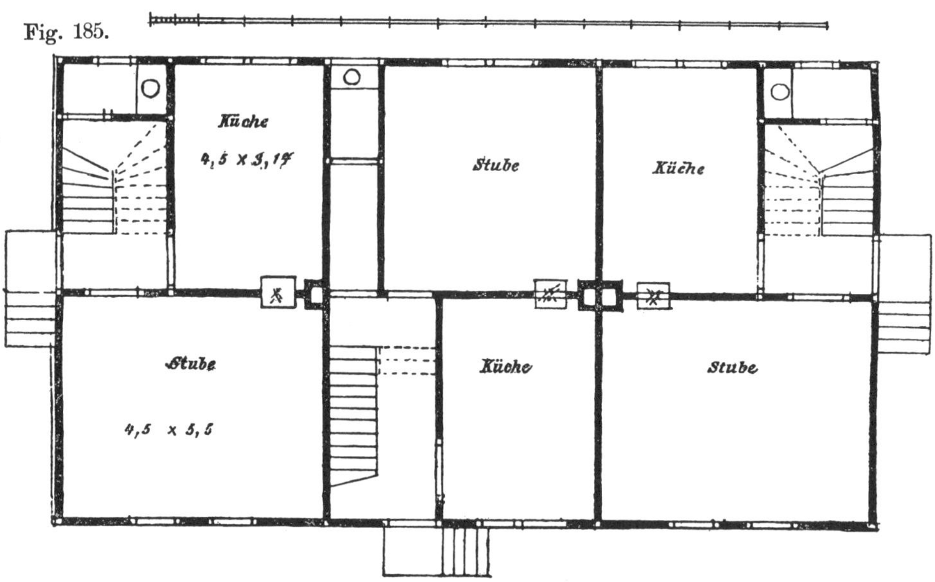

Die Bauweise der Gebäude kann leicht, also Fachwerk ohne Hintermauerung, sein, denn sie werden nur während der wärmeren Jahreszeit benutzt. Sie muß überhaupt so billig als möglich sein, da es leicht vorkommen kann, daß bei verändertem Wirtschaftsbetriebe diese Anlagen überflüssig werden.

Eine Arbeiterkaserne hat zu enthalten: eine Küche, einen Eßraum, Wohn- und Schlafräume und womöglich eine oder zwei Krankenstuben. Ein Vorarbeiter oder Aufseher erhält eine kleine Wohnung für sich. Die Schlafräume für Männer und Weiber sind streng zu trennen. Die nötigen Aborte sind vorzusehen. Diese, sowie etwa sonst noch benötigte Nebenanlagen, sind gleichfalls nur in der allereinfachsten und billigsten Weise herzustellen.

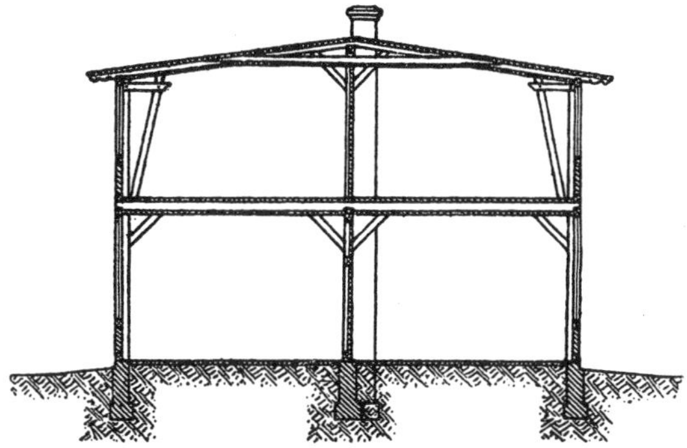

Fig. 186.

In den Fig. 186 bis 188 ist eine Wohnung für Wanderarbeiter dargestellt, wie sie der Behandlung auf den Königlich Preußischen Domänen entspricht.

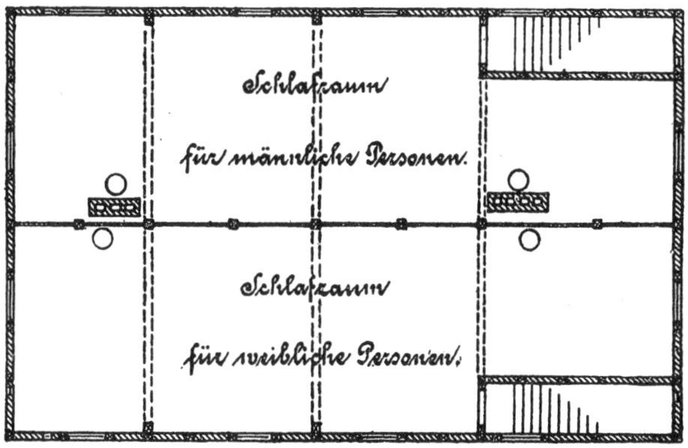

Fig. 187.

1:200.

Das Erdgeschoß, Fig. 188, enthält zwei getrennte Eingänge, deren jeder mit einer Treppe zum oberen Geschoß verbunden ist. Weibliche und männliche Arbeiter vereinigt ein großer Eßraum von 71 qm Grundfläche. An weiter notwendigen Räumen befinden sich hier noch eine Küche (etwa 18 qm), ein Vorarbeiterzimmer sowie zwei Krankenzimmer.

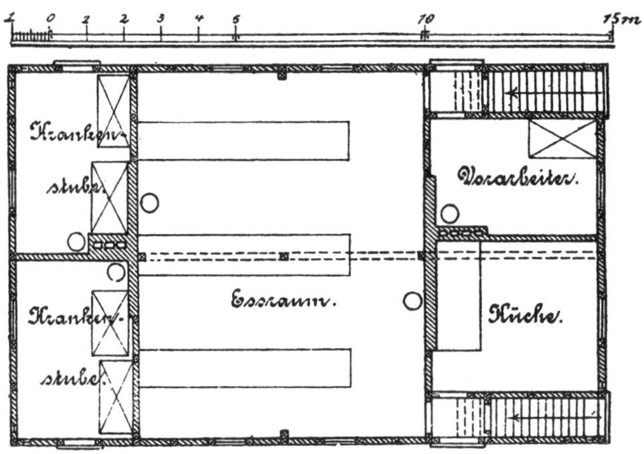

Fig. 188.

Eine andere, sehr praktische Arbeiterkaserne geben wir in den Fig. 189 bis 192. Sie ist vom Architekten A. Karst in Kassel für das Rittergut Mönchhof ausgeführt. Bei aller Einfachheit ist ihre äußere Erscheinung eine sehr ansprechende zu nennen.

Im Erdgeschoß ist hier der gemeinschaftliche Eßraum durch eine vorgelegte Veranda erweitert worden, die im Sommer bei gutem Wetter mit benutzbar ist. Eine Küche von 18 qm Grundfläche sowie ein großer Schlafraum von 38 qm Flächeninhalt dienen selbstverständlich dem gemeinschaftlichen Gebrauch.

Fig. 189.

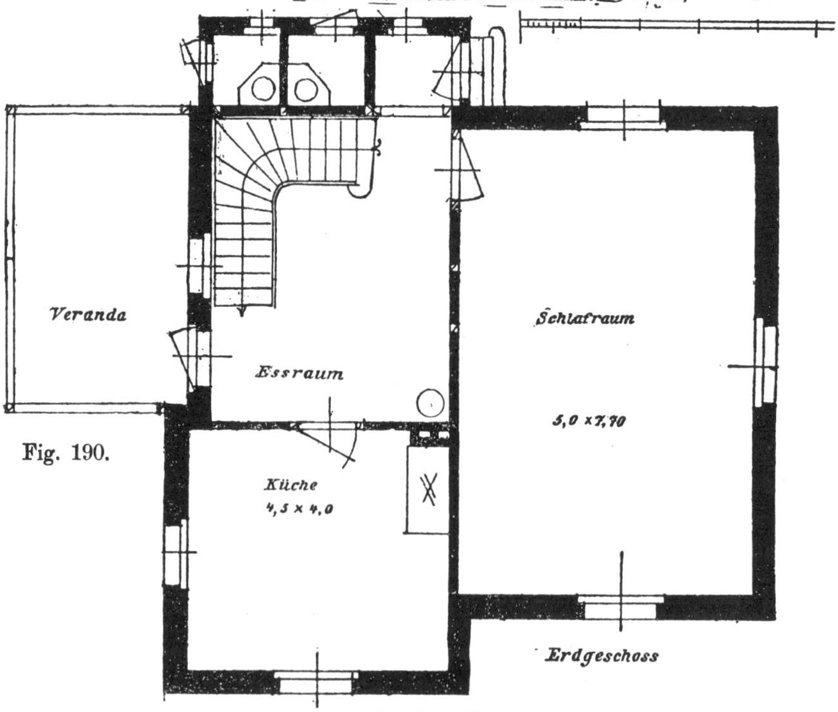

Fig. 190.

Arbeiterkaserne, sogen. Polenhaus, für Gut Mönchhof, entw. von Architekt A. Karst-Kassel.

Im Obergeschoß sollen die getrennten Schlafräume bei vorkommenden Krankheiten als Krankenstuben benutzt werden. Die eingezeichneten Dachluken

Fig. 191.

Fig. 192.

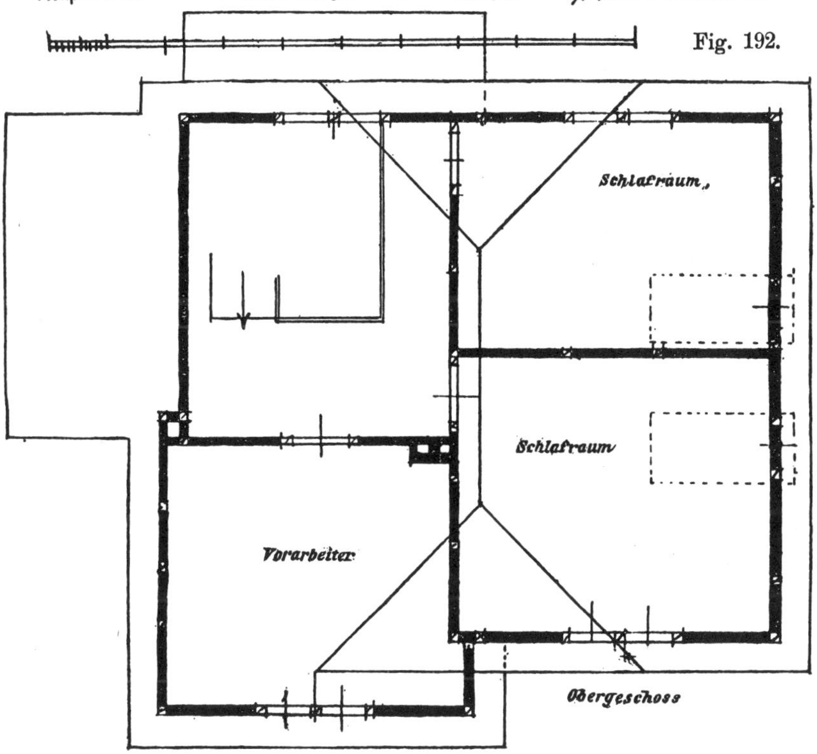

können besser, als überflüssig fortbleiben, da die Schlafräume, wie aus den Abbildungen leicht zu ersehen ist, genügend Licht durch die gekuppelten Fenster erhalten.

5. Konstruktive Behandlung von Wohngebäuden auf den Kgl. Preußischen Domänen.

Grundmauern. Das aufgehende Mauerwerk muß durch eine wagerechte Asphalt-Isolierschicht gegen die aufsteigende Erdfeuchtigkeit geschützt werden. Bei Grundmauern aus Bruch- oder Feldsteinen wird diese Isolierschicht auf einer besonderen Abgleichungsschicht (doppelte Flachschicht von hartgebrannten Ziegeln) angeordnet. Die Isolierschicht liegt bei massiven Fußböden in der Höhe der Oberkante des Fußbodens, bei Holzfußböden in der Höhe der Unterkante der Dielung oder in der Höhe der Unterkante der Lagerhölzer. Vergl. Fig. 193, 194.

Fig. 193.

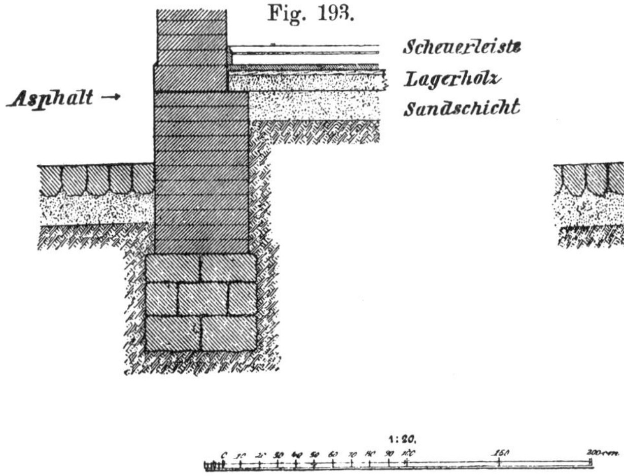

Fig. 194.

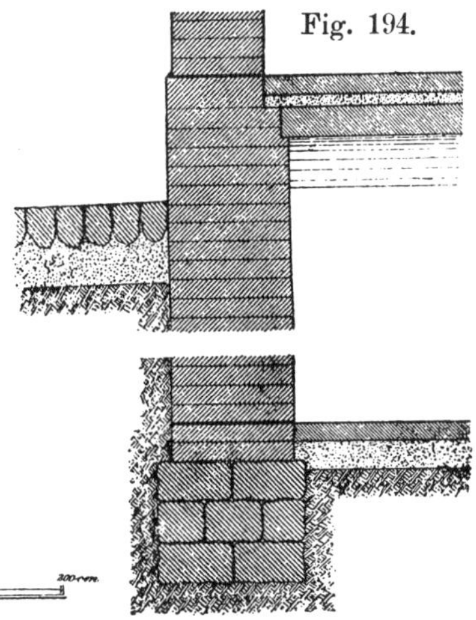

Die Fig. 193 stellt einen Schnitt dar durch ein nicht unterkellertes Erdgeschoß mit Holzfußboden, Fig. 194 einen solchen durch ein unterkellertes Erdgeschoß mit massivem Fußboden, Fig. 195 einen Schnitt durch den Fußboden eines überwölbten Stallgebäudes in der Richtung des Gewölbeschubes.

Fig. 195.

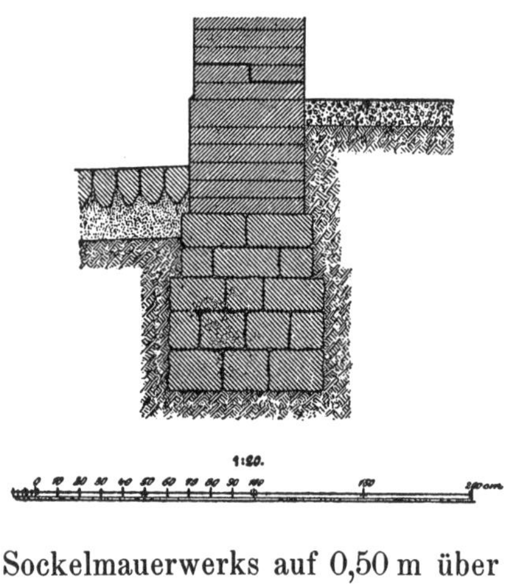

Hier ist die isolierende Schicht abgetreppt, damit die darauf ruhende Wand nicht etwa durch den Gewölbeschub hinausgeschoben werden kann, da bei der Isolierschicht die Verbindung des oberen und des unteren Mauerkörpers gestört wird. (Vergl. Behandlung von Entwürfen und Bauausführungen für die Königlich Preußischen Domänen, herausgegeben vom Ministerium für Landwirtschaft).

Bei Fachwerkbauten ist die Höhe des Sockelmauerwerks auf 0,50 m über Erdboden zu bemessen. Die Schwellen liegen außen bündig mit den oberen Schichten des Sockelmauerwerks.

Der Plinthenabsatz beginnt erst eine oder mehrere Schichten unter den Schwellen (Fig. 196 bis 199).

A u ß e n m a u e r n. Für Wohnräume sind Mauern aus Bruch- oder Feldsteinen zu vermeiden. Backsteinwände erhalten 38 cm Stärke.

I n n e n w ä n d e werden gewöhnlich nicht über 25 cm stark angenommen, selbst wenn sie balkentragend sind.

Scheidewände ohne Balkenbelastung werden 12 cm stark in verlängertem Zementmörtel aufgeführt. Ein aufgelegter Deckbalken nimmt die Türstiele in solchen Wänden auf. Fachwerkwände mit gemauerten Fächern gelten als unzweckmäßig, weil sie durch das Schwinden des Holzes Risse erhalten und dauernde Ausbesserungen nötig machen.

L u f t s c h i c h t e n. Senkrechte Luftschichten befördern nur die Austrocknung der Mauern und wirken keineswegs wärmehaltend. Sie sind im allgemeinen bei ländlichen Bauten zu vermeiden. In Kellermauern müssen sie mit der Außenluft und mit den anstoßenden Räumen bis zur vollkommenen Trokkenheit des Mauerwerks in direkte Verbindung gesetzt werden.

Fig. 196.

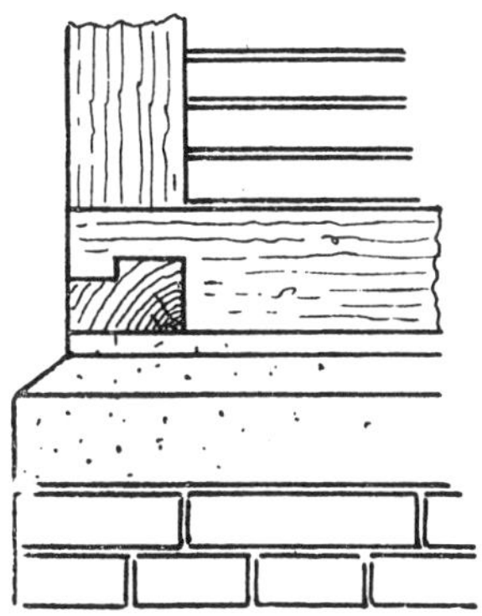

Fig. 198.

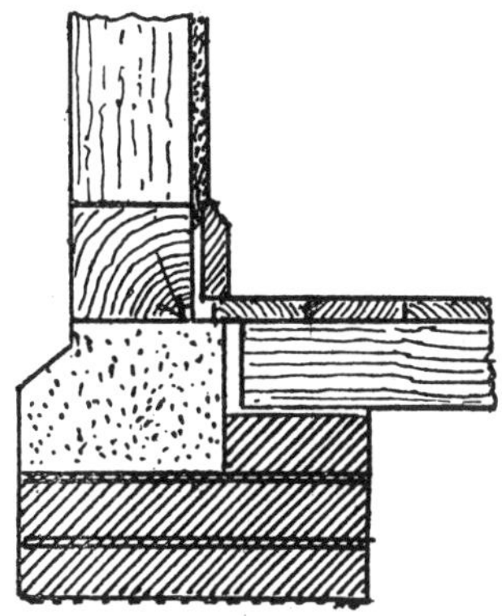

Fig. 197.

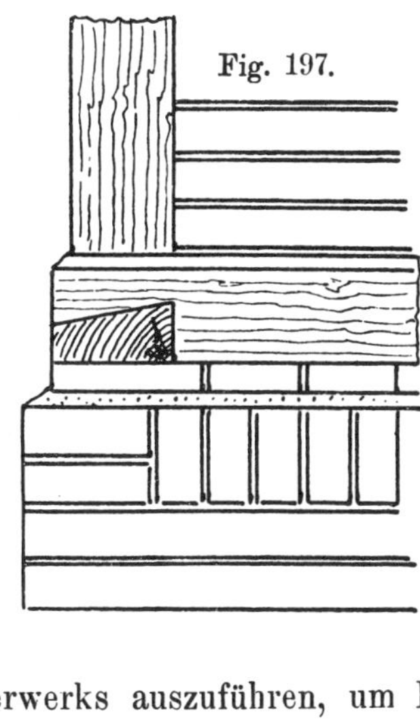

Fig. 199.

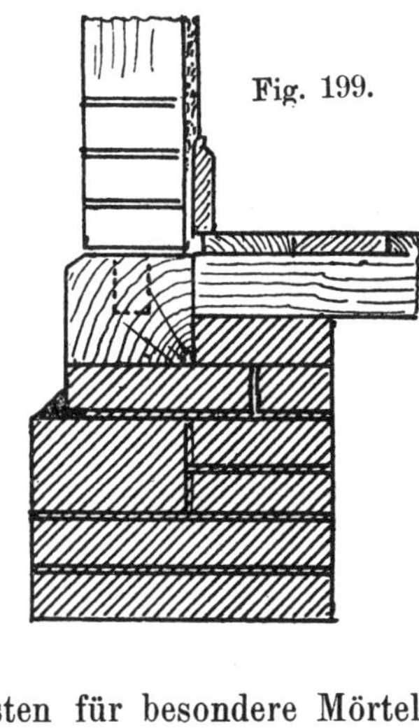

Alles Mauerwerk ist vollfugig herzustellen. Vorkommender Fugenverstrich ist gleichzeitig bei Herstellung des Mauerwerks auszuführen, um Kosten für besondere Mörtelmenge zu vermeiden.

Als zweckmäßige Isolierungen empfehlen sich außerdem die folgenden neueren Ausführungsarten, die sich als Schutz gegen andringende Feuchtigkeit praktisch bewährt haben. In allen solchen Fällen bildet die Luftisolierung eine Unterbrechung des Fußbodens, der Wand oder der Decke.

Als Schutz gegen aufsteigende Bodenfeuchtigkeit (vergl. Deutsche Bauhütte, Hannover, 1903, Nr. 27) kann die neue Terraßkonstruktion benutzt werden.

Dieselbe besteht aus einer Gips- oder Zementbetondecke, die auf einem über Steinpfeilerchen hängenden Drahtgewebe aufgebracht wird.

Um das Durchfallen von Betonteilen zu verhüten, wird das Drahtgewebe mit einer Papierlage abgedeckt. Bei Anordnung der Steinpfeilerchen unmittelbar auf Erdreich wird auf die oberste Steinschicht ein Asphaltpappstreifen gelegt.

Eine zweite Lösung zur Schaffung einer liegenden Luftisolierschicht ist das aus drei übereinander liegenden Flachschichten gebildete sogen. Rostpflaster.

Hierbei ist die mittlere Lage aus Läuferschichten gebildet, die in $^1/_2$ Stein Abstand voneinander mit offenen Stoßfugen verlegt werden. So entsteht in dem Pflaster eines Gesamtraumes eine große zusammenhängende Luftschicht.

Mit großer Vorsicht muß die Deckschicht aufgebracht werden; die Steine dieser Lage müssen an Längs- und Querseite mit angestrichener Mörtelfuge fest aneinander geschoben werden, weil etwa verbleibende Hohlfugen sich nachträglich sehr schwer füllen lassen. Zur größeren Vorsicht können die Steine der mittleren Lage in der unteren Hälfte in Goudron getaucht oder die unterste Schicht aus Zementbeton hergestellt werden.

Für Kelleraußenmauern gilt der Grundsatz, daß man tunlichst stets den stärkeren Körper durch den schwächeren stützen sollte, weil naturgemäß ein starker Mauerkörper bei etwa eintretender Durchfeuchtung nur sehr schwer und langsam wieder austrocknet. Man ordne ferner die Luftisolierschicht stets einige Schichten tiefer an als die horizontale Papp- oder Gußasphaltlage, damit herabfallender Mörtel nicht oberhalb der horizontalen Isolierschicht eine Verbindung mit dem äußeren durchfeuchteten Körper herstellt. Die untere Papplage braucht in der äußeren Wandung nicht durchgeführt zu werden, weil die Erdfeuchtigkeit über dieser Schicht doch noch Zutritt zu der Wand erhält. Notwendig ist dagegen die Verlegung eines Pappstreifens etwa 0,50 m über dem anschneidenden Terrain als Schutzschicht gegen die in der Außenwand aufsteigende Feuchtigkeit. Als seitlicher Schutz für die Außenwand sei auch noch der Zement-Rappputz mit nachfolgendem Goudronanstrich erwähnt, der aber oftmals durch nicht sorgsam ausgeführte Hinterfüllung illusorisch gemacht wird. Es ist beobachtet worden, daß bei einem in gebirgiger Gegend aufgeführten Bau, wo zur Hinterfüllung felsiger Boden benutzt wurde, die Goudronhaut durch die eingefüllten Steine in großen Flecken abgerissen und losgelöst war. Man lasse daher zur Hinterfüllung immer nur weichen Boden verwenden.

Die Isolierung des Kellermauerwerkes gegen aufsteigende Erdfeuchtigkeit sollte niemals durch Gußasphalt hergestellt werden, da dieser hierfür ganz ungeeignet ist. Dasselbe gilt von Dachpappe. Empfehlenswert sind Siebelsche Asphalt-Bleiisolierung oder Asphalt-Filz oder Wumerscher Isoliermörtel.

Zur Versteifung der äußeren schwachen Wand gegen den Erddruck dienen die sogen. Bindersteine, die zu etwa $^3/_4$ ihrer Länge in Goudron getaucht werden und mit dem goudronierten Teil in der Innenwand stecken.

Rabitz- und Monierwände sind im allgemeinen für ländliche Bauten wenig geeignet, da die sachkundigen Arbeiter auf dem Lande fehlen.

Decken und Fußböden. Kellerräume werden überwölbt, die übrigen Geschosse erhalten Balkendecken.

Zweiter Abschnitt.

Ländliche Wirtschaftsgebäude.

1. Wasch- und Backhäuser.

Bei kleineren landwirtschaftlichen Betrieben werden der Backofen und die Waschküche häufig im Keller zusammen angeordnet. Für die Waschküche ist dann ein wasserdichter Fußboden erforderlich und eine solche Lage, daß die entwickelten Dämpfe mit dem häßlichen Seifengeruche nicht in das Wohnhaus eindringen können. Die Waschküche erhält mithin ihren Eingang von außen her und ist vom übrigen Hause gänzlich abgeschlossen.

Für größere Güter erfordert der größere Betrieb weitläufigere Anlagen von Wirtschaftsräumen, die nun entweder in verschiedene Gebäude verteilt, oder, was häufiger der Fall ist, in einem einzigen besonderen Wirtschaftsgebäude vereinigt werden. Diese Zusammenlegung kann natürlich, wie die folgenden Beispiele beweisen, eine sehr mannigfaltige sein; immerhin ist die Verbindung von Wasch- und Backräumen in ein und demselben Gebäude heute gebräuchlich geworden.

a) Das Waschhaus.

Das Waschhaus an sich besteht des bequemen Betriebes halber aus mehreren zusammengelegten Räumen, die für die verschiedenen Einzelarbeiten einer Wäsche zu dienen haben. Es sind dies als Hauptraum die Waschküche und als Nebenräume die Rollkammer und die Plättstube, vergl. die Fig. 218 und 221.

Die Waschküche

erhält, damit Waschkessel, Waschmaschinen und Spülbottiche bequeme Aufstellung finden können, eine Grundfläche von 4×4 bis 4×5 m.

Ihr Fußboden besteht am besten aus Zementbeton. Zur Abführung des Wassers erhält er ein Gefälle nach einer äußeren Ecke hin, wo ein vergitterter Fallkessel mit Geruchverschluß die Verbindung mit der abführenden Rohrleitung vermittelt.

Die Decke wird gewöhnlich zwischen I-Trägern als Kappengewölbe oder als flache Massivdecke hergestellt. Decke und Wände werden zur Verstärkung der Beleuchtung hell getüncht.

Der Waschkessel. In einer inneren Ecke ordnet man ein bis zwei eingemauerte kupferne Waschkessel an, die etwa 0,90 bis 1,25 m Durchmesser haben. Die Einmauerung hat sehr sorgfältig zu geschehen, wofür wir die folgenden Grundsätze aufstellen:

1. Der Abstand zwischen Kesselboden und Rost A (Fig. 200) beträgt bei Steinkohlenfeuerung 0,24 + 0,017 d m, wobei d der Kesseldurchmesser ist; für Holz- und Torffeuerung ist A = 0,30 + 0,017 d m.

2. Die Rostgröße soll gleich $^1/_{10}$ der vom Feuer berührten Heizfläche sein. Die Rostbreite beträgt bei 95 cm Kesseldurchmesser 25 cm, bei 1,25 cm Durchmesser 29 cm. Die Rostlänge wird am zweckmäßigsten gleich dem halben Kesseldurchmesser bemessen.

3. Die Feuerzüge C haben eine Breite von 8 bis 10 cm. Zu ihrer Reinigung werden eiserne Türchen, die mit Schiebern oder Kapseln verschließbar sind, angeordnet.

4. Die Umfassungswände sollen an den schwächsten Stellen 10 bis 12 cm stark sein; sie werden mit Lehmmörtel aufgemauert.

5. Die Oberkante des Kessels liegt höchstens 1,10 m über dem Fußboden der Waschküche. Bei größeren Kesseln liegt deswegen die Sohle des Aschenfalles im Fußboden vertieft.

6. Der Schornstein muß einen Querschnitt von mindestens 250 qcm ($^1/_2 \times ^3/_4$ Stein) haben. Große Kessel oder mehrere verbundene Kessel erfordern einen Schornsteinquerschnitt von $^3/_4 \times 1$ Stein.

7. Das Wrasenrohr zur Ableitung des Wasserdampfes wird neben dem Schornstein mit einem Querschnitt von 25 × 25 cm angelegt. Zweckmäßig ist die Anordnung eines Wrasenmantels aus Zinkblech oder verzinktem Eisenblech über der Kesselanlage.

8. Beispiele der Kesseleinmauerung sind in den Fig. 200 bis 207 wiedergegeben*).

Bei dem in den Fig. 200 bis 202 dargestellten Waschkessel liegt die Heiztür auf der dem Schornsteine entgegengesetzten Seite. Die Feuergase umspülen zunächst bei A die Unterfläche des Kessels, treten dann bei B in den Seitenzug C, durchziehen diesen rings um den Kessel und entweichen schließlich bei D in den Schornstein E.

Fig. 203 bis 205. Der Schornstein liegt hier seitlich von der Feuerung. Zur rechten Seite des Rostes, in dem Raume unter dem Kesselboden A, ist eine gemauerte Zunge angeordnet (Fig. 159); die von dem Roste aufsteigenden Feuergase müssen in der Richtung des Pfeiles um diese Zunge herumziehen. Bei B treten sie dann in den Seitenzug C ein, bestreichen ringsum die Kesselwandungen und gehen bei D in den Schornstein.

Fig. 206 und 207. Hier liegen zwei Waschkessel, ein größerer zum Kochen der Wäsche und ein kleinerer zur Bereitung von warmem Wasser, nebeneinander.

---

*) Anmerkung: Wir verweisen hierbei auf Band VI dieses Handbuches „Die allgemeine Baukunde“ von Prof. A. Opderbecke, wo die verschiedenen Feuerungsanlagen eingehend vorgeführt sind. Preis 5 Mk. Verlag von Bernh. Friedr. Voigt in Leipzig.

Fig. 200.

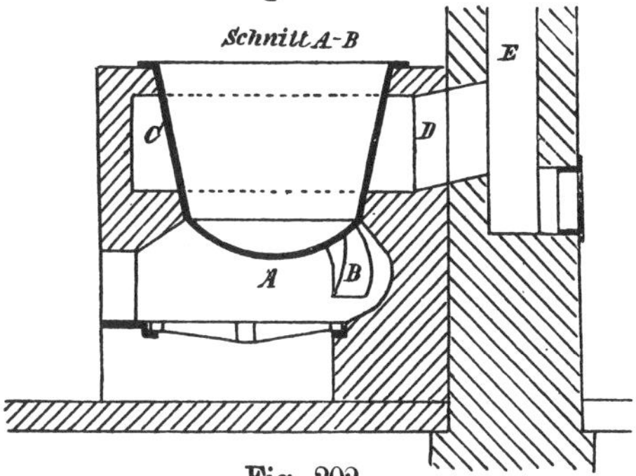

Fig. 201.

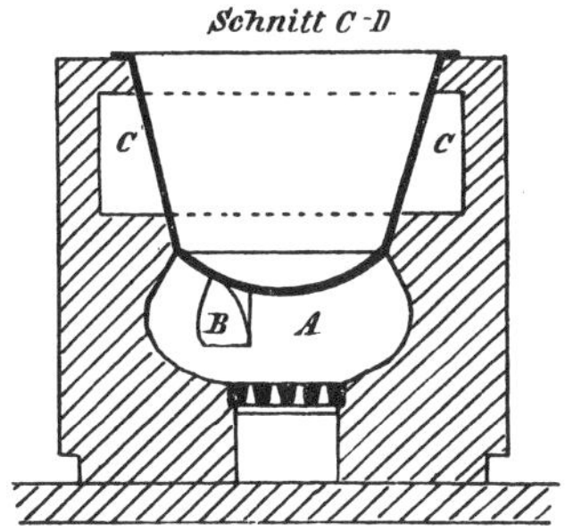

Fig. 202.

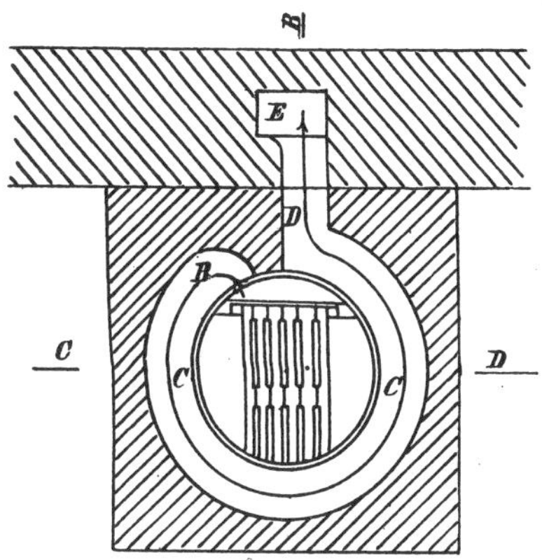

Fig. 203.

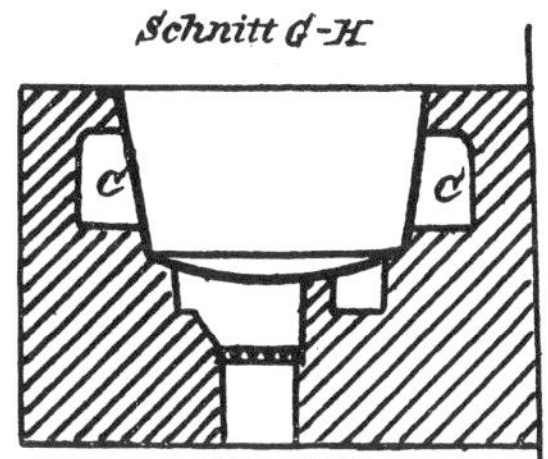

Fig. 204.

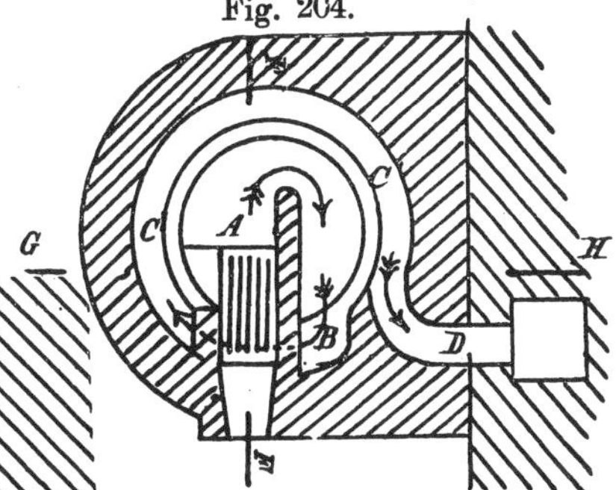

Fig. 206.

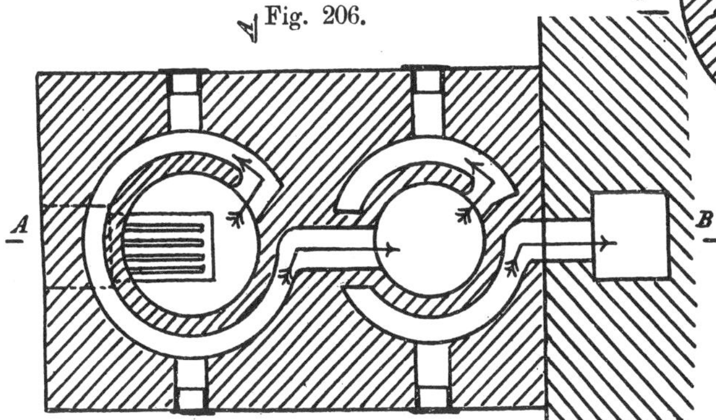

Fig. 205.

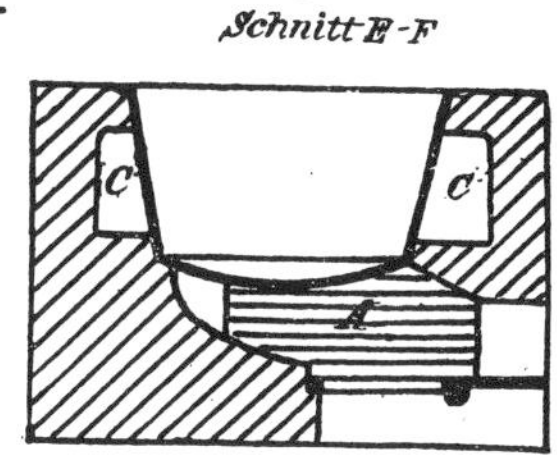

Fig. 207.

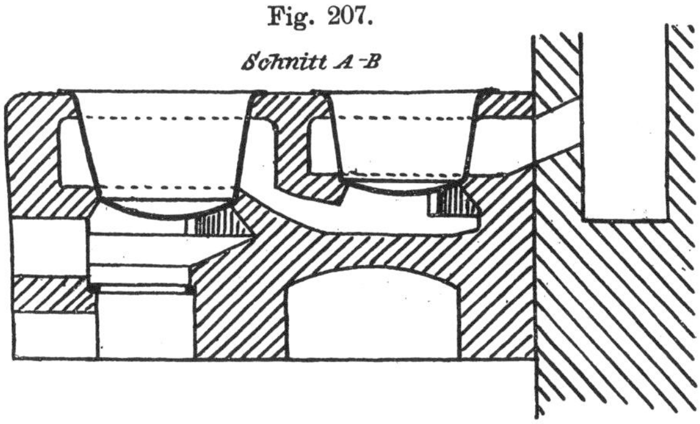

Fig. 200 bis 207.
Verschiedene Arten von Waschkessel-Einmauerungen.

Sie haben eine gemeinsame Feuerung am Kopfende des Kesselherdes; die Führung der Feuergase ist durch die eingezeichneten Pfeile klargelegt.

Die Nebenräume.

Die Rollkammer kann als besonderer Raum in Verbindung mit der Waschküche angeordnet, oder aber auch mit der Plättstube vereinigt werden. Im letzteren Falle wird sie nicht unter 4×4 oder 4×5 m Grundfläche anzunehmen sein. Die in der Rollkammer aufzustellende Drehrolle ist etwa 2,5 bis 3 m lang und 1 bis 1,3 m breit, erfordert also zu ihrem Betriebe 3 bis $4^1/_2$ qm Grundfläche. Ferner muß Platz vorhanden sein für einen großen Tisch zum Wäschelegen.

Die Plättestube muß ebenfalls geräumig und recht hell und sauber sein. Sie wird durch den Plätteofen geheizt. Plättebretter in der Nähe der Fenster, ein großer Tisch inmitten des Zimmers zum Einsprengen der Wäsche und einige Ständer zum Aufhängen der gebügelten Wäsche vervollständigen die innere Einrichtung dieses Raumes. Zur Entfernung des unangenehmen und gesundheitsschädlichen Dunstes ist eine gute Ventilation vorzusehen.

b) Die Bäckerei.

Freistehende Backöfen.

Auf dem Lande findet man noch häufig Backöfen, die in einer baupolizeilich bestimmten Entfernung von den Hofgebäuden als freistehende kleine Anlagen angeordnet sind. Diese Entfernung beträgt von massiven Gebäuden 10 m, von nicht massiven 20 m. Andere sind an ein Gebäude angebaut, so daß sie vom

Fig. 208.

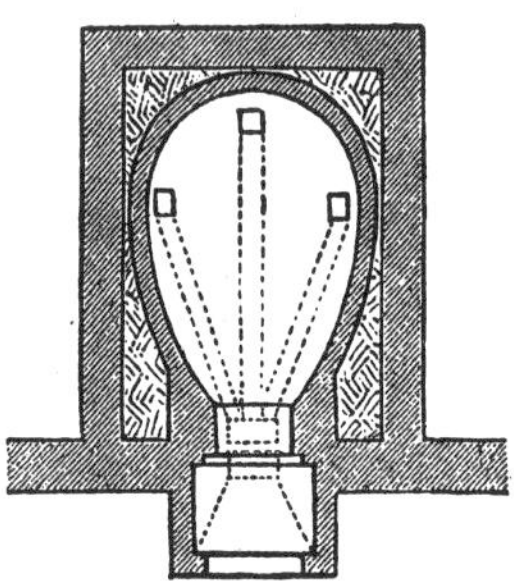

Fig. 209.

Fig. 210.

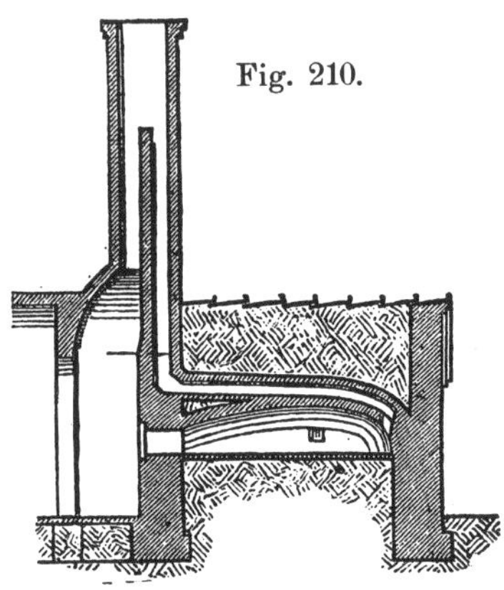

Inneren desselben aus betrieben werden können. Am besten legt man sie ganz in ein Gebäude hinein, wobei dann der Betrieb durch einen Vorraum vermittelt wird, der als „Backraum“ gewölbt sein muß (Fig. 208 bis 210). Weiter gehört zu der Bäckerei dann eine Backstube, die in unmittelbarer Verbindung mit dem Backraum stehen muß.

Der Backofen.

1. Die Grundform eines Backofens kann eiförmig oder elliptisch sein; in neuerer Zeit wird sie auch rechteckig ausgebildet, wobei die Ecken abgestumpft sind.

Das beste Verhältnis der Länge zur Breite ist 4 : 3.

Bei eiförmigen Backöfen wird die Grundform am zweckmäßigsten so bestimmt, wie dies durch Fig. 211 erläutert ist.

Man teile die angenommene Länge a b des Herdes (die Sohle des Mundloches nicht mitgerechnet) in 9 gleiche Teile. Im Teilpunkte 6 bei c wird dann eine Senkrechte c x auf a b errichtet und bis y verlängert. Auf dieser trägt man nach oben und unten von c aus 6 gleiche Teile (wie auf a b) ab.

Von c aus schlägt man nun mit einem Radius von 3 solchen Teilen den Halbkreis d b e und von x und y aus mit einem Radius von 9 Teilen die Anschlußbögen e g und d f.

Fig. 211.

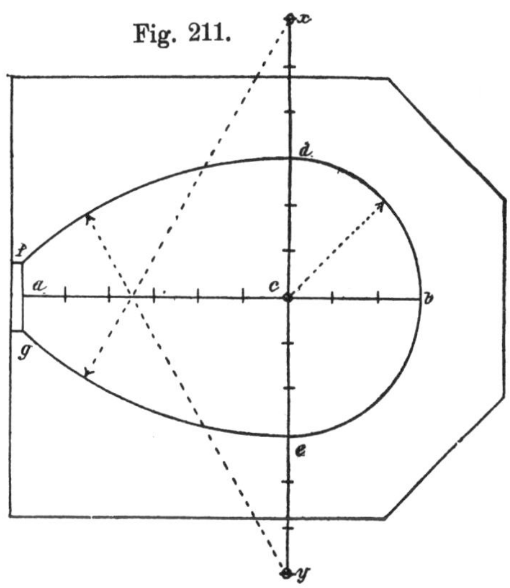

2. Die Ueberdeckung des Backofens erfolgt bei rechteckigem Grundrisse durch ein Kappengewölbe, bei eiförmigem durch ein böhmisches Gewölbe von 1 Stein Stärke, wobei leicht auszuführender Reparaturen halber zwei $^1/_2$ Stein starke Schichten ausgeführt werden. Als Mörtel dient Lehm- oder Schamottemörtel.

3. Die Widerlagshöhe des Gewölbes über der Sohle beträgt 15 bis 18 cm, die größte lichte Höhe zwischen Herdsohle und Gewölbe 50 bis 60 cm.

4. Die Herdsohle erhält zweckmäßig eine schwache Steigung, etwa 1 : 15 vom Mundloche nach hinten zu. Ein solcher Ofen heizt sich besser und gewährt eine bessere Uebersicht über die Backware. Konditoröfen erhalten aber eine wagerechte Sohle, da sonst dünnflüssiger Teig abwärts fließen würde.

5. Das Herdpflaster wird meist aus 8 cm starken Schamotteplatten oder aus natürlichen feuerfesten Platten auf 5 bis 8 cm starker Sandschicht hergestellt. Darunter liegt eine 8 cm starke Schicht von ausgelaugter Asche, darunter folgen Schmiedeschlacken, dann eine Lage kleiner Feldsteine und als unterste Lage größere Bruchsteine (Fig. 213). Unterwölbte Herdsohle ist nur bei stets warmem Backhause der starken Abkühlung halber zulässig.

6. Das Mundloch, durch das hier zunächst der Brennstoff und später die Backware eingebracht wird, erhält 60 bis 80 cm Breite und 24 bis 30 cm Höhe. Es wird durch eine um eine senkrechte Achse drehbare Tür oder durch eine an einer Kette mit Gegengewicht hängende, senkrecht verschiebbare Tür verschlossen. Der im Mundloche liegende Teil der Herdsohle erhält eine Steigung von 1 : 5, damit beim Oeffnen der Ofentüre möglichst wenig Hitze entweichen kann.

7. Die Leuchte, eine Oeffnung zur rechten Seite des Mundloches, ist gegen den Schürraum hin etwa 10 cm im Quadrat und nach innen zu etwa 16 cm breit und 21 cm hoch.

Fig. 212.

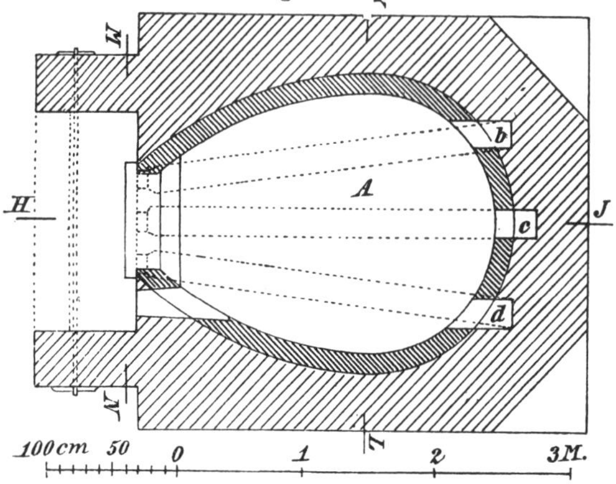

Fig. 214.

Schnitt K-L

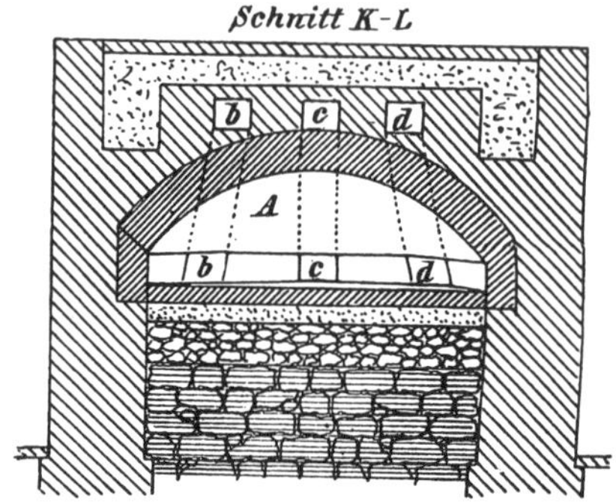

Fig. 213.

Schnitt H-J

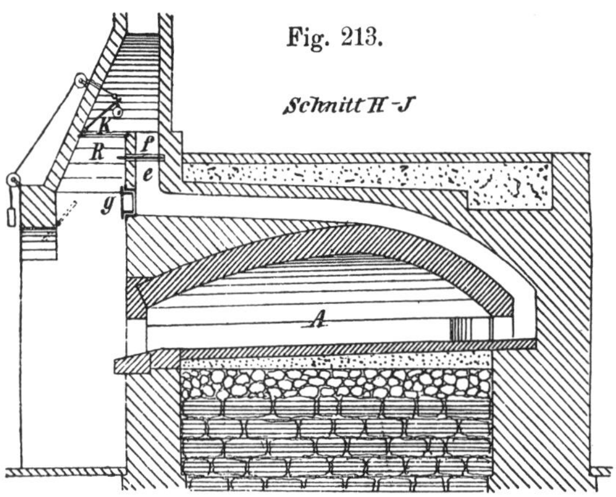

Fig. 215.

Schnitt M-N

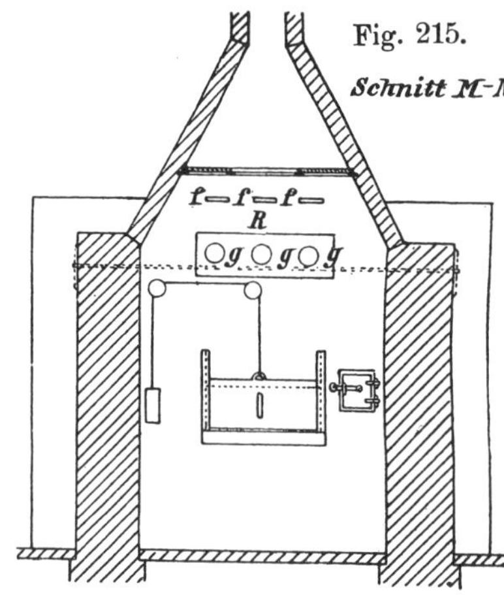

8. Die Grundfläche der Backöfen beträgt nach einem Erlaß des Ministers für Handel und Gewerbe für einen Scheffel (55 l) Mehl 1,2 qm. Daraus ergeben sich folgende Ofenabmessungen:

Mehlverbrauch		Länge	Breite	Höhe im Scheitel	Mehlverbrauch		Länge	Breite	Höhe im Scheitel
Scheffel	Liter	Meter			Scheffel	Liter	Meter		
1	55	1,56	0,94	0,41	6	330	3,44	2,51	0,62
2	110	2,2	1,25	0,46	7	385	3,67	2,51	0,62
3	165	2,5	1,71	0,51	8	440	3,75	2,51	0,62
4	220	2,8	1,88	0,57	9	495	3,95	2,82	0,67
5	275	3,13	2,19	0,62	10	550	4,01	3,02	0,72

9. Beispiele. In den Fig. 212 bis 215 ist ein Backofen für Holzfeuerung dargestellt, der sich für eine kleinere Brotbäckerei eignet. In dem Ofen A beginnen

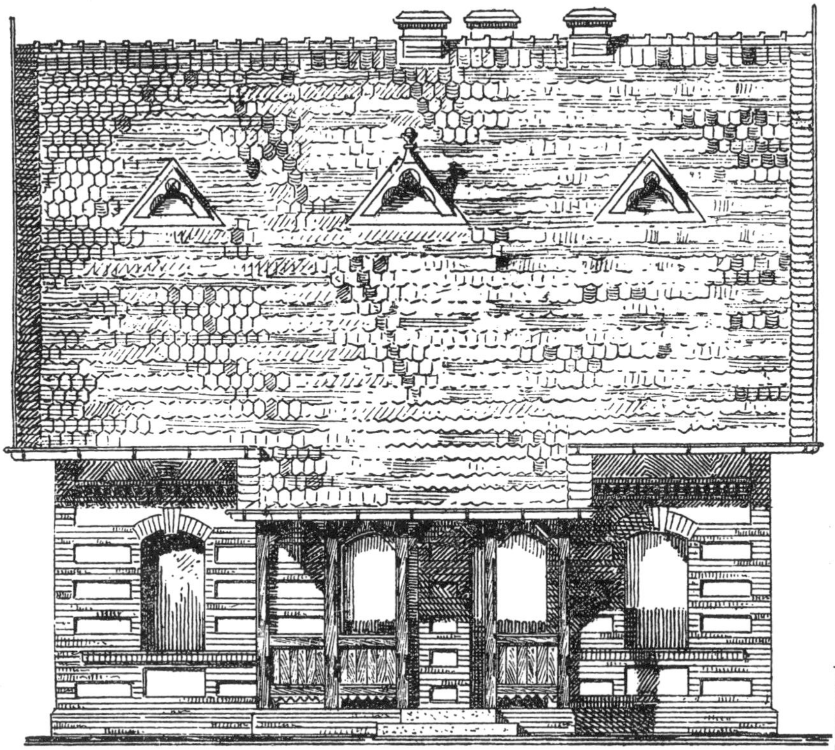

Fig. 216. Back- und Wohnhaus.

Fig. 217.

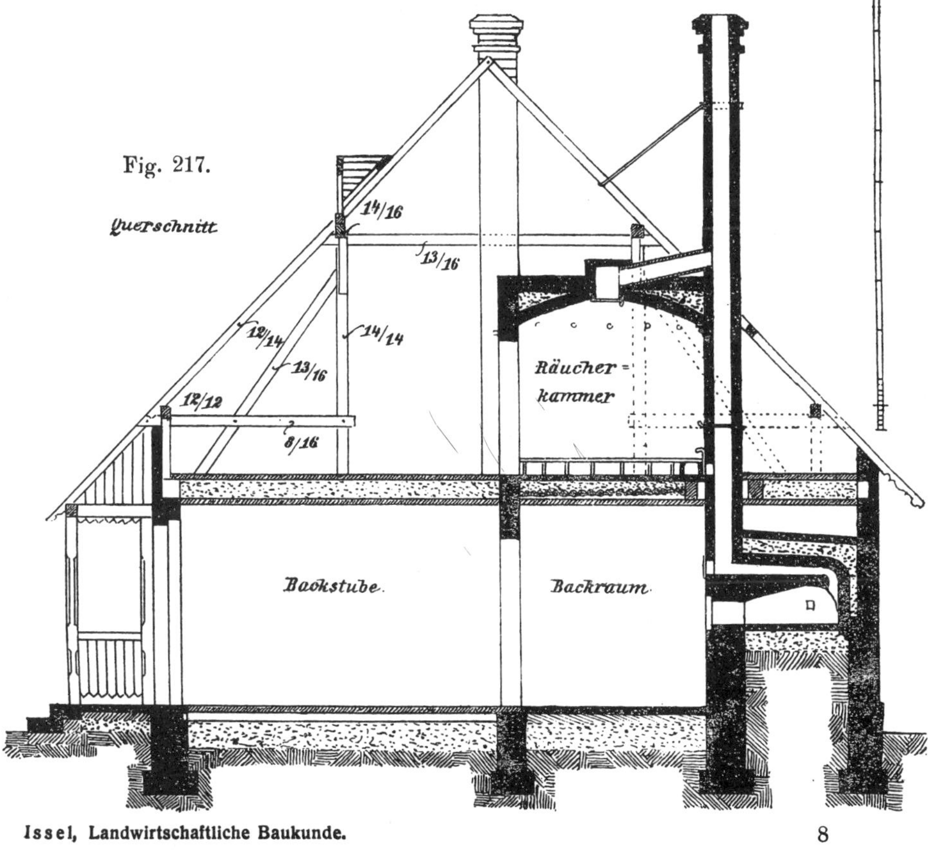

bei b, c und d die drei Feuerzüge. Diese steigen zunächst senkrecht in die Höhe und führen dann in schwacher Steigung oberhalb des Gewölbes nach der Vorderseite des Ofens. Hier münden sie in vertikale Abzugskanäle e, die unterhalb des Schornsteines endigen. Jeder Abzugskanal ist mit einem Schieber f versehen, der zur Regulierung des Zuges dient. Ueber dem Mundloche ist ein Rauchfang R angebracht, der nach oben in den Schornstein führt. Wird hier die Klappe K geschlossen, so wird der Zug im Ofen lebhafter, und der Rauch vor dem Ofen (der sogen. Backraum) bleibt wärmer und rauch- und rußfrei. Die Züge b, c, d gehen bis durch die Vorderwand des Ofens und erhalten hier Reinigungskapseln g. Die Klappe K ist zu öffnen, wenn der Ofen vor der Beschickung von den Verbrennungsrückständen gereinigt wird*).

Der durch die Fig. 208 bis 210 erläuterte Backofen ist von der Königl. Regierung in Potsdam für Forst-, Pfarr- und Schulhäuser zur Ausführung empfohlen worden.

Er erscheint als Anbau an ein Wasch- oder ein Backhaus und hat einen gewölbten Vorraum. Sein Unterbau und die Außenwände sind in schwach gebrannten Ziegeln mit Lehmmörtel hergestellt. Der Raum über dem Gewölbe ist mit 16 cm hoher Sandschicht und darüber mit Strohlehm ausgefüllt. Hierauf liegt ein Dach aus Biberschwänzen (vergl. Tiedemann, das landwirtschaftliche Bauwesen, Verlag von L. Hofstetter in Halle a. S.).

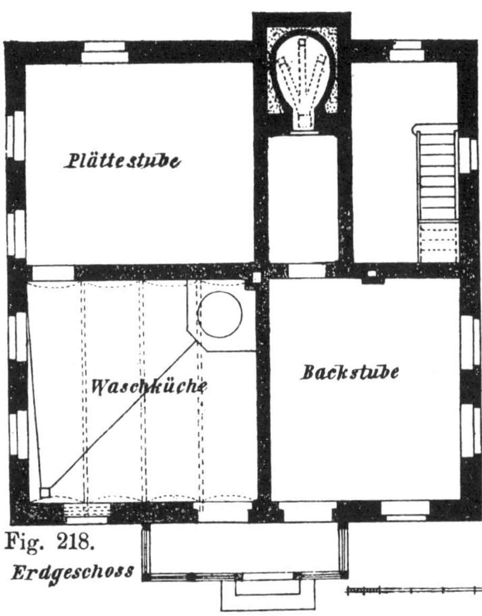

Fig. 218.
Erdgeschoss

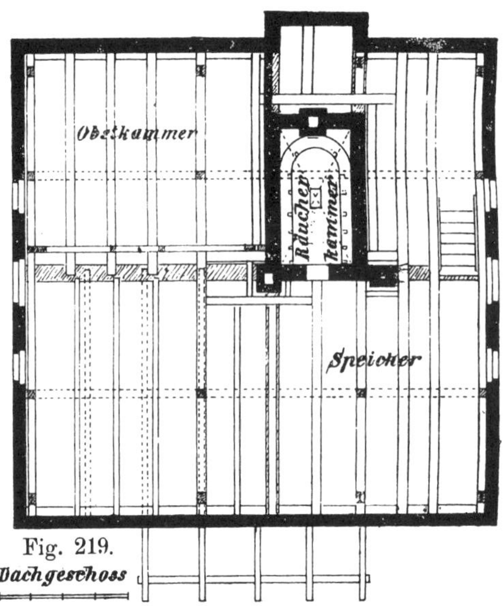

Fig. 219.
Dachgeschoss

Die Nebenräume.

Der Backraum vor dem Ofen soll, wie bemerkt, überwölbt sein. Vor dem Mundloch liegt ein sogen. gemauertes Vorgelege von 1,25 m Länge, das in den Backraum hineinragt. Die Tiefe des gesamten Backraumes muß mindestens

*) Weiteres über Backöfen, besonders solche für ununterbrochenen Betrieb, siehe in Band VI dieses Handbuches „Allgemeine Baukunde" von Prof. A. Opderbecke. Preis 5 Mk.

Fig. 220.

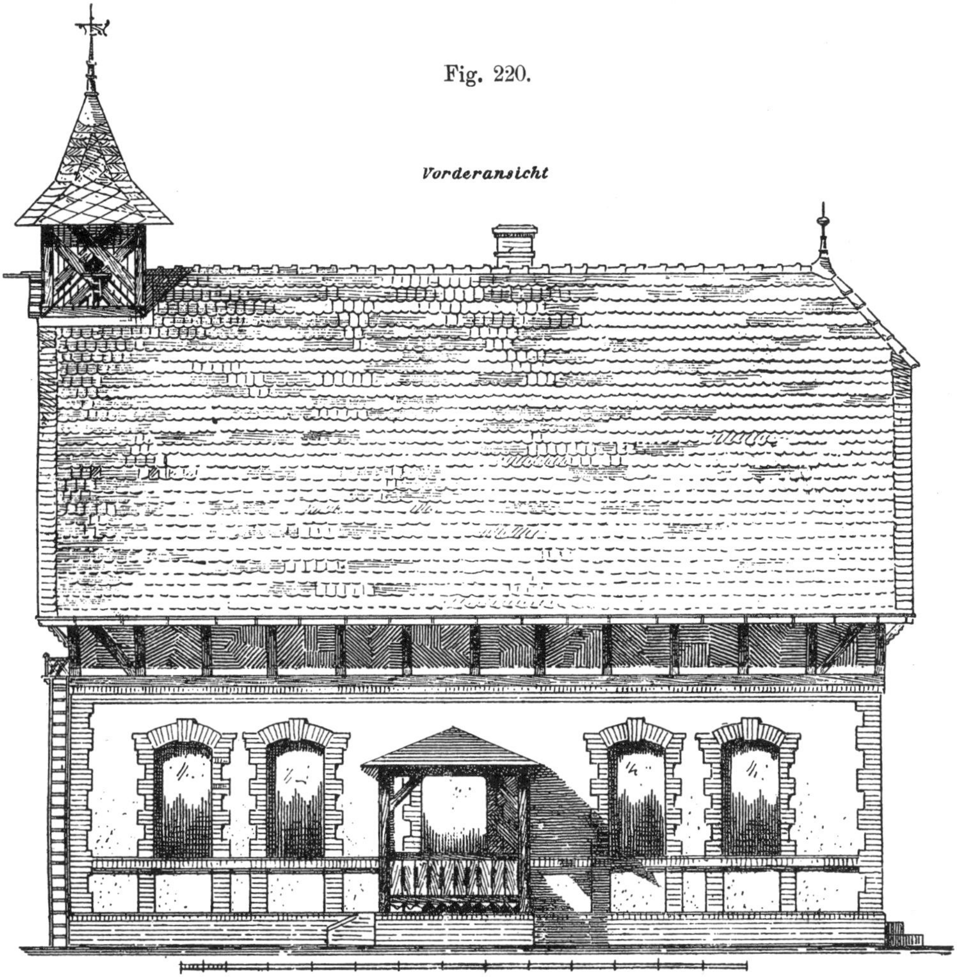

so groß sein, daß die Schiebestangen, mit denen das Gebäck in den Ofen geschoben wird, herausgezogen werden können, ohne hinterrücks anzustoßen. Mithin ist der Backraum außer dem Vorgelege mindestens so tief wie der Backofen einschl. Mundloches.

Die Backstube muß vor allen Dingen warm sein, erhält also einen Ofen oder liegt unmittelbar neben dem Backofen und wird von diesem aus mit erwärmt.

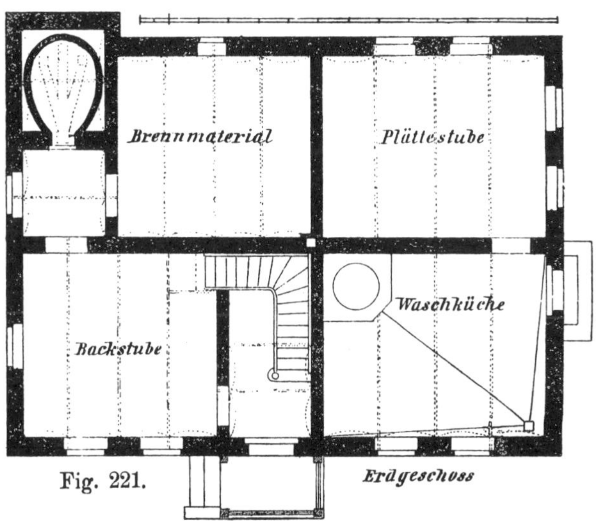

Fig. 221.

Fig. 222.
Seitenansicht

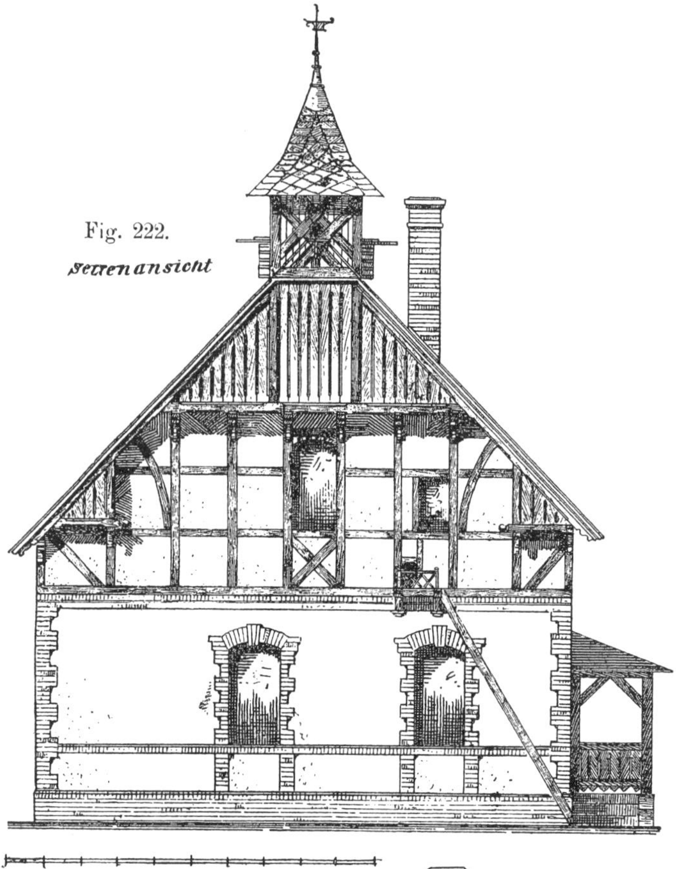

Fig. 223.
Querschnitt

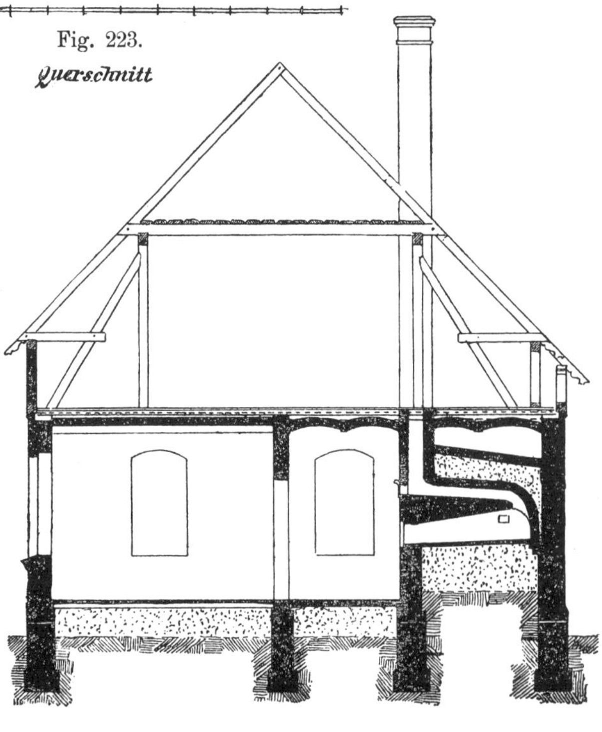

Helligkeit und Sauberkeit sind hierfür weitere Bedürfnisse. Die Größe ist etwa diejenige eines gewöhnlichen zweifensterigen Zimmers von 5 × 4 bis 5 × 5 m.

c) Beispiele für Wasch- und Backhäuser.

Fig. 216 bis 219. Wasch- und Backhaus von A. Weber. Die Waschküche nebst der anliegenden Plättestube sowie die Backstube nebst Backraum und Backofen werden von einer gemeinsamen Vorhalle aus erreicht, jedoch so, daß beide Anlagen vollständig voneinander getrennt sind. Die große Anzahl der angeordneten Fenster bewirkt bei Waschküche, Plättestube und Backstube die erwünschte Helligkeit. Unterkellert sind die Räume nicht. Der Backofen ist seinem Größenverhältnis entsprechend nur für einen kleinen Betrieb berechnet.

Im Dachgeschoß liegt neben anderen Wirtschaftsräumen auch eine Räucherkammer, die an anderer Stelle weiter unten eingehende Besprechung finden soll.

Fig. 224. *Vorderansicht*

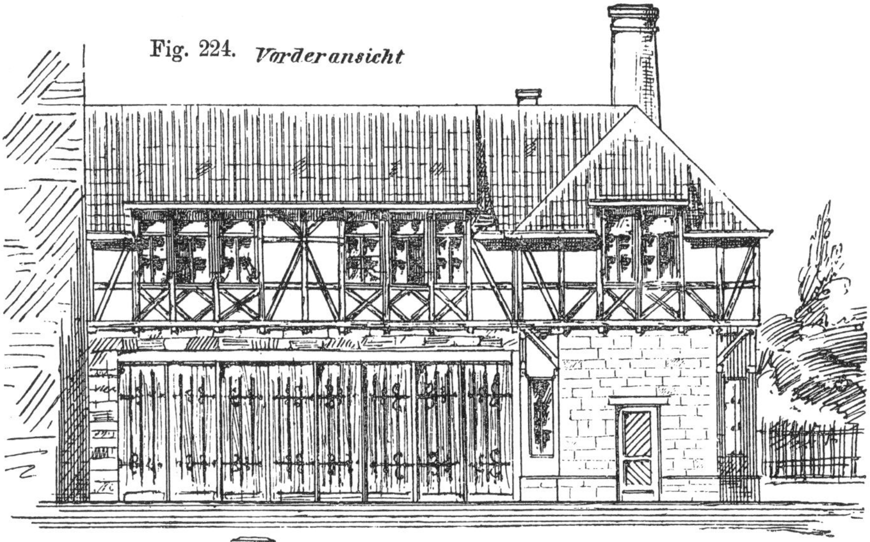

Fig. 225.

Hinteransicht

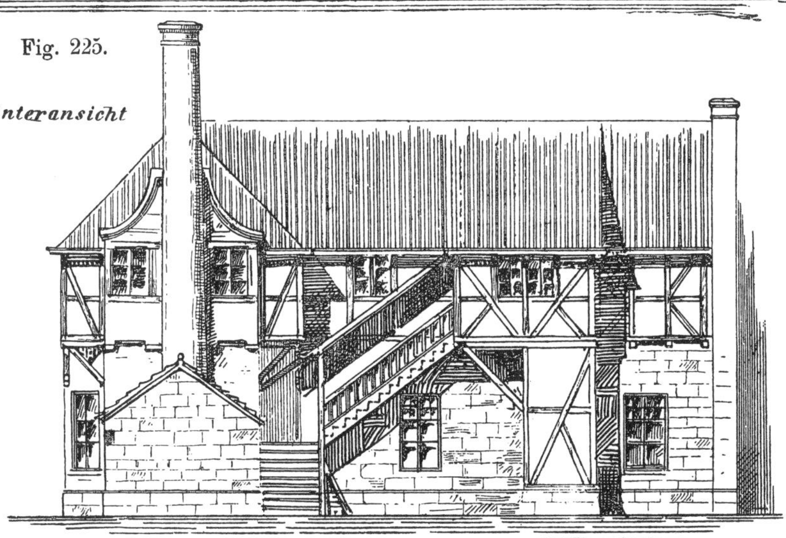

Fig. 226.

Grundriss

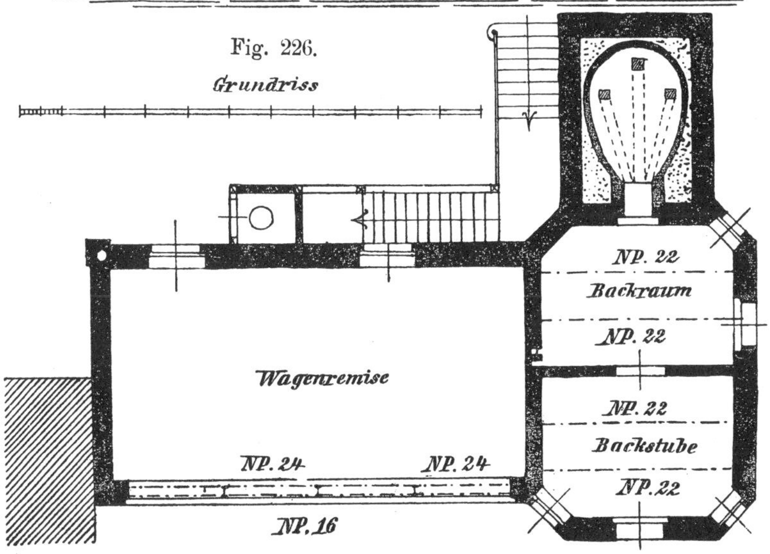

Fig. 227.

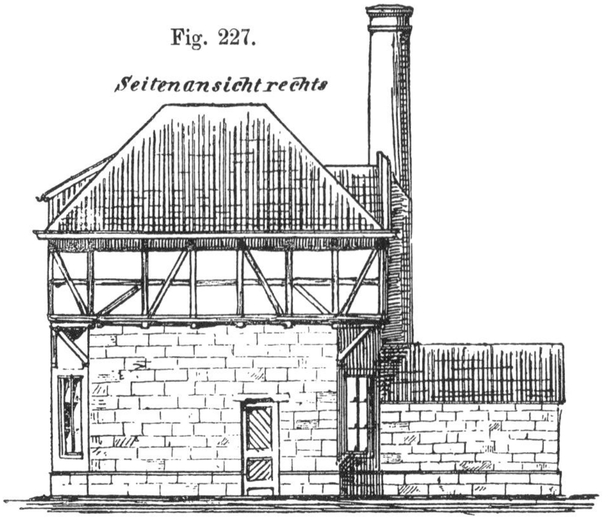

Fig. 228.

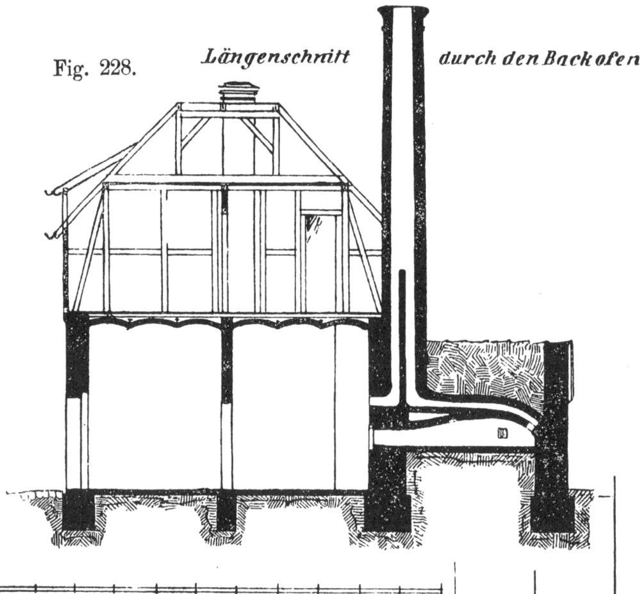

Fig. 229.

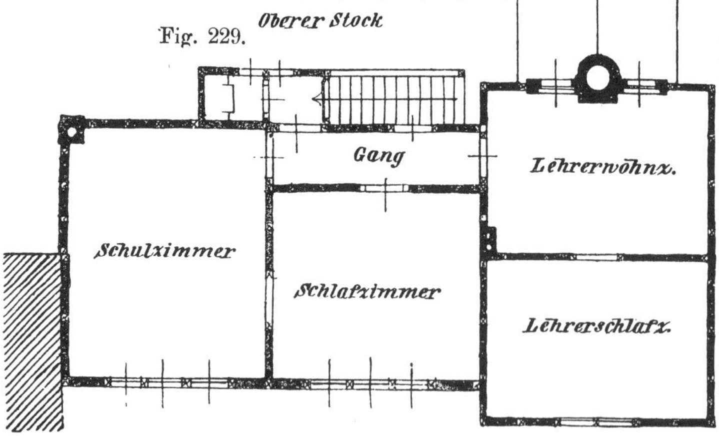

Fig. 220 bis 223. Wasch- und Backhaus von B. Wiegmann.

Hier liegen Wasch- und Backhaus unter demselben Dache, haben aber von außen her getrennte Zugänge. Der Backofen gestattet einen Betrieb an Mehlverbrauch von 110 Liter (2 Scheffeln). Dem Häuschen ist ein Taubenschlag in Gestalt eines Dachreiters aufgesetzt.

Fig. 224 bis 229. Backhaus auf Rittergut Mönchhof (vergl. Tafel 5 und 6) vom Architekten A. Karst in Kassel.

In der vorliegenden Anlage ist das Backhaus mit anderen Wirtschafts- und Dienstwohnräumen vereinigt. Im Erdgeschosse liegt daran eine Wagenremise. Im oberen Stocke befindet sich das Wohn- und Schlafzimmer des Hauslehrers, sowie das Schulzimmer und der Schlafraum seiner Zöglinge.

Der Backofen ist für einen Mehlverbrauch bis zu 5 Scheffeln eingerichtet, demgemäß beträgt seine Höhe im Scheitel 0,62 m.

Der Backraum hat eine Tiefe von 3,32 m, die Backstube eine Grundfläche von 4,60 × 3,30 = 15 qm.

Die architektonische Behandlung des ganzen Gebäudes ist äußerst reizvoll und schmiegt sich vortrefflich in die ganze Anlage ein (vergl. Taf. 12, 13 und 14).

2. Eisbehälter und Kühlräume.

a) Allgemeines.

Die Aufbewahrung des Eises geschieht unter folgenden Bedingungen: Man halte davon fern die äußere warme Luft, das Grund-, Quell- und Hochwasser, das sich bildende Schmelzwasser und das entstehende Schwitzwasser, man sorge für eine vernünftige Lüftung und für eine möglichst vollkommene Auspackung des Eisraumes*).

Die Abhaltung der äußeren warmen Luft

erzielt man, indem man das Eis mit schlechten Wärmeleitern umgibt. Liegt das aufzubewahrende Eis in keinem eigentlichen Bauwerk, sondern nur auf isoliertem Untergrunde in einem Haufen, so schützt man dasselbe gegen die Einwirkung der Luft durch Abdeckung mit Stroh und Torfmull in einer Stärke von mindestens 0,70 bis 1 m. Für Baulichkeiten empfehlen sich als schlechteste Wärmeleiter Backsteinmauerwerk oder Holz. Als weitere Zutaten gelten Isolierschichten von 60 bis 90 cm Stärke, die ausgefüllt werden mit Häcksel, Torfmull, Gerberlohe, Moos oder Koksasche. Die obere Abdeckung geschieht bei Holzbauten durch ein Strohdach, bei Massivbauten dagegen durch ein Gewölbe.

Zur Abhaltung des Grund-, Quell- und Hochwassers

legt man zunächst die Sohle des Eiskellers über den Hoch- oder Grundwasserspiegel. Das Tagewasser wird in Rinnen abgeführt. Gewölbe werden mit Asphalt-Filzplatten, Holzzement und dergl. abgedeckt (siehe weiter unten „Konstruktion massiver Eishäuser"). Massive Seitenwände werden in Zementmörtel gemauert.

Fig. 230.

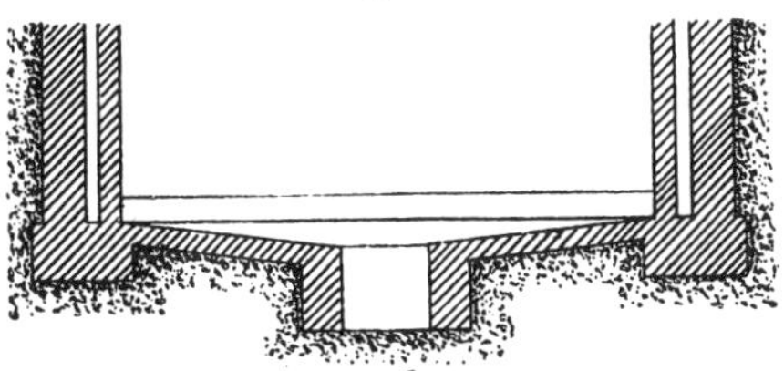

Fig. 231.

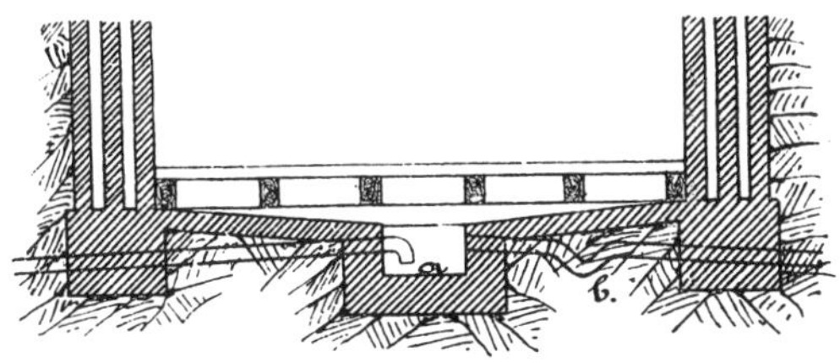

Das sich immer bildende Schmelzwasser hält man von dem Eise fern durch Anordnung einer Abflußöffnung. Bei Kiesboden geschieht dies in einfacher Weise so, daß in der Mitte des abgewässerten Pflasters eine Oeffnung zum Absickern des Schmelzwassers ausgespart wird (Fig. 230). Bei undurchlässigem

*) Wir verweisen hier auf das ausführliche Werk: Die Eiskeller, Eishäuser und Eisschränke von Prof. E. Nöthling. Leipzig, Verlag von Bernh. Friedr. Voigt. Preis 3 Mk.

Boden packt man das Eis auf einen Lattenrost (Fig. 231) und ordnet ein Ableitungsrohr an. Das Ableitungsrohr a für das Schmelzwasser erhält dann einen Wasserverschluß b (Siphon, Schwanenhals), Fig. 232. Bei großen Eiskellern wird das Schmelzwasser mittels Pumpen entfernt.

Fig. 232.

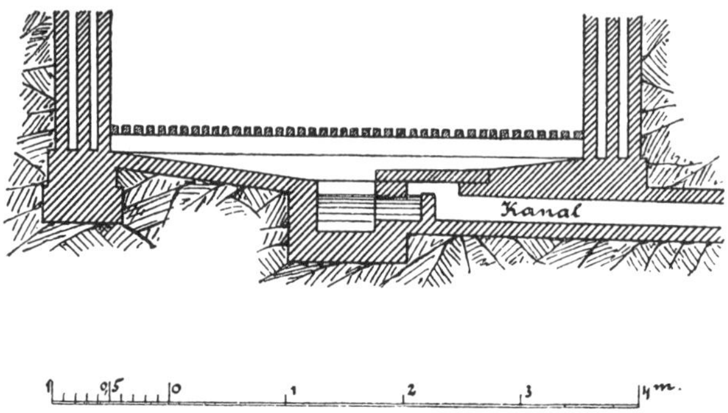

Auf die Abhaltung des entstehenden Schwitzwassers wird bei sorgfältigen Anlagen ebenfalls Rücksicht genommen werden müssen. Die Fig. 233 und 234 zeigen, in welcher

Fig. 233.

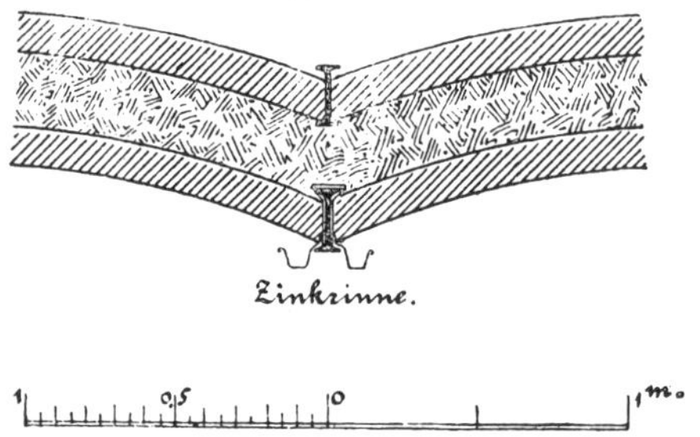

Fig. 234.

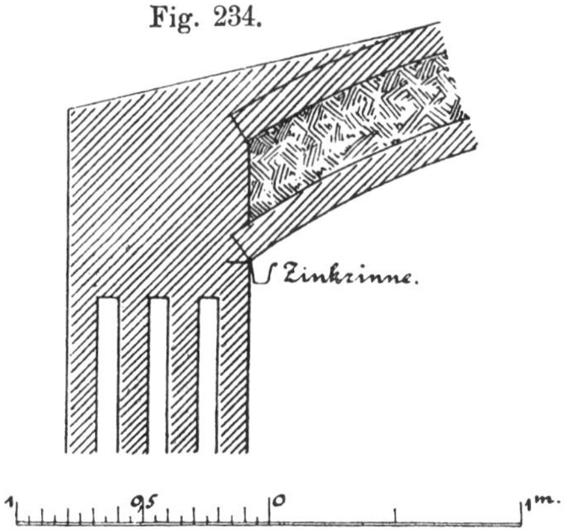

Fig. 235.

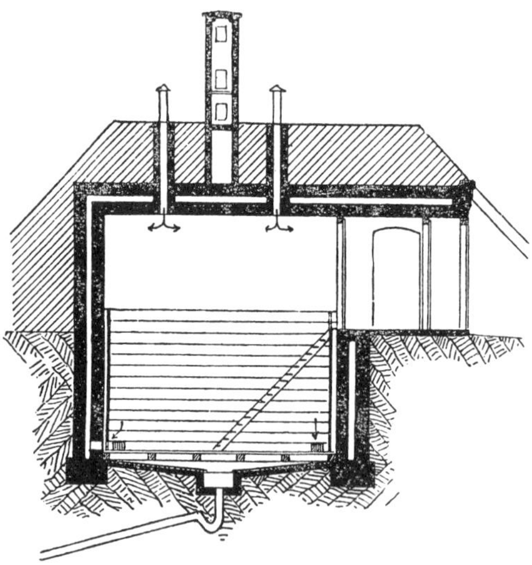

Fig. 236.

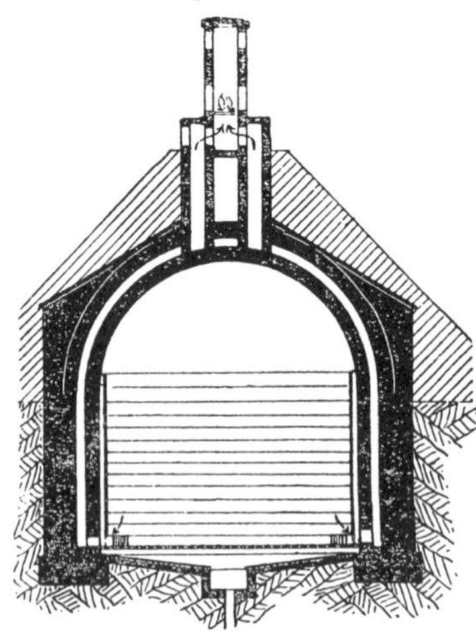

Weise bei gewölbten Decken die Schweißrinnen zur Aufnahme und schließlich zur endgültigen Abführung des Niederschlagswassers angebracht werden können.

Die Lüftung soll bei Eisräumen eine gleichmäßige, dem Gefrierpunkte möglichst nahe Temperatur herbeiführen. Die kalte Luft des Eisraumes läßt man von oben einfallen und leitet die warme Luft durch über dem Fußboden angebrachte Oeffnungen ab. Selbstredend müssen derartige Ventilationslöcher geschlossen werden können. Die frische Luft wird oben durch Blechrohre oder gemauerte Rohre in den Eisraum eingeleitet; die schlechte, verdorbene Luft (durch Faulen von Holz, Stroh, Zersetzen von Unreinigkeiten im Eise) wird durch am Boden befindliche Oeffnungen nach einem Schlote geführt. Ueber Gelände wird in den Schlot ein Rost eingeführt, auf dem ein Lockfeuer zur Beschleunigung des Zuges ab und an, jedenfalls vor Betreten des Eisraumes nach längerem Verschlusse, angezündet werden muß (Fig. 235 und 236). Durch Schieber wird eine solche Lüftungsanlage reguliert.

Diese Regulierung der Lüftung wird in ihren Grundsätzen durch Fig. 237 erläutert. Oeffnet man hier die Schieber a und d und schließt b und c, so tritt eine direkte Lüftung ein. Bei d am Fußboden tritt kalte Luft ein, während bei a die warme Luft entweicht. Schließt man die Schieber a und d und öffnet b und c, so tritt die Kellerluft bei c aus, und die frische Luft dringt von oben bei b ein.

Fig. 237.

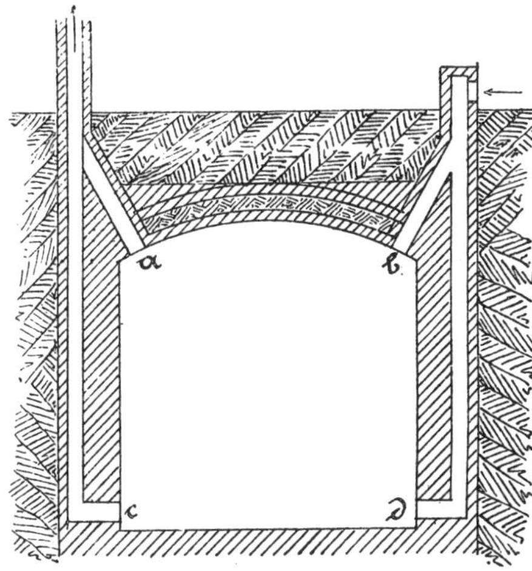

Im Sommer lüftet man frühmorgens und bei kühlem Wetter. Liegt Fleisch im Eiskeller unmittelbar auf dem Eise, so werden wöchentlich zweimal abends arsenikfreie Schwefelfäden abgebrannt (nicht aber ungereinigter Schwefel!).

Den letzten wichtigen Punkt für die Aufbewahrung des Eises bildet die möglichst vollkommene Ausnutzung des Eisraumes. Man vermeide zwischen den Eisblöcken alle Zwischenräume. Am besten eignen sich also große geschnittene Eisblöcke. Kleine, unregelmäßige Eisstücke stampft man mit einer Handramme fest. Durch Einstreuen von Kochsalz und Oeffnen der Türen an Frosttagen bewirkt man ein Zusammenfrieren der Masse.

Das eingebrachte Eis wird schließlich mit einer Lage schlechter Wärmeleiter bedeckt. Soll öfter Eis aus dem Eisraume entnommen werden, so schließt man die Oeffnung mit einer Matratze, die mit Stroh, Häcksel oder Torfmull gefüllt und mit Handgriffen versehen ist.

b) Eismieten auf Gutshöfen.

Die billigste Aufbewahrung von Eis geschieht in sogen. Eismieten oder in Eiskellern. Für die Nutzbarmachung derselben ist aber nicht nur eine möglichst günstige Lage, sondern auch eine sachgemäße Herstellung von Wichtigkeit.

1. Die Lage.

Für die Anlage einer Eismiete ist zunächst ein möglichst schattiger Platz von Vorteil. Ist mit der Hofanlage ein Teich verbunden, so wird die Miete in nächster Nähe desselben angelegt, wodurch die Transportkosten auf das mindeste Maß beschränkt werden, und für den Abfluß des Schmelzwassers bequeme Gelegenheit gegeben ist. Die Abhaltung der Sonnenstrahlen könnte durch dichtbelaubte Bäume bewirkt werden. Bei anderen Gutsanlagen hat man die Miete an der Grenze zwischen Hof und Park errichtet. Von Südost über Süden, Westen bis Nordwesten wurde sie durch Bäume und Sträucher gegen die Sonnenstrahlen geschützt. Auf der dem Hofe zugekehrten Seite hatte man zu dem gleichen Zweck das „Backreisig" hoch aufgetürmt.

2. Die Herstellung.

Soll das Eis in der Miete möglichst lange aufbewahrt bleiben und also der unvermeidliche Schmelzprozeß möglichst lange hinausgezogen werden, so sind zunächst die Bodenbearbeitung, sodann die Errichtung des Eishaufens selber und schließlich dessen Abdeckung sachgemäß zu behandeln.

Die Bodenbearbeitung richtet sich danach, ob derselbe durchlässig oder undurchlässig ist.

Als durchlässiger Boden gilt Sand und Kies. Wo solcher nicht vorhanden, muß er künstlich hergestellt oder durch andere Mittel die Trennung des Eishaufens von dem undurchlässigen Untergrunde herbeigeführt werden. In den Boden darf die Miete überhaupt nicht versenkt werden, sondern sie muß stets über oder auf dem Boden liegen. Selbstredend darf dieser nicht feucht sein.

Zur Verbesserung des Untergrundes bringt man zunächst eine 30 cm starke Sand- und Kiesschüttung auf. Hierüber werden Reisig und Stroh oder alte Bretter gelegt. Ein gutes Mittel, die Erdwärme vom Eise abzuhalten, bietet auch eine etwa 50 cm starke Auffüllung von Torfstreu, die wiederum mit einer Lage Stroh bedeckt wird, um das Eis rein zu erhalten.

Bei anderen Anlagen hat man mit Vorteil grünes Reisig in der Stärke von 50 cm auf den Boden der zu errichtenden Miete gebracht und dasselbe festgestampft. Auch hierbei wird ein guter Abfluß des Schmelzwassers erzielt. Auf dieses Reisig schüttete man noch eine Lage von Roggen-Kaff, etwa 30 cm hoch.

Der Eishaufen. Das bei trockenem Frostwetter herbeigeschaffte Eis wird in einem dichten Haufen auf dem vorbereiteten Untergrunde aufgebaut. Diese Dichtigkeit des Eishaufens erreicht man auf zweierlei Art. Entweder werden die Eisstücke von mindestens 10 cm Stärke mit der Säge zerschnitten und in einer Art Verband aufgebaut, wobei die Fugen bei Frostwetter mit heißem Salzwasser begossen werden. Herrscht gelindere Temperatur während der Errichtung der Eismiete, so streut man in die Fugen Kochsalz ein. Auf 1 cbm Eis rechnet man 6 kg Salz.

Eine andere Art der Errichtung des Eishaufens besteht darin, daß man das Eis möglichst klein schlägt, mit Wasser begießt und feststampft.

Eine dritte Art des Aufbaues läßt die Mitte des Eishaufens aus großen Stücken und nur den äußeren Rand aus zerkleinerten bestehen.

Die gefüllte Eismiete bleibt zunächst bei Frostwetter offen stehen. Kleinere Eishaufen als von etwa 5 m Durchmesser und Höhe halten sich nicht.

Die Abdeckung. Zur Abhaltung der Außenluft wird die Eismiete zunächst mit einer dünnen Lage Stroh bedeckt. Hierauf bringt man eine Schicht von Torfmull, Laub oder Gerstenspreu in einer Stärke von 60 bis 80 cm. Schließlich bedeckt man den ganzen Haufen 60 bis 80 cm hoch mit loser Erde und stampft dieselbe fest.

Eine andere Art der Abdeckung bewirkt man durch Aufbringung einer 30 bis 50 cm starken Lage von Stroh oder Rohr, die mit Erde oder Torfstreu bis zu einer Gesamtstärke von 0,75 bis 1 m überschüttet wird.

Pyramidenförmige Eismieten hat man auch vorteilhaft mit einem Mantel von Sägespänen, etwa 30 cm stark, und weiter mit einem solchen aus Kaff in der Stärke von 50 cm umhüllt.

Fig. 238.

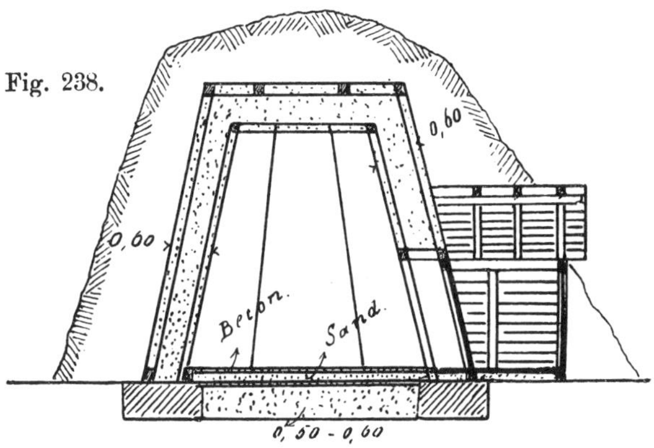

Eine sehr wirksame Isolierung einer Eismiete erreicht man auch durch Aufbringen von Torfmull in Stärke von 60 cm und durch eine ebensolche Unterfütterung zur Abhaltung der Erdbodenwärme. Die Konstruktion wird durch Fig. 238 erläutert.

Die Ausbringung des Eises geschieht vor Sonnenaufgang. Das Eis muß von oben senkrecht heruntergehackt, und das Loch stets gut wieder zugedeckt werden. Der Angriff der Eismiete geschieht hierbei stets von der Nordseite aus.

c) Eiskeller.

Will man das Eis dem Einflusse der Außentemperatur besser entziehen, so legt man dasselbe in Gruben ein, die infolge der geringeren Erdwärme an sich schon eine gewisse Kühle aufweisen. Selbstredend muß aber auch hier dafür gesorgt werden, daß das Eis unten mit dem Schmelzwasser nicht in Berührung kommt und auch an der Sohle sowie seitlich gegen den Einfluß der Erdwärme geschützt wird.

Als Baumaterial für den Eiskeller können, je nach den obwaltenden Verhältnissen, sowohl Holz als auch Ziegelsteine in Betracht kommen.

1. Hölzerne Eiskeller.

Holz hält sich in Eiskellern im allgemeinen schlecht, so daß es aller 5 bis 6 Jahre der Erneuerung bedarf. Es kann aber durch Imprägnierungsmittel, z. B. durch einen Anstrich mit Karbolineum, Antimerulion usw. geschützt werden. Der Holzbau hat außerdem den Vorzug der größeren Billigkeit.

Die Größe der Grube soll so bemessen sein, daß sie mehr Eis aufzunehmen vermag, als voraussichtlich das Jahr hindurch gebraucht wird. Gruben von 3,5 bis 4,5 m Länge und Breite bei 1,25 m Tiefe genügen in den meisten Fällen.

Trichterförmige Gruben werden etwa 5 bis 6 m tief mit 4 m weitem oberen und 1,5 m weitem unteren Durchmesser angelegt.

Die Kellersohle soll aus schlechten Wärmeleitern (vergl. das auf Seite 119 gesagte) bestehen und eine sachgemäße Abführung des Schmelzwassers ermöglichen. Sie erhält also einen Holzrost, am besten aus Eichenholz mit darunter liegendem Hohlraum (Fig. 230 bis 232); darüber kann man Reisigbüschel packen (vergleiche auch das übrige in der Einleitung hierzu gesagte). Ist eine Abwässerung mittels Kanales nicht möglich, so mauert man ein kleines Bassin und entwässert dasselbe durch eine Handpumpe.

Die Kellerwände. Um ein Einstürzen der mit Holzwänden ausgeführten Eiskeller zu verhindern, erhalten dieselben eine leichte Abböschung. Die Wandbalken werden dann in Abständen von etwa 1 m aufgestellt und mit ungehobelten Dielen benagelt. Darauf befestigt man einen 20 cm starken Ueberzug von Reisigbüschel, damit das Eis nicht mit den Wänden in Berührung kommt.

Leichtere Wände bestehen nur aus Bohlen, die oben mit einem Rahmen abgeschlossen sind. Derselbe kann aus Holz oder auch aus Eisen hergestellt sein.

Isolierte Bretterwände verwendet man ebenfalls, Fig. 239 (nach *Haarmanns* Zeitschrift für Bauhandwerker, Halle a. S.). Das Isoliermaterial besteht hier aus Gerberlohe oder aus Holzkohle, die beide sich selber und auch die anliegenden Teile gut halten.

Fig. 239.

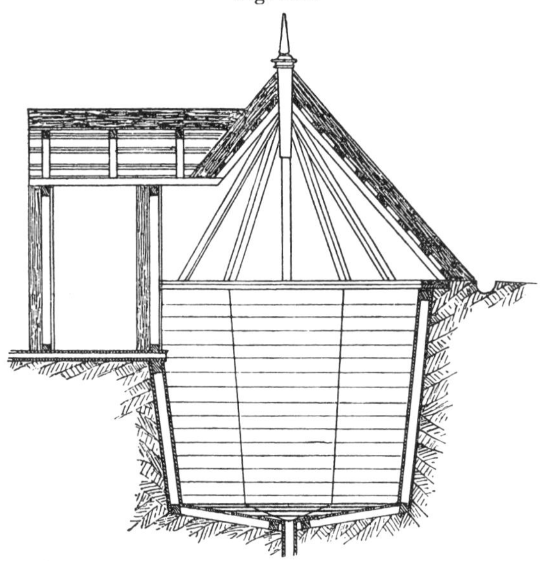

Die Abdeckung. Allgemein anerkannt und üblich ist als Abdeckung der Eiskeller das *Stroh- und Rohrdach* in einer Stärke von 50 bis 60 cm. Bei horizontaler Abdeckung von Holzbalken mit Stroh muß dieselbe eine Stärke bis zu 1 m erreichen.

Ein Strohdach muß aber immer bis zum Erdboden hinabreichen, so daß keinerlei Wandfläche der Einwirkung der Außentemperatur ausgesetzt ist. Die Fig. 239 erläutert das nähere.

Der Zugang zum Keller geschieht durch eine an die Dachpyramide angebaute *doppelte* Tür. Eine Leiter vermittelt den Betrieb vom Keller zum Ausgang. Die Zugangstür liegt stets an der Nordseite.

Ragt der Eisraum, wie bei Fig. 239, ein wenig über das Gelände hinaus, so muß der sichtbare Gewändeteil durch eine Erdschüttung, die mit Rasen zu bedecken ist, geschützt werden.

2. Massive Eiskeller.

Im Vergleiche mit der Holzkonstruktion muß massive Ausführung der Eiskeller dauerhafter erscheinen; das Eis kann aber nicht unmittelbar in gemauerten Kellern gelagert werden.

Die Kellersohle ist zunächst gegen die aufsteigende Erdwärme gut zu isolieren. Das geschieht z. B. bei sorgfältigeren Ausführungen durch Bohlenbelag auf gemauerten Steinrippen, die auf einer 50 cm dicken Sohle aus Schlacke und Asche ruhen. Desgleichen wird der von allen Seiten nach der Mitte zu mit Gefälle verlegte Boden aus 4 cm starken eichenen Brettern auf eichene Lager verlegt, die unter sich einen Hohlraum belassen. In der Mitte des Bodens liegt dann das Abflußrohr für das Schmelzwasser. Statt des Bohlenbelages mit eingeführtem Abfallrohr kann man auch Dielen mit Zwischenräumen verlegen, wenn der Boden unter dem Hohlraume durchlässig ist. Auch ein Lattenrost von 8 cm starken Latten bei 5 cm Zwischenraum ist hier geeignet (Fig. 231, 232).

Die Kellerwände. An der Innenseite des Kellers verkleidet man die Wände mit Lochsteinen und fügt am besten zwischen die innere und äußere Umfassungsmauer, die auch aus Bruchsteinen hergestellt werden kann, eine Luftisolierschicht ein. Oder man stellt die eigentlichen Tragmauern massiv her, und versieht sie im Innern mit einer Holzverkleidung aus Schwarten, Latten u. dergl.

Die Stärke der Umfassungswand eines Eiskellers von 4 bis 6 m oberer Breite beträgt $1^1/_2$ Stein. Die Wände werden an der Außenseite gegen das Erdreich hin durch Asphalt oder durch angestampften Torf geschützt. Eine solche Torfschicht kann eine Stärke von 50 bis 70 cm erhalten.

Massive Eiskeller haben zumeist einen kreisrunden Grundriß, weil hierbei der Erddruck besser verteilt ist. Hierbei muß die Stärke der Umfassungsmauern nach unten hin zunehmen. Im Innern erhalten sie meist eine Böschung.

Fig. 240.

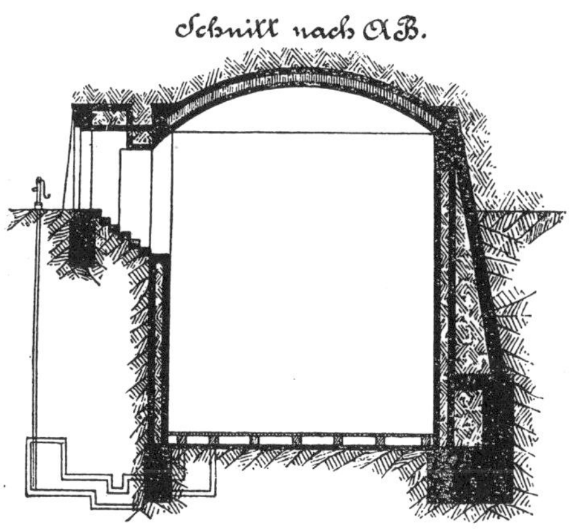

Fig. 241.

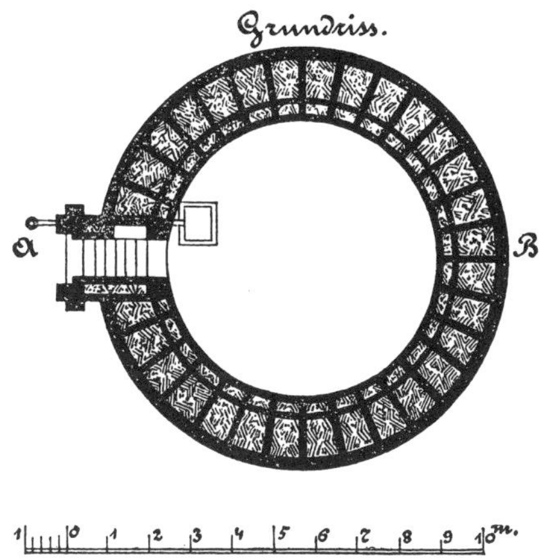

Man hat auch mit Vorteil in massive Ummauerung einen hölzernen Kasten zur Aufnahme des Eises vollständig isoliert hineingebaut.

Die Umfassungsmauer kann auch nach außen hin abgeböscht werden (Fig. 240 und 241) (nach Handbuch der Architektur, 3. Teil, VI. Band). Dann bildet sie ein herumlaufendes Widerlager, dessen Zwischenräume mit Torfasche ausgefüllt werden. Als Material müssen dann Klinker oder Rathenower Backsteine in Zementkalk verwendet werden. Von außen wird das Mauerwerk mit Zement berappt und mit heißem Teer gestrichen.

Die Abdeckung. Ein Lattendach mit Stroh- oder Rohrbedeckung von 60 bis 70 cm Stärke kann auch bei massiven Eiskellern Verwendung finden. Zumeist aber sind dieselben gewölbt. Hierzu eignen sich am besten flache Kuppelgewölbe für runde Grundrißform und flache Kappen zwischen Trägern bei rechteckigen Anlagen.

Die Gewölbe werden dann mit einer Schüttung von Torfmull bedeckt oder mit Asphalt isoliert. Erdschüttung von Gartenerde, die bepflanzt werden kann, vollendet schließlich den Schutz der Kellerdecke.

d) Eishäuser.

Eishäuser liegen nicht in, sondern über der Erde. Sie werden zumeist da errichtet, wo die Abführung des Schmelzwassers auf Schwierigkeiten stößt. Ihre Größe richtet sich natürlich nach dem jeweiligen Bedürfnis, darf aber unter ein gewisses Mindestmaß nicht herabgehen. Der innere Hohlraum muß mindestens gleich einem Würfel von 3 m Seitenlänge angeordnet werden, so daß ein solches Eishaus etwa 350 bis 400 Zentner Eis fassen kann. Dabei wird auf einen Schmelzverlust von 20 bis 25 Prozent gerechnet, wenn die Konstruktion des Eishauses allen technischen Anforderungen entspricht. Der Grundriß des Eishaufens bildet faßt immer ein Quadrat oder ein Rechteck. Je höher dasselbe wird, eine um so bessere Haltbarkeit des Eises wird erzielt.

1. Die Lage.

Ebenso, wie bei den vorher besprochenen Eismieten, empfiehlt sich auch für die oberirdischen Eishäuser eine vor den Sonnenstrahlen geschützte Lage, ein Ort zwischen Bäumen oder an der schattigen Rückseite größerer Gebäude. Dabei ist außerdem darauf zu achten, daß dieser Ort nicht etwa in dem natürlichen Gefälle des ablaufenden Regenwassers liegt.

2. Die Konstruktion.

Der Fußboden des Eishauses. Da die Erdwärme möglichst von dem Eishaufen abgehalten werden muß, so wird der Fußboden der Eishäuser gegen die Erde hin isoliert. Dies geschieht am einfachsten durch eine 40 bis 60 cm starke Torfauffüllung (ungepreßte Torfsoden); das Eis selber ruht auf einem Holzfußboden, der bis zu 1 m über den Erdboden gelegt wird. Wo eine sehr starke Last auf die Fußboden-Lagerhölzer drückt, müssen sie in Entfernungen von etwa 0,90 bis 1 m durch Steinpfeiler unterstützt werden.

Man kann diesem Fußboden auch eine Neigung nach der Seite hin geben, wo das Schmelzwasser abgeführt werden soll.

Doppelte Holzfußböden führt man so aus, daß zunächst etwa 0,30 bis 0,50 m über dem Erdboden ein Boden von 5 cm starken eichenen Bohlen angeordnet wird, auf den eine Schicht Reisig und darauf ein Lattengerüst verlegt werden. Die Latten erhalten 16 cm breite Zwischenräume; auf ihnen lagert der Eishaufen. Selbstredend muß das Schmelzwasser von dem eichenen unteren Fußboden durch einige Löcher entfernt werden. Bei größeren Eishäusern liegt der Bohlenfußboden auf einem Balkenrost (Fig. 245), unter dem eine mit Gefälle abgepflasterte Sohle das Schmelzwasser zur Entwässerungsanlage leitet.

Dieselbe ist durch einen Wasserverschluß (Schwanenhals) gegen das Eindringen der Außenluft zu schützen.

Die Umwandungen. Wie nach unten gegen den Einfluß der Erdwärme, so muß der Eishaufen auch nach seinen Seiten hin gegen die warme Außenluft geschützt werden. Dies geschieht wieder durch Wände aus schlechten Wärmeleitern. Als Baumaterial ist Holz zumeist im Gebrauch. Die Wände müssen aber doppelt angeordnet werden, damit ein isolierender Zwischenraum entsteht. Je breiter dieser ist, um so besser wirkt er. Der geringste Zwischenraum soll 0,50 m bis 0,75 m betragen. Er wird mit schlechten Wärmeleitern ausgefüllt, z. B. mit einer Mischung von Kohlenschlacken und Sägespänen oder mit Torfmull oder mit Häcksel, die aber sorgfältig vor Nässe geschützt werden müssen, damit sie nicht zu „Wärmeleitern“ werden. Das Holz erhält mit Vorteil einen Anstrich von heißem Teer.

Die Höhe des Eisraumes wird bei kleineren Betrieben nicht über 2 m betragen, da die Füllung desselben durch die Tür nicht gut noch höher angängig ist. Bei bedeutendem Eisbedarf müßte bei größerer Höhe des Eisraumes noch eine zweite Füllöffnung von oben vorgesehen werden.

Der Zugang zum Eishause wird mit doppelten oder auch mit dreifachen Türen verwahrt, zwischen denen eine möglichst große Luftschicht zu belassen ist. Diese Türen erhalten Strohmatratzen zum besseren Schutz gegen den Wärmeeinfluß. Im übrigen bestehen sie aus 8 bis 10 cm starkem Rahmenwerke mit beiderseitiger Bretterverschalung und Ausfüllung. Ihre Lage ist an der Nordseite des Eishauses. Die äußere Tür erhält eine Vorrichtung, durch die sie von selber zufällt. Sie schlägt nach außen, die zweite innere Tür aber nach innen.

Umwandungen aus Torfsoden finden bei den Beispielen Fig. 242 bis 244 Besprechung.

Die Abdeckung der Eishäuser. Bei ganz einfachen Anlagen wird der Eisraum zunächst mit Brettern abgedeckt; darüber legt sich ein leichtes Stroh- oder Rohrdach. Der Raum zwischen Dach und Eisbehälter wird mit Stroh, altem Heu und dergl. ausgefüllt. Bei anderen Eishäusern hat man mit Vorteil über der Bretterdecke des Innenraumes eine 40 cm hohe Schicht von Torfmull aufgebracht.

In der Decke muß eine Einsteigeöffnung angebracht werden, die mit starken Strohmatten geschlossen werden kann. Ist die Decke genau so konstruiert wie die Umwandungen, was vielfach vorkommt, so wird die Einsteigeöffnung in der Mitte der Decke mit einem doppelten, mit Zink beschlagenen, Deckel versehen.

Das Dach selber kann ein Stroh- oder ein Pappdach sein. Das letzte wird mit Kalkmilch zur Abschwächung der Wärmestrahlen gestrichen; auch das Eishaus selber wird aus demselben Grunde von außen mit einem weißen die Einwirkung der Sonnenstrahlen mildernden Anstriche versehen.

Der Betrieb der Eishäuser. Das Eis sollte womöglich bei strenger Kälte und anhaltendem Froste eingebracht und folgendermaßen behandelt werden. In kleine Stücke zerschlagen, ist es auf ungefähr 0,6 m Höhe im Eisraume aufzuschütten, mit Wasser zu begießen und mit Kochsalz zu bestreuen, soweit der Raum reicht. Da sämtliche Verschlüsse offen stehen, so friert die Masse in kurzer Zeit fest zusammen.

Nach einer anderen Methode wird das mindestens 10 cm starke Eis in möglichst gleichgroße Tafeln zersägt und über dem Reisiglager im Eisraume mit engen Fugen aufgeschichtet. Ist der Frost scharf genug, so gießt man die Fugen mit eiskaltem Wasser aus und läßt sie zusammenfrieren. Ist aber die Temperatur hierzu nicht niedrig genug, so kann man Kochsalz zwischen die Tafeln streuen, wobei man 6 kg Salz auf 1 cbm Eis rechnet.

Um öfter im Winter bei starkem Froste das Innere des Eishauses auch nach seiner Füllung mit der äußeren Luft in Verbindung bringen zu können, führt man vom Eisraume bis über das Dach einen hölzernen Schlot, der mit einer gut schließenden Klappe versehen ist. Bei niedriger Temperatur öffnet man dann die Türen des Eishauses und die Klappe des Schlotes. Hierdurch entweicht die wärmere Luft im Innern des Eishauses und wird durch kältere ersetzt.

Fig. 242.

Querschnitt.

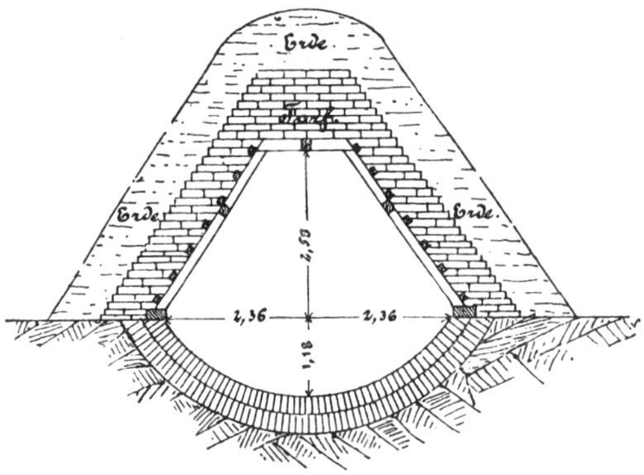

Beispiele (Fig. 242). Eishaus von Baurat Engel) (Baugewerkszeitung, Berlin), ausgeführt auf Gut Rehorn bei Restede in Oldenburg. Der untere Durchmesser beträgt 4,72 m, der obere 1,18 m, die lichte Höhe einschließl. der 1,18 m betragenden Einsenkung in den Erdboden 3,76 m. Acht Stück Sparren, 10 × 14 cm stark, die oben durch ein doppeltes Kreuz verbunden sind, stützen sich unten auf einen kreisrunden Kranz von 14 × 16 cm starkem Eichenholz. An der Nordseite liegt eine 1,8 m hohe und 0,9 m breite Eingangstür, von der aus ein 1 m langer Gang von gleicher Höhe und Breite nach außen führt, wo er ebenfalls durch eine Tür geschlossen ist. Das Dach ist ein Ziegeldach auf Latten. Vom Mittelpunkte der Einsenkung in der Grube aus geht ein Drainstrang mit Gefälle nach außen. Die Grubensohle ist mit Torfsoden von 28 cm Länge und 9 auf 9 cm Stärke ausgesetzt. Die Fugen in den beiden Schichten werden dabei mit Torfmull gedichtet. Wenn die Sparren aufgestellt und belattet und untereinander durch die eingesetzten Stichsparren versteift sind, wird das Dach fertiggestellt und schließlich das ganze Eishaus in 2 Torfsoden-Stärke ummauert, wobei man zwischen beiden Torfschichten einen 60 bis 90 cm breiten und mit Torfmull ausgefüllten Zwischenraum läßt.

Das ganze wird endlich mit einer 1 m dicken Erdschicht bedeckt, die mit Gras zu besäen ist. Die Kosten eines solchen Eishauses betragen etwa 250 Mk.

Fig. 243 und 244. Eishaus von Baurat Engel (Baugewerkszeitung, Berlin), ausgeführt auf Gut Rehorn bei Restede in Oldenburg. Das Eishaus kann 40 cbm Eis aufnehmen. Die Wände bestehen aus eingerammten Pfählen, die oben verholmt und seitlich verstrebt und mit eichener Bretterschalung benagelt sind. Hieran schließt sich eine 60 cm starke Wand aus Torfsoden, die durch Erdschüttung zum Schutze gegen die Witterung bedeckt ist. Sie wird mit Rasenstücken abgedeckt.

Der Fußboden liegt 0,3 m über Erdboden und ist aus 5 cm starken eichenen Bohlen hergestellt. Hierauf kommt eine Lage Reisig, das mit Latten in 16 cm Abstand bedeckt ist. Diese nehmen das Eis auf. Das Schmelzwasser wird durch Löcher im Bohlenboden abgeführt. Ueber der Balkendecke liegt Stroh auf Latten. Hier ist die Einsteigeöffnung angebracht. Die Kosten betrugen annähernd 560 Mark.

Fig. 243.

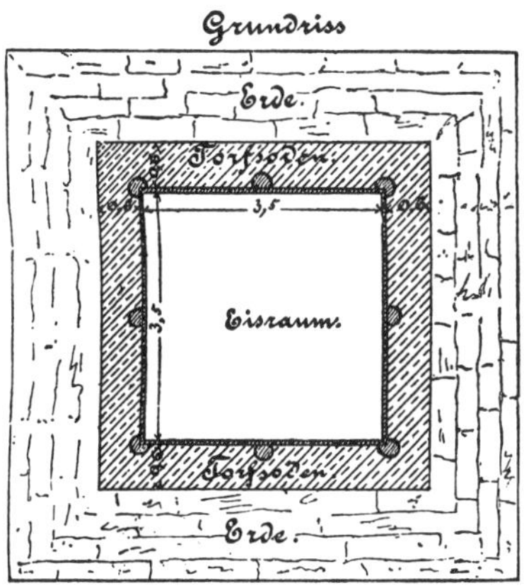

Fig. 244.

Fig. 245, 246. Eishaus von Gropius und Schmieden (Zeitschrift für Bauwesen, Berlin). Dieses Eishaus ist sehr groß; es kann in seinem quadratischen Raume 143 cbm Eis aufnehmen. Die Sohle liegt 0,80 m unter Erdboden. Sie ist durch doppelte Ziegelwände isoliert. Die Wände und die Decke bestehen aus doppelten Stielen mit 0,75 m breiter Häckselfüllung und äußerer und innerer Bretterverschalung. Alles Holzwerk wurde mit heißem Teer gestrichen.

Ueber der Einsteigeöffnung ist eine Rolle mit Tau angebracht. Die Unterfläche der Dachsparren ist zur besseren Isolierung gegen die warme Außenluft verschalt. Das Dach ist ein Schieferdach und gleich den Wänden außen hell gestrichen, um die Einwirkung der Sonnenstrahlen abzuschwächen.

Fig. 247 und 248. Eishaus von Ingenieur Kayser (Deutsche Bauzeitung, Berlin). Die Baugrube ist zunächst bis 25 cm unter Unterkante des künftigen Fundamentmauerwerkes ausgehoben und erhält nach der Seite *hin*, wo eine Entwässerung möglich ist, ein Gefälle von 1 : 50. Mit demselben Gefälle schließt ein Rigolengraben hier an, der bis zum abfallenden Gelände geführt wird. Bei Sand als Baugrund fällt er fort. Hierauf werden die Baugrube und die Rigole bis zur Unterkante des Fundamentes mit grobem, lehmfreiem Kies gefüllt, der festzustampfen ist. Nun wird das Fundament aufgemauert.

Die Umwandungen werden aus ungehobelten Schwellen und Stielen errichtet. Die äußere Seite des Eishauses erhält eine rauhe und gespundete, die Innenseite eine gewöhnliche Bretterverschalung. Das Dach ist mit Stroh gedeckt, über das

Fig. 245.

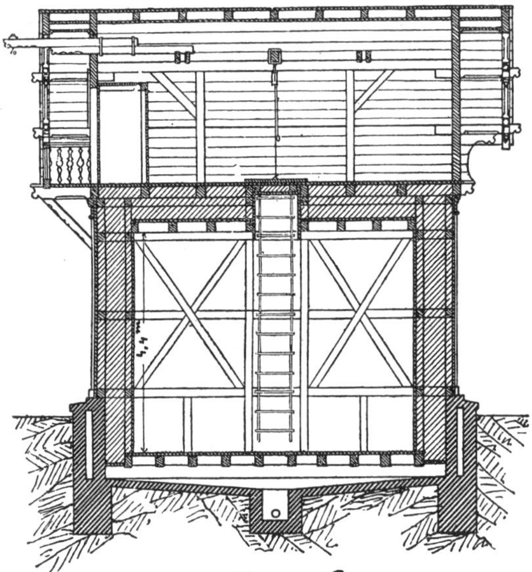

Schnitt AB.

Fig. 246.

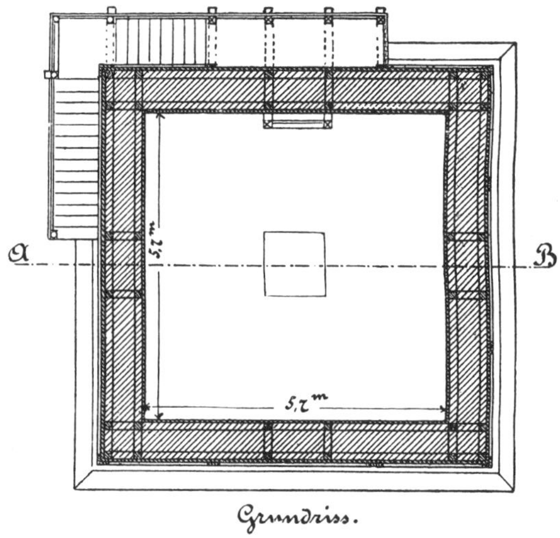

Grundriss.

bei der Lage des Eishauses in städtischen Höfen noch Dachpappe gelegt wird. Die Wandisolierung beträgt 0,42 m und besteht aus trockenem Torfmull, der auch über der Bretterdecke 40 cm hoch aufgeschüttet ist. Gegen den Einfluß der Erdwärme wird der Fußboden 50 cm stark mit ungepreßten Torfsoden ausgesetzt, deren Fugen mit Sägespänen gedichtet sind. Darüber liegt ein Lattenrost mit dünner Reisigpackung. Die sämtlichen Hölzer werden mit Karbolineum, das sich als fäulniswidriges Imprägniermittel gut bewährt hat, getränkt.

e) Eiskeller mit Kühlräumen.

Ein Kühlraum zur Aufbewahrung von Lebensmitteln soll stets so angeordnet werden, daß der Eisraum oberhalb desselben liegt, aus dem einfachen Grunde, weil die kalte und schwere Luft nie nach oben steigen kann. Der Kühlraum liegt demnach unter dem Eise, damit die kalte Luft nach unten tritt und die warme Luft nach oben steigt. Indem letztere dann am Eise sich abkühlt und wieder nach unten sinkt, wird ein Luftkreislauf erzielt, der ein Sinken der Temperatur des Kühlraumes auf den tiefsten Stand nicht nur, sondern auf eine ziemlich konstante Temperatur zur Folge hat*).

*) Wir folgen hier einer Abhandlung der Deutschen Bauzeitung, Berlin, 1900.

Um diese Luftzirkulation zu ermöglichen, ist es nötig, den Kühlraum mit einer Hohlwand, die oben und unten mit Oeffnungen — am einfachsten mit galvanisiertem, perforiertem Blech — versehen ist, zu umschließen, damit durch die obere Oeffnung die kalte Eisluft hereindringen und die warme Luft durch die untere Oeffnung entweichen kann. Diese wird dann in der Hohlwand in die Höhe gepreßt, gelangt so zum Eis und kühlt sich dort wieder ab.

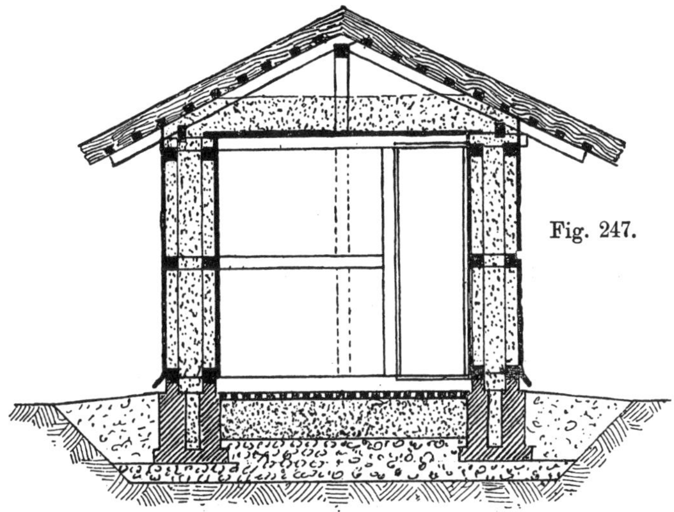

Fig. 247.

Das Einbauen des Eises kann dann in der auf Seite 128 angegebenen Weise vor sich gehen. Das Gebrauchseis wird dabei mittels einer Oeffnung vom Kühlraum her aus dem Eislager entnommen.

Bei dem, in den Fig. 247 und 248 näher beschriebenen Eiskeller ist ein anderes Prinzip verfolgt, indem hier ein Kühlraum vor das Eislager angebaut erscheint. Derselbe erhält einen Bretterfußboden über der vorgesehenen Torfpackung. Zum Kühlraum führt eine Doppeltür, deren Innenseiten mit Strohpolstern bekleidet sind, derart, daß sich beide Polster bei geschlossenen Türen berühren.

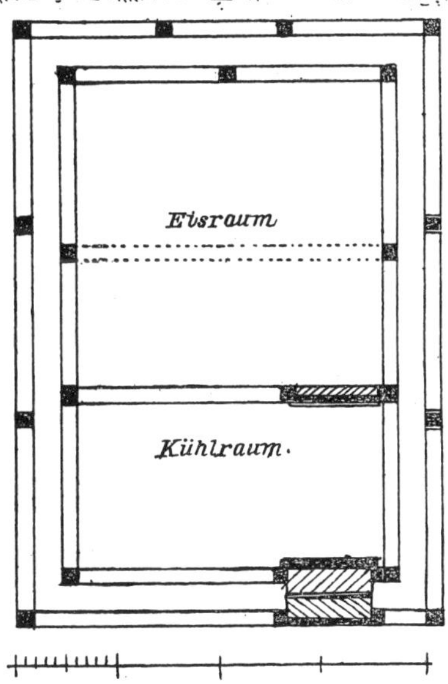

Fig. 248.

Nach der Füllung des Eisraumes in der bekannten Weise wird die Tür zu dem Kühlraum geschlossen und nur dann wieder geöffnet, wenn dem Lager Roheis entnommen werden soll.

Eine Kühlanlage in Verbindung mit einer Eismiete ist in den Figuren 249 bis 251 dargestellt. Dieselbe ist (nach der „Deutschen landwirtschaftlichen Presse“, Berlin, Jahrgang VII) von Herrn von Graß-Klanin in Westpreußen erfunden und ausgeführt. Von einem Wirtschaftsraume oder von einem Küchenvorraume aus, führt hier ein doppelter Tunnel unter die Eismiete. Ein kleines Eisenbahngeleise verbindet den Kühlraum mit der Speisekammer. Kleine Wagen, *aus Eisen* und Schieferplatten konstruiert, nehmen die Vorräte auf und führen sie dem

Kühlraume zu. Sie sind hinten mit einer Wand versehen, die den Kühlraum, sobald sie darin sind, abschließt. Die Luft im Kühlraume wird durch die Eispackung über dem Gewölbe auf 3 bis 4° R. abgekühlt. Die Tunnel werden oben mit einer Klappe geschlossen, die durch die Ketten der Aufwindevorrichtung selbsttätig geöffnet und geschlossen wird. Der eine Kühlraum dient zur Aufbewahrung von Fleisch, der andere ist für Butter bestimmt.

Fig. 249.

Schnitt nach AB.

Soll der Miete Eis entnommen werden, so muß sie einen Anbau über der Erde mit Türen erhalten (vergl. Fig. 238, 239).

Fig. 250.

Schnitt nach CD.

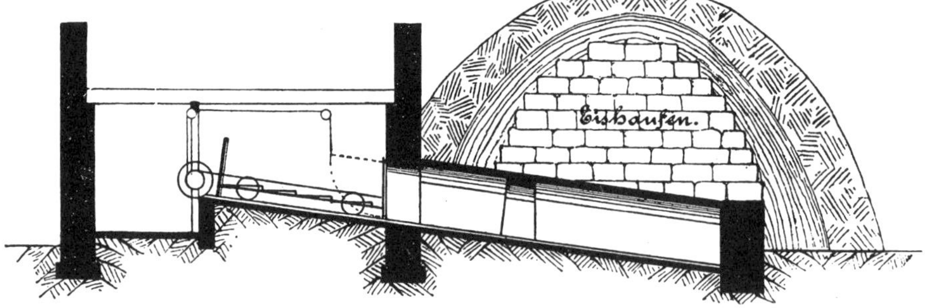

Fig. 251.

Grundriss.

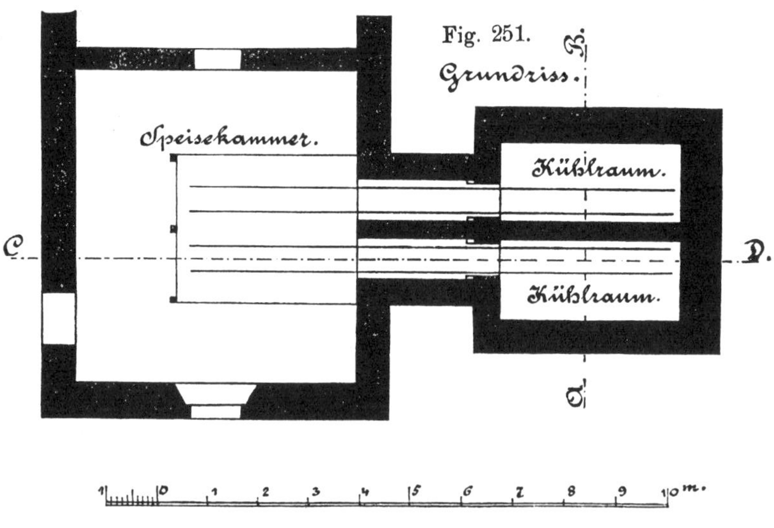

Besondere Sorgfalt ist natürlich bei zum Teil oder gar gänzlich oberirdisch angelegten Eiskellern mit Kühlräumen auf eine möglichst gute Isolierung der

Hohlwandungen zu verwenden, damit einmal ein möglichst geringer Verbrauch an Eis und dann auch eine tadellose Konservierung der Vorräte erreicht wird.

So ist in den Fig. 252 und 253 ein Eiskeller mit Kühlraum dargestellt, der seitlich durch Kunst-Tuffstein und von oben her mit Kieselgur-Komposition (beides von Dr. L. Grote-Uelzen) isoliert worden ist. Diese Komposition wird mit dem zwei- bis dreifachen Gewichtsquantum Wasser angerührt und gut durchgeknetet. Die Masse bleibt dann so lange stehen, bis die Bindemittel sich ordentlich aufgelöst haben und sich so den zu bekleidenden Objekten völlig anschmiegen. Kieselgur oder Infusorien-Erde hat nur ein spezifisches Gewicht von 0,22 bis 0,30, ist also ein ungemein leichtes Material. Der ebenfalls verwendete Kunst-Tuffstein ist leicht und stark isolierend und eignet sich daher überall da, wo Wärme bezw. Kälte und Feuchtigkeit abgehalten werden soll.

Fig. 252.

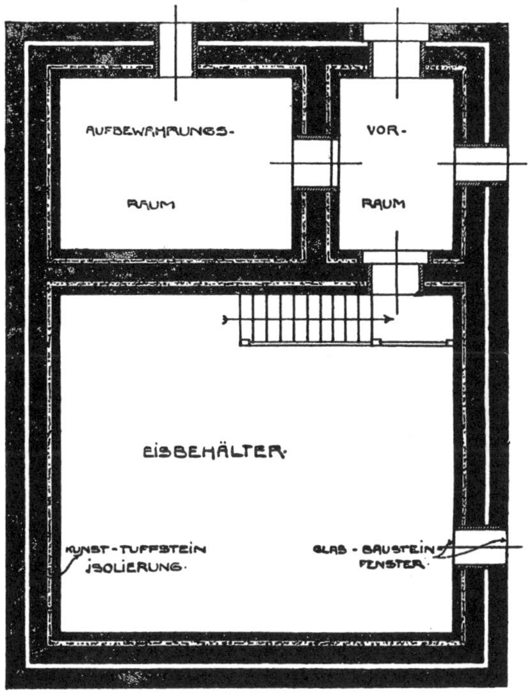

Fig. 253.

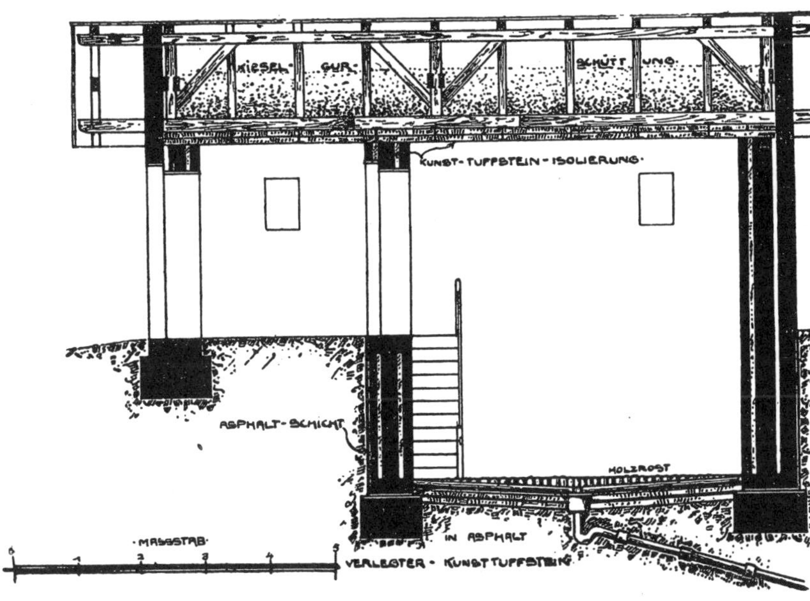

Ein kleines praktisches Eis- und Kühlhaus führen wir in den Fig. 254 bis 257 vor (nach „Deutsche Bauhütte“, Hannover, von F. Rud. Vogel). Hier ist eine Luftzirkulation in der Weise vorgesehen, daß die Luft des Kühlraumes nach unten sinkt und nun die unteren Luftschichten, die sich am Fleische erwärmt haben und dadurch leichter geworden sind, durch Oeffnungen in der Decke

Fig. 254.

Fig. 255.

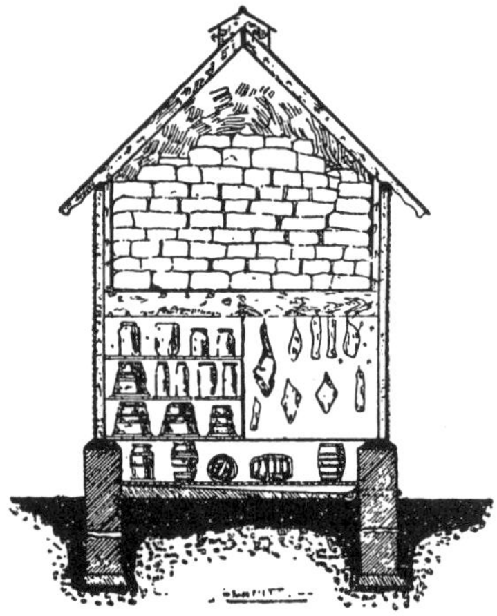

und entsprechende Kanäle in einen über der Decke des Eisraumes befindlichen Abzugskanal treibt. Dort wird die warme Luft wieder abgekühlt, fällt durch Oeffnungen in der Decke herab und gleitet am Eise vorbei wieder nach unten, so daß sie durch einen Rost im Fußboden und entsprechende Abfallschächte wieder in die Kühlkammer gelangt, also einen beständigen Kreislauf ausführt. Die Decke der Eiskammer und der Fußboden des Kühlraumes sind, wie die Wandungen, gehörig isoliert. In den Hohlwandungen ist dies mittels pulverisierter Holzkohle in Stärke von 8 bis 16 cm geschehen, die leicht, nicht hygroskopisch und ein schlechter Wärmeleiter ist. Als Bedachung dient ein möglichst dickes Stroh- oder Schilfdach.

Fig. 256.

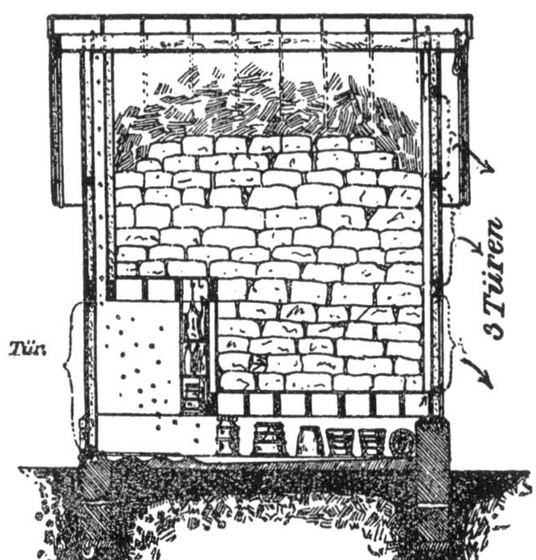

Fig. 257.

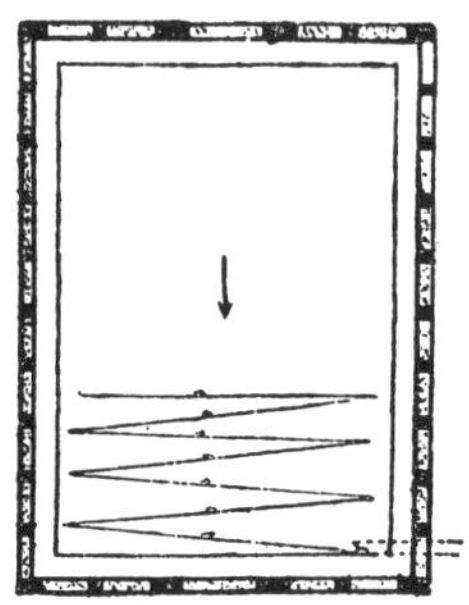

Das in den Fig. 254 bis 257 vorgeführte Eis- und Kühlhaus ist in Fachwerk ausgeführt und außen und innen mit doppelter Schalung und zwischengebrachter Dachpappe verkleidet. Der Hohlraum ist mit gestoßener Holzkohle ausgefüllt. Das Dach hat einen Dachreiter erhalten, aus dem nur erwärmte Luft ausströmen kann. Außenluft kann nur in geringer Menge eintreten; sie sinkt in den Kühlraum hinab, sobald sie gehörig abgekühlt ist, kann also dem Eise nichts schaden. An der Außenwand liegt von innen ein Ventilationskanal, in dem die warme Luft aufsteigt. Vom Eisraume ist er durch eine dünne Wand aus verputztem Streckmetall oder aus Rabitzgewebe abgetrennt.

Der Fußboden ist in der Weise isoliert, daß zunächst eine Unterbettung von gestampftem Lehm hergestellt ist, über der eine lose Zementschicht oder auch Kalkbeton aufgebracht wird. Hierauf folgt als Isolierung eine Schicht Koksasche, darauf wieder Beton- oder Plattenbelag als eigentlicher Fußboden.

Ein zusammenhängendes System von Rillen im Fußboden führt das Schmelzwasser rasch und vollkommen ab. Ein Siphonverschluß hält den Eintritt von Außenluft ab.

3. Räucherkammer.

Zu den ländlichen Wirtschaftsanlagen sind auch die „Räucherkammern“ zu zählen, wenn auch nur selten ein besonderes Gebäude für dieselben errichtet wird. Vielmehr finden sie in anderen Wirtschaftsgebäuden, z. B. im oberen Teile des Wasch- und Backhauses oder auch im Keller solcher Nebenhäuser ihre passende Unterkunft (Fig. 217).

Der Fußboden einer solchen Kammer muß feuersicher sein. Er besteht aus einem Gipsestrich oder aus flachem Ziegelpflaster in Lehmmörtel auf darunter liegendem rauhen Fußboden oder besser auf einem halben Windelboden (Fig. 260).

Die Umfassungswände, ebenfalls in feuersicherer Konstruktion, werden am besten, des verminderten Gewichtes halber, aus Hohlsteinen aufgeführt. Fachwerkswände, $^1/_2$ Stein stark ausgemauert, müßten mit Lehmputz im Innern mindestens 6 cm stark auf Holzleistengewebe verputzt werden, das dem Herabbröckeln des Lehmes Widerstand entgegensetzt (Fig. 217 und 258).

Die Eingangstür kann ganz aus Eisenblech angefertigt werden oder auch aus Holz und nur innen mit Blech beschlagen sein. Sie schlägt nach außen auf und hat am Fußboden eine von innen zu regulierende Klappe, etwa 25 cm ins Geviert, durch die kalte Luft einströmen kann, wenn nicht geräuchert wird. Dieselbe befördert die Erhaltung der Räucherwaren (Fig. 260).

Die Rauchzuführung geschieht meist von einem besonderen Schornsteine aus. Die Raucherzeugung beginnt dabei mindestens ein Stock unter der Räucherkammer, damit der Rauch kalt dort ankommt. Er wird erzeugt durch Verglimmung von Sägespänen, Reisig von Buchenholz und Wacholder und dergl. Der mit der Räucherkammer verbundene Schornstein darf kein sogen. russisches Rohr sein, sondern er muß eine lichte Weite von 20 $\times$ 20 oder 25 $\times$ 25 cm haben. Der aufsteigende Rauch muß gezwungen sein, seinen Weg durch die Kammer zu nehmen. Er tritt am Fußboden derselben durch einen mit Schieber verschließbaren Kanal ein (Fig. 260 bei a). Der Schornstein wird dabei oberhalb dieses Einmündungskanales durch einen Schieber oder durch eine Drosselklappe (Fig. 260 bei b) geschlossen. Nun tritt der Rauch in die am Fußboden liegenden Rauchkanäle, die aus hochkantig gestellten Backsteinen mit Abdeckung von Biberschwänzen hergestellt sind, und durch zwischengelassene Ritzen von 3 bis 4 cm

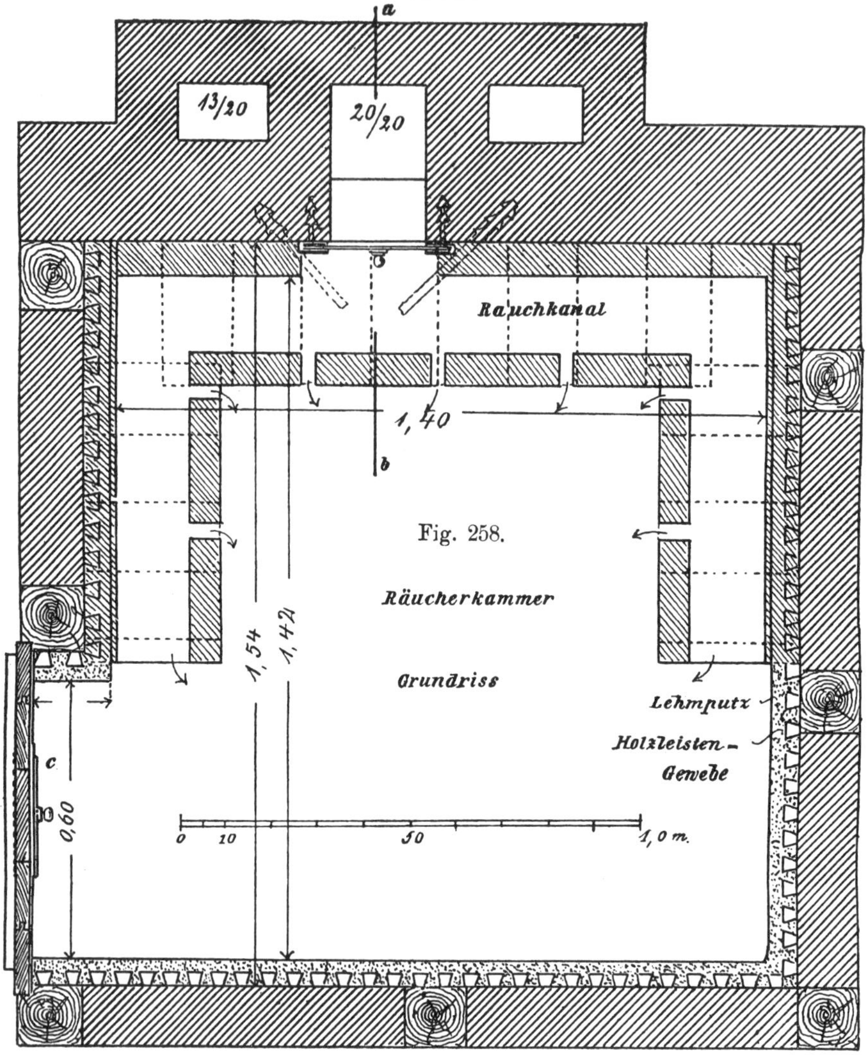

Fig. 258.

Fig. 259.

Eingangsthür bei C

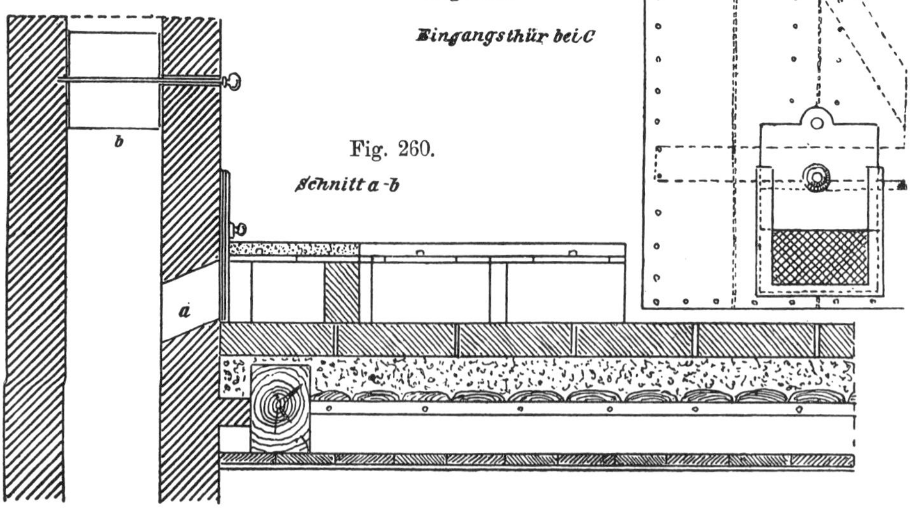

Fig. 260.

Schnitt a-b

Breite, sowie durch die Kanalenden in die Rauchkammer selber ein. Durch diese Vorrichtung wird eine gleichmäßige Verteilung des Rauches erzielt.

Die Rauchabführung geschieht durch einen zweiten, mit Schieber verschließbaren Kanal über dem unteren dicht unter der Decke. Hier strömt auch die bei Unterbrechung des Räucherprozesses eingeführte kalte Luft ab.

Die Decke der Räucherkammer wird als Kappengewölbe $^1/_2$ Stein stark in Hohlziegeln oder Leichtsteinen ausgeführt. Hierzu darf sie eine lichte Weite von 1,60 m nicht überschreiten. Uebrigens ist hier jede Art von massiver Decke anwendbar, sobald sie feuersicher genannt werden kann.

Räucherkammern im Keller haben dieselbe massive Konstruktion. Sie stehen in Verbindung mit einem Nebenraume, wo der Rauch erzeugt und durch einen Kanal in der Trennungswand, sowie durch ähnliche Rauchkanäle, wie die oben besprochenen, der Räucherkammer zugeführt wird. Der Herd für Raucherzeugung befindet sich im Nebenraume in Fußbodenhöhe mit einem versenkten Aschenfall. Der Rauch kann hierbei, ähnlich wie in Fig. 217, durch eine Oeffnung in der Mitte des Gewölbes, die mit Schieber verschließbar ist und durch einen auf dem Gewölbe entlang geführten Kanal in einen Schornstein endigt, abgeführt werden.

4. Baukosten von ländlichen Wirtschaftsgebäuden.

a) Wasch- und Backhäuser.

1 qm Kappengewölbe aus Ziegelsteinen, geputzt, einschl. ⌶-Träger, etwa	10 Mk.
1 lfd. m Tonrohrleitung, 10 cm Durchmesser, einschl. Verlegen . .	2 „
1 qm Zementbetonfußboden (12 cm dick)	2,50 „
1 gußeiserner Fallkessel, je nach Größe	10—25 „
1 ländlicher Backofen, 1,8 × 2 m groß, ohne Vorbau	150 „
1 qm Backofen Grundfläche	40—50 „
1 cbm Kesseleinmauerung	19 „
1 mittelgroßer Gußkessel	17 „
1 mittelgroßer Kupferkessel mit Deckel	60 „
Rost-, Feuer- und Aschentür	15 „

b) Eisbehälter und Kühlräume.

1 qm Holzrost (einschl. Schwellen) von Kiefernholz mit Karbolineum-Anstrich, etwa	7 „
1 qm Kellersohle, 15—20 cm Zementbeton, etwa	3—4 „
1 cbm Steinschüttung, einschl. Steine, etwa	1 „
1 cbm Ziegelmauerwerk (Luftschicht, volle Fugen in Zement- oder Traßmörtel), einschl. aller Materialien, etwa . . .	21—24 „
1 qm innere Bretterverkleidung, einschl. Material und Karbolineum-Anstrich	2,50 „

Dritter Abschnitt.

Gebäude für Unterbringung der Feldfrüchte und Ackergeräte.

---

1. Feldscheunen.

Die Lage.

Feldscheunen oder Diemenschuppen haben den Zweck, die billigste Unterbringung des Getreides unter Dach zu ermöglichen, im Gegensatze zum frei im Felde stehenden Getreidediemen. Deshalb liegen sie nicht innerhalb der Gehöfte, sondern außerhalb derselben, aber in ihrer nächsten Nähe. Sie werden dann in langen Reihen nebeneinander aufgestellt, so daß ein sogen. Diemenhof entsteht, bei dem der Zwischenraum zwischen je zwei Feldscheunen so zu bemessen ist, daß zwei beladene Wagen aneinander vorbeifahren können (d. h. 7 m), vergl. Fig. 144. Der Feuersgefahr halber muß ein solcher Diemenhof so angelegt werden, daß die Hauptwindrichtung von ihm aus nicht über den Hof geht.

Die einzelnen Feldscheunen stellt man mit einer Giebelseite nach der Wetterseite zu auf. Dieselbe kann auch zu besserem Schutze mit Brettern verschalt werden.

Die Konstruktion.

Da die größte Billigkeit bei der Errichtung einer Feldscheune im Auge gehalten werden muß, so macht sich dies bei der Auswahl und der Bearbeitung der Bauhölzer besonders geltend. Es können hierzu sogar minderwertige Hölzer, wie Erle, Birke, Pappel usw. Verwendung finden. Rundes Stangenholz ist hier am zweckmäßigsten im Gebrauch. Dasselbe darf an den Verbindungsstellen durchaus nicht durch Lochen oder Ueberschneiden geschwächt werden. Deshalb werden die für den Längenverband notwendigen Kopfbänder mit den Ständern verschraubt. Zwecks Sturmsicherheit müssen kräftige Verstrebungen im Längsverbande angeordnet werden, z. B. Andreaskreuze zwischen den äußersten Stielen und feste Verankerungen der Stiele mit den Grundpfeilern. Gewöhnlich stehen *die Stiele* auf gemauerten Grundpfeilern so, daß der Abstand der einzelnen Gebinde bis zu 5 m beträgt. Ihre Außenseiten nebst den zugehörigen Schwellen erhalten einen Anstrich mit Karbolineum.

Die einzelnen Binder sind so zu gestalten, daß das Getreide bequem eingebracht werden kann. Alles Querverbandsholz ist auf das mindeste zu beschränken; durchgehende Binderbalken oder Doppelzangen dürfen nur im obersten Teile des Bansenraumes, dicht unter dem Dachdreieck, angeordnet werden.

Die Bedachung

ist für Feldscheunen am zweckmäßigsten in Dachpappe herzustellen. Als Dachneigung rechnet man gewöhnlich auf 1 m horizontaler Länge 10 bis 12 cm Gefälle. Die Schalbretter haben eine Stärke von 20 bis 25 mm. Die Sparren liegen 80 bis 85 cm von Mitte zu Mitte auseinander, ihre Stärke beträgt 8×13 cm. An Kosten rechnet man für 1 qm einfaches Pappdach 0,80 bis 1,00 Mark.

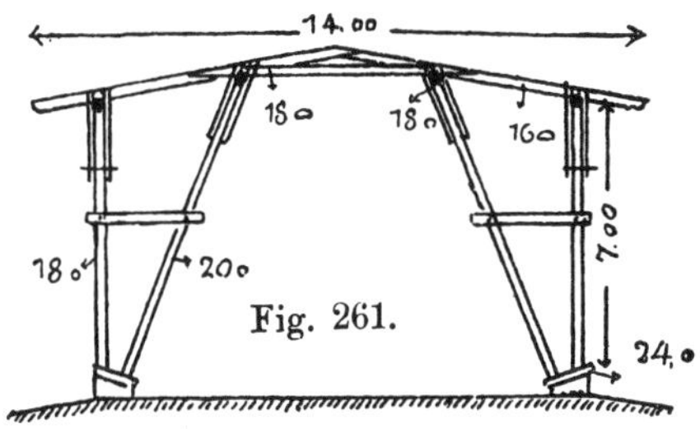

Fig. 261.

Das für „Hofscheunen“ anwendbare Holzzementdach eignet sich hier nicht, da es einmal doppelt so teuer als Pappdach ist und weiter eine bedeutende Verstärkung des tragenden Holzgerippes herbeiführen würde.

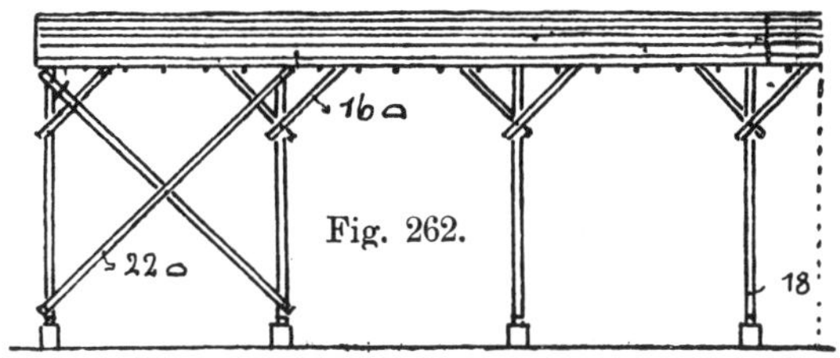

Fig. 262.

Die Größenverhältnisse.

Je länger die Feldscheunen erbaut werden, um so billiger wird die Raumeinheit, sagt L. v. Tiedemann in seinem „Landwirtschaftlichen Bauwesen“. Es ist darum vorteilhafter, die einzelnen recht groß zu machen, als etwa mehrere kleinere Scheunen anzulegen. Eine in der Praxis oft vorkommende Länge ist die von 30 m. Als Breite hat sich im allgemeinen eine solche von 12 m als die passendste bewährt. Hat man aber keine langen Hölzer zur Hand, so wird die Breite auch eingeschränkt bis auf etwa 8 m. Die Höhe bis zum untersten Dachrahmen beträgt gewöhnlich 6 bis 7 m.

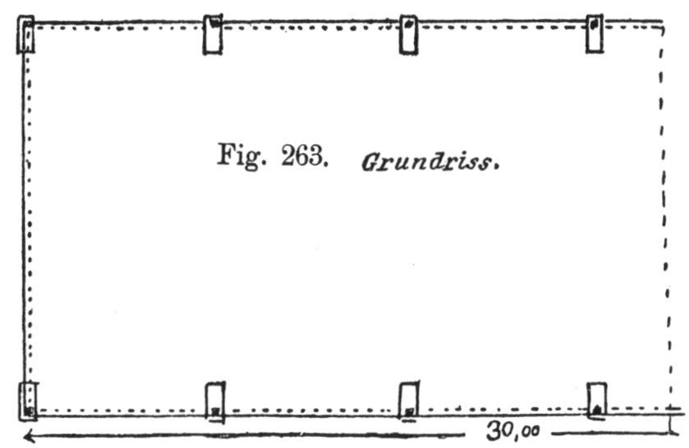

Fig. 263.

Die Baukosten.

Eine Feldscheune von 30 m Länge, 12 m Breite und 7 m Höhe, unter Pappdach, bei Verwendung von Rundhölzern, kostet 1650 Mark*) (Fig. 261 bis 263).

*) Wir folgen hier den Angaben von R. Preuß in seinem Werke: „Wie baut der Landwirt praktisch und billig“. Verlag der Deutschen Tageszeitung in Berlin.

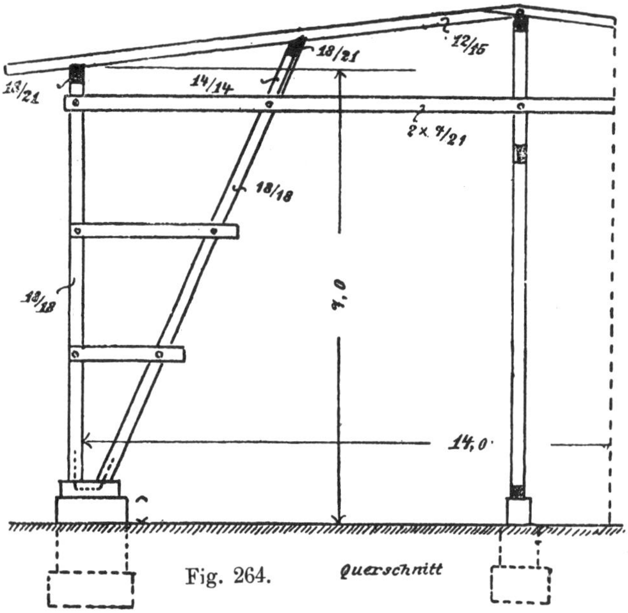

Fig. 264.

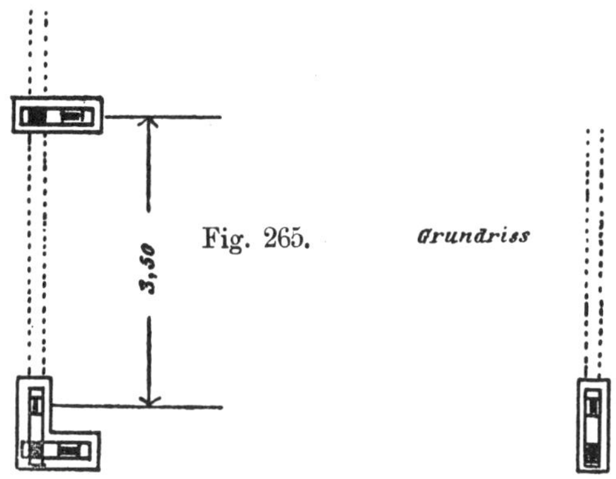

Fig. 265.

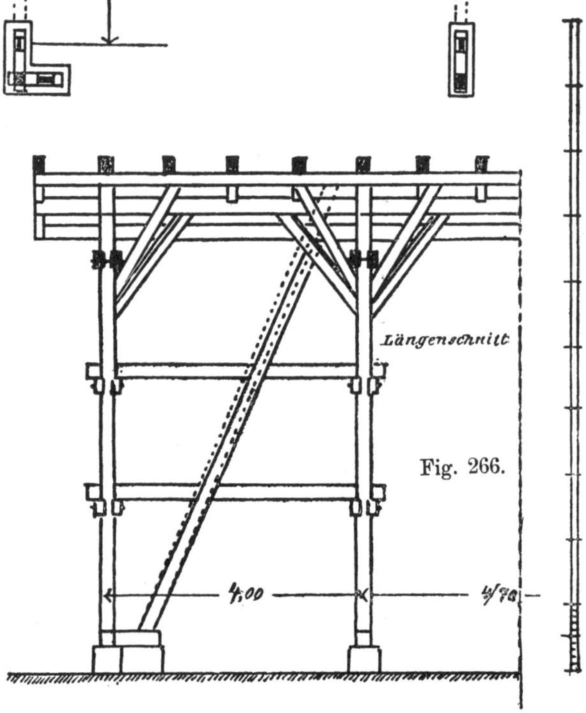

Fig. 266.

Der Rauminhalt dieser Scheune beträgt 2682 cbm; sie faßt 380 Schock Getreide. Die bebaute Grundfläche ist gleich 360 qm. 1 Schock Getreide kostet daher 0,26 Mark Lagermiete. 1 qm Gebäudefläche kostet 4,58 Mark.

Eine Feldscheune, aus Kanthölzern hergestellt, kostet bei 30 m Länge, 16 m Breite und 7 m Höhe 2400 Mark, so daß sich das Schock Getreide (bei 520 Schock Inhalt) auf 0,28 Mark Lagermiete stellt.

Nach L. v. Tiedemann ermittelt man die Kosten einer Feldscheune für 1000 cbm Inhalt auf rund 1110 Mark. Der Kostenüberschlag setzt sich hierbei aus den Grundpfeilern, aus den Gebinden und aus dem Dache zusammen.

Nach den Angaben von „Joly, Technisches Auskunftsbuch“ kosteten ausgeführte staatliche Scheunen (ohne Nebenanlagen, innere Ausstattung und Bauleitung):

Fachwerkscheunen für 1 cbm 3,3 Mark, für 1 qm 21,0 Mark.

Massive Scheunen für 1 cbm 4,4 Mark, für 1 qm 26,3 Mark.

Scheunen von 2000 bis 4000 cbm Rauminhalt für 1 cbm 4,4 Mark.

Scheunen von 4000 bis 6000 cbm Rauminhalt für 1 cbm 4,2 Mark.

Scheunen von 6000 bis 10000 cbm Rauminhalt für 1 cbm 3,4 Mark.

Scheunen über 10000 cbm Rauminhalt für 1 cbm 2,5 Mark.

Beispiele: Fig. 264 bis 266 Feldscheune von 14 m Breite.

Fig. 267 bis 269. Feldscheune von 19,8 m ausnutzbarer Breite.

Fig. 270 bis 271. Feldscheune von 17,0 m Breite. Die Entfernung der Gebinde beträgt 5,0 m.

Fig. 272 bis 279. Feldscheune aus der Fürstlich Liechtensteinschen Dominal-Verwaltung (nach „Der Bautechniker“, Wien).

Die Dimensionen sind 23,0 m als äußerste Breite, und 15,3 m Spannweite zwischen den Pfetten a. Die Spannweite zwischen den Stielen b beträgt 7,6 m, die Höhe vom Fußboden bis zur obersten Zarge 8,7 m, die Höhe bis zum First 12,0 m. Die Binderhölzer haben folgende Stärken: Die Schwelle auf dem Fundament 26 × 30, die Pfetten 18 × 21, die Sparren 13 × 16, die unteren gekreuzten Streben 21 × 21 und ihre Kopfbänder 16 × 18 cm. Die Stiele haben 23 × 23 cm Stärke, die Hängestreben 16 × 13,

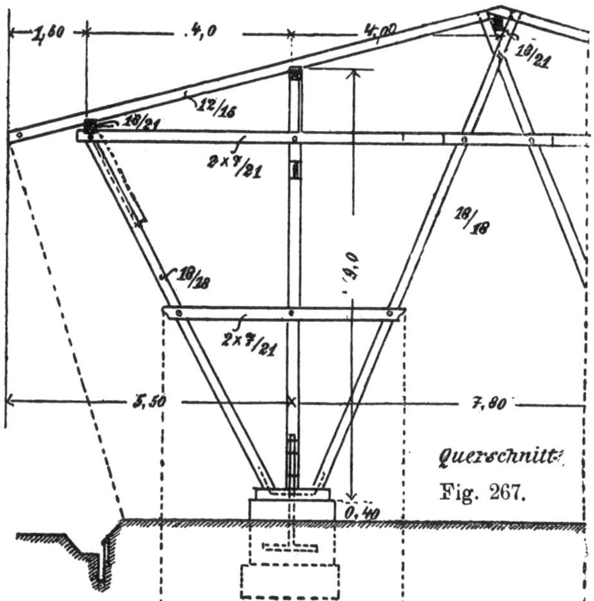

Fig. 267.

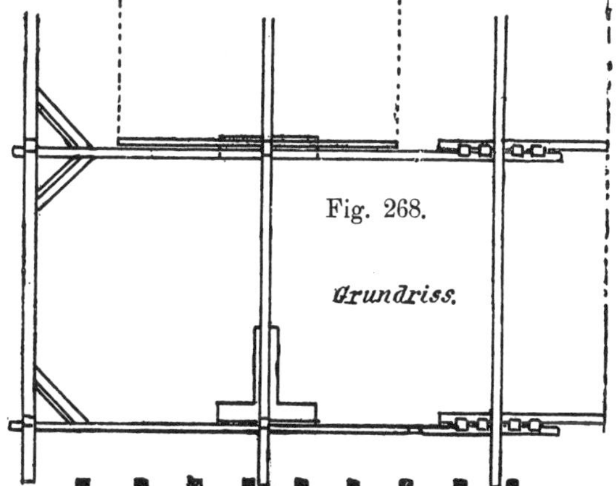

Fig. 268.

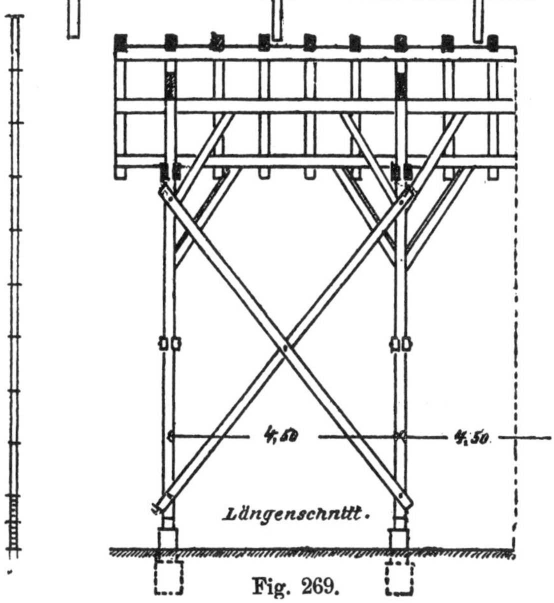

Fig. 269.

die Hängesäule 21 × 21 und die unteren und oberen Doppelzangen je 2 × 10 × 26 cm.

Fig. 280 und 281. Feldscheune auf der Plantage C. H. Senff in Curls Neck. Dieser Scheunenbinder zeigt eine ganz eigenartige Konstruktion. Das Verstauen des Heues geschieht mittels einer mechanisch wirkenden Heugabel. Jeder Binder setzt sich hier aus vier paarweise verbundenen gleichschenkeligen Dreiecken zusammen. Die Strebe b_1 besteht aus einem Balken von 152 × 203 mm, die

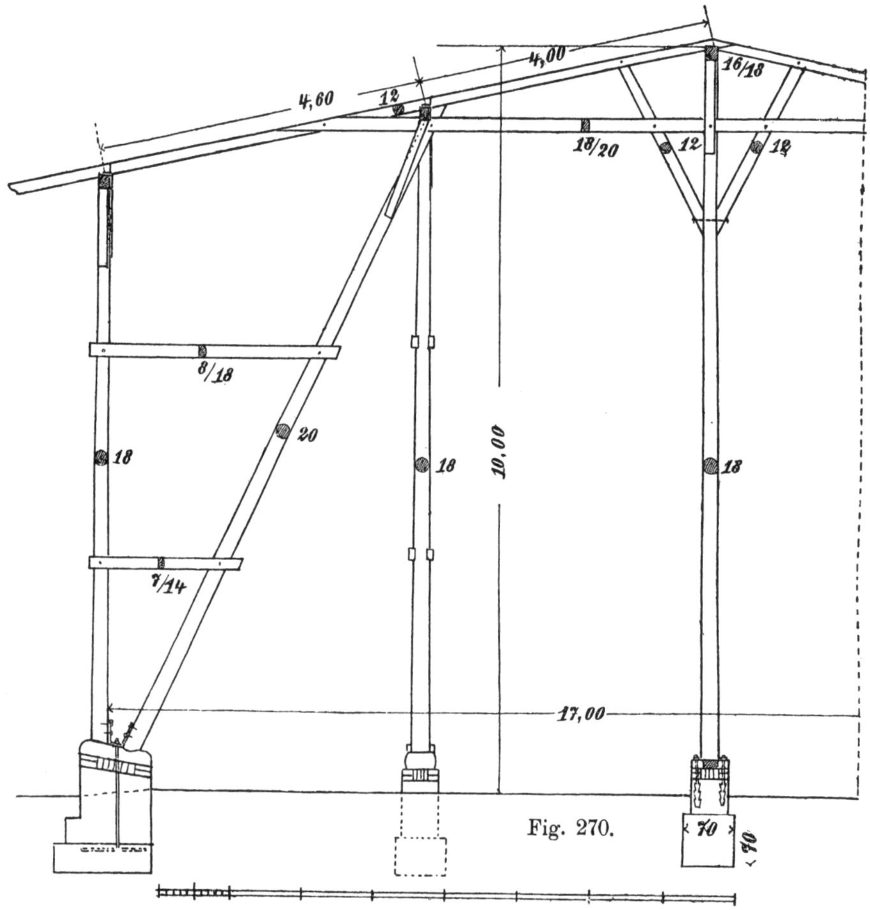

Fig. 270.

andere Strebe b wird durch zwei Latten von 76 × 203 mm gebildet. Diese Latten umfassen den Balken b_1 und sind durch einen zwischen gelegten Holzbalken a versteift.

Die Bindersparren a_1 a_2 werden durch Holzbalken von 152 mm Breite und 203 mm Höhe gebildet, während die Balken a auf 242 × 152 mm zugeschnitten sind. Von Binder zu Binder laufen rechteckig beschnittene Pfetten von 152 mm Breite und 254 mm Höhe, denen an der Spitze der Scheune eine Firstpfette c von 102 × 305 mm Querschnitt entspricht. Die Pfetten tragen die Sparren e, die durch Latten von 57 mm Breite und 152 mm Höhe dargestellt werden. Alle Sparren laufen parallel zu den Bindersparren und sind außen mit ³/₄″-Brettern benagelt, auf denen, wenigstens in den oberen Abteilungen, die Ziegel befestigt sind. Gegen seitliche Verschiebung ist das Traggerüst der Scheune durch die Windstreben d von 57 mm Breite und 152 mm Höhe gesichert.

Um das selbsttätige Lösen des Bindersparrenverbandes zu verhindern, sind die fünf Gelenkpunkte jedes Binders durch Blechstreifen von 1,62 m Länge, 152 mm Breite und 3/8" Dicke, die durch Schrauben mit den Streben b b_1 verbunden sind, versteift. Die Schrauben haben 3/4" Dicke. Die Firstpfette c trägt auf ihrer unteren Schmalseite eine Laufschiene für die Katze der erwähnten mechanisch betätigten Heugabel.

Die Länge einer Scheune beträgt 30 m, die Scheunenbreite, am Fuße gemessen, 11,0 m und 5,2 m über dem Erdboden 13,4 m. Als größte Scheunenhöhe sind 11,3 m angenommen.

Fig. 271.

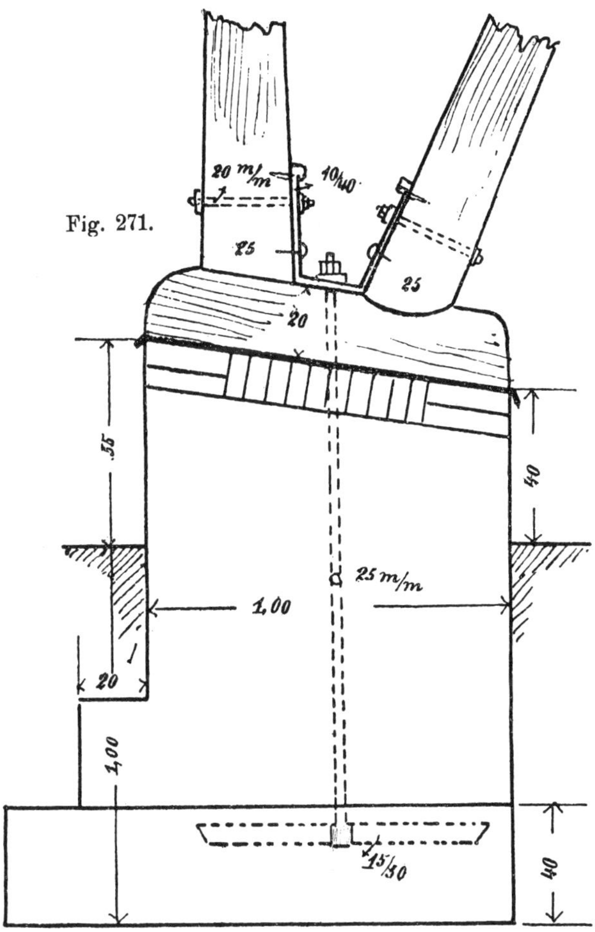

2. Hofscheunen.

Wenn das Getreide durchaus bis zum Ausdreschen in den soeben betrachteten billigen Feldscheunen oder gar in offenen Diemen lagern könnte, so würde die Erbauung von teuren Hofscheunen überflüssig. Unsere klimatischen Verhältnisse machen aber diesen Ausdrusch im Freien oft unmöglich, und der Landmann kann daher vor schweren Verlusten sich nur durch die Anlage einer Hofscheune schützen.

Eine Hofscheune soll nun ein möglichst bequemes Einbringen des Getreides bei den zugleich geringsten Arbeitskosten ermöglichen, gut und sicher konstruiert und möglichst billig in der Herstellung sowie in der Unterhaltung sein.

a) Die Raumgröße.

Wollte man den ganzen Ertrag eines Gutes in einer Scheune unterbringen, so würde ein solcher Bau im Verhältnisse zu diesem Ertrage viel zu teuer werden. Deshalb bemißt man die Hofscheunen auf die Unterbringung von höchstens 2/3 bis 3/4 einer Durchschnittsernte. Eine solche ergibt bei mittel-

Fig. 272.
Querschnitt

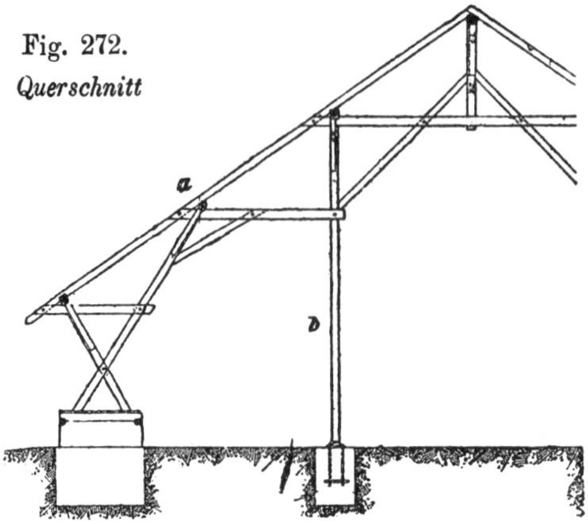

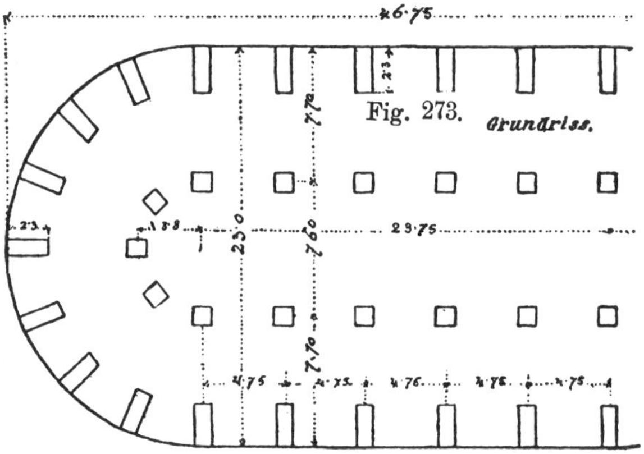

Fig. 273. *Grundriss.*

Fig. 274.

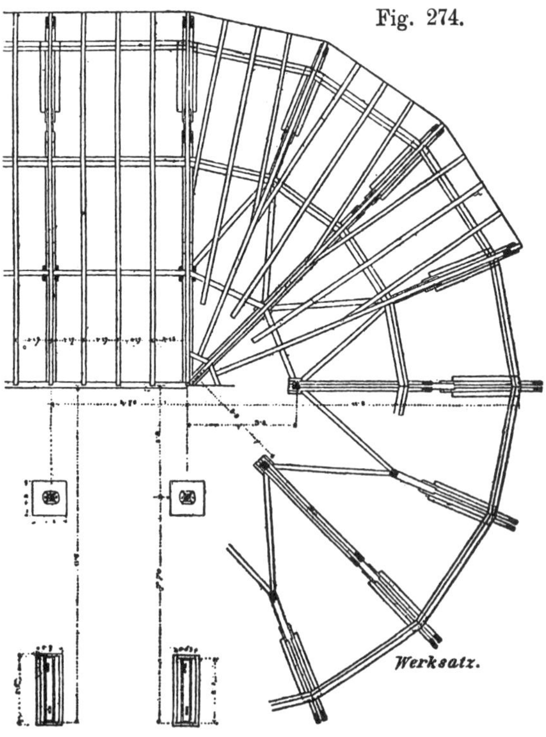

Werksatz.

gutem Boden für Sommer- und Winterfrucht für den Hektar ungefähr 85 cbm.

In dem Erlaß des Ministers für Handel usw. vom Jahre 1871, wird der Raumbedarf wie folgt angegeben:

Wintergetreide, 100 Garben = 12,4 cbm;

Sommergetreide, 100 Garben = 10,8 cbm;

Eine vierspännige Fuhre Erbsen oder Wicken = 18,5 cbm.

H. v. Tiedemann empfiehlt in seinem „Landwirtschaftlichen Bauwesen“ als praktische Zahl für den Hektar Körnerbau bei weniger gutem Boden gegen 50, bei bestem Boden gegen 70 cbm Scheunenraum zu rechnen. Die lichte Höhe der Scheunen darf 8 bis 9 m in den Zwischenböden über den Tennen sowohl, als auch über den Bansen nicht überschreiten.

Heuscheunen: Auf 100 kg fest zusammengetretenes Heu sind 1 cbm Scheunenraum zu rechnen.

Torfscheunen: 1 cbm feste Masse erfordert 1,33 cbm Raum.

Tabakscheunen sind möglichst luftig anzulegen. 5000 kg Tabak auf Seile gezogen und zum Trocknen aufgehängt, erfordern einen Scheunenraum von 19 m Länge, 11 m Tiefe und 6 m Höhe. 100 Zentner erfordern 1300 cbm Scheunenraum.

Trockenscheunen für Hopfen sollen ebenfalls

möglichst luftig sein und die Sonnenstrahlen vollständig abhalten. Die Hürden (Rahmen) mit Schilfrohrböden sind 1,7 m lang, 0,9 m breit; ihre Höhenentfernung voneinander beträgt 25 cm. Die Breite der Trockenräume ist = 11,2 m, die Stockwerkshöhe 3,5 m. Die Anzahl der Hürden in der Höhe beträgt 10 Stück. Für 1 Zentner Hopfen rêchnet man 25 Hürden. (Angaben nach J o l y, „Techn. Auskunftsbuch").

b) Die Grundrißausbildung.

Eine Hofscheune besteht aus zwei Teilen, nämlich aus

den B a n s e n oder T a s s e n (Fig. 282a) und aus den T e n n e n oder D i e l e n (Fig. 282b).

In neuester Zeit hat man auch Scheunen angeordnet, bei denen der Fußboden festgeschlagen und mit Sandschicht bedeckt, und der Unterschied zwischen Bansen und Tennen gänzlich beseitigt ist. Besser ist hierfür ein Betonestrich.

Man unterscheidet Q u e r t e n n e n und L a n g t e n n e n und zwar einfache und doppelte. Treten Quer- und Langtennen bei einem Scheunengrundriß zugleich auf, so entsteht eine sogenannte K r e u z t e n n e.

Q u e r t e n n e n, einfache und doppelte, sind sehr üblich. Sie gebrauchen wenig Platz für sich,

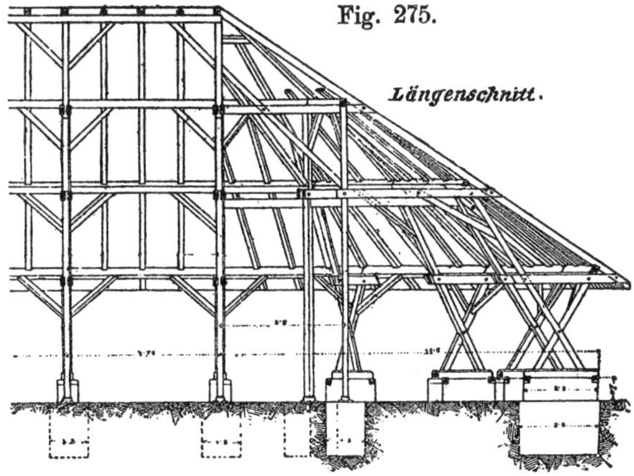

Fig. 275.

Längenschnitt.

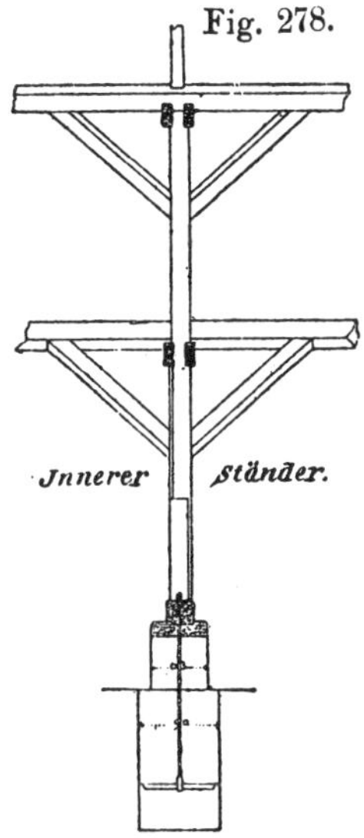

Fig. 278.

Innerer Ständer.

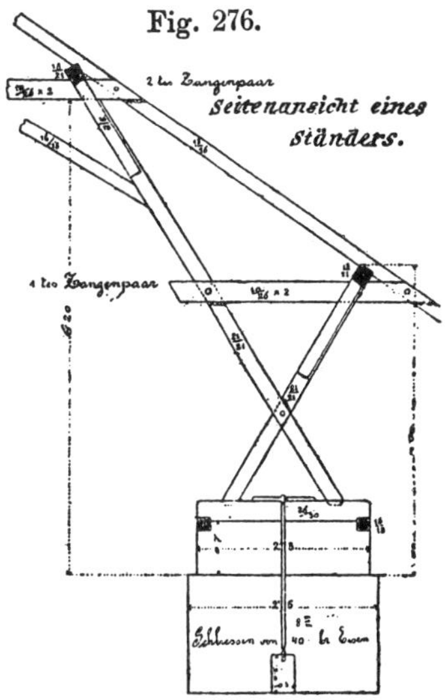

Fig. 276.

Seitenansicht eines Ständers.

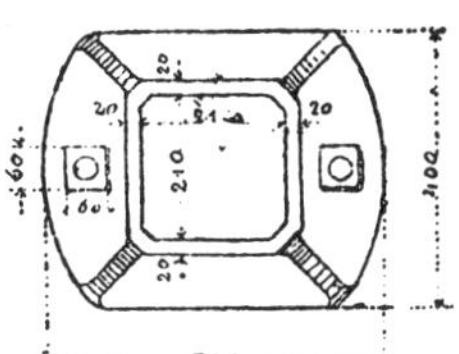

Fig. 279.

Säulenschuh.

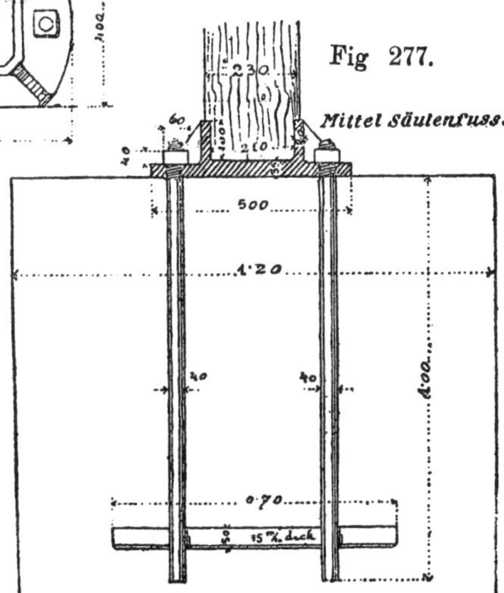

Fig 277.

Mittel Säulenfuss.

der außerdem noch ausgebanst werden kann und gestatten einen flotten Betrieb an mehreren Stellen zugleich.

Langtennen gewähren den Vorzug einer großen Uebersichtlichkeit der Scheune bezüglich der einzelnen verbansten Fruchtarten.

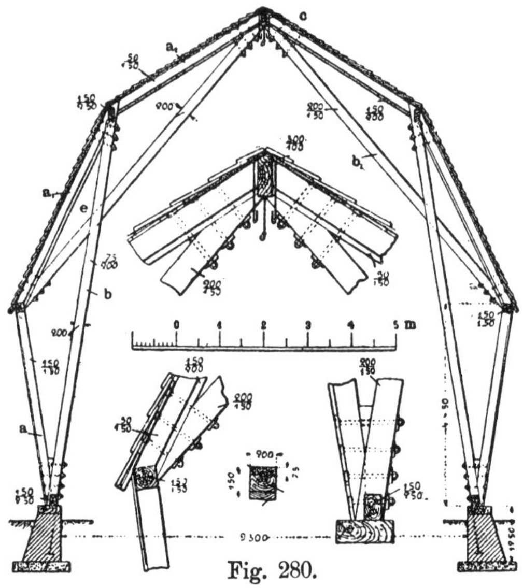

Fig. 280.

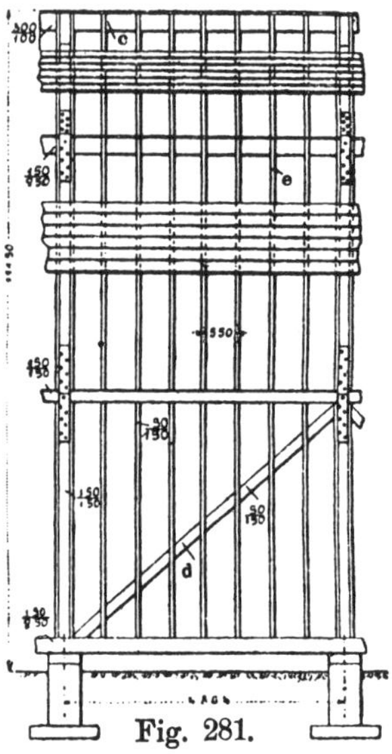

Fig. 281.

Welcher Gattung der Vorzug gebührt, muß in jedem Einzelfalle nach Lage der örtlichen Verhältnisse des Bauplatzes, sowie nach den Ansichten und Wünschen der Beteiligten entschieden werden (Bestimmung für die Königl. Preuß. Domänen). Die Hauptsache ist, daß die Feldfrüchte schnell und bequem eingefahren und

Fig. 282.

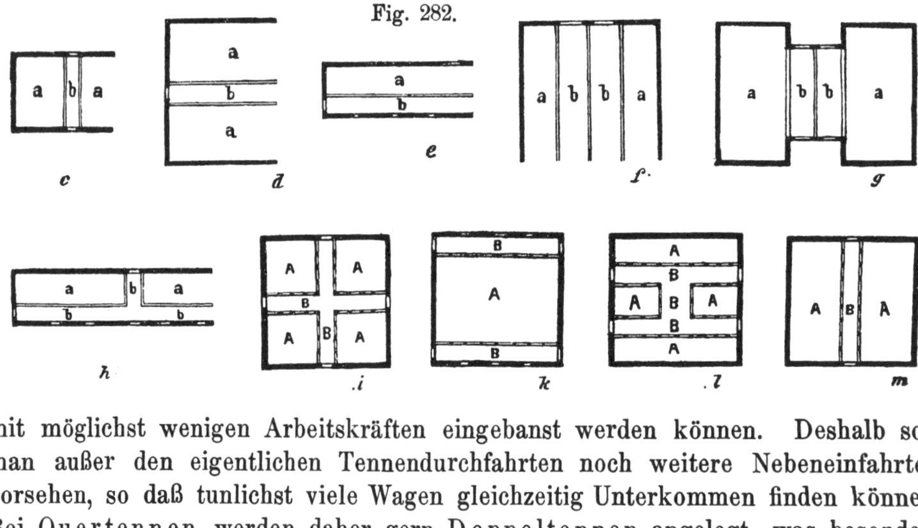

mit möglichst wenigen Arbeitskräften eingebanst werden können. Deshalb soll man außer den eigentlichen Tennendurchfahrten noch weitere Nebeneinfahrten vorsehen, so daß tunlichst viele Wagen gleichzeitig Unterkommen finden können. Bei Quertennen werden daher gern Doppeltennen angelegt, was besonders zweckmäßig beim Ausdreschen des Getreides mit Maschinen ist (Fig. 282 g).

Nebeneinfahrten und Doppeltennen werden im Verlaufe der Ernte ganz oder teilweise mit verbanst (Fig. 307, 310, 313, 322, Taf. 17 und 18).

In Fig. 282 bedeutet c Quertennen, d mittlere Langtenne, e seitliche Langtenne, f doppelte Mittel-Langtenne, g doppelte Quertenne, h halbe Kreuztenne, i ganze Kreuztenne. Die Anlagen i bis m gelten für große quadratische Scheunengrundrisse.

c) Das Dach.

Bei allen Scheunenbauten ist der wichtigste Konstruktionsteil das Dach. Von ihm hängen die Stärken der Umwandungen sowie der inneren Binderhölzer ab. Im allgemeinen sind flache Dächer vorteilhafter als steile. Für kleine Verhältnisse ist eine Scheunenkonstruktion unter Ziegeldach, besonders wenn gute Dachziegel in nächster Nähe zu haben sind, allen übrigen Bedachungen vorzuziehen. Auch Falzziegeldach ist in diesem Falle zu empfehlen. Für große Verhältnisse, also für Tiefbauten, kommt hauptsächlich gutes Pappdach in Frage.

Holzzementdach erfordert starke Substruktionen und verteuert infolgedessen den Bau. Die Kosten von Scheunen mit Pappdach zu Holzzementdach verhalten sich im allgemeinen wie 12 : 17 (vergl. R. Preuß „Wie baut der Landwirt praktisch und billig“, Berlin 1895).

Einfaches Pappdach	kostet pro	1	qm	0,80—1,00 Mark
Doppeltes Pappdach	„ „	1	„	1,20—1,40 „
Holzzementdach	„ „	1	„	1,25—1,40 „

(ausschließlich Kieslieferung und Zinkeinfassung, was 0,25—0,30 Mark pro 1 qm Dachfläche Mehrkosten herbeiführt).

Diese Bedachung erfordert außerdem die doppelten Holzstärken des Pappdaches und sorgfältig gespundete oder gedübelte Dachschalung.

Kronenziegeldach	kostet pro	1	qm	(inkl. Lattung)	2,20 Mark
Spließziegeldach	„ „	1	„	„ „	1,72 „
Doppelziegeldach	„ „	1	„	„ „	2,52 „
Falzziegeldach	„ „	1	„	„ „	2,80—3,00 Mark.

Schieferdächer in der Neigung 1 : 5 könnten in den Konstruktionshölzern schwächer als Ziegeldächer konstruiert werden, da sie bedeutend leichter sind. Da aber die Deckung teurer ist, so hebt sich dieser Vorteil wieder auf.

Schieferdoppeldach	kostet pro	1	qm	(inkl. Lattung)	4,50—5,00 Mark
Einfaches Schieferdach	„ „	1	„	„ „	3,50—4,00 „

Blechdächer aus Eisenblech siud zu empfehlen; sie sind sehr sorgfältig mit gutem Anstrich zu versehen. Die Dauer eines solchen Daches beträgt 40 bis 60 Jahre bei aller 5 Jahre wiederholtem Anstrich.

Gewöhnliches Eisenblechdach kostet pro 1 qm 2,30—2,50 Mark (einschließlich zweimaligen Anstriches, bei 0,75 mm Blechstärke).

d) Die Außenwände.

Wenn wir stets die Billigkeit bei der Errichtung von Hofscheunen im Auge behalten, so könnte man bei der Herstellung der Außenwände dem Fachwerksbau, als dem billigeren, gegenüber dem Massivbau den Vorzug geben.

Immer wird zunächst dasjenige Gebäude das billigste sein, dessen Grundriß sich möglichst dem Quadrat nähert. Dabei stellt sich aber der Fachwerksbau bei den hohen Holzpreisen und bei der bedeutenden Feuerversicherungs-Prämie durchaus nicht billiger als ein Massivbau.

1. Massive Scheunen.

Die Fundamentsohle soll nicht unter 0,80 m unter Erdoberfläche liegen. Beim aufgehenden Sockelmauerwerk setzt man der Festigkeit halber dem Mörtel mit Vorteil gesiebte Kohlenasche hinzu. Das aufgehende Mauerwerk der Wände und Giebel verbilligt man ungemein, wenn man bis zu $^3/_4$ des ganzen Ziegelbedarfs Kalksandziegel verwendet (*Preuß* „Wie baut der Landwirt praktisch und billig“, Berlin 1895).

Ziegelsteinwände werden mit stärkeren Pfeilern für die Aufnahme der Dachbinder und mit schwächeren Zwischenwänden angelegt. Die Pfeilerstärke ist dabei auf 51 × 51 cm, diejenige der Zwischenwände auf 25 cm zu bemessen (Fig. 317, 328, 331, 337 bis 341). Bei den hohen Giebelmauern werden die Pfeiler zur Aufnahme der Dachpfetten in den unteren 4 m 77 × 38 cm stark hergestellt, im Drempel 38 × 25 cm. Sie liegen von innen vor. Das übrige Drempelmauerwerk erhält 25 cm Stärke (Fig. 325, 329, 336).

Fig. 283.

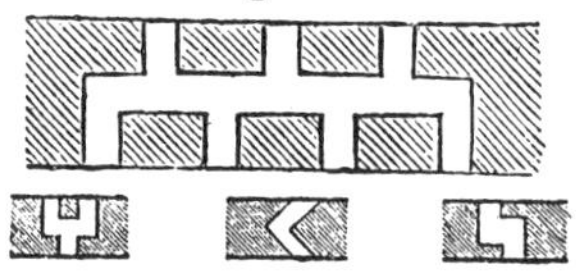

Fig. 284.

Luftzüge in den Außenmauern, die sich im Innern einander gegenüberliegen, werden als Schlitzöffnungen einzeln oder in Gruppen angeordnet. Sie sind 0,15 bis 0,20 m weit und mindestens 0,62 bis 0,95 m hoch, liegen horizontal in der Mauer und wiederholen sich in Entfernung von 3 bis 4 m. Man versieht sie im Innern mit einem Verschluß aus Drahtgaze (Fig. 283 und Tafel 17 und 18).

2. Fachwerksscheunen.

Bei Scheunen in Fachwerksbau ist die Last der Binder im Sockelmauerwerk durch breite massive Untermauerungen auf das Erdreich zu übertragen (Fig. 284, 289).

Besonders muß der in schräger Richtung verlaufende Strebendruck durch Verstärkungen der Grundmauerpfeiler genügend abgefangen werden. Dies geschieht z. B. durch eine geneigte Lage der Fußschwelle, in die die Strebe eingreift (Fig. 271).

Verbretterte Fachwerkswände. Bei wagerechter Verbretterung des Fachwerkes fällt alle weitere Verriegelung desselben fort. Dafür wird im Innern in halber Wandhöhe ein Holm mit den Fachwerksstielen verbolzt, der den Druck des Getreides aufnimmt und gleichmäßig verteilt. Die Binder werden durch Doppelstiele in den Umfassungswänden unterstützt. Weiter werden Streben notwendig, die mit den untereinander verbolzten Stielen durch kurze Zangen fest verbunden sind (Fig. 284).

Fig. 285.

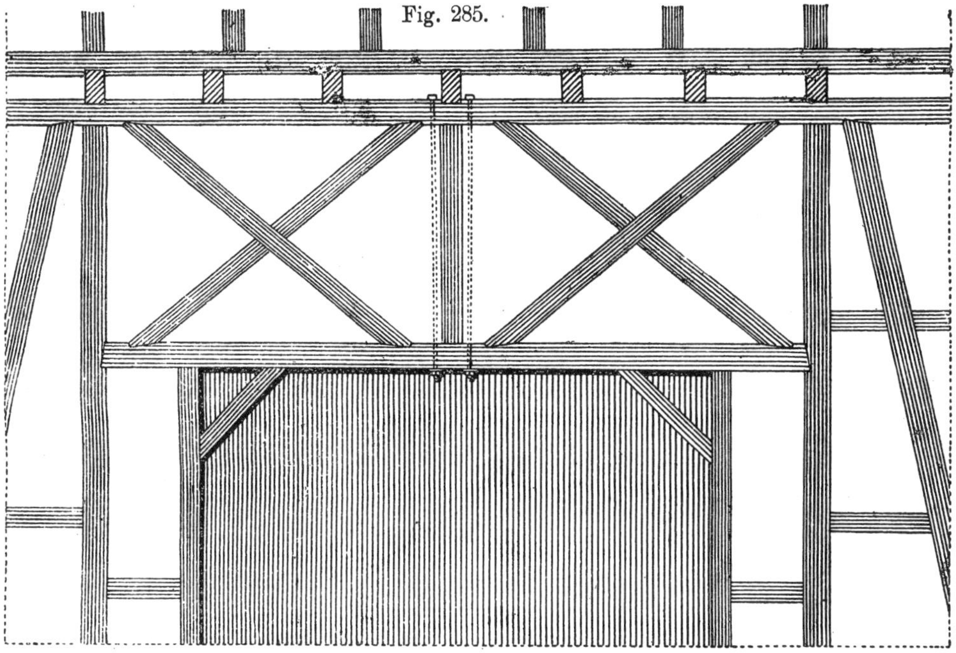

An Grundmauern hat man bei verbretterten Scheunen nur die Pfeiler an den Binderstellen nötig. Die Zwischenmauern können hier durch eingerammte Pfähle ersetzt werden, an denen die Verbretterung bis zum Erdboden hinab genagelt wird. Dasselbe ist bei den Tennenwänden der Fall.

Gute Verankerung der Fußschwellen unter den Bindern mit den Grundpfeilern gegen Sturm ist vorzusehen (Fig. 284).

Die Bekleidungsbretter sollen nicht zu breit sein, $2^1/_2$ cm stark, und mit $^1/_5$ der Breite sich gegenseitig überdecken. Die Stoßfugen der wagerechten Verbretterung werden durch senkrechte Bretter sorgfältig gedeckt.

Fig. 286.

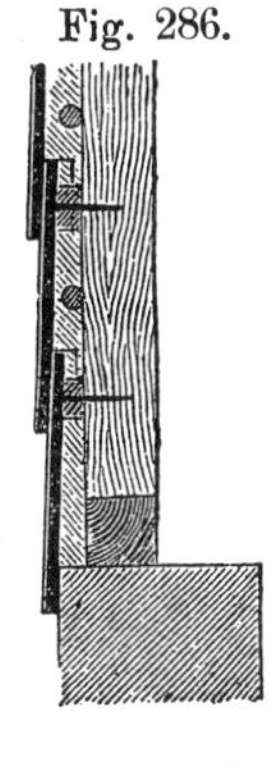

Ausgemauerte Fachwerkswände leisten dem Getreidedrucke nur geringen Widerstand. Sie erhalten Luftzüge durch ausgesparte Quartierstücke, kommen aber eigentlich nur in Frage, wo ortspolizeiliche Vorschriften eine Verbretterung verbieten.

Fachwerk mit Biberschwanz-Verkleidung (nach L. v. Tiedemann) stellt man in der Weise her, daß auf 25 cm weiter Lattung die Steine so angenagelt werden, daß jeder Nagel zwei Steine faßt. Zwischen je zwei Latten befindet sich außerdem eine schwache Stange. Der Zwischenraum wird mit Lehm ausgefüllt (Fig. 286).

Verbrettertes Fachwerk kostet für 1 qm . . 4,10 Mk.
Ausgemauertes Fachwerk . . . . 5,70 „
Biberschwanz-Verkleidung mit Fachwerk. 3,65 „

3. Scheunen aus Bruchsteinmauerwerk.

Sie kommen nur da vor, wo sie wegen der Wohlfeilheit des Baustoffes gegenüber den teureren Holzpreisen vorgezogen werden. Das Mauerwerk ist dabei des Winddruckes halber mindestens 55 bis 60 cm stark auszuführen. Luftzüge werden ebenfalls notwendig.

Bruchsteinmauerwerk kostet pro 1 cbm in Kalkmörtel etwa *11* Mk.

e) Der innere Ausbau.

Die Scheunenbinder.

Alle inneren Holzverbände müssen so gestaltet sein, daß lange, wagerecht liegende Verbandhölzer, die in unbequemer Weise den Innenraum durchschneiden, möglichst vermieden werden. Senkrechte Unterstützungen stehen dagegen dem Einbansen nicht im Wege.

Als Binderweite rechnet man 4 bis 5 m.

Binder für Quertennen. An jeder Tennenwand steht hier ein Binder.

Fig. 305 zeigt denselben für eine Binderentfernung von 5 m bei einer verbretterten Scheune.

Fig. 310 gibt einen Binder für eine andere verbretterte Scheune bei 5 m Binderentfernung.

Fig. 212 stellt einen Binder dar für eine Scheune mit ausgemauertem Fachwerk und ebenfalls 5 m Binderweite.

Fig. 320 ist ein Binder für eine kleine massive Scheune mit 4,7 m Binderentfernung.

Fig. 324 gilt als Binder für eine große verbretterte Scheune bei 6,40 m Binderentfernung.

Binder für Langtennen. Hier werden die die Tennen begrenzenden Stiele bis zum Dachrähm verlängert und dienen als Unterstützung. Die Entfernung derselben wird somit durch die zwischen liegenden Bansen eine ungleiche.

Fig. 327 stellt solch einen Binder für eine massive Scheune dar.

Tafel 15 und 16 desgleichen für eine massive Scheune.

Binder für Kreuztennen. Fig. 335 zeigt einen derartigen Binder für ganze Kreuztenne bei 4,30 m Binderentfernung.

Fig. 337 einen anderen für halbe Kreuztennen-Anlage bei 5 m Binderentfernung.

Die Tenne.

Die Tenne diente bisher hauptsächlich zum Ausdreschen und Reinigen des Getreides, zum Einfahren und Abladen in die Bansen, auch zur Unterbringung der vollen Erntewagen bei schlechter Witterung.

In diesem Sinne ist sie auch heute noch im Gebrauche bei kleineren Scheunen für dementsprechende landwirtschaftliche Betriebe. Wenn auch bei den meisten derselben jetzt die Dreschmaschine an die Stelle des Dreschflegels getreten ist, so findet dieselbe auf der Tenne ihre Aufstellung und dieselbe wird zum Handdreschen nur noch für Rauhfrüchte usw. benutzt.

Sehr große sogen. Quadratscheunen machen zwischen Tennen- und Bansenraum keinen Unterschied mehr, indem hier zwar der Tennenraum zum Einfahren und Aufstellen der Dreschmaschine benutzt wird, der gesamte Scheunenfußboden aber durchgängig und in einer einzigen Ebene aus Beton (13 cm stark mit 3 cm starkem Zementestrich) hergestellt wird.

Wir lassen hier einige Ausführungsweisen für Tennenfußböden folgen:

a) Dreschtennen.

Ihr Fußboden muß elastisch sein, da sonst die Körner nicht nur ausgeschlagen, sondern zerquetscht werden würden. Dabei muß der Boden vollständig dicht, ohne Risse, Fugen und dergl. sein und darf dem Ungeziefer keine Schlupfwinkel darbieten.

Lehmtennen sind hier als die ältesten im Gebrauche; man kann sie „trocken“ und „naß“ herstellen.

Für die trockene Lehmtenne wird toniger Lehm in naturfeuchtem Zustande geknetet und von Steinen gereinigt, darauf in Stärke von 50 cm auf den Tennenfußboden aufgetragen. Nachdem er mit dem Spaten wagerecht abgeglichen und festgeklopft ist, wird er tüchtig mit den Füßen, Tritt neben Tritt, bearbeitet und schließlich mit sogen. Pritschbäumen von Arbeitern, die auf Brettern stehen, von einer Tennenseite zur anderen nachgeschlagen. Nach 48stündigem Trocknen werden dann mit dem Klopfer, Schlag neben Schlag, alle entstandenen Risse beseitigt. Dieses wird täglich wiederholt, bis durch allmähliches Austrocknen die Rissebildung aufhört. Schließlich wird der Fußboden mit Ochsenblut oder Teergalle übergossen; man rechnet auf 3 Fuhren Lehm 1 Eimer Rindsblut oder auf 120 qm Tennenfußboden 1 Tonne Teergalle. Der Ueberguß wird mit einem Besen gleichmäßig verteilt, mit Hammerschlag bestreut und der Boden nochmals geklopft.

Große Festigkeit erhält auch die Lehmtenne, wenn man der obersten Lehmschicht pro 1 qm $^1/_2$ kg See- oder Viehsalz (Kainit) zusetzt, darauf die Tenne mit dem Salze bestreut und festklopft. Darauf folgt Bestreuung mit Hammerschlag, Festklopfen und nach völligem Austrocknen ein Ueberstreichen mit heißem, dünnflüssigem Asphaltteer. Zum Schluß wird scharfer, gesiebter Sand übergestreut, der 4 Wochen liegen bleiben muß.

Nasse Lehmtennen stellt man her, indem man den Erdboden 35 bis 40 cm tief ausschachtet und den Raum mit Kies ausfüllt. der gleichmäßig verteilt und festgeschlagen wird. Hierauf folgt eine 10 cm starke Tonlage, die festzuschlagen ist und dann mit Lehmwasser begossen wird. Das Erhärten der obersten Lage, sowie das Vertreiben der Risse erfolgt mit den weiter oben genannten Mitteln.

Estrich aus Lehmsteinen. Die Herstellung ist zunächst dieselbe wie bei der vorher beschriebenen nassen Tenne. Auf die Kiesunterlage folgt eine dichte Lage halbtrockener Lehmsteine, die man vor dem Verlegen in Wasser eintaucht. Hierauf kommt eine zweite Lage derselben Steine, die nun festgeschlagen wird. So lange die Tenne nicht geschlagen wird, bedeckt man sie gegen zu schnelles Austrocknen mit Stroh. Härtung erfolgt wie oben.

Estrich aus Steinkohlenasche (Koksasche) und Kalk. Man mischt beide Stoffe im Verhältnis von 3 : 1, arbeitet diesen Mörtel tüchtig durch, bringt ihn in Stücke von 15 bis 18 cm auf Sandbettung, gleicht mit dem Richtscheit ab und reibt mit dem Putzbrett glatt. Entstehende Risse werden zugeklopft.

Estrich aus Lehm und Gips. 3 Lagen Lehm von je 5 cm Stärke werden aufgetragen und mit Gips bestreut. Jede Lage wird für sich festgeschlagen.

Estrich aus Estrichgips. Dieser Gips wird nach einer besonderen Methode in hellem Feuer gebrannt (Klein, Berlin, Kurfürstenstr. 76/77). Auf den vorher bewirkten

Lehmschlag wird eine 1 cm starke Isolierschicht von Sand aufgetragen, worauf die 3 bis 5 cm starke Gipsschicht folgt. Die Mischung der Estrichschicht besteht aus $^1/_3$ Estrichgips und $^2/_3$ gutem Kies. Der Estrich muß geklopft und gehärtet werden.

Tennen aus Gußasphalt. Auf einer 10 cm starken Unterbettung aus leichtem Schlackenbeton wird der aus besten Materialien zusammengekochte Gußasphalt in Stärke von $2^1/_2$ bis 3 cm abgeglichen.

Tennen aus Stampfasphalt. Herstellung wie vor in 3 cm Stärke.

b) Befahrbare Scheunenfußböden.

Estrich aus Zementbeton. Eine Beton-Mischung von 1 Teil Zement, 3 Teilen Sand und 6 Teilen Kies wird auf einem Kiesbett von mindestens 10 cm Stärke gleichmäßig verteilt und mit einem Zementestrich (1 Teil Zement und 2 Teile Sand) in Stärken von 3 cm abgeglichen.

Hochkantiges Ziegelpflaster. Scharf gebrannte Klinker werden vor der Verwendung in Steinkohlenteer gekocht bis zur Sättigung und darauf hochkantig auf 10 cm starker Sandbettung verlegt. Die Fugen sind mit gesiebter Schlacke auszufüllen und darauf mit heißem Teer zu vergießen. Das gesamte Pflaster wird hierauf mit Sägespänen oder Sand bedeckt und nach einiger Zeit abgekehrt.

Der Tennenfußboden liegt 20 bis 35 cm über demjenigen der Bansen. Seitlich wird die Tenne durch sogen. Tennenwände von 1,20 m Höhe gegen die Bansen hin begrenzt. Sie bestehen aus leichten 10×10 cm starken Fachwerkshölzern, die horizontal mit Brettern verschalt werden (Fig. 291).

Fig. 287.

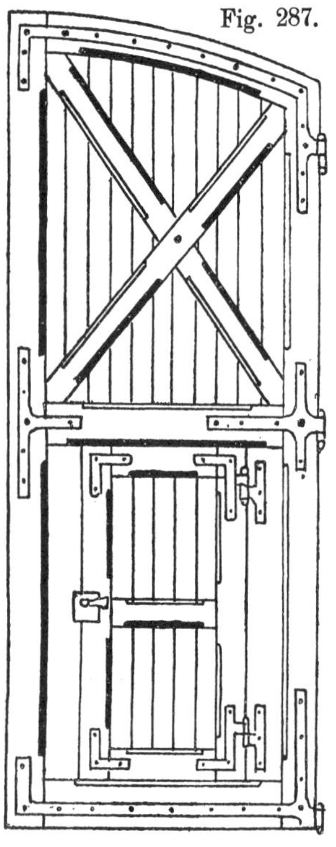

Fig. 288.

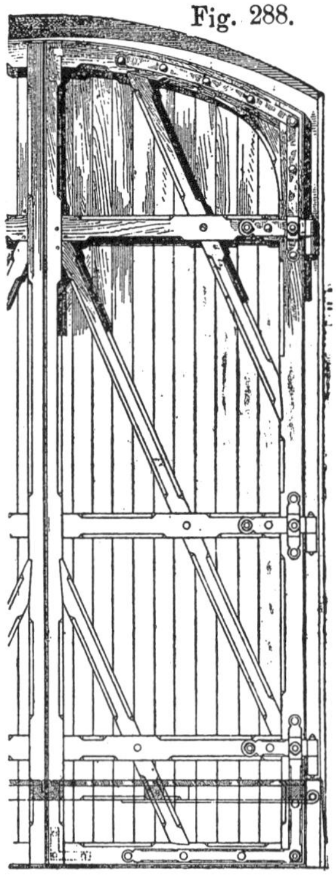

Neben den Scheunentoren bleibt ein Fach offen als Zugang zu der Banse.

Die Tennenbreite beträgt gewöhnlich 4 bis 5 m.

Die Tennenwandschwellen sollen miteinander durch quer über die Tenne reichende Anker verbunden werden, um ein Ausweichen der Tennenwände zu verhüten. Die Schwellenhölzer müssen außerdem durch Luftklötzchen vom Mauerwerk isoliert werden.

Ueber der Tenne, in der Höhe von 3,5 bis 4,5 m, liegt, gewöhnlich in Torhöhe, eine Balkenlage, auf welche Rundstangen gelegt werden. Darüber wird der Raum mit zum Ausbansen benutzt.

Die Bansen.

Der Fußboden der Bansenräume liegt etwa 15 cm über Erdboden. Er bedarf keiner besonderen Befestigung, vielmehr genügt hier eine trockene Sand-

Fig. 289.

Ansicht
eines Scheunentores.

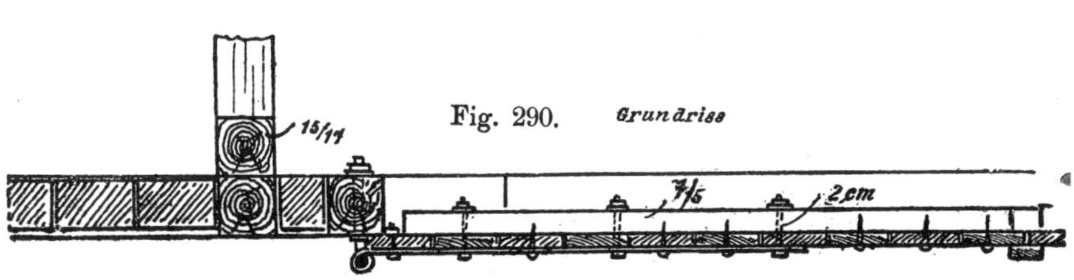

Fig. 290. Grundriss

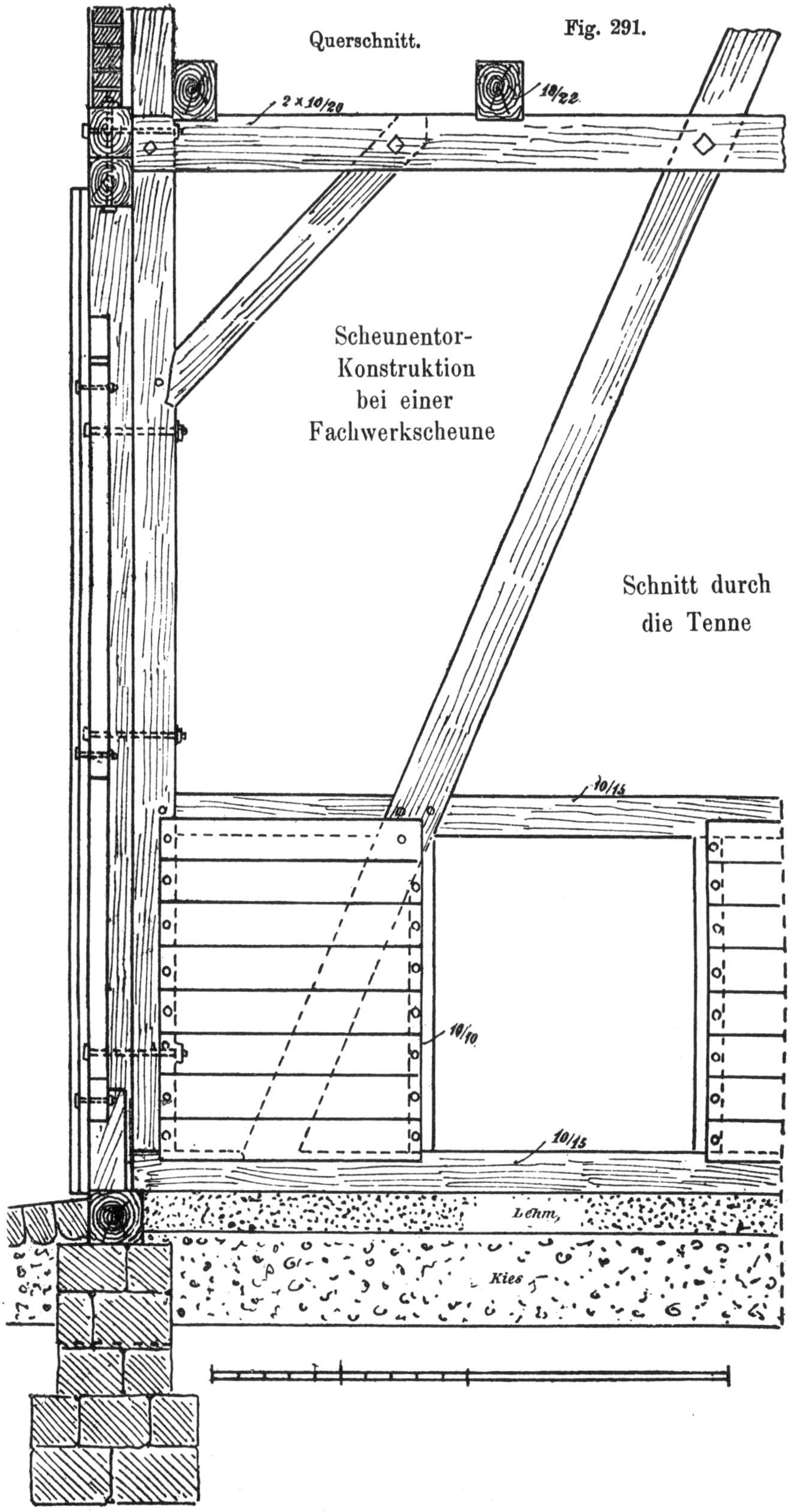
Querschnitt.
2 × 10/20
10/22
Scheunentor-
Konstruktion
bei einer
Fachwerkscheune
Schnitt durch
die Tenne
10/15
10/10
10/15
Lehm,
Kies

Fig. 291.

schüttung. Pflasterung erhöht nur die Baukosten in unnötiger Weise. Selbstredend muß der Fußboden absolut trocken liegen.

Die zum Einbansen ausnutzbare Höhe der Scheunen beträgt etwa 9 m. Aller Raum darüber ist unbrauchbar.

Die Einfahrtstore.

Der Tennenraum wird durch starke Einfahrts- resp. Ausfahrtstore geschlossen. Wo man große Erntewagen im Gebrauch hat, sind sie 4 bis 4,5 m breit und 4 m hoch, kleinere erhalten 3,5 m Breite bei 3,8 m Höhe. Bei massiven Außenwänden wird die Toröffnung durch einen Flachbogen, Segment- oder Korbbogen, geschlossen (Fig. 326, 330, 338).

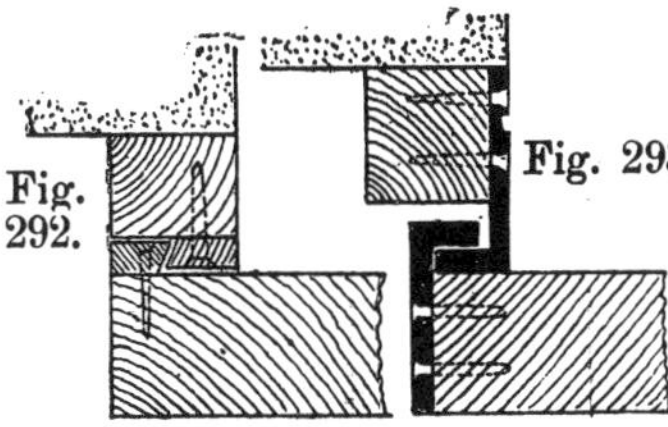

Fig. 292. Fig. 293.

Bei Fachwerkwänden bildet den Sturz ein Rahmholz, das durch Hänge- und Sprengwerkkonstruktionen verstärkt wird (Fig. 285, 290, 315).

Einfache Tore bestehen aus 25 mm starken Brettern. Sie bewegen sich in unteren Pfannen und oberen Oesen. Diese sind mit Kreuzankern, die

Fig. 294.

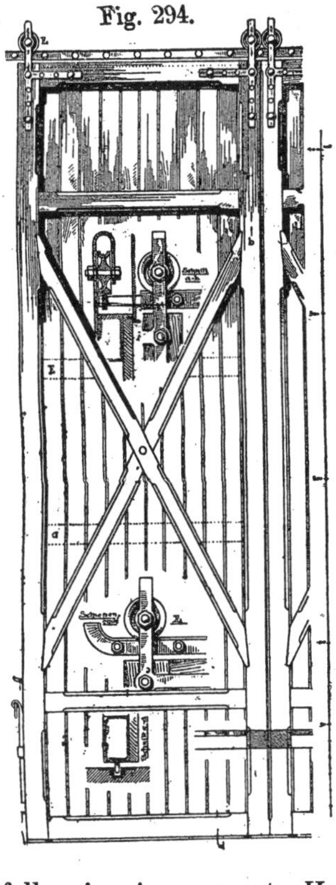

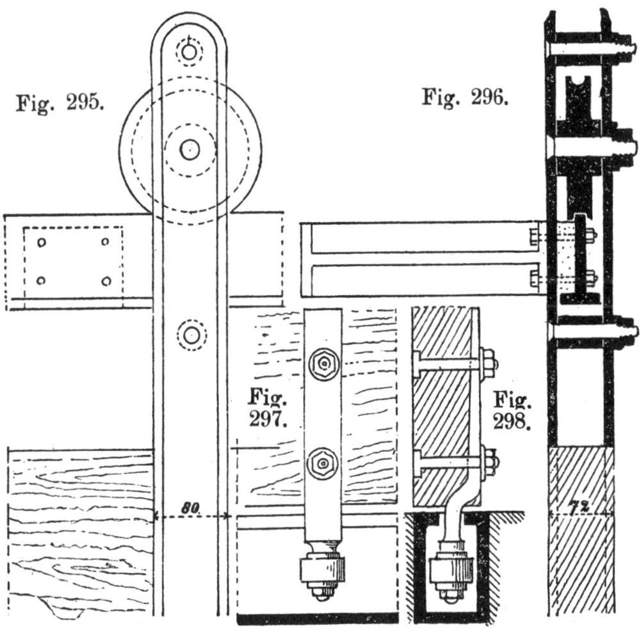

Fig. 295. Fig. 296. Fig. 297. Fig. 298.

durch die ganze Mauerstärke reichen, in Zementmörtel vier Schichten hoch fest vermauert. Der Verschluß ist in Höhe von 1,80 m mittels hölzerner Querstangen von 8 $\times$ 10 cm Stärke hergestellt; diese fallen in eingemauerte Haken. Die Tore selbst, die im Mauerfalz liegen, haben zum Schutz gegen Nässe am Hirnholz eine Sicherung von Eisenblech. Die Schwellen bestehen aus Granit.

Bessere Tore werden aus 3,5 bis 4 cm starken, rauhen, gespundeten Brettern mit übergenagelten Quer- und Strebeleisten hergestellt. Dieselben sitzen an der Innenseite und sind 8 × 10 oder 10 × 12 cm stark. Die Flügel greifen mit Ueberfälzung übereinander (Fig. 287, 288, 294 bis 298 nach Krauth und Meyer, Das Schreinerbuch, Verlag von E. A. Seemann, Leipzig).

Fig. 299.

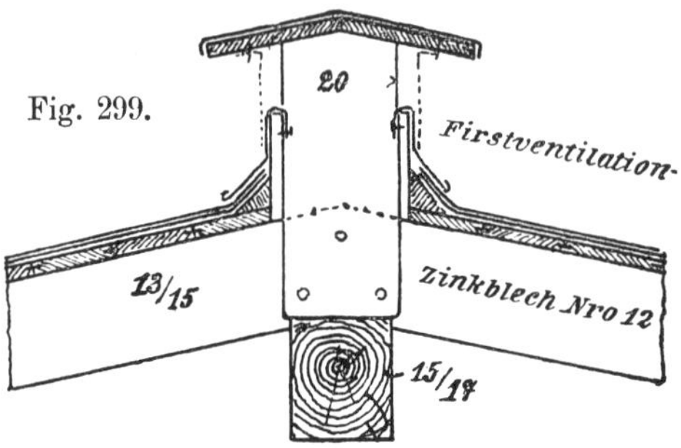

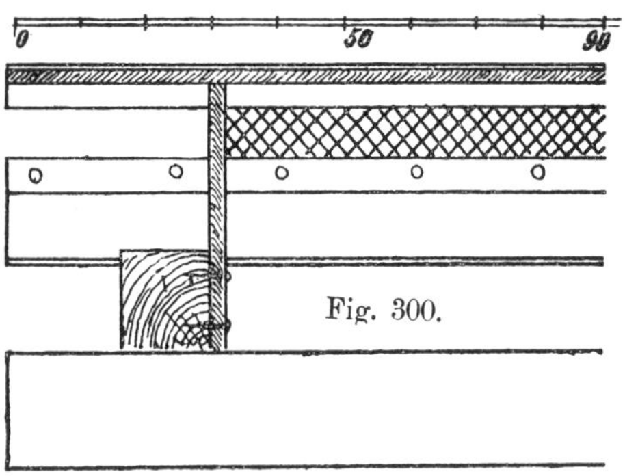

Fig. 300.

Fig. 301.

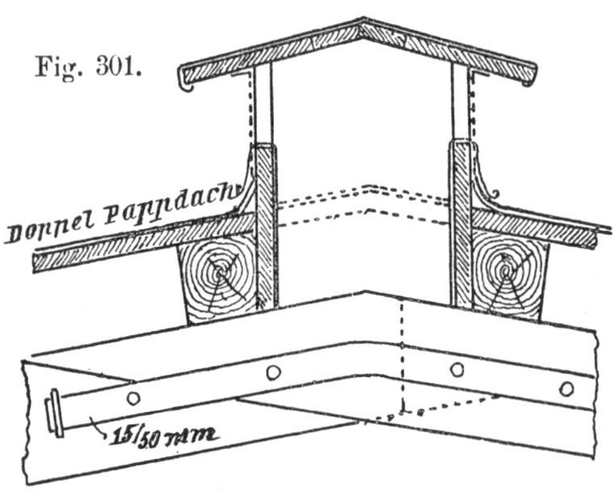

Der Türbeschlag besteht aus je zwei starken, eingelassenen Winkelbändern und aus je einem Kreuzband, einem oberen und unteren starken Schubriegel und einem drehbaren Ueberlegeeisen mit Vorhängeschloß.

Schiebetore bewegen sich auf der äußeren Wandfläche und erhalten einen dichten, seitlichen Schluß durch einen schmalen Holzrahmen, an den die Türflügel mit starken Leisten oder Winkeleisen anstoßen (Fig. 292, 293, 397, 398).

Die Flügel hängen mit je zwei Rollen an einer Laufschiene, die über der Türöffnung liegt. Der Rollendurchmesser beträgt 10 bis 14 cm.

Die Schiene ist etwa 10 mm stark und 5 bis 10 cm hoch, je nach dem Torgewicht, und hat die doppelte Länge der Türbreite. Sie wird durch starke Eisen getragen, deren äußerstes zugleich die Tür im Rollen behemmt. Jeder Flügel erhält einen starken Bügel von 10 bis 15 mm Rundeisen als Handgriff (Fig. 294, 295 bis 298).

Die Figuren 295 und 296 stellen den oberen Beschlag, an dem das Tor hängt, dar; die Fig. 297 und 298 erläutern die untere Führung der Torflügel. An jedem Flügel befinden sich zwei derartige Führungen und zwar an den beiden senkrechten Rahmhölzern auf der Mitte und am äußeren Ende. Damit, wie es schon vorgekommen ist, bei älteren Beschlägen die schweren Türflügel nicht abbrechen und umstürzen können, empfiehlt es sich, oben querüber einen starken verzinkten Draht zu spannen, der im Notfalle die Flügel festhält.

Die Lüftung.

Außer der in Fig. 284 vorgeführten Lüftung durch Mauerschlitze ist bei größeren Scheunen noch eine weitere am Dachfirst notwendig, die den Zweck hat, etwa sich ansammelnde feuchte Dünste abzuführen. Es geschieht dies durch Entlüftungsschlote einfachster Art, die nur gerade soweit unter die Dachschalung herabreichen sollen, als zu ihrer Befestigung an den Dachhölzern erforderlich ist. Verbretterte Fachwerksscheunen haben eine solche Lüftung nicht nötig. Aber bei allen Scheunen mit massiven Wänden oder mit ausgemauerten Fachwerkfächern sind sowohl Luftschlitze in den Wänden selber als auch Luftschächte im Dache vorzusehen (Fig. 299 bis 301).

f) Beispiele.

Fig. 302 bis 304. Scheune mit sogen. Hochtenne. Das Beispiel entstammt einem süddeutschen Bauerngehöfte. Der unter der Scheune am Bergabhange liegende Raum ist zu Schuppen und Stallungen ausgenutzt, während die Scheune mit mittlerer Langtenne darüber liegt. Sie wird durch eine Rampe erreicht, kann aber nicht durchfahren werden.

Fig. 303.

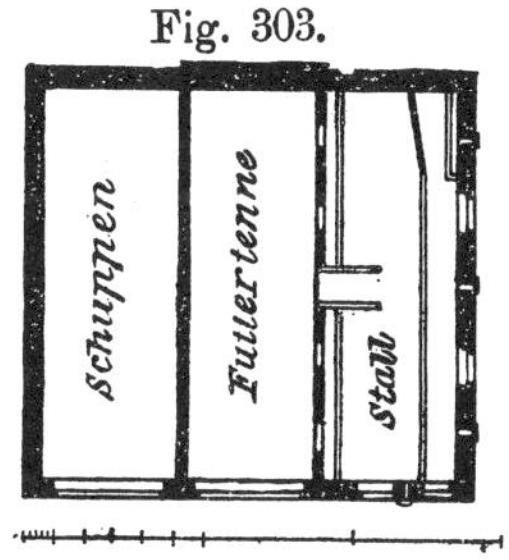

Fig. 302.

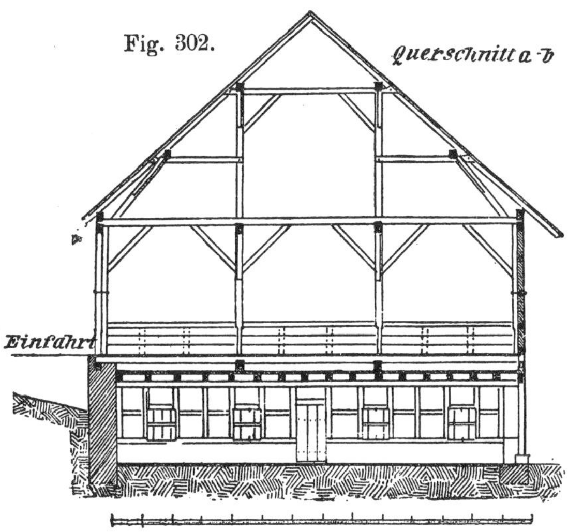

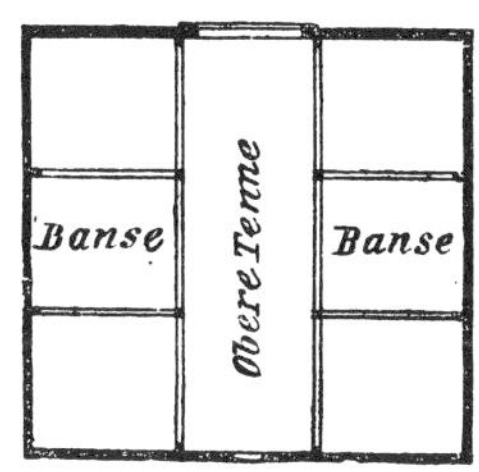

Fig. 304.

Fig. 305 bis 308. Scheune zu Neu-Guthendorf vom Architekten Friedrich Wagner in Rostock. Die Anlage ist für ein kleineres Gut zur Einbringung von ein bis zwei Getreidearten geeignet. Drei Querdurchfahrten, die später mit ausgebanst werden, erleichtern das Einbringen des Getreides. Der Abdrusch kann mit geringer Leutezahl erfolgen. Die Grundfläche der Scheune enthält 500 qm; sie hat 4250 cbm Rauminhalt. Die Bausumme beträgt 6300 Mark, also pro Quadratmeter 12,60 Mark (Nach Neubauten von Neumeister und Häberle, Verlag von Seemann & Co., Leipzig).

Fig. 309 bis 311. Scheune auf Domäne Kaiserhof vom Baurat Hauptner (Zentralblatt der Bauverw., 1900, Nr. 36). Die Scheune dient zur Unterbringung von 900 bis 950 Schock Garben Wintergetreide, wozu 9000 cbm erforderlich sind. Das Fundament besteht aus Feldsteinen, die mit Rollschicht abgedeckt sind. Die Wände sind aus Holzfachwerk und mit Brettern überstülpt. Das Dach ist ein doppeltes Pappdach.

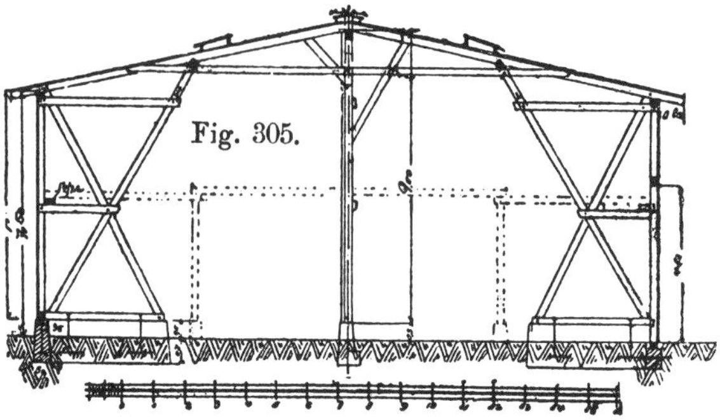

Fig. 305.

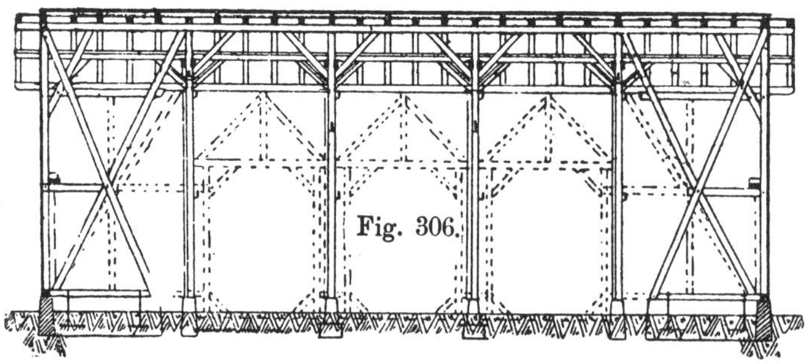

Fig. 306.

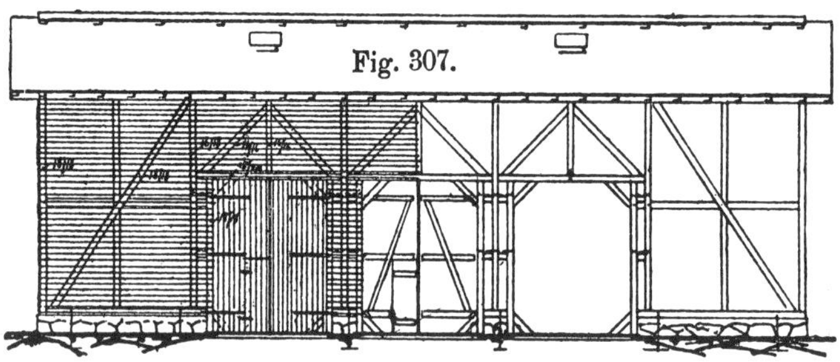

Fig. 307.

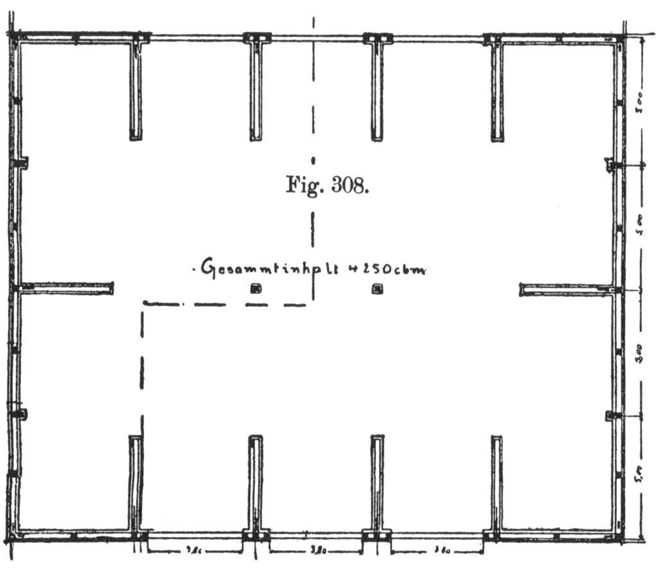

Fig. 308.

Die Innenwände fehlen, um ungehinderten Verkehr zu gewinnen. Die Tennenfußböden haben Lehmschlag. Die bebaute Grundfläche beträgt 1200 qm, der umbaute Raum 9600 cbm. Die Gesamtkosten betrugen 18719 Mark; 1 qm kostet 15,60 Mark, 1 cbm 1,95 Mark.

Fig. 312 bis 314. Scheune auf Domäne Saalau (Ostpreußen). Diese Scheune zeigt im vollständigen Entwurfe sieben Quertennen. Sie ist 75,40 m lang und 21,50 m breit für 4000 ha. Die inneren runden Stützen sind 40 cm stark. Das Dach ist Pappdach. Die Lüftung wird durch 12 Ventilationsrohre besorgt. Fig. 315 gibt die Konstruktion eines zugehörigen Einfahrtstores.

Fig. 315 bis 320. Scheune vom Zimmermeister Metzker in Neustadt, O.-Schlesien (Zeitschrift für Bauhandwerker 1889). Die massiven Umwandungen bestehen aus $1^1/_2$ Stein starken Pfeilern und 1 Stein starken Zwischenwänden. Die Binderstiele haben 21×23

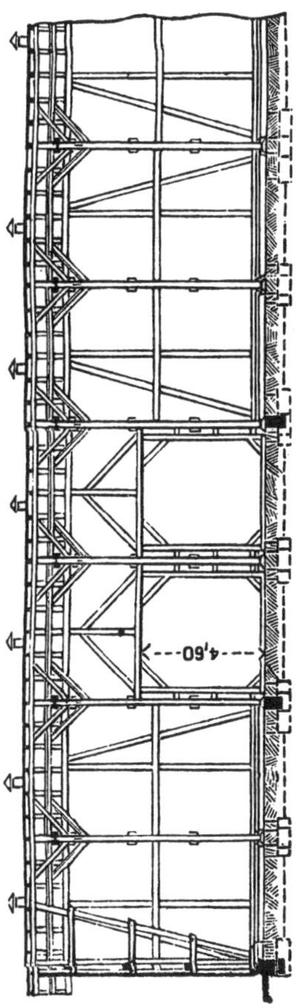

Fig. 309.

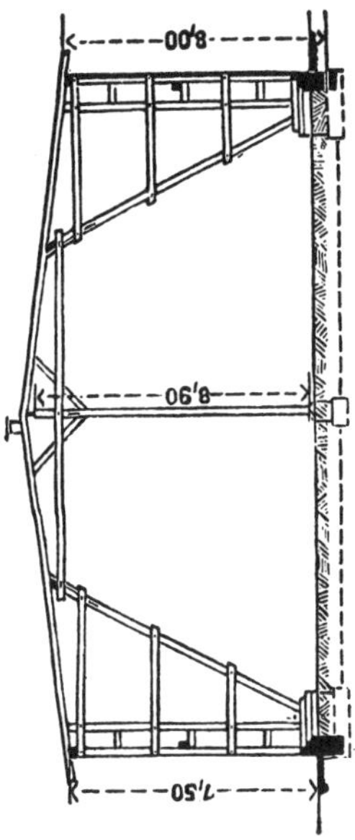

Fig. 310.

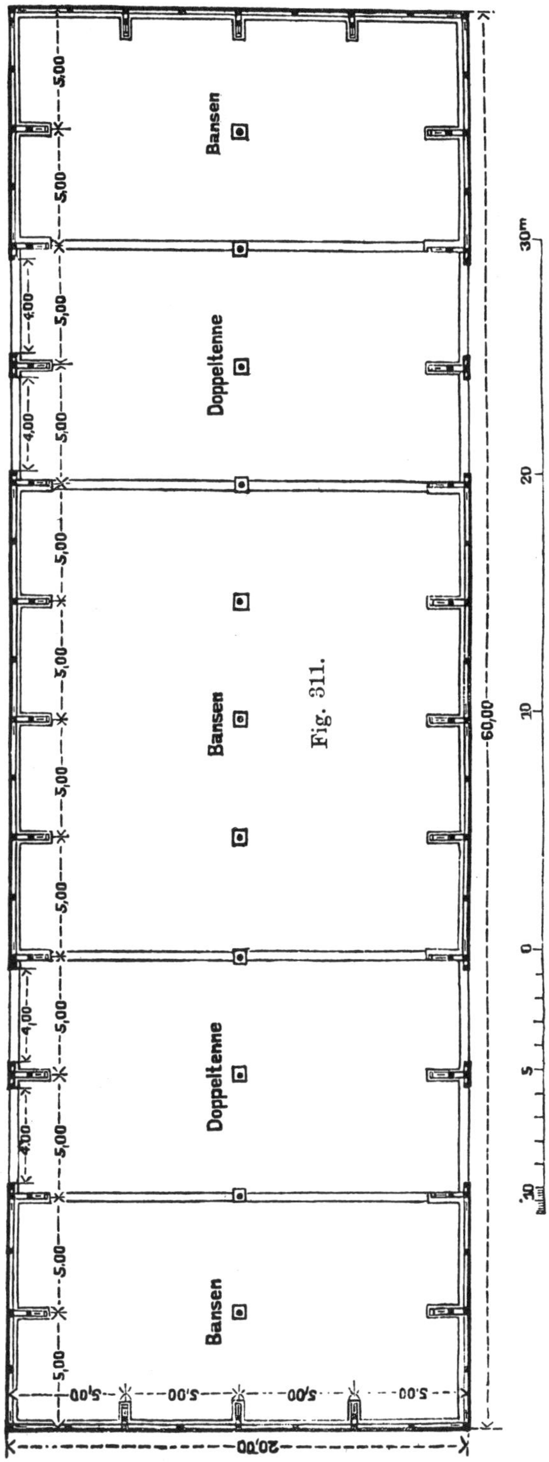

Fig. 311.

Fig. 312.

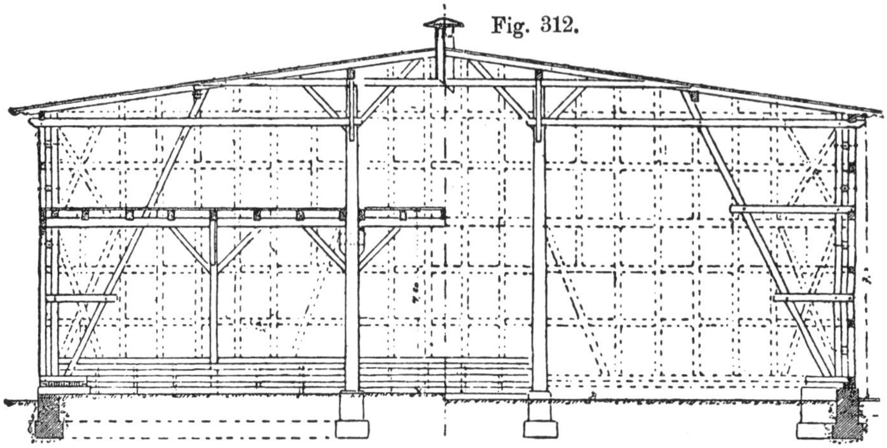

Fig. 313.

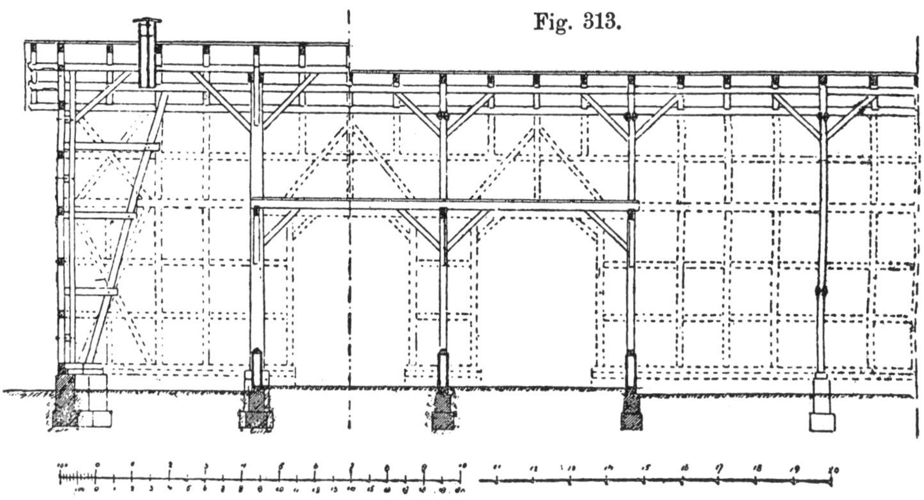

Fig. 314.

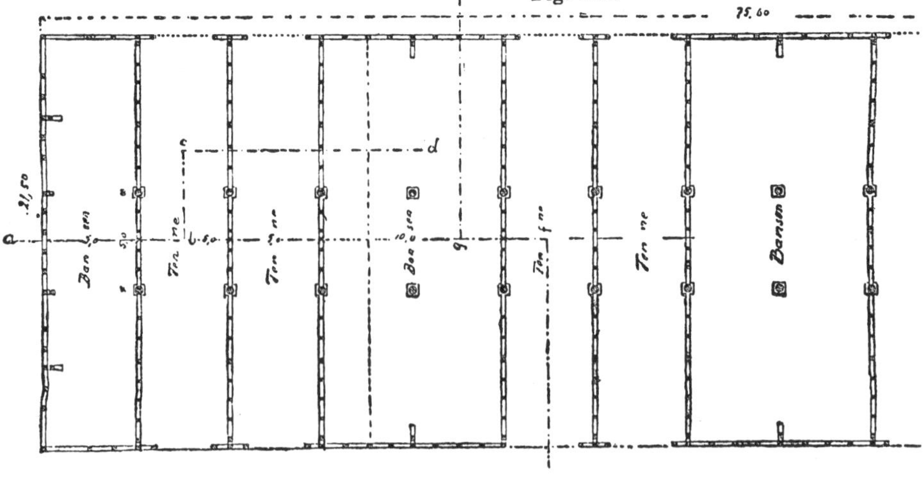

cm, die Zargen 8×20 cm Stärke. Die Dachdeckung ist Dachpappe, der Dachüberstand = 1,5 m.

Fig. 315.

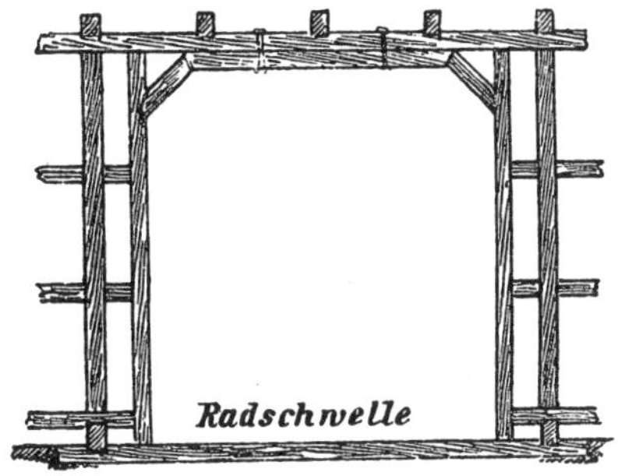

Fig. 321 bis 325. Scheune zu Zettemin vom Architekten Friedr. Wagner in Rostock. Die langgestreckte Form dieser Scheune war durch die Oertlichkeit bedingt. Sieben Quertennen ermöglichen das Einbringen des Getreides mit wenigen Arbeitern. Die Umfassungswände bestehen aus Fachwerk mit überstülpter Verbretterung. Die Baukosten betrugen 12400 Mark, bei einer bebauten Grundfläche von 1235 qm und einem

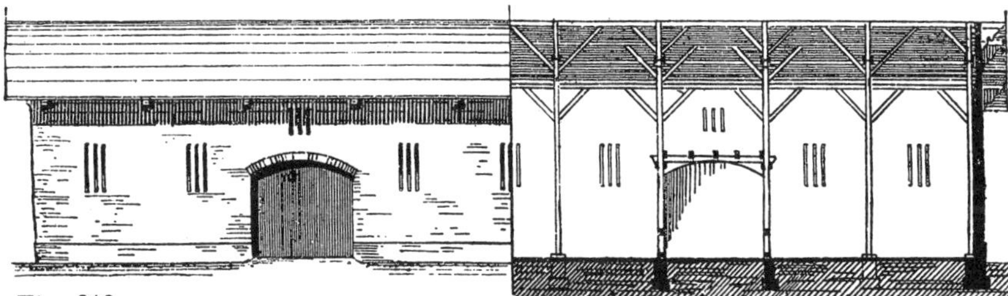

Fig. 316. Fig. 317.

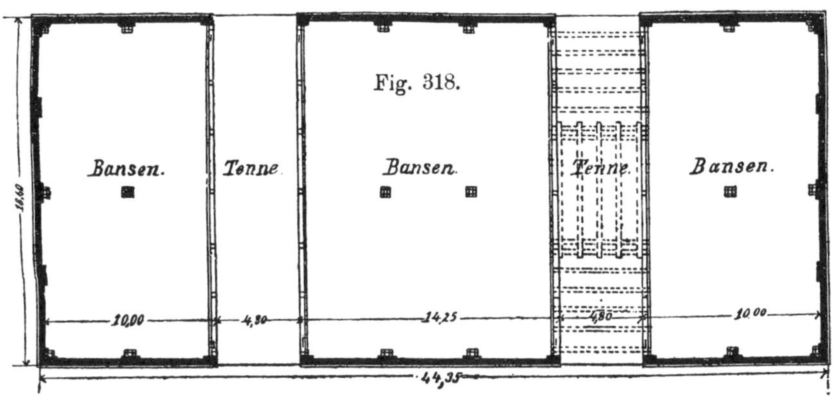

Fig. 318.

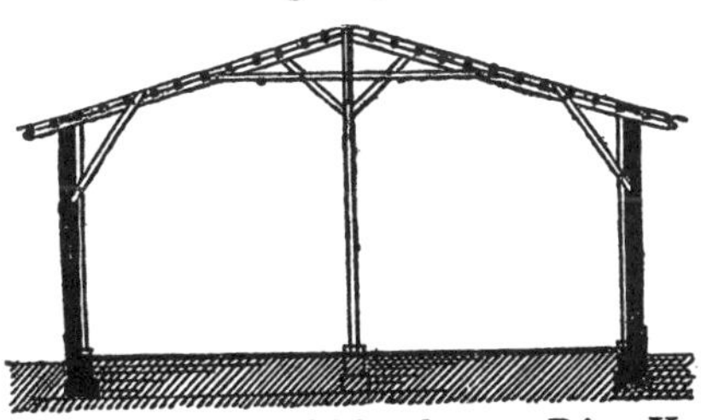

Fig. 319.

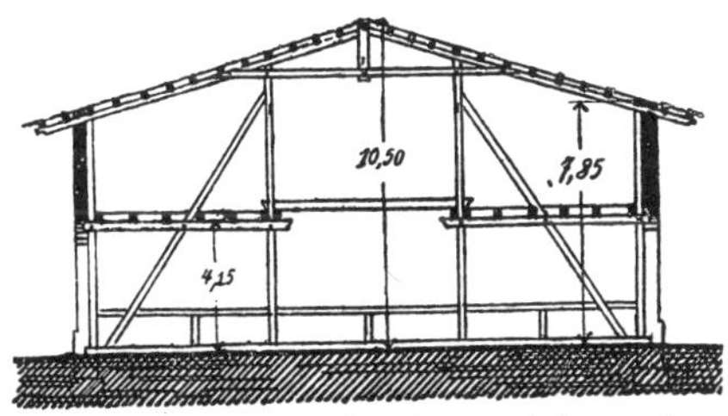

Fig. 320.

Kubikinhalt von 9000 cbm. Die Kosten pro 1 qm belaufen sich auf rund 10 Mk., pro 1 cbm auf 1,25 Mark.

Fig. 326 bis 329. Scheune zu Rensow vom Architekten Friedr. Wagner in Rostock. Die beinahe quadratische Grundfläche umfaßt 1468,2 qm

Taf. 17 u. 18.

Hofscheune auf Gut Mönchshof
vom Architekten A. Karst in Cassel.

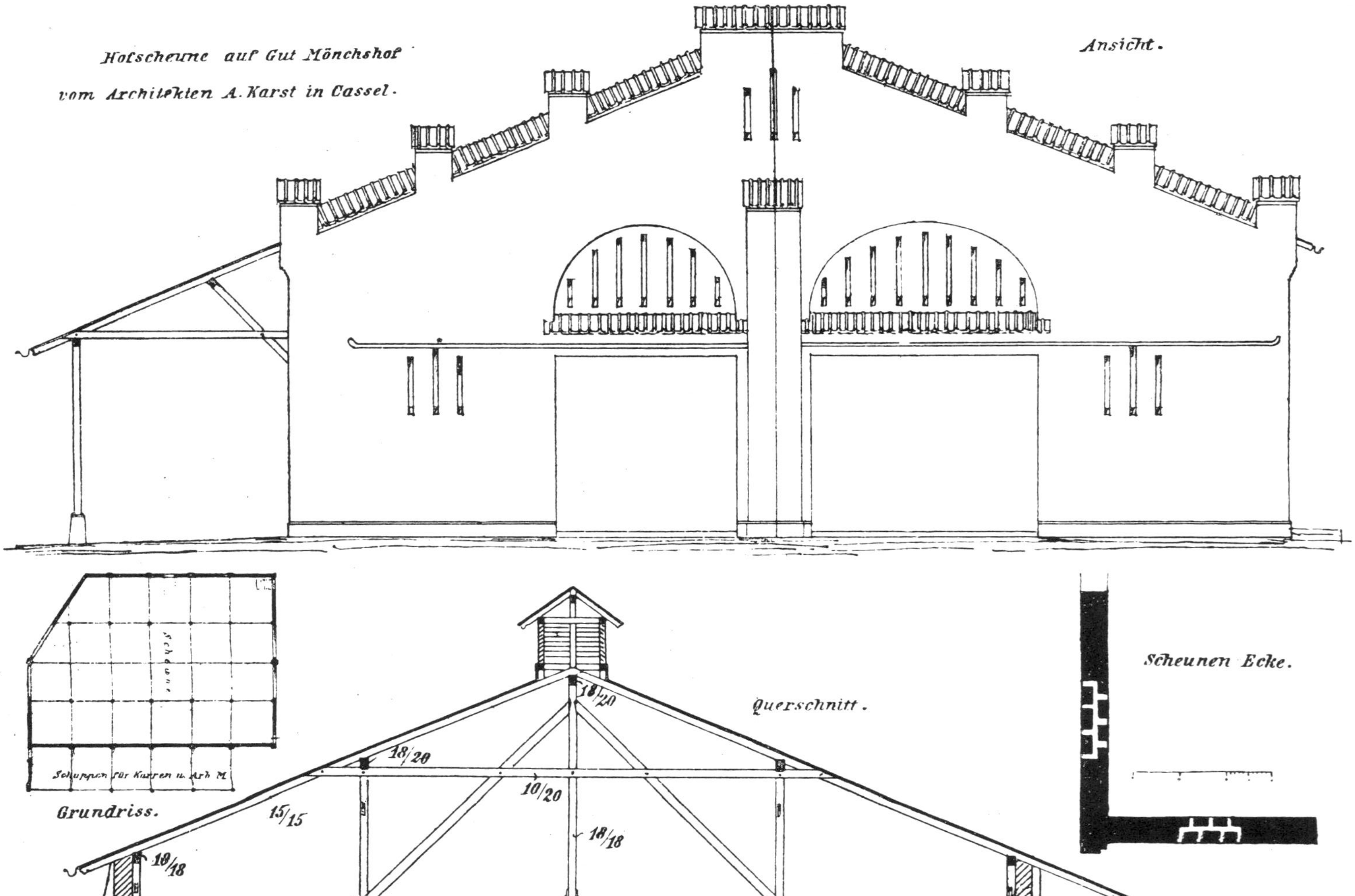

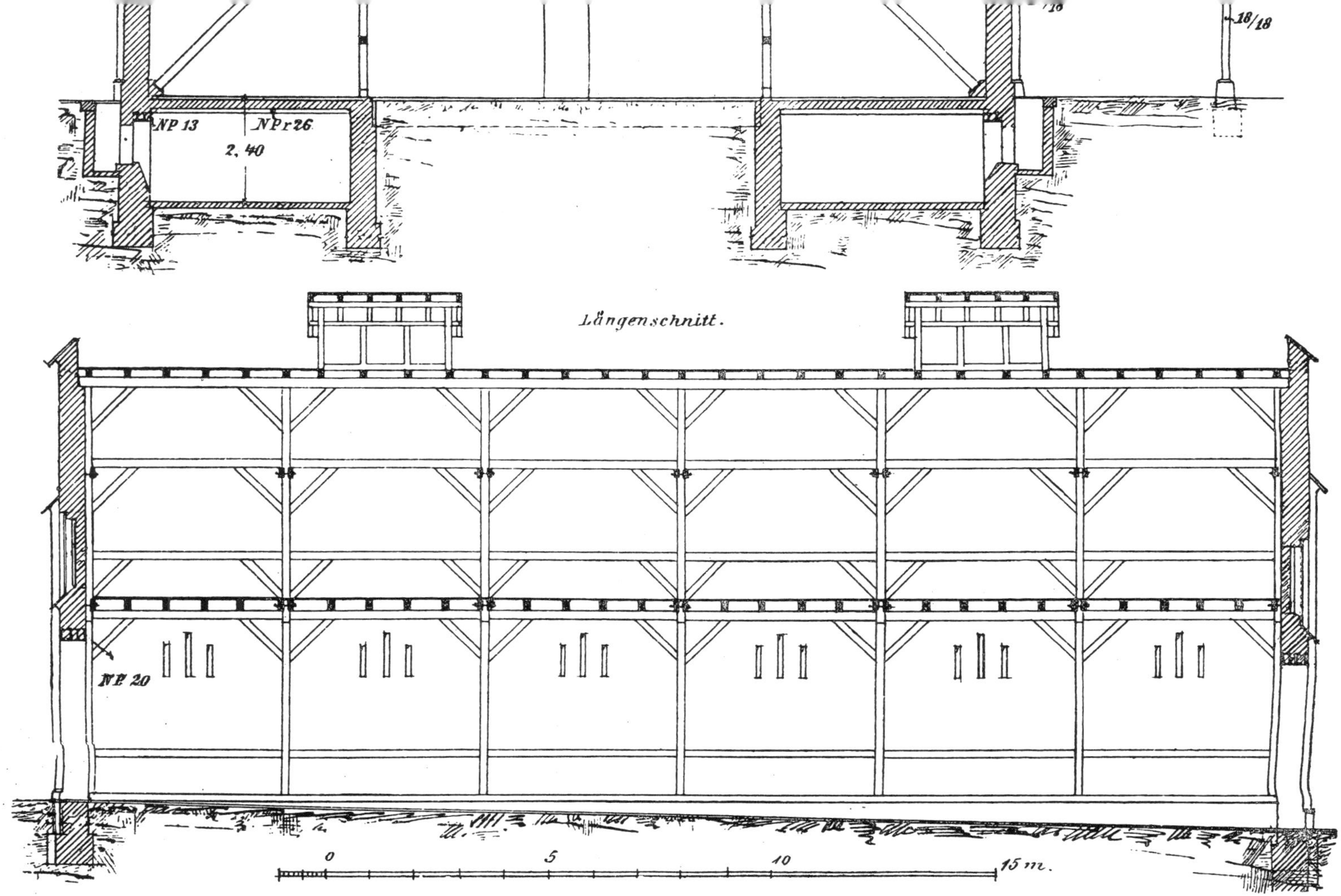

18/18
NP 13
NPr 26
2, 40
Längenschnitt.
NP 20
0
5
10
15 m.

mit einem Rauminhalt von 12480 cbm, wovon 12200 cbm mit Getreide belegt werden können.

Die seitlichen Bansen haben eine Tiefe von 8 m, die mittleren eine solche von 9 m. Die einzelnen Getreidearten sind bei der Anordnung von Langtennen leicht zu trennen. Bis zur Traufe beträgt die Gebäudehöhe 7 m, bis zum First 10 m. Das Mittelfach, frei ohne Ständer mit einem zusammengesetzten Hänge- und Sprengwerk konstruiert, hat besondere kleine Eingangstore. Die Umfassungswände bestehen aus Backsteinen, das Dach ist doppeltes Pappdach. Die Ventilation wird durch die Wandschlitze und durch einen Firstschlitz mit Kappe darüber, sowie durch Oeffnungen in den Wänden dicht unter dem Dache bewirkt.

Die Kosten betrugen 20000 Mark, also pro Quadratmeter 13,80 Mark und pro Kubikmeter 1,60 Mark (Fig. 321 bis 329 nach Neubauten von Neumeister u. Häberle, Verlag von Seemann & Co. in Leipzig).

Fig. 321.

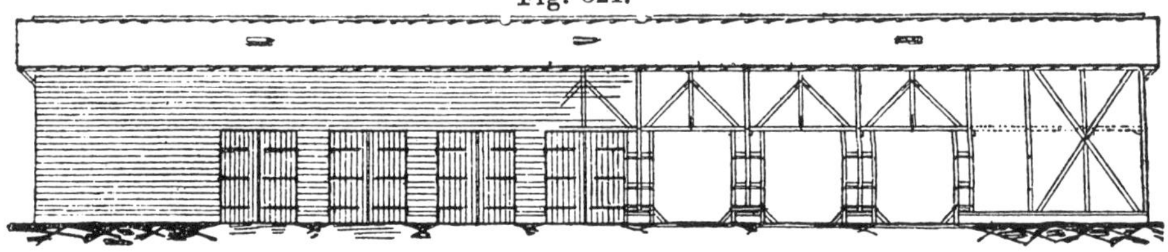

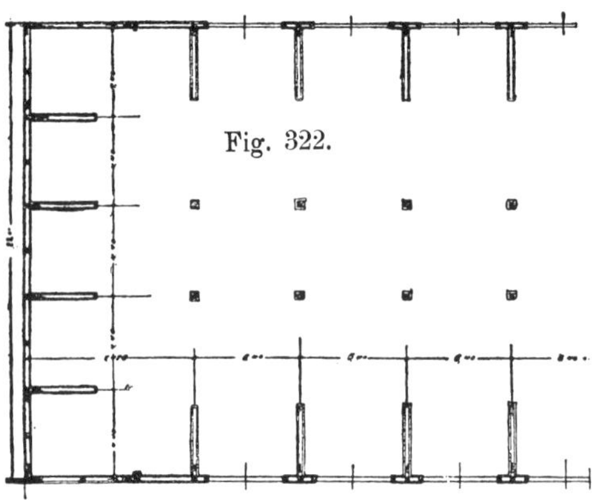

Fig. 322.

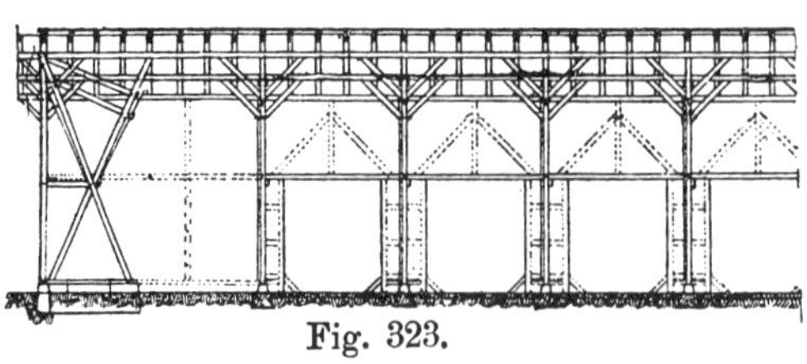

Fig. 323.

Fig. 324.

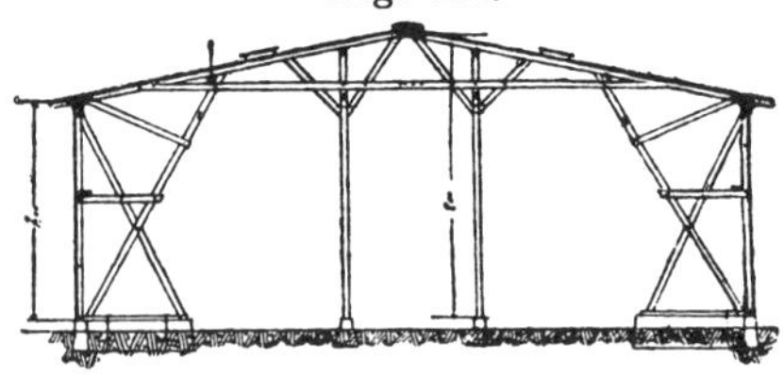

Fig. 325.

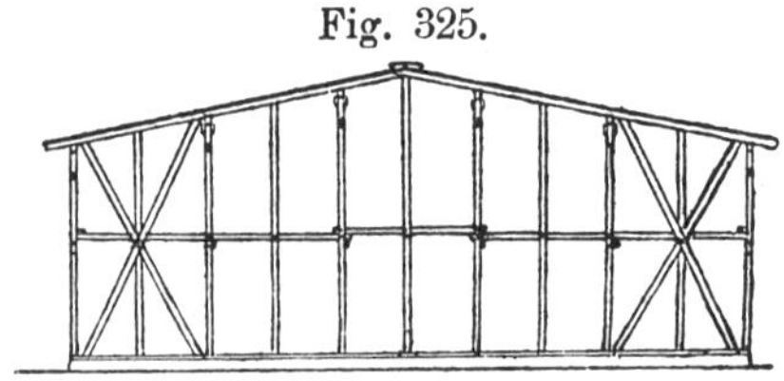

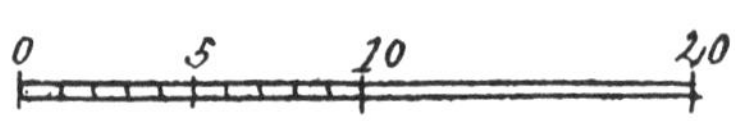

Tafel 17 und 18. Hofscheune auf Gut Mönchhof vom Architekten A. Karst in Kassel. Auch bei dieser Scheune sind die beiden resp. die eine Tenne zum Ausbansen vorgesehen. Die Scheune ist eine sogen. Quadratscheune mit durchgehend ebenem Betonfußboden. An beiden Seiten befinden sich Wurzelkeller. Der Scheunenbinder ist für 19 m Spannweite mit wenig Konstruktions-

Fig. 326.

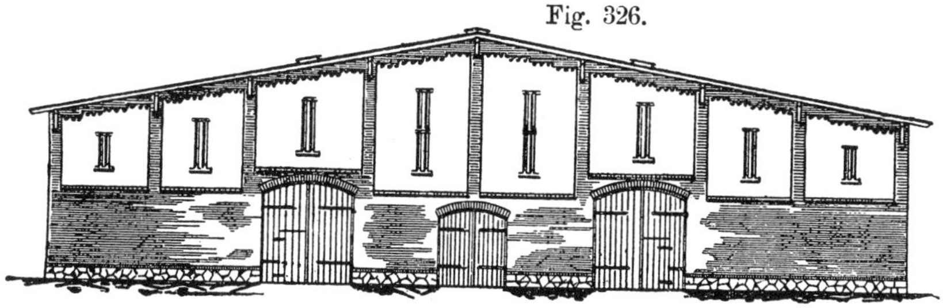

Fig. 327.

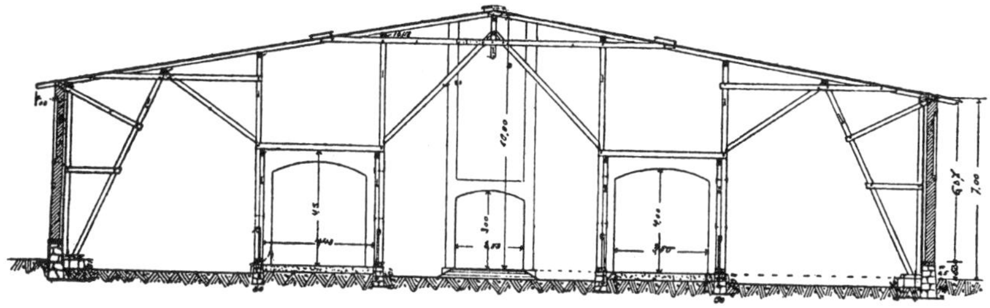

Fig. 328.

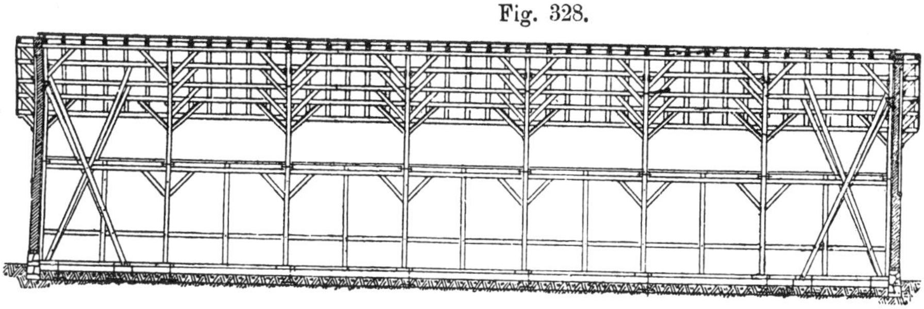

Fig. 329.

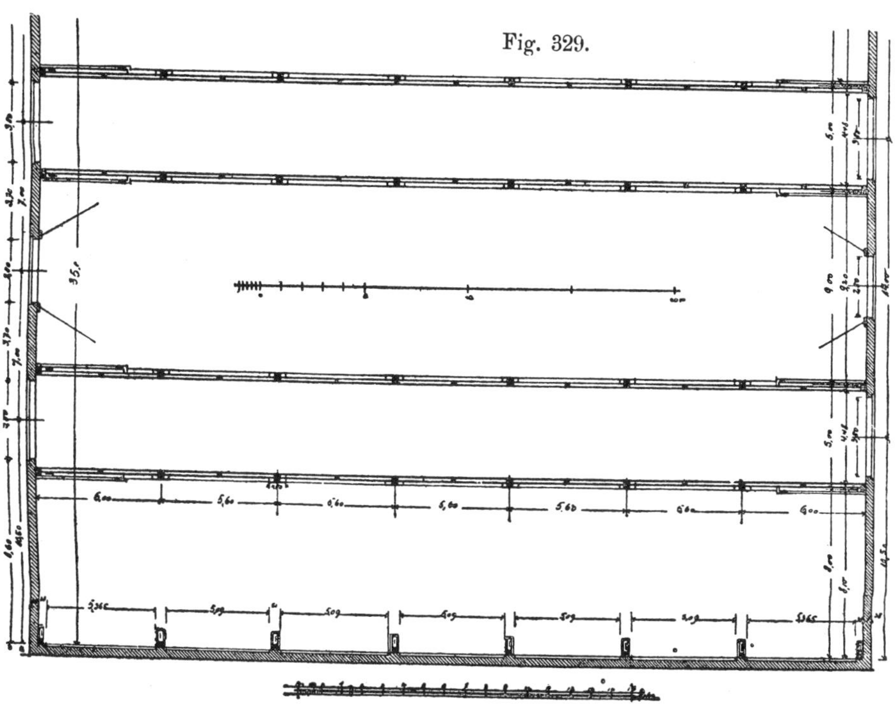

Fig. 330.

Fig. 331.

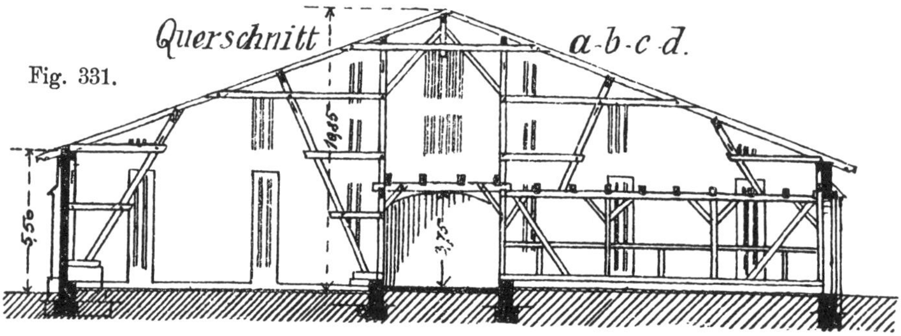

Fig. 332.

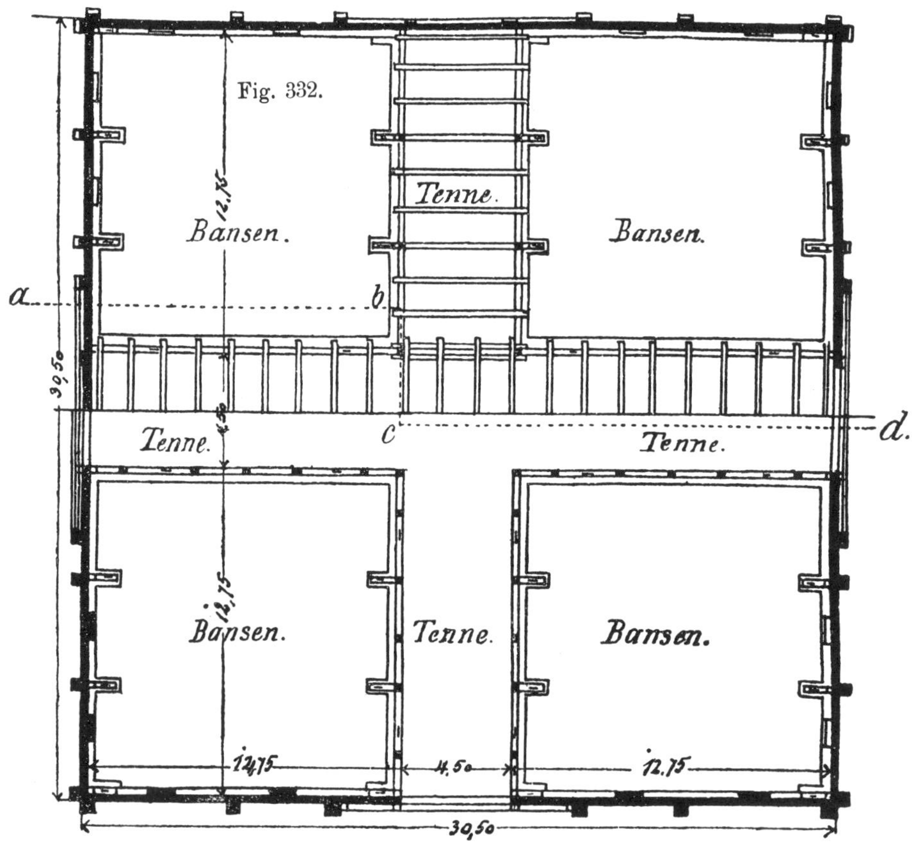

hölzern durchgeführt. Die sogen. Tennenwände dürften in der Ausführung fortgefallen sein, da wir es hier nicht mit einer Dreschtenne, sondern nur mit einer Einfahrtstenne zu tun haben.

Fig. 330 bis 332. Quadratscheune mit Kreuztenne vom Baurat F. Engel (Zeitschrift für Bauhandwerker. Halle a. S. 1890).

Fig. 333 bis 338. Hofscheune von P. Kick in Berlin, veröffentlicht von der Deutschen Landwirtschafts-Gesellschaft.

Dieser Entwurf für eine Scheune mit 10000 cbm Inhalt wurde mit dem ersten Preise gekrönt.

Die Außenmauern sind 0,38 m bezw. 0,25 m stark. Das Dach ist ein doppeltes Pappdach. Die Tenne besteht aus einer Rollschicht in

Fig. 333.

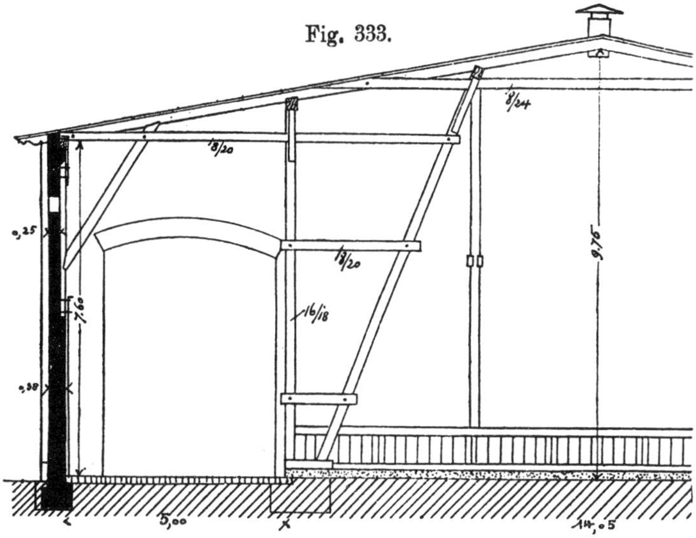

Fig. 334.

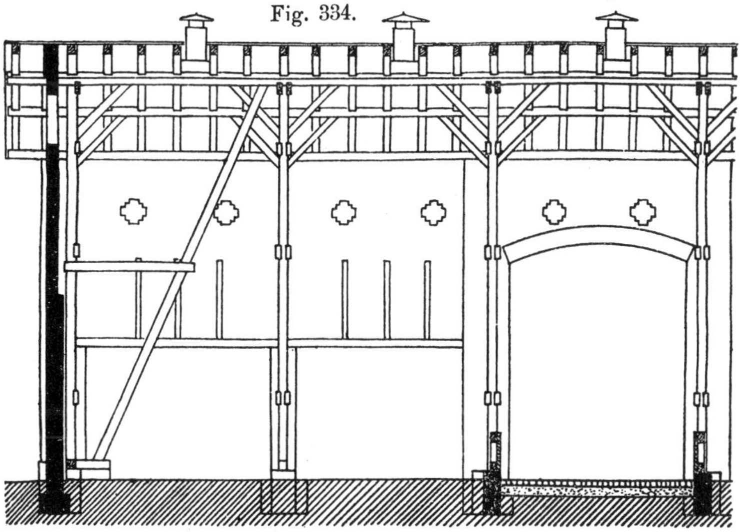

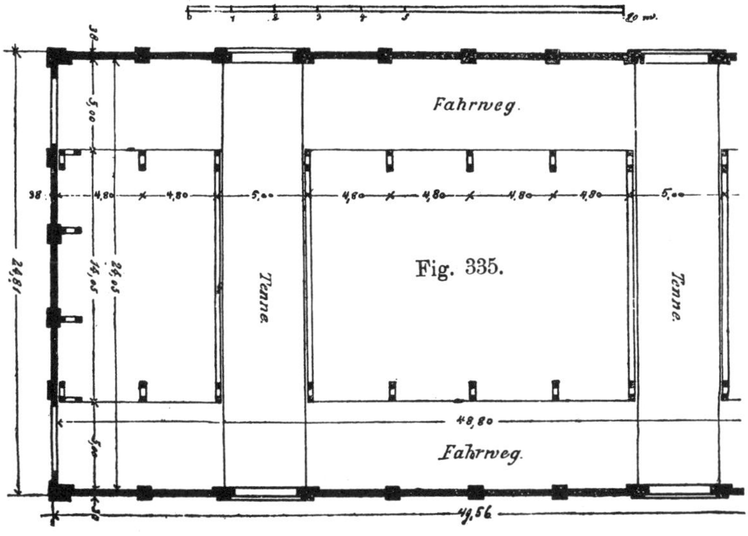

Fig. 335.

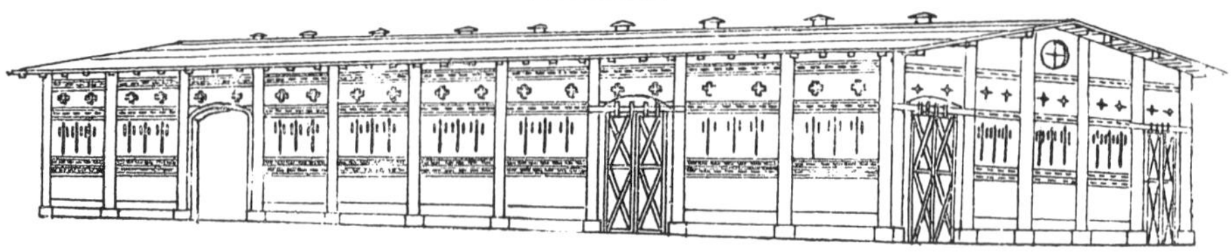

Fig. 336.

Fig. 337.

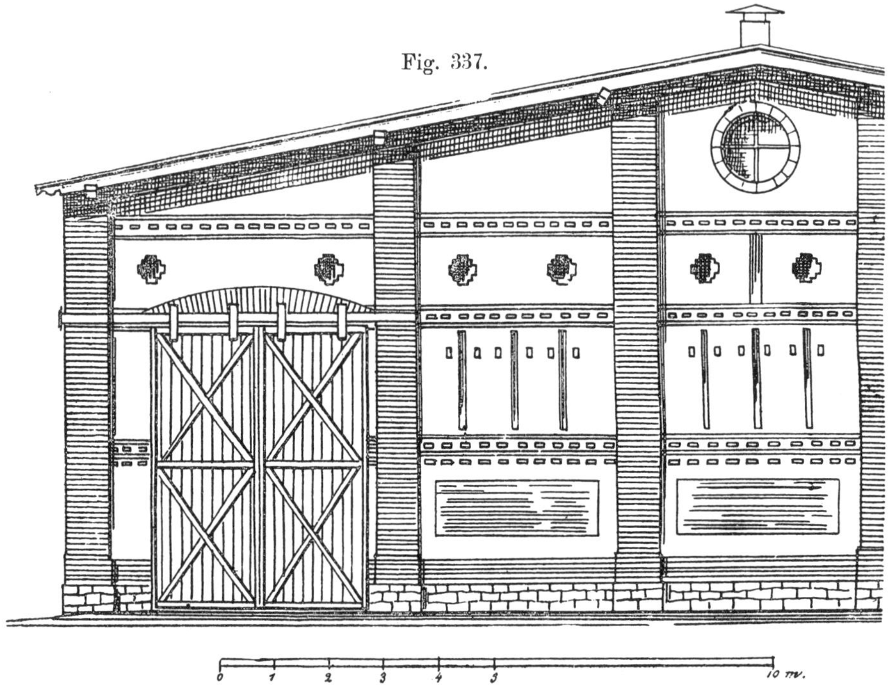

Fig. 338.

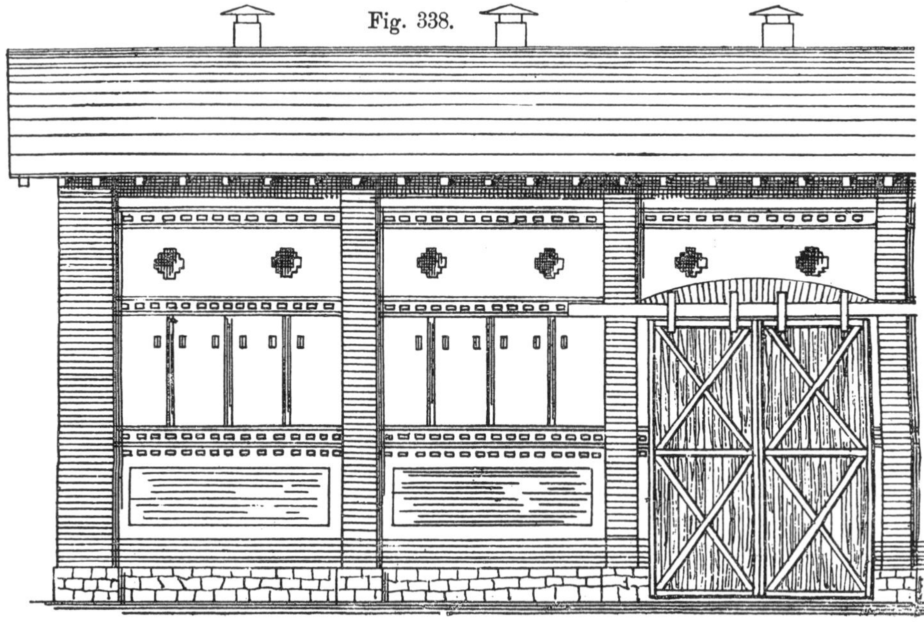

Fig. 339.

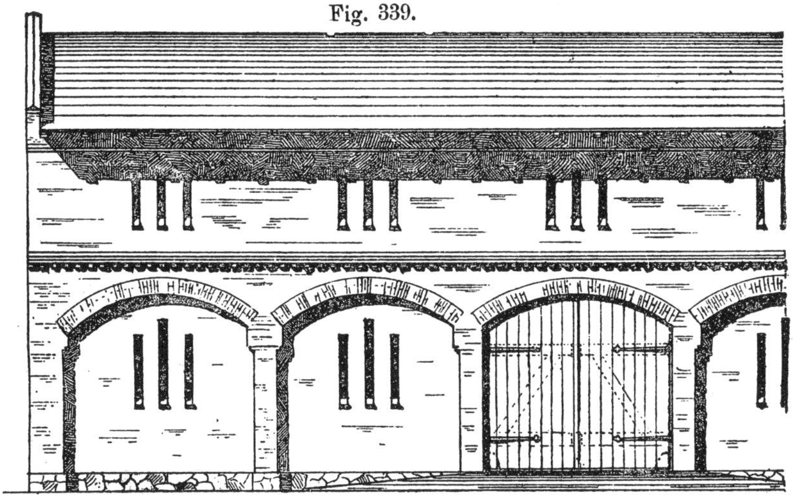

Fig. 340.

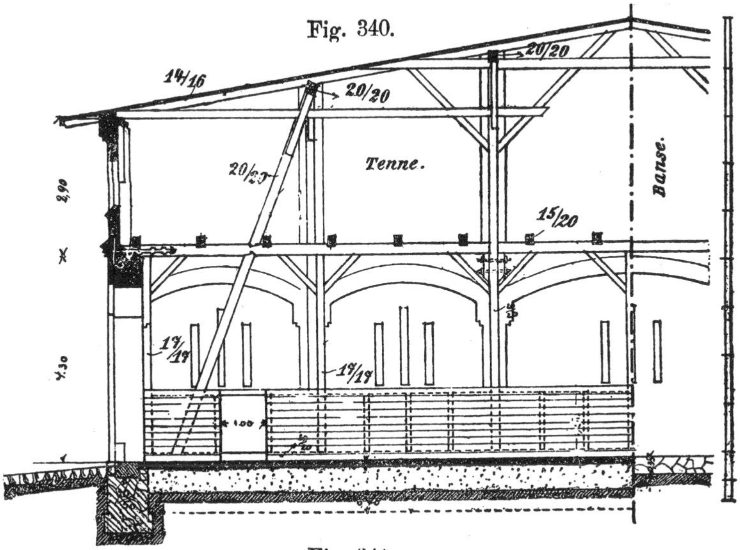

Fig. 341.

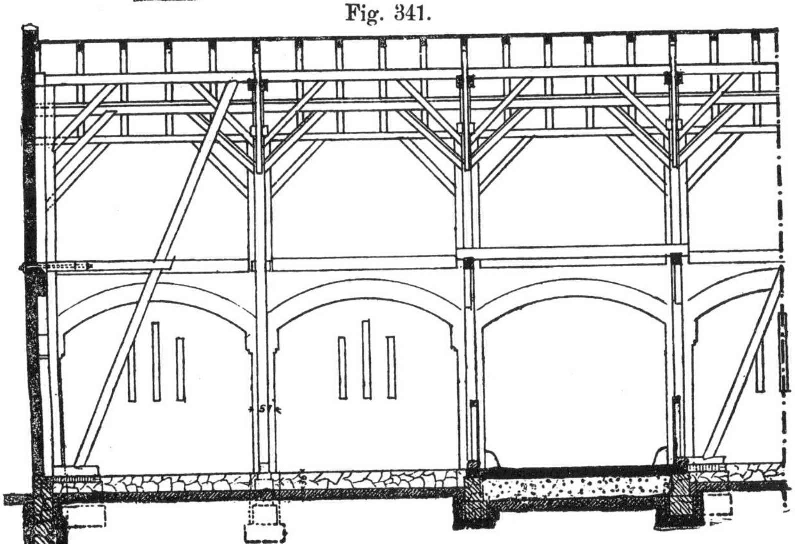

Lehm mit darüber geschlagenem Lehmestrich. Als Einfahrten in die Scheune gelten die Seitenlangtennen.

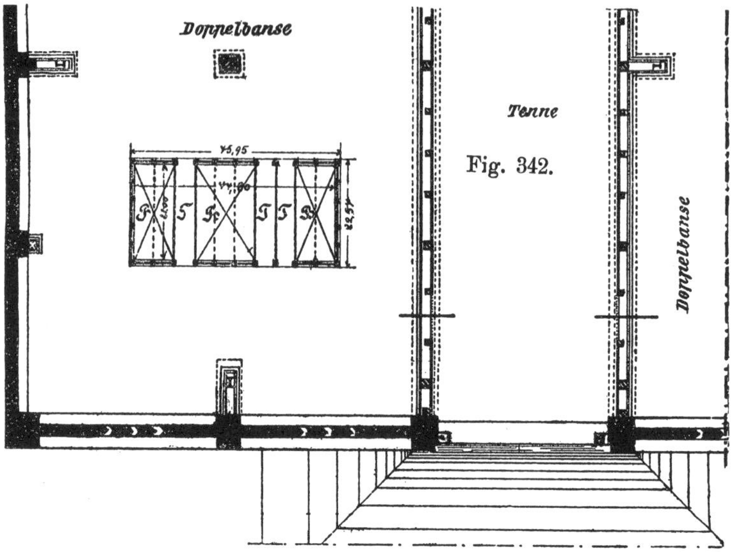

Fig. 342.

Die Einbansung geschieht vom Mittelraume aus auf die Längstennen. Die bebaute Fläche beträgt 1235qm und umfaßt 10010,5 cbm. Der Kostenanschlag beläuft sich auf 22100 Mark, mithin pro 1 qm auf 17,89 Mark und pro 1 cbm auf 2,21 Mark.

Fig. 339 bis 342. Massive Scheune von M. Stavenow. Die Scheune enthält zwei Seiten- und eine Mittelbanse, eine einfache und eine Doppel-Quertenne, die als Dreschtenne ausgebildet sind.

g) Zusammenstellung der Kosten für Scheunen.

Die Kosten stellen sich im allgemeinen pro 1 qm bei Fachwerkbauten auf durchschnittlich 23,22 Mark, bei Massivbauten auf 26,1 Mark. Die Kosten pro 1 cbm Bansenraum belaufen sich durchschnittlich auf 4 Mark.

Nach Vergleich für Preußen betragen die Scheunenkosten:

	pro 1 qm	pro 1 cbm	Nutzeinheit im Bansenraum
	Mark	Mark	Mark
Fachwerk mit Bretterverschalung	27—16	3—2	4—2,9
Fachwerk mit Ausmauerung	26,8	3,7	6—4
Massivbau	23—19	2,7—2,4	3

Zur Beurteilung der Kostenfrage von Gebäuden sind in den meisten Fällen vergleichende Rechnungen aufzustellen, da ohne diese ein bestimmtes Urteil nicht leicht gewonnen werden kann. Nachstehend sind daher für eine Scheune von gegebenem Inhalt bei vier verschiedenen Abmessungen (vgl. Abb. a, b, c, d und Längenschnitt Tafel 19) die Kosten einzeln berechnet und in nebenstehender Zusammenstellung aufgenommen (Baugewerkzeitung, Berlin 1904).

Die Scheune umfaßt 7344 cbm, kann also bei 18 cbm Ladung etwa 410 Fuder aufnehmen. Sie ruht auf einem Feldsteinfundament, ist mit doppellagiger Dachpappe und gespundeter, 2,5 cm starker Schalung eingedeckt, während Bretterfachwerk mit senkrecht stehenden Brettern ohne Deckleisten die Außenwände bilden. Streben und Zangen, diese in der Mitte geteilt, bestehen aus Rundholz, sonst sind Kanthölzer verwendet. Die wichtigsten Teile des Holzverbandes sind durch Fig. 343 erläutert, dabei ist zu erwähnen, daß Innenwände fehlen, daß nur Mittelstiele und Streben vorhanden sind, beladene Wagen also zu fast allen Punkten des Scheunenraumes gelangen können. Hierdurch wird an Arbeitskräften gespart, ein Vorteil, der bei dem jetzigen Leutemangel, namentlich zur Erntezeit, wesentlich ist.

Solche Scheunen eignen sich vorzugsweise für größere Güter, die für jede Getreideart meistens besondere Gebäude besitzen; bei kleineren Wirtschaften sind dagegen Scheunen mit Tennenwänden zur Trennung der einzelnen Feldfrüchte anzuordnen.

Aus den Zeichnungen Tafel 19 und Fig. 343 und aus der nebenstehenden Zusammenstellung ergibt sich, daß mit Abnahme der Binderzahl und bei Zunahme der Gebäudetiefe die Kosten geringer werden. Es sei bemerkt, daß ein Mindestwert für die Baukosten entsteht, wenn das Verhältnis von Breite zur Länge im allgemeinen gleich 1 : 1,7 beträgt, und zwar für den Fall, daß Tennenwände vorhanden sind; fehlen aber diese, so muß das Verhältnis etwa 1 : 1,5 sein. Das Rechteck geht dann in ein Quadrat über, sobald die innere Anordnung für alle vier Seiten gleichmäßig wird und auch die Außenwände gleiche Ausbildung erhalten. Es entsteht dann die in Abb. e Tafel 19 angegebene Grundrißform einer Quadratscheune mit Kreuztenne.

Die in Abb. d dargestellte, aus der Vergleichsrechnung als billigste hervorgegangene Scheune, hat sich auch nach ihrer Ausführung, die auf einem Gute der Provinz Posen erfolgte, für den praktischen Gebrauch bestens bewährt.

Vergleichende Kostenermittelung zu Tafel 19.

Bezeichnung	cbm Fundament je 12 Mk.	cbm Kantholz je 42 Mk.	cbm Rundholz je 21 Mk.	lfd. Meter Bearbeitung je 0,3 Mk.	qm Bedachung mit Schalung je 3,7 Mk.	qm Bretter-Bekleidung je 2,2 Mk.	Anzahl Tore als Zulage je 60 Mk.	qm Lehmtenne je 1,0 Mk.	Insgemein Mk.	Kosten im ganzen Mk.	Kosten f. d. qm Mk.	Kosten f. d. cbm Mk.
a	107	62,45	14,13	3353,3	1140,8	1106,7	6	316,8	457,87	13000	$\frac{13000}{959} = 13,57$	$\frac{13,57}{7,8} = 1,74$
b	97	61,04	13,57	3267,0	1060,0	1013,4	8	453,6	422,17	12500	$\frac{12500}{918} = 13,62$	$\frac{13,62}{8,0} = 1,70$
c	89	56,67	13,57	3093,0	1030,1	924,0	6	378,0	453,91	11700	$\frac{11700}{880} = 13,30$	$\frac{13,30}{8,2} = 1,62$
d	88	49,63	14,26	2831,4	1018,4	902,4	4	336,0	357,3	11000	$\frac{11000}{864} = 12,73$	$\frac{12,73}{8,5} = 1,50$

Taf. 19.

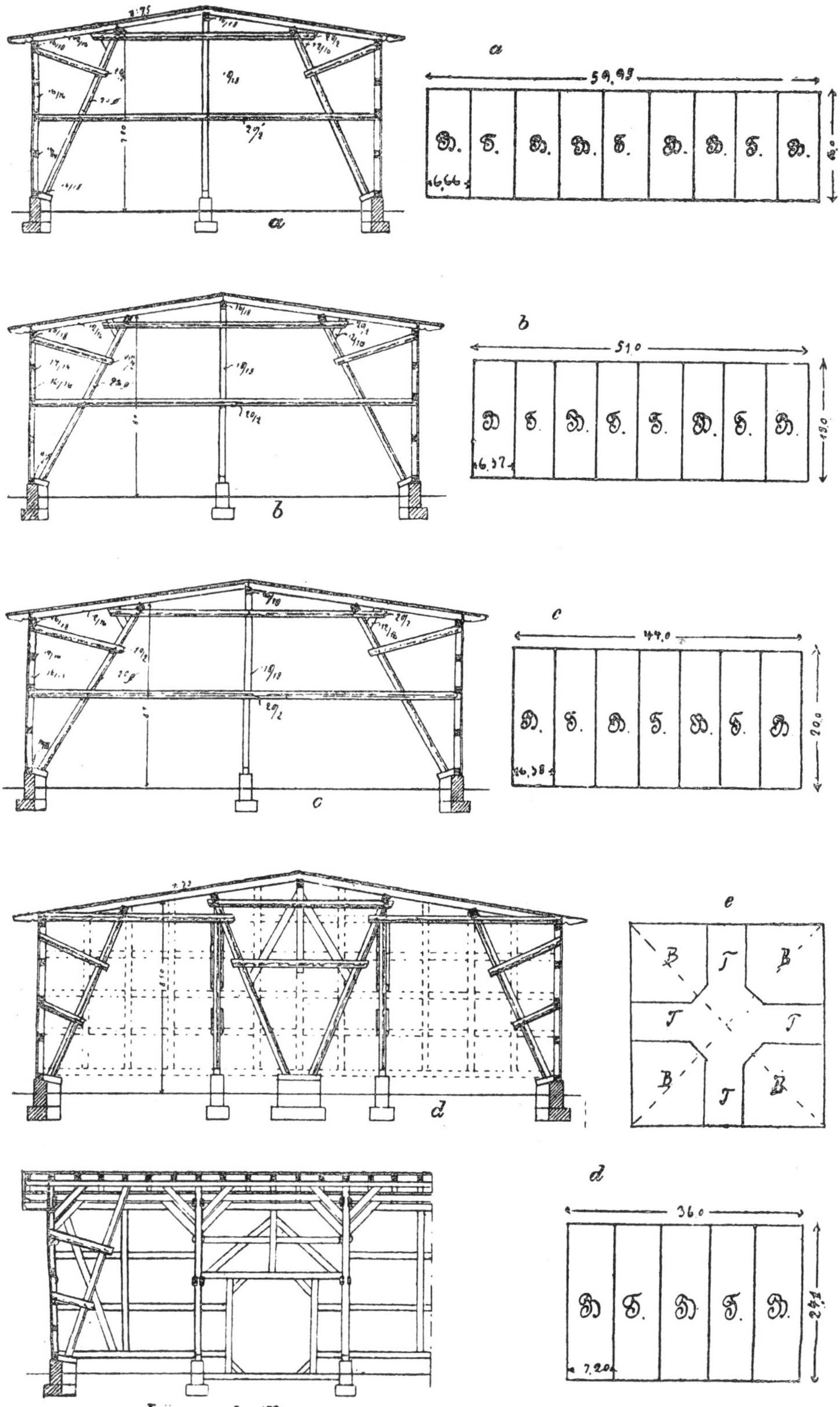

Längenschnitt

3. Speicher und Kornböden.

Die Unterbringung der Körnerfrüchte pflegt bei kleineren Gütern in den Bodenräumen der Wirtschaftsgebäude zu geschehen. Ueber die Stallungen sie zu legen, ist wenig empfehlenswert, da in diesen die Bodenräume selten ganz dunstfrei sind. Sobald aber die zur Verfügung stehenden Räume nach Umfang und Beschaffenheit nicht genügen, ist man darauf angewiesen, besondere Korn-

Fig. 343.

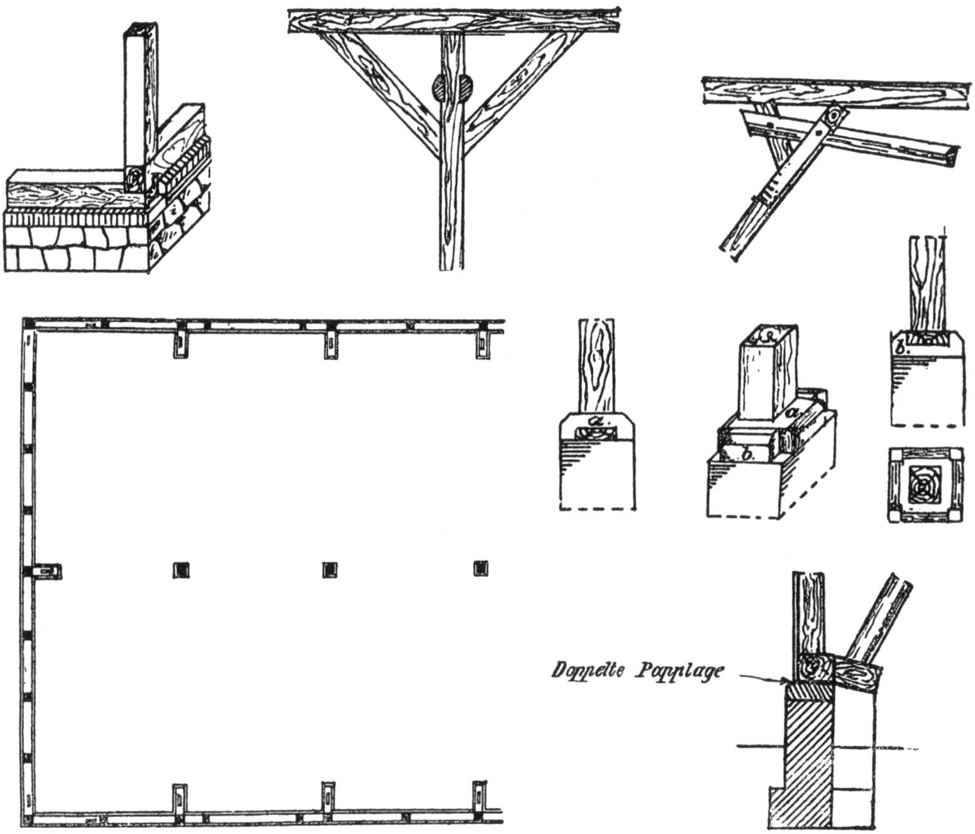

speicher zu erbauen. Im Erdgeschosse irgend eines Gebäudes mit leichter Umwandung und mit Zementestrich würde der Kornboden am bequemsten untergebracht sein, wobei sein Fußboden zweckmäßig in die Höhe des Wagenbodens gelegt wird, so daß das Korn ohne viele Mühe hineingeschafft werden kann.

In vielen Fällen ist aber eine solche Anlage nicht erwünscht, und es wird dann das Erdgeschoß als Wagenschuppen oder als Remise zur Lagerung von besonderen Futtermitteln, von künstlichem Dünger, landwirtschaftlichen Maschinen usw. eingerichtet, während die Schüttböden auf die oberen Geschosse verteilt werden. Ist das Gebäude unterkellert, so finden hier mit Vorteil allerhand Wurzelfrüchte Unterkunft.

D i e G e s c h o ß h ö h e n d e r K o r n s p e i c h e r. Teils aus Sparsamkeit, teils aber auch aus Rücksicht auf die heutzutage schwierigen ländlichen Arbeiterverhältnisse baut man die Geschoßhöhen der Kornspeicher so niedrig wie möglich. Man erleichtert damit den Transport der schweren Getreidesäcke ganz ungemein. Es genügt also, was auch für die Königl. Preuß. Domänen als Vorschrift gilt, eine lichte Höhe von 2 m zwischen den Fußböden und den Deckenunterzügen bezw. den mittleren Zangen der Dachbinder.

Der Fußboden über gewölbten Kellerräumen oder über gewölbtem Erdgeschoß besteht am einfachsten aus Beton mit Zementestrich. Andere Estriche sind der Staubentwickelung halber hier nicht zu empfehlen. Hölzerne, kieferne Fußböden über Balkenlagen erhalten eine Stärke von 3 bis 4 cm, 15 bis 20 cm breite Dielen und Dichtung mit Nut und Feder.

Die Decke der Kornböden. Besondere Zwischendecken sind für Schüttböden nicht erforderlich, es genügt vielmehr ein hölzerner Dielenfußboden gleichzeitig als Decke für das darunter liegende Geschoß.

Die Balken haben eine Stärke von 22 × 26 cm und werden durch Unterzüge (30 × 40 oder 2 × 13 × 36 cm) unterstützt. Die Pfosten sind 18 × 18 cm stark. Für eiserne Träger als Unterzüge genügt unter gewöhnlichen Verhältnissen N. P. 22.

Die Balkenlagen. Bei dem großen Gewichte des aufzuschüttenden Getreides müssen die Balkenlagen sehr sorgfältig konstruiert werden. Man verlegt sie am besten so, daß sie abwechselnd in den einzelnen Stockwerken sich kreuzen. Hierdurch wird eine gleichmäßige Verteilung der Lasten und eine Erhöhung der Standsicherheit des ganzen Gebäudes unter gleichzeitiger Ersparung an Baukosten erreicht. Diese Lasten sind so zu berechnen, daß sie für alle Getreidearten ausreichen und auch zeitweise höhere Schüttungen als 50 cm gestatten.

Die Gewichte betragen für 1 hl der schweren Feldfrüchte: Erbsen 85 kg, Roter Kleesamen 85 kg, Weizen 76 kg, Roggen 68 kg.

Leichtere Fruchtarten wiegen pro 1 hl: Raps 66 kg, Gerste 64 kg, Hafer 43 kg.

Die Raumgröße. 1 hl Getreide erfordert an Raum etwa 0,05 cbm. Die zugehörige Grundfläche beträgt pro 1 hl Getreide 0,2 qm ohne Gang, 0,3 qm mit Gang. Als Schütthöhe rechnet man: für altes Getreide 0,60 m, für neues 0,40 bis 0,50 m, für Hafer, weil er leicht ist, 0,90 m.

Die Breite der Schüttböden beträgt 9 bis 12,50 m, ihre Höhe 2,40 bis 2,50 m.

Nach einer anderen Berechnung beträgt die Schütthöhe für mittleren Roggen 67 cm bei 750 kg/cbm Gewicht. Für 1000 kg hat man etwa 1,8 qm Schüttfläche nötig, für 4000 Zentner 360 qm. Ist nun der Speicher dreistöckig, so verteilen sich auf jedes Geschoß 120 qm, oder bei 4 Geschossen 90 qm.

Für ein bequemes Umschaufeln werden die einzelnen Abteilungen etwa 3 m breit angelegt. Eine Doppelabteilung enthält dann (vergl. Fig. 344 u. 345) etwa 42 bis 45 qm, mithin sind bei 3 Geschossen deren 3, bei 4 Geschossen 2 solcher Doppelabteilungen notwendig. Die Gänge erhalten 80 cm Breite. Die Mauerstärke beträgt im Erdgeschoß mindestens 51 cm. Alle 4 m ist die Decke zu unterstützen. Also ergibt sich ein viergeschossiger Speicher von 26 × 9,25 m Außenmaß oder ein dreigeschossiger von 18,0 × 16,65 m Außenmaß bei zentrischer

Anordnung, vergl. Fig. 345. Die letzte Anordnung ist billiger als eine Langhausanlage, muß aber mittels eines Exhaustors gelüftet werden.

Fig. 344.

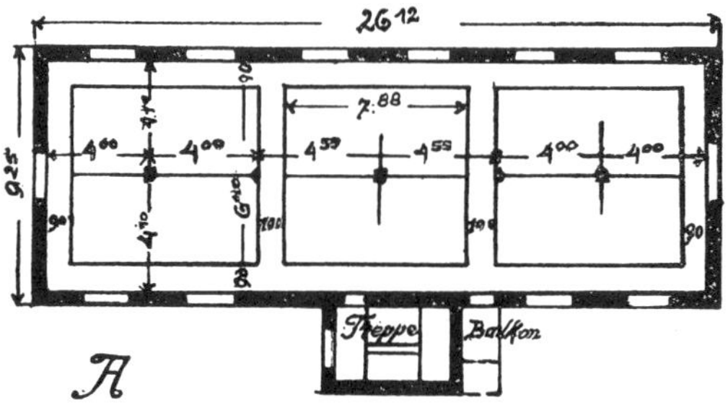

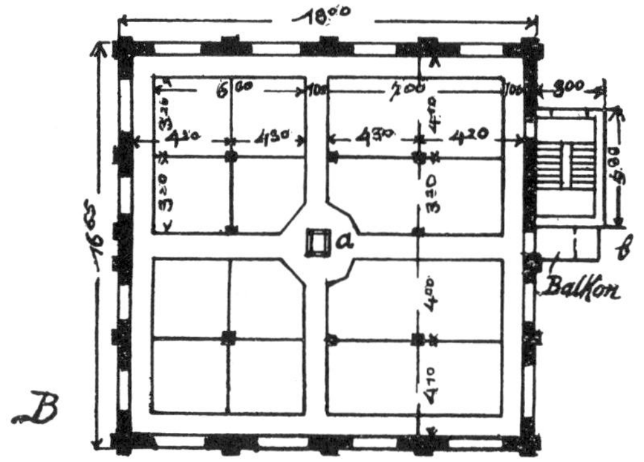

Fig. 345.

Den Getreidetransport vermittelt ein Sackaufzug, Fig. 345 bei a. Er liegt dann in einer Durchfahrt im Erdgeschoß, das als Reserveraum benutzt wird. Es kann aber der Aufzug auch bei b an einem Treppenbalken liegen, der zugleich als Feuerschutz dient, so daß die Treppe bei einem Brande qualmfrei bleibt (nach Deutsche Bauhütte).

Die Holzverbindungen. Infolge der schweren und häufig einseitig wirkenden Belastungen tritt leicht ein Verschieben der einzelnen Konstruktionsteile gegeneinander auf. Es empfiehlt sich daher (Vorschrift für die Königl. Preuß. Domänen) bis zum Dachgeschoß durchgehende Doppelstiele anzunehmen, zwischen denen die Unterzüge hindurchgeführt werden, während die Binderbalken als zwei Halbhölzer diese Stiele zangenartig umfassen. Auch können zangenartige doppelte Unterzüge Verwendung finden. Bei Umfassungswänden aus Fachwerk sind an den Binderauflagern Doppelstiele anzuordnen.

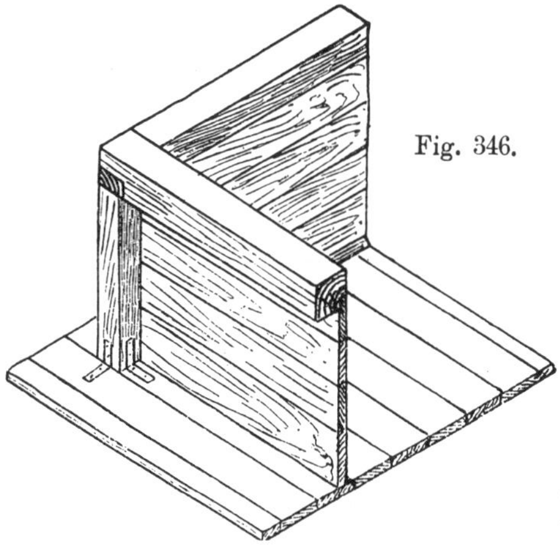

Fig. 346.

Die Umfassungswände. Nicht immer ist es nötig, daß die Wände der Kornspeicher massiv ausgeführt werden. Immer aber sind sie im Innern mit glattem Fugenverstriche zu versehen, da sich auf Rappputz zu leicht der Staub ansetzt. Glatter Wandputz hat den Nachteil, daß er leicht abgestoßen wird und dann das Getreide verunreinigt. Das Erdgeschoß ist aber, wenn sonst Fachwerk für die Speicherwände zur Verwendung kommt, immer massiv auszuführen (vergl. Fig. 347 bis 351). Bei Anordnung von Fachwerk erhalten die Binder Doppelstiele.

Die Fenster. Zur Beleuchtung und zur Lüftung sind Fensterluken (im Gegensatz zu Windluken) (55 × 120 cm) notwendig. Sie werden zum Schutze gegen das Einfliegen von Vögeln mit Drahtgeflecht vergittert. Niemals sind sie verglast, sondern besser mit jalousieartig verbretterten Luken geschlossen oder unter Umständen mit Drahtglas versehen. Erdgeschoßfenster müssen gegen

Einbruch durch feste Gitterstäbe gesichert werden (Vorschriften für die Königl. Preuß. Domänen).

Die Fensterbrüstungen sollen niedrig, 50 bis 60 cm über den Fußböden, angelegt werden, damit der Luftzug, wenn sie geöffnet werden, unmittelbar über das Getreide hinstreicht.

Fig. 347.

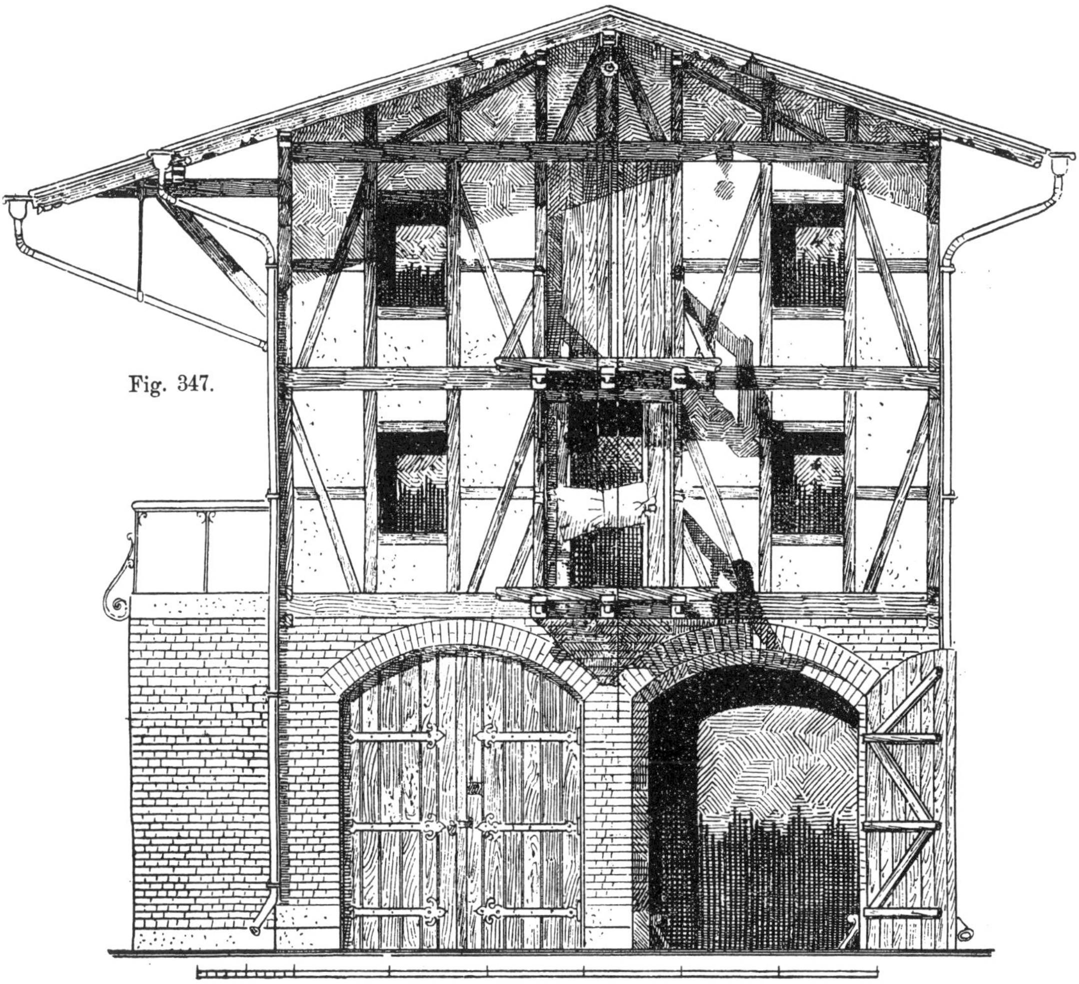

Die Treppen. Zur bequemen Verbindung der einzelnen Schüttböden gibt man den Treppen kein übermäßig großes Steigungsverhältnis. Ueber 19 : 25 darf dasselbe nicht hinausgehen. Alle gewendelten oder Spitz-Stufen sind hier zu vermeiden. Eine Treppe enthält etwa 13 bis 14 Steigungen in einem einzigen geraden Treppenarme. Die Treppe liegt am praktischsten in einem für sich abgeschlossenen Treppenhause (Fig. 344, 345 und 362). Ihre Breite soll 1,10 bis 1,30 m betragen. Ein kräftiges, einfaches Geländer gehört hierher. Im übrigen genügt eine einfache eingeschobene Treppe ohne Futterstufen.

Die Winde- und Aufzugsvorrichtungen werden am besten so angeordnet, daß sie von außen her betrieben werden können (Fig. 347). An

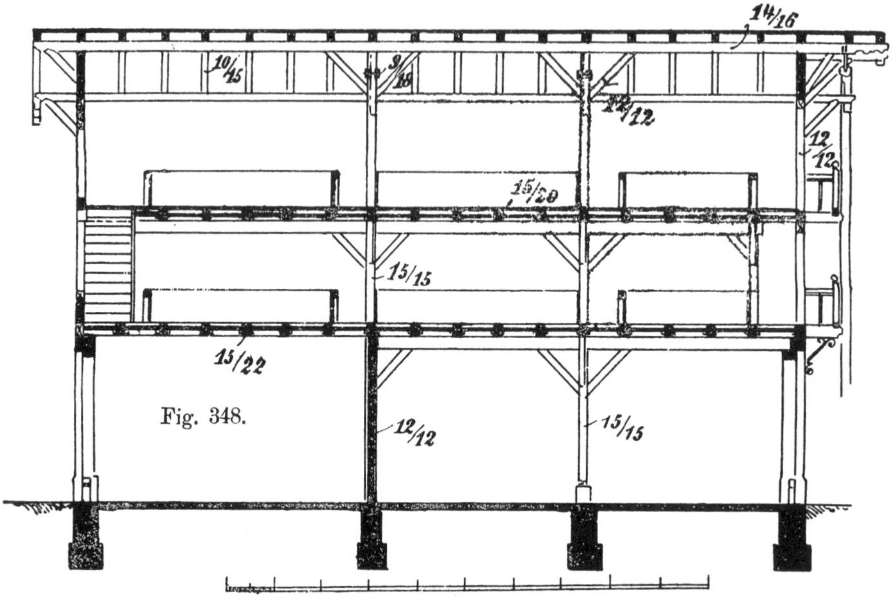

Fig. 348.

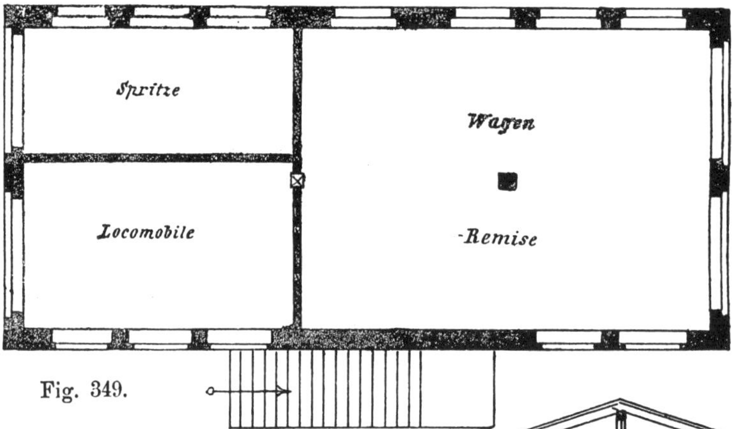

Fig. 349.

Erdgeschoss

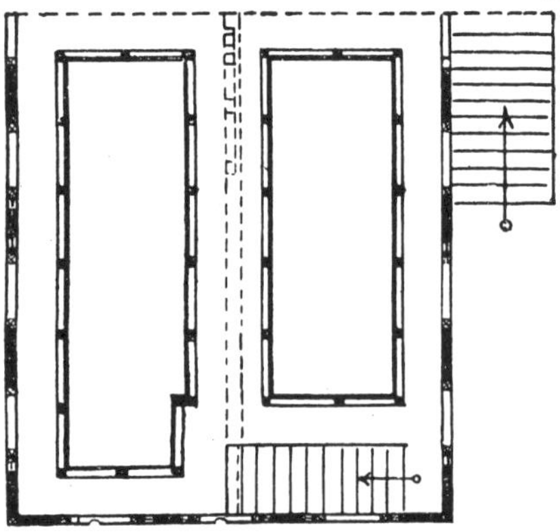

Fig. 350. I. Stock

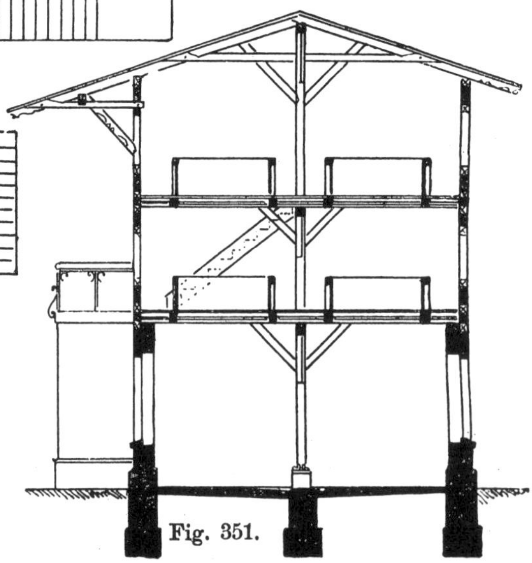

Fig. 351.

einem starken Haken hängt hier ein gewöhnlicher Flaschenzug, den man durch den Dachvorsprung gegen die Witterung schützt.

Fig. 352.

Fig. 354.

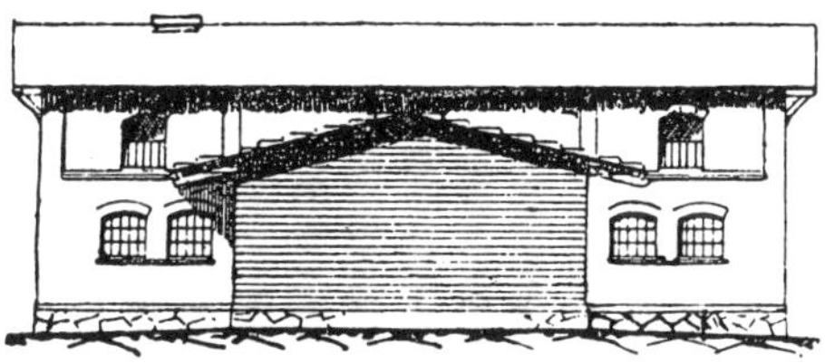

Fig. 353.

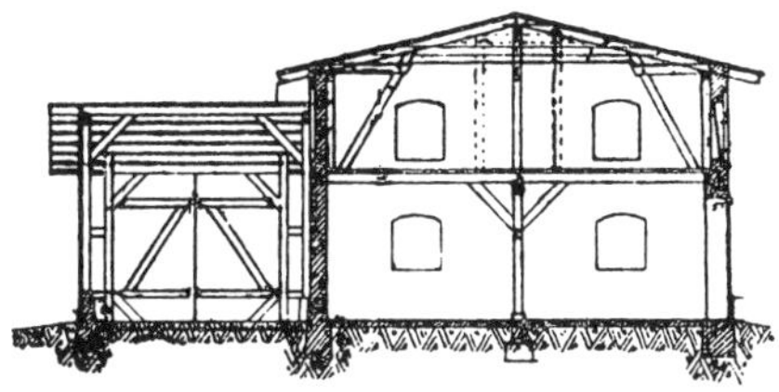

Fig. 355.

Wagen u. Geräteschuppen nebst Kornspeicher zu Neu-Guthendorf von Friedr. Wagner-Rostock

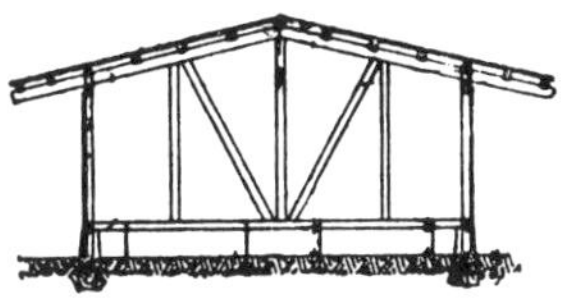

Fig. 356.

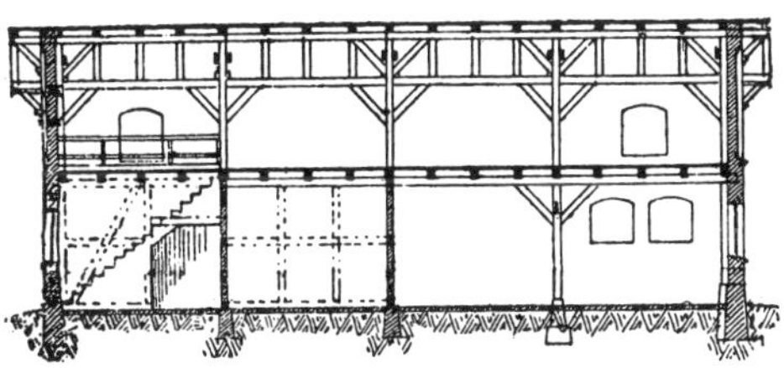

Fig. 357.

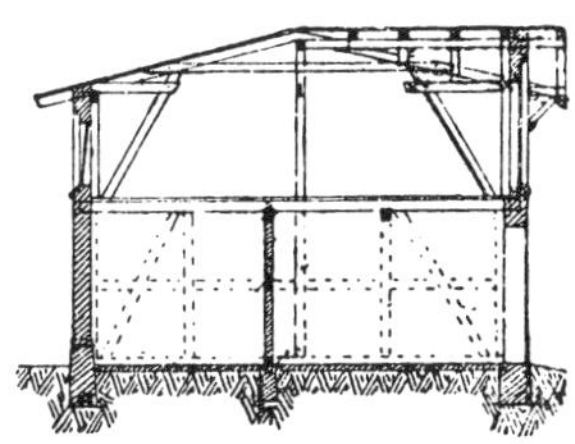

Fig. 358.

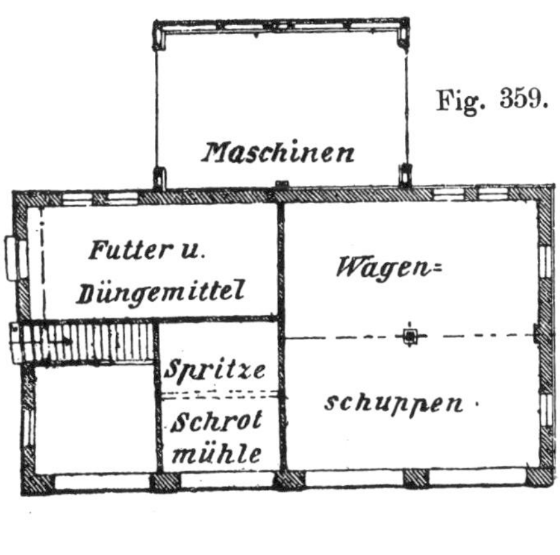

Fig. 359.

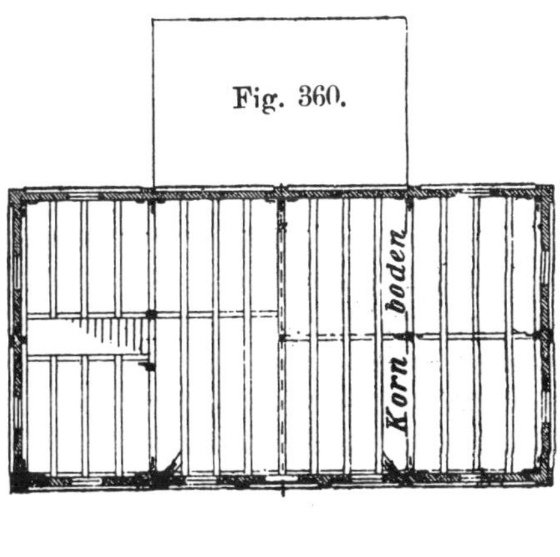

Fig. 360.

Fig. 361.

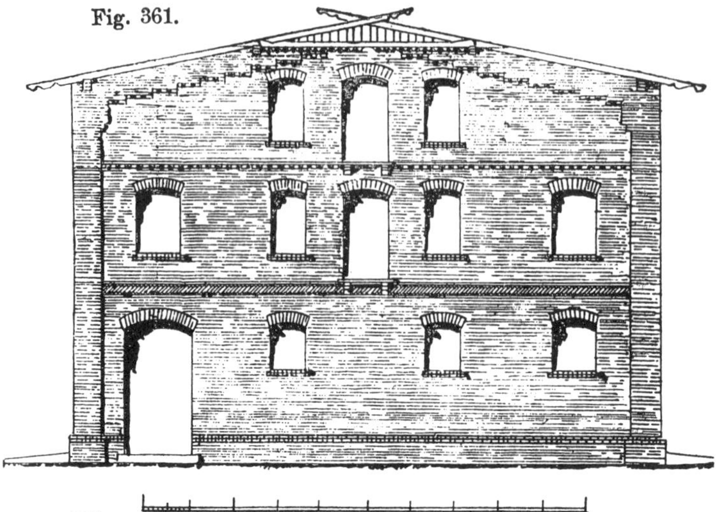

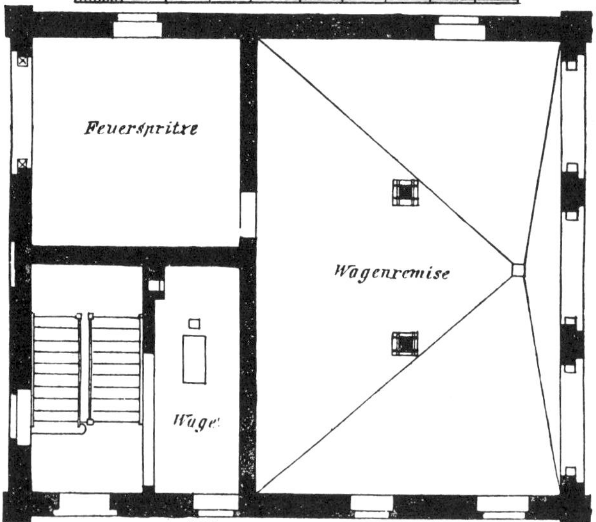

Fig. 362. Erdgeschoss

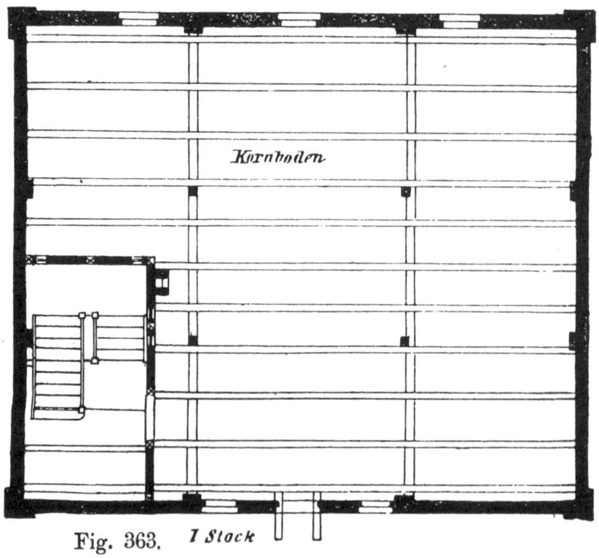

Fig. 363. I Stock

Die Windeluken erhalten Türen von 1,0 bis 1,10 m Breite und 1,0 bis 2,0 m Höhe, die nach Innen schlagen. In der Fußbodenhöhe liegen außen vor den Türen in Ketten hängende Klappen, die um eine wagerechte Achse drehbar sind. Sie werden erst dann aus ihrer lotrechten Lage hinabgelassen, wenn der aufgewundene Sack bis über Fußbodenhöhe schwebt. Alsdann senkt man den Sack auf die horizontalliegendeKlappe hinab und transportiert ihn von hier mit Sackwagen zum Lager.

Die Schüttbretter. Um einzelne Fruchtarten streng voneinander zu trennen, wendet man niedrige Schüttkästen an (Fig. 346). Dieselben sind 60 cm hoch aus gespundeten 3 cm starken wagerechten Brettern herzustellen.

Das Dach. Flache Dächer eignen sich für Speicher ganz besonders, da sie einen als Schüttboden voll ausnutzbaren Bodenraum ergeben. Am besten verwendet man Pappdächer mit entsprechender Drempelwand, da sie die billigsten sind.

Die Lüftung der Kornspeicher geschieht ausschließlich durch die Fensterluken (siehe darüber weiter oben).

Die Kosten. Für Kornspeicher und Schüttkästen betragen die Kosten zwischen:

pro 1 qm
Mark
68,6 bis 71,3

pro 1 cbm
Mark
6,1 bis 6,7

für die Nutzeinheit
Mark
20

Nach anderen Angaben belaufen sich die Kosten für Speicher und Magazine pro 1 qm und für ein Geschoß 45 bis 70 Mark, für zwei Geschosse 70 bis 100 Mark, für drei Geschosse 95 bis 125 Mark, für vier Geschosse 110 bis 150 Mark.

Staatlich ausgeführte Speicher kosteten ohne Neben-Anlagen:

zweigeschossig:
für 1 qm 64,80 Mk.,
für 1 cbm 6,90 „

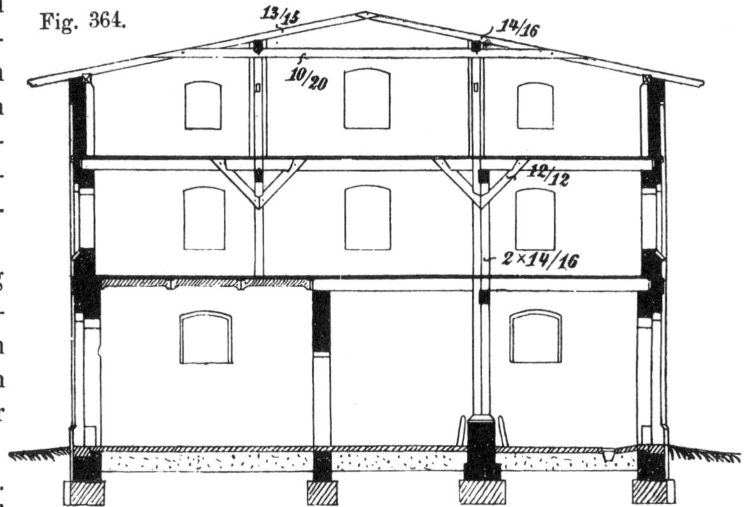

Fig. 364.

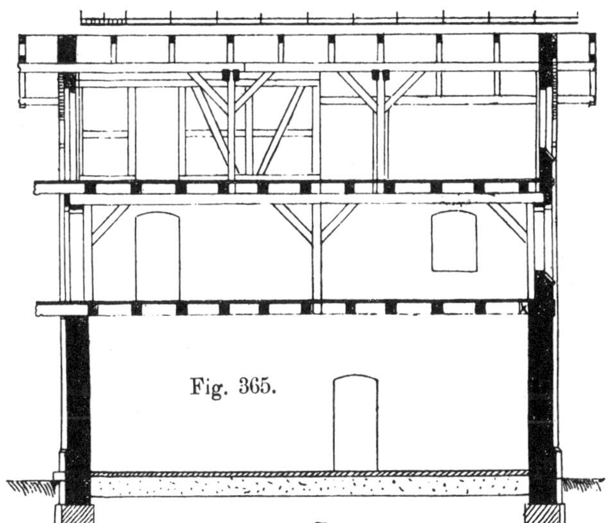
Fig. 365.

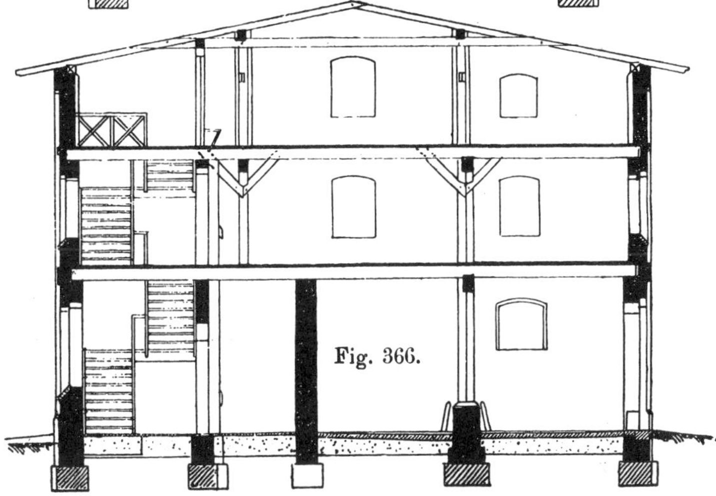
Fig. 366.

dreigeschossig: für 1 qm 76,30 Mk.,
für 1 cbm 6,60 Mk.

Beispiele.

Fig. 347 bis 351. Kornspeicher mit Schüttkasten-Einrichtung von H. Reuße. Im Erdgeschosse befinden sich eine große Wagenremise, ein Raum für Unterbringung der Lokomobile, ein Spritzenraum.

Fig. 352 bis 360. Kornspeicher nebst Wagen- und Geräteschuppen auf Gut Neu-Guthendorf vom Architekten Friedr. Wagner in Rostock. Das Vorderhaus enthält im Erdgeschoß einen Wagenschuppen für Kutschwagen von 68,50 qm Grundfläche, einen Spritzenraum von 18,84 qm, einen Raum für künstliche Düngemittel von 28 qm, eine Schrotmühle von 13,24 qm Grundfläche. Darüber liegt ein Schüttboden von 140,50 qm Grundfläche. Das Gebäude ist massiv aus Backsteinen auf Fundamenten von Granitfindlingen erbaut. Das Dach ist ein doppeltes Pappdach. Die Fußböden sind mit flacher Backsteinschicht in Sandbettung gepflastert und mit Zement vergossen. Der Fußboden im Kornspeicher besteht aus gespundeten Dielen und liegt auf einer hölzernen Balkenlage. Zwischendecke fehlt. Der Anbau dient als Schuppen für landwirtschaftliche Maschinen und besteht aus verbrettertem Fachwerk. Das Gebäude kostet 5600 Mark, also pro 1 qm 27,80 Mark und pro 1 cbm 5,13 Mark (nach Neubauten von Häberle, Verlag von Seemann & Co. in Leipzig).

Fig. 361 bis 366. Kornspeicher von W. Kolb. Das Gebäude enthält im Erdgeschosse eine Wagenremise von 67,62 qm, einen Spritzenraum von 19,9 qm, eine Wage von 5,5 qm und ein abgeschlossenes Treppenhaus. Der Schüttboden bietet eine Grundfläche von 114,35 qm.

4. Wagen- und Geräteschuppen.

Wenn offene Schuppen als besondere Gebäude für sich errichtet werden, hat dies zunächst in möglichst leichter Bauweise zu geschehen. Es genügen für diesen Zweck verbretterte Fachwerkgebäude mit flachem Pappdach.

Sind sie als Anbauten an Scheunen usw. vorgebaut, so müssen sie zum Zweck des Unterfahrens mindestens 4,50 m an lichter Einfahrtshöhe haben.

Die Raumgrößen. Die im Schuppen unterzubringenden Geräte erfordern folgende Grundflächen:

1 Kutsche 3,00 bis 3,20 m lang, 1,50 bis 2,00 m breit
(mit Deichsel 6,25 m lang), die Deichsel wird abgenommen,
1 Erntewagen 3,80 bis 5,00 m lang, 1,60 bis 2,20 m breit,
1 Wagen mit Dunggeschirr 2,50 bis 3,0 m lang (ohne Deichsel), 1,90 bis 2,10 m breit,
1 Pflug 2,50 bis 3,20 m lang, 1,20 bis 1,60 m breit,
1 Egge 1,25 bis 1,90 m „ 1,30 bis 1,40 m „
1 Feuerspritze 2,80 m „ 1,50 m breit
(mit Deichsel 5,30 m lang), die Deichsel wird nicht abgenommen.

Zwischen je zwei Wagen rechnet man 50 bis 70 cm Abstand; der Abstand von der Wand beträgt etwa 60 bis 80 cm.

Der Fußboden wird mit Kies oder Lehm gefestigt, zuweilen auch mit einem einfachen Pflaster aus geschlagenen Steinen versehen.

Die Tore der Wagenschuppen schlagen nach außen auf. Sie erhalten an Breite 2,50 bis 3,00 m und an Höhe 3,00 bis 3,50 m.

Die Fenster sind zumeist eiserne Klappfenster.

Beispiele von Wagenschuppen siehe weiter unten bei Fig. 452 bis 469 und Tafel 20 und 21.

Die Holzkonstruktionen. Vor allen Dingen müssen die Binder im Schuppen so konstruiert sein, daß sie möglichst viel freien Raum gewähren.

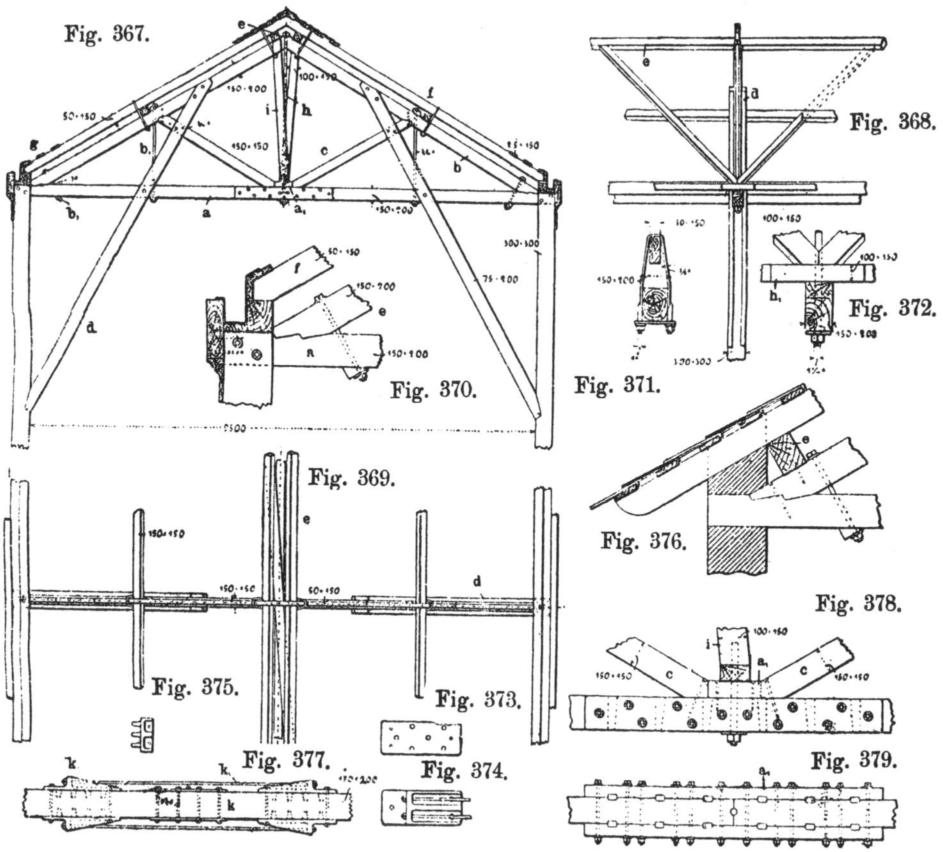

Fig. 367. Fig. 368. Fig. 369. Fig. 370. Fig. 371. Fig. 372. Fig. 373. Fig. 374. Fig. 375. Fig. 376. Fig. 377. Fig. 378. Fig. 379.

Sind sie durch freistehende Stiele unterstützt, so sollen diese durch Prellpfähle oder Steine gegen das Anfahren gesichert werden.

Eine praktische Konstruktion ist in den Fig. 382 und 383 dargestellt. Dieselben stellen in Längen- und Querschnitt einen Schuppen für Wagen und landwirtschaftliche Maschinen dar, der auf Gut Mönchhof vom Architekten A. Karst-Kassel erbaut worden ist. Mit Hilfe von beiderseitigen Sprengwerken ist hier ein freier Raum für die Wagen geschaffen, der 41,25 qm umfaßt.

Einen originellen Binder für Schuppen geben die Fig. 367 bis 379 wieder. Die Fig. 367 bis 369 zeigen den sogen. englischen Binder in Querschnitt, Längenschnitt und Grundriß. Die den Binder tragenden Säulen sind doppelt konstruiert; mit ihnen ist der Spannbalken a durch zwei Schrauben verbunden. Der Tragsparren b bildet zusammen mit der Zugstange i h ein Hängewerk, außerdem bewirken zwei Ankerschrauben die Verbindung von Hauptsparren und Spannbalken. Die Druckstreben c stoßen unten gegen einen auf den Spannbalken gelegten Druckklotz a_1, der mit dem Spannbalken verschraubt ist. Die Doppelzangen d haben eine Stärke von 75 × 203 mm. Die Pfetten e sind mit dem Hauptsparren durch Bügelschrauben verbunden (Figur 371). Der Abstand der Sparren beträgt 60 cm.

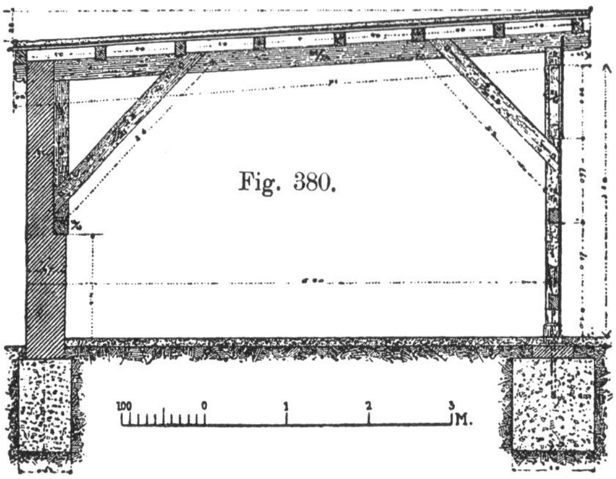

Fig. 380.

Fig. 370 zeigt die Anordnung der Dachrinnen aus Holzbohlen und Zinkblech. In Fig. 376 ist derselbe Binder bei Backsteinwänden dargestellt, in den Figuren 373 bis 375 und 377 eine Variante für die Verlaschung der beiden Spannbalkenhälften a mit Laschen aus Gußeisen. Der Binder ist nach dem System J. D. Galloway entworfen.

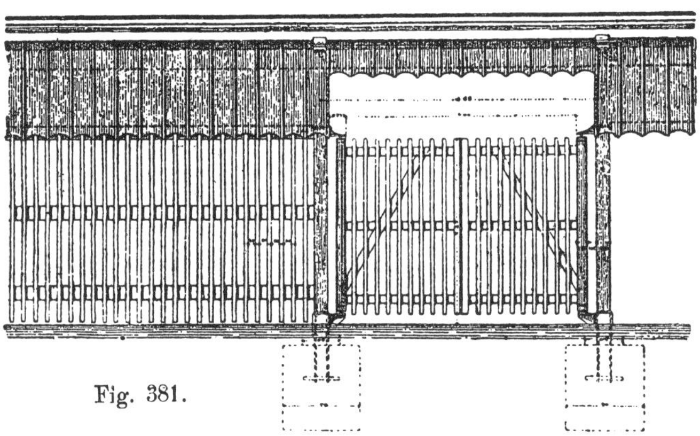

Fig. 381.

Die Fig. 380 und 381 stellen einen einfachen Geräteschuppen von 6,50 m Tiefe in Querschnitt und Vorderansicht dar (vergl. „Der Bautechniker“, Wien).

Wagenschuppen für Kutschwagen müssen manchmal daraufhin eingerichtet werden, daß die Wagen innerhalb des Schuppens selber gereinigt werden können. In diesem Falle muß der Fußboden des Schuppens für das abfließende Spülwasser ein Gefälle entweder nach außen hin oder nach einem Abflußrohr im Innern erhalten. Das Pflaster besteht in Wagenschuppen entweder aus hochkantigen Klinkern in Zement oder aus Holzklötzchen.

Schuppen für landwirtschaftliche Maschinen (Fig. 382, 383) werden stets als verschließbare Räume angeordnet, während die Ackergeräte in offenen Schuppen Unterkunft finden. Hier ist für freien Raum ohne störende Unterstützungen durch Stiele Sorge zu tragen, wie in den Figuren 382 und 383 durch die Verbindung von Hänge- und Sprengwerk oder auch durch Abspreizungen allein dies erreicht wurde.

Die üblichen Maße für landwirtschaftliche Maschinen sind (nach „Baukunde des Architekten“ II) die folgenden:

1 Ringelwalze	1,50 m lang,	2,50 m breit
1 dreizehnreihige Sämaschine	3,00 m „	2,25 m „
1 sechzehnreihige „	3,20 m „	2,45 m „
1 Breitsämaschine	4,00 m „	4,00 m „
1 engl. Heurechen	1,60 m „	2,70 m „
1 Drillmaschine	3,00 m „	2,30 m „
1 Mähmaschine	6,00 m „	3,50 m „

Fig. 382.

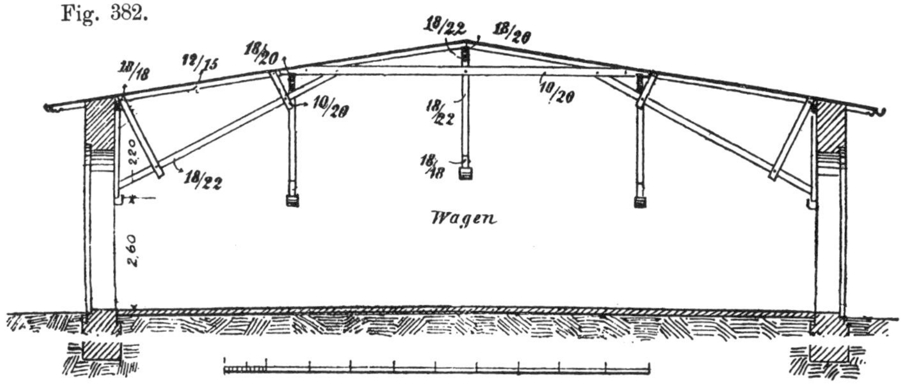

Wagenschuppen auf Gut Mönchhof

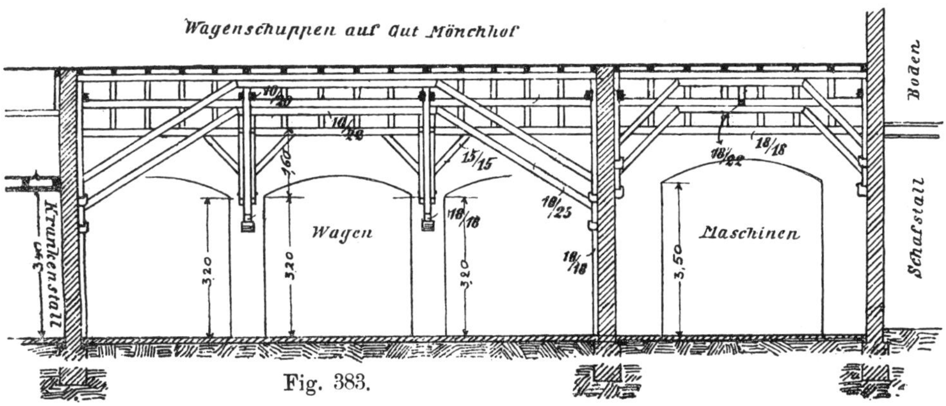

Fig. 383.

Die großen Maschinen werden auseinander genommen und erfordern dann nur die Hälfte des genannten Platzes.

1 Strohelevator	8,00 m lang,	2,40 m breit,	3,40 m hoch,
1 Dreschkasten	5,40 m „	2,50 m „	3,20 m „
1 Lokomobile	3,00 m „	1,50 m „	3,00 m „

Offene Schuppen erhalten ein doppellagiges Pappdach mit weitem Ueberstand an der Traufe. Die Höhe vom Erdboden bis zur Traufe muß 2,75 bis 3,0 m betragen. Sollen beladene Erntewagen unterfahren, so ist diese Höhe bis auf 4,0 m zu bemessen.

D i e B a u k o s t e n betragen für 1 qm geschlossenen Schuppen aus Fachwerk mit Pappdach etwa 30 Mark, für 1 qm offene Schuppen mit Pappdach etwa 15 Mark, für 1 qm massive geschlossene Schuppen etwa 50 Mark.

Vierter Abschnitt.

Stallgebäude nebst Zubehör.

Als Grundbedingungen für zweckmäßige Stallanlagen gelten die folgenden, die hier unter Nummer 1 bis 8 diesem Abschnitt vorangestellt sind. Wir werden sie in derselben Reihenfolge bei jeder einzelnen Stallgattung unter der Bezeichnung ad 1, ad 2 usw. in ihrer weiteren Bedeutung erläutern.

1. Die Bauart der Ställe darf nicht zu teuer werden. Es empfiehlt sich dafür ein billiger Massivbau.
2. Die Tiere müssen genügend Platz finden, zum Stehen sowohl als zum Liegen. Die Größen dieser Aufstellungsplätze sind in Quadratmeter Grundfläche sowohl als auch in Längen und Breiten im allgemeinen durch staatlich gegebene Vorschriften geregelt.
3. Bequeme Fütterungseinrichtungen erleichtern und verbilligen den Betrieb im Stalle.
4. Vorteilhafte Anordnung der Aufstellung der Tiere ermöglicht eine leichte und schnelle Uebersicht und Ueberwachung dieser sowohl als auch des gesamten Betriebes.
5. Die wertvolleren Düngerstoffe sollen leicht transportiert und gut erhalten werden. Reinlichkeit im Stalle ist eine Hauptsache!
6. Zweckmäßige Konstruktion von Umfassungswänden und Stalldecken muß die zum Gedeihen der Tiere notwendige Wärme im Stalle erhalten.
7. Richtige und möglichst ausgiebige Anordnung von Fenstern muß für das unbedingt notwendige Licht sorgen. Dabei ist die Lage der Hauptfront am besten gegen Osten.
8. Eine vernünftig angelegte und ebenso behandelte Lüftungsanlage muß für reichliche Zuführung frischer und für entsprechende Abführung verbrauchter Luft sorgen, ohne daß irgendwelche Nachteile durch Entstehung von nassen Niederschlägen oder durch den Tieren schädliche Zugluft herbeigeführt werden.

Man baut für größere landwirtschaftliche Betriebe Ställe für Einzelgattungen, für kleinere und kleinste solche für gemischte Einstellung. Bei den ersten kommen die eigenartigen Bedingungen für die Unterbringung bestimmter Haustierarten am schärfsten zur Geltung, weshalb wir mit der Vorführung von größeren Betrieben beginnen und mit den kleinsten, die schließlich eben nur ein schwaches Abbild der erstgenannten geben, schließen wollen.

1. Stallgebäude für Einzelgattungen.

A. Pferdeställe.

Die Pferde haben den verschiedensten Zwecken im landwirtschaftlichen Betriebe zu dienen. Damit treten auch die Vorbedingungen für ihre richtige Einstellung ganz verschiedenartig auf, gerade so, wie der Unterschied zwischen einem ganz gewöhnlichen Ackergaul und einem feinen Luxus- oder Rassepferd dies von selber mit sich bringt.

Fig. 384.

Fig. 385.

Fig. 386.

Lattierbaumbeschlag mit Selbstauslösung

Immer aber sind die Pferde die wertvollsten und empfindlichsten Tiere der Wirtschaft und erfordern somit besondere Pflege und Unterkunft im Stalle. Je nach der Art ihrer Verwendung unterscheiden wir Arbeits- Zucht- und Luxuspferde und danach wiederum verschiedenartige Behandlung der Stallungen für dieselben.

a) Stallgebäude für Arbeitspferde.

ad 2 der Grundbedingungen (Seite 182). Der Standraum beträgt bei einer Reihe Pferde pro Stück 1,40 bis 1,60 m Breite und 4,40 bis 5 m Länge einschließlich Krippe mit dahinter liegendem Gange; die Länge des Standes ohne Krippe ist etwa 3 m. Ein einziges Pferd erfordert 1,70 bis 1,90 m Breite. Werden die Pferde in zwei Reihen aufgestellt, so nehmen diese einschließlich dem mittleren Gange 7,80 bis 9,10 m Standlänge in Anspruch. Die Standbreite für die einzelnen Tiere bleibt dieselbe. Als mittlere Maße gelten für Arbeitspferde 2,50 bis 3 m Standlänge und 1,30 bis 1,50 m Standbreite.

Die Stallhöhe. Für die Königl. Preuß. Domänen ist im allgemeinen eine Stallhöhe einschließlich Balkenlage bis zu 3,80 m vorgeschrieben. Kleinere Ställe erfordern weniger Höhe als große. Die Höhe schwankt dann zwischen 3,20 bis 4 m, im Lichtmaß gemessen.

Die Standabgrenzungen bestehen aus Lattierbäumen (Fig. 384 bis 386). Dieselben sind in Ketten oder Nuten beweglich und höher als in halber Pferdehöhe, etwa 0,94 m hoch, anzuordnen. Sie sind meist hinten höher als vorn und bestehen aus runden Stangen von 12 bis 13 cm Stärke. Am Pilarstiel oder Lattierpfosten müssen sie leicht löslich sein.

Für Kutschpferde werden am hinteren Ende des Lattierbaumes sogenannte Fahnen aufgehängt, die das Uebertreten der Pferde verhindern sollen. Sie müssen so dicht sein, daß die Tiere bei etwaigem Schlagen nicht mit den Hufen darin hängen bleiben können (Fig. 387 bei a).

Fig. 387.

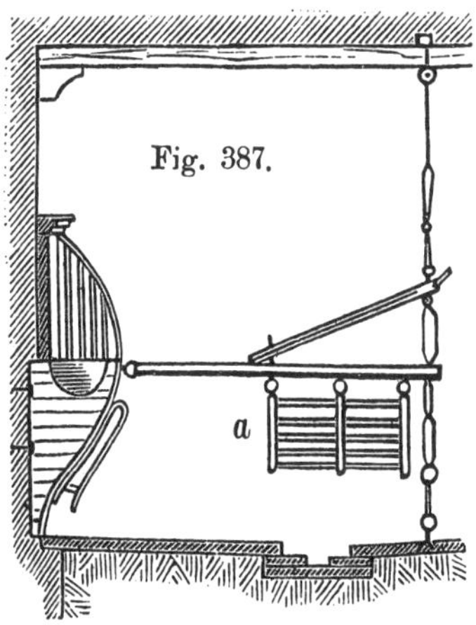

ad 3 der Grundbedingungen (Seite 182). Der Futterschlot. Eingebaut in den Stall oder dicht daran gebaut findet sich häufig in Verbindung mit dem Heuboden ein von hölzernen Wänden umschlossener quadratischer Schacht von etwa 1,0 m lichter Weite, ein sogen. Futterschlot. Derselbe ist dazu bestimmt, Rauhfutter vom Futterboden unmittelbar in den Stallraum auf dem kürzesten Wege befördern zu helfen. Dieses wird im Futterboden in eine geöffnete Klappe einfach hineingeworfen, fällt im Stallraum etwa 1 m über Pflaster auf einen stark geneigten Boden und wird von hier, wiederum durch eine zu öffnende Klappe, mühelos herausgenommen.

Damit keine scharfen Stalldünste durch den Futterschlot in den Heuboden gelangen, läßt man diesen, der innen mit Dachpappe ausgeschlagen ist, bis über das Dach hinausgehen, wo man ihn wie ein Dunstrohr (siehe unter „Lüftungsanlage" weiter unten bei „Rindviehställen", Fig. 541 bis 545) abschließt.

Fig. 388.

Soll der Futterschlot durch eine darin angebrachte senkrecht stehende Leiter besteigbar sein, so muß er eine lichte Weite von 1,0 bis 1,50 m erhalten.

Heuluken. Eine andere Vorrichtung zum Hinabwerfen des Heues aus dem Dachboden in den Stallraum ist in Fig. 388 dargestellt (nach „Behandlung von Entwürfen für die Königl. Preuß. Domänen"). Den Betrieb vermittelt hier einfach eine obere Dachluke im Futterboden und eine darunter liegende Stallfensteröffnung. Diese Anordnung empfiehlt sich besonders für den Fall, wo die Anlage eines wie oben beschriebenen Futterschlotes nicht tunlich ist.

Soll Heu in den Futterboden eingebracht werden, so wird zur Sicherheit für die mit dem Einbansen beschäftigten Leute vor der betreffenden Bodenluke eine Standbühne angebracht. Sie besteht aus zwei Stützen aus Walzeisen, die abgenommen werden können und darauf gelegten Brettern (Fig. 388). Neben jeder Heuluke hängt an einem Haken eine Leiter zum Besteigen der Bühne.

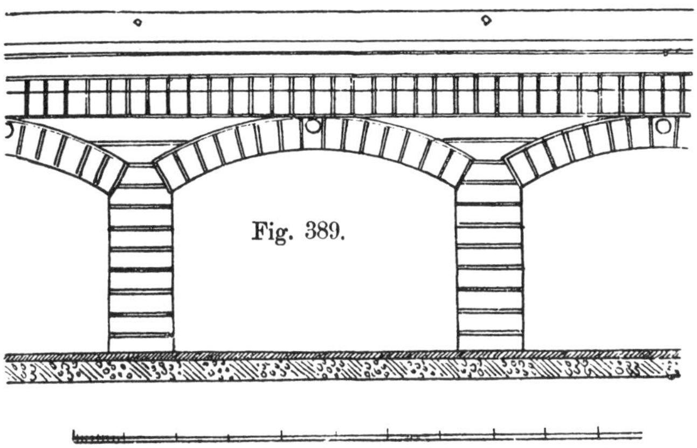

Fig. 389.

Fig. 390.

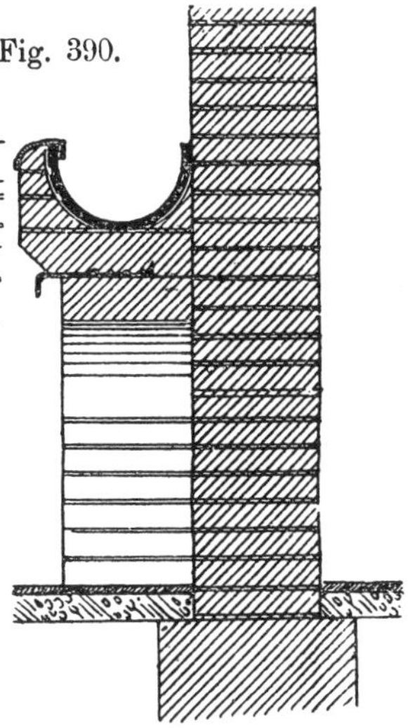

Fig. 391.

Längenschnitt durch einen Stand für Kutschpferde.

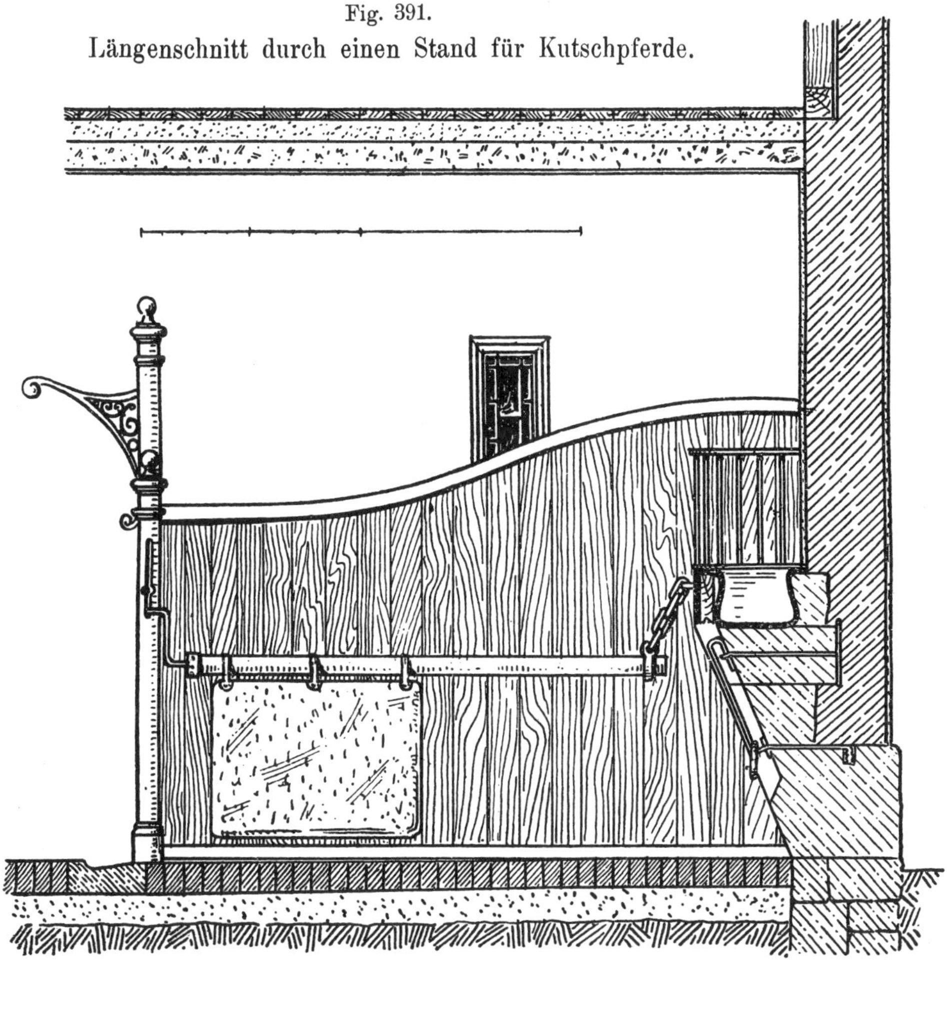

Die unmittelbaren Fütterungs-Einrichtungen für Arbeitspferde werden einfach gestaltet. Sie bestehen aus massiven Krippen (Fig. 389 und 390), die an den Wänden entlang laufen oder auch bei Querstellung freistehend aufgeführt werden.

Die Vorkragungen für die Untermauerung derartiger Krippen sind stets gleichzeitig bezw. im Verbande mit dem aufgehenden Mauerwerk herzustellen. Als Höhe der Krippentische gilt zweckmäßig 1 m über Fußboden. Die Krippen selbst stellt man wohl in glattgebügeltem Zementputz her; besser aber sind Schalen oder Schüsseln aus gebranntem und glasiertem Ton (Fig. 390). Sie bieten den Säuren von Futterresten besseren Widerstand. Die hinteren Innenkanten der Krippenschüsseln sollen 5 cm von den aufgehenden Wänden ab bleiben, damit die Pferde sich beim Fressen die Stirnhaare nicht abscheuern.

Die Anbinderringe sind sicher zu befestigen (Fig. 390 und 424 bis 426).

Für Heufütterung verwendet man tiefliegende Raufen, weil das Herabfallen von Staub und Rauhfutterteilen den Augen der Pferde schädlich ist. Sie werden einfach aus Holz hergestellt, in besseren Stallungen aus Eisen.

ad 4. Die Aufstellung kann bei Unterbringung von Ackerpferden sowohl nach der Länge des Stalles (Fig. 399) als auch nach dessen Tiefe erfolgen (Fig. 403 bis 413).

Bei Längsstellung an den Wänden ist dann bei einreihiger Stellung eine Stallgasse von 1,80 m Breite notwendig; bei zweireihiger Stellung wird sie 2,80 m breit.

Bei Stellung nach der Tiefe stellt man gewöhnlich 8 bis 10 Ackerpferde in eine Reihe, was einer Stalltiefe von 15 m entspricht.

Fig. 392.

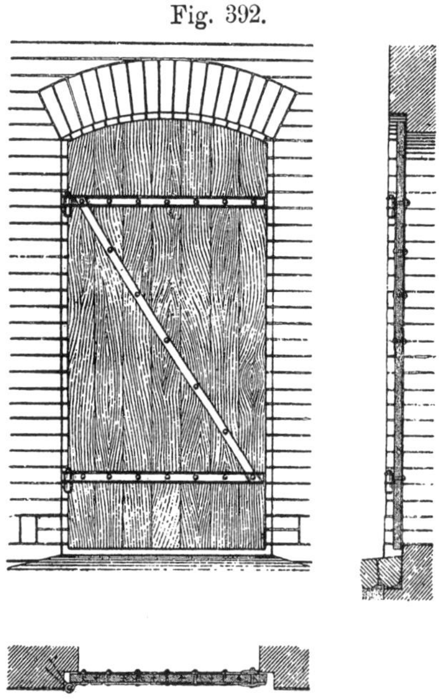

ad 5. Der Stallfußboden besteht aus geschlagenen harten Feld- oder Bruchsteinen in scharfem Pflastersande mit engen, in Zementmörtel vergossenen, Fugen. Das Pflaster muß möglichst eben sein, damit die ermüdeten Tiere bequem ausruhen und die Hufe schonen können.

Betonierung muß auf der Oberfläche geriffelt, nicht glatt sein. Sie nutzt sich stark ab.

Die Jaucherinnen sind breit, flach und muldenförmig. Ihr Gefälle beträgt 5 mm auf 1 m. Sie werden in Klinkerpflaster mit Zementmörtel und mit Fugen in der Längsrichtung der Rinne, besser aus Beton oder glasiertem Steingut hergestellt.

ad 6. Die Umfassungswände sind am besten massiv aufzuführen. Zwischen den Grundmauern und dem aufgehenden Mauerwerk ist eine Filzpappe-Isolierung etwa ein oder zwei Ziegelsteinschichten über dem Stallfußboden anzulegen, um dem aufgehenden Mauerwerk noch Schutz gegen das Eindringen von Stallfeuchtigkeit aus dem Stallfußboden zu gewähren.

Bis zur Höhe der Krippen gibt man mit Vorteil den inneren Wandflächen Zementputz zum Schutze gegen Wandbeschädigung; darüber hinaus genügt einfacher Fugenverstrich.

Die Stalltüren. Für Ackerpferde genügen Türen von 1,25 m Breite bei 2,20 m Höhe. Sie schlagen **nach außen** auf und liegen am besten an der Ostseite des Stalles. Neben einfach gespundeten Brettertüren von 3 bis 4 cm Stärke mit eingeschobenen Quer- und aufgeschraubten Strebeleisten verwendet man auch mit Vorteil solche Türen, wie sie in Fig. 392 dargestellt sind und für die Königl. Preuß. Domänen empfohlen werden. Die Bretter dieser Türen sind auf Federn aus Bandeisen zusammengearbeitet. Die langen Bänder des Beschlages aus Fassoneisen auf der einen Türseite, die mit Flacheisen auf der anderen Türseite verschraubt sind, bewirken zusammen mit den Zugbändern aus Flacheisen eine gute Versteifung. Sie sind im Preise den gespundeten Brettertüren gleich. Die schrägen Zugbänder haben besser umgekehrte Richtung.

Türen in Brandmauern bestehen aus Holz mit allseitigem Eisenbeschlage; sie werfen sich im Feuer nicht so wie die eisernen. Sie erhalten selbsttätige Zuwerf-Vorrichtungen.

Die Türschwellen sollen im Innern mit dem Pflaster gleich liegen, im Aeußeren aber höchstens 3 cm über die Rampe vorstehen. Diese Anrampung hat nicht mehr als 5 cm Gefälle pro Meter.

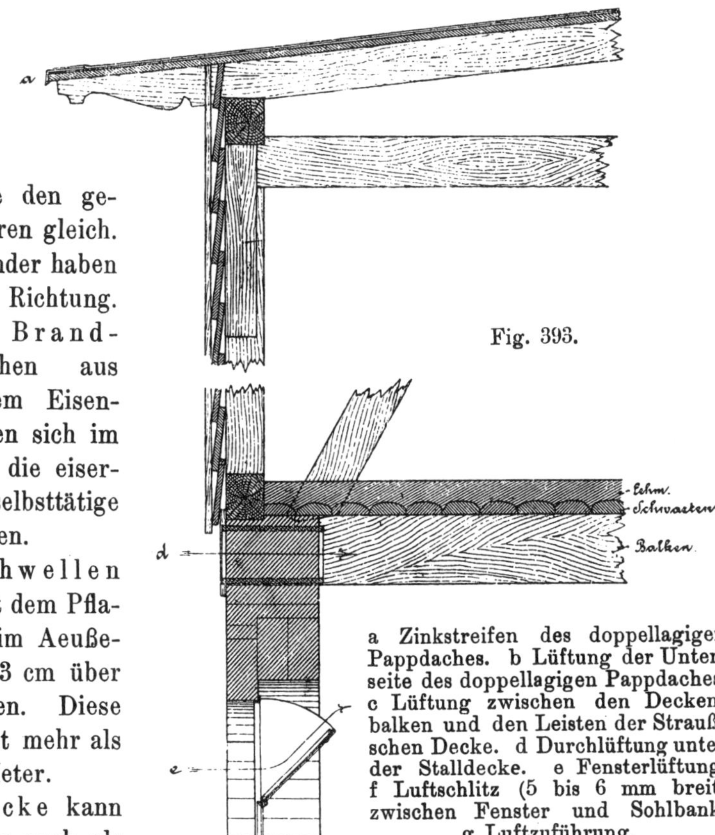

Fig. 393.

a Zinkstreifen des doppellagigen Pappdaches. b Lüftung der Unterseite des doppellagigen Pappdaches. c Lüftung zwischen den Deckenbalken und den Leisten der Straußschen Decke. d Durchlüftung unter der Stalldecke. e Fensterlüftung. f Luftschlitz (5 bis 6 mm breit) zwischen Fenster und Sohlbank. g Luftzuführung.

Die Stalldecke kann als Balkendecke oder auch als Gewölbe ausgebildet werden. Zur Abhaltung der Stalldünste von den Bodenräumen und zur besseren Warmhaltung der Ställe werden Balkendecken mit Zementmörtelputz versehen oder mit einer Bretterverschalung und Dachpappenüberzug verkleidet. Hierbei sind die Felder zwischen den Balken, wo die Luft eingeschlossen ist, durch kleine Oeffnungen in der Außenwand mit der *Außenluft* zu verbinden, um ein Stocken der Balken zu verhüten.

Balkendecken unterstützt man durch Unterzüge und hölzerne Stützen auf niedrigen Granitsockeln. Es genügt, die Stiele mit Kopfbändern, event. auch mit Sattelhölzern zu versehen. Ueber die Konstruktion von gewölbten Stalldecken mit eisernen Stützen vergl. das ad 7 bei Rindviehställen vorgeführte.

Eine praktische hölzerne Stalldecke ist in Fig. 393 dargestellt.

ad 7. Die Anordnung der Fenster. Die Vorschrift für die Königl. Preuß. Domänen verlangt, um die Augen der Pferde zu schonen, wenn möglich, eine seitliche Beleuchtung der Stände (Fig. 403, 413). Grell eintretendes Licht muß durch Blenden gedämpft werden. Sonst sind die Fenster möglichst hoch anzuordnen. Die Fenster selber bestehen aus Eisen, und die Fensterflügel sind zum Kippen nach innen zwischen Backen aus Blech eingerichtet, damit der durch die geöffneten Fenster einströmende Luftzug sich nach der Decke hin bewegt und nicht die Pferde trifft (siehe Behandlung von Entwürfen für die Königl. Preuß. Domännen, Fig. 394 bis 397).

Fig. 394.

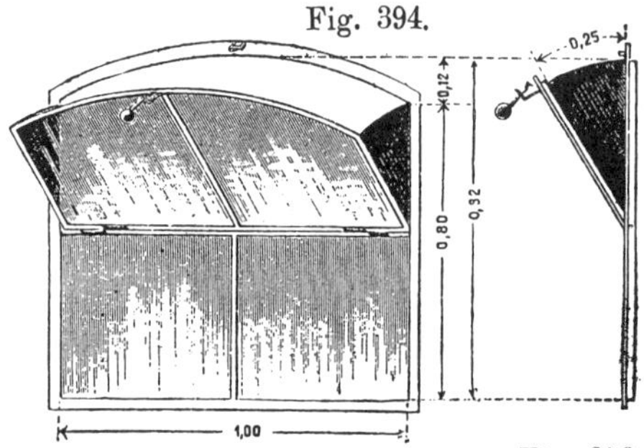

Fig. 395.

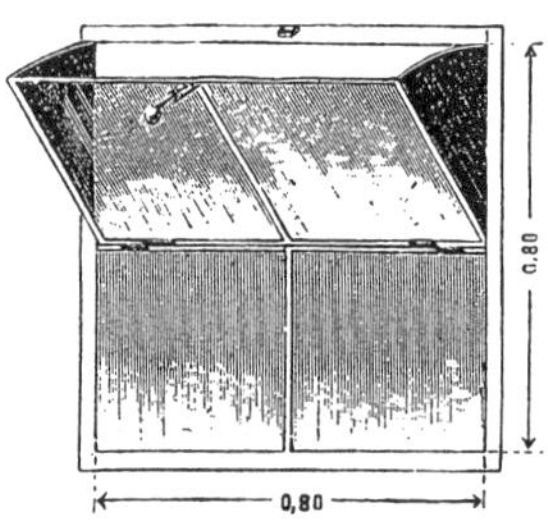

Fig. 396.

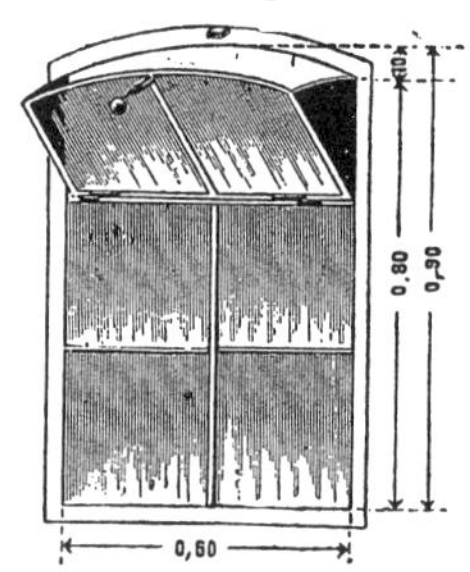

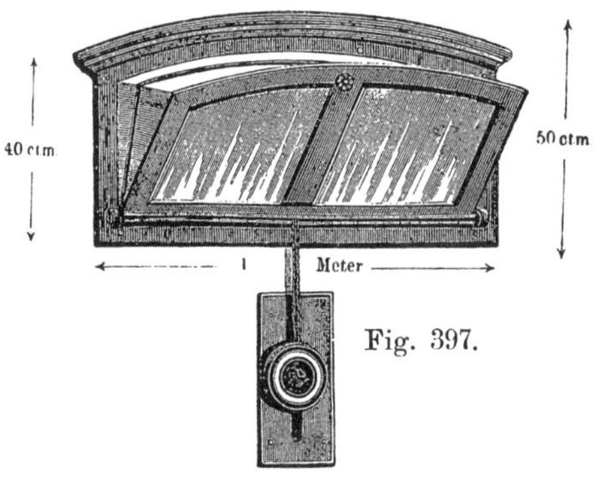

Fig. 397.

ad 8. Die Lüftungsanlage. Kräftige Lüftung ist für Pferdeställe notwendig. Sie kann, je nachdem, vertikal oder horizontal bewirkt werden (vergl. das ad 8 bei „Rindviehställen“ hierüber näher ausgeführte).

Horizontale Lüftung erläutert Fig. 393.

Die Nebenräume.

Die Geschirrkammer. Für je zwei Pferde rechnet man einen Satz Geschirre und für je vier Pferde ein Reservegeschirr, also für fünf Geschirre à 70 cm an Wandfläche 3,50 m. Gute Lüftung ist notwendig, damit das oft nasse Lederzeug nicht verdirbt.

Die Futterkammer erfordert an Grundfläche für je zwei Pferde 0,50 bis 0,80 qm.

In Ställen für Arbeitspferde fällt sie aber oft ganz fort. Hier finden die Futterkisten im Stalle selber Aufstellung. An Platz rechnet man dafür für je 1 Gespann Pferde je 1 qm Grundfläche hinzu.

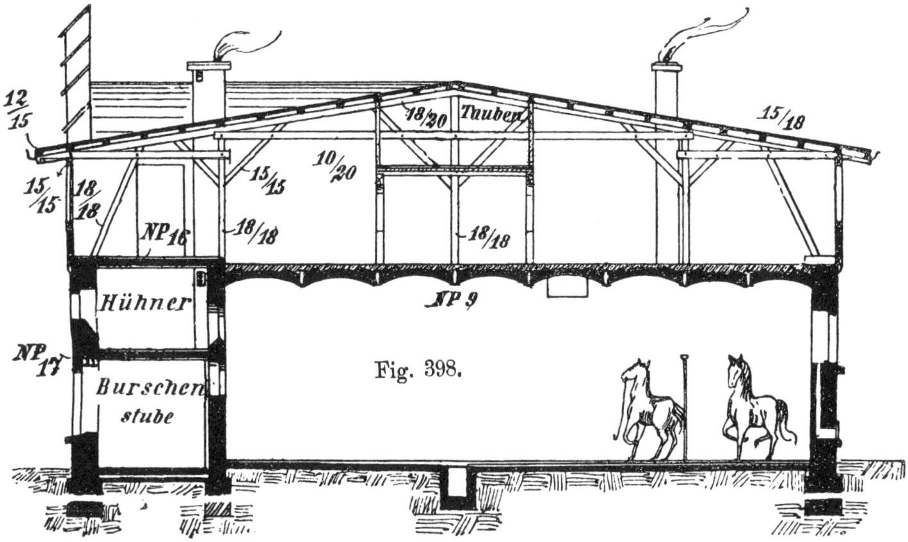

Fig. 398.

Pferdestall für Acker- u. Kutschpferde auf Gut Mönchshof vom Arch. A. Karst-Kassel

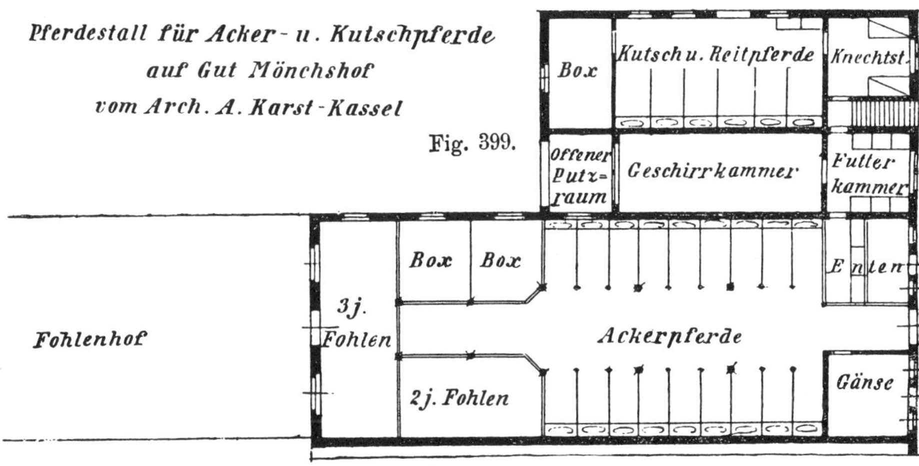

Fig. 399.

Fig. 400.

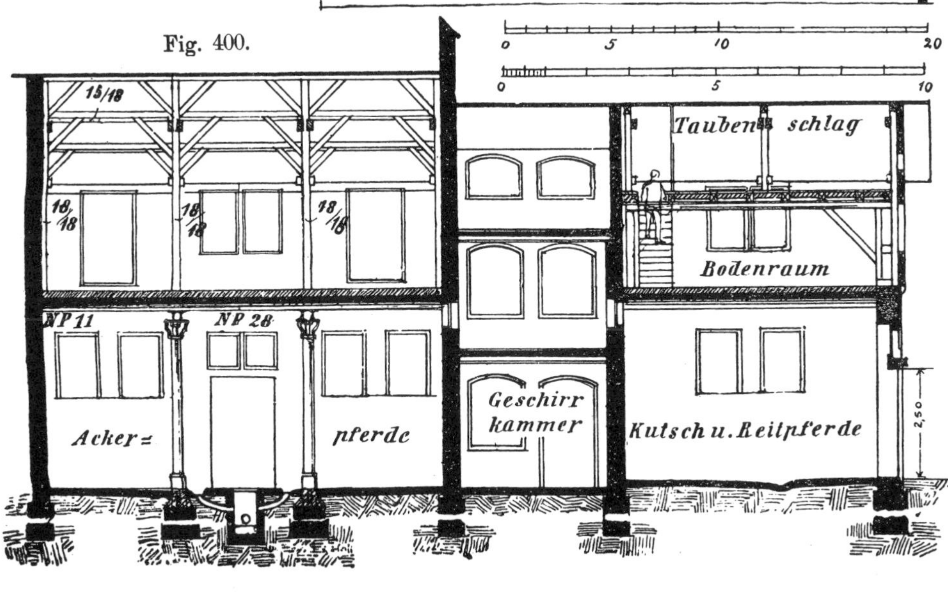

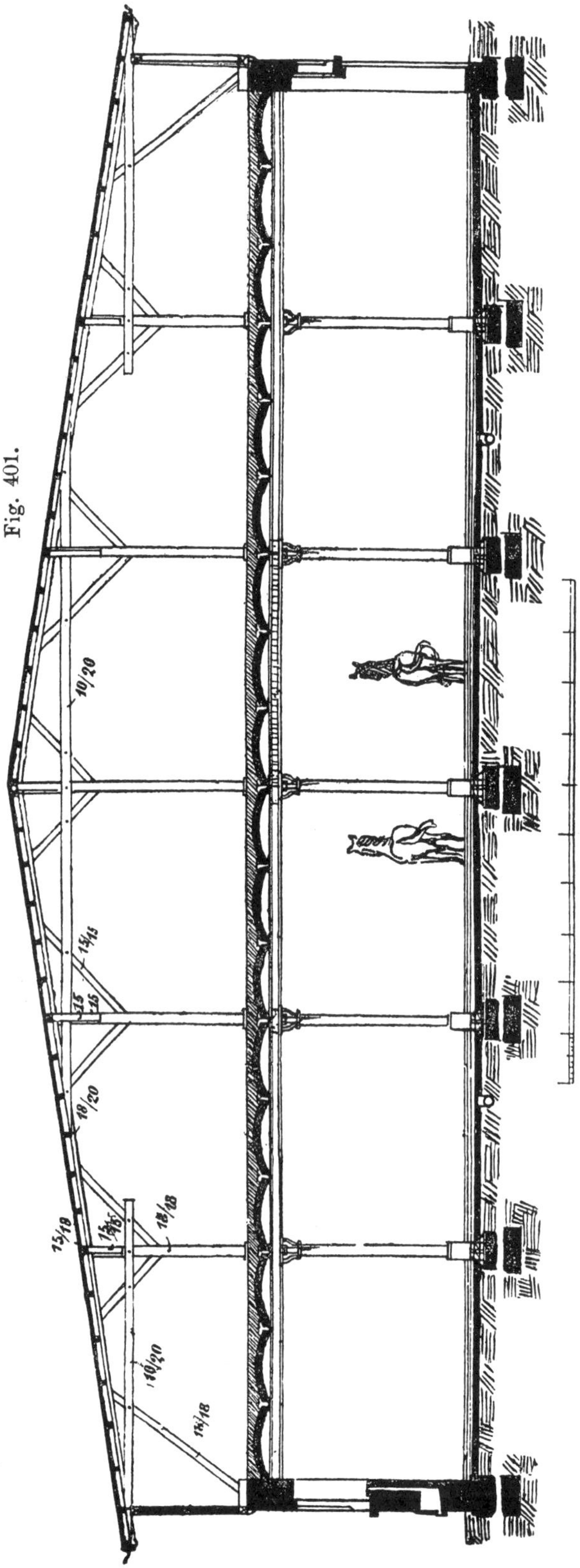

Fig. 401.

Die Häckselkammer enthält den Bedarf an Häcksel für etwa 14 Tage. An Grundfläche ist hierfür pro Pferd etwa 0,6 bis 1,0 qm erforderlich.

Der Heuboden soll pro 1 Pferd 8 bis 12 cbm, der Strohboden für Häckselstroh pro Pferd etwa 6 cbm Raum enthalten, — d. h. alles in allem ist der Futterboden pro 1 Pferd auf 20 bis 25 cbm Raum zu berechnen. Die Treppe zum Futterboden sowohl als auch ein sogen. Futterschlot dürfen nicht im Stalle selber liegen. Das Futterkorn erfordert einen besonderen Bodenraum, der am besten nicht über dem Stallraum gelegen ist. An Schüttfläche rechnet man hier für 1 Pferd (pro Jahr) 8 bis 10 qm.

Die Knechtekammern liegen dicht neben dem Pferdestalle, damit derselbe von hier aus gut beobachtet werden kann. Zu diesem Zwecke erhalten sie ein Fenster nach dem Stalle hinzu. Sie müssen Raum für ein Bett und für einige notwendige Kästen, sowie für einen Stuhl gewähren. Für zwei Knechte genügt eine Kammer von 4 × 3,70 m = 14 bis 15 qm Grundfläche. Häufig wird die Knechtekammer mit der Futterkammer zusammengelegt (Fig. 399, 403).

Beispiele.

Fig. 398 bis 401. Pferdestall auf Gut Mönchhof vom Architekten A. Karst-Kassel. Derselbe enthält in einem gesonderten Stallgebäude 18 Stände für Ackerpferde, 2 große und 2 kleine Boxes, sowie kleine Abteilungen für Geflügel. Im Nebenstall befinden sich 6 Stände für Kutsch- und Reitpferde, 1 Box, Futter- und Knechtekammer, sowie 1 Putzraum. Ein Fohlenhof ist mit den Stallungen verbunden. Ueber den Stallungen liegt ein Futterboden.

Die äußere Ansicht ist auf Doppeltafel 22 und 23 in der Vorder- und Rückseite dargestellt.

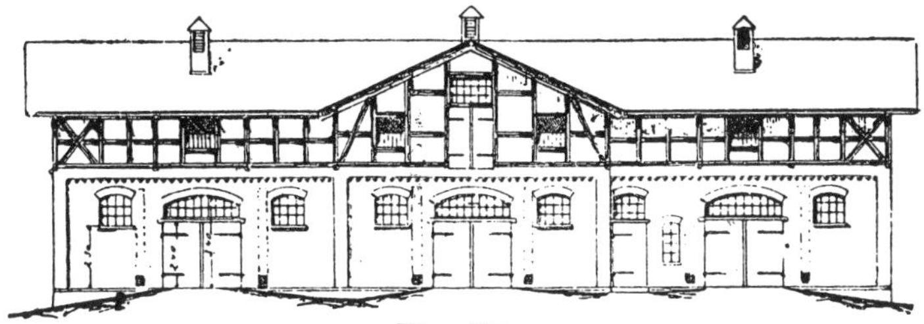

Fig. 402.

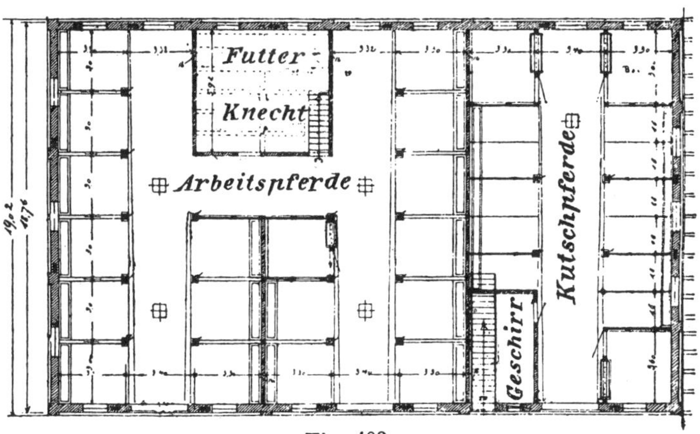

Fig. 403.

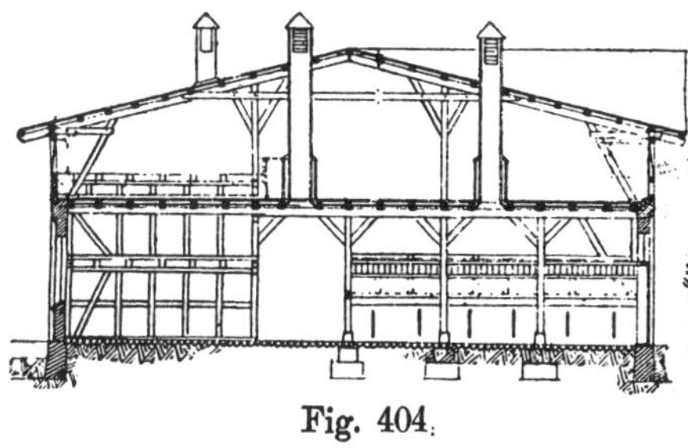

Fig. 404.

Fig. 405.

Fig. 406.

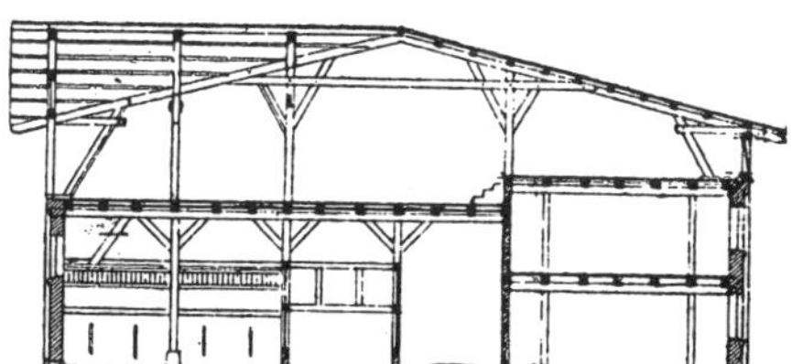

Fig. 407.

Fig. 402 bis 407. Pferdestall zu Balow von Arch. Friedr. Wagner-Rostock (nach Neubauten von Neumeister, Verlag von Seemann & Co., Leipzig). Das Gebäude umfaßt Stallungen für Kutsch- und Arbeitspferde, Knecht-, Futter- und Häckselkammer, sowie Kornboden. Im Kutschpferdestall sind Stände für 11 Pferde und 3 Boxes untergebracht; dazu kommt eine Geschirrkammer. Der Arbeitspferdestall ist vollständig vom Kutschpferdestall getrennt. Er bietet Raum für 17 Arbeitspferde und 1 Box, sowie Knechte- und Futterkammer. Die Pferde selber sind in Querstellung aufgestellt. Die Umfassungswände wurden im Erdgeschoß massiv, im oberen Drempelgeschoß aus ausgemauertem Eichenfachwerk hergestellt. Die Fußböden bestehen aus mit Zement aus gegossenem Feldsteinpflaster; die Krippen sind massiv aufgemauert. Die Standabgrenzungen sind Bohlenwände; die Decke ist eine Balkendecke mit Einschub; darüber liegt Lehm- und Brettfußboden für den Kornboden. Für die Lüftung sind vertikale und horizortale Lüftungsrohre zusammen verwendet. Das Dach ist Doppelpappdach. Den Kornboden macht eine Treppe von außen zugänglich.

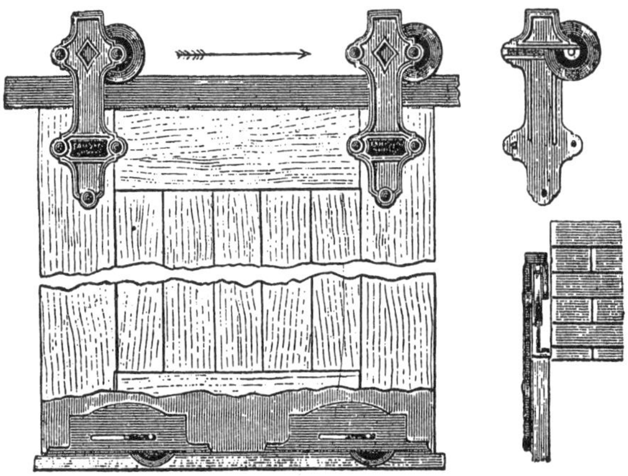

Fig. 408.

Die bebaute Grundfläche beträgt 596 qm, der Rauminhalt 4600 cbm. Die Baukosten beliefen sich auf 20 000 Mark, also pro 1 qm auf 33,50 Mark und pro 1 cbm auf 4,30 Mark.

b) Stallgebäude für Zuchtpferde, sogen. Privatgestüte.

ad 2. Das Raumerfordernis. Die Unterbringung von Mutterstuten und Fohlen geschieht in sogen. Boxes. Dieselben erhalten an Grundfläche für je 1 Mutterstute 10 bis 15 qm. Fohlenställe bedürfen für das Stück einer Grundfläche von 4 qm; sollen die Tiere frei umherlaufen, so rechnet man pro Stück 10 qm.

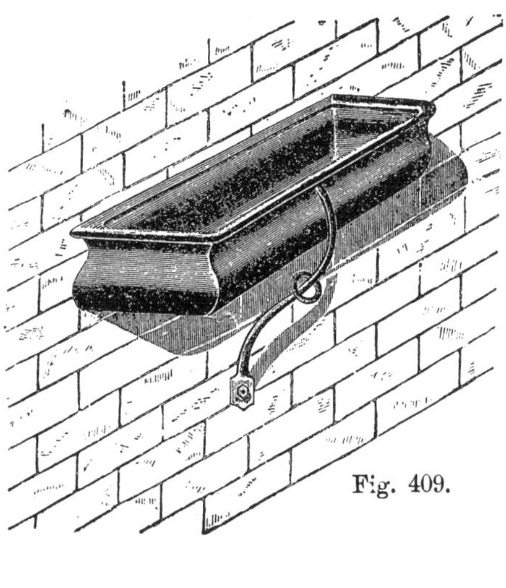

Fig. 409.

Laufställe für Mutterstuten erhält man durch Zusammenziehung zweier Standbreiten (3,3 bis 4,1 m Länge und 3,0 bis 3,7 m Breite = etwa 10 qm).

Außerdem verbindet man mit dem Stalle einen Fohlenhof oder eine sogen. Koppel, wo sich die Tiere in frischer Luft bewegen können (Figur 399).

Die Stallhöhe beträgt im Lichten nicht unter 3,80 m. Der Stallgang ist mindestens 2 bis 3 m breit.

Fig. 410.

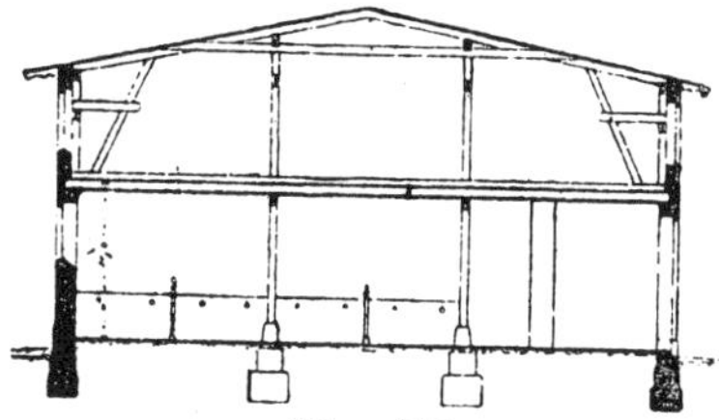

Fig. 411.

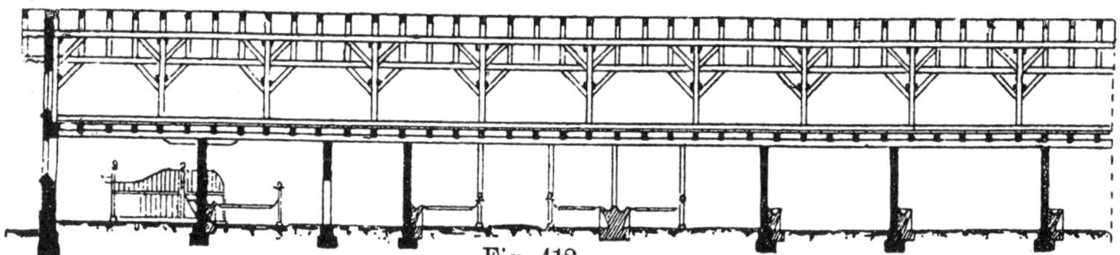

Fig. 412.

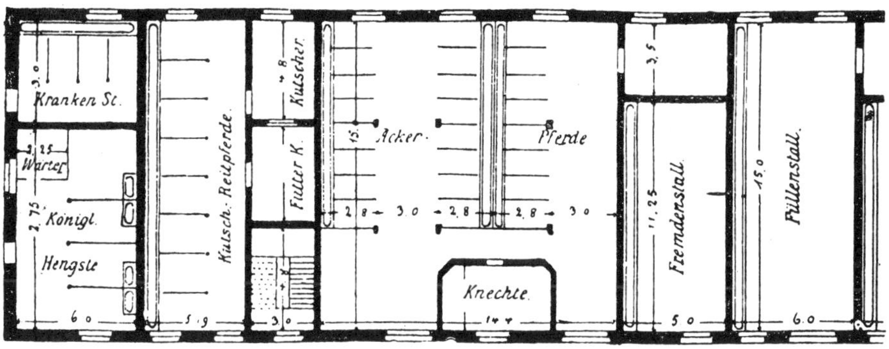

Fig. 413.

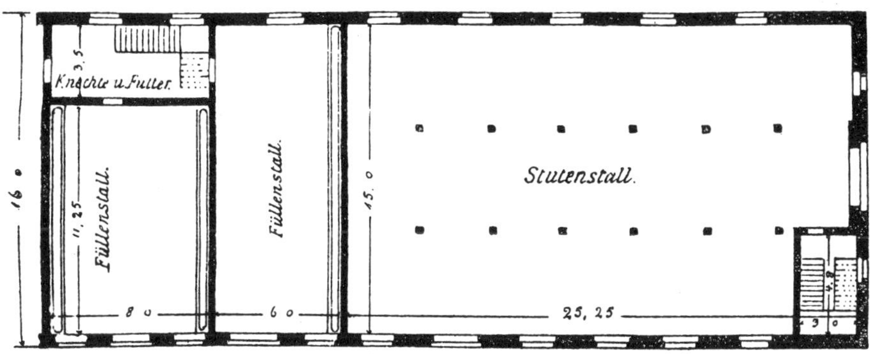

Fig. 414.

Die Standesabgrenzungen stellt man durch Bretterwände her, auf die ein Aufsatz von Guß- oder Schmiedeeisen aufgebracht und mit den Wänden und den Tragsäulen fest verbunden ist. Die Höhe des unteren hölzernen Teiles aus 4 cm starken, aufrecht stehenden Brettern beträgt 1,40 m, diejenige des oberen Gitters 0,76 m (Fig. 418 und 419).

Die Eingangstüren werden meist als Schiebetüren konstruiert (Fig. 408).

ad 3. Die Fütterungseinrichtungen bestehen aus emaillierten gußeisernen Krippentischen, wie solche als Wassertröge und als Hafertröge in Fig. 420 vorgeführt sind. Sie werden in der Regel 0,70 bis höchstens 1 m über Fußboden angeordnet.

Fig. 415.

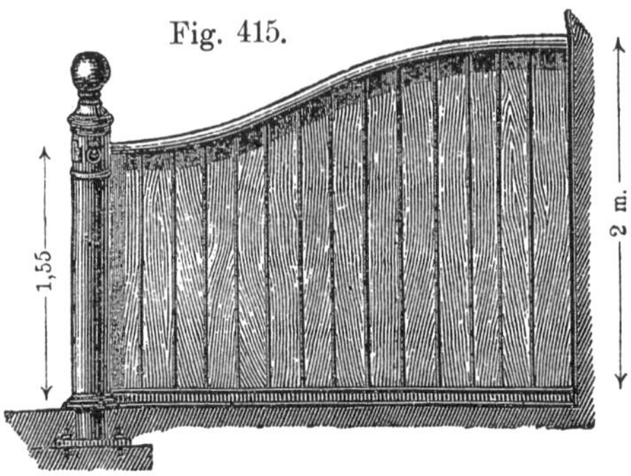

Fig. 416.

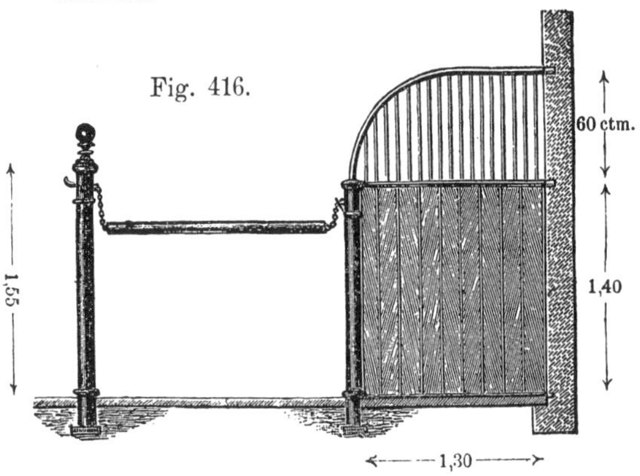

Fig. 417.

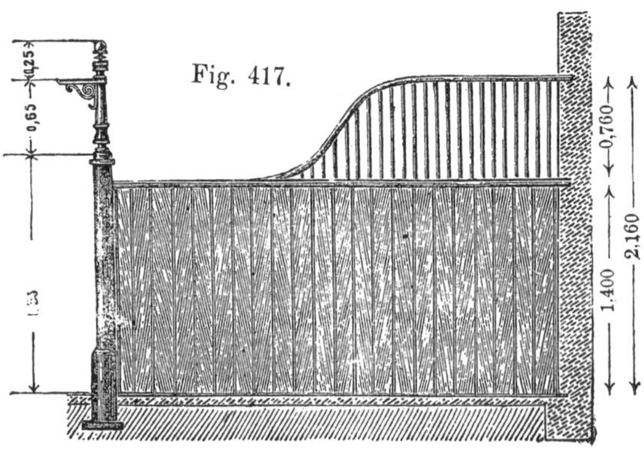

In den Ecken der Boxes liegen die Raufen, zumeist vereinigt mit den Krippentischen. Man rechnet auf 2 Fohlen eine Raufe; dieselbe sitzt 0,90 bis 1,20 m über Fußboden.

ad 4. Die Aufstellung der Boxes geschieht an einer Stallgasse von 2 bis 3 m Breite (Fig. 399).

ad 5. Der Stallfußboden. Da die Stuten und Fohlen an den Hufen nicht mit Eisen beschlagen sind, so ist die Abnutzung des Stallfußbodens eine geringe. Es könnte mithin eine Pflasterung hier ganz fortfallen und sich nur auf die Gänge beschränken. Eine Beschüttung mit grobem Sande würde also für die Laufställe selber genügen. Dem entgegen steht aber die Erfahrung, daß eine solche unmittelbar auf dem Erdboden aufgebrachte Sandschüttung die flüssigen Ausscheidungen aufsaugt und wohl gar durchläßt. Hierdurch würde die Anlage in gesundheitlicher Beziehung stark leiden. Die Sandschicht, in Stärke von 45 bis 60 cm, muß also auf eine festgerammte Schicht von fettem Lehm (15 cm stark) aufgebracht und alle 3 bis 4 Wochen erneuert werden.

Die Jaucherinnen, vergleiche das ad 5 bei Stallgebäuden für Arbeitspferde gesagte.

ad 6. Die Umfassungswände, vergleiche das ad 6 bei Arbeitspferden gesagte.

Fig. 418.

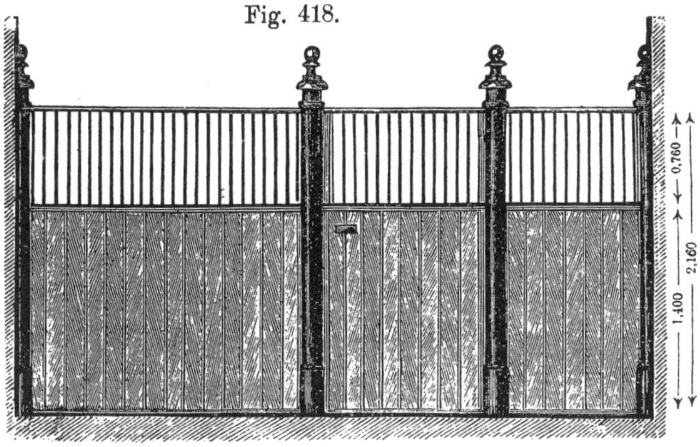

Fig. 419.

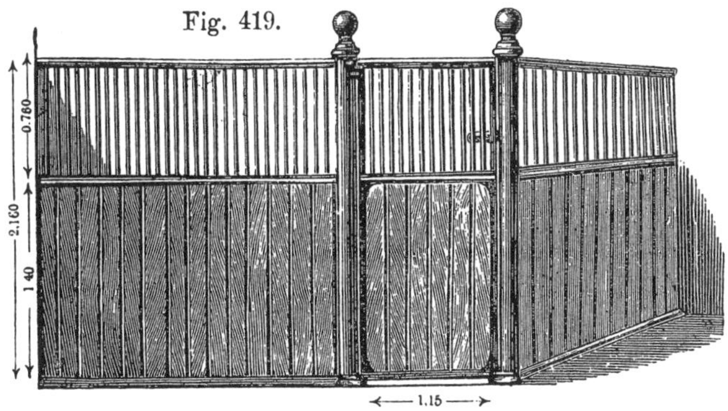

An den Wänden der Boxes sind alle vorspringenden Konstruktionsteile, die Verletzungen herbeiführen können, zu vermeiden. Alle Kanten müssen abgerundet werden, um Hautabschürfungen vorzubeugen.

Die Türen sind ebenfalls so einzurichten, daß alle vorstehenden Beschlagteile in Fortfall kommen. Dahin gehören Kastenschlösser, Türklinken usw. An den Türpfosten, wo sich die Fohlen herausdrängen, bringt man senkrecht stehende Walzen an von 12 cm Dicke und reichlich 1 m Höhe, die auch seitlich in das Türgewände eingelassen werden können.

Größere Türen als von 1,25 m Breite werden als Schiebetüren konstruiert. Des weiteren vergleiche das ad 6 bei Arbeitspferden gesagte und Fig. 408.

Die Stalldecke. In Bezug auf Balkendecken vergleiche das ad 6 bei Arbeitspferden gesagte.

Gewölbte oder sonstige massive Deckenbildungen siehe ad 6 bei Rindviehställen (Fig. 502 bis 535).

ad 7. Die Anordnung der Fenster. Vergleiche das ad 7 bei Arbeitspferden gesagte, des weiteren ad 7 bei Rindviehställen (Fig. 536 bis 539).

ad 8. Die Lüftung. Vergleiche das ad 8 bei Rindviehställen gesagte (Fig. 540 bis 545).

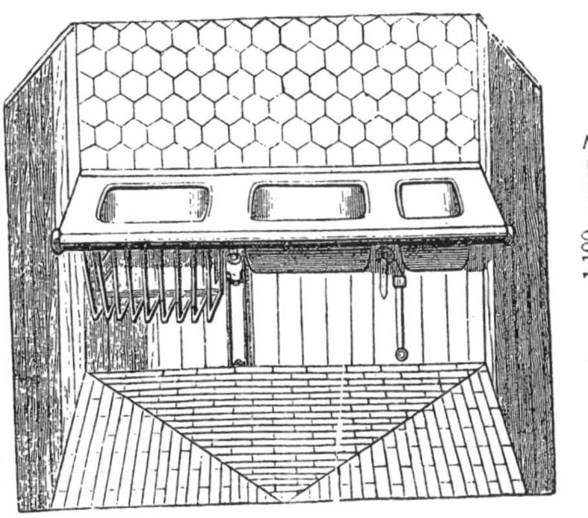

Fig. 420.

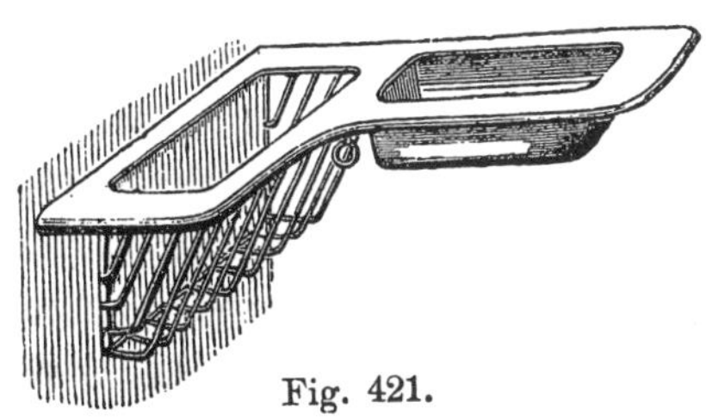

Fig. 421.

Nebenräume.

Tummelplätze werden in Verbindung mit den Fohlenställen nötig, und zwar für jede Stallabteilung, die einem einzelnen Jahrgange entspricht, gesondert. Eine auf Rollen laufende Schiebetür stellt die Verbindung mit dem Außenraume her; derselbe muß gut und sicher umfriedigt sein. An Platz beansprucht ein Fohlen mindestens 100 qm.

Beispiele.

Fig. 410 bis 414. Pferdestall auf Domäne Saalau, Ostpreußen. Das Gebäude ist 81,86 m lang und 16 m tief, massiv gebaut und lediglich zu Pferdeställen eingerichtet. Auf dem Gute wird Pferdezucht betrieben, weshalb links ein Stall für 4 Hengste nebst Wärterraum angeordnet ist. Abgesondert davon befindet sich auf dem rechten Flügel der Stutenstall, 15 × 25,25 m = 378,75 qm groß. Dazwischen liegen Ställe für 8 Kutsch- und Reitpferde, für

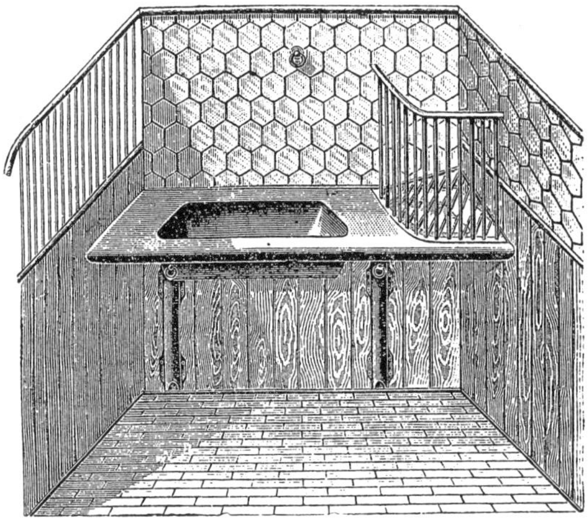

Fig. 422.

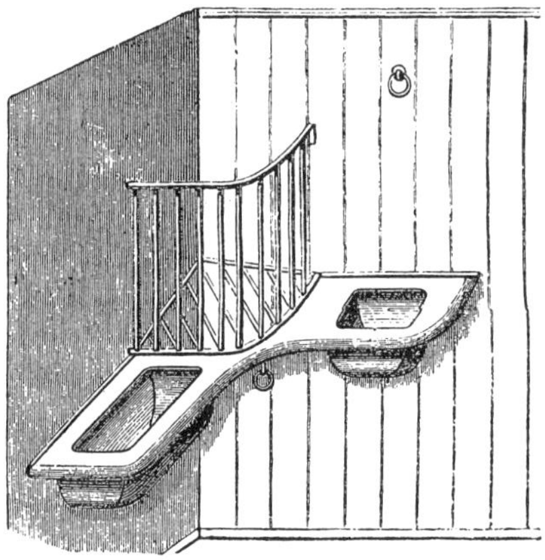

Fig. 423.

6 Gespanne zu 4 Ackerpferden, 3 Füllenställe für die verschiedenen Jahrgänge und die notwendigen Futter- und Knechtekammern. Dazu kommen 1 Fremden-

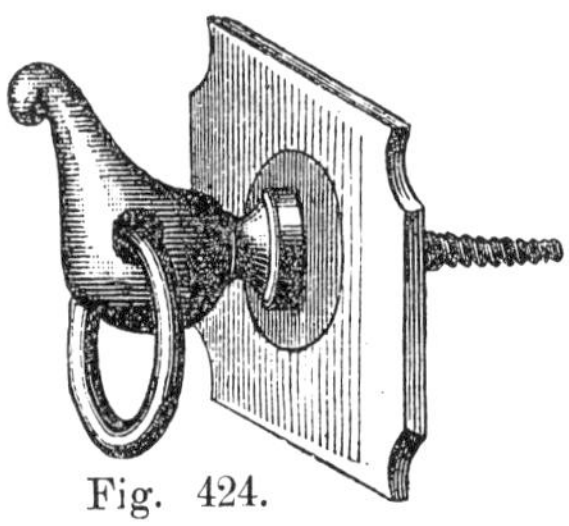

Fig. 424.

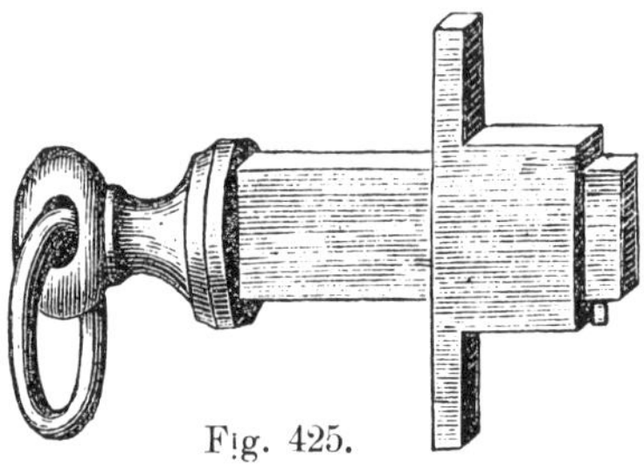

Fig. 425.

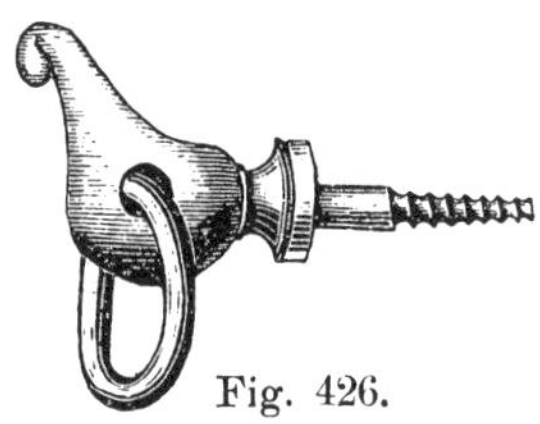

Fig. 426.

und 1 Krankenstall. Der obere Teil des Gebäudes ist zu Futterboden und Getreidespeicher eingerichtet.

Die Krippen sind aus Zementbeton, die Decken sind Balkendecken mit Gipsdielenunterkleidung (Fig. 502). Die Ventilation ist eine wagerechte.

c) Stallgebäude für Kutsch- und Luxuspferde.

Obwohl sich genaue allgemeine Vorschriften für die Einrichtung von feinen Stallungen, denn mit solchen haben wir es hier zu tun, nicht gut geben lassen, da die persönlichen Ansichten der Besitzer, sowie deren mehr oder minder luxuriöse Lebensführung hierbei in Frage kommen, so wollen wir dennoch nach den bisher betrachteten Hauptpunkten auch diese Gattung von Ställen vorführen. Das für jeden einzelnen Fall geeignete muß dann der Einsicht des betreffenden Bauherrn überlassen bleiben.

ad 2. Der Standraum. Man rechnet für Kutsch- und Reitpferde, zwischen Lattierbäumen aufgestellt, 3,0 bis 3,3 m Standlänge und 1,6 bis 2,0 m Standbreite. Ein Wagenpferd kräftigen Schlages erfordert an Platz, außer der Krippenanlage, 3,50 m Länge und 1,80 bis 2,0 m Breite.

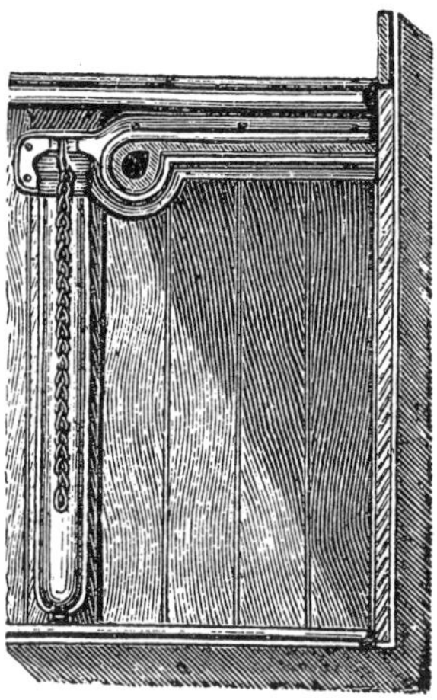

Fig. 427.

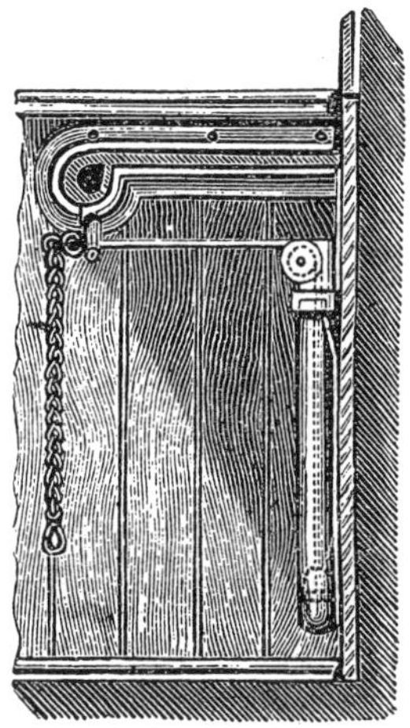

Fig. 428.

Sind die Pferde in Boxes eingestellt, so beträgt der erforderliche Raum für 1 Pferd 4×4 m. Edle Rassepferde, in Kastenständen, nehmen 3,3 bis 3,5 m Standlänge und 1,88 bis 2,30 m Standbreite in Anspruch (Fig. 391, 415 bis 417). Die Stallgasse hat bei einreihiger Aufstellung eine Breite von mindestens 2,0 m, bei zweireihiger

Boxlänge 3,80, Breite 3,50 m.

Fig. 429.

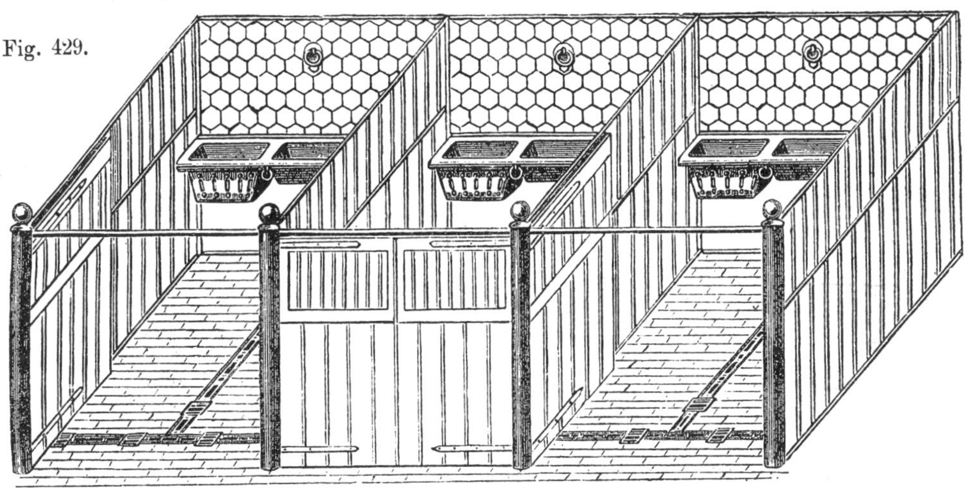

eine solche von 3,50 m. Ganz feine Ställe erhalten Stallgassen von 2,20 bezw. 3,80 m Breite. Da die Einstellung in Boxes das Doppelte an Standraum erfordert, so ist es naturgemäß, daß sie auch den doppelten Kostenaufwand verursacht.

Die Stallhöhe. Eine Höhe von 3,80 m genügt im allgemeinen auch für Kutschpferdeställe; die höchste Stallhöhe könnte 5 m betragen.

Die Standabgrenzungen. Einfachere Ställe haben eine Einrichtung, wie sie durch Fig. 387 gekennzeichnet ist. Die Standabgrenzung wird dabei durch einen Lattierbaum mit zugehöriger Lattierbaum-Säule bewirkt. Hat man lebhaftere Tiere unterzubringen, so schiebt man zwischen je zwei und schließlich zwischen jedes einzelne Tier eine feste Trennungswand. Es entsteht dann ein sogen. Kastenstand (Fig. 391).

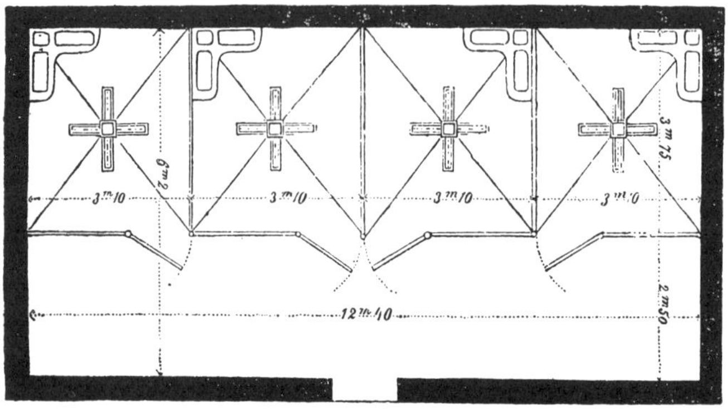

Fig. 430.

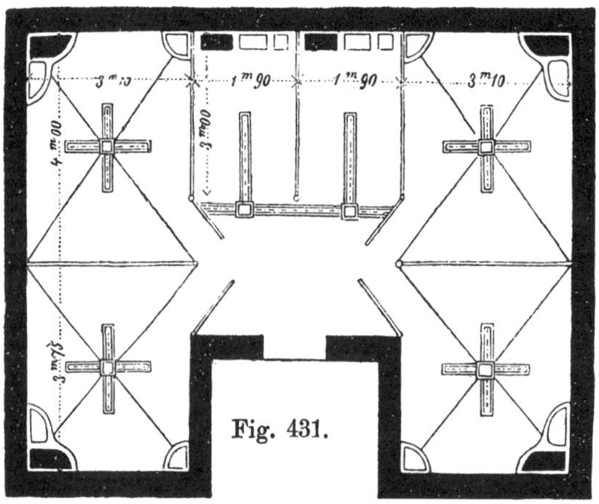

Fig. 431.

Die feste Kastenwand kann ganz aus Holz sein, vorn etwa 1,55, an der Krippe 2 m hoch. Schwelle und Rähm, in die die 4 cm starken Bretter eingeschoben sind, bestehen zumeist aus Eisen (Fig. 415).

Bei engen Ständen, die das Anbringen einer festen Trennungswand auf die nötige Länge nicht zulassen, findet eine kurze Kastenwand in Verbindung mit einem Lattierbaum die beste Verwendung (Fig. 416). Hierbei können die Pferde sich nicht beim Liegen mit den Vorderfüßen verletzen und gegenseitig sich nicht an das Futter kommen. Um dem noch weiter vorzubeugen, setzt man an der Krippe noch eine Erhöhung in Gestalt eines gußeisernen Gitters auf (Fig. 416).

In großen Stallungen, wo zu beiden Seiten der Stallgasse Pferde stehen, sind Trennungswände mit hohen Säulen empfehlenswert, da sie ein bequemes Aufhängen der Geschirre beim Auf- und Abzäumen gestatten (Fig. 391 und 417).

Box-Trennwände werden durch die Fig. 418 und 419 erläutert.

ad 3. Die Fütterungseinrichtungen. Da in Ställen für Kutsch- und Luxuspferde feinere Tiere Aufstellung finden sollen, so muß man hinsichtlich der Fütterungs- und Tränkevorrichtungen die Rassen, denen die Pferde entstammen, berücksichtigen. Nach der Höhe der Pferde richtet sich dabei auch die Höhe des Krippentisches. Hochgebaute Pferde verlangen 1,40 bis 1,50 m Krippenhöhe, mittlere Kutschpferde 1,30 bis 1,40 m, kleine Jucker 1,20 bis 1,30 m, Ponnies 1 bis 1,10 m.

Die Raufen liegen in Krippentischhöhe, und zwar mit diesem vereinigt. Sie sind sogen. einhängende (Fig. 420 u. 421) oder aufstehende Raufen (Fig. 422 u. 423).

Fig. 432.

Fig. 433.

Die Anbindevorrichtung. Bei lebhafteren Pferden muß vermieden werden, daß sie sich in der Halfterkette verfangen oder aufhängen. Hiergegen schützen die neueren Halfterführungen, die seitlich, rechts und links am Krippentische angebracht werden. Sie gestatten dem Pferde die nötige Bewegung, ohne zu viel Freiheit zu gewähren.

Zur Befestigung des Pferdes dient eine verzinnte Kette, mit Karabiner-Haken in einem Riemen endend, der durch einen Porzellan-Ring gleitet und an seinem unteren Ende mit lederumnähtem Kontregewicht und Gummipuffer versehen ist. Das Kontregewicht wird durch eine Messingschraube am Riemen befestigt; so kann derselbe nach Belieben lang oder kurz gestellt werden. Beim Anbringen ist darauf zu achten, daß

Fig. 434.
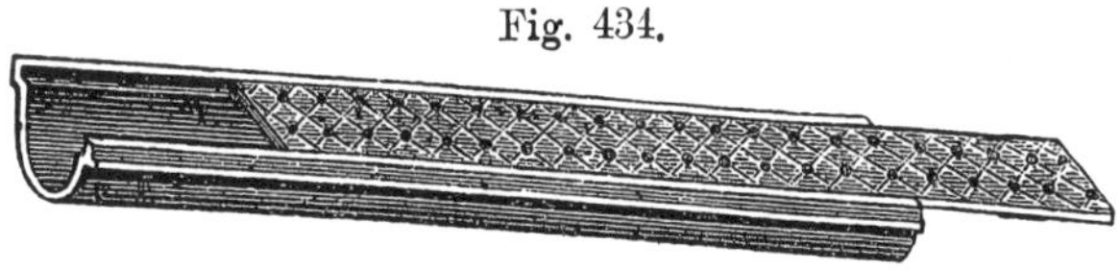

Fig. 435.
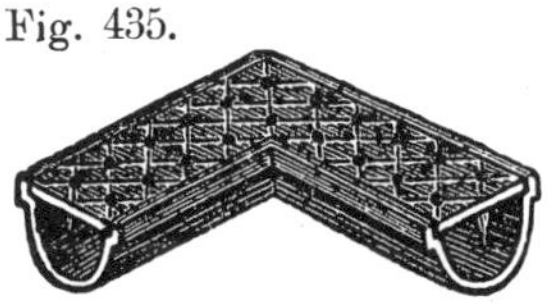

Fig. 436.
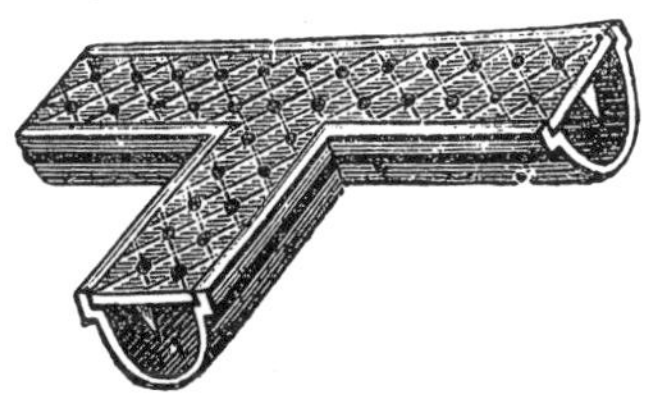

Fig. 437.
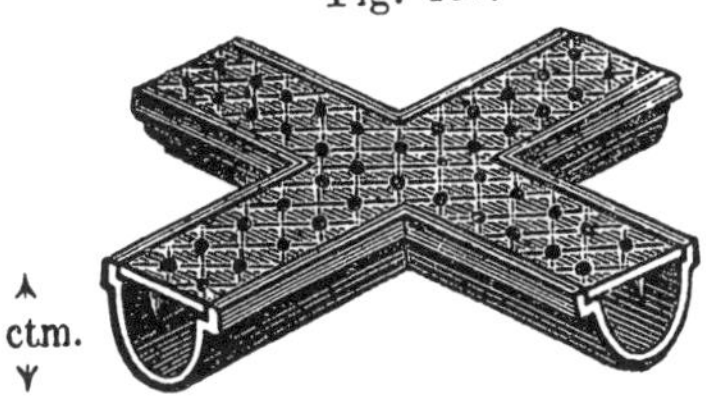

Fig. 438.

Fig. 439.

Fig. 440.
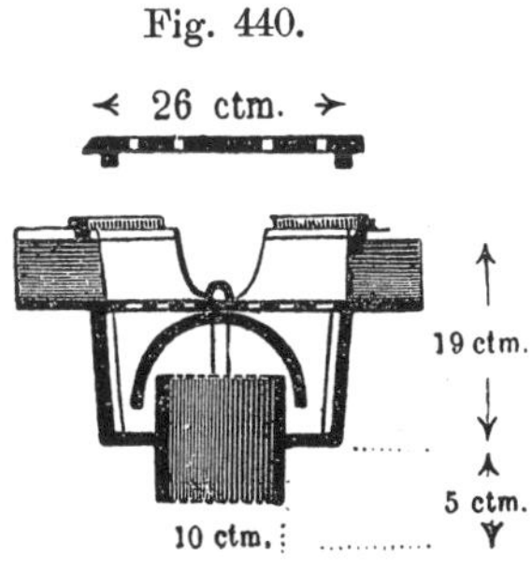

Fig. 441.

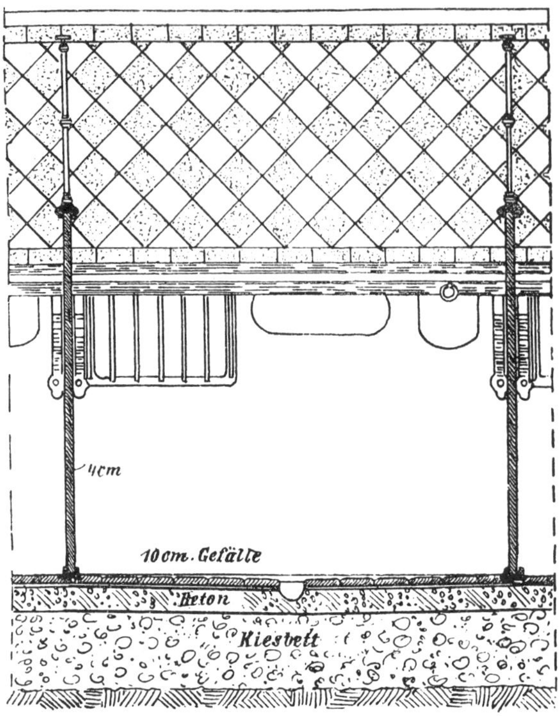

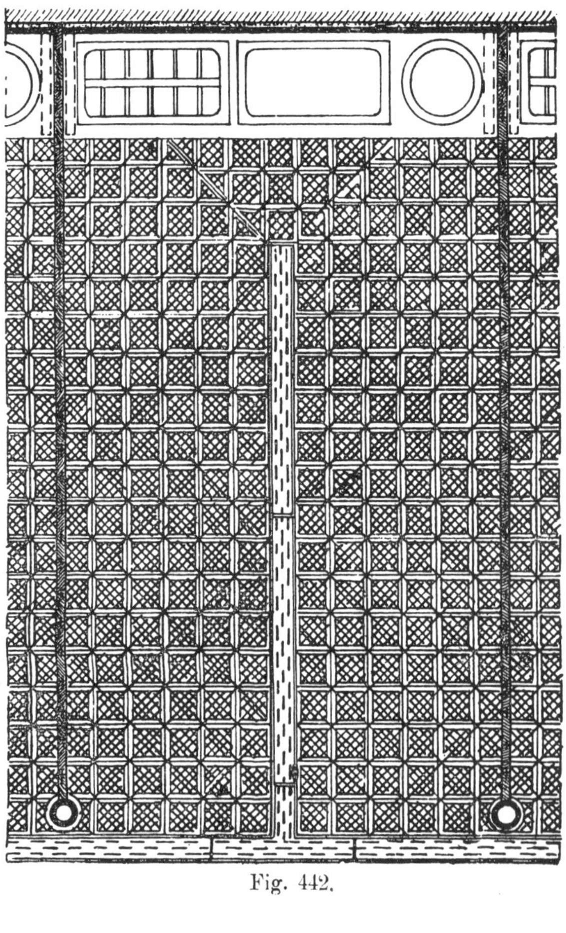

Fig. 442.

der Abstand zwischen dem Kopf und dem unteren Nacken genau 62 cm beträgt, damit die Rinne sich ausheben läßt, um den Riemen stellen zu können (Fig. 424 bis 426 *und* Fig. 427 und 428).

ad 4. Die Aufstellung geschieht, je nach Ansicht des Besitzers, teils in festen Ständen, teils in Boxes (Fig. 429). Bei festen Ständen ist Querstellung nach der Tiefe des Stalles die übliche, wenn viele Pferde untergebracht werden sollen. Aber auch an allen 4 Stallwänden werden feste Stände oder Boxes verteilt (Fig. 430 und 431). Bei Unterbringung von 4 bis 8 Pferden stellt man sie gewöhnlich an einer fensterlosen Längswand auf, so daß der Stallzutritt von der Hinterhand aus oder auch indirekt durch einen Futterraum geschieht.

ad 5. Der Stallfußboden. Mit ganz besonderer Sorgfalt ist in feineren Pferdeställen der Fußboden, besonders derjenige der Pferdestände zu behandeln. Er darf nicht hart, nicht glatt und nicht durchlässig sein. Seine Neigung nach der Jauchenrinne beträgt 1 bis 1,5 cm pro Meter. Das Gefälle der ganzen Standlänge darf 4 bis 6 cm nicht überschreiten (Fig. 432 und Fig. 433).

Im allgemeinen wird Pflasterung für den Fußboden angewendet. Aber bei der Wahl des Materiales muß man sehr vorsichtig sein. Beton und Zementestrich werden zu glatt und auch leicht zerstört. Sehr hart gebrannte sogen. Oldenburger Diamantklinker geben ein vorzügliches Pflaster ab. Sie nehmen keine Jauche auf, bleiben infolgedessen geruchlos, sind sehr dauerhaft und bieten, was sehr zu beachten ist, dem Pferde stets eine rauhe Oberfläche.

Sollen die Pferde mit den Vorderfüßen weich stehen, so versieht man zweckmäßig den Kopfteil des Standes auf eine Tiefe von 1,30 m mit imprägniertem Holzblockpflaster, während der übrige Teil mit Klinkern gepflastert wird.

Die Stallgasse wird gern in farbigen Klinkern geflastert, z. B. in hellrot und gelb, was besonders harmonisch wirkt.

Ein einfacheres Pflaster liefern geriefte Tonplatten, die quadratisch mit abgeschrägten Kanten und kreuzweiser Riefelung hergestellt werden (Fig. 442).

Die Jaucherinnen. Bei Luxusställen hat man mehrfach verdeckte Rinnen angeordnet, die aus glasiertem Tonmaterial oder auch aus Gußeisen hergestellt werden. Diese sind nur dann zu empfehlen, wenn sie die Möglichkeit des Reinigens gestatten, sonst sind sie zu verwerfen. Die in den Fig. 434 bis 440 dargestellten Jaucherinnen mit abnehmbarem Deckel, wie sie die Firma A. Benver-Berlin in den Handel bringt, haben sich viel praktischer als alle unmittelbaren unterirdischen Ableitungen bewährt, weil ein Verstopfen oder Zufrieren derselben unmöglich ist. Sie erhalten ein Gefälle von 1 : 60. Die Deckel sind in Stücken von handlicher Länge abgepaßt. Die einzelnen Rinnen münden in einen Jauchetopf, der, mit Geruchverschluß versehen, unten einen Rohrstutzen trägt, durch den die weitere Ableitung unterirdisch erfolgt (Fig. 434 bis 440).

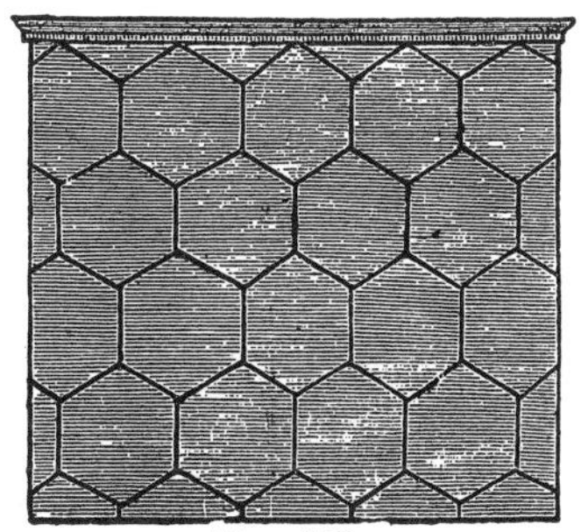
Fig. 443.

ad 6. Die Umfassungswände. Je feiner die Stalleinrichtung werden soll, um so sauberer und zierlicher wird die Ausstattung der inneren Wandflächen des Stalles behandelt. Hierzu dient glatt geschliffener Zementputz, Bekleidung mit Ton, Glas oder Porzellanplatten, mit Schiefer- oder Marmorplatten. Diese Bekleidung wird dann mit einem kleinen Gesims abgedeckt.

In vielen Fällen wird nur die Wandfläche über der Krippe derartig behandelt. Es ist aber dabei darauf zu sehen, daß die Augen der Pferde nicht durch Zusammenstellung von zu grellfarbigen Wandmustern angegriffen werden. Eine ruhige Farbenabtönung wirkt hier am besten, z. B. silberblau-graue Tonplatten. Wo Uebergänge von der Wandbekleidung zur Krippe usw. durch Leisten verdeckt werden, sind solche aus gewalztem Schmiedeeisen herzustellen, da hölzerne Leisten von den Pferden angefressen werden und gußeiserne zu zerbrechlich sind (Fig. 441 und 443).

Die Stalltüren müssen absolut zugfrei abzuschließen sein, sie müssen also entweder einen Windfang erhalten oder als Doppeltüren ausgebildet werden. Zug ist überhaupt in diesen Ställen, die die Tiere häufig warm gefahren oder geritten betreten, äußerst gefährlich für den Pferdebestand und deshalb ganz auszuschließen.

Die Stalldecke. Vergleiche das ad 6 bei den vorher besprochenen Pferdeställen gesagte.

ad 7. Die Anordnung der Fenster in Luxusställen. Das Tageslicht soll stets seitlich oder vom Rücken der Pferde aus einfallen. Fenster mit festen

Drehbare Geschirrträger

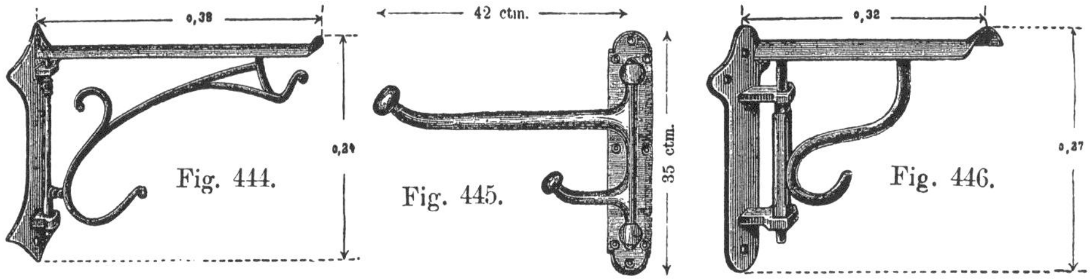

Fig. 444. Fig. 445. Fig. 446.

Scheiben (vergl. das ad 7 bei Rindviehställen gesagte) sind stets solchen mit beweglichen Flügeln vorzuziehen.

ad 8. Die Lüftungsanlage ist besonders sorgfältig auszuführen. Alle Luftzuführung darf nur dicht unter der Decke geschehen und nur durch mehrere verteilte, aber kleine Oeffnungen erfolgen. Dasselbe ist mit den Luftabführungsöffnungen der Fall. Gut schließende Klappen sind äußerst notwendig. Im übrigen vergleiche das ad 8 bei Rindviehställen gesagte und Fig. 393.

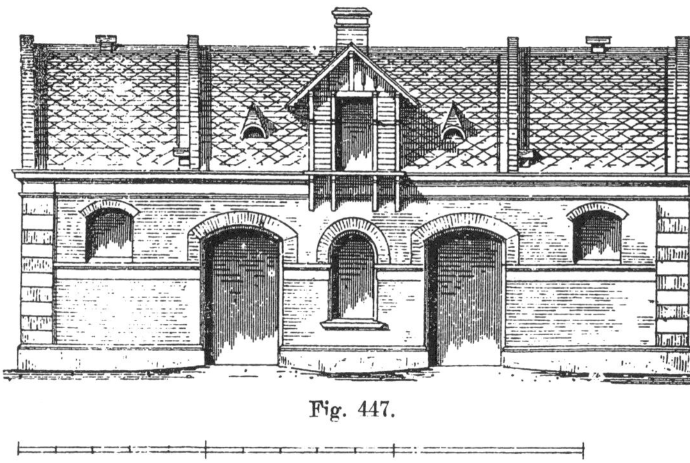

Fig. 447.

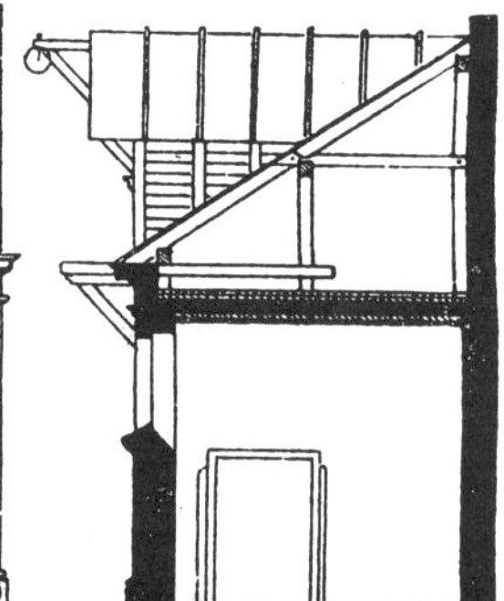

Fig. 448.

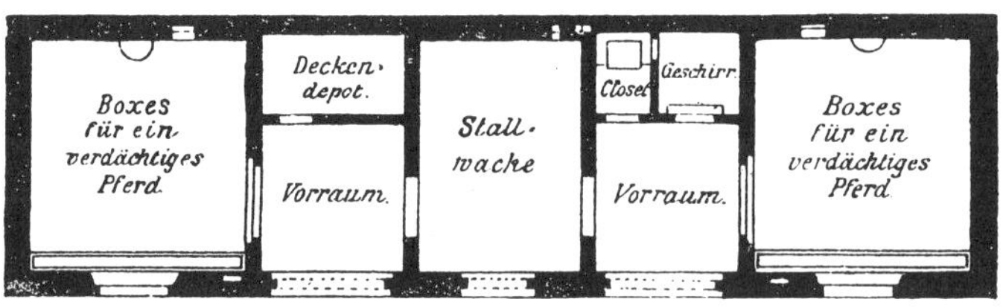

Fig. 449.

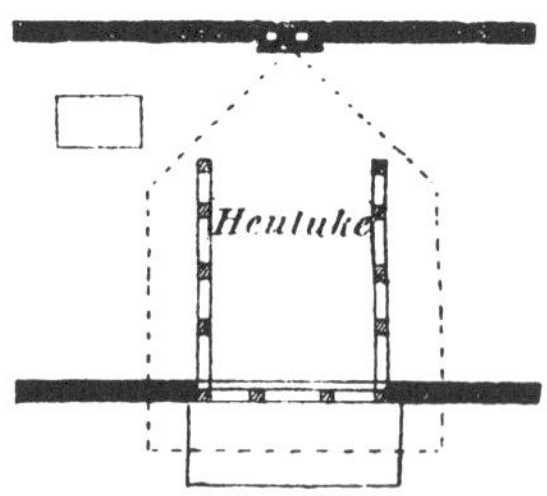

Fig. 450.

Die Nebenräume. Außer einer Geschirrkammer, die möglichst von dem Einflusse der Stalldünste abgeschlossen angeordnet wird, werden mit Luxusställen eine oder mehrere Wagenremisen, sowie die Wohnung des Kutschers verbunden. An Größe rechnet man für eine Geschirrkammer pro Gespann 10 bis 12 qm Grundfläche, die sich bei größerer Anzahl derselben aber verringern läßt.

Fig. 451.

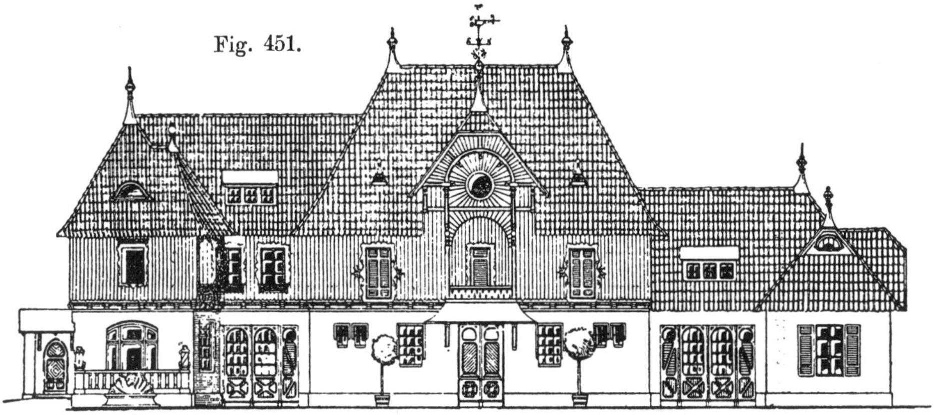

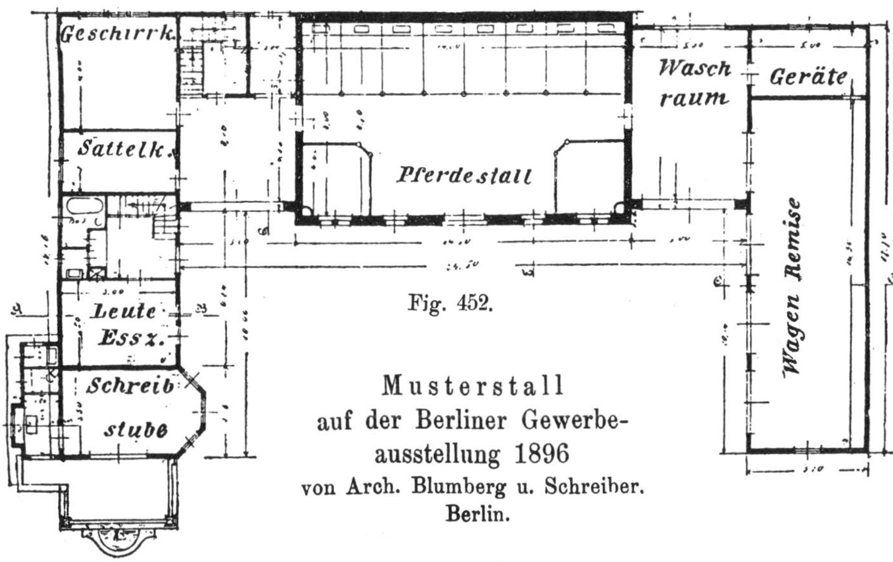

Fig. 452.

Musterstall
auf der Berliner Gewerbeausstellung 1896
von Arch. Blumberg u. Schreiber.
Berlin.

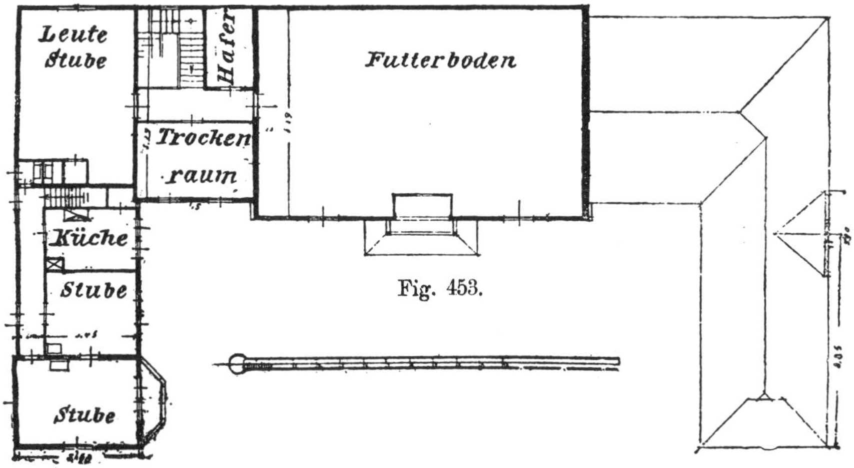

Fig. 453.

Feinere Geschirre, die in besonderen Schränken aufbewahrt werden, erfordern dafür entsprechenden Platz. Derartige Kammern sollen heizbar sein.

Drehbare Geschirrträger für die Geschirrkammer erläutern die Fig. 444 bis 446.

Wagenschuppen für Kutschen. In Verbindung mit kleineren Luxuspferdeställen setzt man häufig einen Schuppen oder eine Wagenremise für Kutschen.

Man rechnet hierfür au Platz:

1 Kutsche mit Deichsel bis 6,30 m lang, bis 2,20 m breit,
1 „ ohne „ „ 3,80 m „ „ 1,90 m „

Zwischen je 2 Wagen 50 bis 70 cm Abstand. Wandabstand 60 bis 80 cm. Höhe der Remise 3,8 bis 4,4 m. Torfahrt, wenn der Kutscher auf dem Bock sitzt, 3,4 m hoch, 2,5 m breit, nach außen aufschlagend.

Massive geschlossene Remisen kosten pro 1 qm etwa 50 Mark.

Die Wagenremise muß vom eigentlichen Stalle vollständig getrennt sein, damit etwa durch Verbindungstüren eindringender Stalldunst die Beschlagteile nicht angreifen kann (Fig. 468 und 469).

Krankenställe werden auf größeren Gütern angeordnet (Fig. 447 bis 450). Sie liegen abseits von den übrigen Stallungen, um Ansteckungen zu verhüten. Die Aufstellung der Pferde geschieht in festen Ständen oder in Boxes.

d) Stallungen für Rennpferde.

Die luxuriöse Einrichtung eines derartigen Stalles spielt bei dieser Gattung von Pferdeställen eine Nebenrolle. Hier handelt es sich vielmehr um solche Einrichtungen, die der Gesundheit der sehr wertvollen Tiere förderlich sind.

Der Standraum. Rennpferde werden in sogen. Laufställen untergebracht, wobei mit Vorteil ein sogen. Laufgarten unmittelbar mit dem Stalle in Verbindung steht. Laufställe haben eine Größe von 3,50 × 3,50 bis 4,0 × 4,0 m; die einzelnen Boxes liegen dabei an einem mittleren Gange von 3,50 m Breite, der an beiden Enden breite Tore hat. Oder die Stallungen (Boxes) sind ganz voneinander getrennt, damit sich die Tiere nicht gegenseitig stören. Je 4 Boxes bilden dabei einen kleinen Stall für sich mit mittlerem Gange, der unmittelbar ins Freie führt.

Die Bauart des Stalles. Alle Ecken, an denen sich die Tiere verletzen können, sind abzurunden. Glatte Wände und glatter Fußboden müssen unter Umständen eine Desinfektion des Stalles gestatten.

Der Stallfußboden. Wie üblich in den Boxes, genügt Sandschüttung, die aber öfter gewechselt werden muß, damit sie nicht feucht wird. Holzpflaster ist für die Gänge zu empfehlen, der Stand muß auf alle Fälle trocken und darf nicht hart sein.

Die Lüftung, Auf 1 qm Bodenfläche kommen 100 bis 150 qcm Querschnitt des Lüftungsschachtes. Mindestens muß dieser 30 × 30 cm Querschnitt aufweisen.

Die Anordnung der Fenster. Die Ställe müssen sehr hell sein. Deshalb empfiehlt es sich, außer den seitlichen Fenstern für jeden Laufstall noch Oberlicht Ende der Mittelgänge anzuordnen. Der Futterboden fällt meist fort.

Fig. 454.

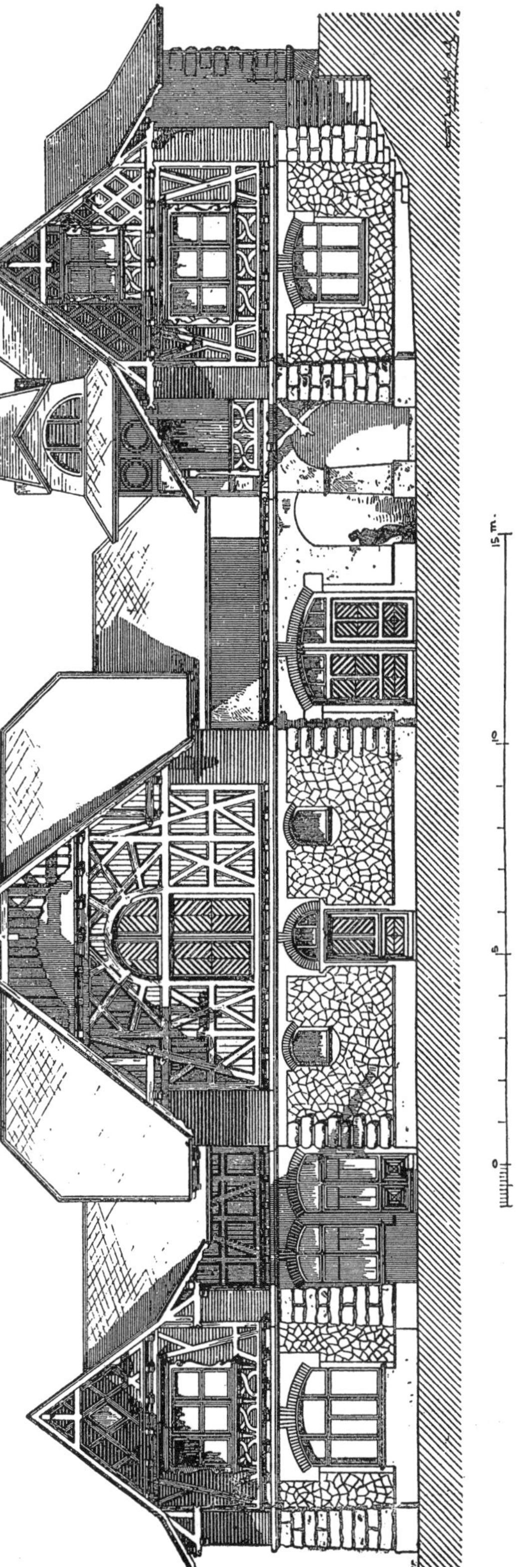

Fig. 455.

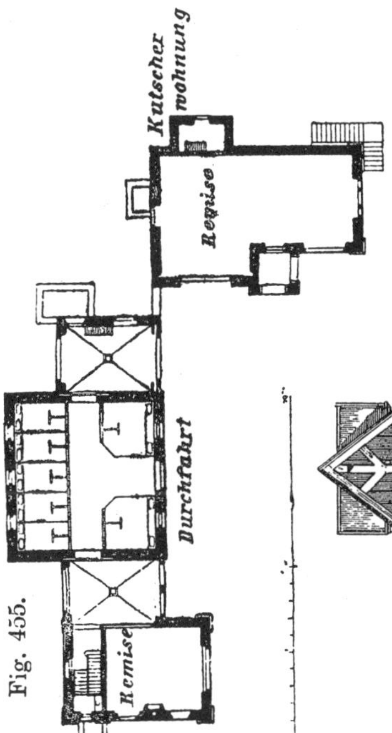

Die Höhe des Stalles. Als lichte Höhe rechnet man 4,0 m. Die Fenster beginnen dann bei 2,0 m Höhe.

Die Fütterungseinrichtungen bestehen aus eisernen Krippentischen, wie solche in Fig. 421 und 439 wiedergegeben sind.

Fig. 458.

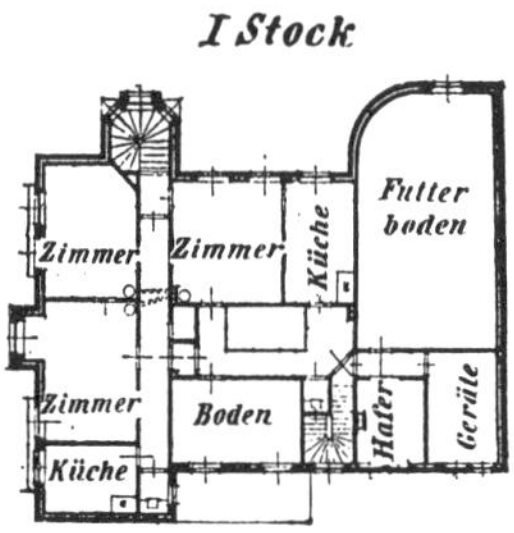

Fig. 456.

Fig. 457.

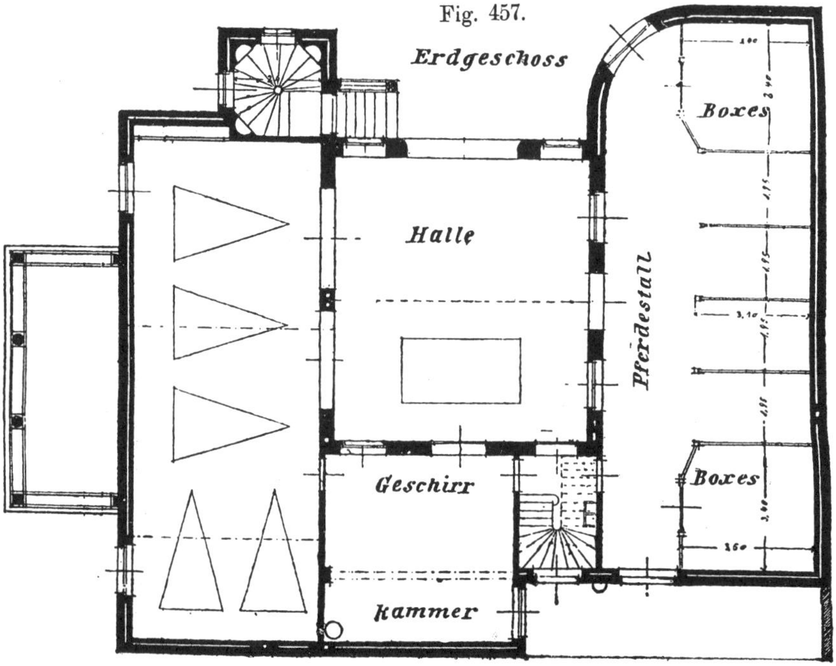

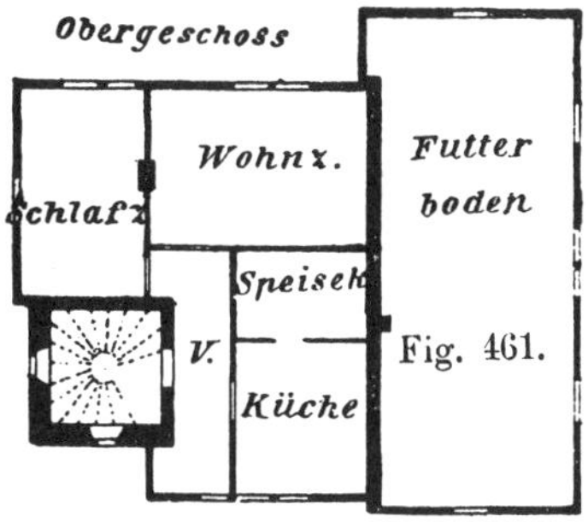

Fig. 461.

Fig. 459.

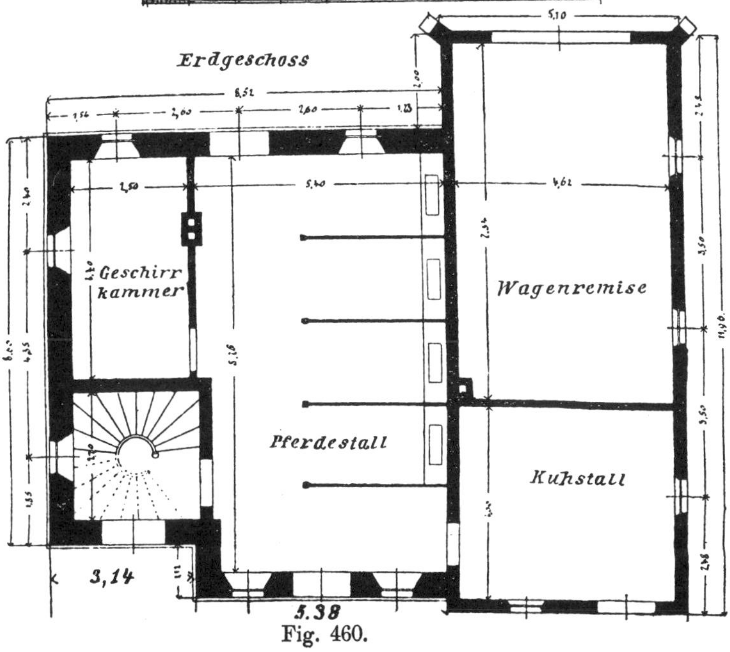

Fig. 460.

e) Preise für Pferdestalleinrichtungen.

Es kosten Pferdeställe für 2 Stände:

ganz einfache	75 Mark,	jeder weitere Stand 50 Mark,
bessere	190 „	„ „ „ 100 „
feine	290 „	„ „ „ 170 „

Zwei Stände mit einer Boxe, fein mit Verkleidung aus emaillierten Eisenplatten, kosten 800 Mark, jeder fernere Stand 225 Mark mehr.

Diese Preise beziehen sich sämtlich auf eiserne Einrichtung. Die Preise für die Einzelteile derselben finden sich in den Preisverzeichnissen der Firmen: F. A. Herbertz-Köln a. Rh., A. Benver-Berlin, Eisenwerk Carlshütte-Ahlfeld a. d. Leine, Eisenwerk Tangerhütte, Fr. Metz-Frankfurt a. M. u. a.

Beispiele.

Fig. 451 bis 453. Musterstall auf der Berliner Gewerbe-Ausstellung 1890, erbaut von Blumberg und Schreiber, Architekten zu

Fig. 462.

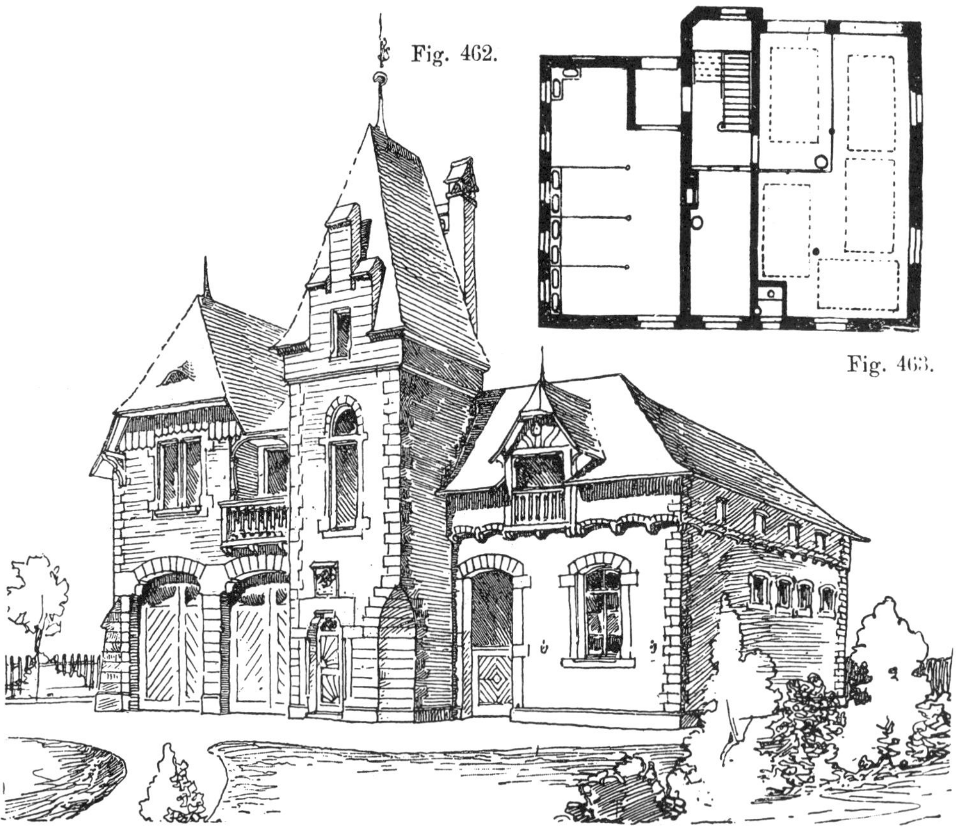

Fig. 463.

Berlin (nach „Neubauten“ von Neumeister, Seemann & Co., Leipzig). Die Anlage umfaßt im Erdgeschoß 1 Pferdestall für 8 Pferde in Ständen und 2 Boxes, der Stalldünste halber abgetrennte Geschirr- und Sattelkammer, 1 Futterkammer, 1 Waschraum, 1 Wagenremise, 1 Leute-Eßraum und 1 Schreibstube.

Im oberen Geschoß befinden sich ein großer Futterboden, eine Haferkammer, eine Leutestube, und eine Kutscherwohnung.

Fig. 454 und 455. Pferdestall und Wagenremisen einer Villa in Wollishofen-Zürich von den Architekten Chiodera und Tschudy-Zürich. Das Stallgebäude enthält Stände für 5 Pferde und 2 Boxes; daran schließt sich auf jeder Seite eine Durchfahrt und links eine Remise mit oberer Gärtnerwohnung. Der rechte Flügel enthält eine Wagenremise mit darüber liegender Kutscherwohnung (Architekton. Rundschau, Verlag von J. Engelhorn in Stuttgart).

Fig. 464.

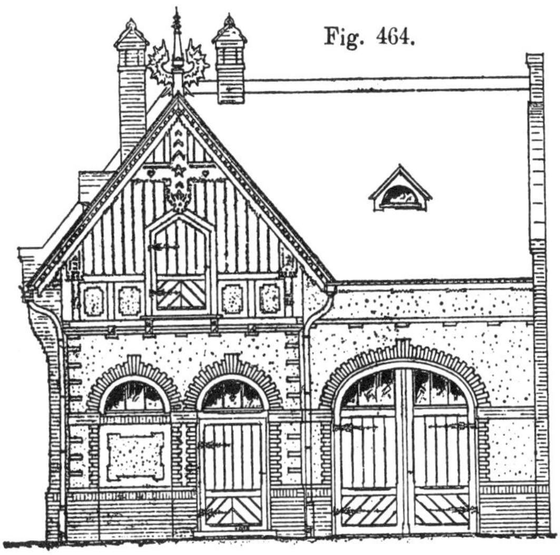

Fig. 465.

Stallung zur Villa Waldschmidt Berlin Westend. v. Arch. Seeling-Berlin

Fig. 466.

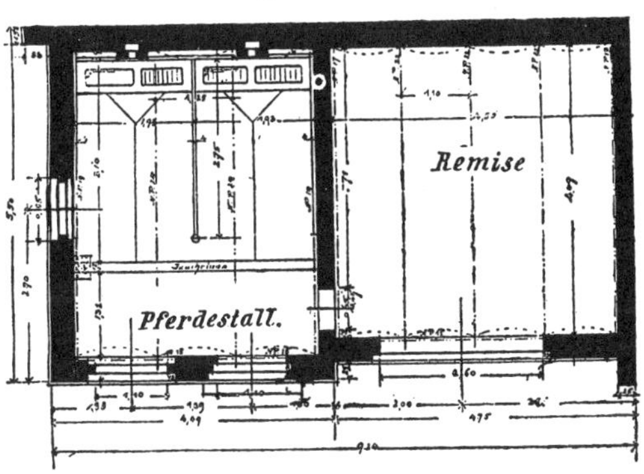

Fig. 467.

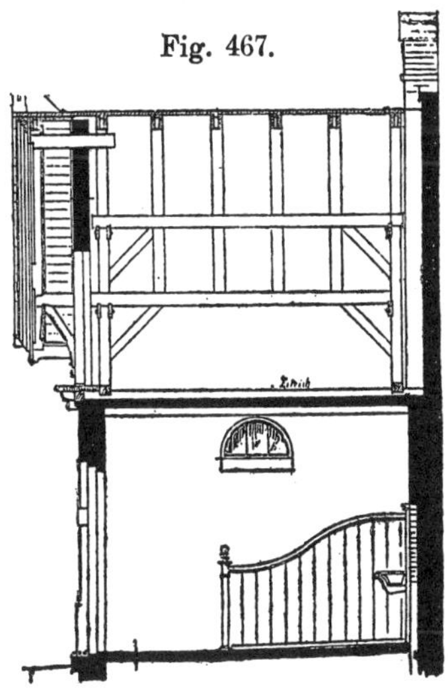

Fig. 456 bis 458. Stallgebäude einer Villa in Hamburg von den Architekten Puttfarken und Janda-Hamburg. Der Stall ist, entsprechend der äußeren Gestaltung, sehr reich ausgestattet. Er enthält 4 Pferdestände und 2 Boxes mit abgetrennter Geschirrkammer. Davor liegt eine große Halle, die den indirekten Zugang vermittelt. Im Stalle ist Holzdecke verwendet. Das Obergeschoß enthält 2 Wohnungen für den Kutscher und den Gärtner. Die Bau-

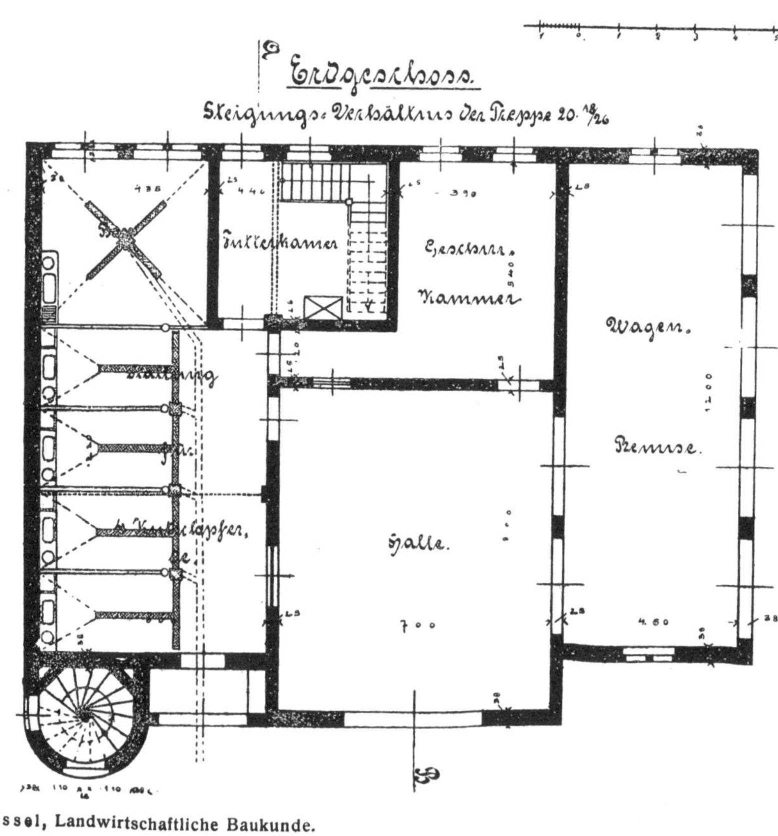

Ueb
befindet
raum, de
boden für
als auch
Körnerfrü
Die letzte
an der G
Aufzug be

Issel, Landwirtschaftliche Baukunde.

Taf. 20 u. 21.

Schnitt A-B.

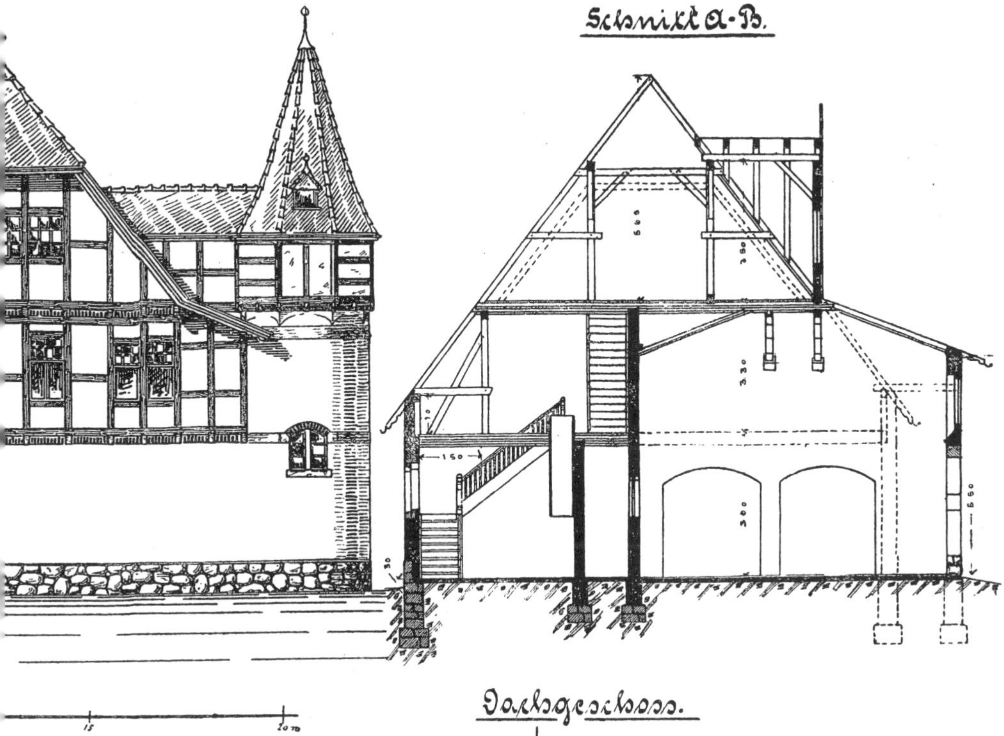

Dachgeschoss.

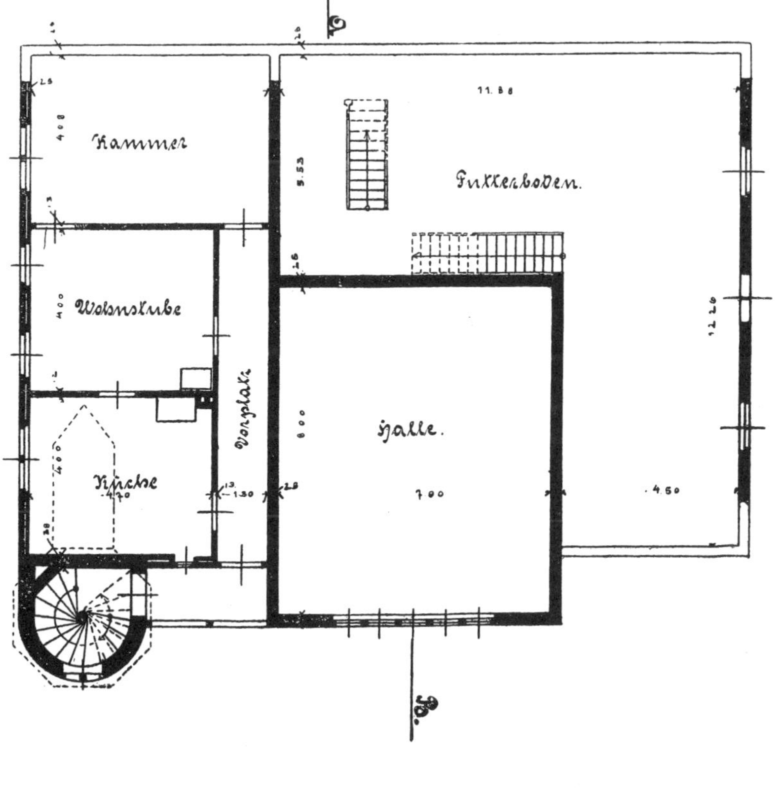

Dachgeschoss
ein Boden-
zum Trocken-
cherwohnung,
bewahren der
gesehen ist.
n durch einen
angebrachten
erden.

kosten betragen nur 54000 Mark. Die Architektur zeigt Zementputz mit Backstein und einzelne Teile aus Sandstein (Neumeister, Neubauten, Verlag von Seemann & Co. in Leipzig).

Fig. 459 bis 461. Pferdestall für vier Pferde nebst einer Kutscherwohnung in Reinbeck bei Altona vom Architekten Albert Winkler (Architektur der Hannov. Schule von G. Schönermark, Hannover).

Fig. 462 und 463. Herrschaftlicher Pferdestall von den Architekten Eisenlohr u. Weigle in Stuttgart (Architektonische Rundschau, Stuttgart). Das Baumaterial ist heller Sandstein für die Umrahmungen und Ecken, Kalkputz für die Mauerflächen. Die Dachdeckung ist Schiefer.

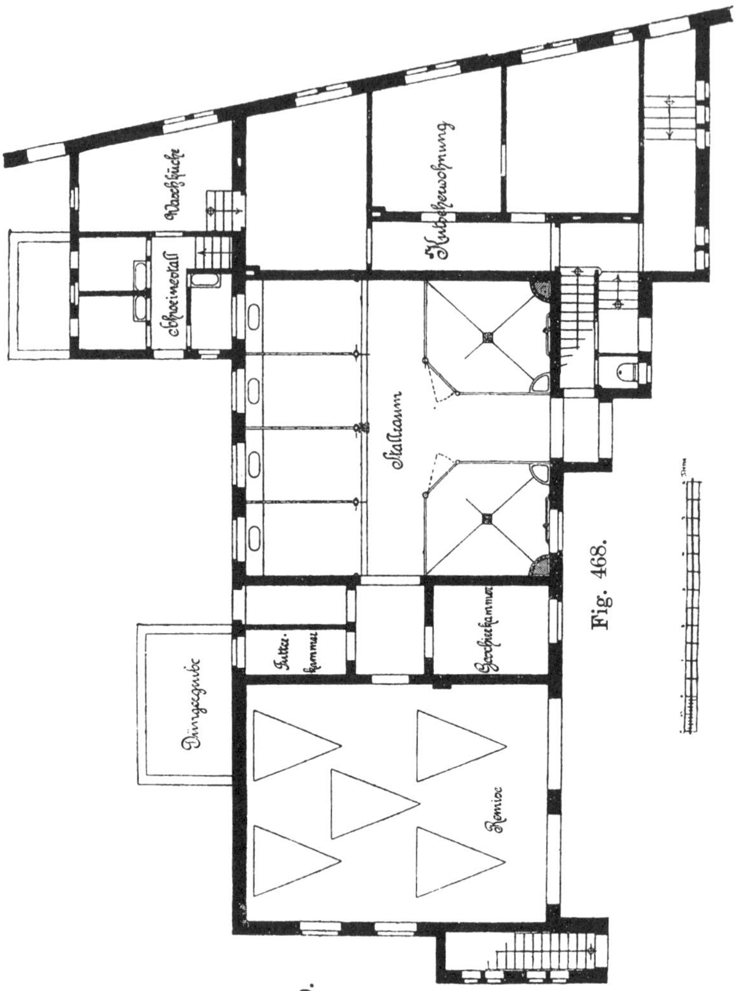

Fig. 468.

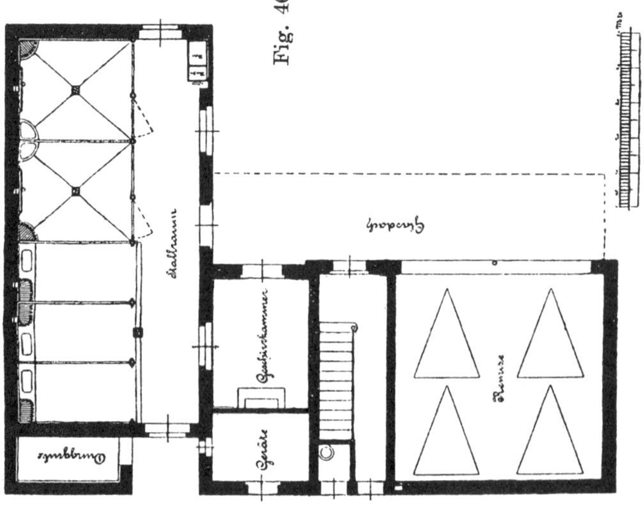

Fig. 469.

Fig. 464 bis 467. Stallgebäude einer Villa in Berlin-Westend vom Architekten H. Seeling-Berlin. Das Gebäude enthält 2 Pferdestände und 1 Remise nebst Futterboden. Die Baukosten betrugen einschließlich einer Düngergrube 6000 Mark (Neumeister, Neubauten, Verlag von Seemann & Co. in Leipzig).

Fig. 468 und 469. Stallungen der A. K. A.-Ges. Isselburger Hütte zu Isselburg (Niederrhein) nach Deutsche Bauhütte, Hannover. Die Wohnung des Kutschers sowie die Wagenhalle sind hier zu einer kleinen Gruppe vereinigt, die einen gefälligen Eindruck macht und, in nächster Nähe des Herrenhauses gelegen, nicht störend wirkt.

Tafel 20 und 21. Herrschaftlicher Pferdestall mit Kutscherwohnung von H. Ohliger.

Der Pferdestall erhält Seitenlicht durch 4 eingemauerte Rohglasfenster, sowie durch eine große Glaseinlage in der Stalltür aus Drahtglas.

Die Kutscherwohnung liegt über dem Pferdestalle; eine Kammer befindet sich im Dachraume. Der Zugang ist in der Küche einpunktiert.

B. Rindviehställe.

Die Haltung von Rindvieh spielt in allen landwirtschaftlichen Betrieben die größte Rolle. Insonderheit sind es die als Milchvieh gehaltenen Tiere, die bei großen Betrieben in oft bedeutender Anzahl in Frage kommen und deren Unterbringung ganz besonderer Sorgfalt bedarf. Da die Tiere den weitaus größten Teil ihres Lebens im Stalle zubringen müssen, so soll ihnen hier möglichste Bequemlichkeit für Stehen und Liegen und daneben im Sommer und im Winter gesunde und gut temperierte Luft gewährt werden. Nur dann kann das Vieh gedeihen, kann es die gebotene Nahrung in entsprechenden Fleischansatz bezw. Milchergiebigkeit umsetzen und schließlich vor der dem Rindvieh so gefährlichen Tuberkulose bewahrt werden. Hierzu kommt noch die für größere Anlagen äußerst wichtige Sauberkeit des Stalles, die allein auch eine saubere Haltung des Rindviehes ermöglicht.

ad. 1. Die Bauart im allgemeinen. Massive Bauweise verdient auch bei größeren Rindviehställen den Vorzug. Für die inneren Wandflächen ist einfacher Fugenverstrich als genügend zu erachten. Jegliche Holzteile sind für die innere Ausstattung zu vermeiden oder auf das notwendigste zu beschränken, da sie Krankheitserregern Nährboden und Unterschlupf zu bieten vermögen.

ad 2. Der Standraum. Bei Aufstellung einer einzelnen Kuh beträgt die Standbreite 1,60 m, die Standlänge ausschließlich Krippe, aber mit Gang dahinter, 3,30 bis 3,40 m. Ein Stand für 2 Kühe soll 2,50 bis 2,80 m breit sein, ein solcher von mehr als 2 Kühen bei kleinem Vieh 1,0 bis 1,20 m pro Stück, bei großem Vieh 1,30 m. Ochsen erfordern zur Einstellung eine Standbreite von 1,30 bis 1,40 m pro Stück, Jungvieh eine solche von 0,90 m. Die Länge eines Standes für Ochsen ausschließlich Krippen und mit Gang ist 3,40 bis 3,80 m, diejenige desgl. für Jungvieh 2,80 m. Die Breite eines Futterganges mit 2 Krippen und 2 Schwellen beträgt 1,90 bis 2,10 m, die Breite eines Futterganges mit

1 Krippe und 1 Schwelle 1,40 bis 1,60 m. Ein Absatzkalb in besonderem Stalle erfordert: Futtergangsbreite mit Krippe 1,25 bis 155 m, Standlänge 2,20 bis 285 m. Breite des Mistganges 0,95 bis 1,90 m bei Aufstellung einer Reihe. Die Stalltiefe beträgt dann 4,40 bis 6,30 m. Werden die Absatzkälber in Doppelreihen aufgestellt mit den Köpfen gegenüber, so ist die gemeinschaftliche Futtergangsbreite mit Krippe 1,90 bis 2,50 m, die Standlänge einschließlich Mistgang 3,15 bis 4,75 m. Als Stalltiefe rechnet man 8,20 bis 11,90 m.

Die Breite des Düngerganges beträgt 1,20 bis 1,50 m bei einer Reihe und 1,80 bis 2,20 m bei 2 Reihen Vieh einschl. Jauchenrinne.

Für die Breite des Futterganges genügen bei einseitiger Aufstellung der Tiere 1,40 bis 1,60 m, bei zweiseitiger 1,90 bis 2 m.

Die vorstehenden Maße entsprechen dem Preußischen Ministerial-Erlaß vom 9. Januar 1871.

Von Praktikern wird als Standlänge für 1 Kuh 3,0 bis 3,15 m angenommen, da nur hierbei die Sauberkeit so weit erzielt werden kann, daß die Exkremente nicht in den Rinnstein fallen; ebenso wird auch die Standbreite für eine größere Kuh auf 1,40 m, für eine mittelgroße auf 1,30 m, für eine kleine auf 1,20 m angegeben, so daß die Breite einer Stallung zwischen den Krippen bei einer Gangbreite von 2,20 m sich auf 8,20 bis 8,50 m beläuft.

Fig. 470.

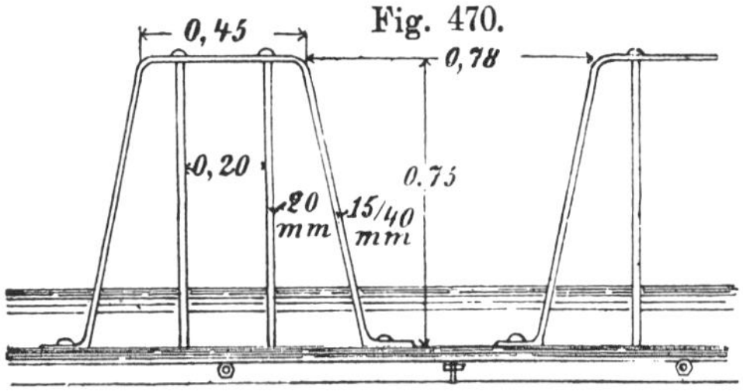

Fig. 471.

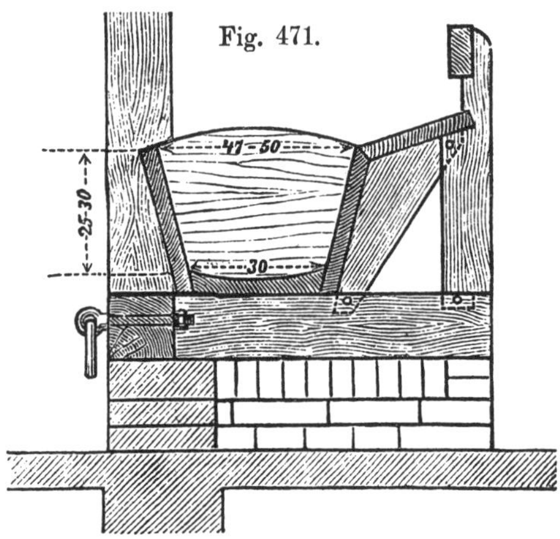

Die Stallhöhe. Für die Königl. Preuß. Domänen wird, auch für größere Rindviehställe, eine Geschoßhöhe einschl. der Balkenlage von 3,60 bis 3,80 m als ausreichend erachtet. Nach anderen Anschauungen soll die Stallhöhe 3,80 m i. L. betragen. Nach einer Preuß. Ministerial-Verfügung ist bei Aufstellung bis zu 12 Stück Rindvieh eine Stallhöhe von 2,80 bis 3,10 m, bei Aufstellung von 12 bis 30 Stück eine solche von 3,10 bis 3,80 m erforderlich. Für Jungviehställe genügt eine Höhe von 2,50 m.

Die Standabgrenzungen. Eigentliche Standtrennungen, wie bei Pferdeställen, kommen im Rindviehstalle nicht vor. Wohl aber werden vielfach, um das gegenseitige Abdrängen der Tiere vom Futter zu verhüten, sogen. Kuhstaken auf dem Krippenrande angeordnet. Ueber deren Nutzen gehen freilich die Meinungen sehr auseinander, weshalb sie in neuester Zeit oft ganz fortgelassen werden. Bei älteren Ställen mit Holzdecken und hölzernen Unterstützungsstielen bestanden sie aus Holzkonstruktion (Fig. 473), heute werden sie überall aus Eisen hergestellt (Fig. 470 und 471).

Den Bullenstand bildet man als abgeschlossenen Kastenstand aus, 1,50 m hoch, die Krippenseite aber 2 m hoch. Auch durch eine niedrige Mauer trennt man die Bullenstände von den übrigen ab. An Platz beansprucht 1 Bulle einen Stand von 2,80 m Länge und 1,50 m Breite. In der Abteilung für Jungvieh bringt man für die Zuchtkühe, zum Einstellen kurz vor dem Kalben, mehrere Boxen an.

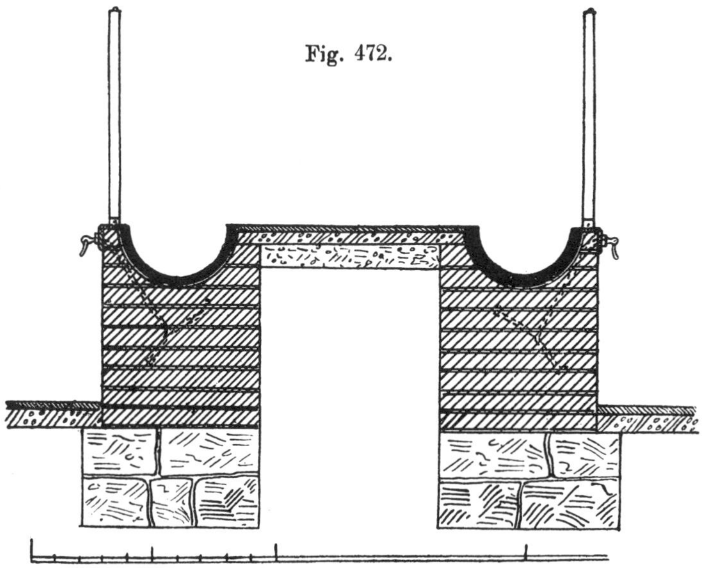

Fig. 472.

ad 3. Die Fütterungsvorrichtungen. In neuerer Zeit hat sich die Anwendung von niedrigen Krippen in Höhe von 40 bis 45 cm eingeführt, während man daneben auch solche von 60 bis 80 cm Höhe im Gebrauche hat. Die niedrigen Krippen bieten den Vorteil, daß sie den Tieren gestatten, den Kopf beim Liegen über der Krippe zu halten, wodurch an Standlänge gespart werden kann. Auch halten die Tiere sich reinlicher, und der gesamte Stallraum gewinnt an Uebersichtlichkeit (Fig. 474).

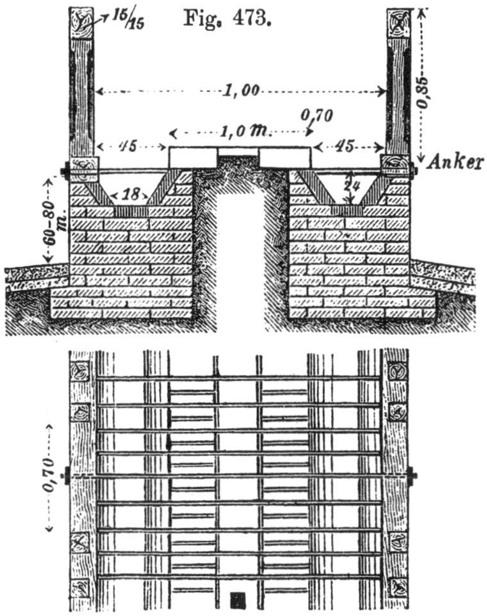

Fig. 473.

Die Krippen bestehen aus Holz, aus Zement, aus Sandstein oder Granit, aus Klinkermauerwerk, aus Formsteinen mit Zementfugen, aus Eisenblech und aus emailliertem Gußeisen.

Krippen aus weichen Materialien, z. B. aus Holz, können nur da zur Anwendung kommen, wo die Tränkung der Tiere für sich geschieht und die Krippen nur Trockenfutter aufnehmen (Fig. 471) nach H. von Tiedemann, Das landw. Bauwesen, Verlag von L. Hofstetter in Halle.

Am zweckmäßigsten sind gebrannte und glasierte Tonschalen, die in Zementmörtel vermauert und in den Stoßfugen mit Schwefel vergossen werden (Fig. 472).

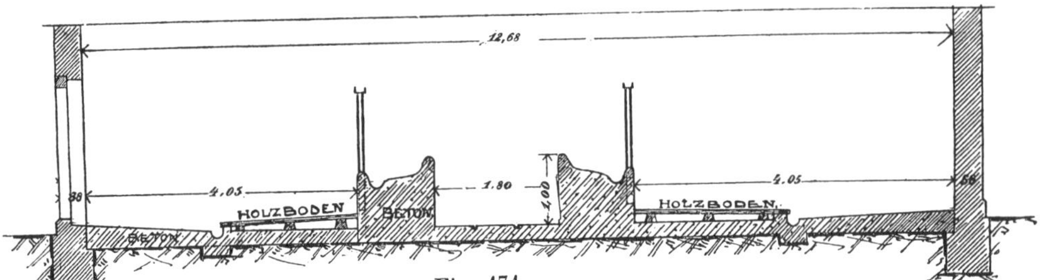

Fig. 474.

Fig. 475.

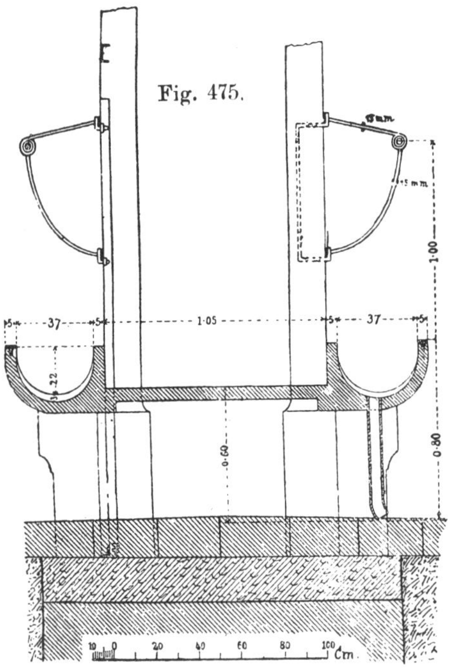

Fig. 476.

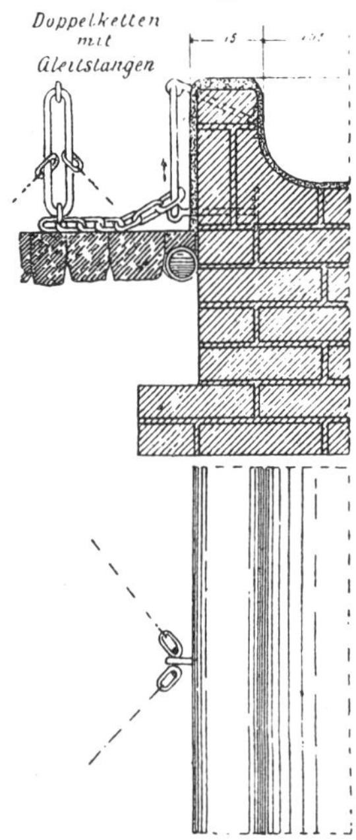

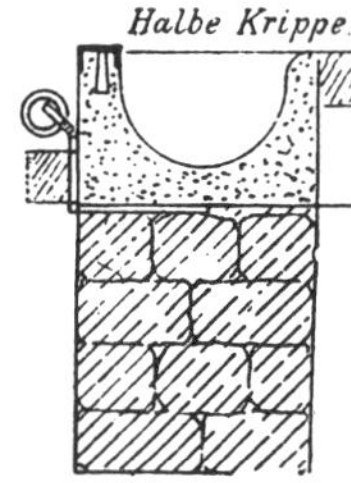

Fig. 477.

Krippen aus Klinkern mauert man in Zementmörtel und gibt ihnen im Innern einen glatten Zementputz (Fig. 473). Die vor den Krippen liegende Bordschwelle wird mit 13 mm starken Schraubenbolzen etwa alle 3 m weit verbolzt.

Fig. 478.

Fig. 479.

Fig. 480.

Krippen in Monierkonstruktion (Zement mit Eiseneinlage) sind in den Fig. 474 und 475 dargestellt.

Krippen aus Backstein-Formsteinen, in Zement geputzt, desgleichen die Futtergänge in derselben Konstruktion, zeigt Fig. 476.

Zementkrippen siehe Fig. 477.

Eiserne Krippen, enthaltend Futtertrog, Wassertrog, Raufe und Salzlecke für je 2 Tiere von A. Benver-Berlin sind in den Fig. 478, 479 und 480 wiedergegeben.

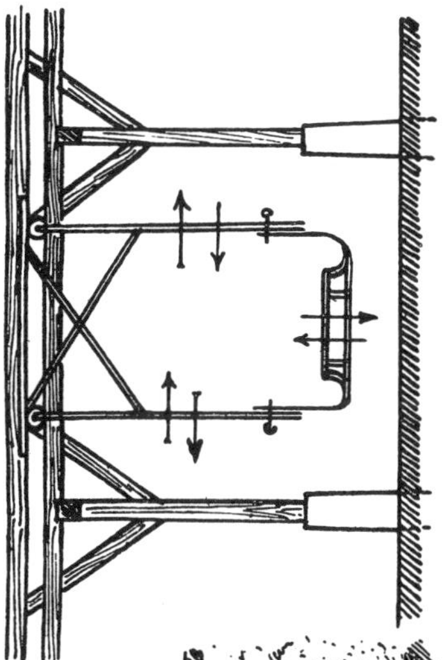

Fig. 482.

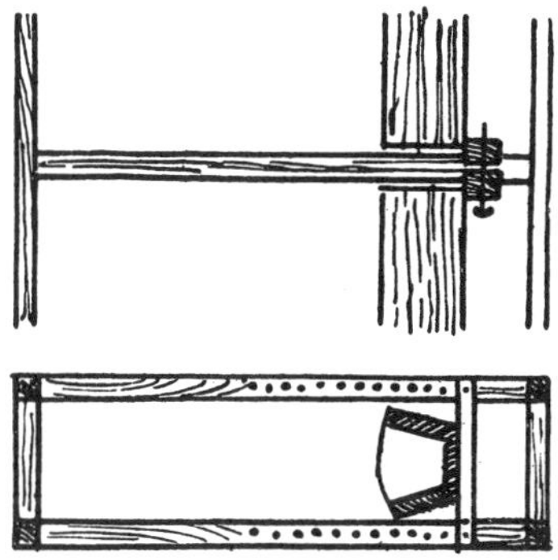

Fig. 485.

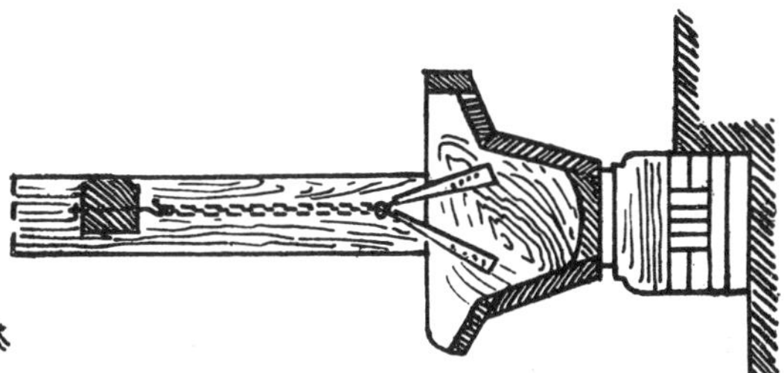

Fig. 484.

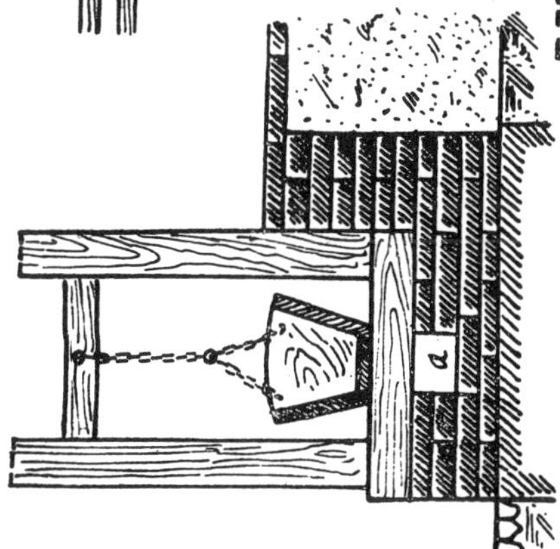

Fig. 481.

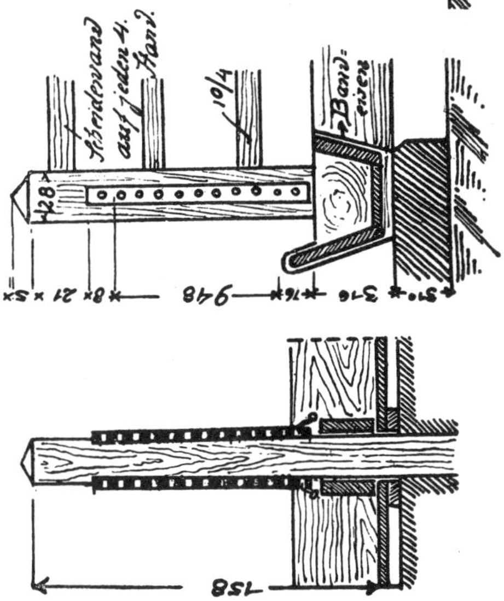

Fig. 483.

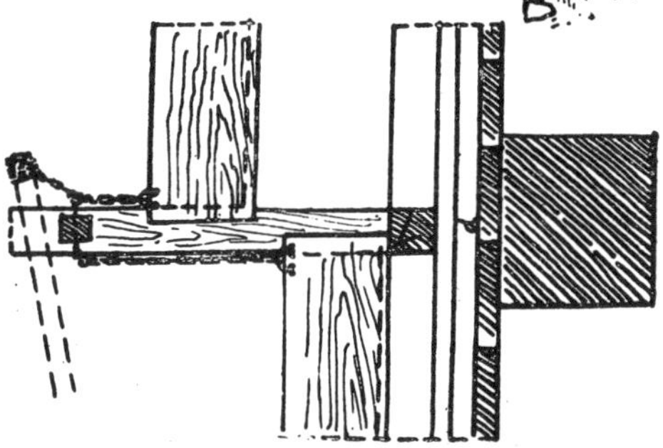

Viehställe, in denen der Dünger längere Zeit hindurch liegen bleibt, erhalten hölzerne oder Eisenblech-Krippen mit Vorrichtungen zum Höherstellen.

Die einzelnen Krippen hängen an kurzen eisernen Ketten und werden je nach Notwendigkeit gehoben oder heruntergelassen, oder sie können durch eine einfache Lochvorrichtung mit verstellbaren Keilen höher bezw. tiefer gestellt werden. Vergl. Fig. 481 bis 485.

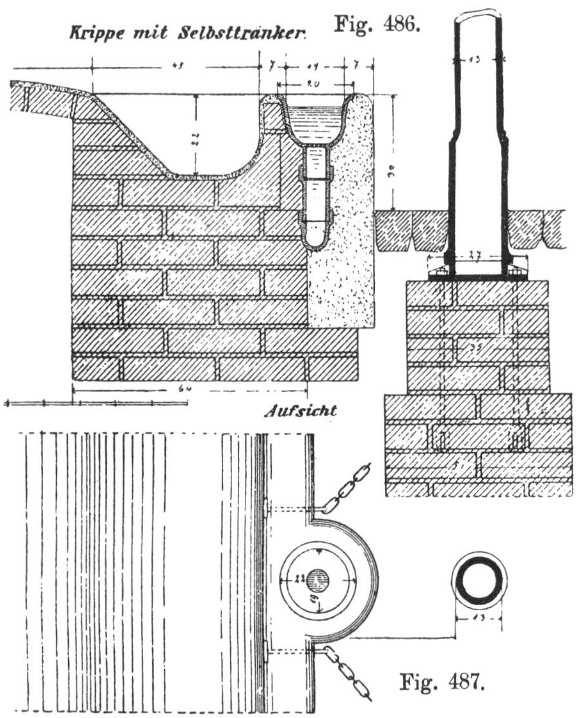

Fig. 486.

Fig. 487.

Die sogen. Selbsttränkanlagen sind Wasserbecken, die für 2 Kühe gemeinsam dienen. Die Tiere heben den Deckel mit dem Maule auf und lassen ihn dann von selber wieder zuklappen. Eine Zunahme des Milchertrages soll die Folge dieser Einrichtung sein, da jedes Tier seinem Durstgefühl entsprechende Rechnung zu tragen vermag. Die Zuleitungsröhren dürfen aber nicht zu eng sein. Das Hauptrohr muß 6 cm, die Nebenleitung 3 cm lichte Rohrweite erhalten (Fig. 486 und 487). Aber auch diese Einrichtung hat ihre Gegner, die behaupten, die Kühe gewöhnten sich hierdurch an ein oftmaliges ganz unregelmäßiges Saufen. Sie verbinden dafür die Krippen mit einer Wasserleitung und lassen durch Oeffnen der betr. Hähne jede Krippe in bestimmten Zeitabschnitten, an die sich die Tiere bald gewöhnen, voll laufen. Dann sauft jedes Stück sich ordentlich satt, gewöhnt sich an Regelmäßigkeit und ist leicht zu beobachten.

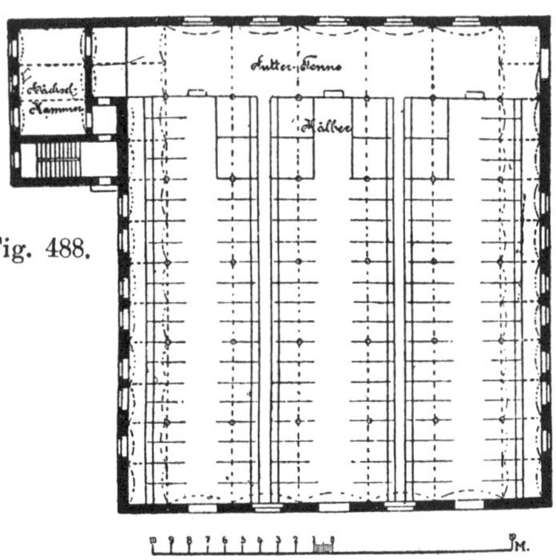

Fig. 488.

Der Verschlämmung und Verkalkung halber soll das zugehörige Wasser-Reservoir zwei Auslaßventile haben und dasjenige, das das Leitungswasser abgibt, etwa 20 cm höher liegen als das Hauptablaßventil.

Die Ringe für die Anbindeketten sind an den Krippen befestigt. Bei Fig. 473 nimmt die Bordschwelle vor den Krippen die Ringe auf, bei Fig. 472, 476 und 477 sind sie sorgfältig eingemauert.

ad 4. Die Aufstellung der Tiere kann auf zweierlei Art geschehen, nach der Länge des Stalles oder nach der Tiefe.

Bei Stellung nach der Länge stehen die Tiere entweder an einem gemeinsamen Futtergange mit den Köpfen gegeneinander (Fig. 488) oder sie stehen mit den Köpfen nach den Frontwänden gerichtet (Fig. 489). In diesem letzteren Falle liegt in der Mitte des Stalles der gemeinsame Düngergang.

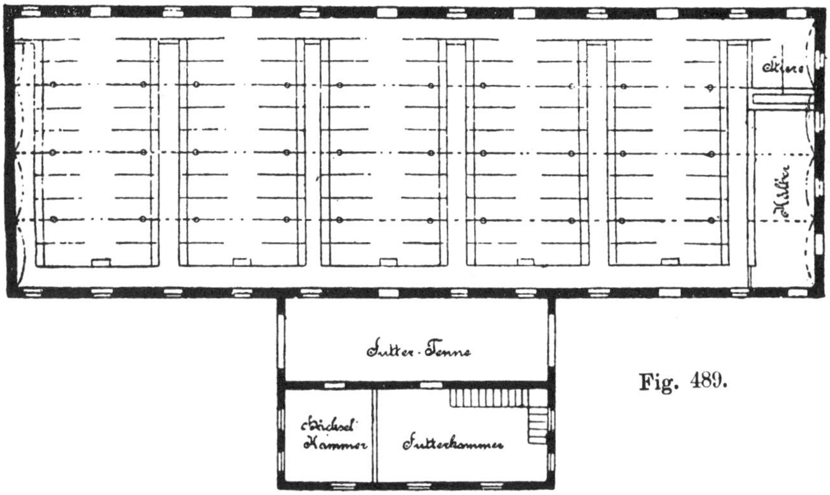

Fig. 489.

Fig. 490.

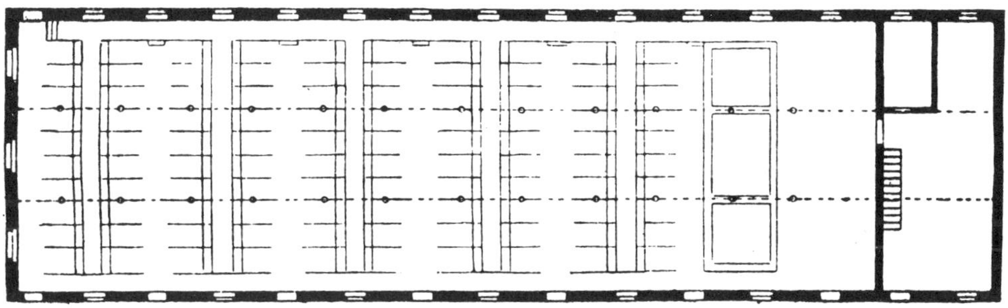

Fig. 491.

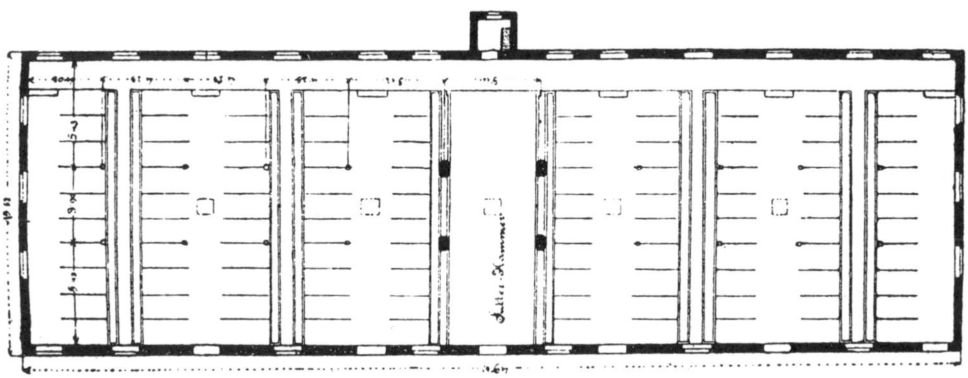

Am meisten üblich ist für große Ställe die Querstellung, weil eine leichte Gruppierung der Tiere nach Art und Bestimmung und eine bequeme Uebersicht über den ganzen Stallraum hierbei ermöglicht wird.

Gewöhnlich stellt man nicht mehr als 10 bis 12 Stück Vieh in eine Reihe. Die Futtergänge liegen nach der Tiefe des Gebäudes. Jeder Düngergang hat einen Ausgang nach dem Hofe.

Immer ist bei der Wahl der Aufstellungsart zu bedenken, daß bei Voraussetzung sonst gleicher Verhältnisse derjenige Stall der billigste und praktischste wird, der sich am meisten der *quadratischen Form* nähert (Fig. 488).

ad 5. *Der Stallfußboden* besteht am besten aus Zementbeton; andere Pflasterungen sind: stehendes Ziegelpflaster aus gewöhnlichen Backsteinen in Zement verlegt (pro 1 qm 4,70 Mark), flachseitiges Klinkerpflaster in Zement auf Unterlage aus Bauschutt pro 1 qm 3,18 Mark, Betonschicht in Stärke von 13 cm kostet pro 1 qm 2,38 Mark (Fig. 580).

Fig. 492.

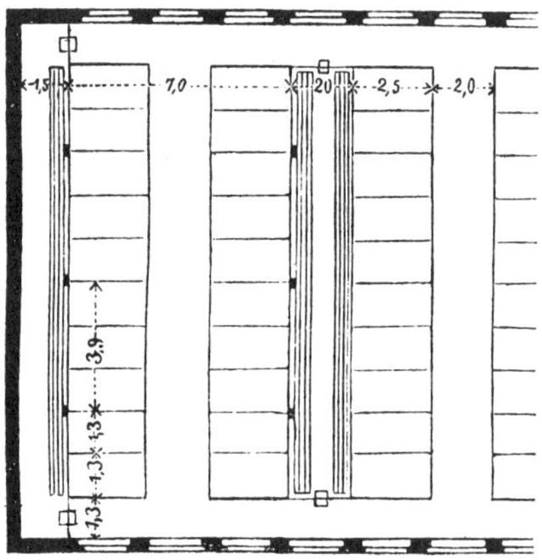

Fig. 493.

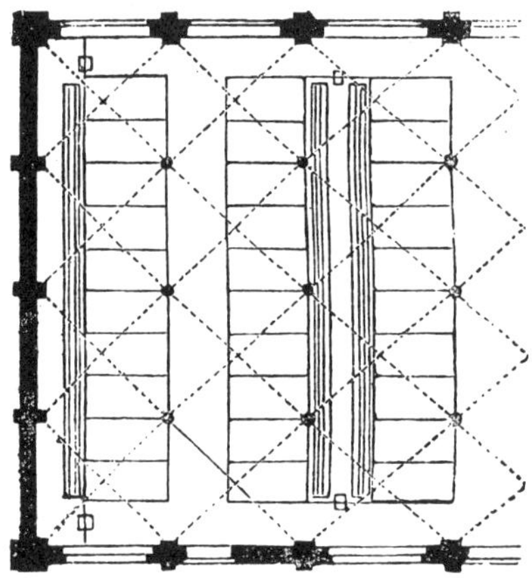

Der Stallfußboden liegt etwa 25 cm über Außengelände. Dabei ist wohl zu beachten, daß die Höhe des Fußbodens im *Düngergange* nicht unnötig über Außengelände erhöht wird, und zwar aus mehreren Gründen. Einmal darf die *Abfuhr des Düngers* nicht erschwert werden, dann aber spielt der Düngergang auch noch eine andere gewichtige Rolle, besonders in solchen Stallungen, wo Vieh zum *Verkauf* aufgestellt wird. Liegt hier der Düngergang zu hoch, so daß man über die Tiere bequem hinwegsieht, so erscheinen sie dem Käufer klein. Ihr Anblick wirkt eben viel günstiger. wenn man an ihnen hinaufsieht. Natürlich hat das seine Grenzen.

Fig. 494.

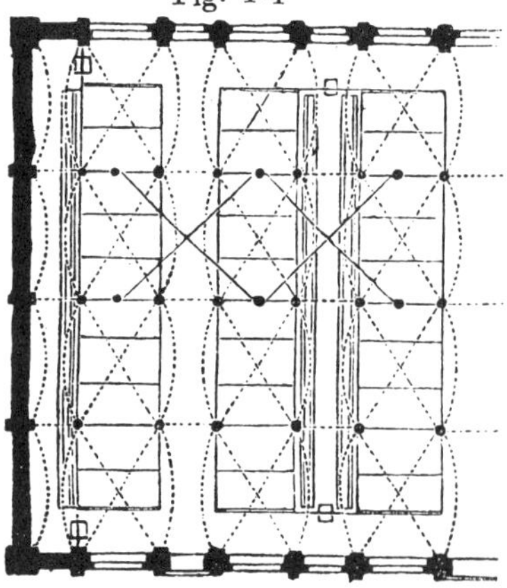

Wenn der Dünger im Stalle längere Zeit liegen bleiben soll, besteht der Fußboden nur aus Sandschüttung. Hierin dringt die Jauche nur einige Zentimeter ein. Diese Schicht wird dann mit abgehoben und als Dünger verwendet.

In den Ständen erhält der Fußboden, um das Ablaufen der Jauche nach der Rinne zu bewirken, ein Gefälle von 2 cm pro 1 lfd. Meter. Der ganze Stand hat etwa 6 bis 6,5 cm Gefälle nach der Rinne hinzu.

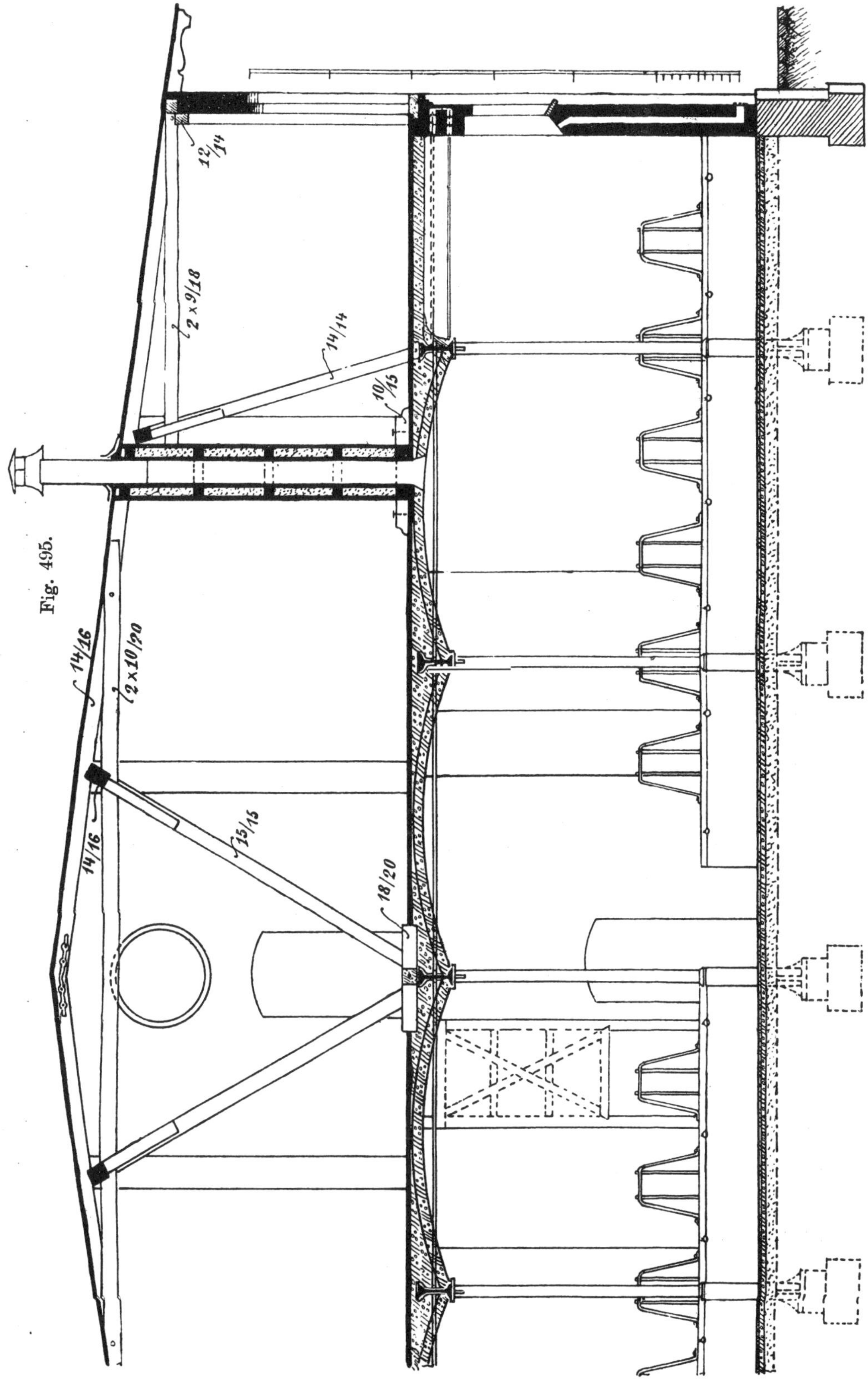

Fig. 495.

D i e J a u c h e n r i n n e n sind offen und flach zu halten (Fig. 580). Sie haben ein Gefälle von 3 cm auf 10 m. Als Breite rechnet man für die Rinne 16 cm, als geringste Tiefe 4 cm am Anfange, als größte 15 cm am Ende. An dem Austritt der Rinnen aus der Stallmauer müssen sie mit einem Drahtnetze abgeschlossen werden.

G r u p e n nennt man vertiefte Rinnen von 40 bis 45 cm Breite hinter jedem Viehstande, in die der tägliche Dünger hineingescharrt wird. Sie sind nur in einzelnen Gegenden eingeführt. Grupen eignen sich aber nur für Kuhställe. In Ställen für Zugochsen sind sie wegen des häufigen Aus- und Eintreibens der Tiere, wegen des Anschirrens im Stalle usw. sehr störend.

ad 6. D i e U m f a s s u n g s w ä n d e. Vergl. das bei 6 zu den Pferdeställen gesagte.

Fig. 496.

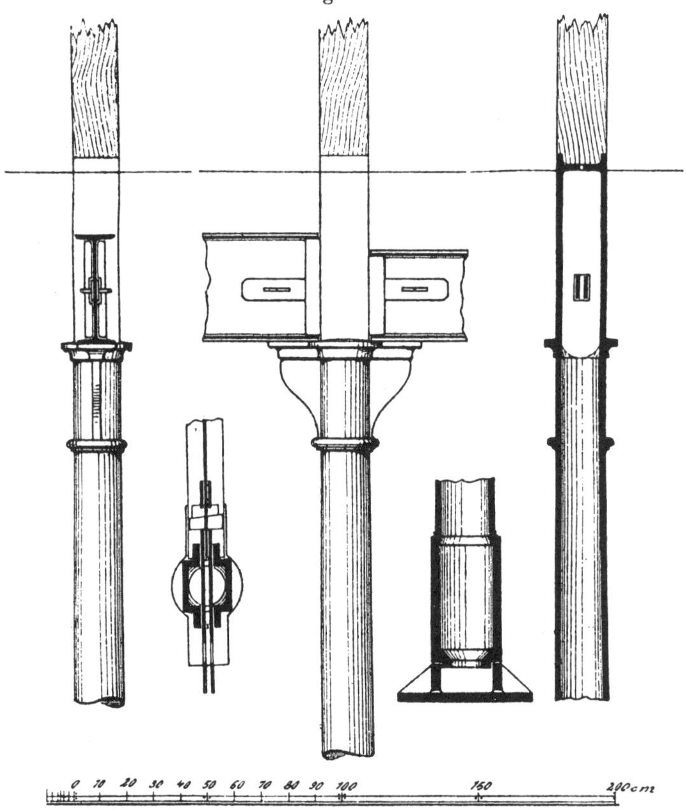

D i e S t a l l t ü r e n werden ein- und zweiflügelig angeordnet. Sie sind 1,40 bis 1,60 m breit und mindestens 2,20 m hoch (Fig. 392). Alle Türen schlagen nach außen auf. Einfahrtstore für Düngerwagen sind 3,0 m breit und 2.50 bis 3 m hoch.

Vorteilhaft für die Lüftung im Sommer sind geteilte Türen mit beweglichen Oberflügeln oder solche aus Latten hinter den eigentlichen Außentüren.

ad 7. D i e S t a l l d e c k e. Holzdecken mit hölzernen Unterstützungen sind für größere Rindviehställe aus den schon erwähnten Gesundheitsrücksichten gänzlich ausgeschlossen. Die Stützen der Decke bestehen aus Granit oder aus Eisen. Da aber diese Stützen für die Deckenunterzüge die freie Benutzbarkeit der Stallräume beeinträchtigen, so sind sie erstens auf die geringste Zahl zu beschränken, sodann in ihren Querschnitten so knapp zu bemessen, als die Tragfähigkeit der dazu verwendeten Baustoffe es gestattet, und drittens da aufzustellen, wo sie am wenigsten stören.

Liegen die Krippen nach der Gebäudetiefe bei Querstellung der Tiere, so könnten die Deckenstützen dicht an die Krippen auf die Standgrenzen gestellt werden (Fig. 492), da sie hier am wenigsten stören. Dabei ergeben sich aber freitragende Unterzugslängen von 6,50 m und darüber. Es ist vorgekommen, wie in den Vorschriften für die Königl. Preuß. Domänen erwähnt wird, daß sich unter der Last der Balkenlagen und der Dachbinder derartige Unterzüge durchgebogen haben. Zweckmäßiger stellt man daher die Stützen enger, d. h. abwechselnd an die Krippen und an die Düngergänge (Fig. 493). Oder man verteilt die Stützen ganz gleichmäßig so, daß sie von den Krippen weg weiter auf die Mitten der Standgrenzen gesetzt werden (Fig. 494).

Fig. 497.

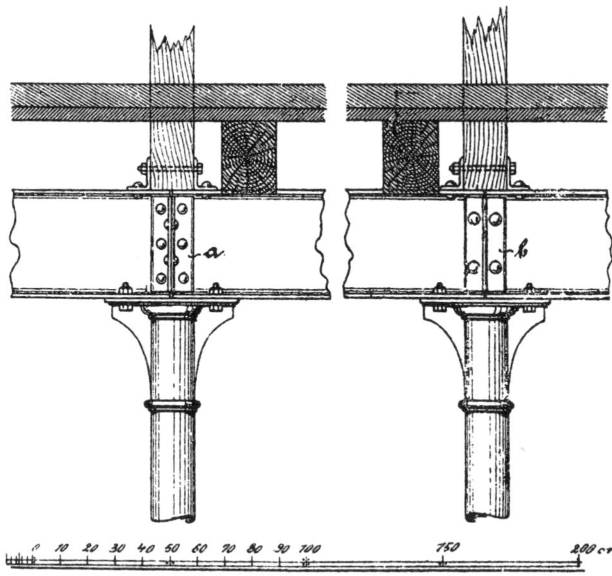

Eine derartige gleichmäßige Einteilung der Stützen ergibt dann Stützenabstände, die auch zugleich zweckmäßige Entfernungen für die über den Stützen liegenden Dachbinder bilden (Fig. 492 bis 494 nach L. v. Tiedemann, Das landwirtschaftl. Bauwesen, Verlag von L. Hofstetter, Halle).

Wendet man hölzerne, durch Imprägnieren und Karbolineum-Anstrich geschützte Stützen an, so müssen sie auf massiven Sockeln stehen.

Runde oder achteckige Säulen aus Granit können aus einem Stück mit 20 cm Durchmesser hergestellt werden.

Gußeiserne Säulen eignen sich am besten, da sie überall Aufstellung finden können, wo sie nicht stören. Sie werden in Verbindung mit massiven Decken jeglicher Art angeordnet. Die Verbindung, Verankerung und gesamte Aufstellung derselben erläutern die Fig. 495, 496, 497, 498.

Fig. 498.

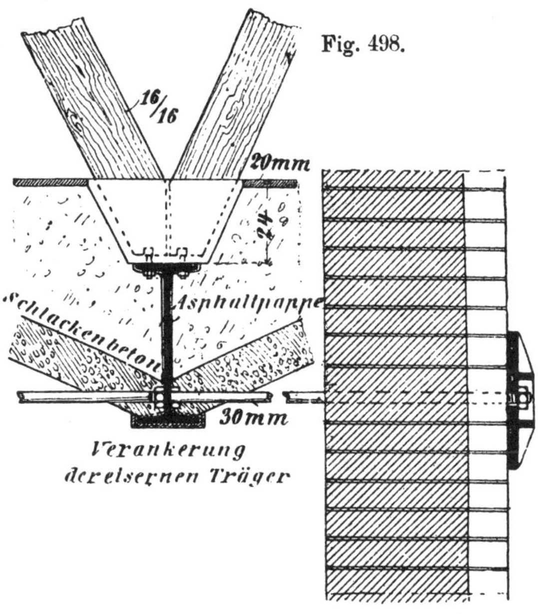

Die Stalldecke selbst kann entweder das Dach zugleich bilden (Fig. 578), z. B. bei Holzzementdach, oder auch als Fußboden eines darüber liegenden

Futterbodens auftreten. Im ersten Falle wird Lattengewebe an die Sparren genagelt und mit verlängertem Zementmörtel beputzt. Im anderen Falle besteht die Decke aus Backsteingewölben (Kappen) zwischen Gurtbögen oder besser zwischen eisernen Trägern (Fig. 499 bis 501) oder aus Betongewölbe, oder aus Betonplatten zwischen Eisenträgern oder aus irgend einer modernen feuersicheren und massiven Deckenkonstruktion.

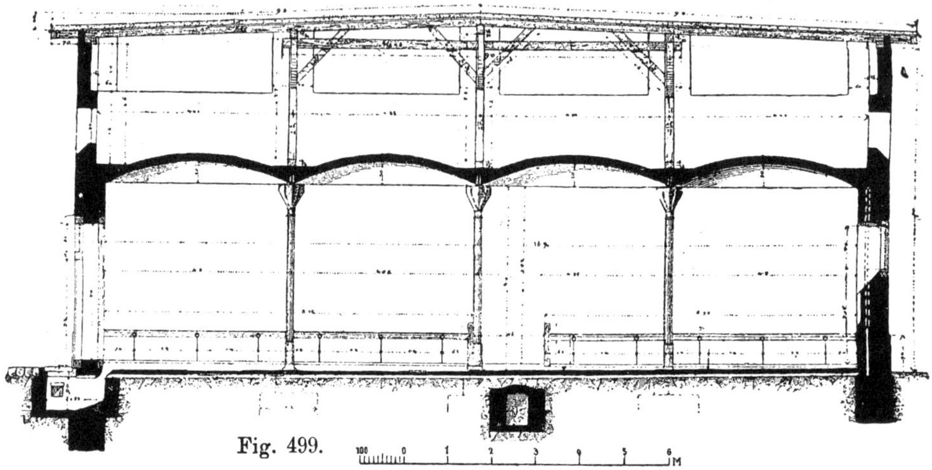

Fig. 499.

Derartige Konstruktionen sind:

Balkendecke mit Gipsdielen-Deckenschalung und Gipsdielenzwischenböden (Fig. 502). Preis pro 1 qm 4,50 Mark.

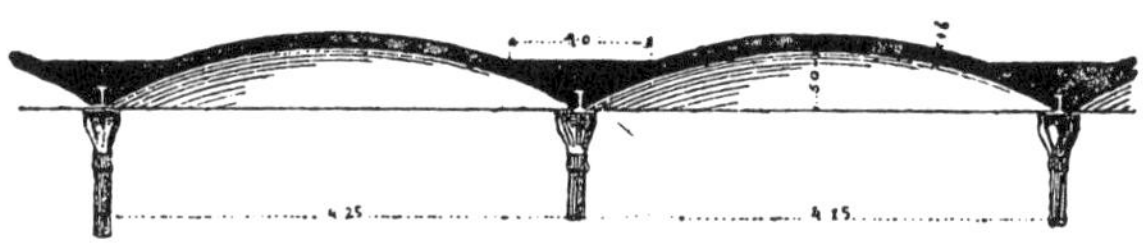

Fig. 500.

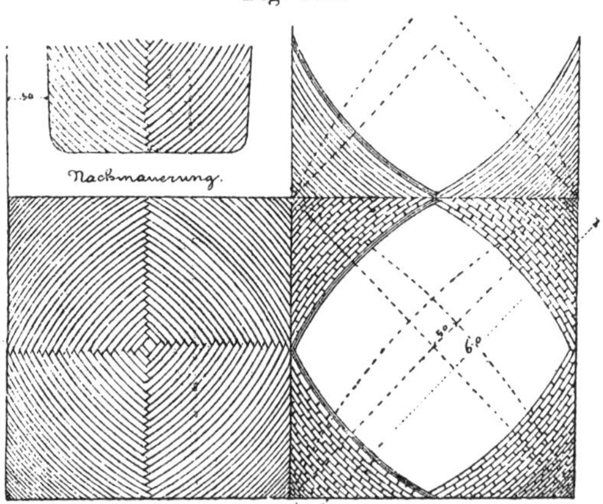

Fig. 501.

Stalldecke mit Hohlgipsdielen zwischen ⊤-Trägern und Beton (Fig. 503). Preis pro 1 qm 4,50 Mark.

Trägerdecke aus I-Eisen mit Beton ausgestampft, unterhalb geputzt und geweißt, kostet pro 1 qm 3,50 bis 5,50 Mark (Fig. 504 bis 510).

Trägerdecke mit Ziegelsteinen ausgewölbt, kostet pro 1 qm 4,50 bis 5,50 Mark.

Trägerdecke mit Schwemmsteinen ausgewölbt, Preis pro 1 qm 5 bis 6 Mark.

Diese Preise verstehen sich ausschließlich Träger und oberem Fußboden.

Trägerdecke aus I-Eisen mit darüber liegendem Moniergeflecht aus 7 mm starkem Rundeisen mit 70 mm Maschenweite. Das Geflecht kann auch auf dem unteren Trägerflansch aufliegen, oder auch im Bogen gewölbt werden.

Die Kosten betragen pro 1 qm 3,50 bis 6,00 Mark ausschließlich Träger und Fußboden (Fig. 511, 512).

Fig. 502.

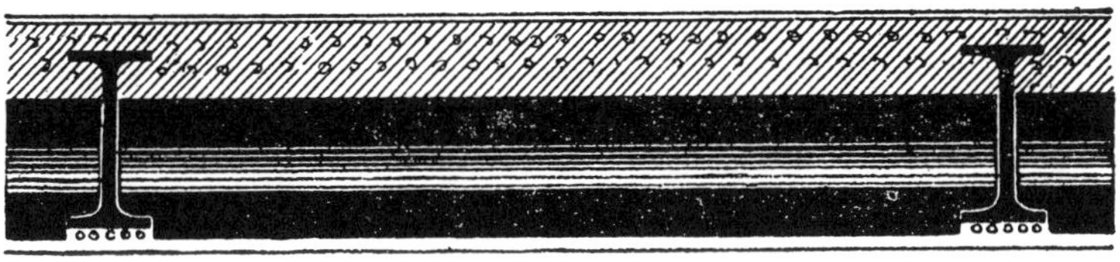

Fig. 503.

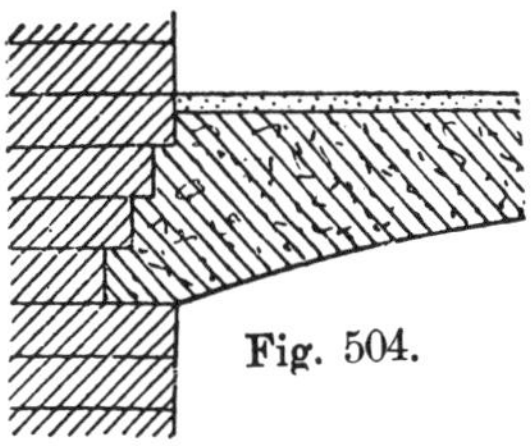

Fig. 504.

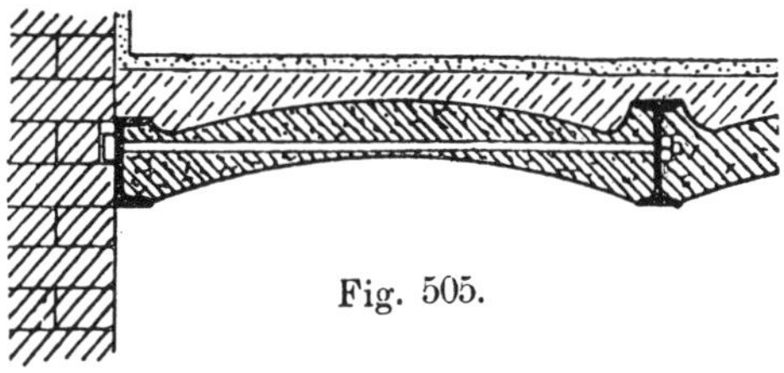

Fig. 505.

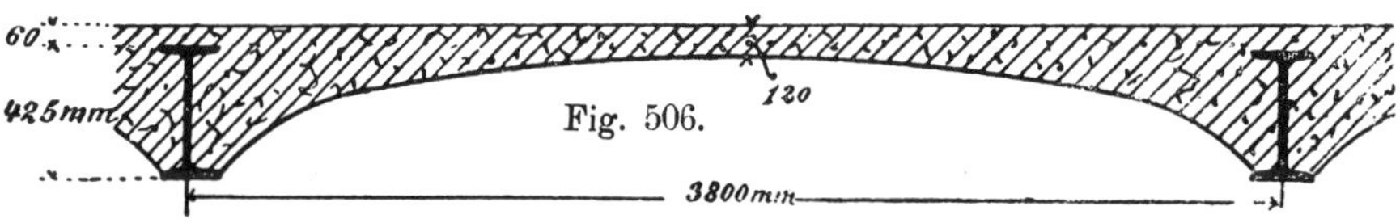

Fig. 506.

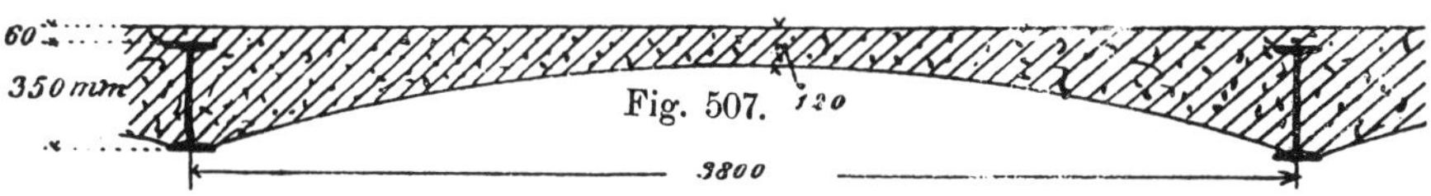

Fig. 507.

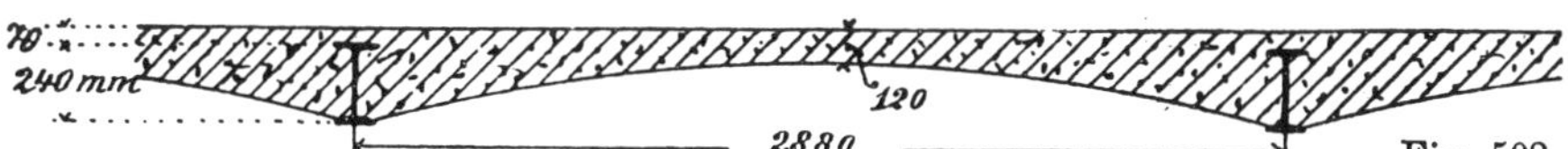

Fig. 508.

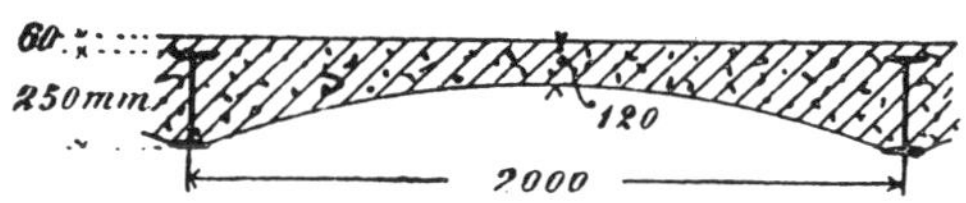

Fig. 509.

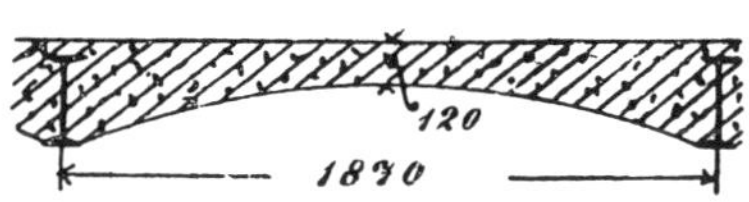

Fig. 510.

Fig. 511.

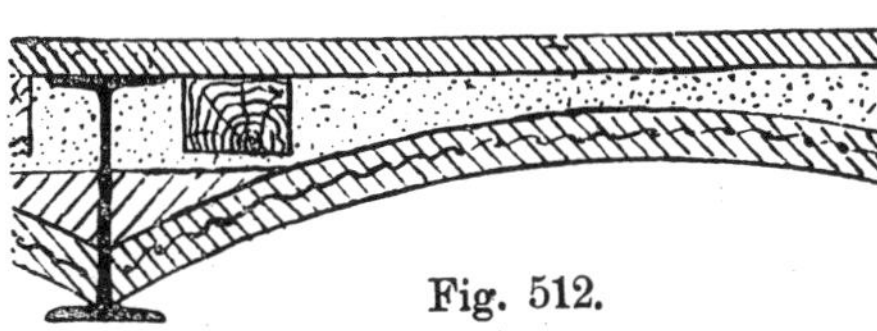

Fig. 512.

Kleine'sche Decke. Sie bildet eine ebene Steinplatte mit in die Lagerfugen eingebetteten, von Auflager zu Auflager reichenden, hochkantig gestellten Flacheisen von 1 : 25 bis 2 : 30 mm Stärke unter Verwendung gewöhnlicher

Fig. 513.

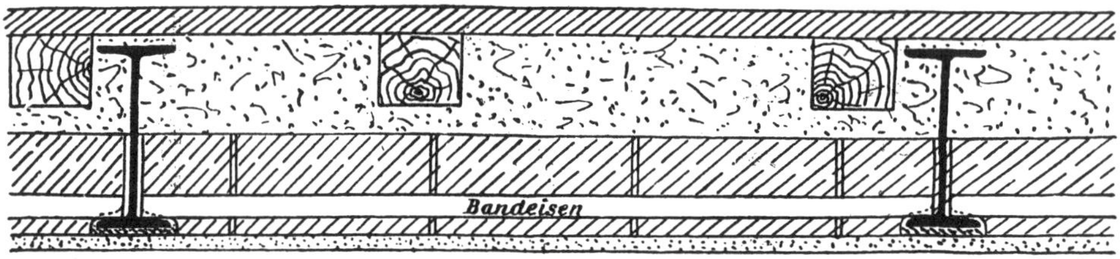

Ziegelsteine oder von Lochsteinen, rheinischen Schwemmsteinen oder auch von Formsteinen in der Größe von 10 × 12 × 25 cm. Als Bindemittel dient Zement.

Fig. 514.

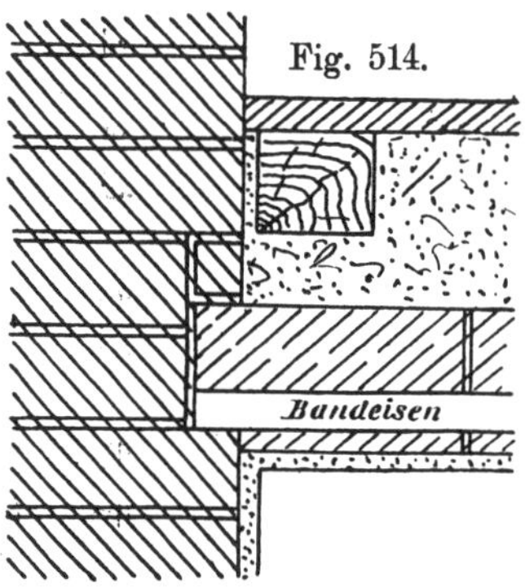

Fig. 515.

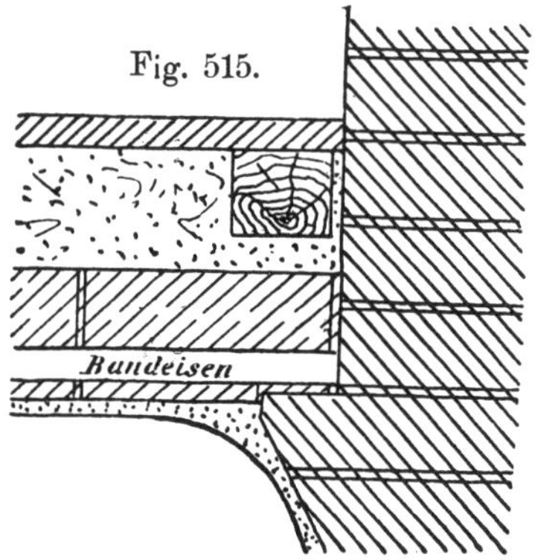

Soll die Unteransicht eben sein, so läßt man die Steinplatte 1 bis 2 cm unter Trägerunterkante herunterragen und schließt die unter Trägerflansch entstehende

Fig. 516.

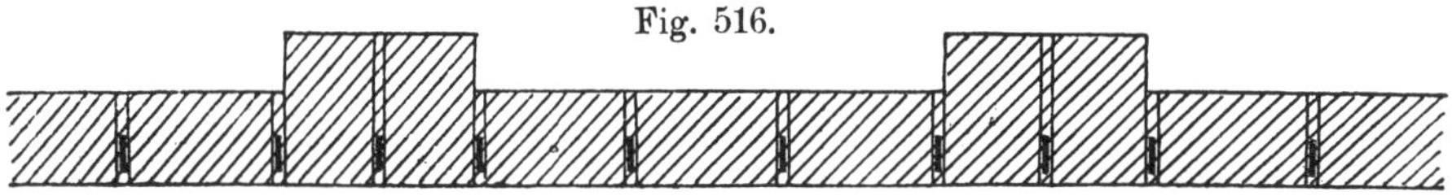

Nut mit Zementmörtel (Fig. 513). An den Umfassungswänden stemmt man entweder eine Nut zur Aufnahme der Deckensteine aus (Fig. 514) oder man stellt ein Auflager durch Auskragung einiger Schichten her (Fig. 515).

Fig. 517.

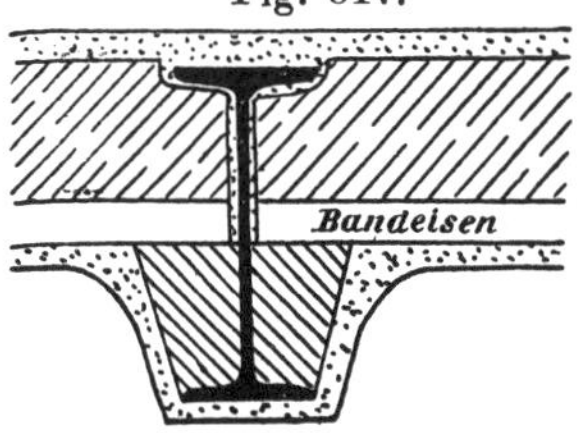

Fig. 518.

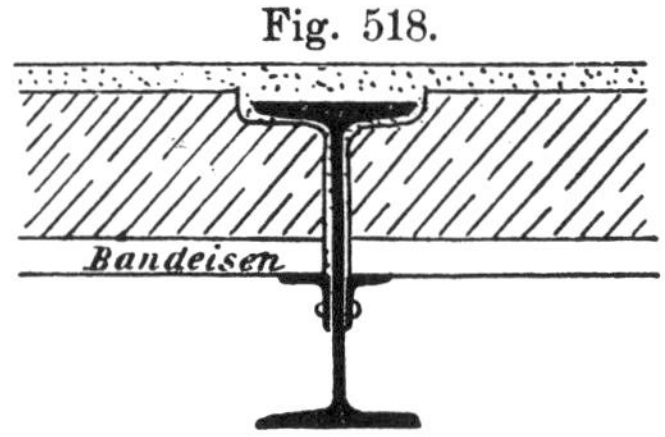

Soll die Platte aus einer einzigen Ziegelflachschicht hergestellt werden, so ordnet man ½ Stein starke Verstärkungsrippen in Abständen von 40 cm an, wie dies durch die Fig. 516 veranschaulicht wird.

Für Ställe und andere landwirtschaftliche Bauten verzichtet man zugunsten der Leichtigkeit der Decke auf eine ebene Unteransicht und unterstützt dann die Deckenplatten durch Betonkonsolen (Fig. 517) oder durch Winkeleisen (Fig. 518).

Die Kosten der Decke betragen ohne Träger und ohne oberen Fußboden pro 1 qm 3,50 bis 4,50 Mark.

Förster'sche Massivdecke. Die Decke wird aus geformten porösen Lochsteinen hergestellt. In der oberen und unteren Hälfte haben diese entgegengesetzte Widerlager. Die Steine werden mit und ohne Eiseneinlage zwischen I-Trägern verlegt (Fig. 519 und 520). Die Decke kostet pro 1 qm etwa 3,10 Mark; ihre Auflagerung an den Mauern erläutert die nebenstehende Fig. 521.

Fig. 519.

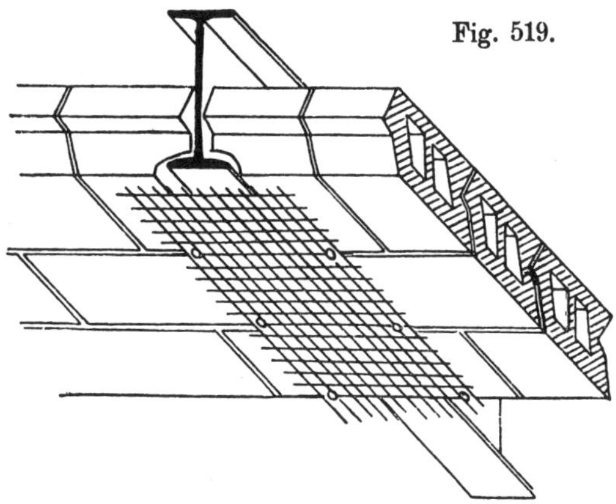

Fig. 520.

Fig. 521.

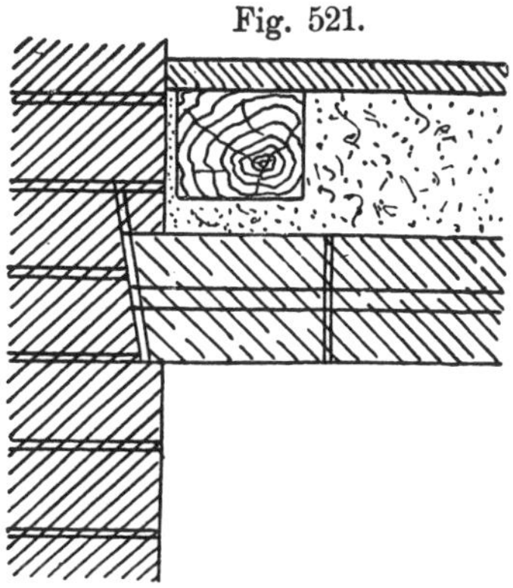

Fig. 523.

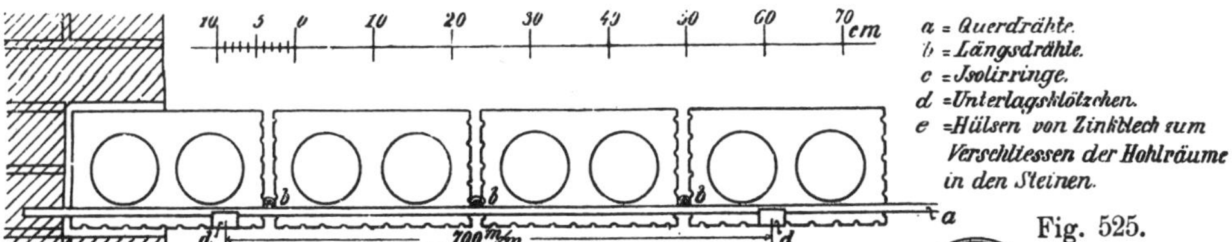

Fig. 525.

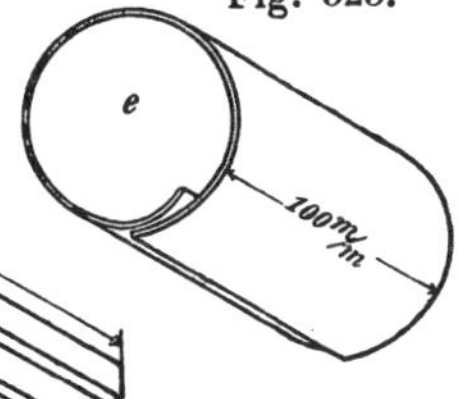

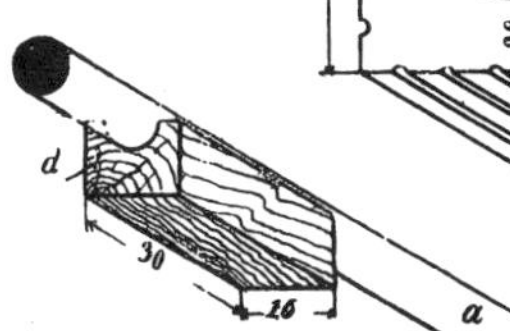

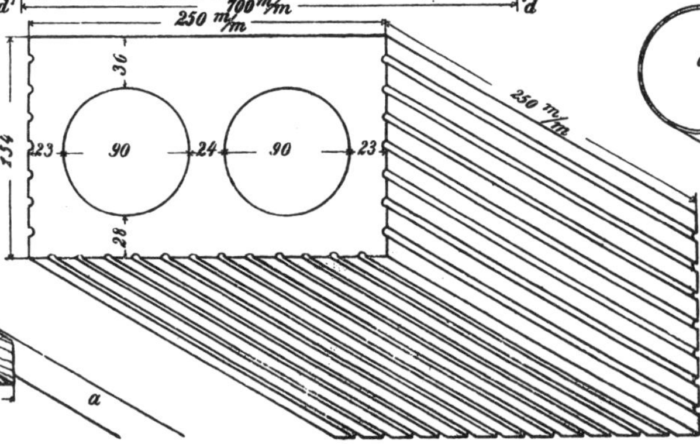

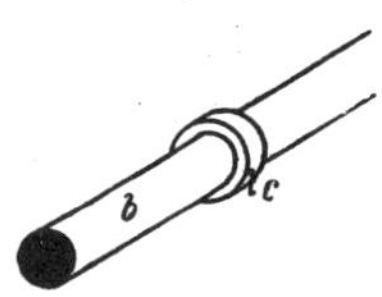

Fig. 524. Fig. 522. Fig. 526.

Fig. 527.

Aufsicht.

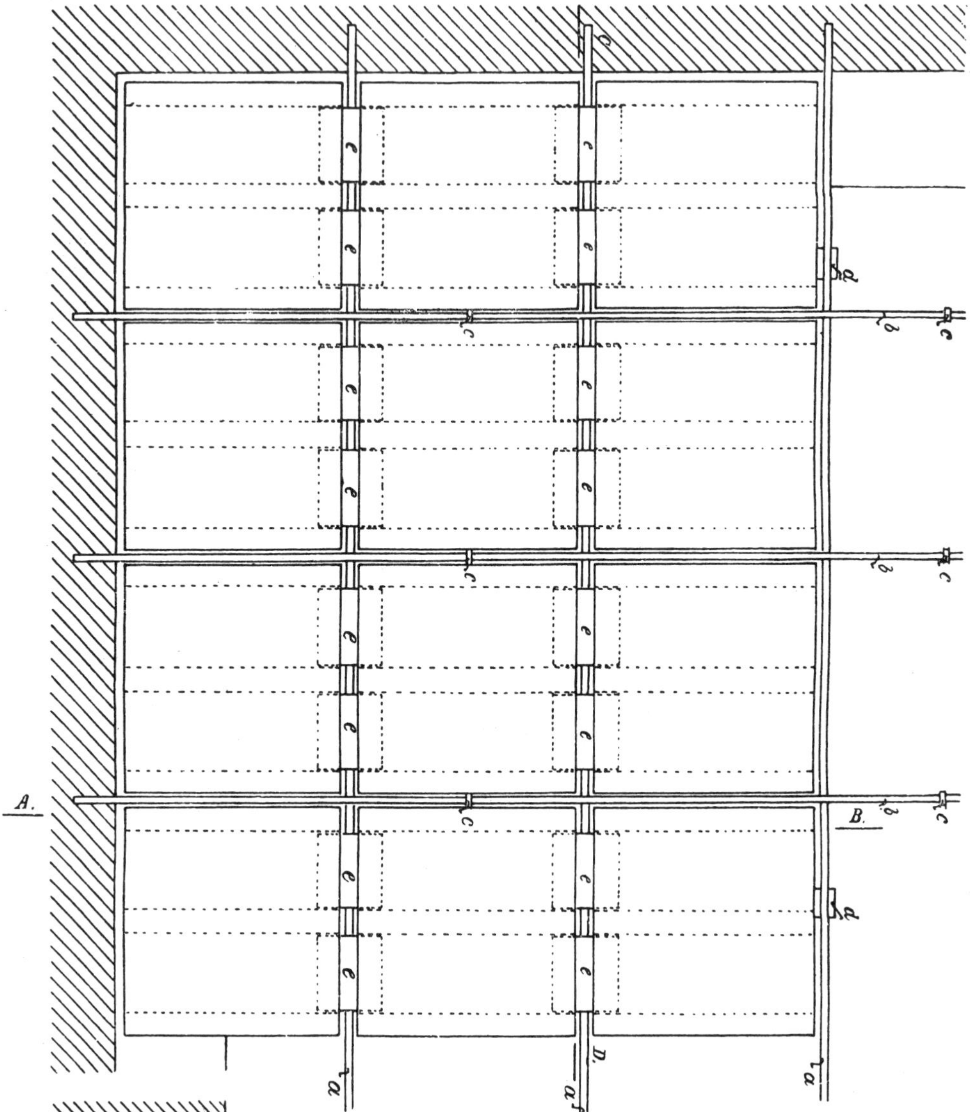

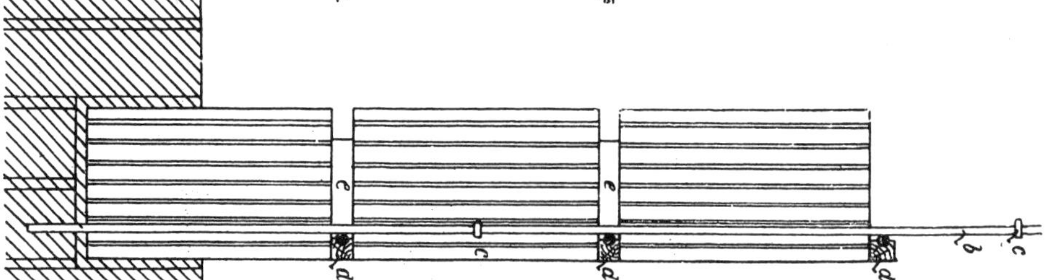

Schnitt A – B

Fig. 528.

Die Cracoanu'sche trägerlose Hohlsteindecke besteht aus Hohlsteinen ohne alle Profilierung. Zur Aufnahme der Zugspannungen in der Decke werden nahe deren Unterkante Rundeisen netzartig angeordnet, die vollständig

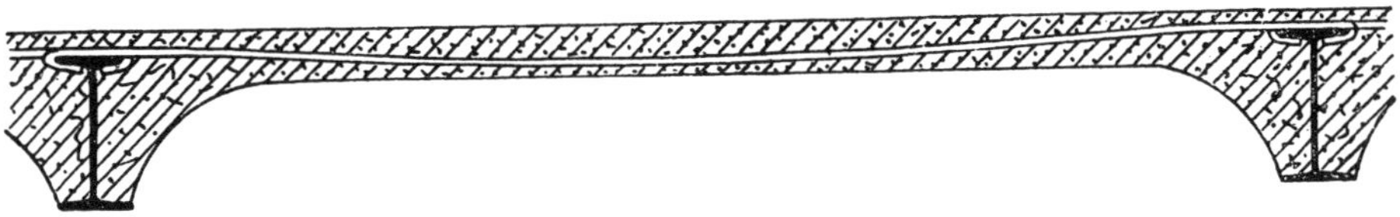

Fig. 529.

von Zementmörtel umhüllt sind, so daß die bei Trägerdecken vorhandene Gefahr des Einsturzes bei Bränden ausgeschlossen ist. Bei einfacher Herstellungsweise ist der Preis dieser Decke um etwa 37 % niedriger als der von Holzbalkendecken (Fig. 522 bis 528).

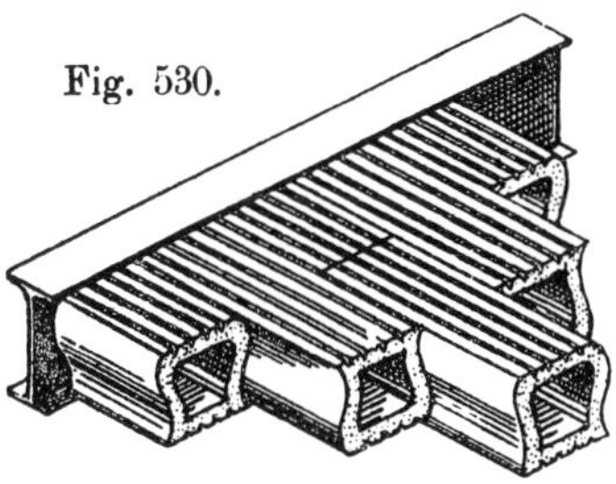

Fig. 530.

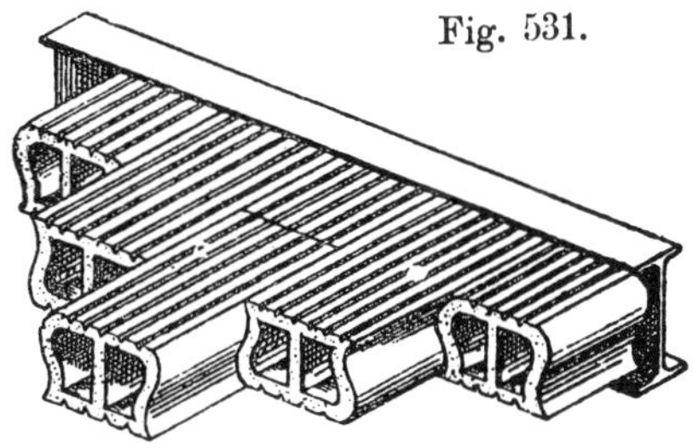

Fig. 531.

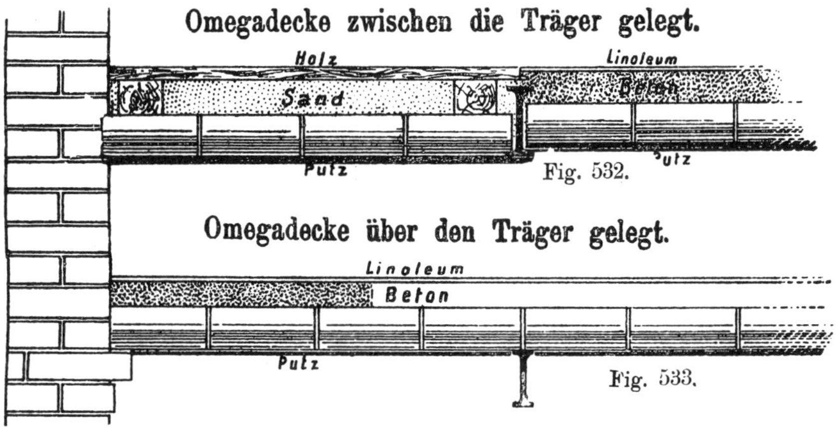

Fig. 532.

Fig. 533.

Die Koenen'sche Voutenplatte, eine an den Auflagern eingespannte Zementplatte mit Eiseneinlagen, verbindet geringe Konstruktionshöhe mit vorzüglicher Materialausnutzung. Sie verträgt Spannweiten bis zu 6 m bei nur 10 cm Stärke in der Plattenmitte (Fig. 529).

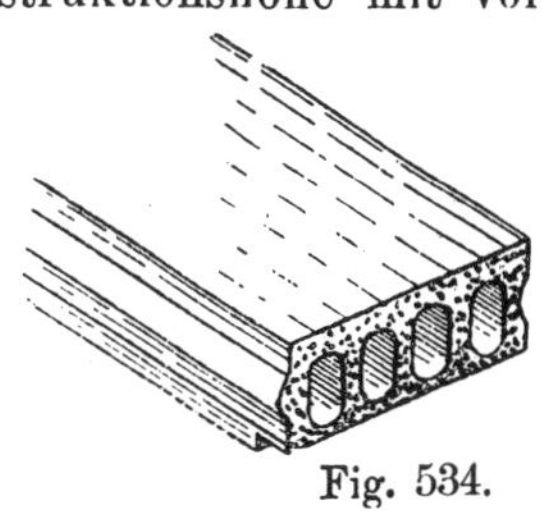

Fig. 534.

Omega-Decke vom Architekten Heyer-Hannover aus eigenartig profilierten Steinen, die ineinander greifen und, auf Schalung zwischen I-Trägern verlegt, eine horizontale Decke bilden. Sie kostet pro 1 qm ohne Eisen 2,98 Mk. (Fig. 530 bis 533).

S t o l t e ' s c h e   S t e g z e m e n t d i e l e n - D e c k e aus einzelnen Platten mit Bandeiseneinlage. Preis je nach Spannweite und Tragfähigkeit 2,75 bis 5 Mk. pro 1 qm (Fig. 534 und 535).

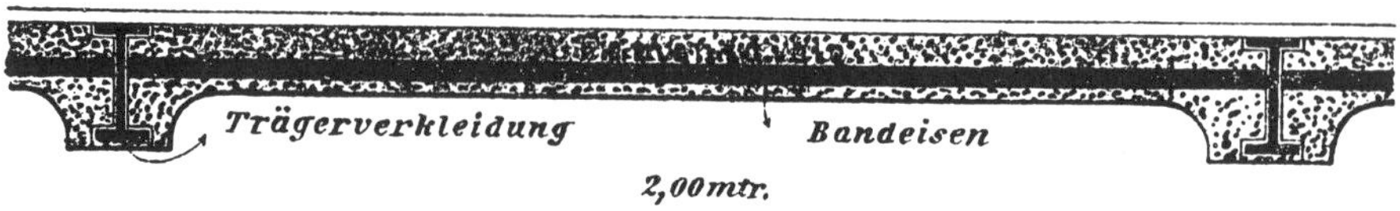

Fig. 535.

ad 7. D i e   A n o r d n u n g   d e r   F e n s t e r. Je tiefer der Stall ist, um so näher unter der Decke liegen die Fenster, damit sie das Licht recht weit in den Stall hinein abgeben. Sie werden am vorteilhaftesten ohne alles Rahmen- und Sprossenwerk nur aus eingemauerten Rohglasscheiben hergestellt. Fig. 536 zeigt

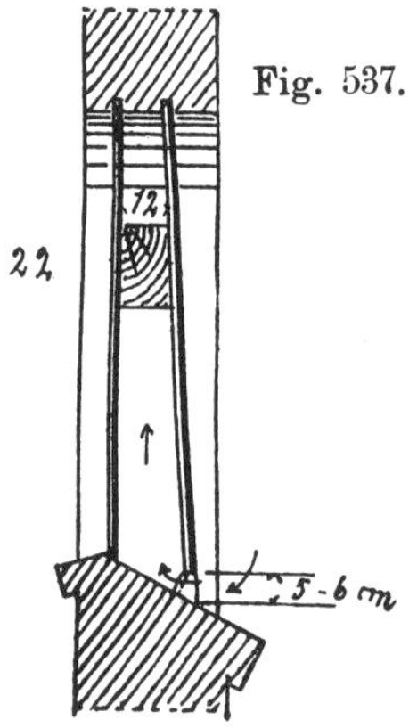

Fig. 537.

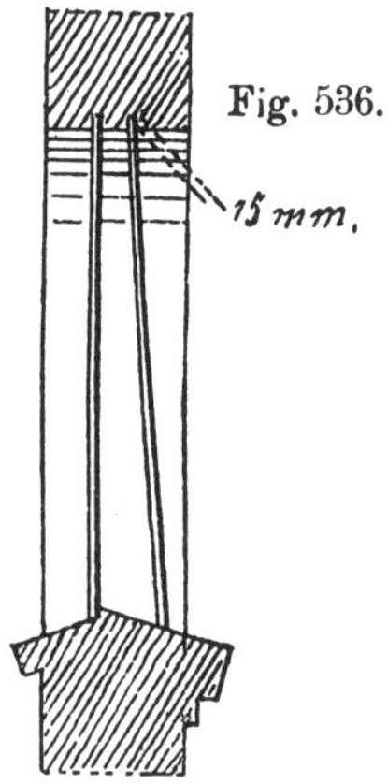

Fig. 536.

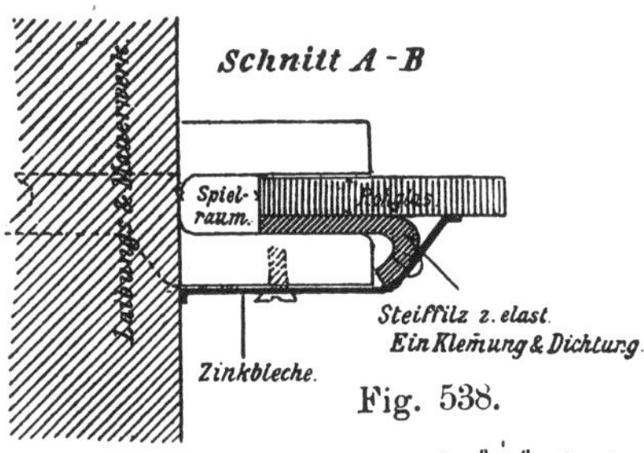

Fig. 538.

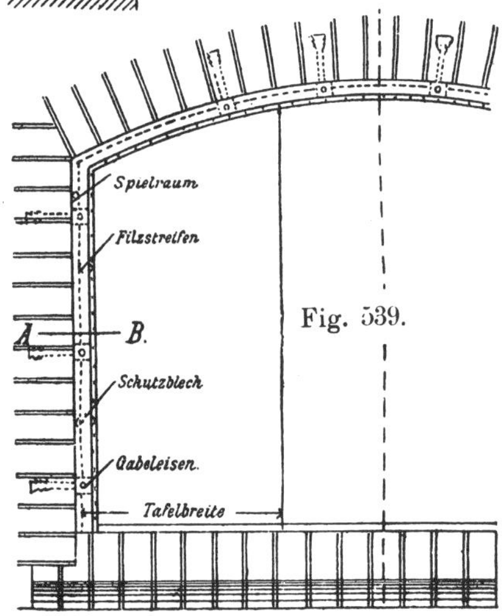

Fig. 539.

eine derartige Anordnung nach H o f f m a n n'schem System. Eine fortlaufende Fensterreihe liegt hierbei an der Südfront des Stalles.

Um ein Beschlagen und Zufrieren dieser Fenster und somit ein Dunkelwerden des Stalles zu verhüten, mauert Hoffmann zwei Scheiben mit 5 bis 6 cm Zwischenraum ein, von denen die äußere schräg gestellt ist (Fig. 536).

Verbessert ist diese Fensteranlage von Prof. S c h u b e r t - Kassel (Fig. 537). Hier steht die äußere Scheibe schräg auf einem 5 bis 6 cm hohen, über der Sohlbank angebrachten Winkeleisen. Es strömt unten frische Luft ein und tritt, vorgewärmt, durch die auf beiden Leibungen angeordneten Oeffnungen (12 : 22 cm) in den Stall. Im Winter können diese Oeffnungen geschlossen werden. Der 5 bis 6 cm große Zwischenraum wird mit Drahtgaze geschlossen.

Nach F. P r e u ß werden zu den Fenstern, der Sauberkeit wegen, große Scheiben aus 7 mm starkem Drahtglas verwendet. Hierbei ist jede Reparatur

Fig. 540.

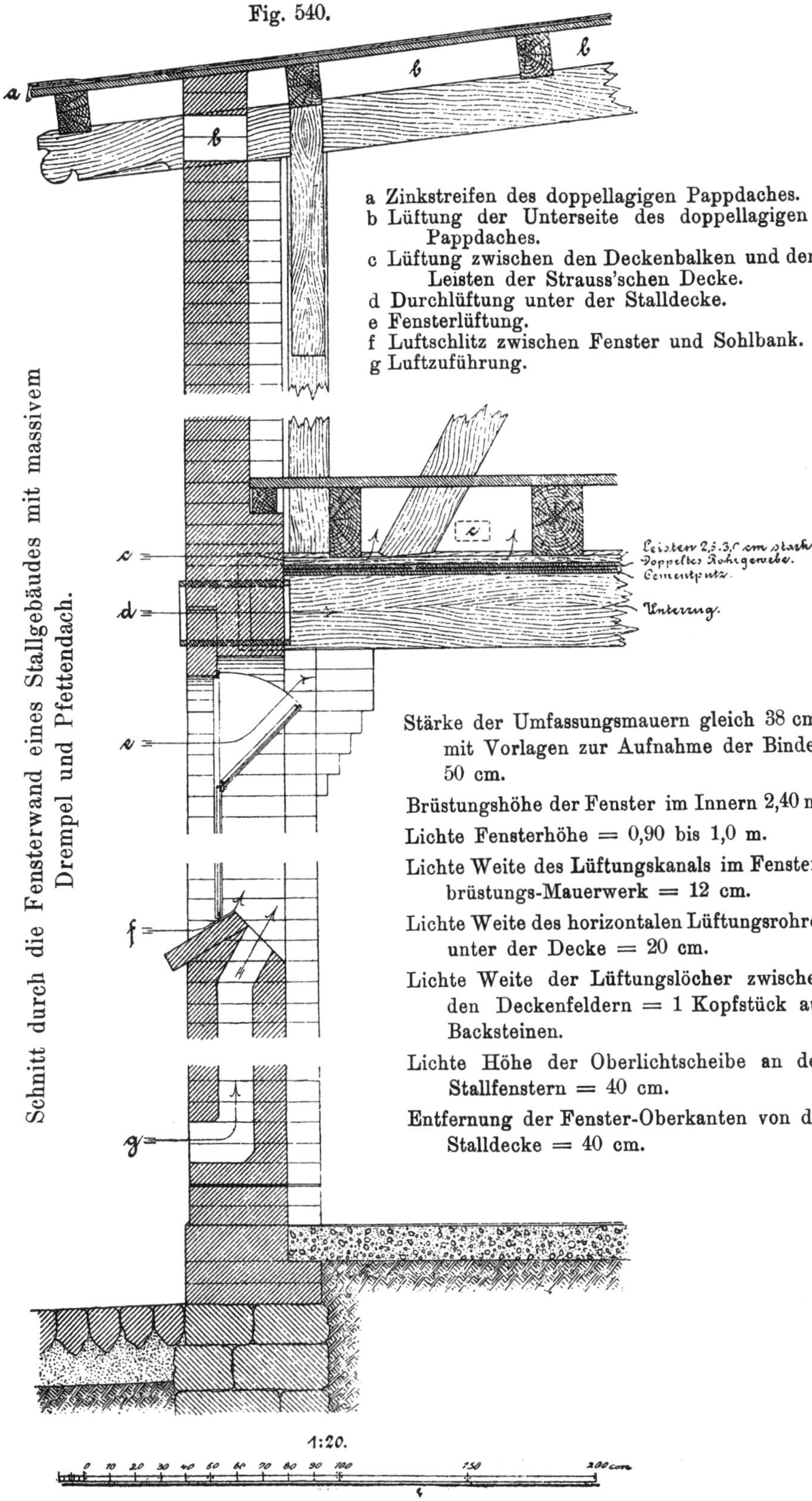

Schnitt durch die Fensterwand eines Stallgebäudes mit massivem Drempel und Pfettendach.

a Zinkstreifen des doppellagigen Pappdaches.
b Lüftung der Unterseite des doppellagigen Pappdaches.
c Lüftung zwischen den Deckenbalken und den Leisten der Strauss'schen Decke.
d Durchlüftung unter der Stalldecke.
e Fensterlüftung.
f Luftschlitz zwischen Fenster und Sohlbank.
g Luftzuführung.

Stärke der Umfassungsmauern gleich 38 cm, mit Vorlagen zur Aufnahme der Binder 50 cm.

Brüstungshöhe der Fenster im Innern 2,40 m.

Lichte Fensterhöhe = 0,90 bis 1,0 m.

Lichte Weite des **Lüftungskanals** im Fensterbrüstungs-Mauerwerk = 12 cm.

Lichte Weite des horizontalen Lüftungsrohres unter der Decke = 20 cm.

Lichte Weite der **Lüftungslöcher** zwischen den Deckenfeldern = 1 Kopfstück aus Backsteinen.

Lichte Höhe der Oberlichtscheibe an den Stallfenstern = 40 cm.

Entfernung der Fenster-Oberkanten von der Stalldecke = 40 cm.

ausgeschlossen; in einem Seuchenfalle ist eine gründliche Desinfektion ermöglicht. Die Scheiben setzt man in flache Mauerfalze mit Kalkmörtel ein, verkeilt sie aber nicht, denn sie müssen bei einem Setzen des Gebäudes nachgeben können.

Eine andere Art der Glasscheibenbefestigung mit Spielraum ist in den Fig. 538 und 539 dargestellt. Hier liegt die Glasscheibe in mehreren Gabeleisen, die nach außen durch einen Zinkblechstreifen verdeckt sind. Die Einklemmung der Scheibe mit dem nötigen Spielraum geschieht in zweckentsprechender Weise durch einen Streifen aus Steinfilz.

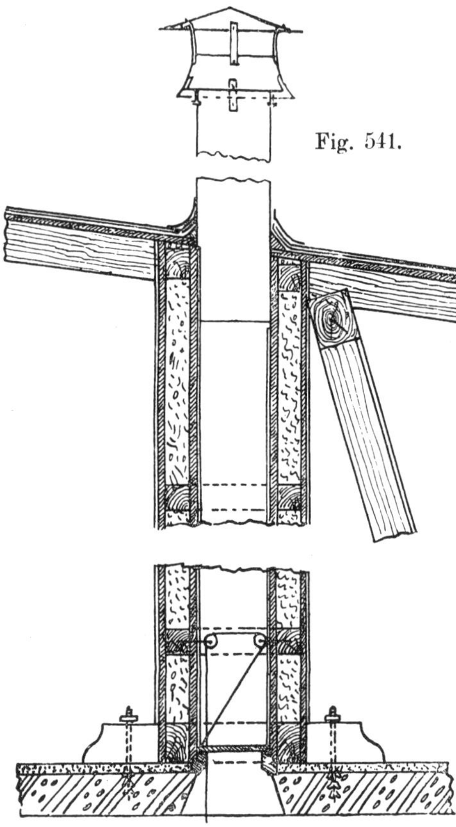

Fig. 541.

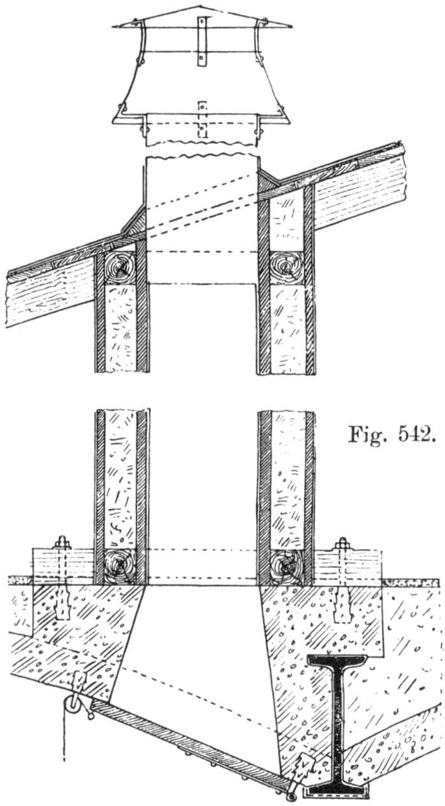

Fig. 542.

ad 8. Die Lüftungsanlage. Die unumgänglich notwendige Lüftungsanlage muß vor allen Dingen einfach sein, damit sie von jedermann leicht und richtig gehandhabt werden kann. Es ist eine Luftzuführung und eine Luftabführung vorzusehen.

a) Luftabführung. Die einfachste Lüftungsanlage wird durch Oeffnungen unmittelbar unter der Decke hergestellt (Fig. 540). Ihre Größe ist etwa 6×12 cm, und zwar an den Längsseiten des Stalles über jedem Stallfenster. Die Vorschriften für die Königl. Preuß. Domänen führen hierzu des weiteren aus:

„An Stelle bloßer Maueröffnungen empfiehlt sich hier das Einlegen von glasierten Tonrohren von etwa 20 bis 25 cm Durchmesser i. L., die vor die Mauerflächen etwa 2 bis 3 cm überstehen, um ein freies Abtropfen von Niederschlagwasser zu ermöglichen. Es ist nicht erforderlich, diese Luftrohre unmittelbar über den Fensterbögen anzulegen; dieselben sind vielmehr da anzuordnen, wo sie sich bequem unterbringen lassen (Fig. 540). Da aber diese Oeffnungen bei Windstille nicht genügend wirken, werden noch Abzugsschlote notwendig, die von der Stalldecke durch den Dachboden hindurch über Dach führen und hier derart abzudecken sind, daß zwar die Luft bequem entweichen kann, Schnee und Regen aber möglichst keinen Eingang finden (Fig. 541 bis 543). Aus Gründen der Feuersicherheit, und um die Schlote möglichst undurchlässig zu erhalten, um ferner dem Durchdringen der Stalldünste vorzubeugen und feuchte Niederschläge vom Holzwerk abzuhalten, werden die Schlote im Innern mit Pappbekleidung versehen. Diese soll sich auch um ihre untere Oeffnung herum noch etwa eine Balken-

Fig. 544.

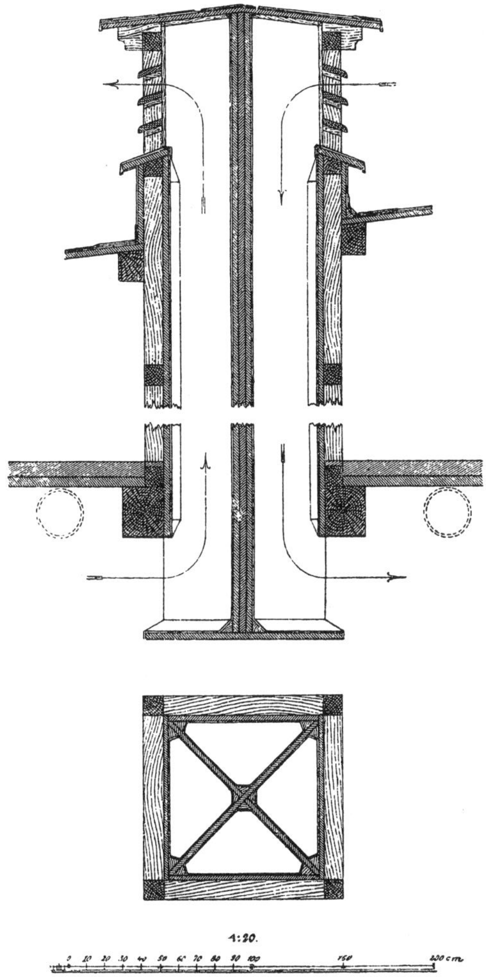

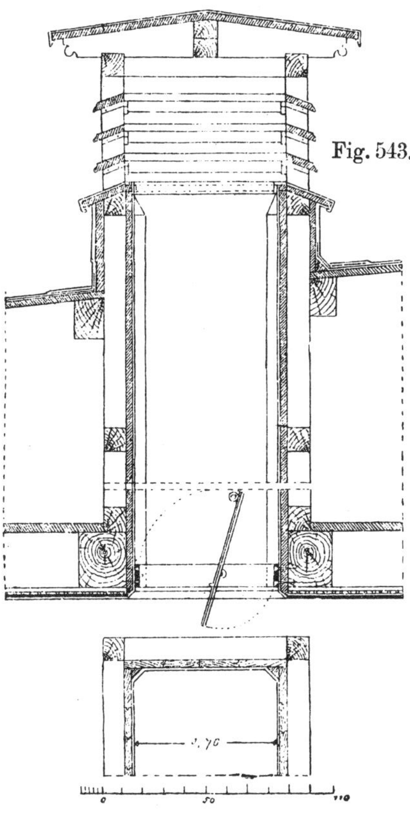

Fig. 543.

Fig. 545.

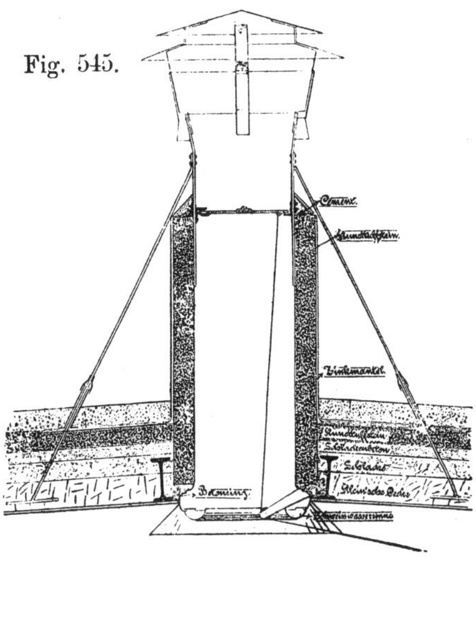

feldbreite an der Decke hinziehen. Die Schlote sind sicher zu unterstützen und gut zu befestigen. Auswechselungen von Hauptkonstruktionsteilen der Decke und der Dachverbände, wie z. B. durchgehender Balken und Rähme, sind zu vermeiden. Am besten ordnet man diese Schlote über den Stallgassen an. Ihre Lage über den Viehständen ist zu vermeiden, da ein etwaiges Abtropfen von Niederschlagswasser nachteilig auf die Gesundheit des Viehes wirken könnte.

Der Querschnitt derartiger Luftschlote ist auf höchstens 0,25 qm bei etwa 50 cm Seitenlänge zu berechnen; besser wirken kleinere Querschnitte, die sich trichterförmig nach unten verkleinern.“

Fig. 546.

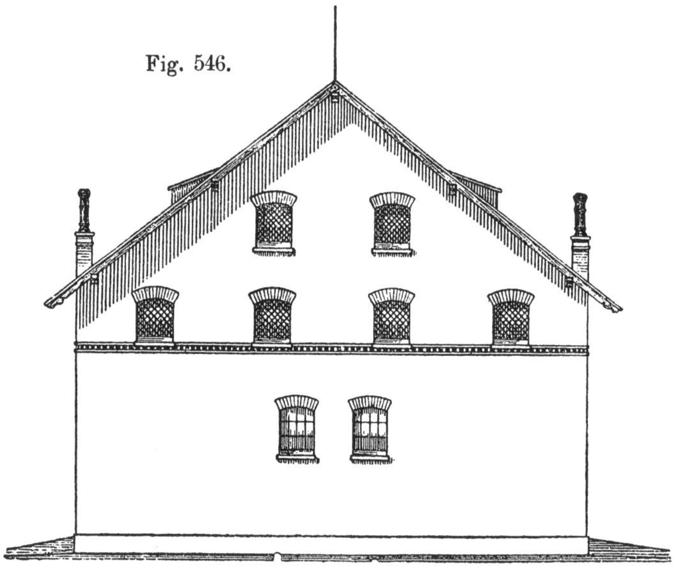

Sollen bei massiven Decken die Dunstschlote aus unverbrennlichen Baustoffen hergestellt werden, so haben sich hierzu Metallrohre, Tonrohre oder Monierwandungen bewährt.

Um die Wärmeleitung der Wandungen von Dunstschloten herabzumindern, und der Bildung von Niederschlagwasser vorzubeugen, können die Wandungen verdoppelt werden. Sie erhalten eine Zwischenfüllung von schlechten Wärmeleitern, z. B. Torfmull, Häcksel u. dergl. (Fig. 541 bis 545).

In Fig. 545 ist diese Isolierung durch Kunsttuffstein (Dr. L. Grote, Uelzen) bewirkt worden, ein Bau- und Isoliermaterial, das sich durch Leichtigkeit sowie Schall- und Feuersicherheit auszeichnet. Es wird auch in Form von Platten, Schalen und Formstücken hergestellt. Das Material hat ein sehr geringes Eigengewicht.

Schlote aus Ziegelmauerwerk sind weniger geeignet.

b) Luftzuführung. Im Mauerwerk der Fensterbrüstungen sind möglichst breite Kanäle auszusparen, die über dem Gebäudesockel mit der äußeren Luft in Verbindung stehen und im Innern oben in der Schräge der Fensterbrüstungen ausmünden. Es empfiehlt sich nicht, diese Luftzuführungskanäle an andere Stellen zu legen, wegen der damit verbundenen Schwächung des tragenden Mauerwerkes (Fig. 540).

Wo bei nachträglicher Anbringung von Lüftungs-Anlagen die Herstellung von Luftzuführungsrohren im Mauerwerk Schwierigkeiten machen würde, ist der Muir'sche Schlot am Platze. Derselbe ist der Länge nach durch zwei sich kreuzende Scheidewände in 4 Abteilungen zerlegt, die im Kopfe des Schlotes nach 4 verschiedenen Seiten sich öffnen. Eine oder zwei Abteilungen, die gegen den Wind liegen, nehmen dann Luft auf; aus den unter Wind liegenden Abteilungen aber wird Luft abgesaugt. Am unteren Ende sind die 4 Umfassungswände des Schlotes bündig mit der Deckenfläche abgeschnitten. Die Scheidewände aber reichen noch ein Stück in den Stallraum hinein und tragen einen wagerechten Boden. Hierdurch erhält der herabfallende frische Luftstrom eine wagerechte Richtung beim Ausströmen, ebenso wird die abströmende Luft genötigt, in wagerechter Richtung nach dem Schlote sich zu bewegen (Fig. 544).

Schieber- und Klappenverschlüsse sind für alle Lüftungsrohre entbehrlich, ja nachteilig, weil sie erfahrungsmäßig nicht richtig benutzt werden, mit der Zeit einrosten und dann überhaupt sich als unbrauchbar erweisen. Falls eine zeitweise Schließung dieser Rohre notwendig wird, genügt ein Verstopfen mit Stroh. Nur für die unteren Oeffnungen der über Dach geführten Dunstschlote sind verstellbare Verschlußklappen zweckmäßig.

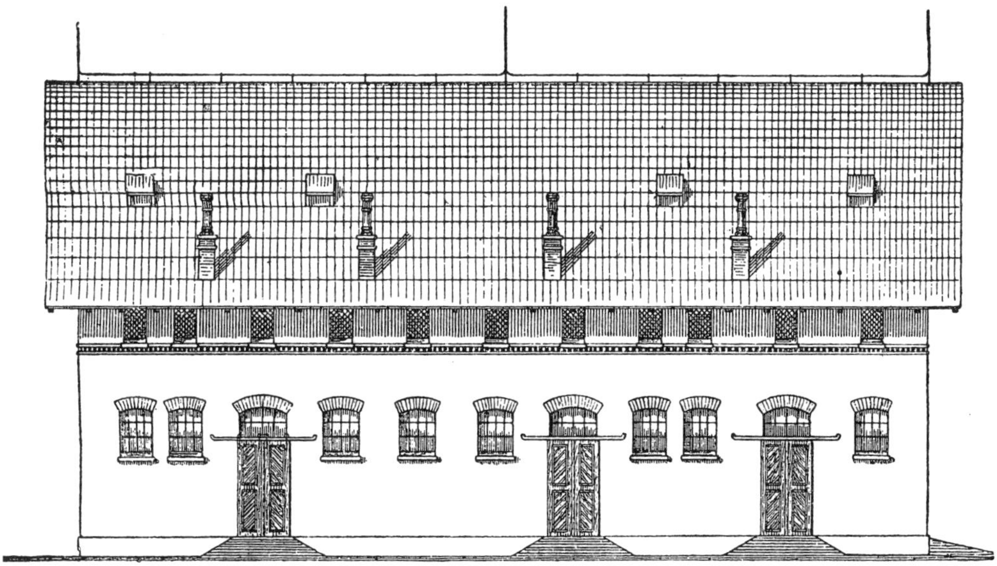

Fig. 547.

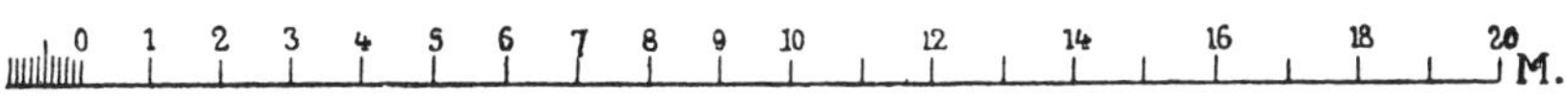

Ueber die Lüftung mittels Türen und Fenster vergleiche das bei den betreffenden Abschnitten gesagte.

Im allgemeinen ist die vertikale Ventilation (Fig. 541—545) der horizontalen vorzuziehen, da sie unabhängiger vom Winde ist. Horizontale Lüftungsrohre wirken nur bei freistehenden Stallgebäuden von unter 20 m Tiefe; darüber hinaus und bei umschlossenen Bauwerken funktionieren sie nicht mehr genügend. Ein vertikaler Ventilator kann sowohl auf dem Firste des Daches als auch an der Traufe, etwa 1 m von Außenwand, angebracht werden. Seine Langseite richtet man in diesem Falle parallel zur Stallfront. Das Mindestmaß der einzelnen Ventilationsrohre ist dabei 25×25 cm, das Höchstmaß etwa 50×50 cm.

Die Nebenräume.

Die Futterküche. Wo gedämpftes Futter verabreicht werden soll, macht sich die Anlage einer Futterküche notwendig, die an Grundfläche pro 100 Stück Vieh 20 bis 25 qm erfordert. (Vergl. für die letzten Angaben: Baukunde des Architekten, Berlin. Landwirtschaftliche Bauten von Friedrich Wagner, Rostock.)

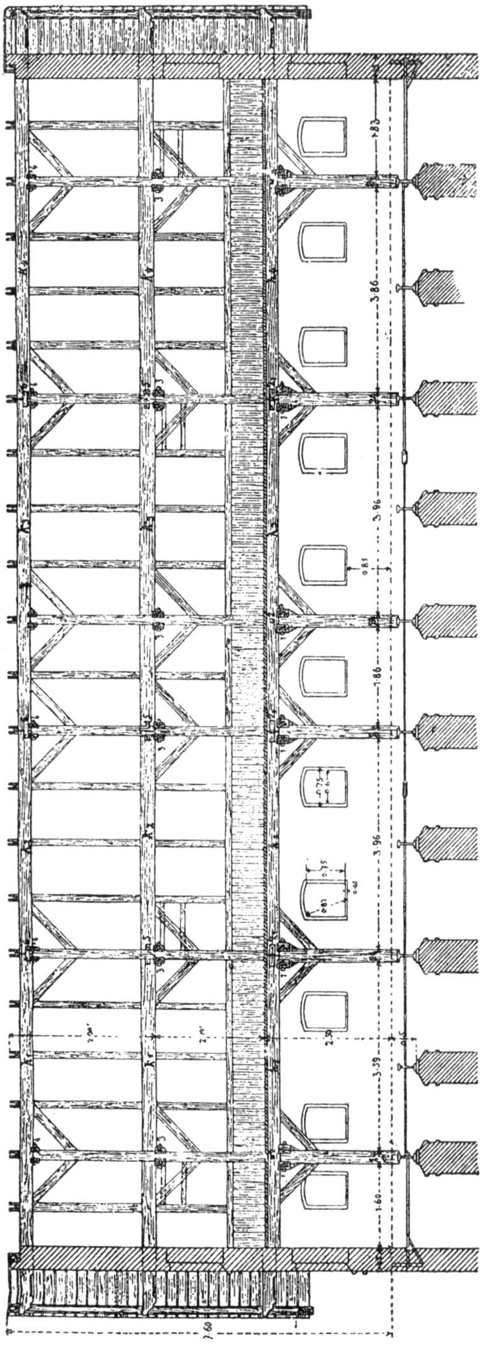

Fig. 548.

Der Krankenstall. Wie bereits bei dem Abschnitt „Pferdeställe“ erwähnt, macht sich bei großen Betrieben die Anlage eines Krankenstalles nötig. Derselbe liegt isoliert von den übrigen Stallgebäuden. Sein Ausgang führt nach der Rückseite des Hofes hin. Er erhält für je 10 bis 15 Stück Rindvieh einen Reservestand.

Die Futterböden sind gut durchzulüften. Bei Drempelwänden mit Bretterverschalung erreicht man dies am billigsten (Fig. 572). Freilich ist die Versicherungsprämie für derartige Ausführungen höher als bei massiver Bauart, was in jedem einzelnen Falle zu bedenken sein wird.

Der Heuboden muß pro Stück Vieh 18 bis 23 cbm an Raum enthalten. Seine Höhe genügt mit 3,0 bis 3,5 m. Die für das Einbringen des Heues nötigen Heuluken werden in Abständen von 12 bis 18 m angeordnet. Sie sind 2,20 m hoch und 1,40 bis 2,0 m breit. Ihre Klappverschlüsse schlagen nach außen auf.

Die Futtertenne. Wo das Rauhfutter in den Stall eingefahren werden soll, vergl. Fig. 555 u. a., schafft man eine große Futtertenne, die für die Fütterung möglichst bequem liegen muß. Vor allen Dingen darf sie der Düngerabfuhr nicht im Wege sein. Sie steht in engster

Verbindung mit dem Stalle, ohne daß geschlossene Wände sie begrenzen. Natürlich ist damit zu rechnen, daß ihr Luftraum dem Stalle Wärme entzieht. Ihr Fußboden wird gewöhnlich in Krippenhöhe verlegt. An benötigtem Platz rechnet man dafür pro Stück Vieh 0,6 bis 0,8 qm. Wo von hier aus Futtergleise nach den Krippen hinführen, wird der Betrieb wesentlich vereinfacht und erleichtert (Fig. 559). Auf der Futtertenne finden außerdem auch noch die verschiedenen Futterschneide-Maschinen Platz.

Die Häckselkammer liegt in nächster Nähe der Futtertenne und mit ihr in gleicher Höhe, während die Häckselmaschine im Bodenraum darüber aufgestellt wird, so, daß sie in nächster Nähe des Strohbodens sich befindet. Sie beansprucht an Größe pro 100 Stück Vieh 40 bis 60 cbm.

Beispiele.

Fig. 546 bis 552. Stallgebäude für 40 Stück Rindvieh auf dem Gute Kopanice bei Breka in Bosnien vom Architekten Ludwig Klasen-Wien (Der Bautechniker, Wien, XX. 4), Ueber dem Stalle liegen hier Schüttböden für Getreidelagerung. Die Stalldecke ist massiv. Durch eine Pfeilerstellung ist der Stall in 2 Schiffe geteilt. Die vordere Abteilung ist für das größere Vieh, die rückwärtige für das kleinere bestimmt. Rückwärts rechts ist eine Abteilung für Kälber angeordnet. Neben der Pfeilerreihe liegt ein Mittelgang mit Eisenbahngleise für die Zufuhr des Futters und die Abfuhr des Düngers. Eiserne Säulen statt der Pfeiler wären zweckmäßiger gewesen, wurden aber in Bosnien zu teuer. In jeder Langfront finden sich 2 Schiebetüren. Die Futtergänge und die Krippen aus glasiertem Steingut liegen, um Verstreuung des Futters zu verhindern, auf gleicher Höhe. Zum Tränken des Viehes werden die Krippen aus der Wasserleitung des Wassers gefüllt, das nach einem Kanale hin abfließt.

Das Dach ist ein Doppelziegeldach, und die Stalldecke ist aus Zementbeton gestampft. Fig. 551 und 552 erläutern das hierzu notwendige Hängegerüst. An Schraubenbolzen a sind an den eisernen Traversen Hängeeisen aufgehängt, die mit den eisernen Trägern parallel laufende Hölzer tragen. Auf diese stützen sich die Lehrbögen.

Fig. 553 bis 556. Stallgebäude für 72 Stück Rindvieh auf Gut Mönchhof vom Architekten A. Karst-Kassel. Mit dem Stalle sind eine Futterküche von 129,80 qm Grundfläche sowie Keller für Milchwirtschaft verbunden. Die Stalltiefe beträgt 16,80 m. Die Stalldecke ist massiv gewölbt zwischen I-Trägern mit eisernen Unterzügen und eisernen Säulen. Der Futterboden hat einen Betonestrich. Alles übrige erläutern die Zeichnungen.

Fig. 557 bis 560. Stallgebäude für 76 Stück Rindvieh auf Vorwerk Preußenhof der Domäne Albrechtshof (Zentralbl. der Bauverw., Berlin 1900). Die Länge des Stalles beträgt 50 m, die Tiefe 11,75 m. Die lichte Stallhöhe ist 3,47 m. Als Standtiefen sind 2,65 m, als Standbreiten 1,25 m angenommen. Der Mittelgang ist 3,25 m breit. Die Umfassungsmauern bestehen aus 0,51 m starkem Backsteinmauerwerk im Erdgeschoß; im Dachgeschoß sind sie 0,25 m stark mit Verstärkungspfeilern hergestellt. Das Dach ist mit Falzziegeln gedeckt.

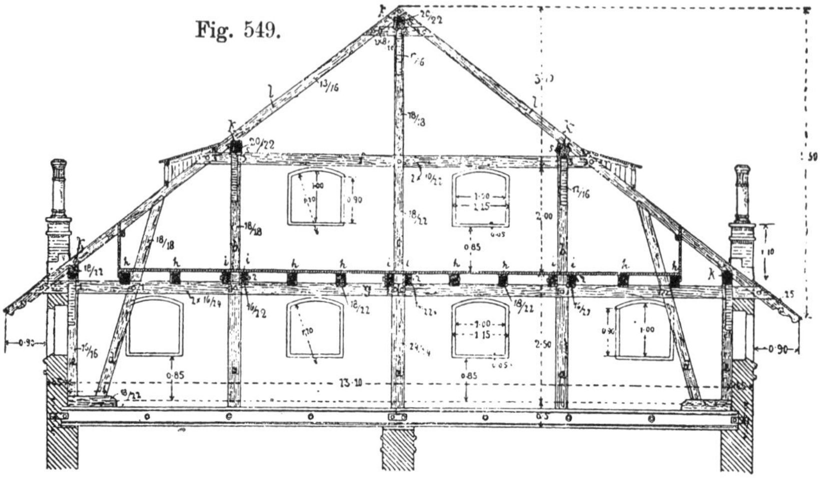

Fig. 549.

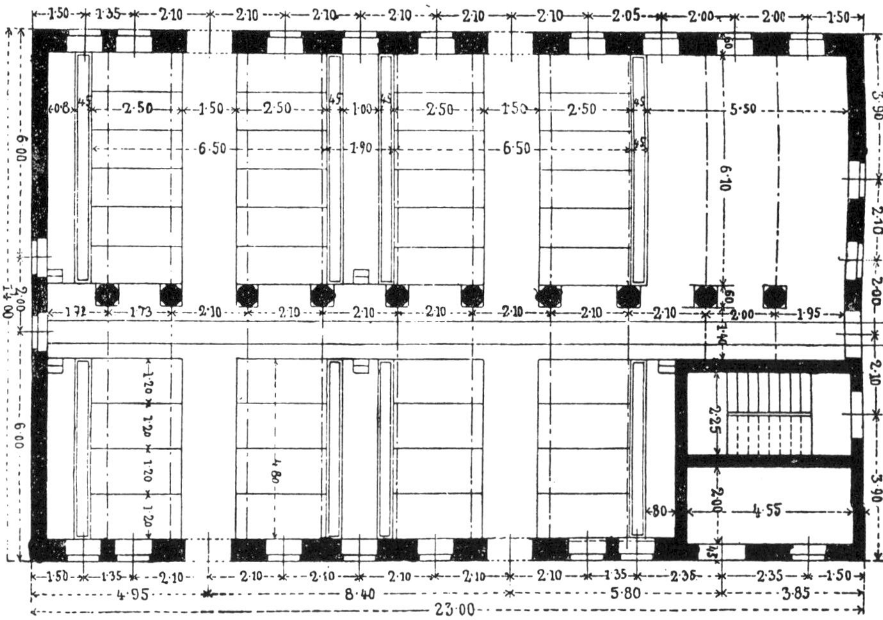

Fig. 550.

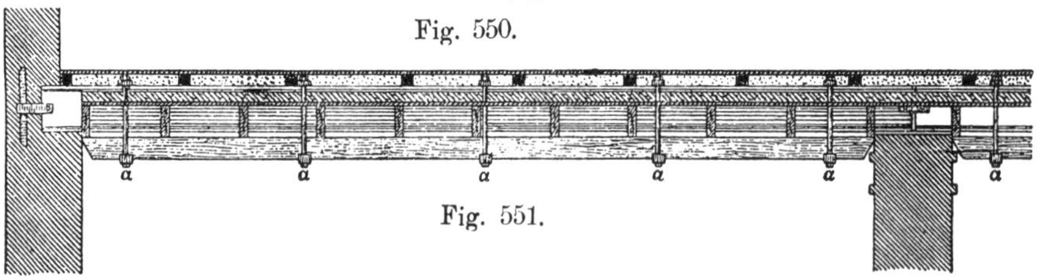

Fig. 551.

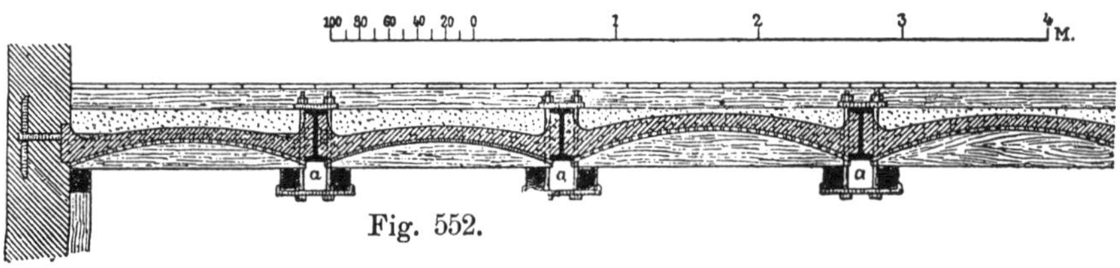

Fig. 552.

Fig. 553.

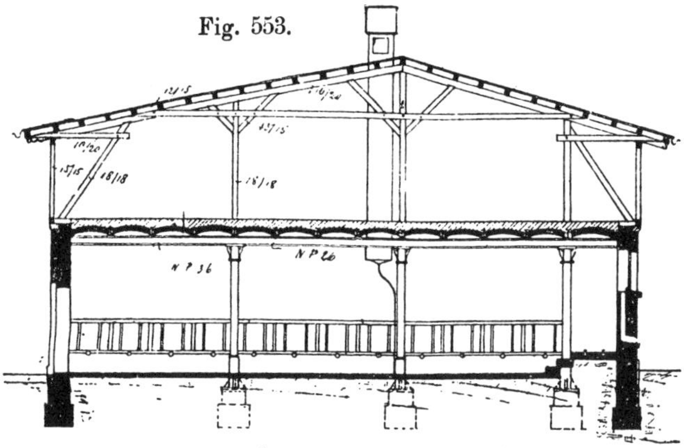

Fig. 556.

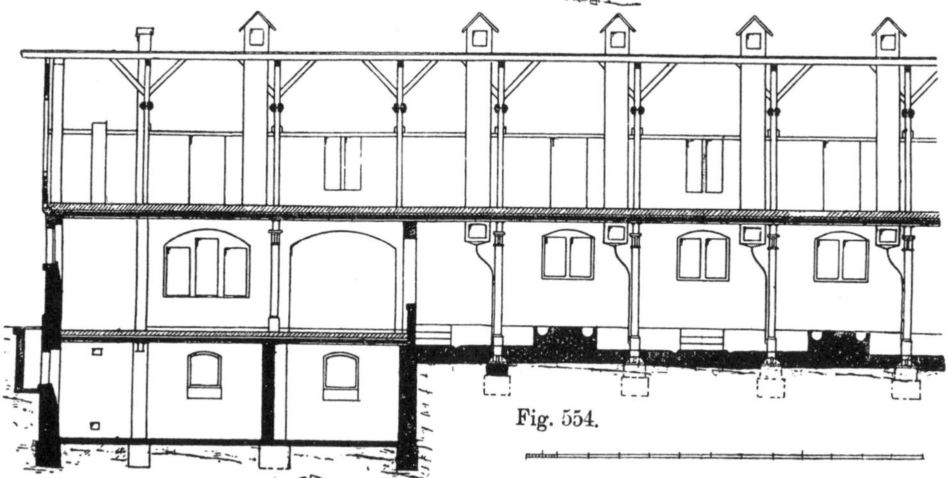

Fig. 554.

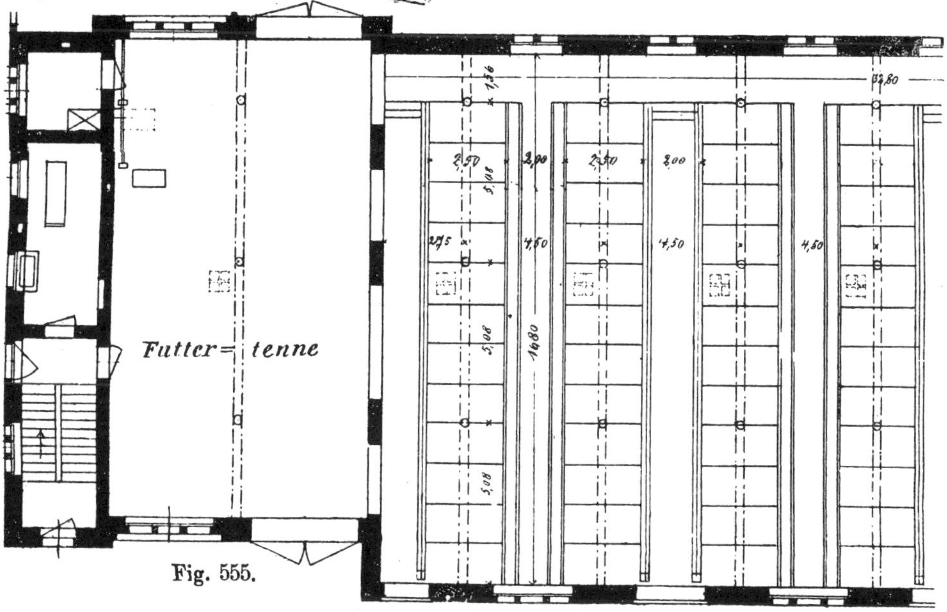

Fig. 555.

Die Krippen bestehen aus Tonschalen auf steinernem Unterbau. Die Futtergänge sind 1,10 m breit mit Gleisen für Kippwagen eingerichtet, die auf einer Seite direkt in die Futterkammer führen. Der andere Futtergang endigt am Einfahrts-

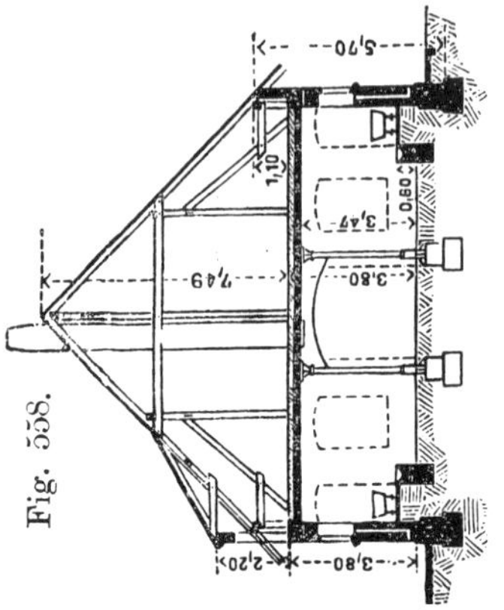

Fig. 558.

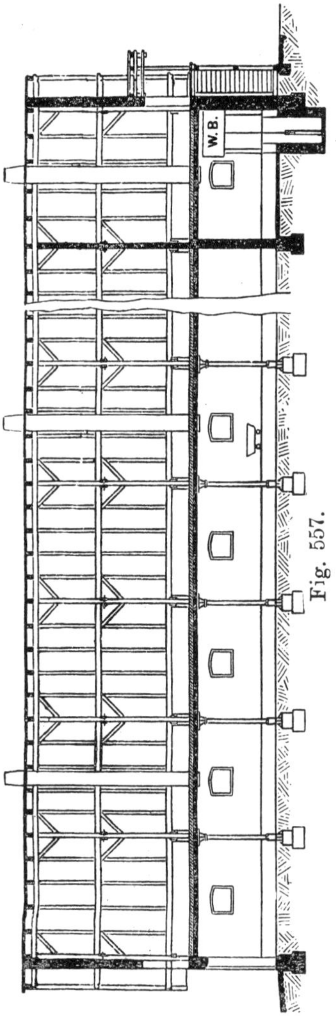

Fig. 557.

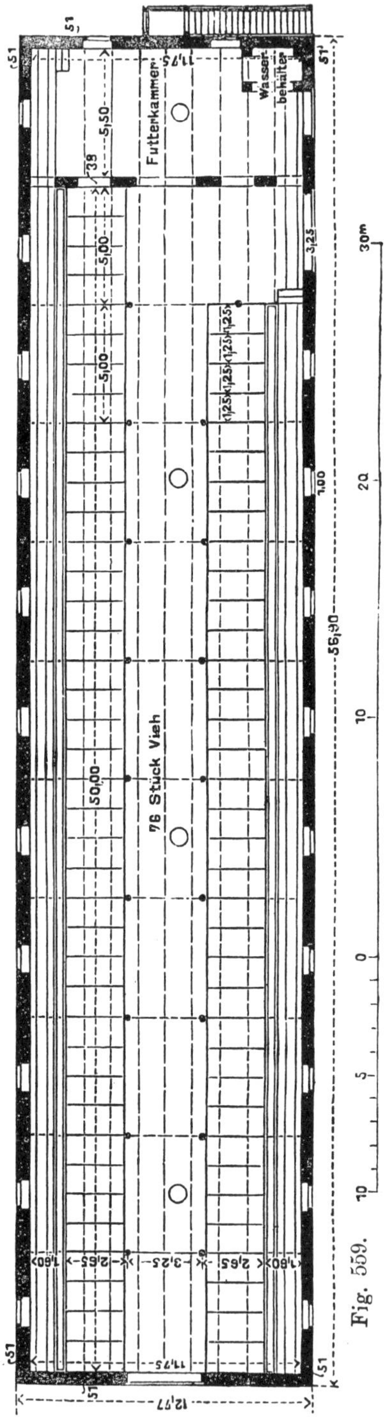

Fig. 559.

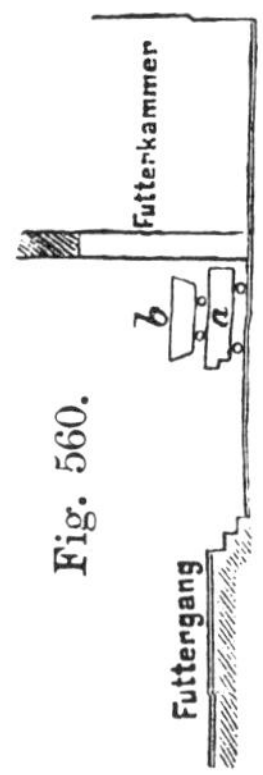

Fig. 560.

Stallgebäude für 76 Stück Rindvieh auf Vorwerk Preußenhof.

Fig. 561.

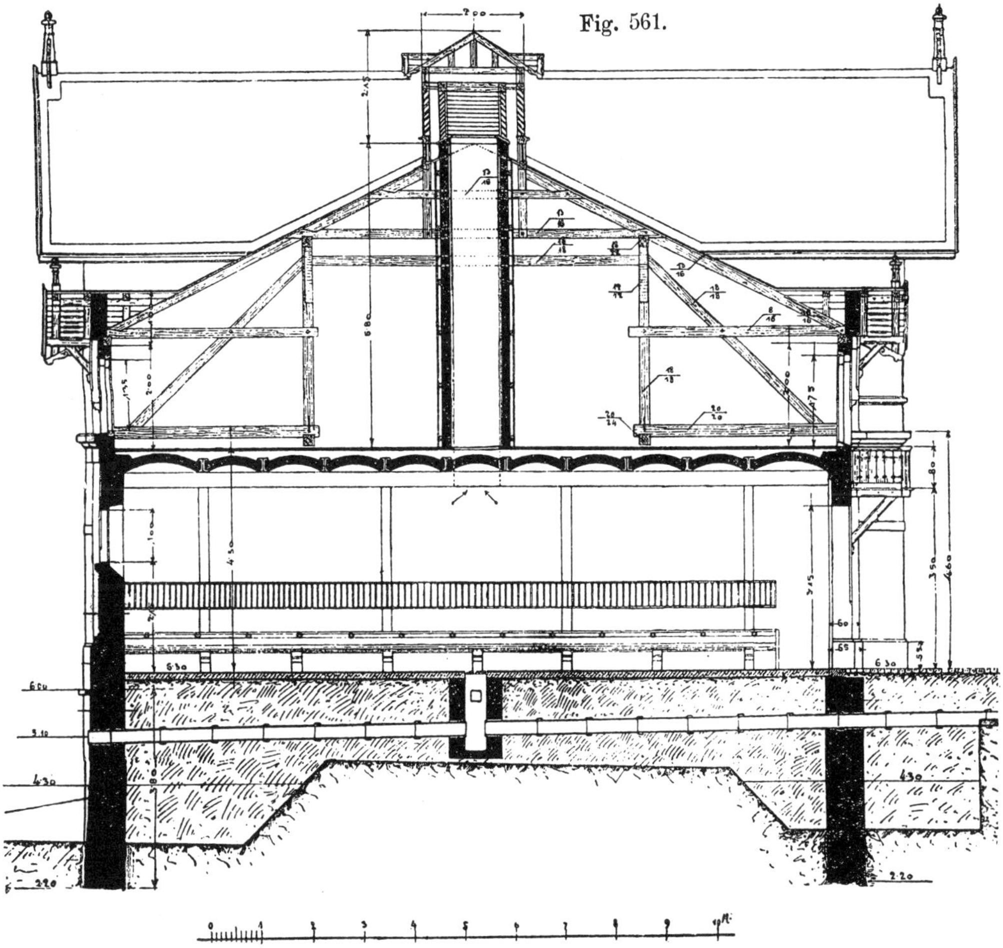

Rinderstall im Schlachthof Graz.

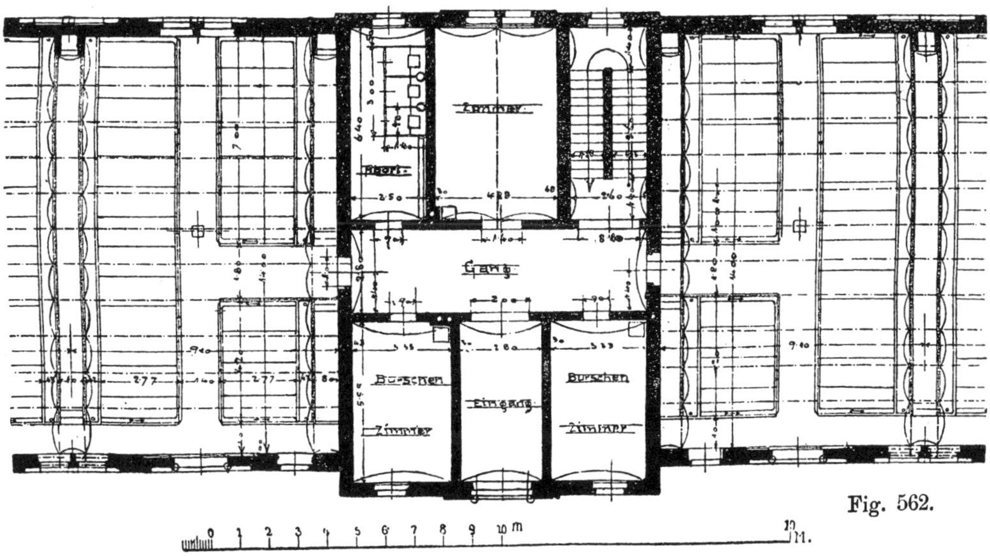

Fig. 562.

tore. Das Gleis mußte hier von den Stufen des Krippenganges ab bis zum Ende der Futterkammer tiefer liegen und zwar in der Höhe des Stallfußbodens. Auf diesem Gleise läuft ein besonderer Wagen a, der den Futterwagen b bis zum Gleise des Futterganges trägt. In der Futterkammer ist ein Wasserbehälter aufgestellt, von dem aus eine Rohrleitung das Wasser zu den Krippen führt.

Der Dung bleibt im Stalle längere Zeit liegen; deshalb besteht der Stallfußboden aus Sandschüttung. Die Futterkammer ist mit kochkantigem, die Futtergänge sind mit flachseitigem Ziegelpflaster versehen.

Die Stalldecke wurde massiv zwischen eisernen ⌶-Trägern nach Schürmannscher Art konstruiert. Zur Lüftung dienen senkrechte und horizontale Lüftungsrohre in bekannter Art. Fünf Dunstschlote aus Moniermasse, 0,60 m weit, liegen über der Stalldecke.

Die bebaute Grundfläche beträgt 726,61 qm, der umbaute Raum 4141,68 cbm. Die Gesamtkosten einschließlich der Wasserleitung beliefen sich auf 39920 Mark; 1 qm kostet 49,44 Mark, 1 cbm 8,67 Mark.

Fig. 561 und 562. Stall für 330 Stück Rindvieh im städtischen Schlachthofe zu Graz (Der Bautechniker, Wien). Das Gebäude ist 131 m lang und hat einen Mittelbau für Wohnungen von Stallwärtern und Stallburschen, sowie Zimmer für Händler, Aborte usw. Die Flügel enthalten Stallungen. Sie sind 15 m tief und 55 bezw. 65 m lang für 150 bezw. 180 Rinder.

Die Viehstände, 13 in einer Reihe, sind 1 m breit und 3,20 m lang. Am Ende eines jeden Futterganges liegt je ein Futterschlot 70 × 70 cm weit, die mit Eisentüren zu verschließen sind. Die Tröge wurden in Monierkonstruktion ausgeführt (Fig. 474. 475).

Die Stalltüren an den Düngergängen sind als zweiflügelige Schiebetüren mit Oberlichtern 1,80 m breit und 3,05 m hoch. In der Mitte jedes zweiten Futterganges wurden Ventilationsschlote angeordnet, 0,60 × 1,20 m weit. Ihre Wände bestehen aus Lochsteinen und sind außen mit Holz bekleidet. Als Standpflasterung ist stehendes Ziegelpflaster in Zement gewählt.

Die Gänge haben 2 cm dickes Asphaltpflaster mit 15 cm starker Betonunterlage. Die Stalldecke ist Monierbalkendecke. Eine 6 cm dicke Betonplatte liegt auf einem Rost von Tragbalken aus Beton mit 18 mm dicken Rundeisen-Einlagen. Die Unterzüge mit Eiseneinlagen haben 15 × 30 cm und 15 × 40 cm Querschnitt, die Ständer einen solchen von 17 × 30 cm.

Fig. 563 bis 571. Normal-Entwurf für einen Kuhstall aus dem Ministerium für Landwirtschaft, Domänen und Forsten (Berlin 1888). Dieser Entwurf eignet sich seiner hohen Baukosten halber und wegen der Anforderungen, die er an die Erfahrung und Gewandheit der Maurer stellt, nur für besondere Fälle. Alles übrige ist aus den Zeichnungen ersichtlich.

Die Verankerung der Träger, die in Fig. 566 angedeutet ist, wird durch die Fig. 570 und 571 eingehend erläutert.

Tafel 22 und 23. Kuhstall für 100 Kühe, preisgekrönter Entwurf der Deutschen Landwirtschafts-Gesellschaft vom Architekten Kronemeyer. Die mittlere Tenne dient als Futterplatz. Die Stalldecke ist aus Beton hergestellt (1 Teil Zement, 2 Teile Sand, 4 Teile Steinschlag). Die Krippen sind aus Back-

Fig. 563.

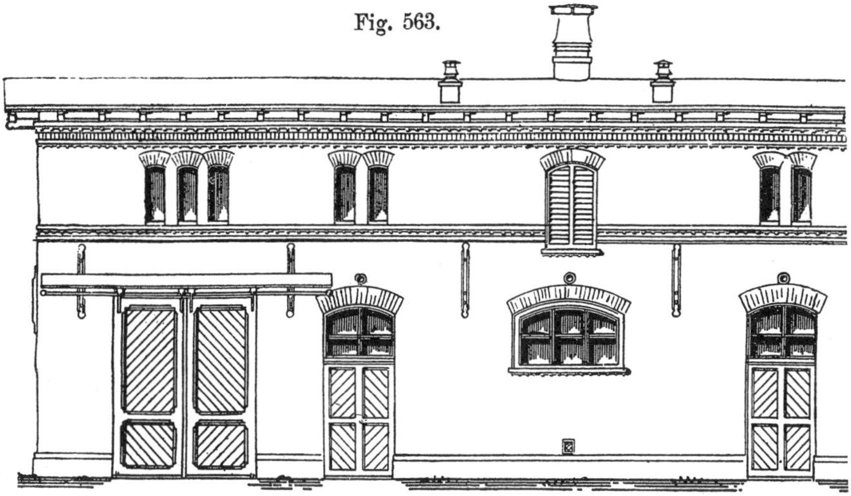

Fig. 564.

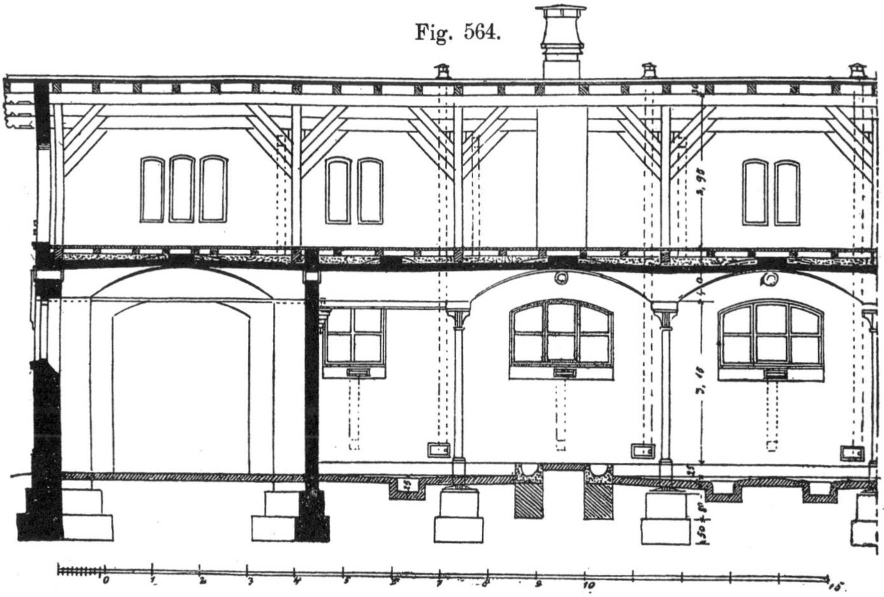

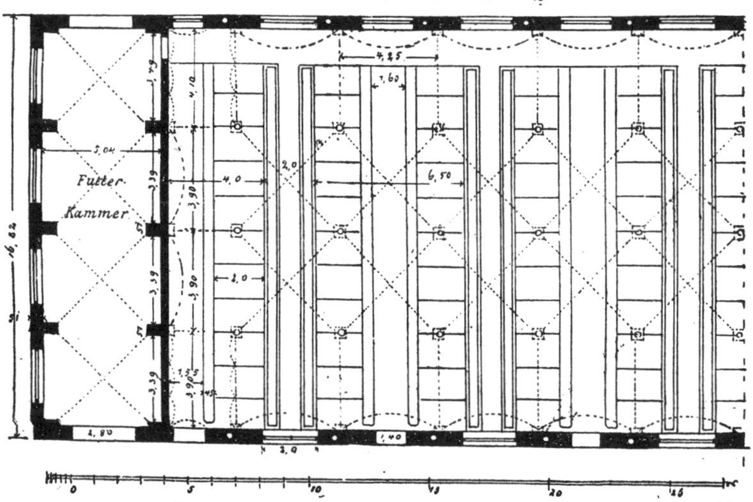

Fig. 565.

Taf. 22 u. 23.

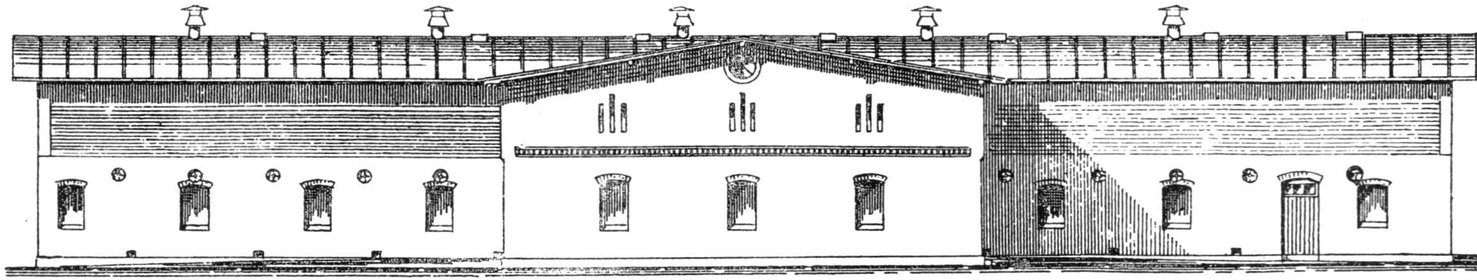

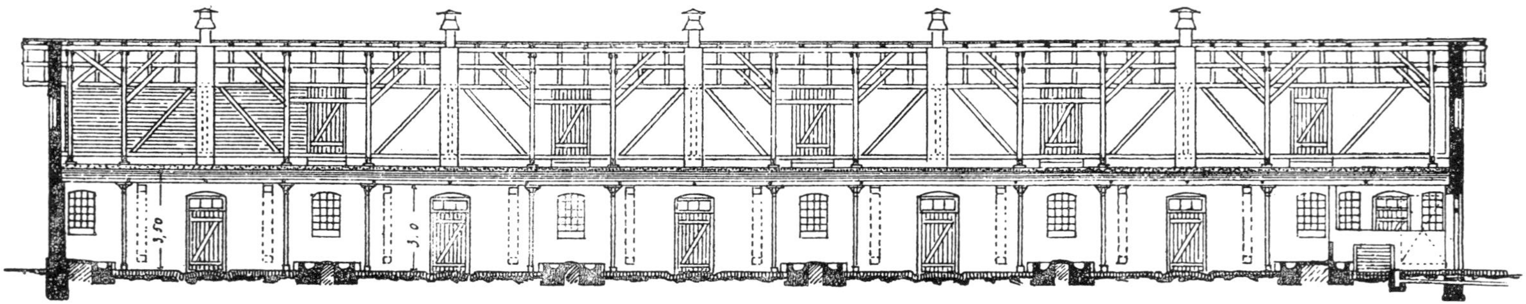

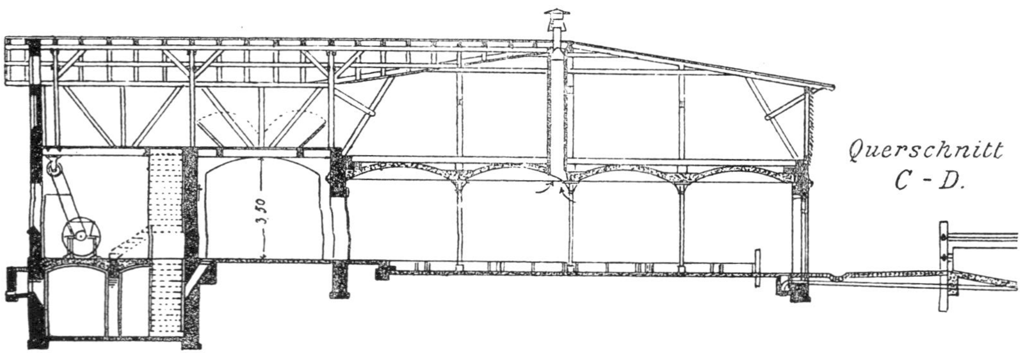

Querschnitt C-D.

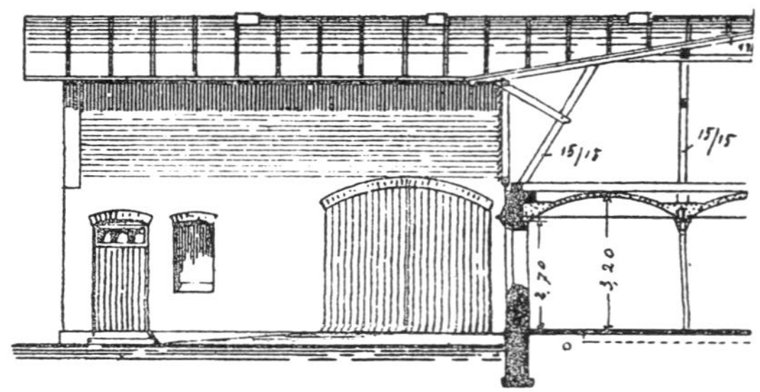

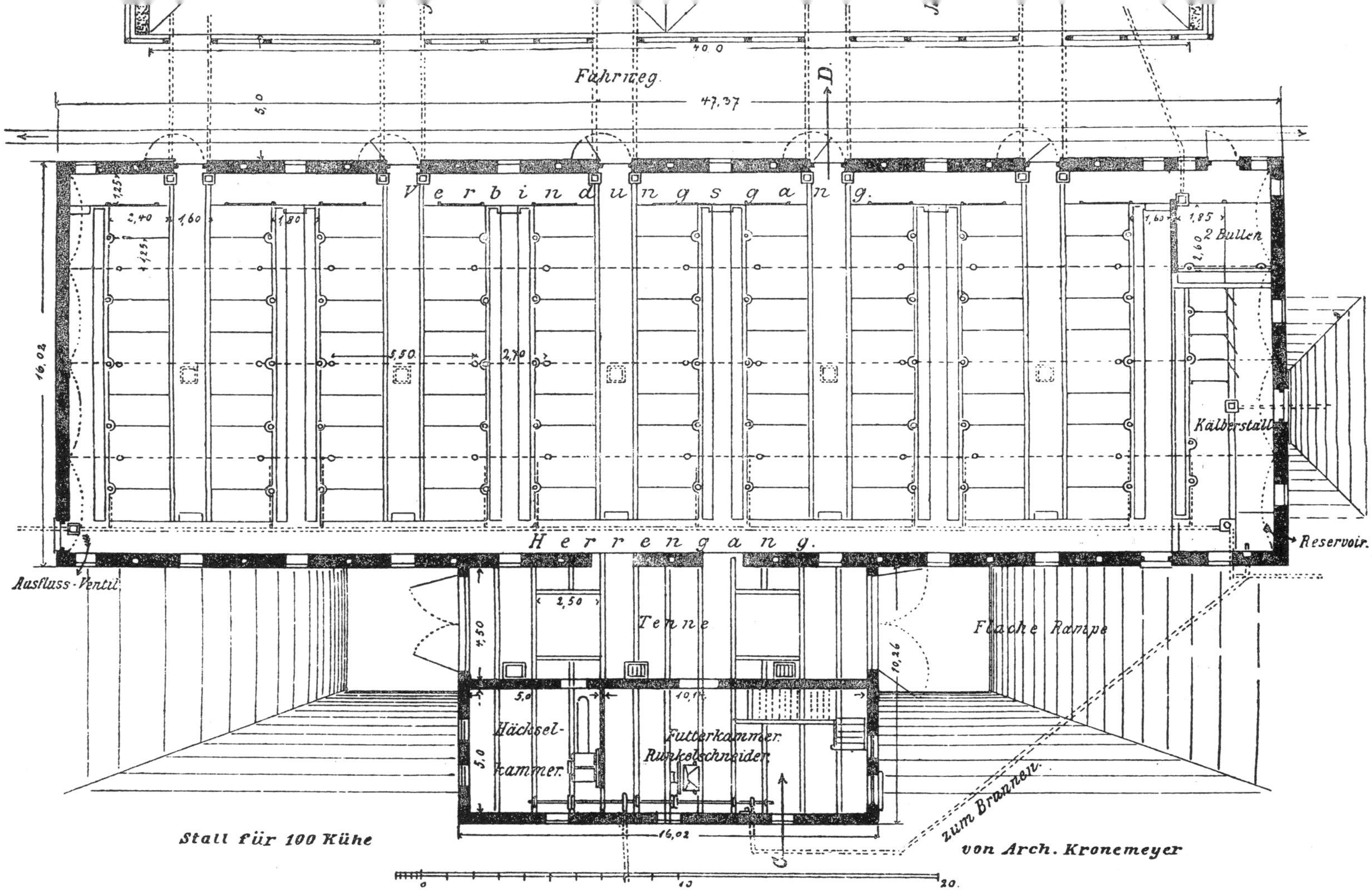

Stall für 100 Kühe

von Arch. Kronemeyer

Issel, Landwirtschaftliche Baukunde.

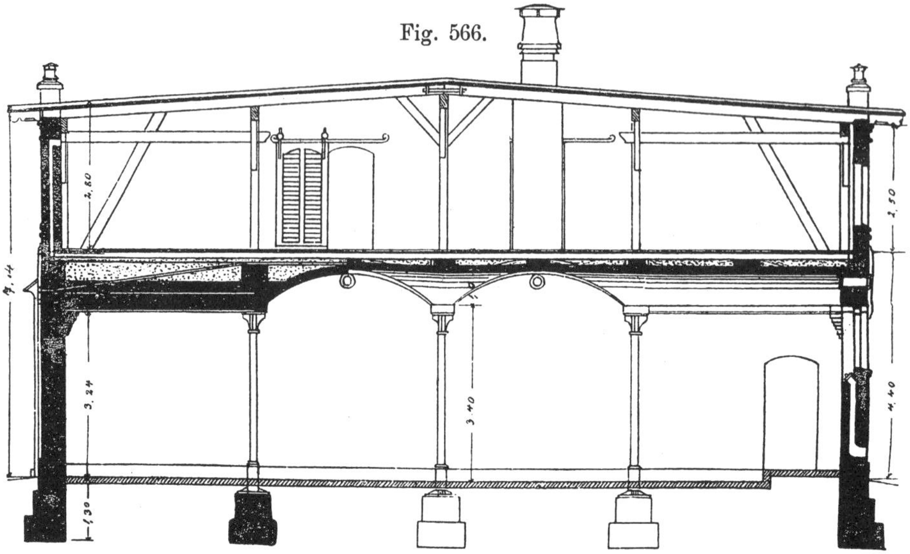

Fig. 566.

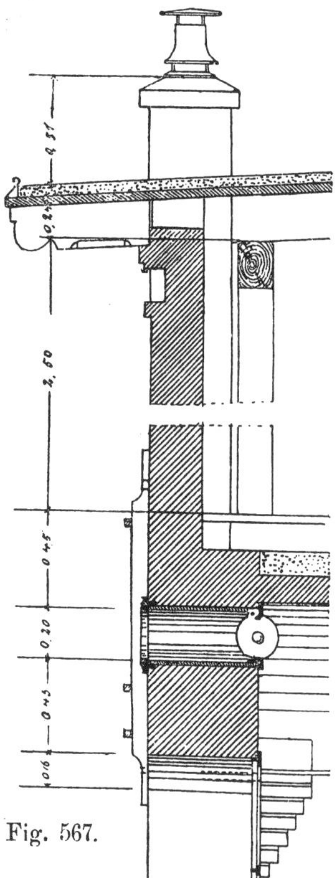

Fig. 567.

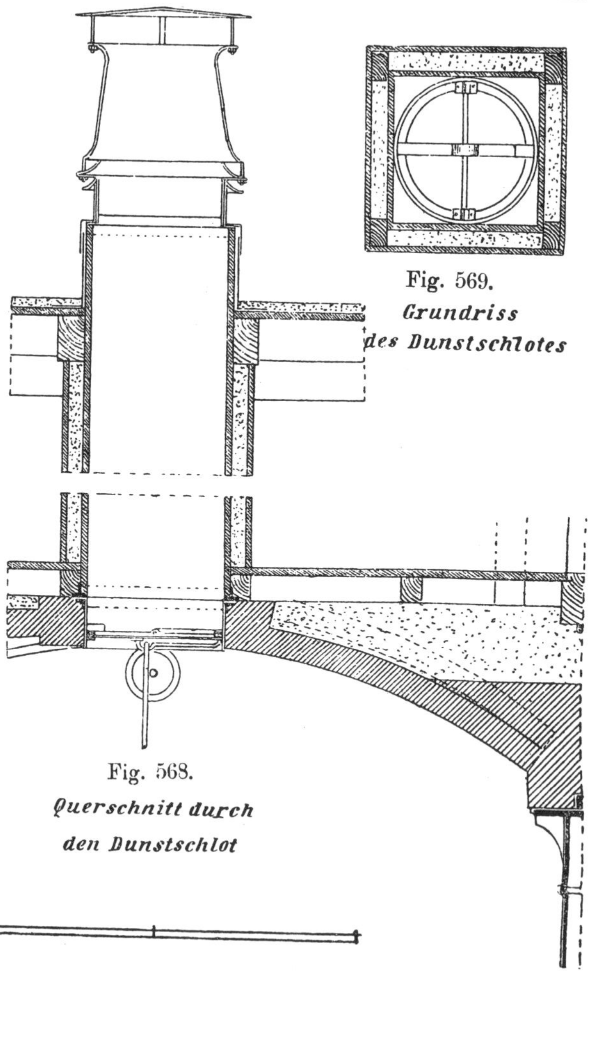

Fig. 568.

Querschnitt durch den Dunstschlot

Fig. 569.

Grundriss des Dunstschlotes

stein-Formsteinen mit Zement geputzt hergestellt (Fig. 486), ebenso die Futtergänge. Die „Selbsttränken-Anlage“ beruht auf dem Prinzip der kommunizierenden Röhren. Die tönernen Trinknäpfe sind (in hölzernen Formkästen) mit Beton umstampft (Fig. 487). Je 2 Tiere haben einen Napf.

Die verbretterten Fachwerkswände des Heubodens erläutert Fig. 572.

Der Rübenkeller faßt 100 cbm Wurzelfrüchte; er ist mit einem Betongewölbe überdeckt.

Die Dungstätte hat Fußboden aus 7 cm Ziegelschotter, 3 cm Kies, 2 cm Zementbeton bei Gefälle von 1 : 30.

Die Gesamtkosten des Stalles belaufen sich auf 36500 Mk.; die der Dungstätte mit Viehring und Jauchenbrunnen auf 3500 Mk.

Fig. 570.

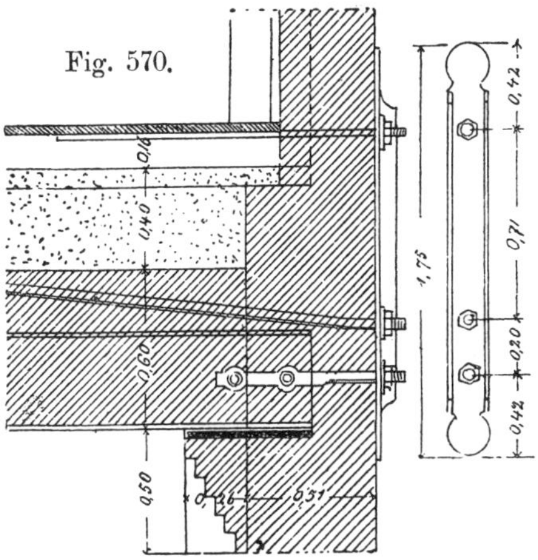

Fig. 571.

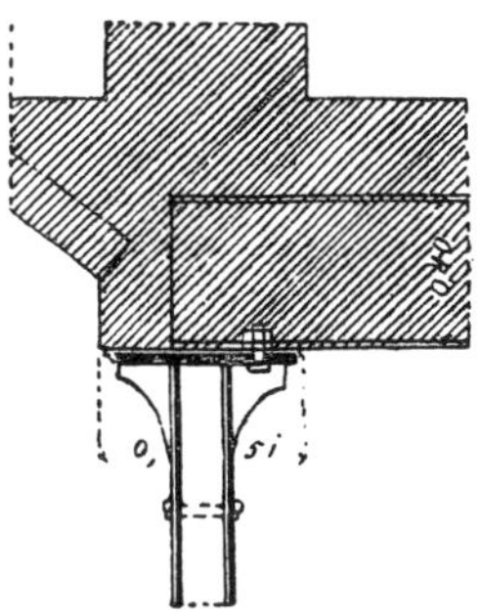

Fig. 573 bis 575. Stallgebäude für 126 Stück Rindvieh von Prof. A. Schubert-Kassel, preisgekrönter Entwurf der Deutschen Landwirtschafts-Gesellschaft. Der Stall hat Raum für 96 Kühe und 6 Bullen, dazu für 24 Kälber in 8 Buchten von 40 qm Grundfläche. Der neben der Häckselkammer gelegene Teil der Futterkammer sowie die Häckselkammer selbst sind unterkellert für die Aufnahme von 100 cbm Wurzelfrüchten.

Zur Verteilung des Futters dient eine Gleisanlage. An den Enden der 4 Futtergänge an der Hoffront sind 4 Futterluken à 1 qm vorgesehen. Der Futterboden hat 2600 cbm Inhalt und reicht für 1500 bis 2500 cbm Heu aus.

Der Stallfußboden besteht aus 7 cm starkem Beton. Die Jaucherinnen sind 30 cm breit, 13 cm tief mit 1 : 200 Gefälle angelegt.

Die Umfassungsmauern im Erdgeschoß sind 51 cm stark mit 7 bis 10 cm Isolierschicht, äußere Verstärkungspfeiler 13 × 51 cm; für Häckselkammer und Treppenhaus 38 cm starkes Mauerwerk. Drempel- und Giebelwände 25 cm mit Pfeilern 38 × 64 cm.

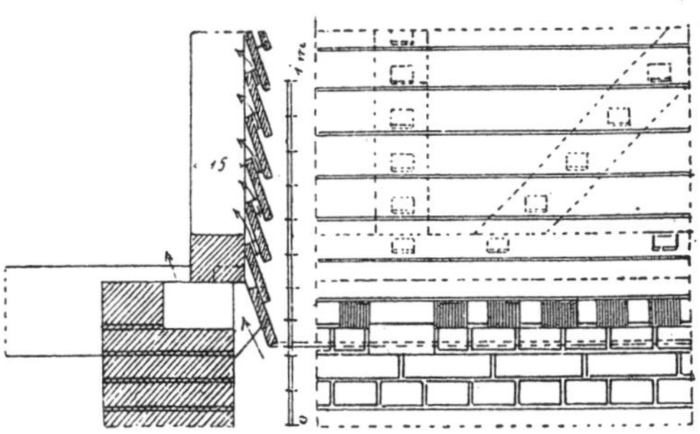

Fig. 572.

Die Stalldecke besteht aus Zementbeton. Kappen mit $^1/_7$ Pfeil und 15 cm Scheitelstärke. Das Dach ist Holzzementdach 1 : 22 mit 1 m Ueberstand.

Die Gesamtkosten berechnen sich auf 36500 Mk., 1 qm bebauter Fläche auf 41,70 Mk. Dungstätte und Viehring kosten 3500 Mk.

Fig. 573.

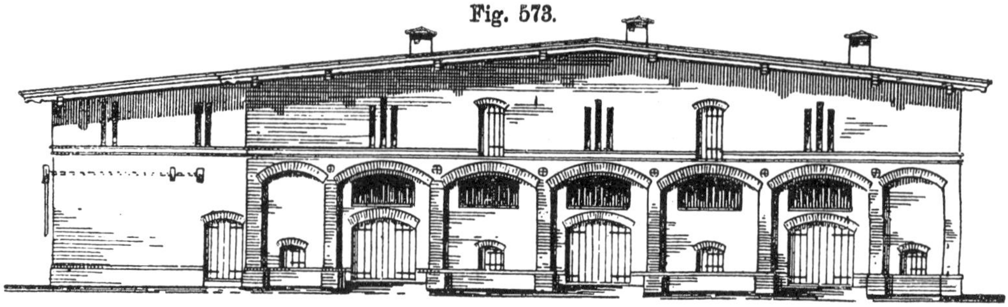

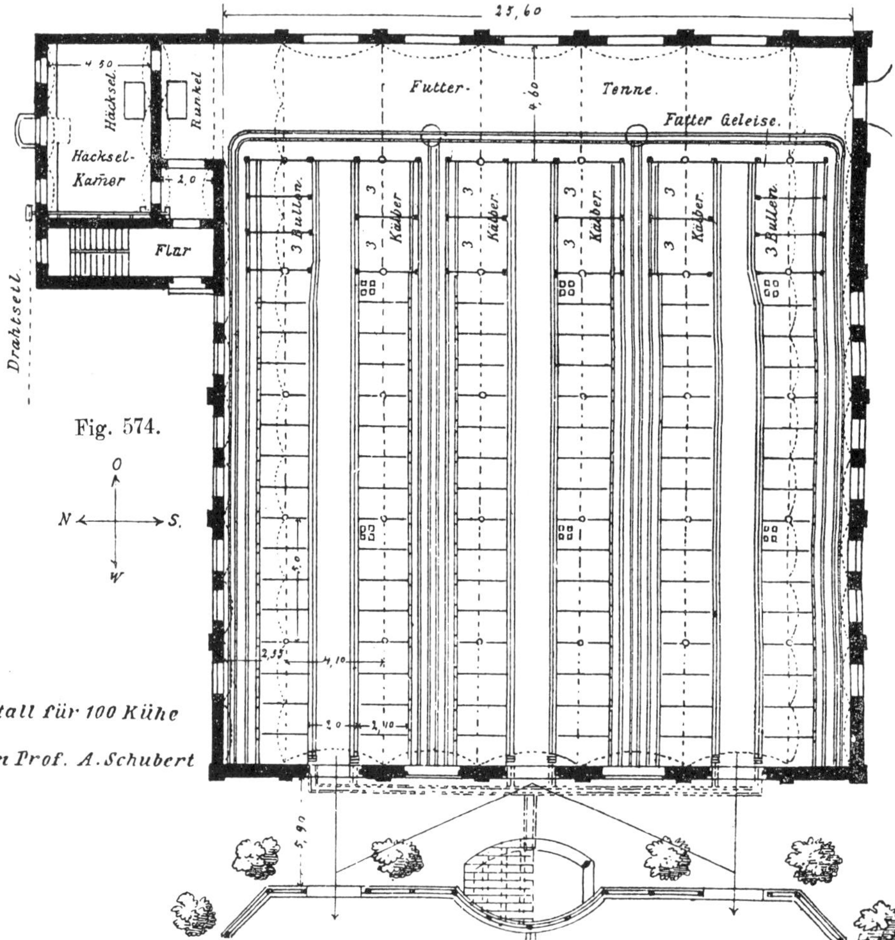

Fig. 574.

Stall für 100 Kühe

von Prof. A. Schubert

Fig. 575.

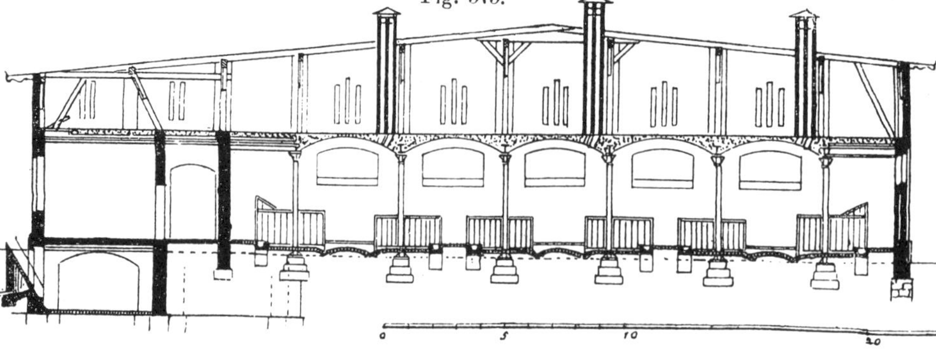

Fig. 576 bis 580. Kuhstall für 100 Kühe vom Architekten Friedr. Wagner-Rostock. Das Viehhaus hat einen Mittelgang von 2 m Breite, die doppelten Futter- und Düngergänge sind 2 m, die einfachen 1,50 m breit. Die

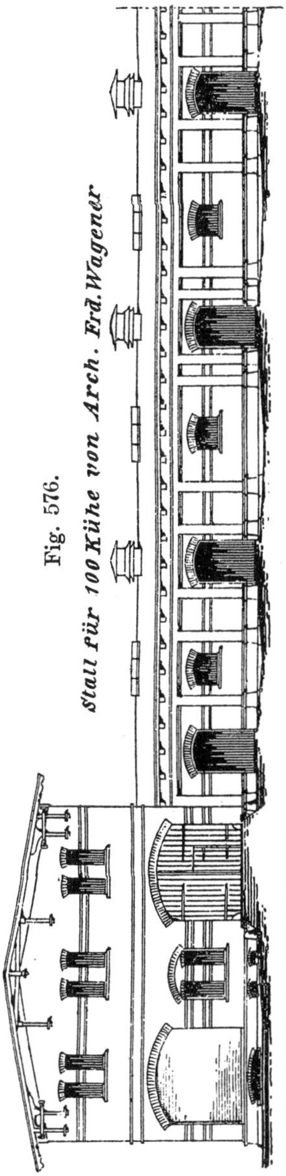

Fig. 576.

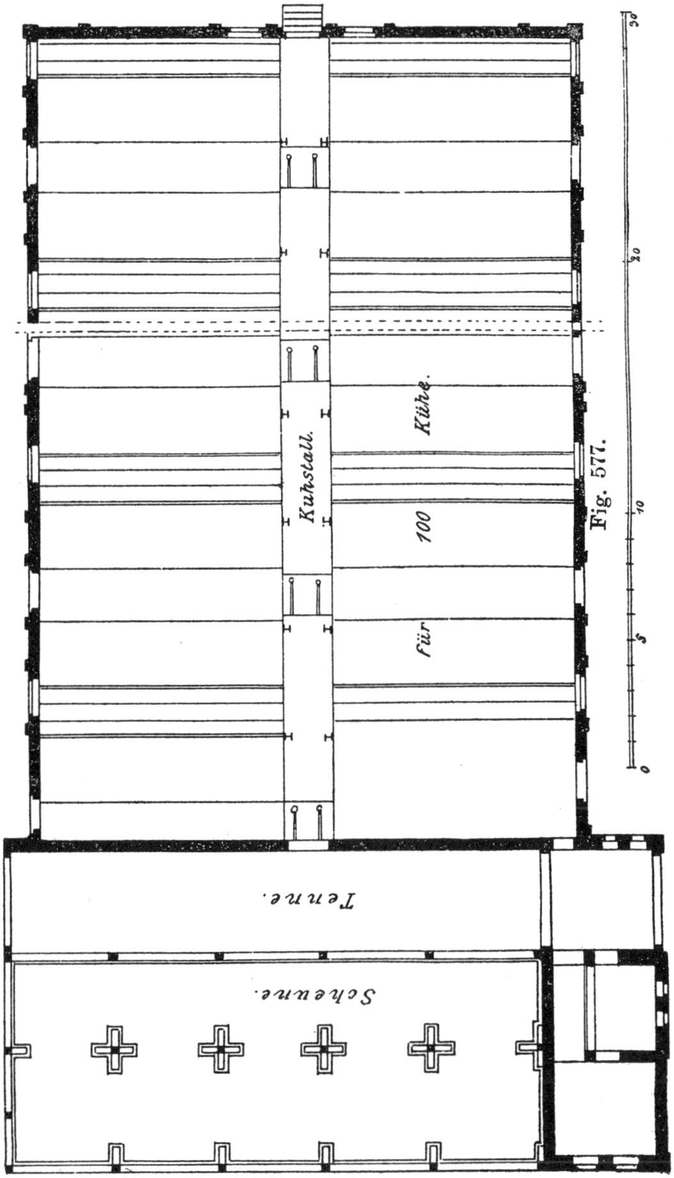

Fig. 577.

Fußböden bestehen aus Beton; sie sind in den Ständen auf 2 m horizontal und haben auf 50 cm ein Gefälle nach den Jaucherinnen hin. Die gemauerten Krippen haben eiserne Kuhstaken. Die Decke und die Hauptsparren sind aus I-Trägern konstruiert; eine Querversteifung ist durch Winkel- oder Flacheisen erreicht. Die Deckenkonstruktion aus Lattengewebe mit Zementputz erläutert Fig. 578.

Das Dach ist Holzzementdach.

Fig. 578.

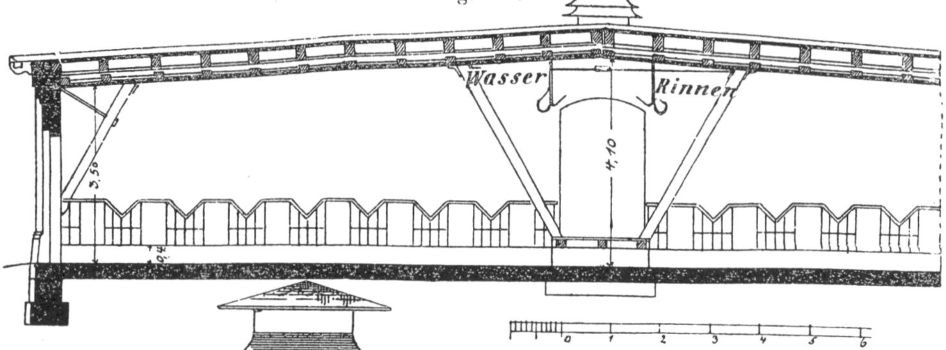

Fig. 579.

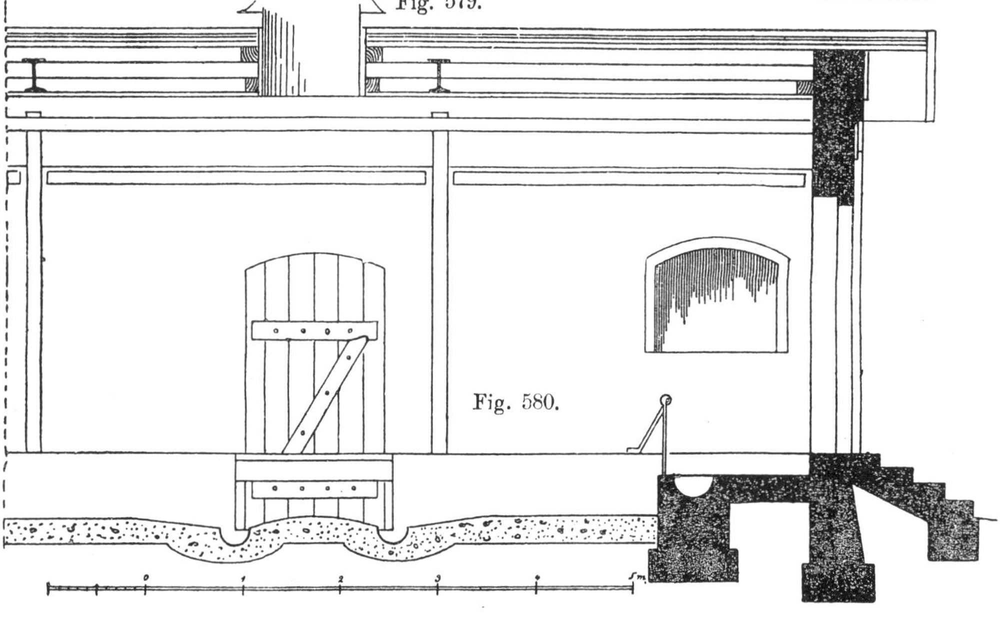

Fig. 580.

Die Gesamtkosten betragen für das Viehhaus 22345 Mk. Der Entwurf ist preisgekrönt von der Deutschen Landwirtschafts-Gesellschaft.

Tabellarische Zusammenstellung der Kosten von Rindviehställen pro 1 Stück Vieh.

Bloss Ochsenstall Stück	Mark	Ochsen u. Kuhstall Stück	Mark	Hauptsächl. Kühe Stück	Mark	Kühe u. Jungvieh Stück	Mark	Jungvieh allein Stück	Mark
20	530,6	50—60	379,8	20—25	380,1	30	347,3	60	312,2
etwa 50	450,9	70	626,8	40—50	332,3	70—80	322,8	—	—
80—90	422,7	100	460,6	100	377,2	100	192,2	—	—
—	—	—	—	200	407,3	—	—	—	—

Allgemeine Baukosten.

Wie die Kosten der Stallungen je nach deren Ausführung sich stellen, zeigt ein statistischer Vergleich:

Bauart	Stück Vieh	per m² in Mark	per m³ in Mark	pro Stück Vieh in Mark
Stallungen mit Balkendecke	4—100	47,5—47	6,7—4,2	311,7—204
„ „ Massivdecke	100	42,5—40,4	5,7	419,4

Die Preise für einzelne Einrichtungsteile stellen sich etwa wie folgt:

Gemauerte Krippen aus Backstein in verlängertem Zementmörtel und mit Zement glatt ausgeputzt pro 1 lfden Meter 1,50 Mk. ohne Untermauerung.

Steingutkrippen, 40 cm weit pro 1 lfden Meter 3,75 Mk.; 45 cm weit 4,50 Mk. 1 Endstück 1 Mk.

Krippen für Einzelfütterung 6,50 Mk.

Selbsttränkanlagen, für je 2 Stück Kühe benutzbar, kosten 8 bis 10 Mk.

Gußeiserne Krippen, emailliert, 1 lfder Meter 30 Mk., einzelne Krippenschüsseln 22 Mk.

Gesundheits-Einrichtungen in Pferde- und Rindviehställen.

Neben den weiter oben unter Nr. 8 der Grundbedingungen (Seite 182) besprochenen Gesundheits-Einrichtungen in Stallgebäuden für Großvieh möchten wir an dieser Stelle noch auf einige einfache Mittel hinweisen, die der ausführende Bautechniker in gegebeneu Fällen leicht mit berücksichtigen kann.

a) Mittel gegen Maul- und Klauenseuche der Rinder sowie auch gegen Brustsäuche der Pferde.

Sowohl zum Vorbeugen gegen die oben genannten Gefahren, als auch als Hilfsmittel bei bereits erkranktem Viehstande empfiehlt sich die Anwendung von Torfmull als Streumaterial. Derselbe kann der besseren Wirkung wegen mit Schwefelsäure angesäuert werden. Diese sogen. Torfstreu besteht aus Hühnereier- bis faustgroßen Stücken des Hochmoor-Torfes, der in trockenem Zustande mit sogen. Reißwölfen zerrissen und durch Plan- oder Zylindersiebe in einzelne Sorten von wechselnder Korngröße sortiert wird. Die nächste Sorte, sogen. Feinstreu, d. h. erbsen- bis haselnußgroße Stücke, benutzt man als Einstreu in Kleinvieh-, Geflügel-, Hundeställe u. dergl. Im Handel hat man diese Torfsorten in Ballen von 1 bis 1,20 m Länge, 60 cm Breite und 80 cm Höhe, so daß sie rund 0,5 cbm Raum einnehmen. Das Gewicht eines Ballens Torfstreu beträgt 90 bis 140 kg. Ein Eisenbahnwagen faßt 75 bis 110 Torfstreuballen, die im gelockerten Zustande 112 bis 165 cbm Streutorf ergeben.

Das Desinfizierende dieser Torfstreu beruht auf der ungemein großen Aufsaugefähigkeit des Streumaterials, so daß sich weder Gährung noch Fäulnis bilden können. Dadurch werden die Krankheitserreger unschädlich gemacht. 100 kg kosten 2 bis 3 Mk. an der Verladestation.

Man braucht im Mittel pro Rind und Monat 90 kg, pro Pferd und Monat 75 kg Torfstreu. Sie wird trocken benutzt und in Schichten von 12 bis 15 cm Dicke am Boden ausgebreitet. Nach 15 Tagen wird die durch die Exkremente der Tiere verunreinigte Schicht entfernt und durch neue Torfstreu ersetzt. Neben Torfstreu muss man natürlich auch Streustroh anwenden, jedoch nur in geringen Quantitäten, indem die Torfstreu eine sogenannte Matratze darstellt.

b) Regelung der Luftwärme in Stallgebäuden.

Die Stalltemperatur hat einen bedeutenden Einfluß auf die Beschaffenheit und die Menge der Milch in Rindviehställen. Auch hängt von der Wärmeregelung die Eigenschaft der Milch zur Uebertragung von Tuberkulose, Darmtyphus usw. ab. Um das Melkvieh vor starkem Temperaturwechsel durch Lüftung und damit vor Erkältung zu schützen, gibt man derartigen Ställen zweckmäßiger Weise eine geringere Höhe als den übrigen. Nach v. Rueff ist die passendste Luftwärme für Ställe die folgende:

Pferde:				
Reit- und Wagenpferde für schnellen Dienst	20°	Celsius	= 16°	Réaumur.
Arbeitspferde	15°	„	= 12°	„
Säugende Stuten und Fohlen	20°	„	= 16°	„
Rindvieh.				
Arbeitsochsen	14°	Celsius	= 11,2°	Réaum.
Melkvieh und Kälber	20°	„	= 16°	„
Jungvieh	20°	„	= 16°	„
Mastvieh	12°	„	= 9,8°	„
Schafe.				
Vor der Schur	12°	Celsius	= 9,8°	Réaum.
Nach der Schur	20°	„	= 16°	„
In der Mast ohne Wolle	14°	„	= 11,2°	„
Schweine.				
In der Mast	12°	Celsius	= 9,8°	Réaum.
Mutterschweine und Ferkel	18°	„	= 14,4°	„
Geflügel.				
Zur Zucht	18°	Celsius	= 14,4°	Réaum.
Zum Mästen	12°	„	= 9,8°	„

Der Wärmebedarf ergibt sich aus dem Wärmeverlust durch die Wände, Decken und Fußböden und durch die Lüftungsanlage. Der Wärmeersatz findet durch das Vieh resp. durch die Fütterung statt.

Ueber zweckentsprechende Lüftungsanlagen siehe weiter oben bei „Rindviehställen". Immer ist neben einer natürlichen Lüftung durch Fenster und Türen noch eine künstliche durch sogen. Dunstrohre notwendig.

c) Reinhaltung und Desinfektion von Stallungen.

Die größte Reinlichkeit und sicherste Desinfektion in Ställen erreicht man, wenn alle Flächen abwaschbar sind. Hierzu dient eine Druckwasserleitung, mit der alle Teile erreicht werden können. In größeren und feineren Ställen sollte eine solche nicht fehlen.

d) Bekämpfung der Fliegenplage in Stallungen.

Sehr helle Ställe, besonders wenn sie mit ihrer Hauptfront nach Süden gelegen sind, unterliegen leicht der Fliegenplage. Früher bekämpfte man dieselbe durch möglichste Zulassung von Schwalbennestern. Heute ist dies aus verschiedenen Gründen nicht mehr in dem Grade möglich. Nun glaubte man in der Verdunkelung der betreffenden Stallungen ein Mittel gefunden zu haben, indem man den Stallfenstern einen Anstrich von Kalkmilch unter Zusatz von Waschblau gab. Eine Lichtdämpfung wird hierdurch natürlich erreicht, ist aber nicht anzuraten. Besser ist ein Anstrich der Stallwände und der Decken im Frühjahr mit Kalkmilch, der 2 % Antinonnin hinzugesetzt wird. Dies ergibt ein starkes Desinfektionsmittel, das außerdem dem Anstrich eine hellgelbe Farbe verleiht. Das Mittel ist vollkommen geruchlos, vertreibt schlechte Gerüche und zugleich die Fliegen. Dazu bewahrt es die Mauern vor Schimmelbildung und Mauerfraß und reinigt die Luft. Es wird hergestellt in den Farbenfabriken vormals Friedr. Bayer & Co., Elberfeld und ist in Pastenform im Handel zu haben. (Fricksche Rundschau).

C. Schafställe.

Alle größeren Schafställe sind naturgemäß Tiefbauten, denn nirgends macht sich der Grundsatz mehr geltend, daß das Gebäude um so billiger wird, je mehr es sich in seiner Grundform dem Quadrate nähert, als gerade hier. Derartige große Stallgebäude für Schafe errichtet man jedoch auf Gütern, die nicht gerade ihrem Betriebe und ihrer Lage nach auf Schafzucht angewiesen sind, von vornherein so, daß sie bei etwa verändertem Wirtschaftsbetriebe auch zu anderen Zwecken, besonders zu Rindviehställen, leicht umgebaut werden können.

Bei Neubauten müsste man also die Säulenstellung im Innern gleich so einrichten, daß sie sich in eine Krippenanlage für event. Rindviehstall einpassen läßt (vergl. die Fig. 488 u. folg.).

Die Hauptfront des Gebäudes soll möglichst nach Süden gelegt werden, wenn die Schafe nur im Winter im Stalle sind, sonst ist die Ostlage vorzuziehen.

ad 2. Der Raumbedarf. Ohne Raufen genügen 0,64 bis 0,66 qm Grundfläche für 1 Schaf. Nach den preußischen Ministerial-Vorschriften soll die Stallgrundfläche betragen: für 1 Mutterschaf 0,7 bis 0,8 qm, für 1 Bock 1 qm, für 1 Hammel 0,6 bis 0,7 qm, für 1 Jährling 0,5 bis 0,6 qm. Bei Haltung von starken Fleischschafen muß die Grundfläche pro Schaf etwas größer angenommen werden, pro 1 Schaf 1,10 qm oder einschließlich Futterplatz pro 1 Schaf 1,20 qm Stallgrundfläche.

Die Stallhöhe. Wegen der zeitweisen hohen Düngerlage in Schafställen darf die Geschoßhöhe nicht zu niedrig gewählt werden. Ueber 4 m einschließlich der Decken-Balkenlage geht man jedoch nicht hinaus. Als lichte Höhe genügen gewöhnlich 3,50 m. Die Düngeranhäufungen sind mit 0,95 bis 1,25 m in Rechnung zu ziehen.

Standabgrenzungen kommen nur für Böcke vor. Ein Bockstall (Loge) besteht aus einem Bretterverschlag und hat 1,30 bis 2 qm Grundfläche. Im übrigen teilt man einen Schafstall in mehrere Abteilungen, je nach der Jahreszeit. Es werden fette, magere, tragende Tiere für sich durch bewegliche Hürden abgesperrt, die in dem ungepflasterten Fußboden je nach Bedürfnis an eingeschlagenen Pfählen befestigt werden. Die Höhe der Hürden beträgt 0,80 bis 0,90 m.

ad 3. Die Fütterungseinrichtungen sind bewegliche Raufen. An Raufenlänge beansprucht 1 Mutterschaf oder 1 Hammel 40 cm, 1 Jährling 30 cm, 1 Lamm 15 bis 20 cm. Doppelraufen sind 63 cm breit und 3 bis 4 m lang. Die Breite einschließlich Krippen beträgt 60 cm, die Breite der Raufenleitern

Fig. 581.

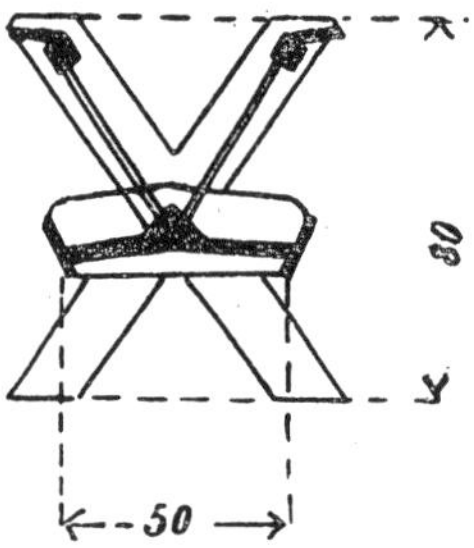

Fig. 582.

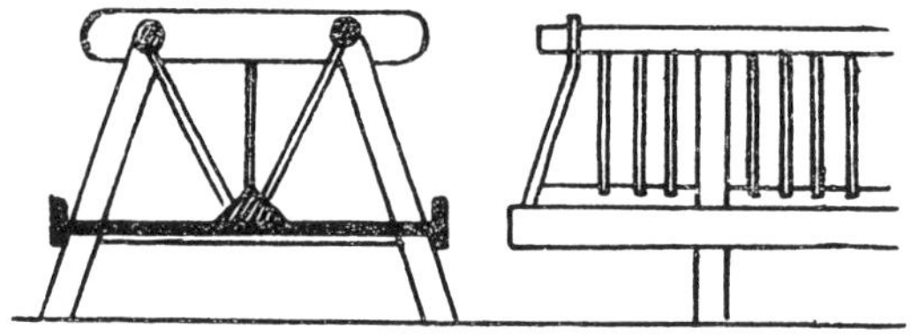

50 bis 60 cm; die beiderseitigen Krippen sind 8 bis 10 cm tief, 18 bis 24 cm breit, 3,5 cm stark. Der lfde m einfache Raufe kostet 2 Mark, bei Doppelraufe 3 Mark. Ein Schaf ist etwa 95 cm lang, mithin müssen die Raufen im Stalle so aufgestellt werden, daß auf jeder Raufenseite eine Reihe Schafe bequem fressen kann, ohne sich gegenseitig von hinten zu scheuern. Das bedingt eine Entfernung der Langraufen voneinander von etwa 2 m.

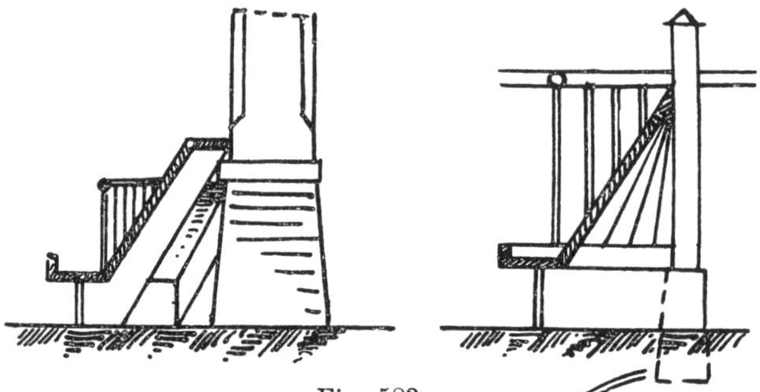

Fig. 583.

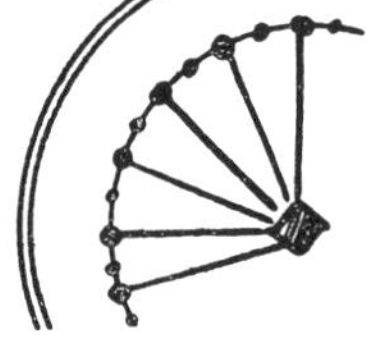

Rundraufen sind zu teuer und stören leicht den Betrieb des Düngerabfahrens. Eine Langraufe im Querschnitt (nach Fr. Preuss) ist in Fig. 581 dargestellt, eine andere in Fig. 582. Die Anlage und Anordnung von Rundraufen mag durch Fig. 583 erläutert sein.

ad 4. Die Aufstellung geschieht entweder in getrennten Abteilungen oder ungetrennt zusammen, meist rings um eine mittlere Futtertenne. Für die Nacht wird der Platz vor den Torfahrten im Innern des Stalles mit Hürden abgegrenzt, damit sich die Schafe nicht zur Torfahrt drängen und die Wolle beschädigen. Sie tun dies gern und zwar immer die stärksten voran, um bei Hitze die durch die Ritzen der Torfahrt einströmende frische Luft einzuatmen.

ad 5. Der Stallfußboden entbehrt jeder künstlichen Befestigung und wird nur durch eine 30 bis 50 cm starke Sandschüttung gebildet, die zum Teil mit dem Dünger ausgefahren und später wieder erneuert wird. Natürlich darf das Tagewasser nicht in den Stallraum eindringen können. Besser legt man die Sandschüttung 20 bis 30 cm über das umliegende Gelände und gibt der Torfahrt eine kleine Rampe (Fig. 586).

Jauchenrinnen fallen hier ganz fort.

ad 6. Die Umfassungswände. Da der Dünger bis zu 1 m Höhe liegen bleibt, so muß dementsprechend der Gebäudesockel massiv ausgeführt werden und zwar mindestens bis zu 20 cm über diese Höhe hinaus. Auch ist die übliche Isolierung in den Umfassungswänden über der höchsten Mistlage anzuordnen. Die inneren Mauerflächen müssen bis zu derselben Höhe durch Zementputz geschützt werden.

Der obere Teil der Innenwände braucht nicht geputzt zu werden, sondern man begnügt sich hier mit einfachem Fugenverstrich.

Im übrigen können die Wände aus Lehmfachwerk, aus Ziegelfachwerk, aus Kalk-

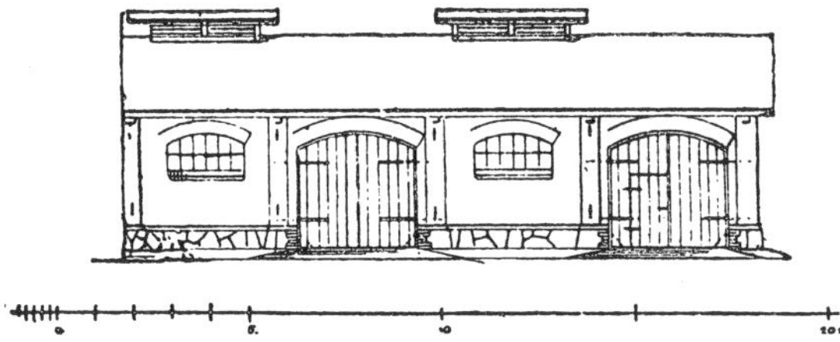

Fig. 584.

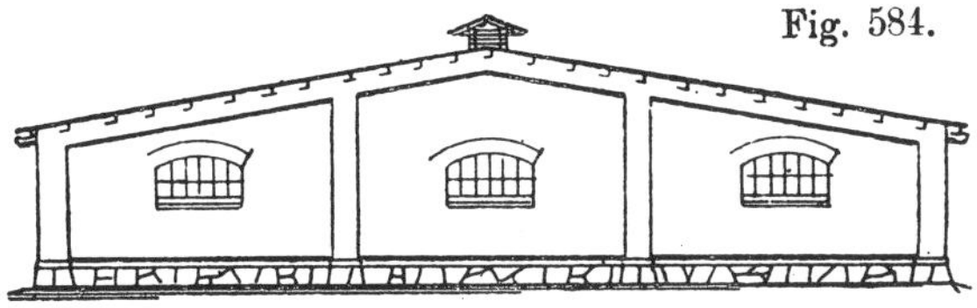

Fig. 585.

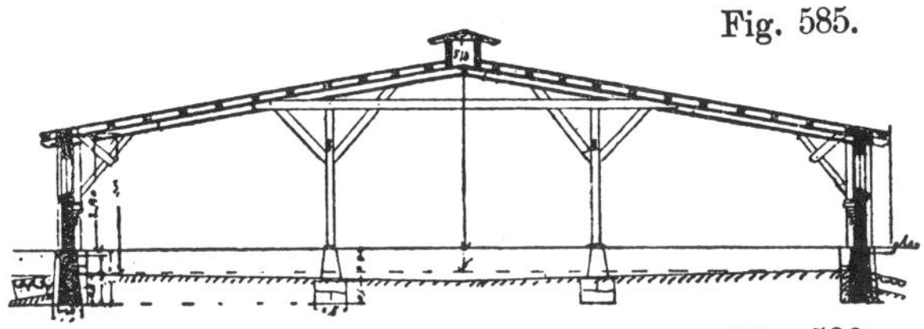

Fig. 586.

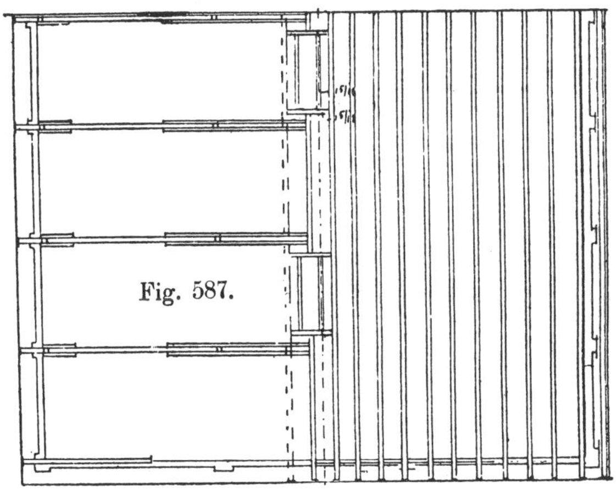

Fig. 587.

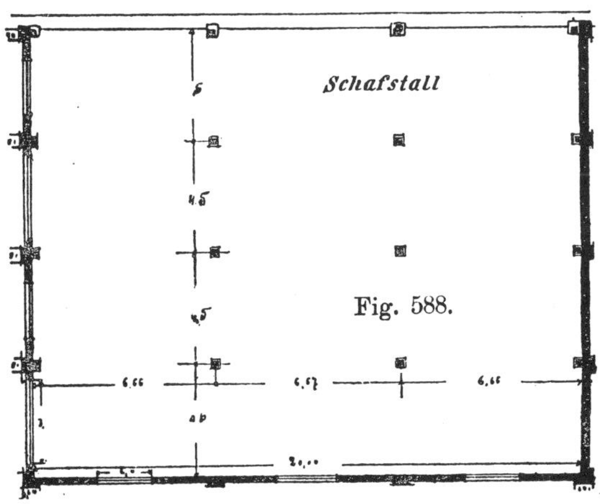

Fig. 588.

sandziegeln, aus gewöhnlichen Backsteinen, schließlich auch aus Bruchsteinen je nach erstrebter Billigkeit der Ausführung hergestellt werden. Selbstredend wird die Bedachung bei der event. Stärke der Wände in Rücksicht zu ziehen sein, ob flaches oder steiles Dach, ebenso die Tiefe des Stalles. Fachwerk ohne Zwischenwände z. B. bietet hier dem Winddruck wenig Widerstand. Es müßte schon bei den Bindern durch äußere Streben abgestützt werden.

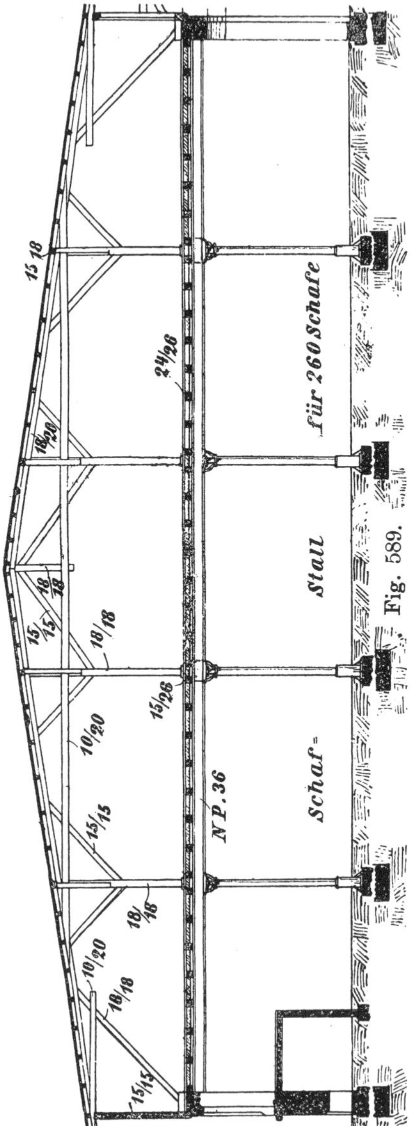

Fig. 589.

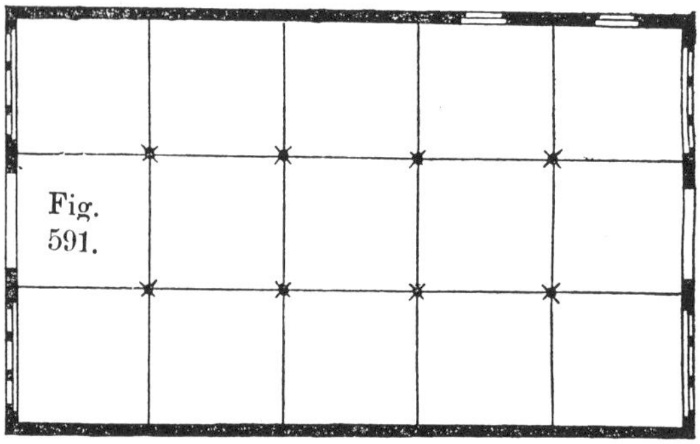

Fig. 591.

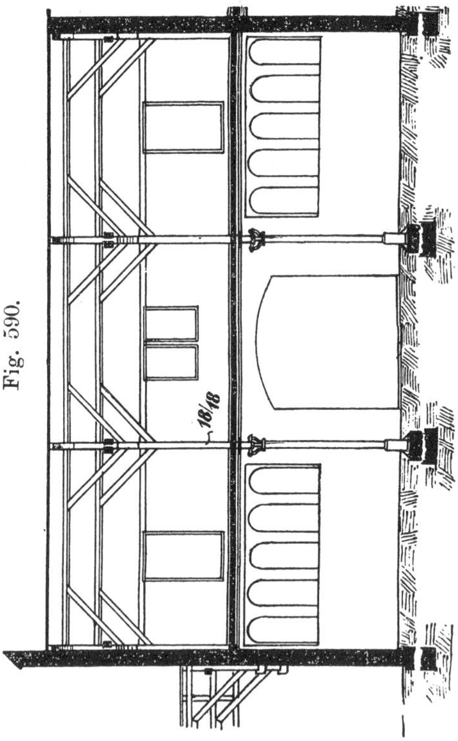

Fig. 590.

Bis zu Schafhöhe sollte man rauhe Wandflächen glatt abputzen, um die Wolle der Schafe zu schonen.

Die S t a l l t ü r e n werden nicht unter 1,50 m breit gemacht und schlagen selbstredend nach außen auf. Die Durchfahrtstore erhalten mindestens 2,80 m

Fig. 592.

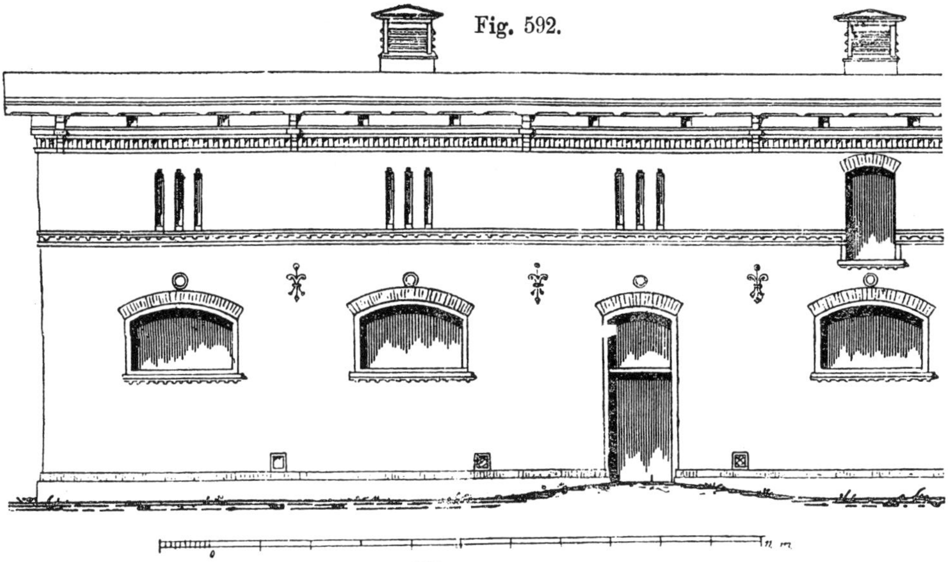

Fig. 593.

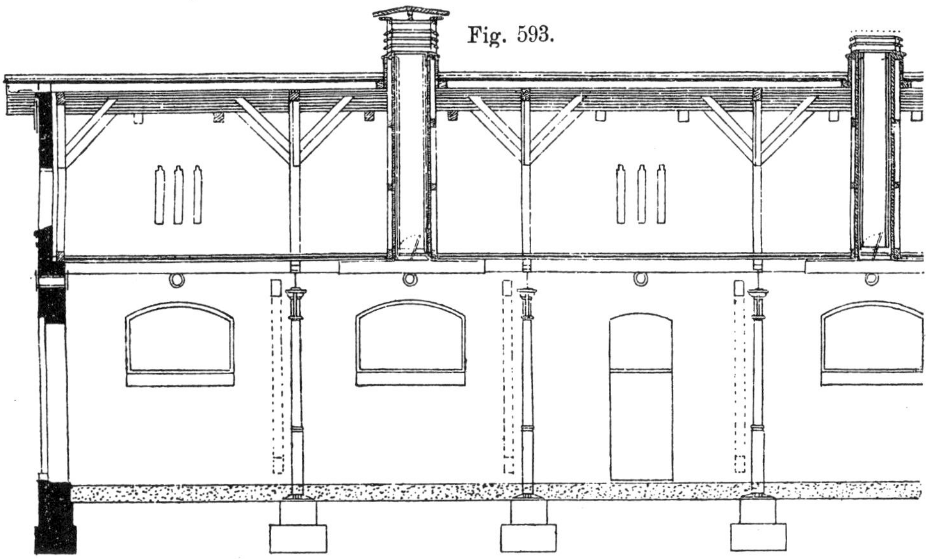

Fig. 594.

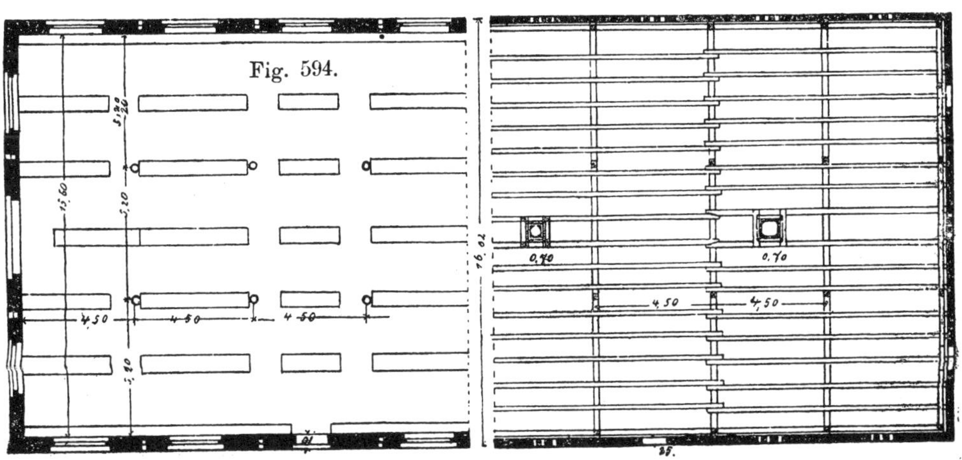

Breite und 3,0 m Höhe. Alle Tore und Türen richtet man gern so ein, daß deren obere Flügel beweglich sind, damit sie in heißen Sommernächten zur

Fig. 595.

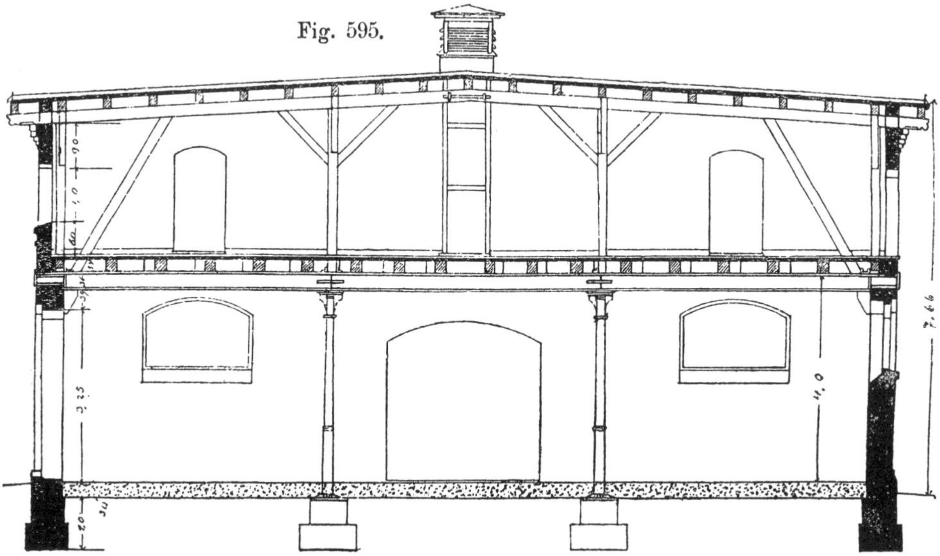

Lüftung benutzt werden können. Auch legt man hinter die eigentlichen Türen und Tore im Innern zwei niedrige von 1,50 m Höhe an, die ganz besonders den Zug im Winter abzuhalten vermögen.

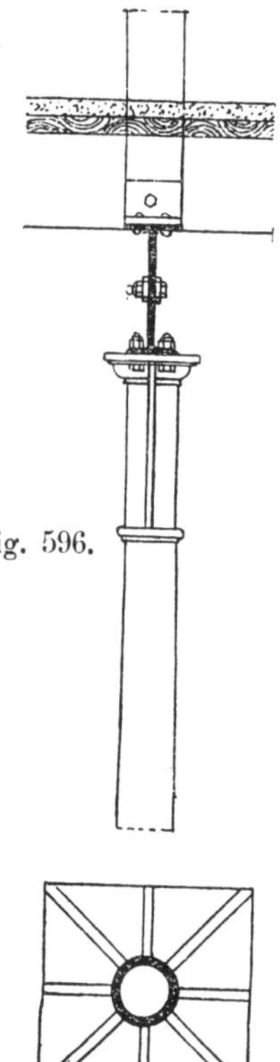

Fig. 596.

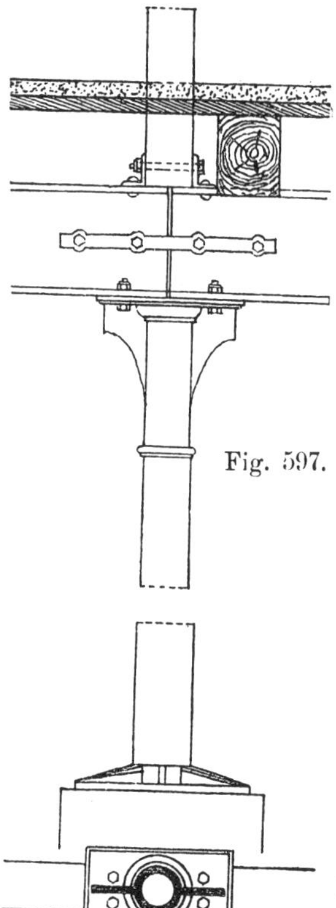

Fig. 597.

Die Schwelle im Einfahrtstor muß sehr fest sein. Sie wird aus Granit oder Zementbeton oder aus Eichenholz, das mit Winkeleisen an den Kanten beschlagen ist, hergestellt. Radabweiser aus Stein oder Eisen sind an den Torseiten nicht zu vergessen. Für die Schafe und zum Schutze der Wolle ordnet man auch drehbare Walzen an beiden Seiten der Torfahrten an.

Die Stalldecke. Da der Stallraum zum Durchfahren für die Düngerwagen freien Platz gewähren muß, so können die Deckenunterstützungen nicht enger als in etwa 4 m Entfernung voneinander angeordnet werden. Diese Stützen können aus Holz oder Stein oder Eisen bestehen. Sie erhalten der hohen Düngerlage halber einen Sockel von 1 m Höhe, der bei hölzernen Stützen gemauert oder aus Werkstein hergestellt sein muß (Fig. 586). Besser ist ein Werksteinsockel von 45 cm unterem und 30 cm oberem Durchmesser, da er nicht so viel Platz beansprucht als ein gemauerter.

Die weitere Deckenkonstruktion entspricht derjenigen der übrigen Ställe. Ist ein Futterboden über der Decke, so muß sie absolut dunstsicher sein. Feuchte Dünste entwickeln sich im Schafstalle allerdings nicht, aber viel Ammoniak. Vor allen Dingen muß die Decke so konstruiert sein, daß sie feuersicher genannt werden kann (Fig. 595 bis 599).

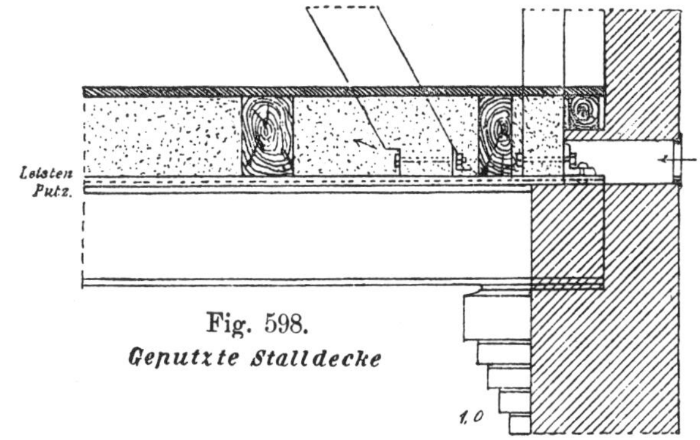

Fig. 598.
Geputzte Stalldecke

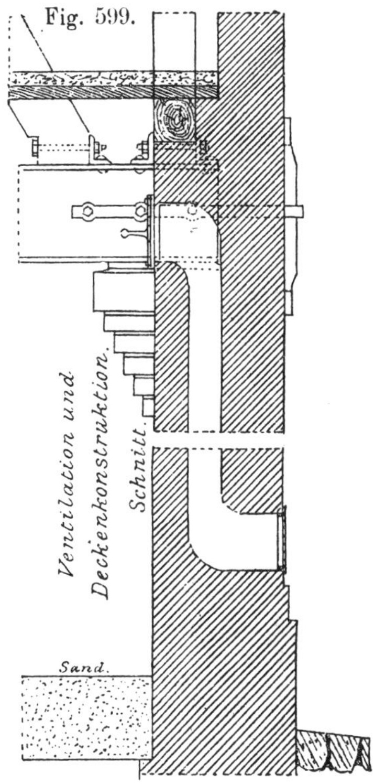

Fig. 599.

ad 7. Für Anordnung der Fenster vergl. das bei den vorhergehenden Stallungen unter ad 7 gesagte. Drahtglas als Verschluß ist gut, aber auch Fenster mit beweglichem Lüftungsflügel können hier ohne Schaden angewendet werden.

ad 8. Die Lüftungsanlage, vergl. das unter ad 8 bei den vorhergehenden Stallungen gesagte und Fig. 599.

Die Nebenräume.

Die Futtertenne, mitten im Stalle gelegen, ist 0,50 m über Stallfußboden erhöht, mit Hürden abgeschlossen bis zu 1,25 m Höhe. Der Fußboden besteht aus flachseitigem Ziegelpflaster oder aus Beton. Ihre Größe beträgt etwa $^1/_{10}$ der Stallgrundfläche. Sie steht mit dem Heuboden durch Futterschlote in Verbindung, ebenso mit einem etwa unter dem Stalle liegenden Rübenkeller.

Der Futterschlot. Um zu verhindern, daß die scharfen Stalldünste durch den Futterschlot zugleich in den Heuboden gelangen, läßt man den ersten über Dach gehen, wo man ihn wie einen Ventilationsschacht abschließt. Seine lichte Weite beträgt 0,60 bis 1,0 m.

Zur Futtertenne und zum Heuboden führen kleine Türen, die nur für den augenblicklichen Gebrauch geöffnet werden. Der Futterschlot kann besteigbar sein, sonst muß ein vom Stalle abgeschlossenes Treppenhaus die Verbindung mit dem Heuboden vermitteln.

Der Heuboden, entweder unter steilem Dache, besser aber unter flachem

Doppelpappdach, muß pro Schaf 1,33 cbm trockene Futtermenge aufnehmen können. Bei 2,0 m durchschnittlicher Dachraumhöhe rechnet man pro Schaf 1,4 cbm Raum. Schmale Gebäude haben Ziegel- oder Falzziegeldach. Bei Tiefbau kommen nur Papp-, Holzzement- oder Metalldeckung in Frage.

Selbsttränkungs-Anlage, wie bei Rindviehställen, mit vorgewärmtem Wasser, würde auch bei großen Schafställen während der Ueberwinterung, die durchschnittlich auf 90 Tage zu berechnen ist, zu empfehlen sein.

Krankenställe, außerhalb des Hauptstalles gelegen, richtet man für 5 bis 6 Prozent der ganzen Herde ein.

Beispiele.

Fig. 584 bis 588. Schafstall zu Penzin für 350 Schafe vom Architekten Friedr. Wagner-Rostock (Neubauten von Neumeister, Leipzig). Der Stall lehnt sich hier an ein vorhandenes Gebäude an. Sein Dach bildet zugleich die Decke. Die Pfetten sind im Innern mit Lattengewebe bespannt; dieses ist dann mit Zementmörtel verputzt. Die Mittelständer ruhen auf Zementsockeln. Für die Ventilation sind 2 Schlote angeordnet. Die Baukosten betrugen 4500 Mk. Die bebaute Grundfläche beträgt 374 qm, der umbaute Raum 1571 cbm. Die Kosten betragen also pro 1 qm 12 Mk. oder pro 1 cbm 2,87 Mk.

Fig. 289 bis 591. Schafstall für 650 Schafe auf Gut Mönchhof vom Architekten A. Karst-Kassel (siehe auch Tafel 24 und 25).

Fig. 592 bis 595. Schafstall für 900 bis 1050 Schafe. Normal-Entwurf aus dem Ministerium für Landwirtschaft, Domänen und Forsten. Je nachdem 0,70 oder 0,60 qm Grundfläche für das Schaf gerechnet werden, faßt dieser Stall mehr oder weniger Tiere. Der Dachverband ist unabhängig von der Balkenlage ausgebildet, so daß einzelne schadhafte Balken leicht ausgewechselt werden können.

Unterzüge und Stützen sind aus Eisen. Stiele und Streben des Dachstuhles sitzen in Schuhen aus Winkeleisen, die auf den oberen Flansch der Träger aufgenietet oder aufgeschraubt sind. Die Balken sind mit gestrecktem Windelboden überdeckt (Fig. 596 bis 599).

Die Konstruktion einer geputzten Stalldecke ist durch Fig. 527 erläutert. Es werden hier Leisten in 20 cm Entfernung mit doppeltem Rohrgeflecht und mit Zementmörtel überdeckt. Der obere Fußboden besteht aus rauher, gespundeter Dielung. Zwischen den Balkenfeldern sind Luftlöcher in den Wänden angebracht. Das Holzzementdach hat eine Neigung 1 : 18. Die Drempelhöhe beträgt 2,50 m.

Die Kosten für Schafställe stellen sich:

Stallungen von 200 bis 600 Stück kosten 3,21 M pro Stück
„ „ 1000 „ 1300 „ „ 21,10 „ „ „

pro qm bebauter Fläche Mark	pro cbm pro Stallraum Mark	pro Schaf Mark
38,6 bis 32,6	6,7 bis 4,5	22,6

D. Schweineställe.

Schweineställe baut man zur Zucht und zur Mast. Beide Zwecke werden zumeist in größeren Stallgebäuden vereinigt. Je nachdem aber mehr der eine oder der andere Zweig der Bewirtschaftung betrieben werden soll, machen sich besondere Einrichtungen der Ställe notwendig, die weiter unten des näheren besprochen werden sollen. Vor allen Dingen ist es aber bei der Anlage eines Schweinestalles geboten, auf die Gesundheit der Tiere, sowie auf ihr kräftiges Gedeihen die größte Rücksicht zu nehmen, wenn anders nicht dem Landwirt schwerer Schaden erwachsen soll.

Die Front des Stalles liegt wieder am besten gegen Osten oder Südosten. Er muß trocken, warm und leicht zu lüften sein.

ad 2. Das Raumbedürfnis. Für die preußischen Domänen sind als Stallgrundflächen folgende Maße vorgeschrieben: Für 1 Mastschwein 1,6 bis 2 qm, für mehr als 2 in einer Abteilung des Stalles zusammen untergebrachte Schweine pro Stück 1,2 bis 1,6 qm, für 1 Zuchtschwein 3,9 qm, für 1 Eber 3,4 bis 3,9 qm, für 1 Ferkel 0,5 bis 0,6 qm, für 1 Kleinferkel 0,8 qm, für 1 Großferkel 1 qm.

Nach R. Preuss ergeben sich nach Angabe hervorragender Züchter folgende Abmessungen als praktisch:

für je 10 Absatzferkel bis 3 Monate alt pro Stück 0,50 bis 0,60 qm
für je 10 Faselschweine, 3 bis 9 Monate alt, pro Stück 0,80 bis 1,10 qm
für je 10 nicht säugende Mutterschweine pro Stück 1,50 qm
für je 5 bis 9 nicht säugende Mutterschweine pro Stück 1,75 qm
für je 5 und weniger nicht säugende Mutterschweine pro Stück 2 qm
für je 10 Mastschweine von 100 bis 150 kg Gewicht pro Stück 0,95 bis 1,20 qm
für 5 bis 9 „ „ 100 „ 150 „ „ „ „ 1,30 „ 1,50 qm
für 5 u. weniger „ „ 100 „ 150 „ „ „ „ 1,60 „ 1,80 qm
für 1 Eber 5 bis 5,50 qm.

Die Gänge werden 1,25 bis 1,60 m breit angelegt.

Die Stallhöhe. Die Schweine entwickeln nur geringe eigene Wärme, weshalb die Ställe nicht zu hoch gemacht werden dürfen. Sie werden sonst im Winter zu kalt. Als Geschoßhöhe sind 2,80 bis 3 m einschl. Deckenbalken anzunehmen. Kleinere Ställe erhalten 2,20 bis 2,80 Höhe i. L.

Die Standabgrenzung geschieht in sogen. Buchten. Ihre Tiefe ist so zu bemessen, daß den Schweinen hinreichender Platz am Futtertroge und genügender Raum für eine trockene Lagerstätte gewährt wird.

Bei Zuchtställen muß in der einzelnen Bucht eine große Zuchtsau mit Ferkeln bequem Platz finden, auch wenn an den Wänden Rundeisenstangen angebracht werden, um das Totdrücken von Ferkeln zu verhindern. Diese Eisenstangen sind 25 cm über dem Fußboden in Entfernung von 16 bis 20 cm von der Umfassungswand anzuordnen. Sie laufen, mit Ausnahme der Vorderfront, rings um die Bucht und werden durch Querschienen, die durch die Zwischenwände hindurchgreifen, gehalten.

Die Buchten erhalten eine lichte Breite von 2 m und eine lichte Tiefe von mindestens 2,20 m. Eine solche Bucht reicht für einen Eber oder für 2 abge-

Rüc

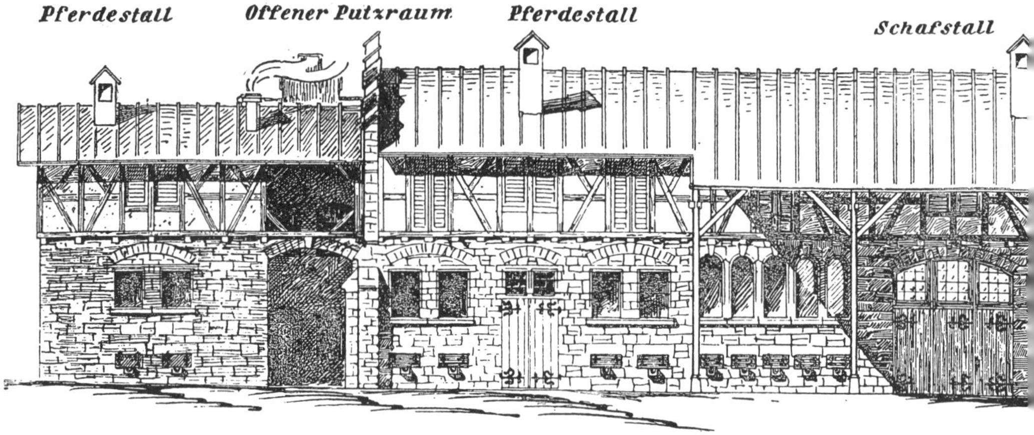

Hor

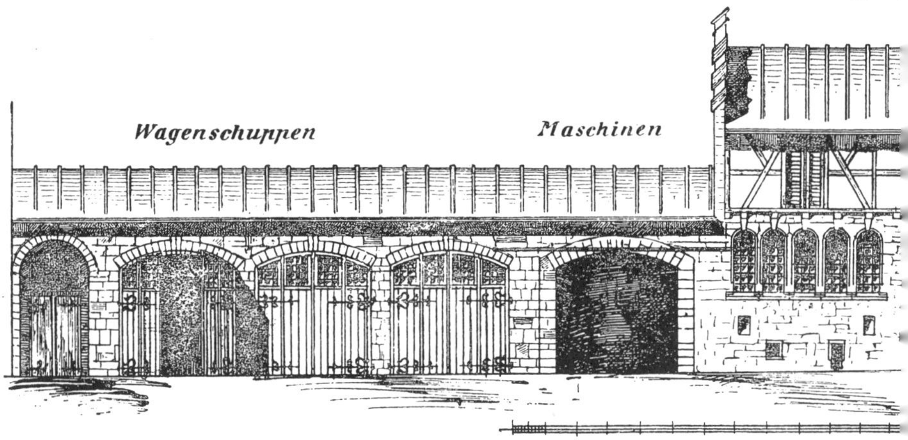

Ansicht von Wirtschaftsgebäuden
auf Gut Mönchshof von
Arch. A. Karst in Kassel.

Ansicht des
vo

t.

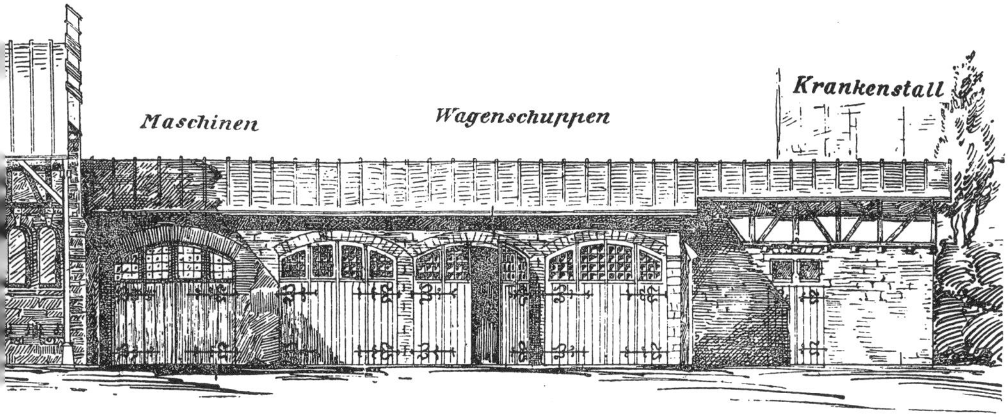

Flügelbaues

n.

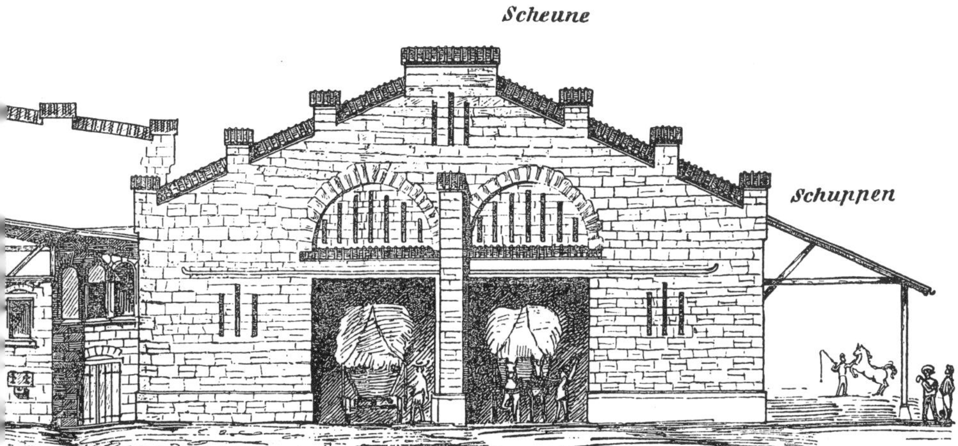

ferkelte Zuchtsauen oder für 3 ausgewachsene Mastschweine oder für 5 Läuferschweine oder für 1 bis 8 Absatzferkel.

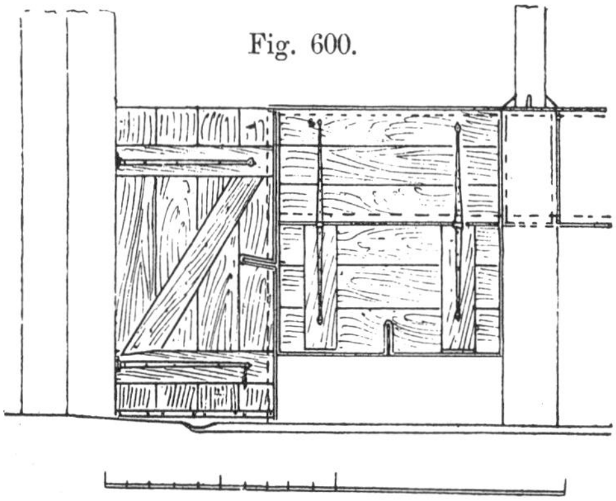

Fig. 600.

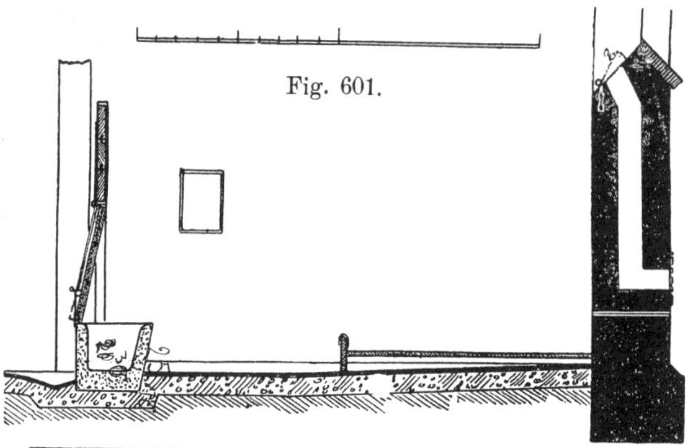

Fig. 601.

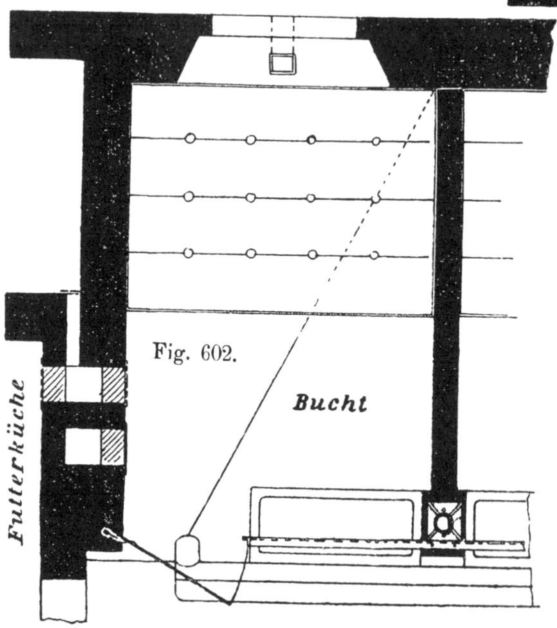

Fig. 602.

Noch mehr Tiere kann man in einer kleinen Bucht vereinigen, wenn man die Trennungswände zwischen den Einzelbuchten aus herausnehmbaren Bohlen herstellt.

Der Fußboden der Buchten wird, je nach dem Zwecke, dem sie dienen sollen, verschiedenartig ausgeführt. Immer muß er aus einem Material bestehen, das bei event. Seuchen eine gründliche Desinfektion ohne Schwierigkeit zuläßt.

Massive Fußböden sind im allgemeinen zu kalt zum Lagern für die Tiere. Ordnet man dafür Holzpritschen als Lagerstätten an, und zwar stets in dem hinteren Teile der Bucht, so muß die Buchtentiefe auf 2,75 m i. L. bemessen werden. Es kommen dann 1,20 m auf den Standraum an den Trögen und 1,55 m auf die hinteren Lagerpritschen.

Diese Pritschen werden aus starken Brettern hergestellt, die auf untergenagelten Latten liegen, damit unter ihnen die lästige Jauche abfließen kann. Vorn sind die Bretter mit Eisen beschlagen, damit sie nicht benagt werden (Fig. 600 bis 602). Bei der Stallreinigung können sie entfernt werden. Für Zuchtsauen mit Ferkeln stellt man den Fußboden auch als einen Rost von 4 cm starken Holzlatten mit 6 bis 8 mm Zwischenraum her.

Im übrigen besteht der Fußboden aus Beton (reinlich aber kalt). Er erhält ein Gefälle von 1 : 30. Auch flachseitiges Klinkerpflaster in Zement auf gewöhnlicher Ziegelflachschicht ist zu empfehlen. Ferner sind Steinplatten oder Tonplatten sehr häufig im Gebrauch.

Die Trennungswände der Buchten werden zweckmäßig massiv, 12 cm stark in verlängertem Zementmörtel und mit Zementmörtel beiderseits verputzt, hergestellt (Fig. 602).

Als Höhe genügt 1,10 bis 1,20 m über dem Fußboden. Sie enden nach vorn in kleine Pfeiler. Die vorderen Einfriedigungen sind Gitterabschlüsse.

Auch Steinpfeiler mit Falzen, 20 cm im Quadrat, mit eingeschobenen Brettern oder Pfosten aus gewalztem Schmiedeeisen mit 4 cm starkem Brettereinschub oder solchen aus Sandstein oder aus Schieferplatten, sowie Trennungswände aus 1 m hohen Holzgittern (Fig. 603 und 604) sind im Gebrauch. Diese letzten sind aber wenig haltbar. Gut haben sich auch in neuerer Zeit sogen. Monierwände bewährt, wenn sie auch nicht gerade billig sind.

Um die Schweine absolut trocken zu lagern und dabei die nötige Stallwärme, besonders bei kleineren freistehenden Ställen, zu erhalten, hat die Firma Gebr. Schmidt in Weimar besondere Buchteneinrichtungen konstruiert, die in den Fig. 605 bis 608 dargestellt worden sind. Die Vorderwände der Buchten bestehen hier aus Eisen, der Fußboden aus

Fig. 603.

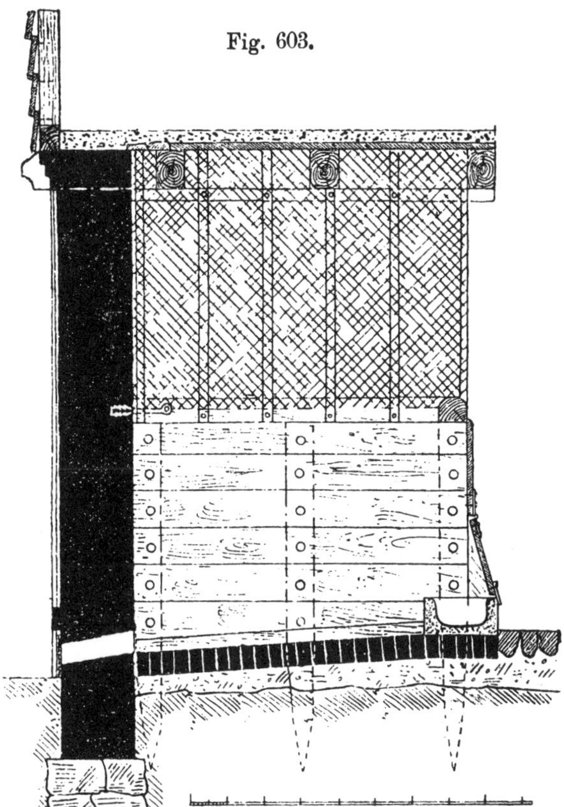

Fig. 604.

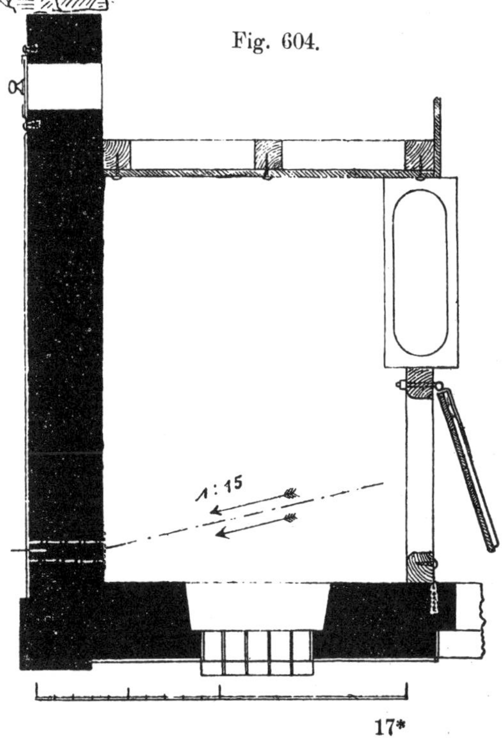

Rundhölzern. Eiserne ⊔förmige Pfosten an den Kopf- und Wandenden der Buchtentrennung nehmen die Füllglieder auf. Die Scheidewände werden aus sauber geschälten, gerade gewachsenen Rundhölzern, die mit Karbolineum getränkt sind, gebildet. Diese Hölzer werden einfach seitlich von oben in die Eisenführung eingeschoben und können leicht ausgewechselt werden. Das unterste Rundholz ist vorn in die ⊔förmige Schwelle eingeschoben und liegt hinten auf der ⌊-Eisenschwelle auf. Ebenso können die Fußbodenhölzer eingelassen werden.

Fig. 605.

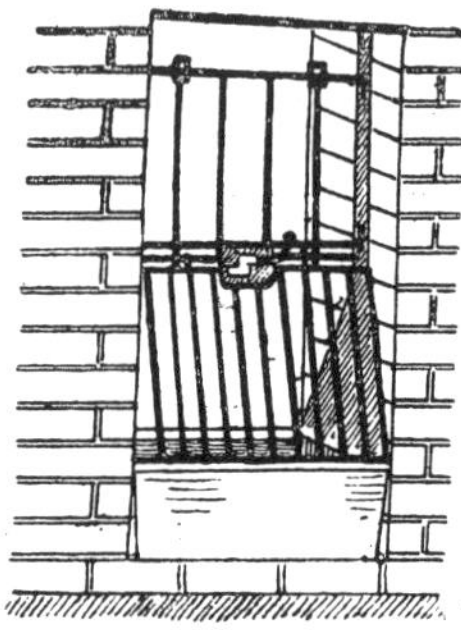

Fig. 606.

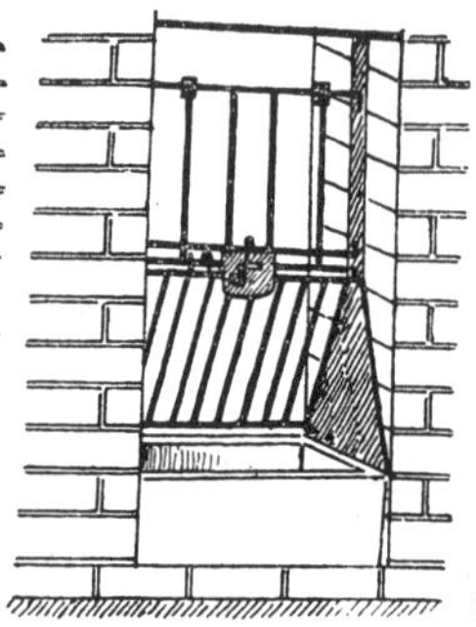

Fig. 607.

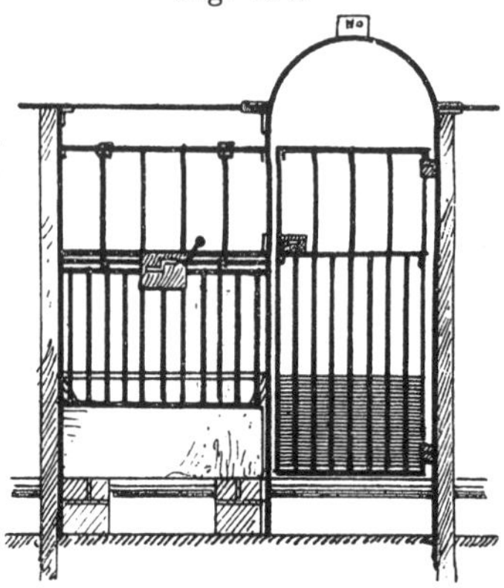

Fig. 608.

Sollen dieselben quer laufen, wie in Fig. 608, so liegen sie in ⊥-Eisen. Dieser Holzfußboden liegt ungefähr 15 bis 20 cm frei über dem jauchendichten Buchtenboden aus Beton, der zur Jauchenrinne nach vorn ein starkes Gefälle hat. Somit liegen die Tiere ganz reinlich, um so mehr, als dieser Zwischenraum gereinigt werden kann.

Die tönerne Futterschüssel an der Vorderwand ruht auf zwei gemauerten Pfeilerchen. Darüber ist eine verstellbare Futterklappe angebracht, die leicht bewegt werden kann.

Eiserne Buchten-Einrichtungen (Fig. 609 und 610) nach Mustern von A. Benver-Berlin sind das Neueste auf dem Gebiete der Schweinestall-Anlagen. Sie gestatten eine leichte Uebersicht über die Tiere, tragen aber auch dazu bei, daß die Tiere leicht unruhig werden, da sie sich gegenseitig aufregen. Die schmiedeeisernen, 10 bis 15 mm starken Stäbe sind hierbei ungefähr 15 cm von einander entfernt.

ad 3. Die Fütterungsvorrichtungen.

Die Fresströge bestehen zumeist aus glasiertem Ton und stehen unmittelbar auf dem Fußboden. Sie sind, damit auch kleinere Tiere daraus fressen können, nur 12 bis 13 cm i. L. hoch. Die obere Breite soll 40 bis 45 cm betragen. Troglänge für ein großes Schwein = 60 bis 80 cm. Trogbreite = 35 bis 40 cm, Tiefe = 25 cm, Höhe der Oberkante über Fußboden = 35 bis 40 cm. Troglänge für Faselschweine = 30 bis 35 cm, Troghöhe = 30 cm (vergl. Baukunde des Architekten, Berlin).

Damit die Schweine sich nicht gegenseitig beim Fressen abdrängen, sollen die Tröge durch Eisenstangen, die an den Abschlußgittern befestigt werden, getrennt werden. Feststehende Gitter an den Trögen erfordern einen Abstand von

30 cm zwischen den Innenkanten der Tröge und den Gitterstäben, um ein bequemes Ausfressen zu ermöglichen (vergl. die Vorschriften für die Königl. Preuß. Domänen).

In den Eisengittern der Buchten bringt man, um bequem füttern zu können, Pendeltüren an, die schräg nach außen und innen über den Trog fallen. Fig. 611 stellt einen Trog mit Gitter zum Verstellen dar, der im Innern 56 bis 84 cm lang, 22 cm breit und 18 cm tief ist. Fig. 612 zeigt einen Trog mit Klappe in denselben Dimensionen. Fig. 613 ist ein Trog mit Klappgitter, der innen 48 bis 63 cm lang, 43 cm breit und 21 cm tief ist. Stärke der Rundeisen für die Gitter = 13 bis 15 mm. Wagerechte Riegel aus Flacheisen = 13 bis 30 mm stark. Vergitterung von Ferkelbuchten hat 5 bis 7 cm Zwischenraum, damit ein Durchkriechen der Tiere verhindert wird.

Fig. 609.

Fig. 610.

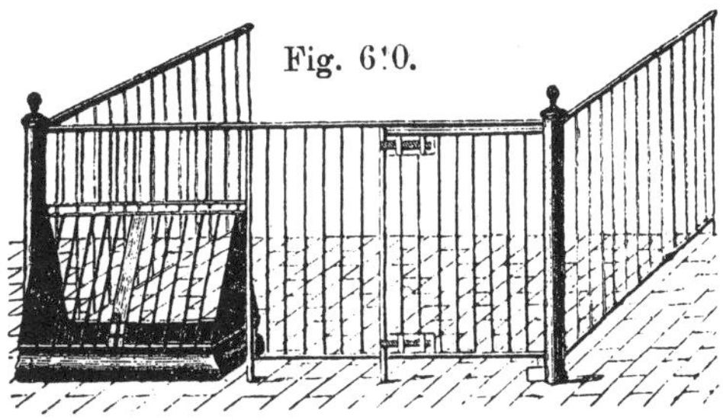

Fig. 611.

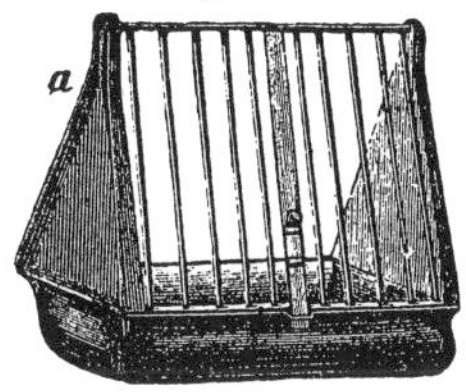

Fig. 612.

Fig. 613.

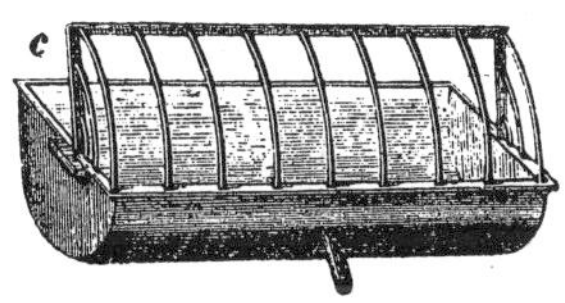

Um auch gutes reines Trinkwasser den Schweinen zu liefern, stellt man in jeder Bucht in einer Ecke Trinknäpfe mit selbsttätiger Wasserzuführung auf.

Für die größeren Ferkel und Faselschweine wird ein besonderer Futterplatz angeordnet. Hier stehen 20 cm hohe Tröge, oder es sind flache Mulden eingemauert (Fig. 634).

ad 4. Die Aufstellung soll eine leichte Uebersicht über die ganze Stallanlage gewähren. Sie erfolgt in der Anordnung und Zusammenlegung der Buchten so, daß die einzelnen Gattungen der Tiere beisammen untergebracht werden. So liegen z. B. die Buchten für Zuchtsauen in Gruppen nebeneinander, ebenso diejenigen für Mastschweine, für Kleinferkel, für Eber usw.

Für die Ferkel wird bei größeren Zuchtställen ein besonderer Raum abgetrennt, in den sie zum Füttern ungehindert gelangen können. Hierfür erhalten dann die Vergitterungen etwa 20 cm breite und 35 cm hohe Oeffnungen.

Der Schweinehof. Sogenannte Laufhöfe sollen mit jedem Schweinestalle in Verbindung stehen. Sie werden mit Abteilungen für Ferkel, Klein- und Großfaselschweine sowie für Muttersauen angelegt, nicht aber für Mastschweine. Es ist darauf besondere Rücksicht zu nehmen, daß die Schweine wühlen können. Pflasterung fällt also hier fort. Auch eingerammte kantige Pfähle (15 cm stark) zum Scheuern, auch wohl zwei korrespondierende, die mit hochkantiger, ansteigender Latte verbunden sind (entsprechend der Rückenhöhe kleiner bis großer Schweine) zu demselben Zwecke finden hier Platz. Ihre Höhe beträgt 0,80 zu 0,50 m bei 1,50 bis 2,0 m Abstand. Hierzu kommt mit Vorteil ein Badebecken, das mit Zement verputzt wird. Es erhält bei 0,5 m Tiefe eine flache Austrittsrampe. Der Hof soll auch schattig sein, weshalb Anpflanzung von Bäumen ringsherum zu empfehlen ist. Als Größe rechnet man das $1^1/_2$ fache der Buchtenfläche. Die Einfriedigung solcher Höfe geschieht am besten mit einer Mauer, besonders wo der Hof als Deckplatz benutzt wird.

ad 5. Der Stallfußboden. Die Fußböden der Buchten haben bereits unter Absatz 2 Besprechung gefunden. Für die Gänge empfiehlt sich Pflaster aus Klinkern mit Zementverguß oder aus reinem Zementbeton.

Die Jauchenrinnen liegen vor den Buchten. Die Jauche fließt aus den Buchten unter den Türen oder auch unter den Trögen oder zwischen zwei Trögen hindurch ab.

Die Abflußrinnen stellt man durch Ziehen in Zement mit einer Weinflasche im halben Querschnitt derselben her. Das Gefälle der Rinnen beträgt 1 : 100. Am besten sind offene Rinnen, die jede Verstopfung erkennen lassen. Bei dem sehr unangenehmen Geruche des Urins der Schweine muß eine solche absolut vermieden werden.

ad 6. Die Umfassungswände. Während früher Fachwerkbau mit Bretterverkleidung im Innern für Schweineställe sehr üblich war, ist man jetzt allgemein zum Massivbau übergegangen. Im Innern erhalten dann die Umfassungswände bis zur Höhe der Buchtentrennungswände, also 1,10 bis 1.20 m über Fußboden, Zementmörtelputz. Dieser gestattet die größte Reinlichkeit und läßt sich bei Seuchen abwaschen. Der obere Teil der inneren Wandflächen wird einfach ausgefugt.

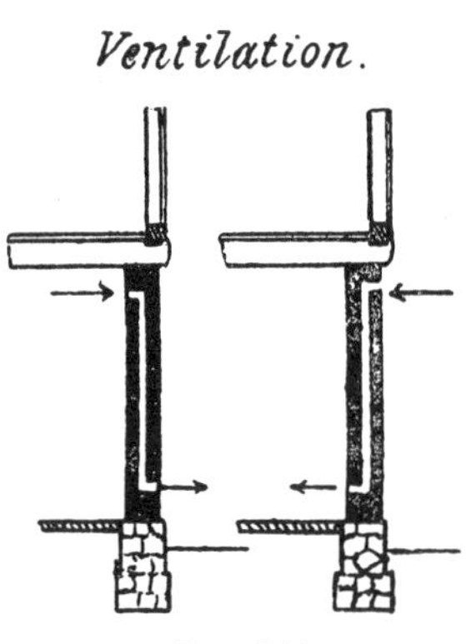

Fig. 614.

Die übliche Isolierschicht gegen aufsteigende Feuchtigkeit ist eine oder zwei Ziegelsteinschichten über dem Fußboden anzulegen (Bestimmungen für die Preuß. Domänen).

Die Stalltüren und Buchtentüren. Die äußeren Stalltüren für Schweineställe macht man nur so groß, daß sie zum Verkehr genügen. Ihre Breite beträgt 1,20 m, und wenn die Schweine hier ausgetrieben werden sollen, 1,40 m. Als Höhe genügt das Lichtmaß von 2 m. Sie sind zweiflügelig mit Ober- und Unterflügel für die Lüftung im Sommer anzuordnen. Innere Türen werden nur 0,90 m breit.

Die Buchtentüren erhalten 0,60 bis 0,70 m Breite. Um möglichst große

Troglängen zu gewinnen, legt man die Türen nicht in die Mitte der Vorderwand, sondern seitlich und zwar immer paarweise an. Sie schlagen in den Stallgang hinein (Fig. 619, 622, 632, 634).

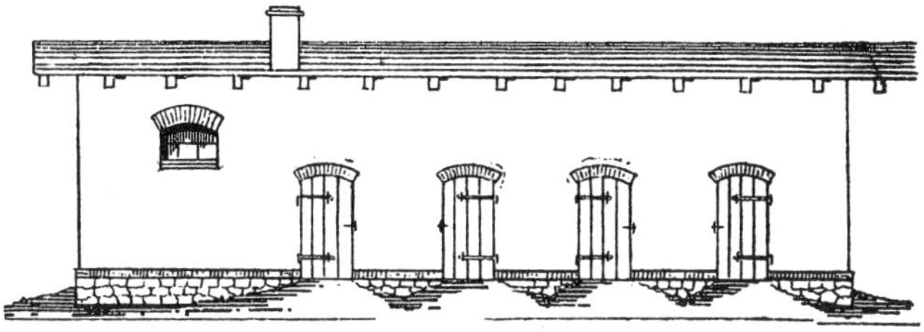

Fig. 615.

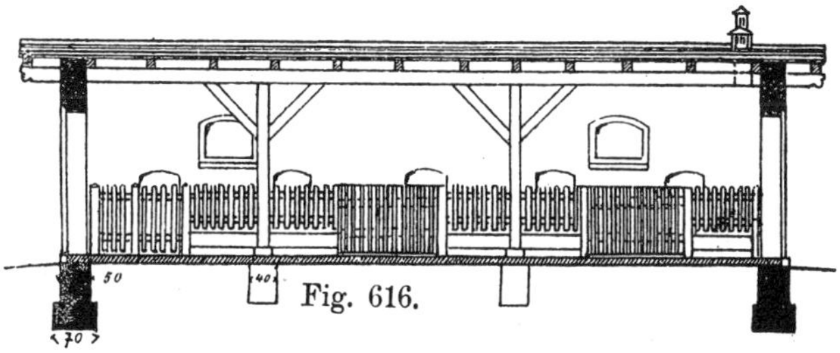

Fig. 616.

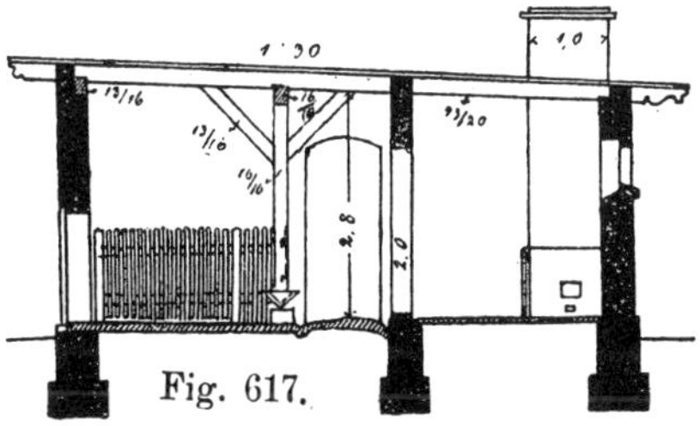

Fig. 617.

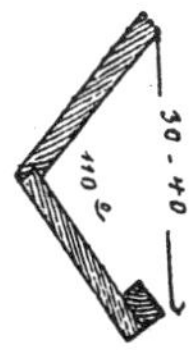

Fig. 618.

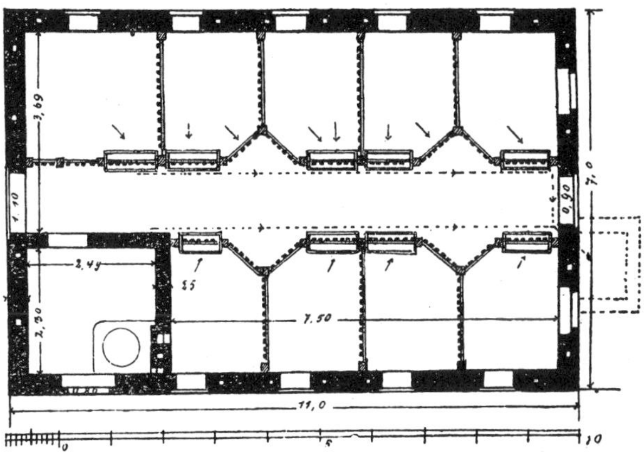

Fig. 619.

Die Stalldecke. Hölzerne und massive Deckenkonstruktionen sind hier in Anwendung. Ueber die letzten vergl. das unter ad 6 bei Rindviehställen gesagte.

Balkendecken können Unterzüge und diese wieder Unterstützungen durch Ständer erheischen. Diese macht man nicht aus Holz, sondern mauert entweder die Pfeiler zur Deckenunterstützung bis hinauf, oder man führt sie nur bis zur Höhe der Buchten-Vorderwand und ergänzt sie von hier ab durch aufgesetzte kurze eiserne Deckenstützen (Fig. 600, 630, 631). Hölzerne Deckenstützen mit Kopfbändern, auf niedrige gemauerte Pfeiler gestellt, sind anwendbar, wenn die freie Länge der Unterzüge eingeschränkt werden soll.

Balkendecken erhalten zum Schutze gegen Stalldunst Zementputz oder Pappbekleidung.

ad 7. Die Anordnung der Fenster. Vergl. das unter ad 7 bei den bisher vorgeführten Stallgebäuden gesagte und ausgeführte.

ad 8. Die Lüftungsanlage ist genau so zu behandeln, wie bei den übrigen Stallungen. Es ist hier sogar das Lüftungsbedürfnis ein ganz besonders großes. Vergl. das unter ad 8 bei Rindviehställen gesagte. (Fig. 614). Es ist dabei aber sorgfältige Rücksicht auf die Erhaltung der nötigen Stallwärme zu nehmen. Bessere Zuchtställe für edle Rassen werden sogar geheizt.

Die Nebenräume.

Die Futterküche. Auf den Königl. Preuß. Domänen soll die Futterküche so groß sein, daß in derselben gleichzeitig ein größerer Kartoffelvorrat für 1 bis 2 Monate Platz finden kann. Es wird hierdurch ein besonderer Kartoffelkeller unter der Küche erspart und infolgedessen der Betrieb vereinfacht.

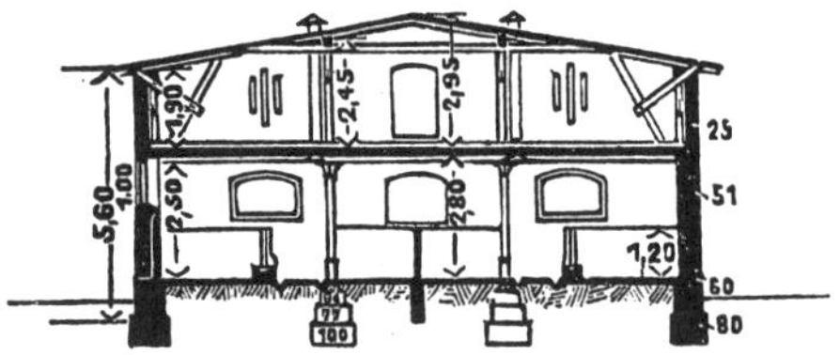

Fig. 620.

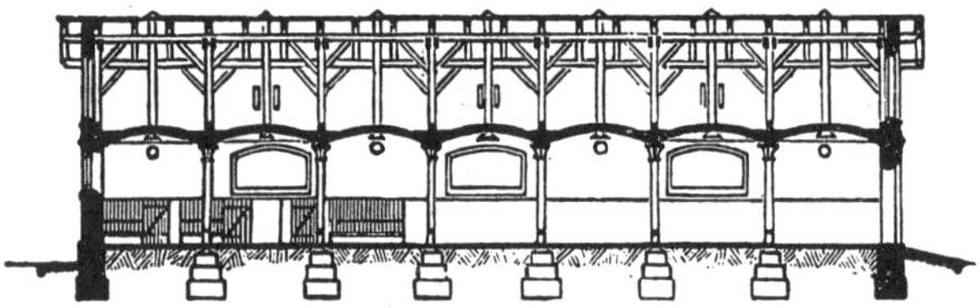

Fig. 621.

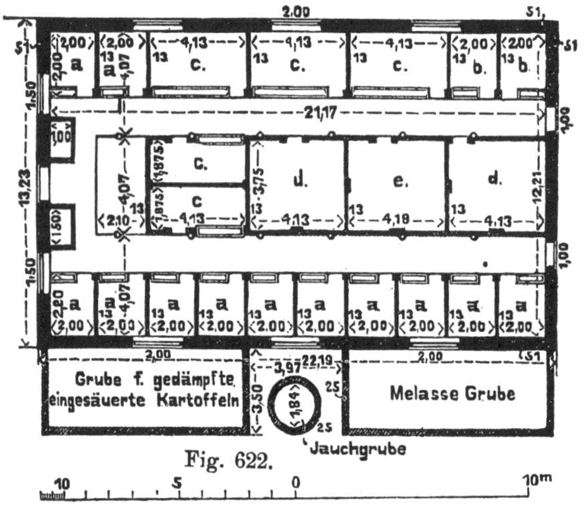

Fig. 622.

a Saubuchten. b Eber. c Mastschweine. d Kleinfaselschweine. e Grofsfaselschweine.

Die Decke der Futterküche wird massiv hergestellt.

Der Fußboden besteht am besten aus Beton. Als Größe rechnet man 0,3 bis 0,4 qm pro 1 Schwein. Die Gesamtgröße darf nicht unter 15 bis 20 qm betragen. Ein eingemauerter Kessel sowie die nötigen Stampftröge finden hier Aufstellung. Die Futterküche muß sehr kräftig zu lüften sein.

Ein Keller liegt in nächster Nähe dieser Küche.

Eine Schweinemeister-Wohnung wird bei größeren Zucht- und Mastställen gewöhnlich neben oder über dem Stalle angeordnet, damit der Aufseher bei Unfällen schnell zur Hand sein kann (Fig. 625).

Der Futterboden wird dunstsicher über die Ställe gelegt. Es bietet diese Anordnung gegenüber von Stallungen ohne Boden, also mit direktem Dachabschluß, den Vorteil, daß der Stall wärmer gehalten werden kann. Besonders für Zuchtställe ist die Ausbildung eines Dachbodens über dem Stalle sehr zu empfehlen.

Beispiele.

Im allgemeinen kann man zweierlei Arten von Schweinestall-Anordnungen feststellen. Bei der ersten und älteren sind die Buchten zu beiden Seiten eines Mittelganges angeordnet. Dies empfiehlt sich nur für kleine Anlagen, denn bei größeren wird das Stallgebäude unverhältnismäßig lang. Vergl. Tafel 26, 27 und 28, 29 sowie Fig. 659. Deshalb ist man bei großen Schweineställen von dieser alten Grundrißform abgewichen, hat statt einer zwei Stallgassen angeordnet und dieselben durch Quergänge verbunden. Vergl. Fig. 622, 624, 632, 634. Hierdurch erhält aber das Stallgebäude eine große Tiefe, und, da es nur geringe lichte Höhe hat, so könnte es leicht zu dunkel werden. Diesem Uebelstande ist in Fig. 632 durch eine Neuerung insofern abgeholfen, als die seitliche Beleuchtung noch durch Oberlichter unterstützt wird. Der Dachboden ist in Wegfall gekommen, und die Stalldecke ist so konstruiert, daß sie trotzdem die erforderliche Stalltemperatur festhält, obgleich die Flächen der Oberlichter abkühlende Wirkung ausüben.

Fig. 623.

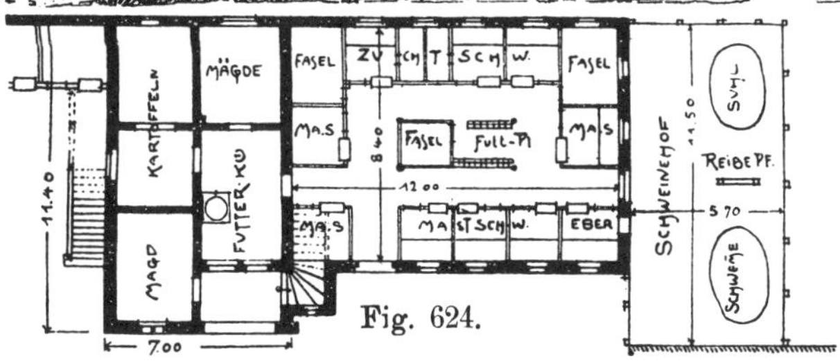

Fig. 624.

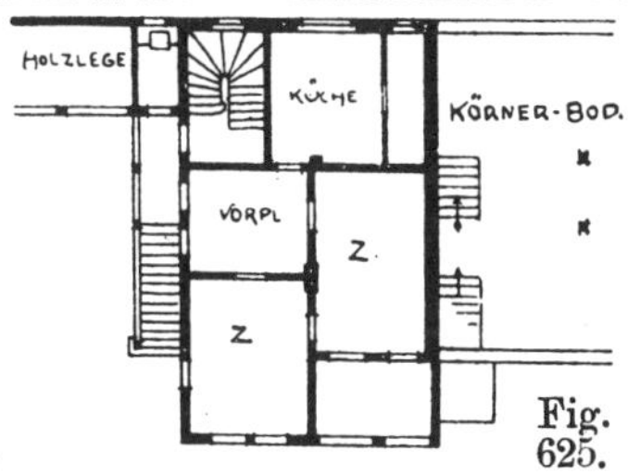

Fig. 625.

Fig. 615 bis 619. Schweinestall für 20 Schweine auf Gut Zionsburg, Westpreußen (Haarmanns Zeitschrift für Bauwesen, Halle s. S.). Das Gebäude ist in Backsteinen erbaut und hat Holzzementdach.

Die Umfassungswände sind im Aeußeren gefugt, im Innern geputzt und zwar bis 1,20 m Höhe in Zementmörtel.

Die Trennungswände der Buchten zeigen zweimalige Verriegelung aus 1 m hohen Latten (2 bis 2,50 Mk. pro 1 qm). Der Fußboden besteht unten aus einer 10 cm starken Mischung aus 1 Teil Kalk auf 2 Teile groben

Fig. 626.

Fig. 627.

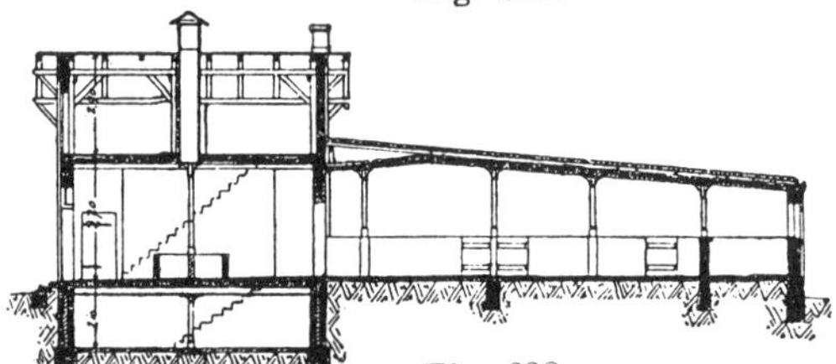

Fig. 628.

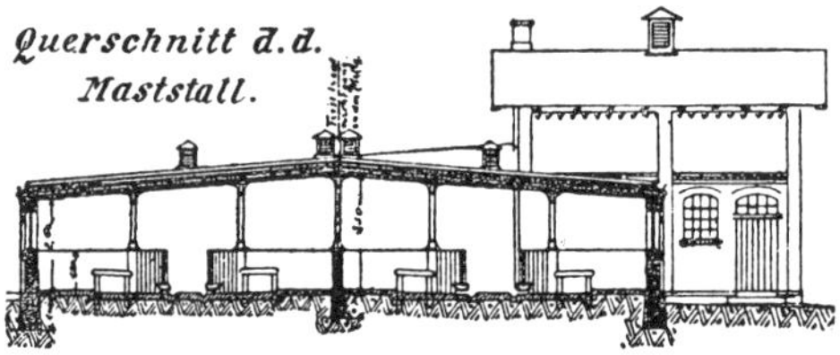

Fig. 629.

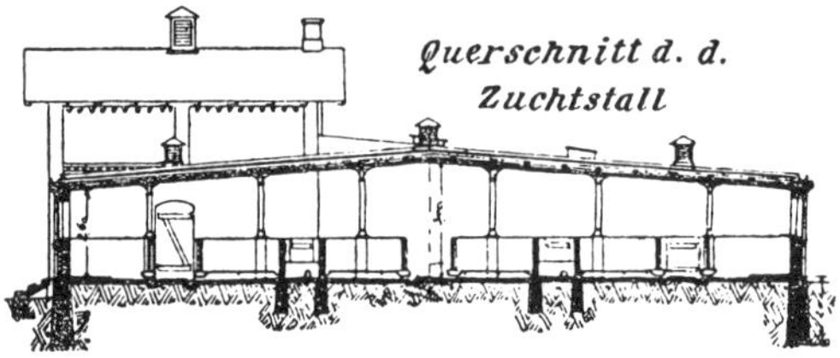

Fig. 630.

Fig. 631.

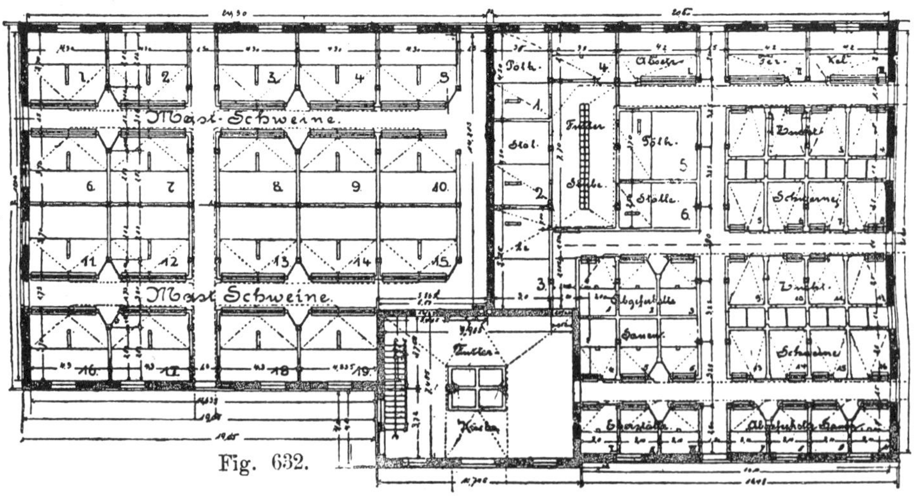

Fig. 632.

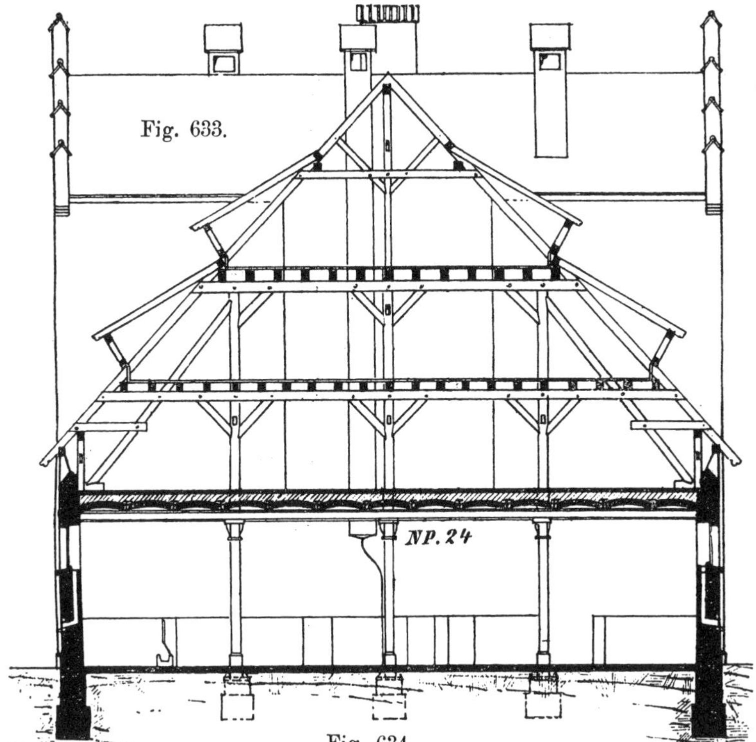

Fig. 633.

Fig 634.

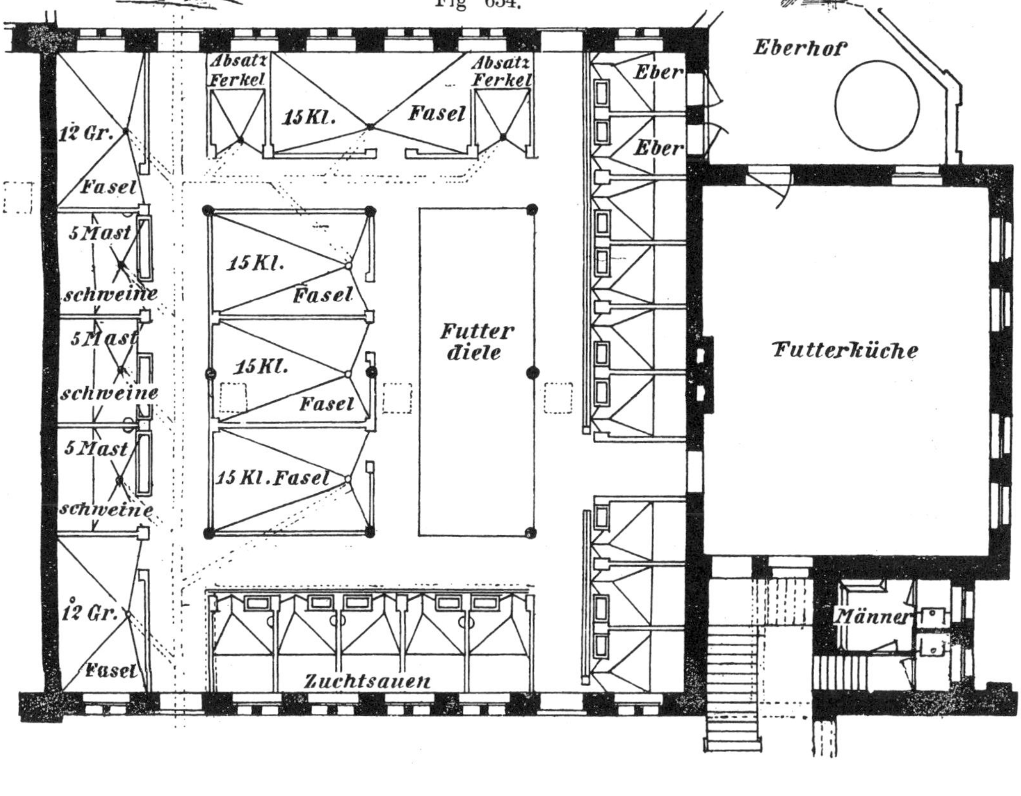

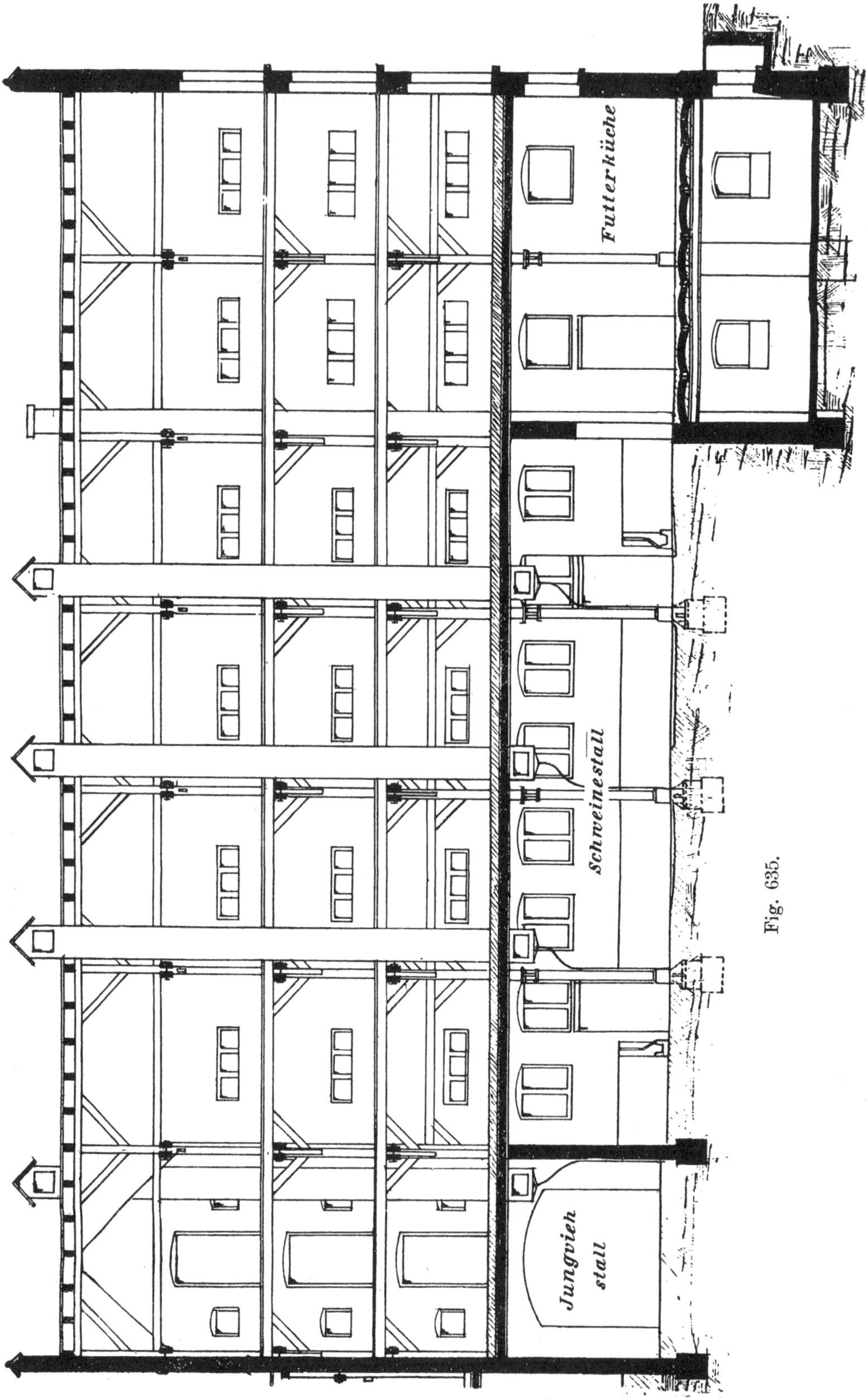

Fig. 635.

Kies; darüber ist eine Mischung aus 1 Teil Zement auf 2 Teile groben Kies in Stärke von 2 cm gebracht. Für die Tröge sind 3,5 cm starke Kiefernbohlen verwendet (Fig. 618). Die Ventilation ist aus Fig. 597 ersichtlich; sie ist eine horizontale. Die Kosten betrugen 2492,2 Mk. oder pro 1 qm Grundfläche 1,23 Mk.

Fig. 620 bis 622. Schweinestall für 115 bis 125 Schweine auf Domäne Kaiserhof (Zentralblatt der Bauverw., Berlin 1900). Das Gebäude enthält im Erdgeschoß 12 Saubuchten von je 5,2 qm Grundfläche pro 1 Sau oder pro 2 Mastschweine; ferner 2 Eberbuchten von 5,2 qm, 3 Mastschweinbuchten für je 8 Schweine von 8,70 qm, 2 desgleichen für je 5 Schweine von 7,70 qm, 2 Buchten für je 20 Kleinfasel von 15,50 qm, 1 Bucht für 15 Großfasel von 15,50 qm Grundfläche. Dazu kommen 1 Futterplatz und 2 Futterbecken,

Die lichte Stallhöhe beträgt 2,80 m. Die Buchtenwände sind 1/2 Stein stark und 1,10 m hoch. Der Fußboden hat 10 cm starken Zementbeton auf 20 cm hoher Sandbettung. Die Jaucherinnen sind 8 cm breit, 5 cm tief. In den Buchten liegen Lattenroste. Die Stalldecke ist schwalbenschwanzförmiges Kappengewölbe, 1/2 Stein stark zwischen I-Trägern.

Die Lüftung wird bewirkt durch die Fenster, deren mittlerer Teil drehbar ist, durch Kanäle in den Umfassungswänden und Tonröhren unterhalb der Kappen von 20 cm Weite, ferner durch 14 Dunstrohre von 20 cm Durchmesser im Scheitel der Gewölbe.

Die Jauchengrube hat 1,80 m Durchmesser.

Die bebaute Grundfläche beträgt 293,57 qm, der umbaute Raum 1643,90 cbm. Die Gesamtkosten des Stalles beliefen sich auf 14455 Mk., mithin pro 1 qm 4,924 Mk. und pro 1 cbm 8,79 Mk.

Fig. 623 bis 625. Schweinestall und Leutewohnung vom Architekten Geißler (Deutsche Bauhütte, Hannover). Das Stallgebäude enthält 3 Buchten für Zuchtschweine nebst 2 anliegenden Ferkelbuchten, ferner 6 Buchten für Mastschweine, 1 Eberbucht und 3 Buchten für Groß- und Kleinfasel nebst einer Futtertenne für die Ferkel. Ein Schweinehof mit 2 Suhlstellen schließt sich dem Stallgebäude an.

Die Behandlung des Leutehauses zeigt die Formengebung von thüringischen Fachwerkhäusern.

Fig. 626 bis 632. Schweinestall zu Baujin vom Architekten Friedr. Wagner-Rostock (Neumeister, Neubauten, Verlag von Seemann & Co., Leipzig). Die Stallungen sind Erdgeschoßbauten, bei denen die Decke zugleich das Dach bildet. Das Küchenhaus ist unterkellert und hat Bodenraum. Der Maststall enthält 19 Buchten für je 8 Tiere.

Im Zuchtstall sind untergebracht: 6 Pölkställe mit gemeinsamer Futterstube, 3 Buchten für Absatzferkel, 16 Buchten für Zuchtsauen mit gesonderten Ferkelbuchten, 10 Buchten für abgeferkelte Sauen und 3 Eberbuchten. Im Küchengebäude liegen unten ein Kartoffelkeller, im Erdgeschoß die Futterküche mit dem Kühlbassin und im Obergeschoß 1 Kaffboden.

Die Stalldecke ist aus Beton zwischen I-Trägern mit gußeisernen Unterstützungen hergestellt. Das Dach ist Holzzementdach. Der Fußboden besteht aus Beton. Das Gebäude umfaßt 993,80 qm Grundfläche und 3576,80 cbm umbauten Raum. Es kostete 30000 Mk., also pro 1 qm 3,18 Mk. oder pro 1 cbm 8,10 Mk.

Fig. 633 bis 635. Schweinestall für 113 bis 120 Stück Schweine auf Gut Mönchhof vom Architekten A. Karst-Kassel. Die Anordnung des Grundrisses ist aus den Zeichnungen ersichtlich. Die Einrichtung entspricht den neuesten Anforderungen und ist durchaus vorbildlich für solche Anlagen.

2. Stallgebäude für gemischte Viehgattungen.

A. Kleine Ställe.

Das Raumbedürfnis. Für 1 Kuh inkl. Gang und Krippe 5 bis 6 qm, Standbreite 1,5 m; für 2 bis 3 Schweine 3,5 bis 4 qm; für 1 bis 2 Ziegen 3 bis 4 qm event. für 2 Schafe 2,5 bis 3,5 qm; für 6 Hühner 1,5 qm; unter dem Hühnerstall liegt der Gänsestall.

Die Stallhöhe. Lichte Höhe von 2 bis 2,30 m, je nachdem der Stall nur für Kleinvieh oder auch für Großvieh bestimmt ist.

Angebaute Stallungen schließen sich an den Hausgiebel an. Sollen sie unter demselben Dache mit den Wohnräumen liegen, so müssen sie durch zwischengefügte Wirtschaftsräume, z. B. Waschküche, Futterküche, Gang usw.

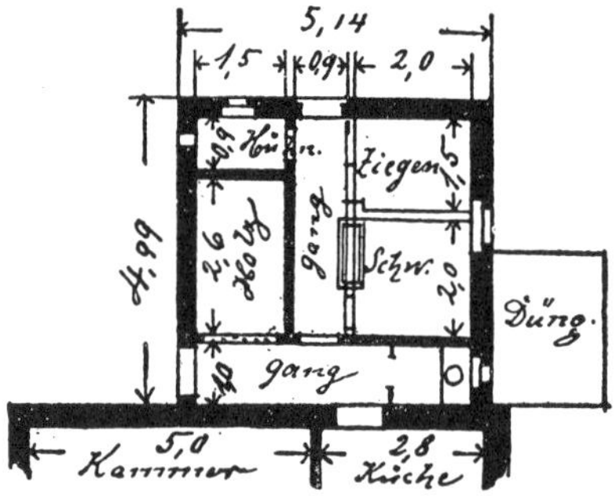

Fig. 636.

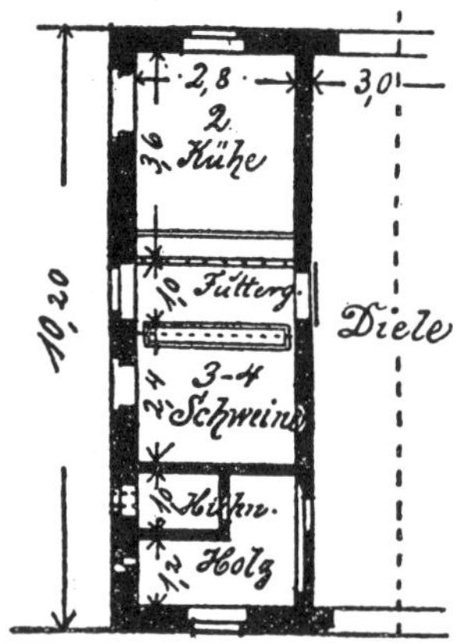

Fig. 637.

hiervon getrennt und durch doppelte Türen abgeschlossen werden. Die gemeinsame Wand zwischen Stallung und Wohnhaus erhält im Stallgebäude Zementputz*). Oft wird der Stall mittels einer zwischengelegten 3 m breiten Tenne an die Giebelwand des Wohnhauses angebaut. Diese Giebelwand ist dann als Brandmauer zu betrachten. Bezüglich der darin anzubringenden Oeffnungen entscheiden die örtlichen Baupolizeigesetze.

Freistehende Stallgebäude: in 7,5 bis 10 m Entfernung vom Wohnhause und von letzterem aus gut übersehbar, besonders von der Küche aus. Alle Verkehrswege zwischen Wohnhaus und Stall sind zu pflastern.

*) Wir folgen hier den Angaben des von Prof. A. Schubert bearbeiteten Werkes: „Kleine Stallbauten" (Verlag von Bernh. Friedr. Voigt in Leipzig), dem wir auch die Fig 636 bis 642 und 647 entnahmen.

Die Bauart richtet sich in der Hauptsache nach der Gegend. Fundamente aus lagerhaften Bruchsteinen, 70 bis 89 cm tief, 45 cm stark, mit Rollschicht abgedeckt, 15 bis 20 cm über Gelände hoch. Solche aus Backsteinen sind 40 bis 50 cm tief, $1^1/_4$ bis $1^1/_2$ Stein stark, dazu Bankett von 4 Schichten Höhe und 50 cm Breite. Innere Fundamentmauern schwächer. Innere Scheidemauern $^1/_2$ Stein stark. Alle Mauern werden 2 bis 3 Ziegelschichten über Stallfußboden mit Asphaltfilzpappe abgedeckt. Umfassungsmauern 1 Stein stark (Fachwerk ist zu kalt). Die inneren Wandflächen mit Rappputz oder Fugenverstrich. Mauerwerk aus minderwertigen Steinen. Außen mit Kalkzementmörtel verputzt.

Die Anordnung von Buchten für Schweine siehe unter Abschnitt D. 2. „Schweineställe" (Fig. 600 bis 608). Hölzerne Scheidewände aus 15 × 15 cm starken, 2 m langen Pfosten, unten angekohlt und zugespitzt, die in seitlichen Falzen 4 bis 5 cm starke Bretter aufnehmen. Alles Holzwerk ist mit Karbolineum zu streichen (Fig. 603).

Fig. 638.

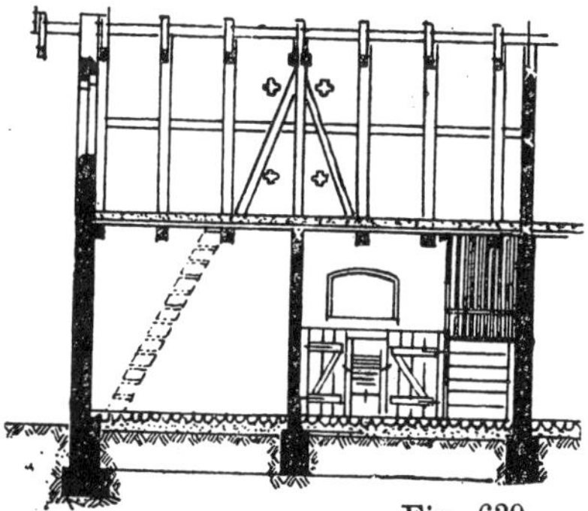

Fig. 639.

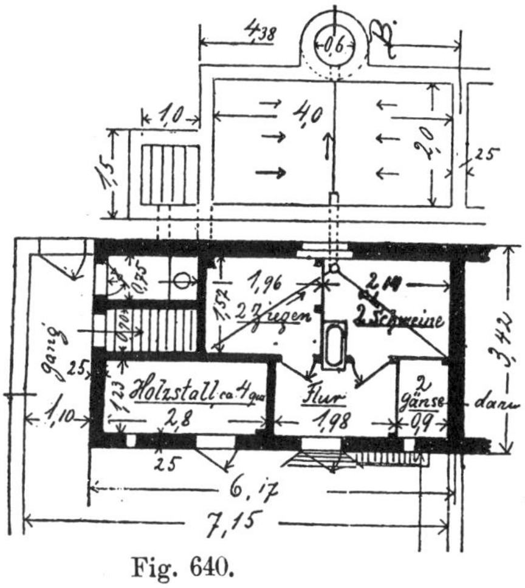

Fig. 640.

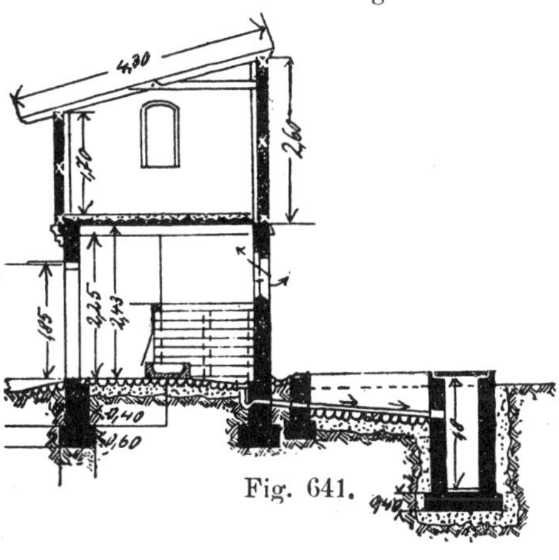

Fig. 641.

Das Dach ist ein Satteldach oder ein Pultdach, mit 50 cm Dachüberstand (Fig. 641). Zur Abhaltung des Regenwassers vom Gebäude dient ein 1 m breites Traufpflaster oder Kies und Lehmstampfung. Falzziegeldächer, am besten Doppelpappdächer, eignen sich hier am besten. Die Höhe des Dachraumes bis zum First ist 2 bis 2,5 m, die Drempelhöhe beträgt 0,5 bis 1,8 m. Die Giebelmauern werden entweder 1 Stein stark aus Backsteinen oder aus $^1/_2$ Stein starkem ausgemauertem Fachwerk oder aus verbrettertem Fachwerk hergestellt.

Eine Futterluke im Giebel oder Drempel ist 70 cm breit und 1,4 m hoch. Luftschlitze von $^1/_2$ Stein Breite sind außerdem notwendig.

Der Stallfußboden, 10 bis 15 cm über Gelände, als Rollschicht in Zement oder aus Feldsteinen mit Fugenverguß oder aus 10 cm starker Betonschicht (zu teuer). Für den Jauchenabfluß 1 : 100 Gefälle, in den Schweinebuchten 1 : 20.

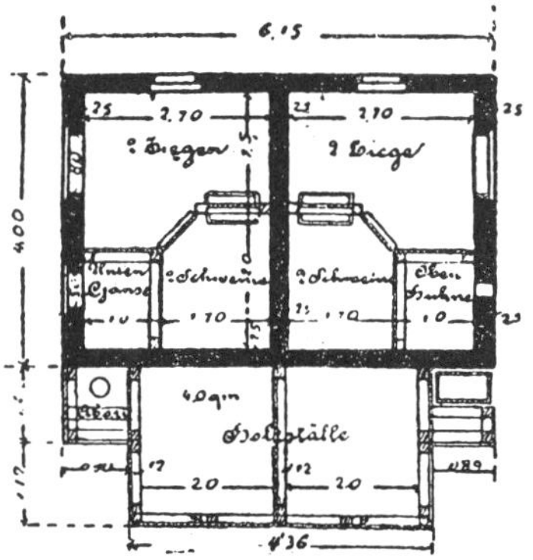

Fig. 642.

Die Stalldecke, warm, feuersicher, dunstsicher und nicht zu schwer. Gestreckter Windelboden ist am besten. Balken mit Karbolineum angestrichen, mit Rundschwarten benagelt, worauf 7 cm starker Strohlehm-Estrich. Die Unteransicht ist geweißt.

Die Türen, 0,80 × 1,80 groß, für Kuhställe 1 m breit, als einfache Brettertüren mit Karbolineum-Anstrich. Für Schweine und Ziegenstallraum 0,60 cm breit.

Die Fenster, 1,40 bis 1,50 m hoch über Fußboden, 50 cm hoch, 50 bis 60 cm breit; für Gänse- und Hühnerstall 30 × 50 cm groß, aus Gußeisen und drehbar um eine Achse.

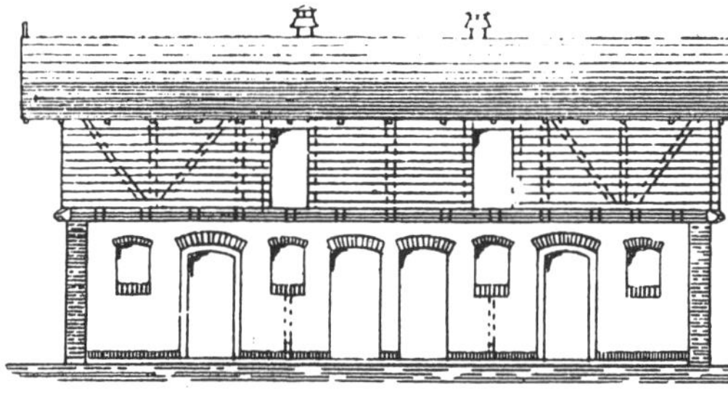

Fig. 643.

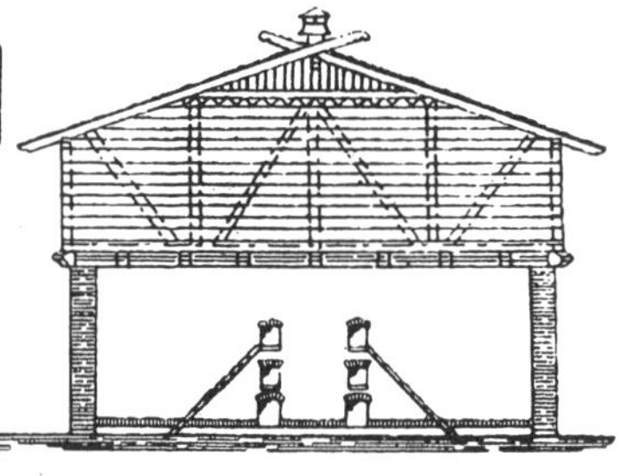

Fig. 644.

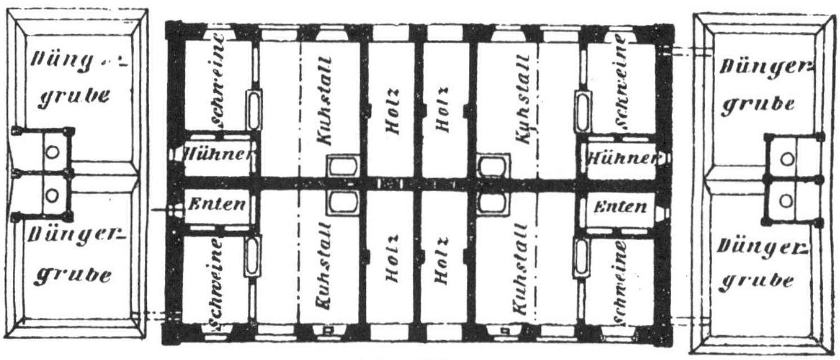

Fig. 645.

Die Lüftungsanlage (siehe das unter ad 8 bei großen Ställen gesagte). Luftkanäle im aufgehenden Mauerwerk müssen im Innern 13 cm starke Vorlage haben. Der Dunstschlot ist 15 × 15 cm weit. Die Isolierung der Bretterwände ist 7 cm breit. Isoliermaterial bildet Gerberlohe, Häcksel, Torfmull usw. Oben sitzt ein Luftsauger.

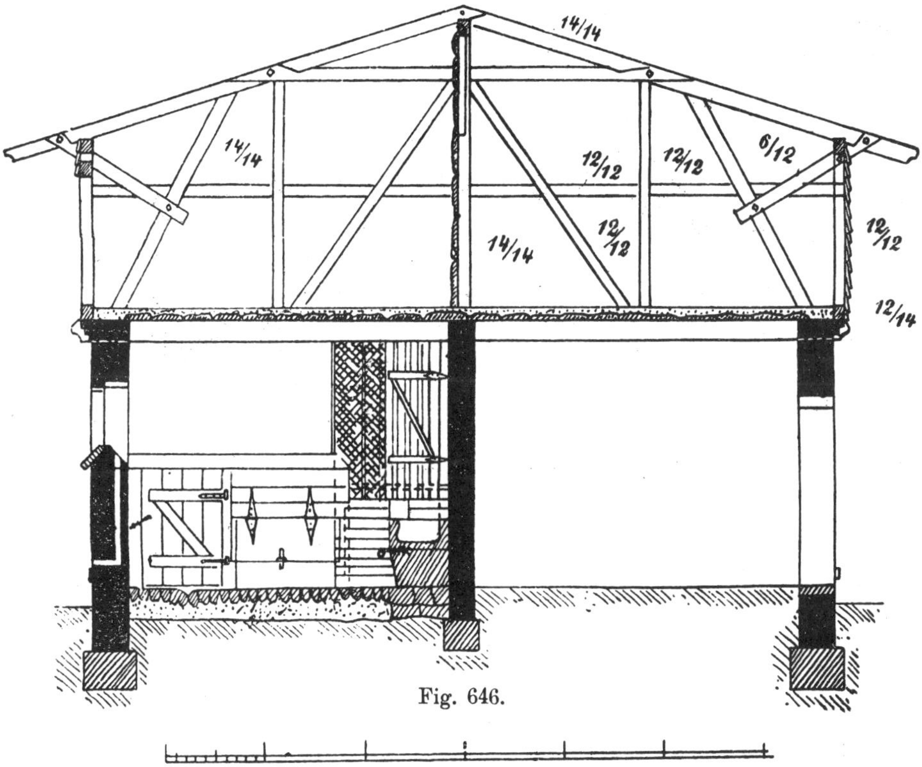

Fig. 646.

Stalleinrichtungen. Kuhkrippen 80 cm lang, 40 cm i. L. breit, 25 cm tief, 60 bis 70 cm über Stallfußboden (siehe das bei Abschnitt B unter 3 gesagte). Schweinetrog für 2 Schweine 80 cm lang, 35 cm i. L. breit, 30 cm hoch. Leiterraufe für 2 Ziegen 1,20 m lang, 50 cm breit, 1,20 m über Fußboden, 30 cm über Wandabstand. Geflügelstall, 0,80 bis 1,10 m hoch, unten für Gänse, 3 cm starke Bretterdecke, 1,4 bis 1,5 m hoher Hühnerstall darüber. Aus- und Einlauföffnung 20 bis 30 cm hoch mit Verschlußklappe, 40 cm über Fußboden liegende Sitzstange, 1 bis 1,2 m lang. Für den Hühnerstall 25 bis 40 cm große Oeffnung. Türen zu Geflügelstallungen 50 cm breit, 1 m hoch.

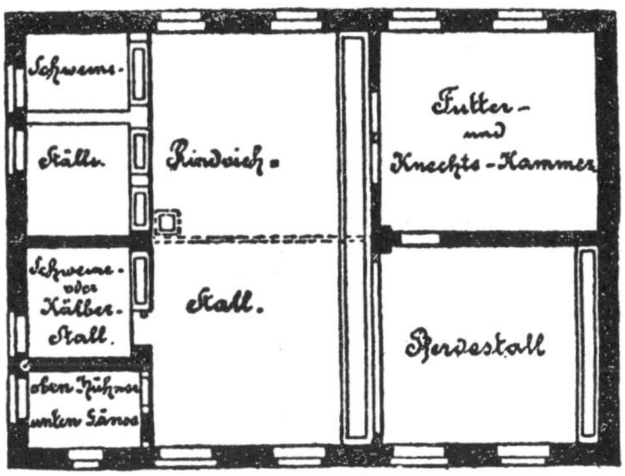

Fig. 647.

Die Dungstätte, 5 bis 6 qm groß für 1 Familienstallung, ist eine gepflasterte Mulde mit gepflastertem erhöhten Boden zum Zweck der wirksamen Abhaltung des Tagewassers.

Beispiele.

Fig. 636. Stallanbau für Arbeiterhäuser von Prof. A. Schubert. Die Verbindung zwischen Wohnhaus, bezw. Küche und Stall vermittelt ein zwischengelegter Gang, der auch zum Abort führt. Die Kosten betragen etwa 1000 Mk.

Fig. 648.

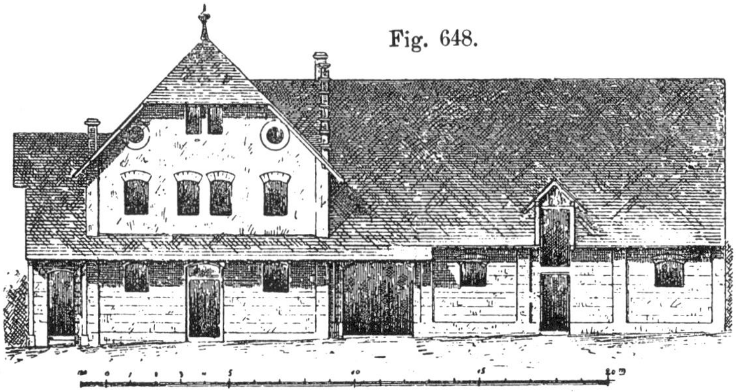

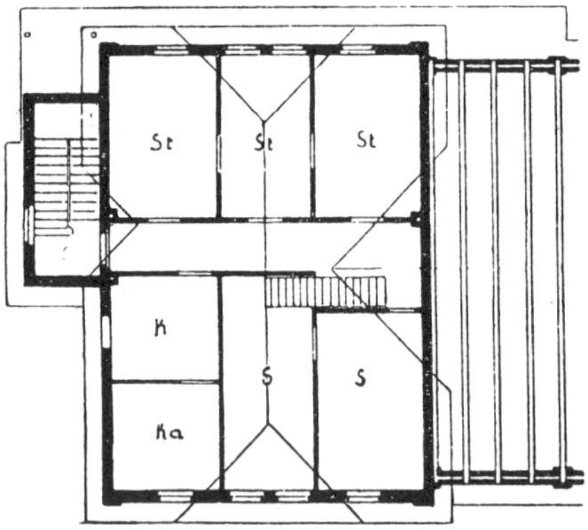

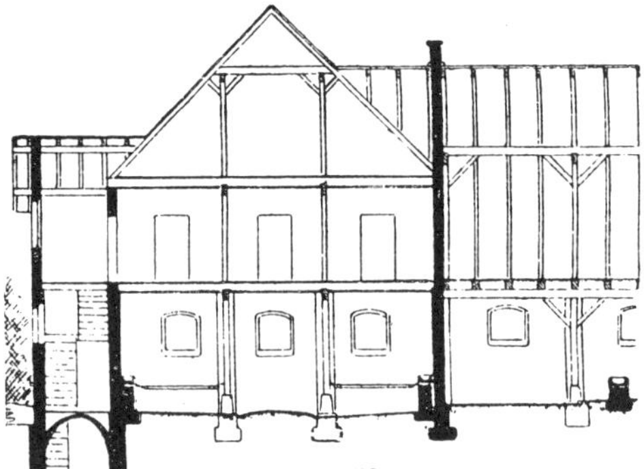

Fig. 650.

Fig. 649.

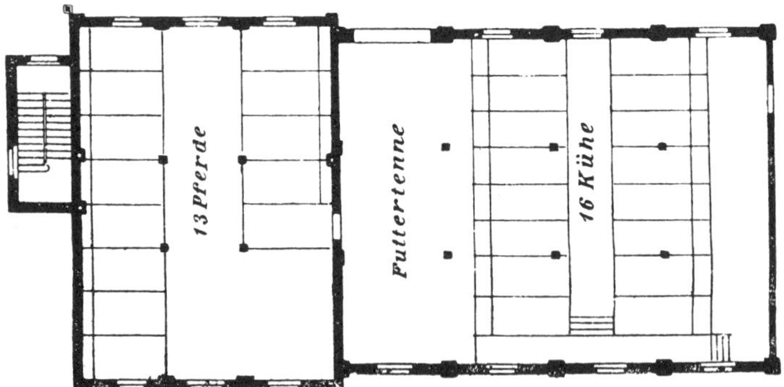

Fig. 651.

Fig. 637. Stallanbau für einen Stellenbesitzer von Prof. A. Schubert. Die Stallräume sind durch eine massive Scheidewand von der Diele getrennt, wodurch die Stalldünste vom Futter- und Kornboden abgehalten werden. Die Dungstätte liegt am Giebel des Stalles.

Fig. 638 bis 641. Freistehender Doppelstall von Prof. A. Schubert.

Fig. 652.

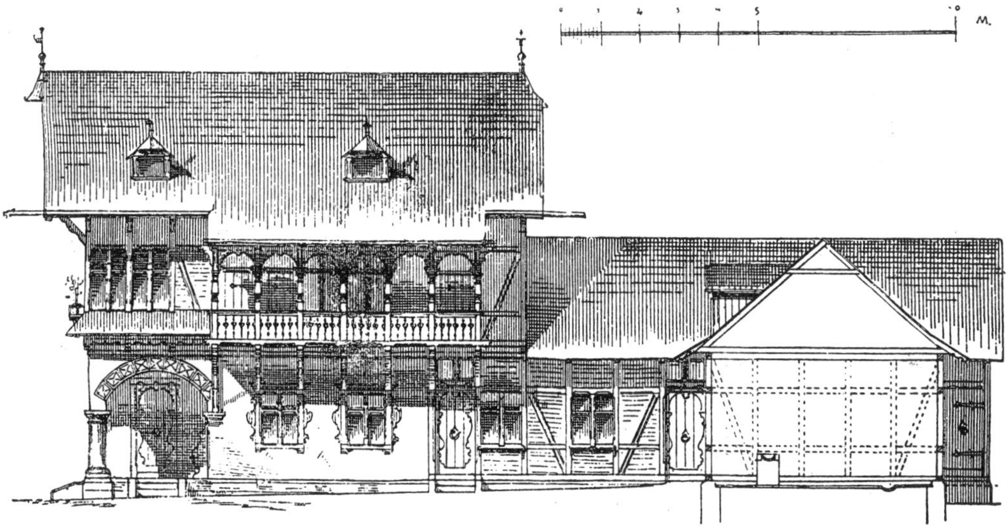

Fig. 653.

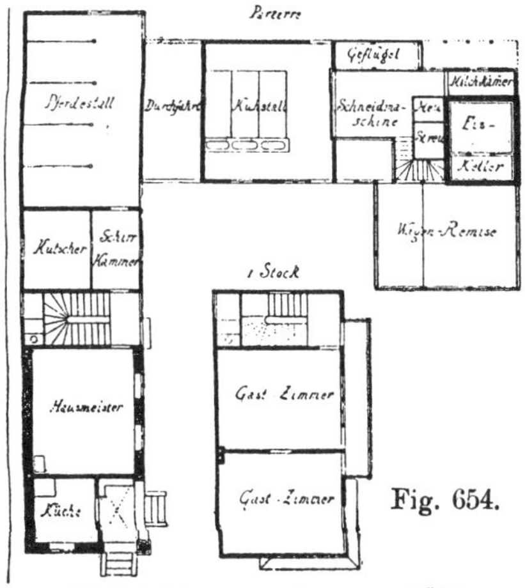

Fig. 654.

Die Dungstätte ist 8 qm groß. Die Dungstättensohle ist mit Feldsteinen in Sand auf Tonunterbettung abgepflastert; die Wandungen aus 1 Stein starkem Mauerwerk in Zementmörtel. Die Baukosten betrugen annähernd 850 Mk.

Fig. 642. Doppelstallgebäude für je 2 Ziegen, 2 Schweine und Geflügel nebst Holzstall und Abort. Das unten massive

Gebäude ist oben verbrettert. Ein Futtergang ist fortgefallen. Die Baukosten sind mit 1560 Mk. veranschlagt.

Fig. 643 bis 646. Stallgebäude für 4 Arbeiterfamilien von H. Henke. Jeder Stall enthält den Raum für Aufstellung von 1 Kuh und 2 Schweinen nebst Holzraum sowie Futterboden.

B. Ställe für mittlere landwirtschaftliche Betriebe

sind in den Fig. 73, 77 bis 79, 84, 98, 102, 107, 111 und 112 bereits dargestellt worden. Kuh- und Schweinestall werden hierbei gern zusammengelegt, die Pferde in Standwänden untergebracht. Die Futterküche liegt am besten zwischen den Hauptställen, z. B. zwischen Kuh- und Schweinestall.

Fig. 655.

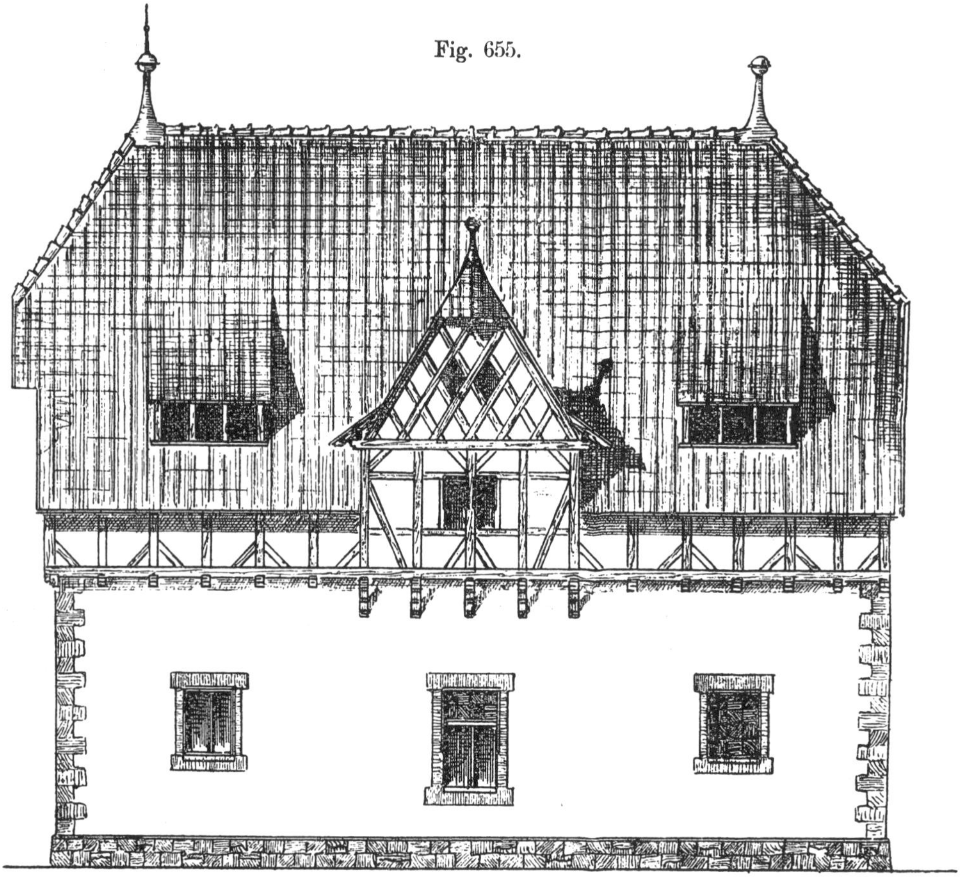

Die Kühe sind gewöhnlich zu je 5 bis 6 Stück an einem mittleren Futtergange aufgestellt, die Arbeitspferde, wenn vorhanden, in einer besonderen Stallabteilung untergebracht. Die Absatzkälber erhalten einen entsprechend großen Raum für sich mit hürdenartigen Verschlägen. Für die Schweine genügen 2 bis 3 Buchten. Ein Schweinehof ist notwendig.

Der Hühnerstall wird durch eine massive Wand von Kuh- und Pferdestall (des Ungeziefers halber) getrennt oder über den Schweinestall gelegt.

Fig. 647. Freistehendes Stallgebäude für ein königl. Förstergehöft vom Preuß. Ministerium für Landwirtschaft, Domänen und Forsten. Das Gebäude gewährt Raum für 3 Pferde, 6 Kühe, 3 Kälber, einige Schweine, Gänse und Hühner, für 1 Futter- und 1 Knechtekammer, sowie Futterboden von 254 cbm Inhalt. In Massivbau mit Drempel-Ziegeldach und gestrecktem Windelboden ausgeführt, ist es 12,25 m lang und 9 m tief. Die lichte Geschoßhöhe ist 3,5 m, die Drempelhöhe beträgt 1,15 m.

Fig. 656.

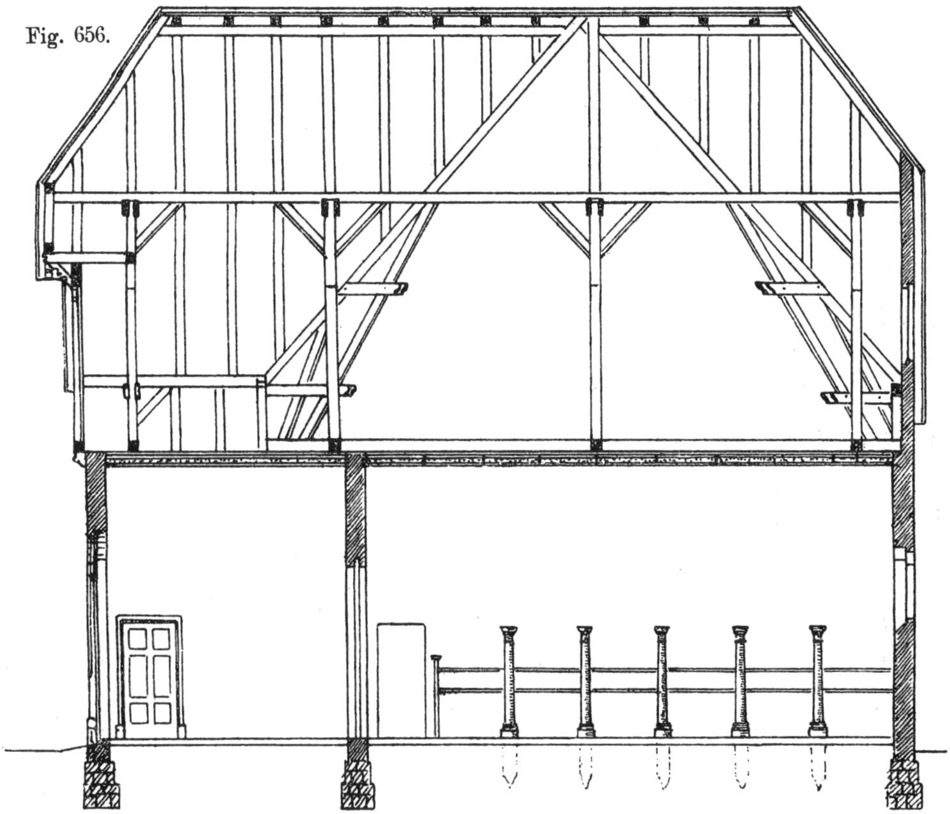

C. Größere Stallgebäude für gemischte Viehgattungen.

Bezüglich der Konstruktion und inneren Einrichtung gelten hier alle die Grundsätze, die wir bei den Stallungen für Einzelgattungen eingehend besprochen und durch Abbildungen erläutert haben.

Fig. 648 bis 651. Stallgebäude der Villa Liebold in Holzminden. (Haarmanns Zeitschrift für Bauhandwerker, Halle.) Das Gebäude umfaßt einen Pferdestall für 13 Pferde, eine Futtertenne, einen Kuhstall für 16 Kühe, eine Kutscher- und Dienerwohnung, sowie Futterboden.

Fig. 652 bis 654. Oekonomiegebäude der Villa Schrötter in Rennbach am Traunsee von Prof. Theyer in Graz (Architekton. Rundschau, Stuttgart 1891). Die Anlage haben wir der reizvollen architektonischen Gestaltung halber, die selbstredend dem Herrenhause sich passend anschließt, aufgenommen. Das Gebäude enthält 1 Pferdestall für 5 Pferde, 1 Kuhstall für 3 Kühe, 1 Wagen-

Fig. 657.

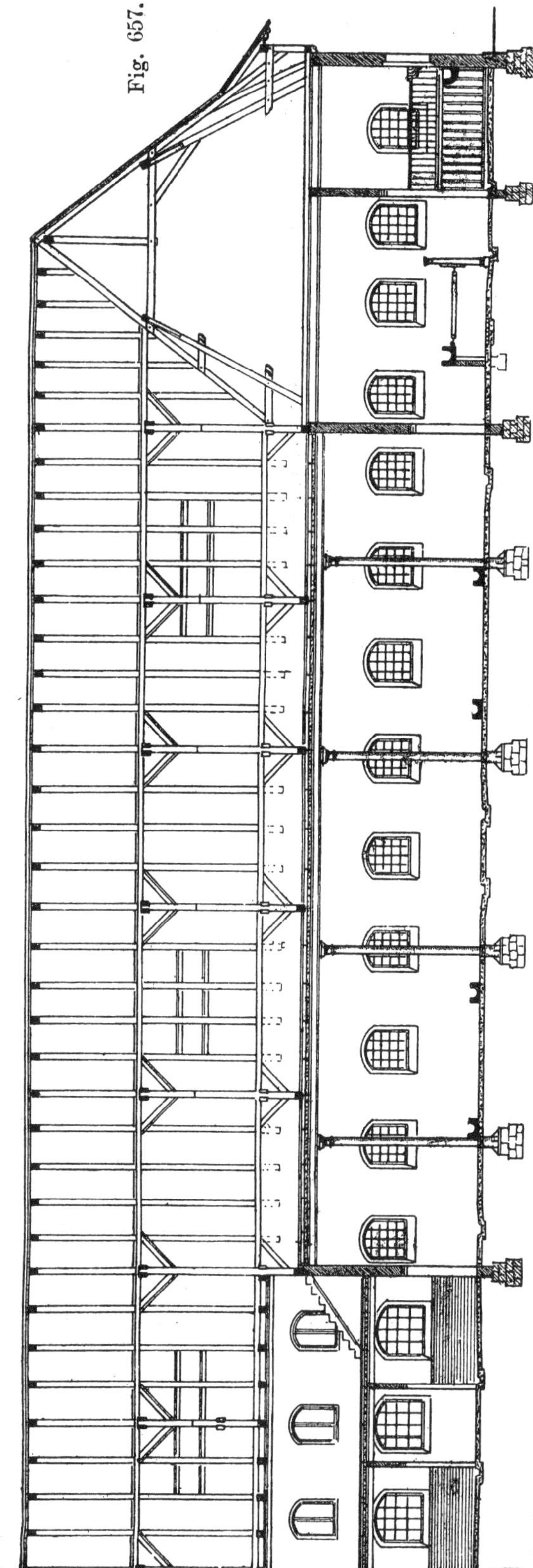

remise und die nötigen Nebenräume, dazu 1 Hausmeister-Wohnung und oben einige Gastzimmer der Herrschaft.

Tafel 26 und 27. Stallgebäude des Herrn Gutsbesitzers Richter vom Architekten Braul in Hildesheim. Das Gebäude liegt an den Hofseiten ungemein geschützt, weshalb sich die Anordnung der Torfahrten im Kuhstall zum Einfahren des Futters ohne Bedenken ausführen ließ. Es ist hierdurch eine äußerst bequeme Stallfütterung erzielt worden.

Die äußere Ausbildung des großen Stallgebäudes ist sehr beachtenswert. Alles Uebrige erläutern die Zeichnungen.

Die Fig. 655 bis 657 geben die Seitenansicht, einen Querschnitt durch den Pferdestall und einen Längsschnitt durch das gesamte Stallgebäude.

Fig. 658 bis 662. Stallgebäude für Schweine und Füllen zu Behren-Lübehin vom Architekten Friedr. Wagner-Rostock (Neubauten von Neumeister, Verlag von Seemann & Co., Leipzig). Der Schafstall faßt 650 Schafe und 250 Lämmer. Der Schweinestall ist durch eine Buchtenwand getrennt. Es ist ein Zuchtstall, so daß die Ferkel in den Schafstall laufen können. Der Füllenstall hat 3 Abteilungen für je 8 bis 10 Stück. Die Umfassungswände im Obergeschoß sind Fachwerk mit Zementplattenbehang. Das Dach ist Doppelpappdach. Die Baukosten betrugen 25000 Mk., pro 1 qm 21 Mk., pro 1 cbm 2,50 Mk.

Tafel 28 und 29. Pferde-, Schweine- und Geflügel-Stallgebäude in Schwarzach von Prof. A. Schubert (Baugewerkszeitung,

Berlin 1900). Der Mittelbau enthält Raum für 10 Milchkühe, 12 Zugochsen und 6 Stück Jungvieh, dazu 2 Buchten für 8 Absatzkälber.

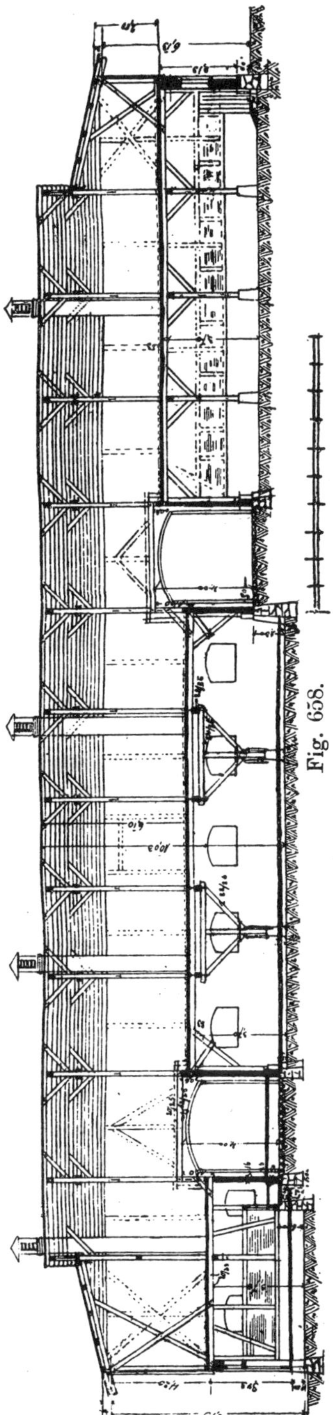

Fig. 658.

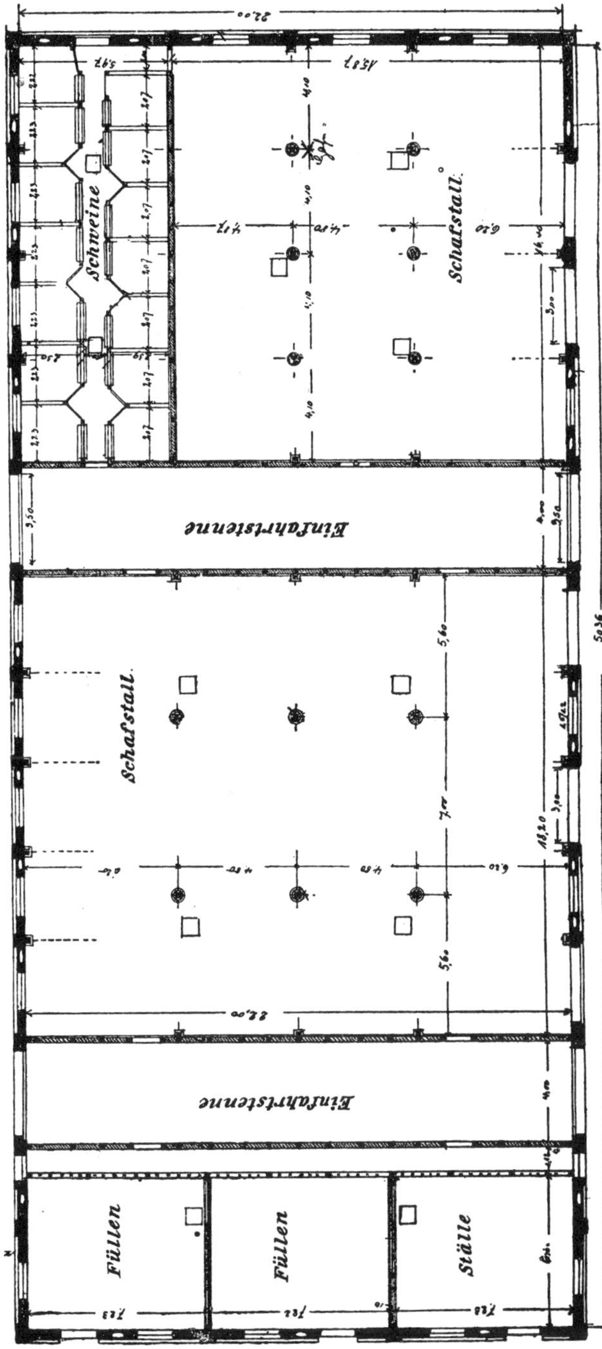

Fig. 659.

Stallgebäude
auf dem Gutshof des Herrn Wilhelm Richter
zu Dötztum
vom Arch. W. Braul.

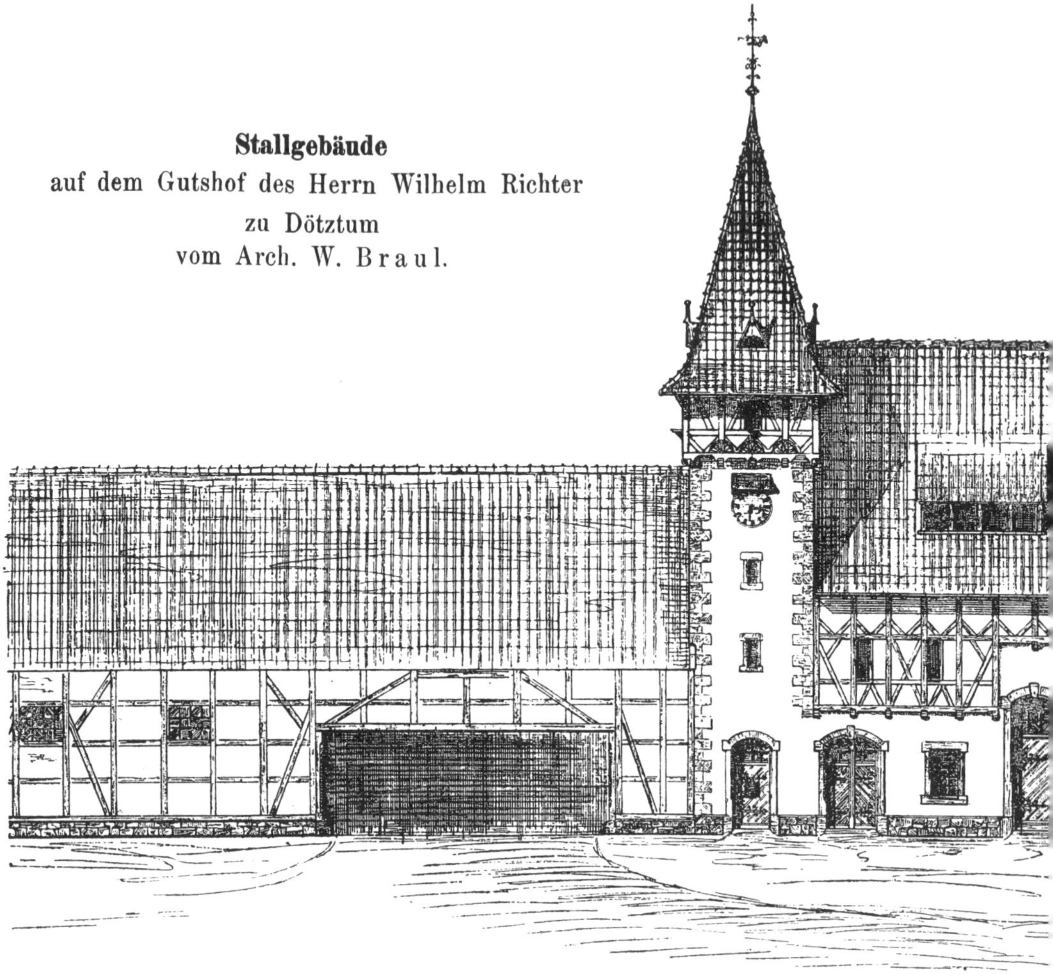

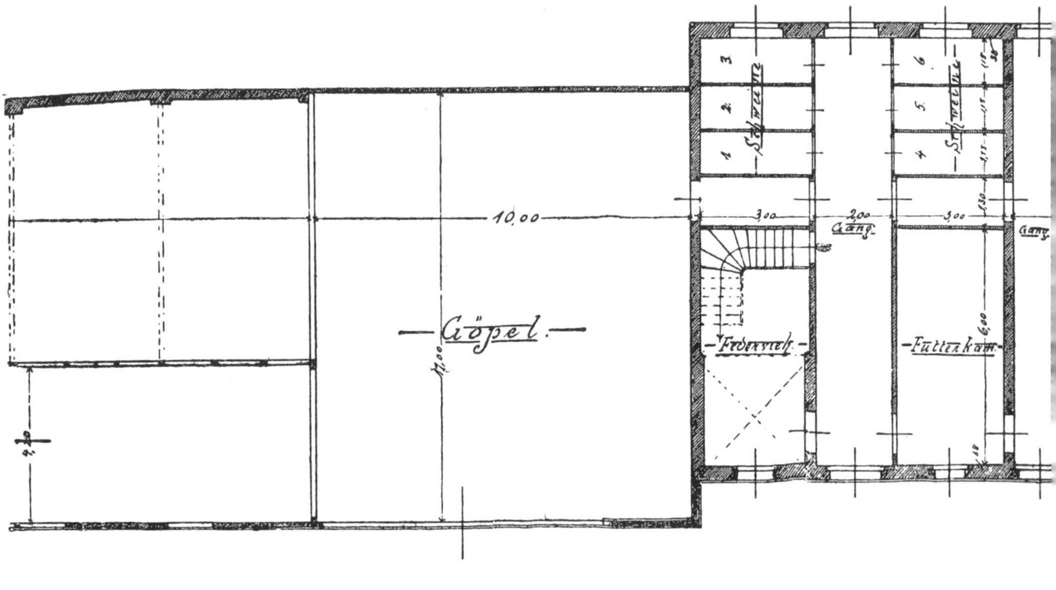

Taf. 26 u. 27.

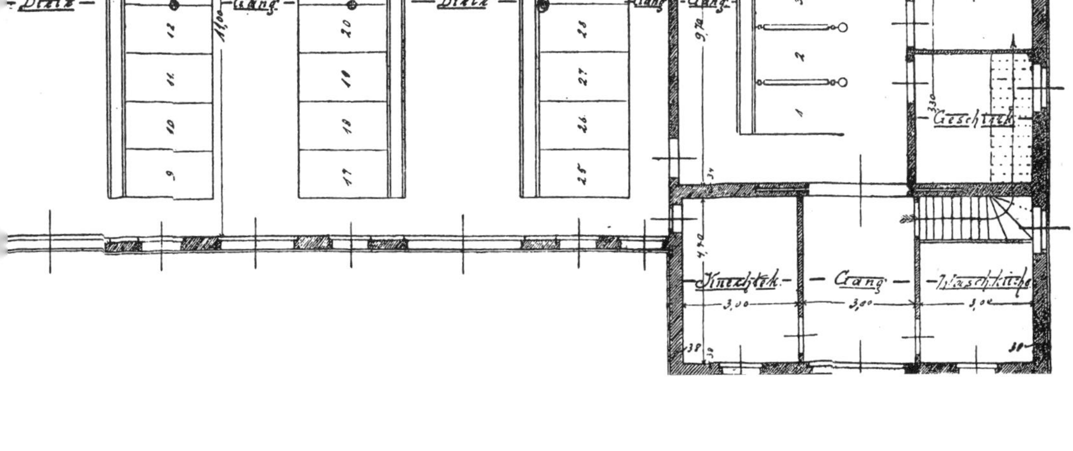
Diele
Gang
Diele
Gang
Gang
Boxes
Geschirrk.
Knechtsk.
Gang
Waschküche

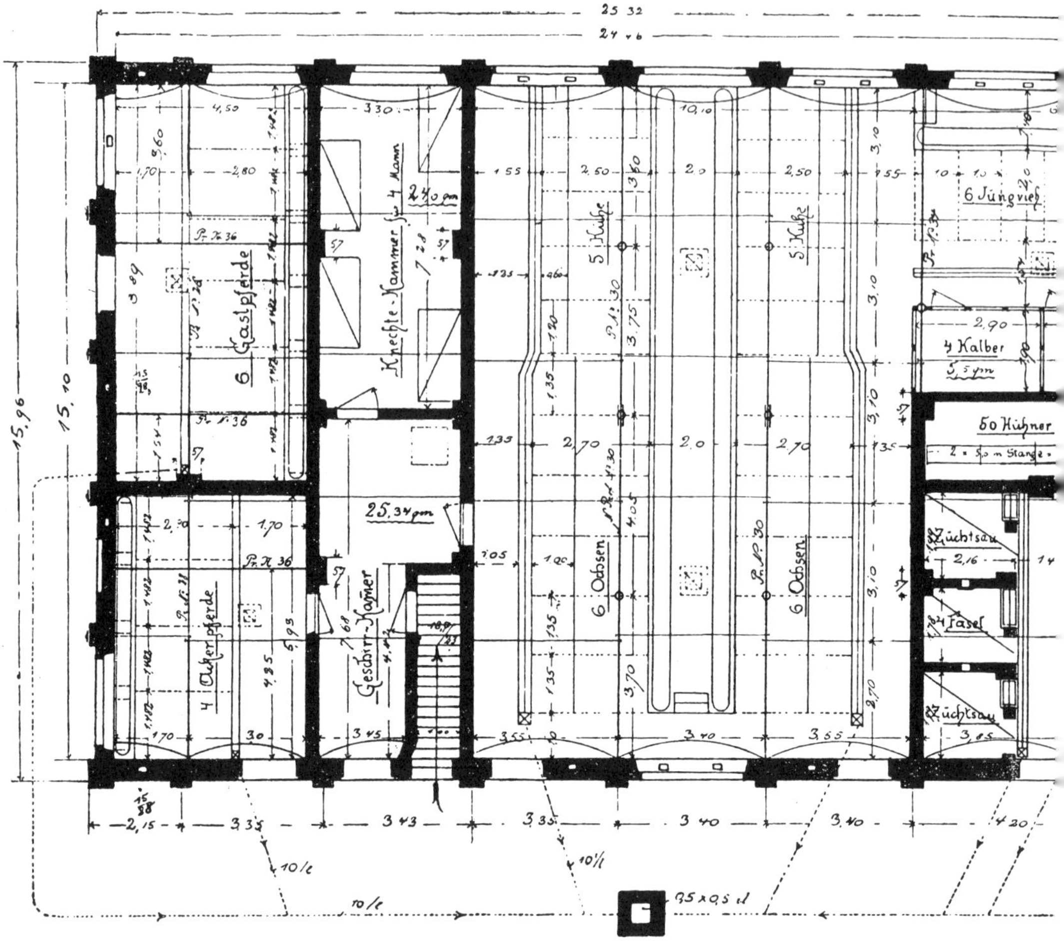

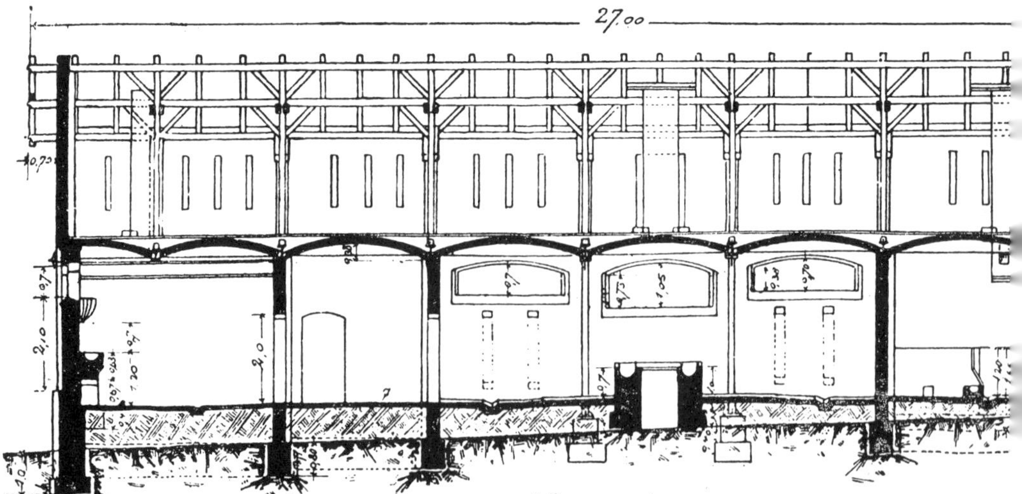

Längenschnitt

Taf. 28 u. 29.

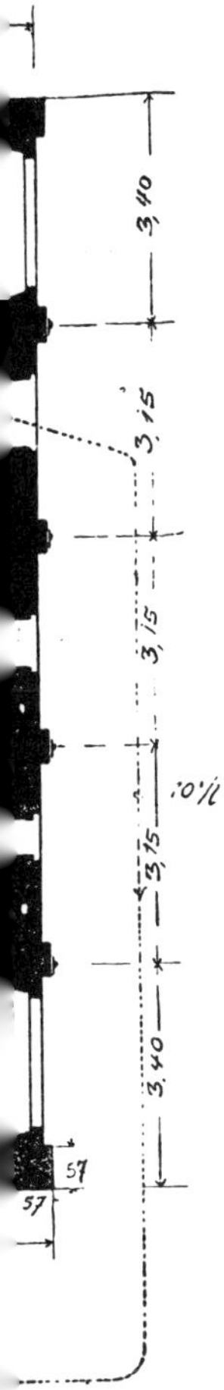

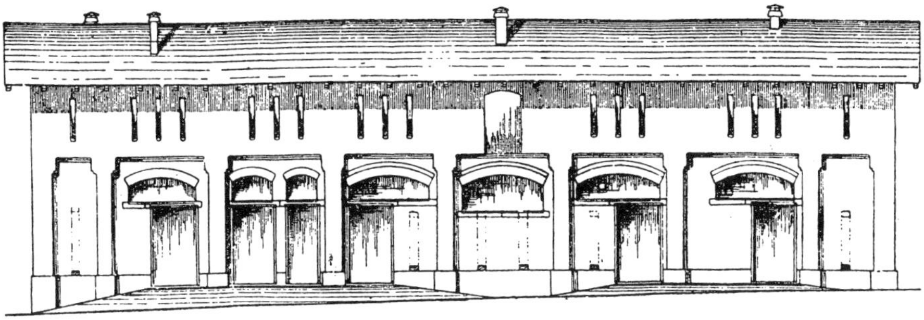

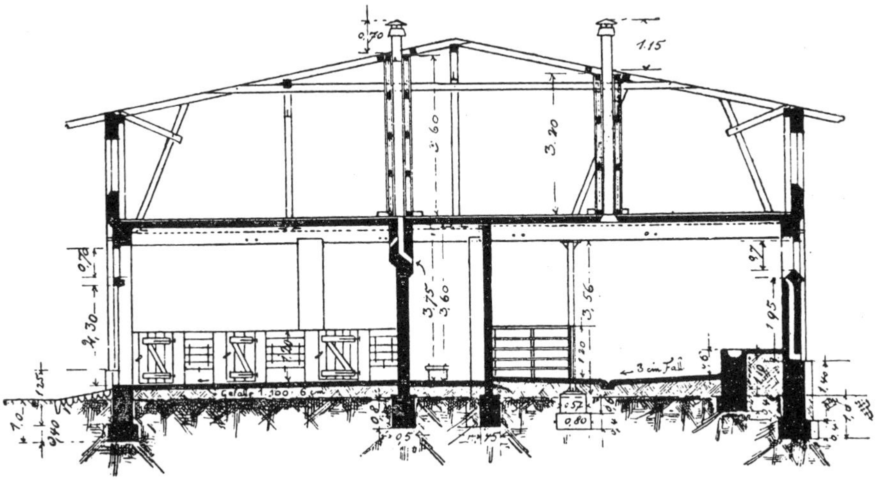

Querschnitt durch den Schweine- und Jungviehstall

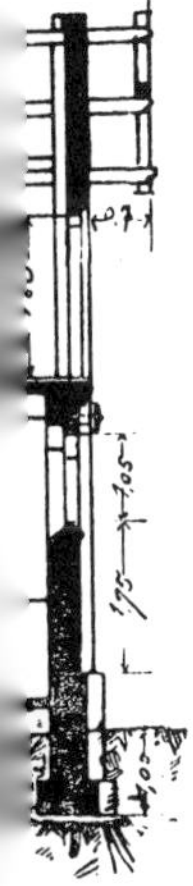

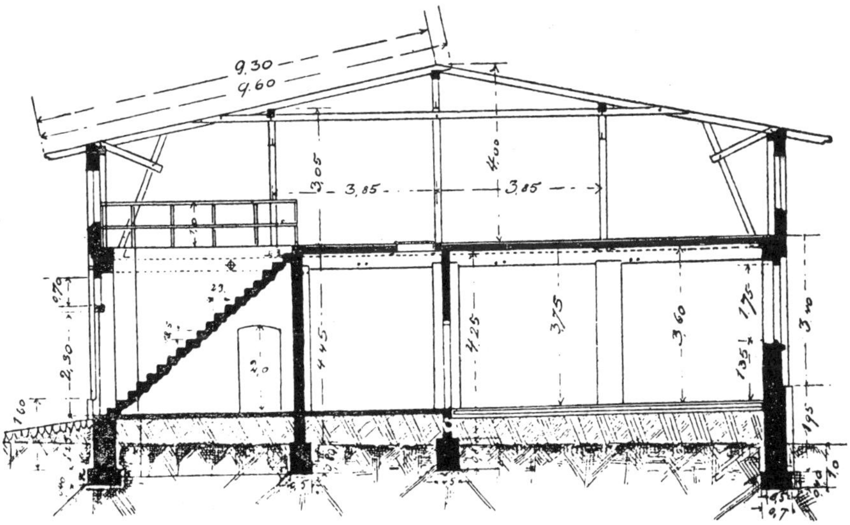

Querschnitt durch Geschirr- und Knechtekammer

Der Schweinestall hat 5 Buchten für 2 Zuchtsauen, 4 Faselschweine, 3 Mastschweine und 1 Eber.

Der Geflügelstall hat Raum für je 10 Gänse und Enten und darüber für

Fig. 661.

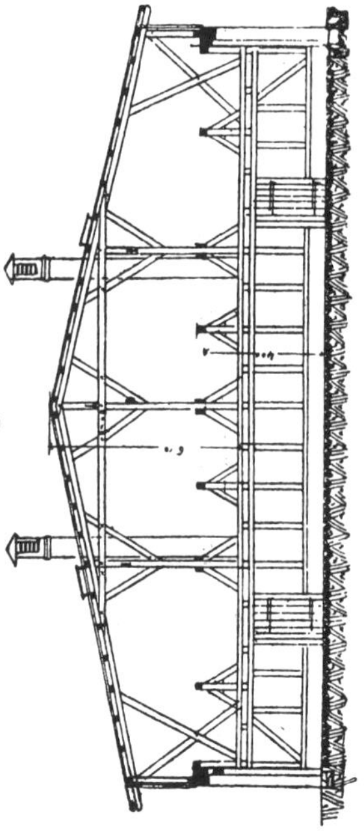

Schnitt durch die Diele

Fig. 660.

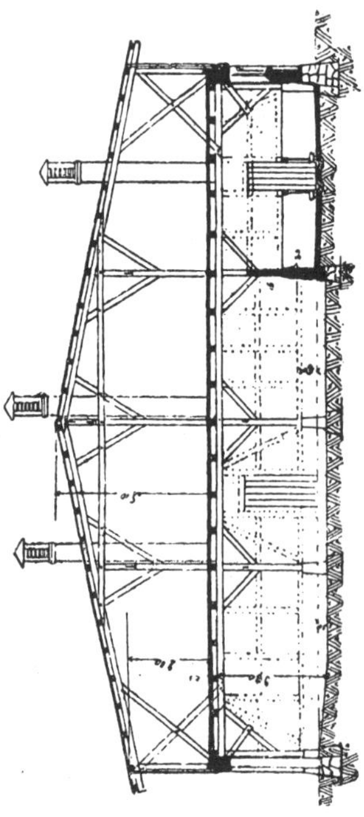

Schnitt durch den Schafstall

Fig. 662.

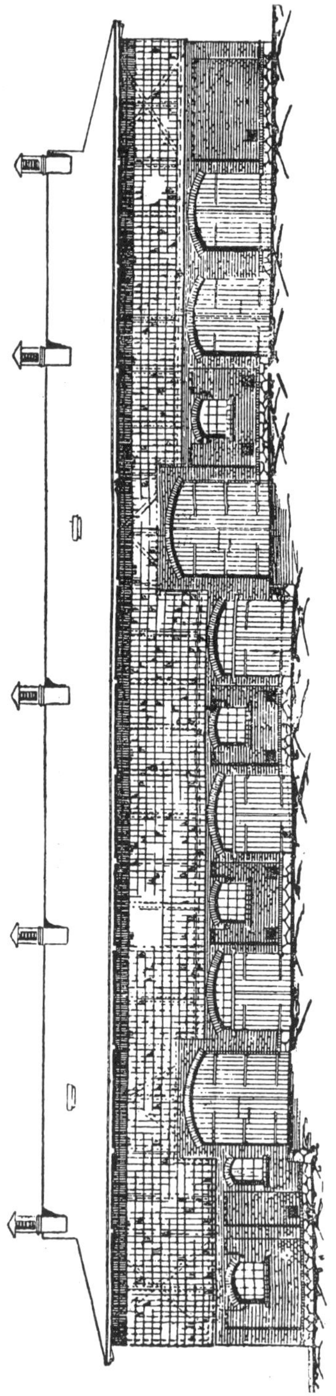

50 Hühner. Die Knechtekammer ist für 4 Mann berechnet. Der Pferdestall bietet Raum für 4 Ackerpferde, der Stall dahinter für 6 Postpferde.

Die Ausführung ist die gewöhnliche in Backsteinmauerwerk. Die Stalldecke wurde aus besonderen Gründen, weil das Holz sehr billig zur Hand war, aus gestrecktem Windelboden hergestellt, dessen Lehmestrich zur Sicherung gegen die Stalldünste mit Asphaltpappe überklebt ist.

Die übrige Ausführung entspricht durchaus den in den betreffenden Absätzen beschriebenen Konstruktionsweisen. Die Baukosten betrugen 15000 Mk.

3. Federviehställe.

Im allgemeinen empfiehlt es sich, die Geflügelställe so warm, geschützt und sonnig als möglich anzulegen. Freistehende Stallgebäude sind hierzu deswegen eigentlich weniger geeignet. Wenn sie trotzdem inmitten großer Höfe ausgeführt werden, so wird man ihnen Schutz gegen die rauhen Winde im Winter dadurch geben, daß man das Gebäude auf 3 Seiten mit dichter Nadelholzanpflanzung in 3 bis 5 m Abstand umgibt.

Das Raumbedürfnis. An Stallgrundfläche beanspruchen: 1 Gans 0,25 qm, 1 Ente 0,15 qm, 1 Pute 0,30 qm, 1 Huhn 0,12 qm, 1 Taube 0,1 bis 0,2 qm. In ein und demselben Raume bringt man höchstens 50 bis 100 Hühner unter und rechnet auf 1 qm Stallfläche 5 Hühner.

Die Stallhöhe beträgt 2 bis 2,30 m; für einzelne Abteilungen, z. B. für Enten und Gänse, sind 1,30 m ausreichend, ebenso für den Legeraum der Hühner und Puten 1,40 bis 1,50 m.

Die inneren Abteilungen. Hier genügen schwache Trennungswände aus Drahtgeflecht, aus Latten oder aus mit Löchern durchbrochenem Mauerwerk, auch Rabitz- oder Gipsdielenwände.

Die Umfassungswände sind am besten massiv auszuführen, damit der Stall warm bleibt und das Ungeziefer entfernt werden kann. Als Material kommen Backstein- und Kalksandziegel in Frage.

Die inneren Wände werden geputzt und mit Kalkmilch sauber gestrichen. Hierfür eignen sich ganz besonders schwache Wände aus Gipsdielen oder aus Rabitzputz, 6 bis 8 cm stark.

Die Stalldecke ist am besten massiv (2,5 cm starke Gipsdielen) herzustellen und wiederum sauber zu putzen und mit Kalkmilch anzustreichen; es genügt aber auch halber Windelboden.

Der Fußboden. Flachseitiges Ziegelpflaster ist hier ausreichend; gegen Ratten schützt besser doppellagiges Ziegelpflaster oder Beton, der letztere 6 bis 8 cm stark. Der Fußboden wird 25 bis 30 cm über das Gelände gelegt. Zur Erhaltung der Reinlichkeit im Innern dient eine Sandschüttung von etwa 2 cm Höhe, die öfter mitsamt dem Dünger herausgebracht und erneuert wird. Für Hühnerställe im oberen Stock nimmt man mit Vorliebe gespundete rauhe Dielung mit Lehmestrich.

Die Fenster. Die Ställe sollen, besonders für den Aufenthalt im Winter, hell sein. Die Fensterbrüstungen im Innern werden stark abgeschrägt, damit sie von den Hühnern nicht zum Sitzen benutzt werden. Von außen erhalten die Fenster Schutz durch Drahtgewebe. Sie sind 0,4 bis 0,5 m breit, 0,6 bis 0,8 m hoch.

Die Türen und Stallzugänge. Doppelte Türen sind dann empfehlenswert, wenn man dieselben zum Lüften des Stalles benutzen will. In diesem Falle bestehen die inneren Türen aus einem mit Drahtgewebe bespannten Rahmen. Zugangstüren werden 0,70 m breit und 1,80 m hoch.

Für die Tiere ordnet man Schlupflöcher von 18 × 24 cm Lichtmaß an, die etwa 50 cm über Gelände liegen und mit Schiebern geschlossen werden können. Dieselben bestehen am besten aus Eisenblech.

Die innere Einrichtung. Für Hühnerställe ordnet man ein Stangengerüst an, das horizontal liegt oder unter einem Winkel von etwa 30° ansteigt. Die Sitzstangen sind 4 bis 5 cm stark aus Kiefernholz, das mit Karbolineum getränkt ist. Oder man macht einen wagerechten Sprossenrost auf Böcken, 40 bis 50 cm über dem Erdboden. Die Sprossen sind 5 bis 6 cm breit, 3 cm dick bei etwa 40 cm Entfernung voneinander. Die Sitzlänge beträgt für 1 gewöhnliches Huhn 15 bis 20 cm.

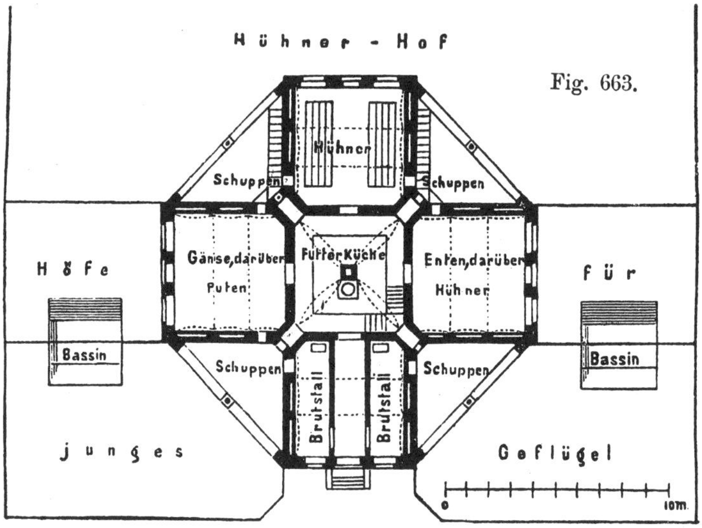

Fig. 663.

Die Legekästen sind etwa 35 bis 40 cm weit und 40 bis 50 cm hoch. Auf 3 Hühner rechnet man einen Legekasten oder für 50 Hühner 40 Nester. Empfehlenswert sind auch Wandnester in Korbform aus Drahtgeflecht, die erste Reihe 1 m über dem Boden, die nächsten in 0,3 m Abstand.

Alles Holz muß glatt gehobelt sein und Karbolineumanstrich haben.

Die Stallfütterung wird, wenn notwendig, bewirkt mittels Futterbrettern an den Wänden am Gange. Sie haben einen erhöhten Rand, sind für Hühner etwa 12 cm, für Enten, Puten und Gänse bis 20 cm breit. Die Wand, aus Bohlen bestehend, hat Ausschnitte, durch die die Tiere ihre Köpfe stecken, um zum Futter zu gelangen. Wassernäpfe werden ebenfalls auf diese Bretter gestellt.

Bruträume erhalten Oefen. Sie sind meist aufgemauert und oben bis unter die Decke geführt oder stark abgeschrägt, damit sie nicht zum Sitzen benutzt werden können. Die Ställe selbst sind halbdunkel. Brutkästen an den Wänden sind 40 cm breit und tief, 70 bis 80 cm hoch.

Masträume sind ebenfalls halbdunkel, aber kühl und am besten massiv abgeschlossen. An den Wänden befinden sich Mastkäfige, 4 Zellenreihen terrassenförmig übereinander mit einem Vorsprung bei jeder Reihe von 10 bis 15 cm Breite für die Futternäpfe. Die erste Zellenreihe liegt etwa 60 bis 70 cm über dem Stallboden.

Fig. 664.
Vorbau zu einem geschlossenen Geflügelstall.

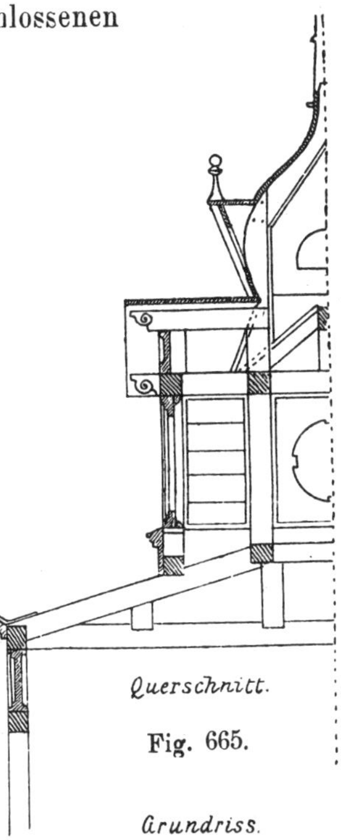

Querschnitt.
Fig. 665.

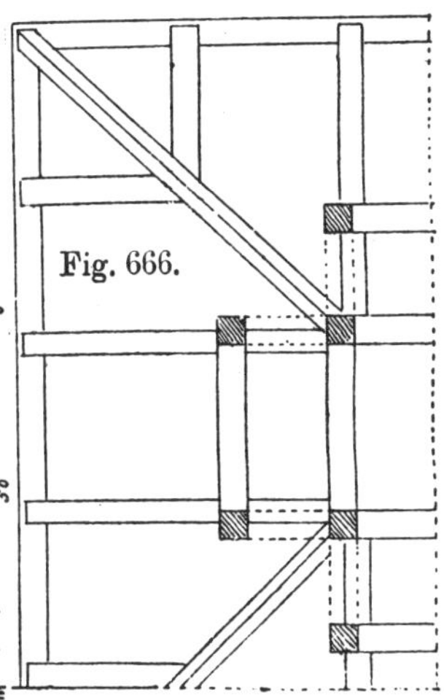

Grundriss.
Fig. 666.

Eine **Hühnerzelle** ist 27 cm lang, 15 cm breit, 20 cm hoch; eine **Putenzelle** ist 55 cm lang, 32 cm breit und 50 cm hoch. Der hintere *Zellenboden* erhält eine Einlage von verzinktem Eisendrahtgitter zum Durchfall des Kotes.

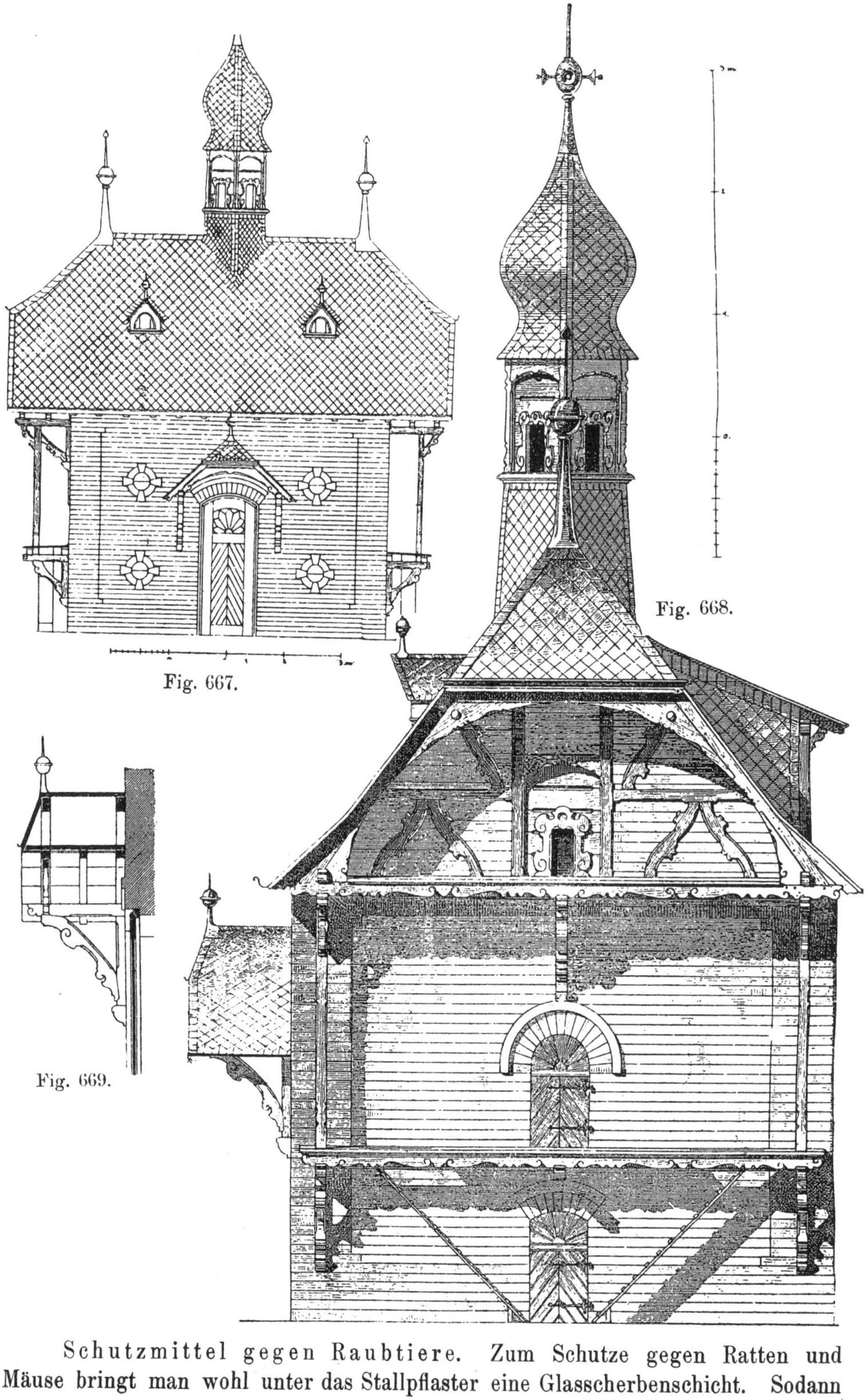

Fig. 667.

Fig. 668.

Fig. 669.

Schutzmittel gegen Raubtiere. Zum Schutze gegen Ratten und Mäuse bringt man wohl unter das Stallpflaster eine Glasscherbenschicht. Sodann umgibt man den Geflügelhof mit einem dichtmaschigen Drahtzaun von 2 m Höhe, der an hölzernen Ständern oder an eisernen Gasrohrpfosten befestigt ist. In diesen Drahtzaun kann man außerdem hölzerne Klappfallen, Tellereisen usw. gegen Iltis, Marder, Fuchs usw. einlegen.

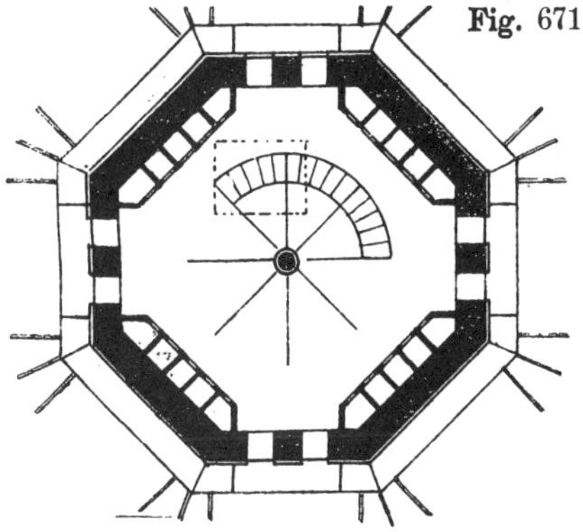

Fig. 671.

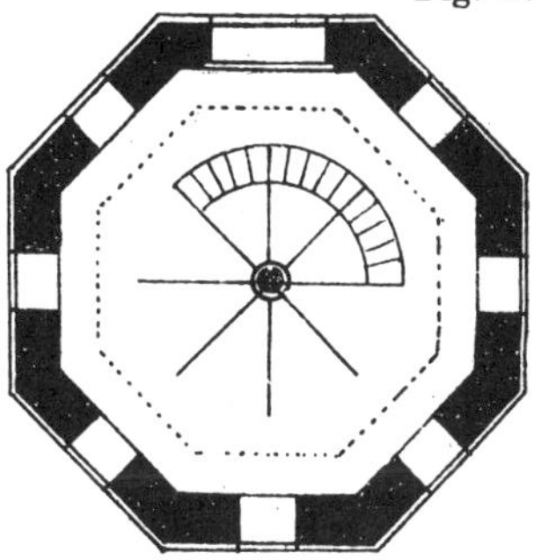

Fig. 672.

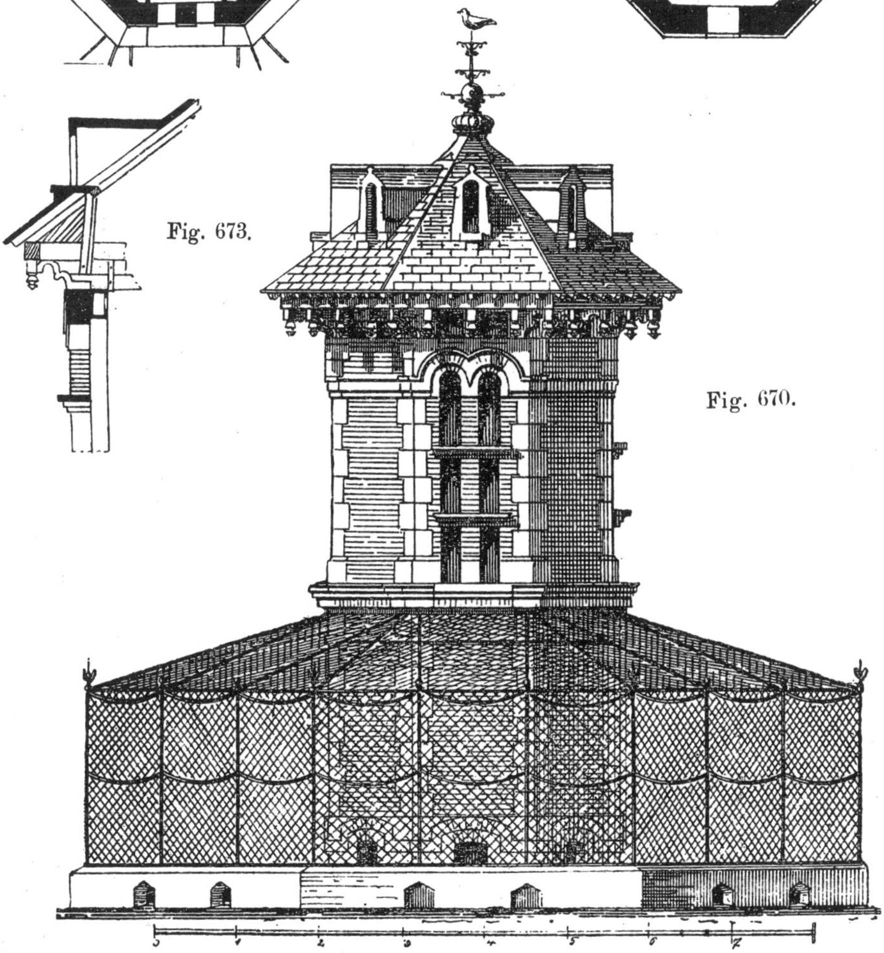

Fig. 673.

Fig. 670.

Die Stallüftung. Die notwendige Lüftung geschieht durch Luftlöcher unter der Decke die geschlossen werden können.

Der Hühnerhof erfordert für je 5 Hühner 50 qm Grundfläche. Er liegt nach Süden oder Südosten hin zu. Bei Rassenzucht legt man Einzelhöfe an, für je 7 Stück mit 5 bis 10 qm Grundfläche für das Huhn.

Die Umzäunung hat eine Höhe von 1,5 m für schlechte Flieger, für gute

Fig. 676.

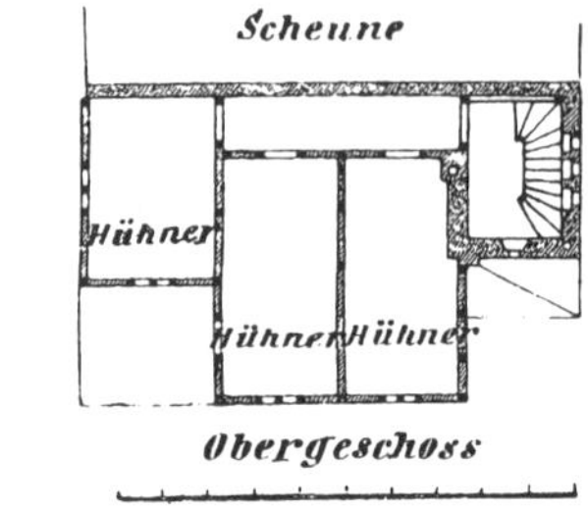

Fig. 675.

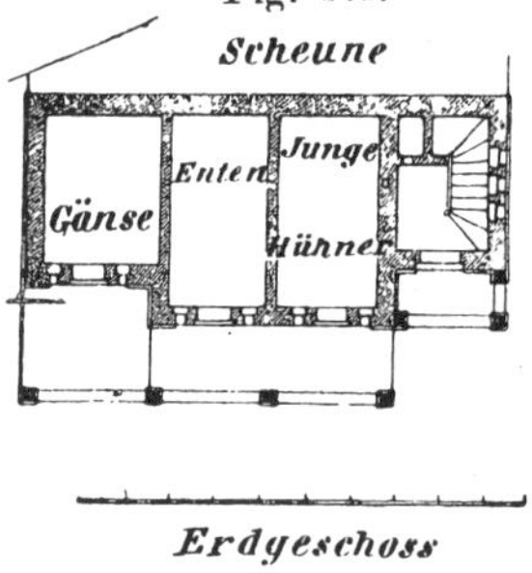

Fig. 674.

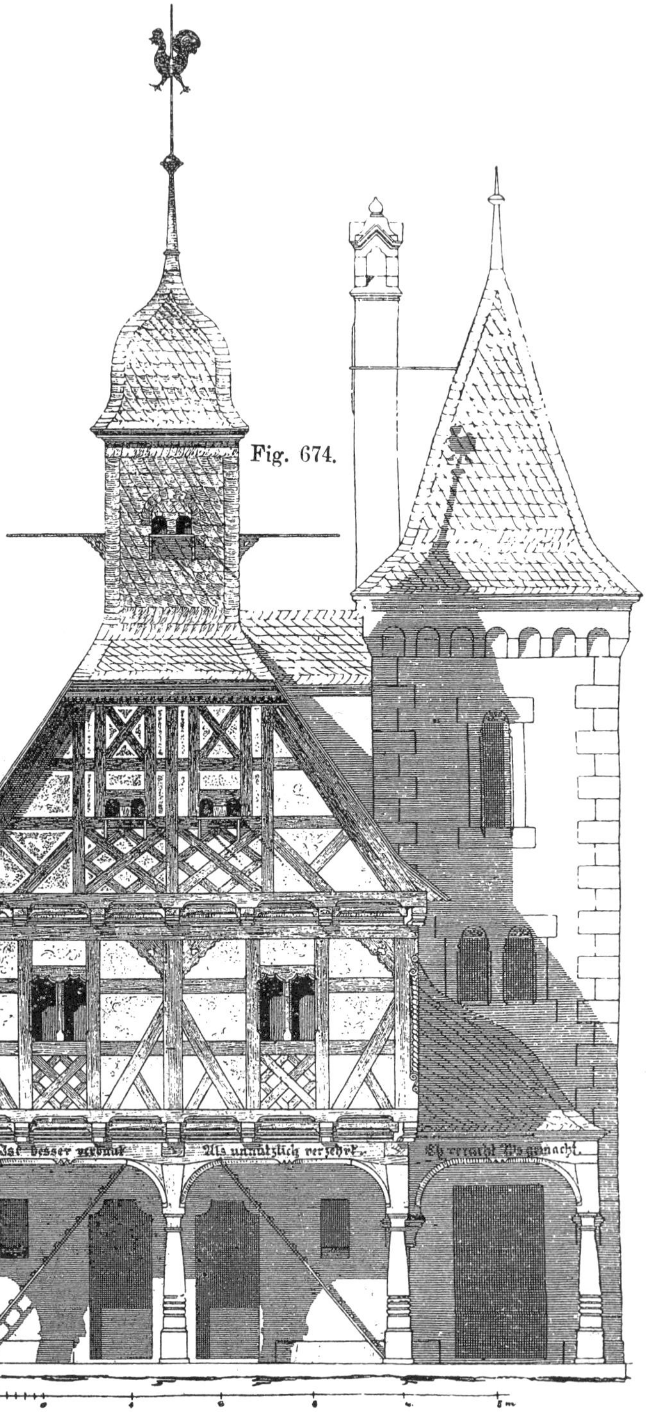

eine solche von 2,5 bis 3 m Höhe. Bei Lattenstaket rechnet man 7 cm Lattenweite, wobei unten 60 cm hohe Zwischenlatten angeordnet werden. Am besten nimmt man aber verzinktes Drahtgeflecht, 4 bis 7 cm weitmaschig und bis zu 60 cm Höhe unten 2 bis 2,5 cm weitmaschiges. Die Befestigung geschieht an ⊤-Eisen oder 25 mm starken Rundeisen. Der Fußboden soll trocken sein, teils Kiesschüttung, teils Graswuchs mit Gesträuchumpflanzungen.

Empfehlenswert ist die Anlage eines Wetterschuppens am Stalle, der nach Süden offen ist mit sehr breitem Dachüberstande.

Taubenschläge werden so hoch als möglich angelegt. Sie müssen besonders reinlich, frei von jeglichem Ungeziefer und gut gelüftet sein. Bei einem Geflügelhause bringt man deshalb für die Tauben gern einen Turm an (Fig. 664, 668, 674) oder legt den Taubenschlag in einen Giebel.

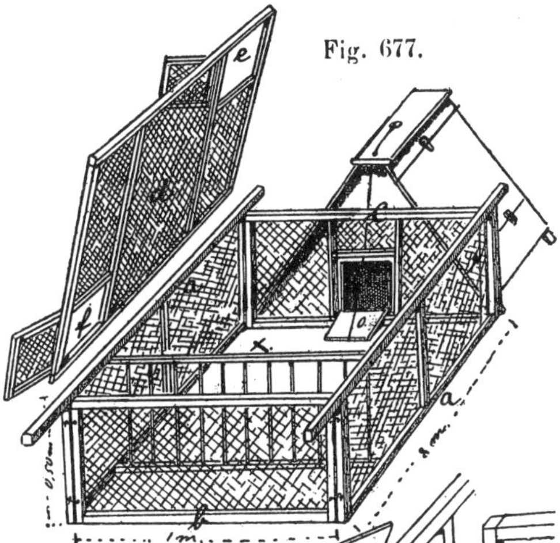

Fig. 677.

An 3 Seiten, Osten, Süden und Westen, erhält ein Taubenturm Ausflugsöffnungen von etwa 15 cm im Quadrat. Sie liegen 1 m über dem Fußboden des Schlages und werden durch Ziehklappen verschlossen. Die innere Höhe des Schlages beträgt 1,90 bis 2 m. An Grösse erfordert derselbe pro Paar 0,15 bis 0,18 qm; für ein Paar Brieftauben 0,5 cbm, für ein Paar Rassetauben 1,0 cbm.

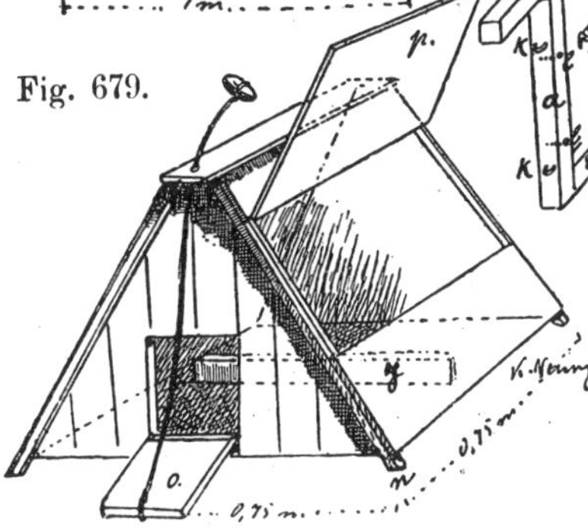

Fig. 679.

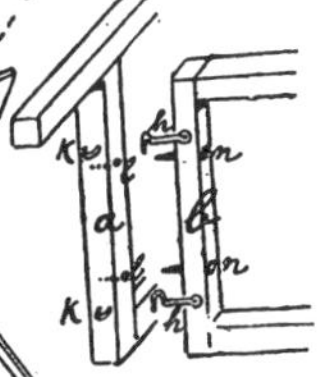

Fig. 678.

Die Sitzstangen sind wieder mit Karbolineum getränkt, 4 bis 5 cm stark im Innern und auch im Aeußern von dem Schlage anzubringen. Für die Nester rechnet man 35 × 30 cm Raumerfordernis pro Stück. Ein quadratischer Taubenturm von 2 m innerer Wandlänge und 2 m lichte Höhe kann auf jeder Seite 5 Nester neben- und 6 Nester übereinander aufnehmen.

Geflügelzüchtereien: Unter Beachtung der vorher aufgestellten Bedingungen für Lage, Brutraum und Aufzuchtraum nimmt man gewöhnlich Stallabteilungen für höchstens 100 Tiere mit einem eingefriedigten Auslaufhof an. Als Nebenräume sind vorzusehen solche für Futterbereitung, für Futtervorräte, für Hähne, für krankes Geflügel, — sowie Masträume für Kücken, ältere Hühner, — dazu ein Enten- und Gänseteich nebst Wärterwohnung.

Kostenberechnung für Geflügelställe.

1 lfd. m Lattenstaket, 2 m hoch aus 12/12 cm Kreuzpfosten, 8/8 cm Riegel, oben 7 cm, unten auf 60 cm Höhe 2 cm weit gelattet, einschließlich Latten, Nägel und Arbeitslohn . . . . 4,50 Mk.

1 lfd. m verzinktes engmaschiges Drahtgeflecht . . . . —,50 Mk.
Wände aus Kalksand- und Kalkschlacken-Stampfbau sind brauchbar. Am besten bestehen sie aus Ziegelmauerwerk, $1^1/_4$ bis $1^1/_2$ Stein stark mit Luftschicht und glattem Innenputz. Die Kosten stellen sich pro qm einschl. Ausfugen auf 9,2 Mk.
Stalldecke: 1 qm halber Windelboden einschließlich Balkenholz, Ausstakung, Putz, Fußboden . . . . . . , ... 9,— „
Gewölbte Decken siehe Seite 222 und folgende.
Dachkosten siehe Seite 147.
Eine Stiegenleiter (Brett mit 15 bis 20 cm weit genagelten Querleisten) einschließlich Karbolineum-Anstrich und Befestigung . . . 3,50 „
Fußboden: 1 qm Feldsteinpflaster einschließlich Material und Arbeitslohn etwa . . . . 2,50 „
1 qm Lehmestrich desgl. . . . . 2,— „
1 qm Klinkerpflaster in Zementmörtel, desgl. . . . . 4,20 „
1 qm Klinkerpflaster in Traßmörtel, desgl. . . . . 3,75 „
1 qm geriffelte Steingutfliesen . . . . 7,— „
1 qm Zementbeton, desgl. . . . . 2,30 „
1 qm Traßbeton, desgl. . . . . 1,50 „
1 qm Eichenbohlen, 6 cm stark, desgl.. . . . . 10,— „
1 qm Holzklotzpflaster, desgl. . . . . 12,— „
Ein Eisenblech-Schiebeverschluß einschließlich Führungsschienen, Rollen, Schnur, Oelfarbenanstrich und Befestigung . . . . . 5,— „

Beispiele.

Fig. 663. Geflügelhaus nach L. v. Tiedemann. Um eine mittlere Futterküche gruppieren sich hier sehr nett und übersichtlich die einzelnen Stallräume. Dieser mittlere quadratische Raum ist über das Dach des zweistöckigen Stalles hinaus als Taubenturm aufgeführt. (Nach Tiedemann, Landw. Bauwesen, Verlag von L. Hofstetter, Halle).

Fig. 664 bis 666. Federviehstall vom Architekten Joh. Linden in Aachen. Hinter dem Sommerstall liegt noch ein niedriges massives Stallgebäude für den Winter und für kalte Regentage.

Fig. 667 bis 669. Federviehstall und Taubenturm von den Architekten Müller und Grah in Köln (nach Holzarchitektur von Neumeister und Häberle, Verlag von K. Wittwer, Stuttgart).

Fig. 667 bis 673. Federviehstall (nach le Brique ordinaire von Lacroux). Das Gebäude ist in hellem Kalkstein mit roten Verblendsteinen hergestellt.

Fig. 674 bis 676. Federviehstall mit Taubenturm vom Architekten P. Schenk in Marburg (nach Holzarchitektur von Neumeister und Häberle, Verlag von K. Wittwer, Stuttgart).

Fig. 677 bis 679. Kücken-Auslaufhaus (nach „Haus, Hof und Garten“, Mosse, Berlin). Das Häuschen dient zur Kückenaufzucht in Gehegen, und besteht aus einzelnen leicht zusammensetzbaren Teilen, so daß es, auseinandergenommen, in der Zeit des Nichtbenutztwerdens auf dem Speicher verhältnismäßig wenig Platz einnimmt.

Fig. 677 a = die Längsseiten: 2,0 m lang, 0,50 m hoch. Die Enden der oberen Latten stehen 0,10 m über. b = die kurzen Seiten: 1,0 m lang, um Lattenhöhe niedriger als a. c = kurze Seite mit Tür, davor steht die Hütte (Fig. 679). d = Deckelrahmen mit Klappen e und f, die ein Hineinsetzen des Futter- und des Trinkgefäßes ermöglichen.

Fig. 678 erläutert die Befestigung der 4 Seitenrahmen. k = 2 Krammen oder Schraubösen. h = Haken aus Draht. n = je 2 starke Nägel, die in die Bohrlöcher l der Rahmen a eingreifen.

Fig. 679. Die Hütte, aus Kistenbrettern mit 2 Oeffnungen o und p hergestellt. Der Verschluß o dient zugleich als Laufbrett. Die Klappe p dient zum Einbringen von Stroh, Torfmull usw. und zum Reinigen. g = Leiste in der Bodenmitte zum Versteifen des Gerüstes der Hütte. Die Verlängerungen der Leisten m und n dienen als Füße der Hütte, damit der Hüttenboden über Gelände freiliegt. Das Hüttendach ist mit Dachpappe zu benageln. Die Hütte dient zum Ausbrüten der Eier und später als Stall für die Henne und die Küken.

4. Ställe für Lapins und Kaninchen.

Stallung für ein Muttertier nebst Nistraum = 1 m lang, 0,50 m breit, 0,50 m hoch. Der Fußboden kann aus Holz bestehen, muß aber dann mit Zink verkleidet werden. Am besten ist Zementestrich. Nach vorn zu muß er ein Gefälle erhalten zur Ableitung des Urines. Den Nistraum umgrenzt eine Bretterwand mit 25 cm weitem quadratischen Schlupfloch. Die vordere Wand einer Stallung besteht aus einem Holzrahmen mit Drahtgeflecht. Für die männlichen Tiere werden besondere Stallungen derselben Größe ohne Nistraum angelegt.

5. Bienenhäuser.

Hierfür genügen einfache Bretterbauten, mit Strohdach abgedeckt. Die Ausflugseite für die Bienenstöcke soll dabei nach Südosten liegen. Die Länge der Schuppen ist gleich der doppelten Länge der in einer Reihe stehenden Einzelstöcke zu halten. Die Fluglöcher liegen dann in einem Abstande von rund 0,70 bis 0,75 m von einander entfernt. Der Abstand der Reihen übereinander beträgt rund 0,70 m.

Ein einfaches verbrettertes Häuschen erhält etwa 1,80 m Tiefe, 1,95 m Höhe (tiefster Punkt des Pultdaches hinten), 0,94 m Gangbreite hinter den Bienenstöcken. Vor den Fluglöchern ist ein durchlaufendes Brett mit Neigung nach vorn, 0,40 m breit, anzubringen. (Vergl. Fig. 680).

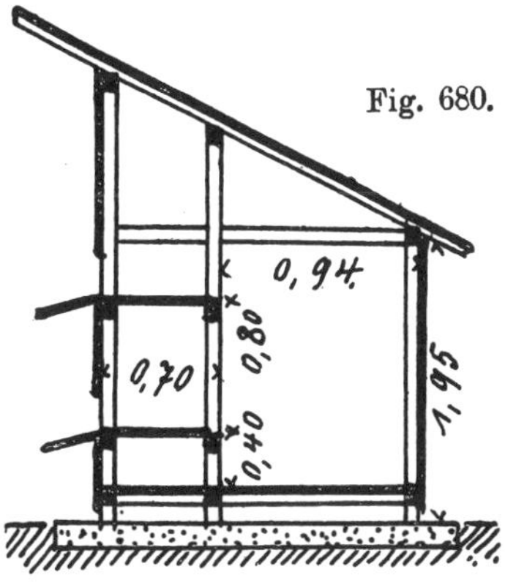

Fig. 680.

Massive Bienenhäuser erhalten mit Vorteil einen etwa 1,20 bis 1,30 m hohen, kellerartigen Ueberwinterungsraum. Die lichte innere Höhe des Bienenhauses beträgt etwa 1,80 bis 1,90 m. Hier muß eine Temperatur von 3 bis 4° R. herrschen. Der Raum muß aber vor allen Dingen trocken und auch luftig sein. (Vergl. hierzu „Baukunde des Architekten", Berlin, Band II.)

6. Dungstätten und Jauchenbehälter.

Die Lage der Dungstätten wird in nächster Nähe der Ställe oder parallel zu denselben am zweckmäßigsten sein. Ein bequemes Einbringen des Düngers aus dem Stalle ist erforderlich. Bei offenen Jaucherinnen darf die Entfernung der Grube resp. des Jauchenbrunnens vom Viehstalle nicht zu weit sein, da sonst eine Menge der wertvollen Jauche verloren geht oder sich mit Regenwasser vermischt, wodurch sie an Dungwert verliert. Deswegen ist eine unterirdische Ableitung der Jauche aus den Ställen empfehlenswert. Gegen ein Verstopfen mit Stroh muß sie selbstredend geschützt werden.

Zwischen Düngerstätten und Gebäuden muß eine Entfernung von 5 m liegen, um das Mauerwerk gegen durchsickernde Jauche aus der Grube zu schützen. Dieser Zwischenraum muß gepflastert werden. Bei kleinen Gruben kann diese Entfernung kleiner werden, etwa 1 m breit. Dicht an Gebäude soll aber die Dungstätte nicht gelegt werden.

Fig. 681.

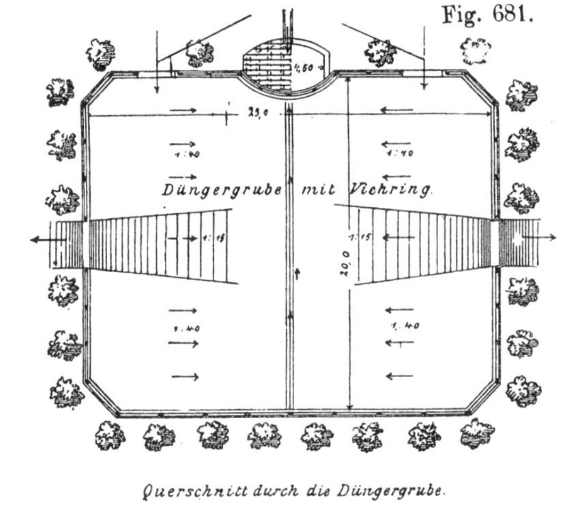

Die Form der Düngergrube ist meist rechteckig. An den beiden kurzen Seiten liegen Ausfahrtsrampen mit einer Steigung von 1 : 20 (Fig. 681 bis 682).

Der Raumbedarf. Man rechnet an Größe etwa 3 qm für das Stück Großvieh. Einschließlich Streu und Jauche erzeugt ein Pferd pro Jahr etwa 10 cbm, 1 Stück Rindvieh 13 bis 15 cbm, 1 Schaf 2,5 bis 3 cbm, 1 Schwein 3,5 cbm Dünger. Derselbe darf nicht höher in der Grube aufgespeichert werden als bis zu 1,40 m, da er sich sonst zu sehr erhitzt. Es wird sich dann weiter nur darum handeln, ob der Dünger von der Dungstätte 3 oder 4 mal im Jahre abgefahren werden kann.

Die Konstruktion. Die Erhaltung der wertvollen Dungstoffe ist vor allem durch eine absolute Dichtigkeit des Bodens der Grube sowie des einschließenden Mauerwerks bedingt. Die Dungstätten werden zunächst muldenförmig, mit allseitigem Gefälle nach der Jauchengrube, angelegt. Das Erdreich wird 30 bis 45 cm tief ausgehoben und mit einer 30 cm starken Lehmschicht ausgestampft. Hierauf kommt Pflaster in Sandbettung, am besten in Zementmörtel verlegt. Auch Asphalt-, oder Kalkbetonboden kann gewählt werden. Der gepflasterte Boden der Grube wird gegen das Gelände erhöht und mit gepflasterten Borden und Rinnen zur Abhaltung des Tagewassers umgeben. Diese Umfassung kann auch durch Mauerwerk aus Backsteinen oder aus Bruchsteinen in Höhe von 0,5 bis 1,0 m in Zementmörtel hergestellt werden.

Die Sohle der Dungstätte muß ein Gefälle von 1 : 20 bis 1 : 50 aufweisen. Sie wird gegen Sickerung gesichert durch eine 30 bis 50 cm starke Tonschicht oder auch durch eine 15 cm starke Zementbetonschicht auf gestampfter Unterlage aus Ziegelbrocken unter dem Pflaster.

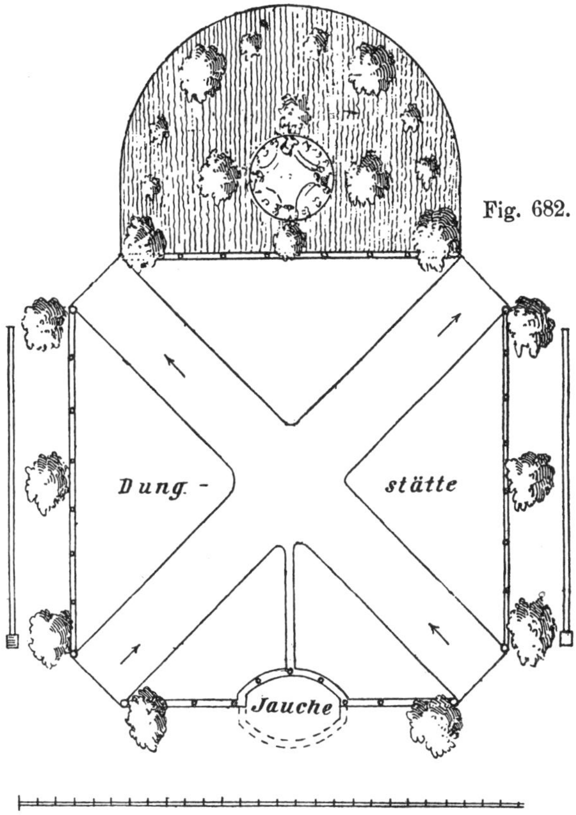

Fig. 682.

Einfahrtstore. Für das Befahren der Dungstätte legt man gegenüberliegende Einfahrtstore von 3,0 m Breite an. Die zugehörigen Rampen erhalten ein Gefälle von 1 : 15 bis 1 : 20 und werden gepflastert (Fig. 681).

Als Viehring benutzt man die großen Dunggruben gern, indem man sie umzäunt durch Pfosten aus Doppel-T-Eisen mit zwischengelegten hölzernen Holmen.

Zum Schutz des Düngers gegen die Einwirkung der Sonnenstrahlen und des Regens werden besondere Mittel, wie Dächer, nicht angewendet, da sie zu teuer kommen. Eine Umpflanzung mit Bäumen ist gut (Fig. 681, 682). Das Regenwasser aus den Dachrinnen der Ställe ist sorgfältig von der Grube abzuhalten.

Man hat allerdings hier und da Versuche gemacht, mit Hilfe von leichten Eisenkonstruktionen und Pappdächern Dungstätten gegen die Witterungseinflüsse zu schützen, ist aber immer wieder davon zurückgekommen, da die Kosten im Verhältnis zum Nutzen sich viel zu hoch stellen. Die Ammoniakverflüchtigung kann auch eine Bedachung außerdem nicht verhindern. Wo man aber Mangel an Stroh zur Streu leidet, wo man z. B. statt dessen sogen. Plaggen aus Gras und Heideboden verwenden muß, da findet man wohl überdeckte Dungstätten, weil hier der Regen die Aufsaugefähigkeiten des Streumaterials zu ungünstig beeinflussen würde.

Mit den Dungstätten werden häufig die Gesinde-Aborte verbunden. Ihre Lage ist am besten über dem Jauchebrunnen oder in nächster Nähe desselben.

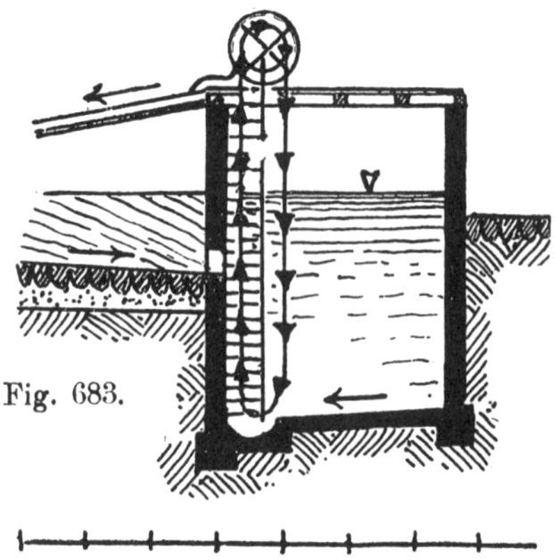

Fig. 683.

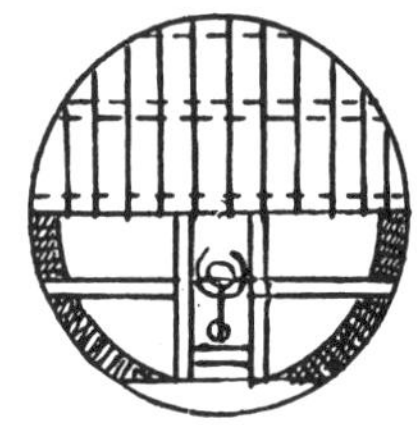

Fig. 684.

Im ersten Falle ist der Jauchenbrunnen mit einem Rost zu bedecken. Die zweckmäßigen Maße für Aborte sind: Zellenbreite 0,90 bis 0,95 m, Sitztiefe 0,50 m, Sitzhöhe 0,45 m, Zellentiefe 1,0 bis 1,20 m, Brillengröße 23 × 30 cm.

Der Jauchenbrunnen. Unmittelbar an der Grube, und zwar an ihrer tiefsten Stelle, wird der Jauchenbrunnen angelegt. Er muß undurchlässig sein. Seine Grundform ist am besten rund oder elliptisch. Als Abdeckung genügt Bohlenbelag. Die Seitenwände werden 25 cm stark, die Sohle 13 cm stark aus Backsteinen in Zementmörtel gemauert, innen mit heißem Goudron gestrichen und mit Dachpappe oder Holzzement ausgeklebt. Ueber Wände und Sohle wird darauf eine Flachschicht in Zement gemauert und mit Zementkalk 2 cm stark innen und außen verputzt. Die Sohle des Brunnens erhält ein Gefälle nach einer Seite hin. Mittels einer Pumpe und durch vorgelegte Rinnen wird von dem Brunnen aus der Dünger gleichmäßig befeuchtet.

Die Größe des Jauchenbrunnens muß je nach der Fütterungsart aus der Stückzahl des Viehes ermittelt werden. Bei Trockenfütterung genügen 0,16 cbm pro Stück; bei Schlämpefütterung erhöht sich die Berechnung auf ungefähr 0,4 cbm pro Stück.

Kosten von Dungstätten. 1 qm Fahrweg-Feldsteinpflaster etwa 1,5 M, 1 qm Sohlenpflaster aus Feldsteinen auf Tonunterlage etwa 2,0 M, 1 qm Sohlen-Zementbetonestrich, 12 bis 15 cm stark, etwa 1,4 bis 1,8 M, 1 cbm Ziegelmauerwerk für den Jauchenbrunnen mit innerem Goudronanstrich, sowie Dachpappe- oder Holzzement-Ausklebung etwa 25,0 M, 1 qm 20 cm starkes Backsteinpflaster mit 2 cm Zementabschlämmung etwa 5,0 M, 1 qm Bohlenabdeckung des Jauchenbrunnens etwa 7,5 M, 1 lfd. Meter unterirdische Jauchenrohrleitung etwa 2,0 M, 1 lfd. Meter hölzerner Viehring aus 20/20 cm starkem Holz mit Schieberbarrieren etwa 6,0 M, 1 eiserner Kettenständer einschl. Eingraben etwa 8,0 M, 1 m Viehringkette etwa 1,5 m.

Gesamtkosten für 1 qm Dungstätte einschl. Viehring und Abortanlage = 4,5 bis 7,0 M.

Fünfter Abschnitt.

Gebäude für landwirtschaftliche Gewerbe.

1. Molkereien.

a) Allgemeines.

In Molkereien wird Milch zu Butter und Käse verarbeitet. An Einzelräumen sind für die Butterbereitung erforderlich solche: für die Milchannahme und -Abgabe, für Milchentrahmung, für Milchaufbewahrung, für Herstellung der Butter, für Ansäuerung des Rahmes, für Aufbewahrung der Butter, für Gerätereinigung und schließlich für Eis bezw. Kühlanlage. Die Käserei braucht Räume: für Käsebereitung, für Käsetrocknung, für Käse-Aufbewahrung und für Geräte.

Größte Sauberkeit ist überall Hauptbedingung, Wasserleitung selbstverständlich notwendig, Heizung und gute Lüftung dabei zu berücksichtigen. Während eines Teiles des Jahres wird Eis nötig, weshalb mit der Molkerei eine Eiskelleranlage verbunden sein muß. Die Temperatur der Milchkammer soll 14° C. betragen. Sie wird gewölbt und mit Wandisolierung versehen. Auch für die übrigen Räume empfiehlt sich massive Deckenkonstruktion. Die Fußböden werden, der sich entwickelnden Säure halber, nicht aus Beton, sondern aus Asphalt hergestellt. Für den Wandputz empfiehlt sich Zementmörtel.

Auf dem Gebiete der Milchhygiene sind heutzutage ganz bedeutende Fortschritte zu verzeichnen. Damit wurden neue Betriebseinrichtungen hierfür notwendig, die ganz besonders sich auf die Einführung von Kühlmaschinen und auf verbesserte maschinelle Anlagen zur Ausnützung der Milch beziehen. Deshalb haben die meisten älteren Molkereien, um auf der Höhe zu bleiben, erweitert werden müssen. Nicht nur haben einzelne Teile des Betriebes eine Umänderung erfahren, sondern vollständige Umbauten wurden dabei der neuen Maschinen halber notwendig, und zwar um so mehr, je höher die tägliche Milchverarbeitung sich steigerte.

In den Fig. 668 bis 699 sind einige ältere Anlagen vorgeführt, die aber leicht den modernen Bedürfnissen sich anpassen lassen, während die Fig. 700 bis 705 ganz neue Molkerei-Anlagen wiedergeben.

b) Beispiele.

Molkereianlage auf Gut Borghorst in Holstein vom Architekten J. C. Mose-Kiel. (Fig. 685 bis 689.)

Bei der Anlage von Molkereien auf großen Gütern ist auch noch die Unterbringung des Dienstpersonals zu berücksichtigen, das die Kühe melken muß. Die vorliegende Anlage ist für 200 Kühe berechnet. Den Mittelpunkt bildet der Zentrifugenraum. Vielfach wird hier auch die Käserei betrieben, sie liegt aber besser für sich allein, damit die Butter nicht im Geschmack beeinflußt wird. Neben dem Zentrifugenraume liegt die Butterkammer, wohin die Butter nach den Trögen 15 gebracht wird, um dort von Milch befreit und gesalzen zu werden. Bei warmem Wetter geschieht dies im Glastroge 9. Unterhalb der Butterkammer liegt ein Butterkeller. Der Raum dient zugleich zur Entgegennahme der Milch.

Von den fünf Bassins, 13 und 14, benutzt man vier zum Abkühlen von Milch und Rahm und eins zum Anwärmen von Rahm. Zuführung von kaltem Wasser muß vorgesehen werden. Das Wasser wird hierzu vom Brunnen in ein über dem Eisraumgewölbe aufgestelltes Reservoir (Dachgeschoß b 1) gebracht zur Erhaltung der niedrigen Temperatur.

Der Raum b ist für Käserei und Bespülen der Gefäße bestimmt. Er enthält den Käsebottich 4 und den Vorwärmer 3. Im Maschinenraume C ist eine vier Pferdekraft-Dampfmaschine aufgestellt und ein Kessel von sechs Pferdekraft, weil beide von einem und demselben Wärter bedient werden. Ein Kohlenraum d beschließt die eigentliche Molkerei-Anlage. Der andere Teil des Hauses umfaßt die Stuben des Meiers und der Meierin, die Spinnstube (Eßstube für die Meiereimädchen), die Krankenstube, Küche, Speisekammer und Männer-Eßstube. Die Küche enthält einen Dampfkochkessel; auch die Heizung geschieht mit Dampf. Gepflastert ist die Molkerei mit Saarbrückener 4 cm starken Platten auf Betonunterlage. Pflaster mit Fugen ist zu vermeiden der Säure wegen, aus demselben Grunde auch Zementestrich.

Im Dachraume liegen die Schlafkammer der Mädchen, die Räucherkammer, Schrotmühle usw.

Die Keller, die Milchwirtschaftsräume im Erdgeschoß und die Räucherkammer sind gewölbt.

Fig. 690 und 691. Genossenschaftsmeierei zu Stocksee bei Ascheberg in Holstein, entworfen und ausgeführt vom Bergedorfer Eisenwerk.

Das Gebäude ist einstöckig. Durch den Haupteingang gelangt man in den Separatoren- und Milchannahme-, Kühl- und Spül-Raum, an den sich Kontor, Rahm- und Butter-Kammer anschließen. Die letzte liegt vertieft, sie ist gewölbt und dient gleichzeitig als Butterkeller. Vom Kontor aus ist Milchannahme- und Separatorenraum zu übersehen.

Fig. 692 bis 697. Molkerei Feldkirchen (Oberbayern) mit Zentrifugen- und Dampfbetrieb (Baugew.-Ztg., Berlin 1892).

Fig. 698 und 699. Genossenschafts-Molkerei zu Roßleben (nach H. Issel, „Baumeister a. d. Lande“, Verlag von K. Scholtze, Leipzig).

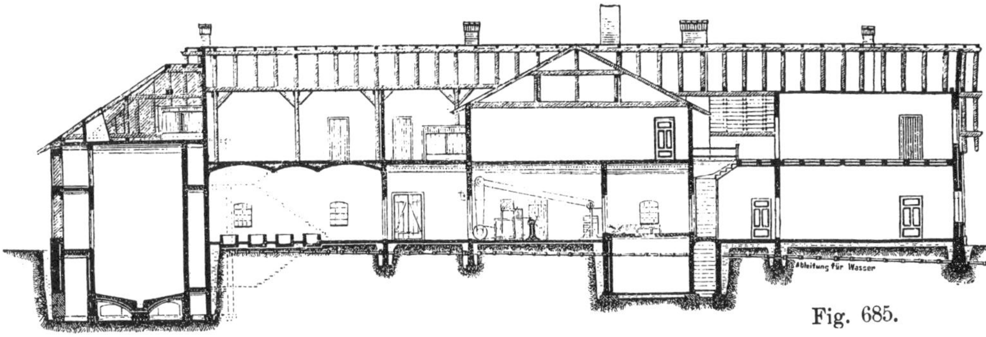

Fig. 685.

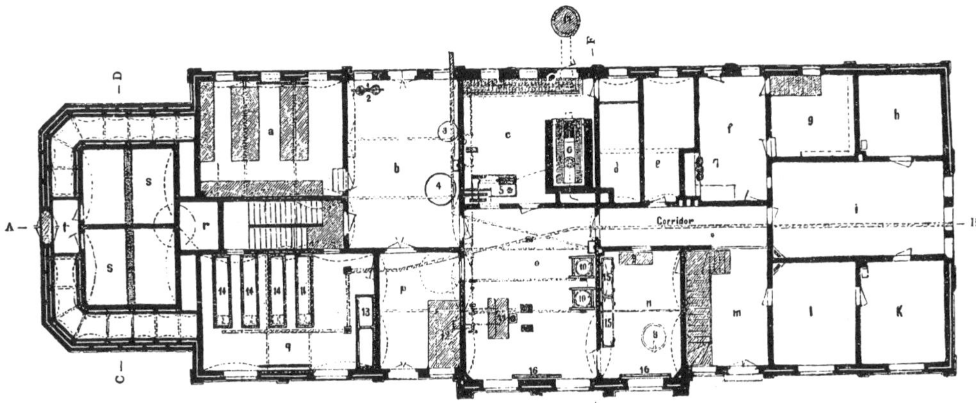

Fig. 686.

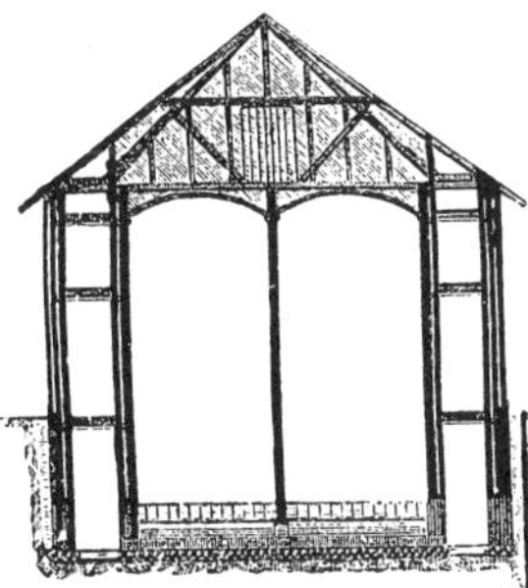

Fig. 687.

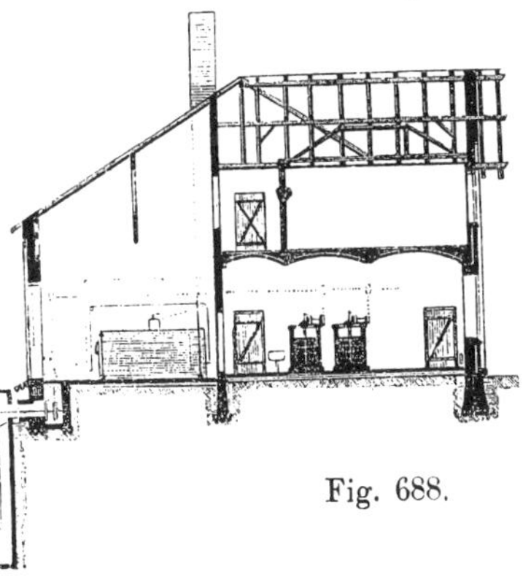

Fig. 688.

Erklärungen zu Fig. 686.

a Käsekammer, darunter Keller für Käse. b Käserei. c Maschinenraum. d Kohlenraum. e Essstube für Männer. f Küche. g Speisekammer, darunter Keller. h Krankenstube. i Spinnstube, zugleich Essstube der Mädchen. k Haushalter. l Meierin. m Vorplatz. n Butterkammer, darunter Keller. o Zentrifugen-Raum. p Milch-Annahme. q Kühlraum. r Vorraum zum Eishause. s Eisraum (in 2 Abteilungen). t Vorraum zum Einbringen des Eises. 1 Käse. 2 Butter. 3 Vorwärmer. 4 Käsebottich. 5 Dampfmaschine. 6 Kessel. 7 Dampfkochkessel. 8 Butterknetmaschine. 9 Zur Abkühlung der Butter. 10 Butterfass. 11 Milchbassin. 12 Milcheinguss. 13 Zur Erwärmung des Rahms. 14 Zur Abkühlung der Milch. 15 Buttertröge. 16 Heizröhren. 17 Brunnen mit Tiefpumpenanlage.

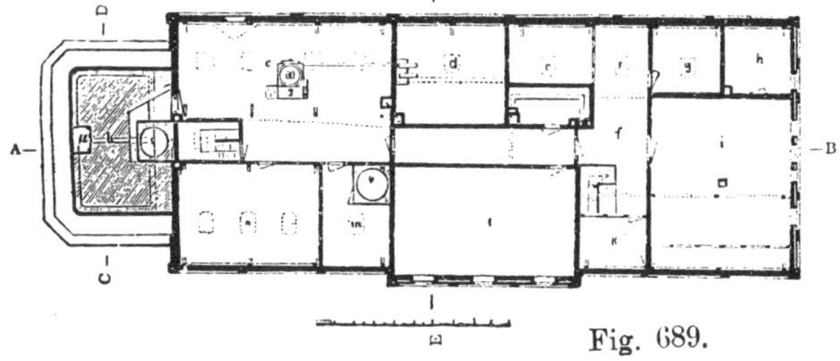

Fig. 689.

Erklärungen zu Fig. 689.

a Lichtschacht. b Dachraum, oberhalb des Eisraumes, gefüllt mit Torf. c Mahlboden. d Maschinenraum. e Geräteraum. f Vorplatz. g Schlafstube für den Heizer. h Kammer. i Mädchenschlafkammer. k Abgetrennter Raum. l Reserveraum. m Kammer. n Schrotlagerraum. 1 Erstes Hochwasser-Reservoir. 2 Schrotmühle. 3 Winde. 4 Zweites Hochwasser-Reservoir.

Fig. 690.

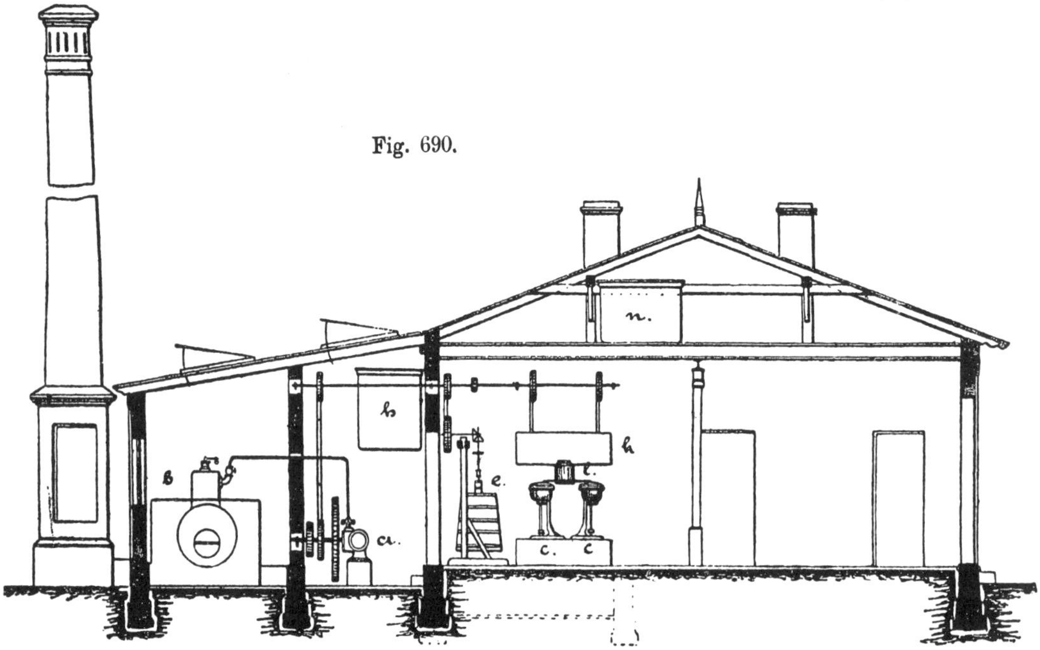

Fig. 691.

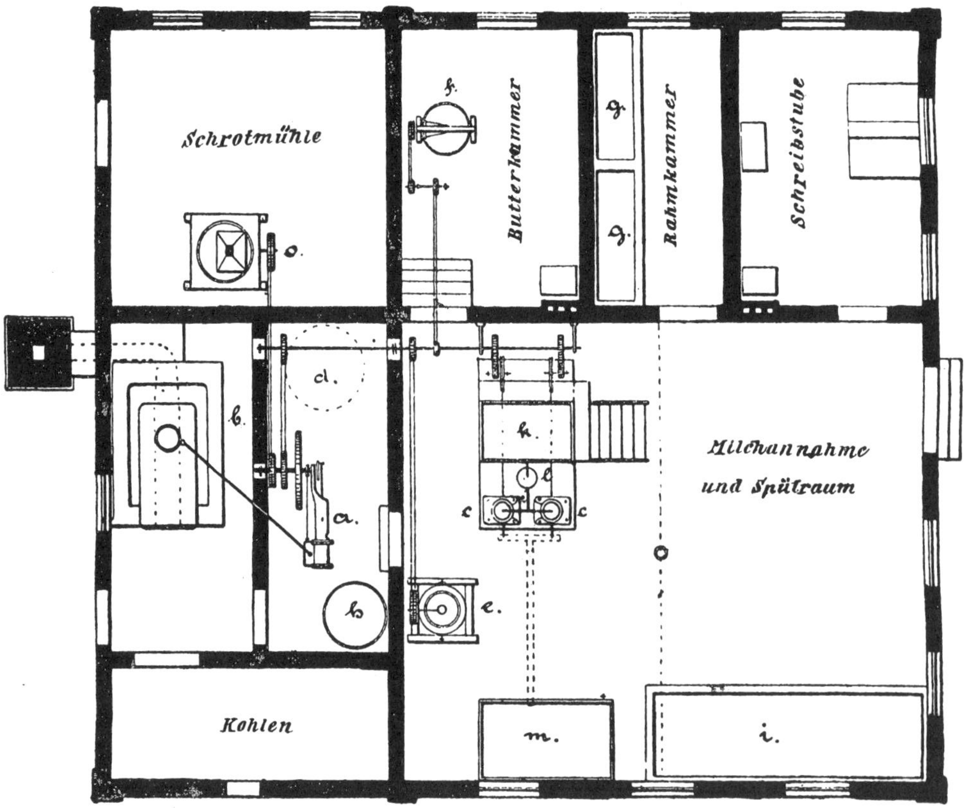

Fig. 700. Molkerei zu Appeln (Bergedorfer Eisenwerk). Das Gebäude enthält einen großeu Mittelraum für Milchannahme und -Ausgabe, der zugleich die Maschinen, den Separator usw. aufnimmt (rt. 36 qm), dazu eine Butterei (rt. 18 qm), einen Raum für den Dampferzeuger (rt. 7,5 qm) und ein Kontor (rt. 9,75 qm). Als Betriebsmittel fur die Maschine dient ein Göpel außerhalb des Gebäudes. Der Betrieb ist für 500 bis 1000 Liter Verarbeitung pro Tag eingerichtet. Die Maschinenkosten stellten sich auf 3360 Mk., die Baukosten auf 3700 Mk. (zusammen 7060 Mark).

Fig. 701. Molkerei zu Groß-Hesepe (Bergedorfer Eisenwerk). Das Gebäude enthält einen großen Eintrittsraum für Milchannahme u. -Ausgabe (rt. 20,5 qm), dazu ein Kontor (rt. 5 qm); für den Betrieb genügte 1 Butterei (rt. 16,5 qm), 1 Separatoren-Raum (rt. 19 qm), 1 Kesselhaus (rt. 7 qm), 1 Kohlenraum (rt. 5 qm), eine Wohnung ist nicht vorgesehen. Der Betrieb ist für eine Verarbeitung von 1000 Liter Milch täglich eingerichtet. Die Maschinenkosten betrugen 6570 Mk., die Baukosten 5200 Mk. (zusammen 11770 Mk.).

Fig. 692.

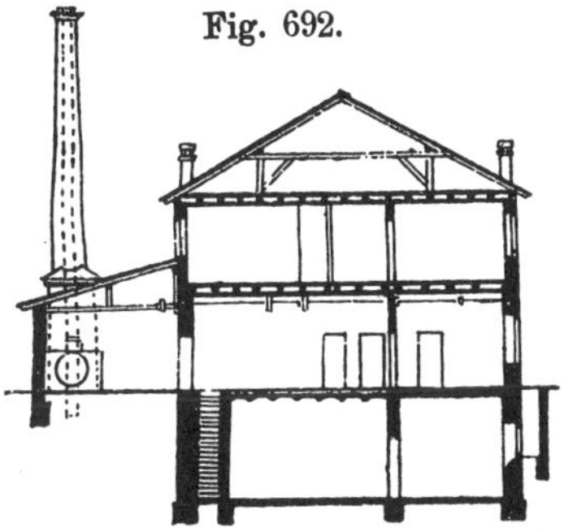

Fig. 693.

Fig. 694.

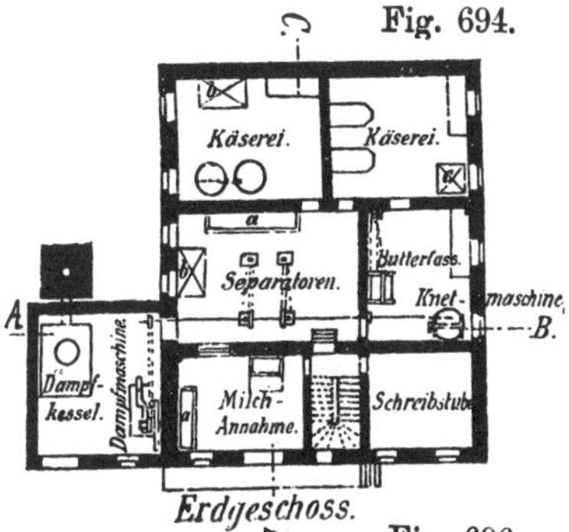

Fig. 695.

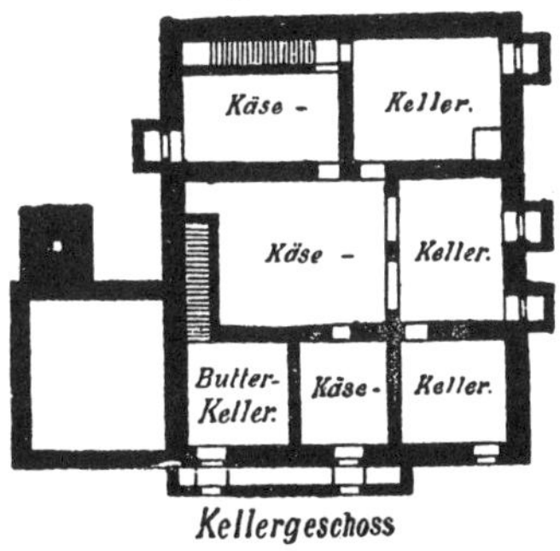

Fig. 696.

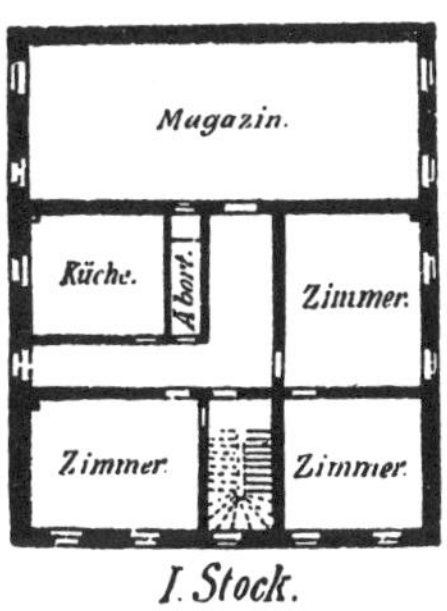

Fig. 697.

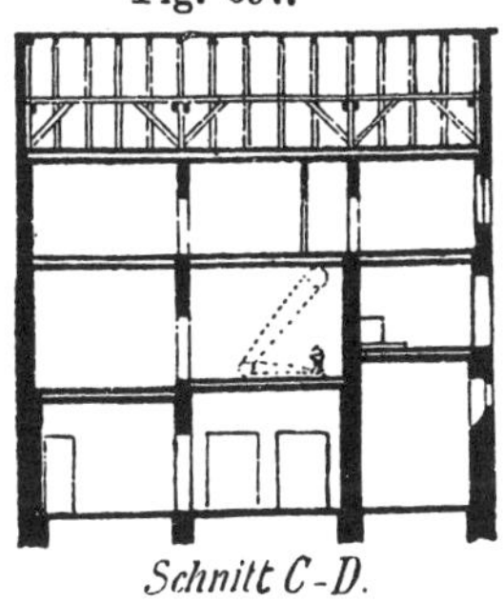

Fig. 702. Molkerei zu Fahrdorf (Bergedorfer Eisenwerk). In der Mitte des Gebäudes liegt ein großer Raum für Milchannahme und -Ausgabe, der zugleich als Separatoren-Raum zu dienen hat (rt. 64 qm). Daran schließt sich eine Butterei (rt. 3,5 qm), ein Butterlager (ringsum mit Isolierschicht *gemauert*, rt. 4,5 qm) und ein Kontor (rt. 9 qm). An der anderen Seite des großen

Mittelraumes liegt eine Wohnung von 2 Zimmern mit Küche und einer Treppe zu den ausgebauten Giebelräumen. Der Betrieb ist für eine Verarbeitung von 2 bis 3000 Litern Milch pro Tag eingerichtet. Die Baukosten betrugen 12500 Mk., diejenigen für Maschinen 8250 Mk. (zusammen 20750 Mk.). Die Fassaden sind in einfachem Ziegelbau gehalten, in den Längsfronten $1^1/_2$ Stockwerk hoch.

Ein einstöckiger Anbau schließt sich an das Hauptgebäude an. Er enthält das Kesselhaus mit Kohlenraum (rt. 28 qm) und den Raum für die Betriebsmaschinen (rt. 12,5 qm).

Fig. 703. Molkerei zu Teichel (Bergedorfer Eisenwerk). Der Betrieb dieser Molkerei ist für eine tägliche Verar-

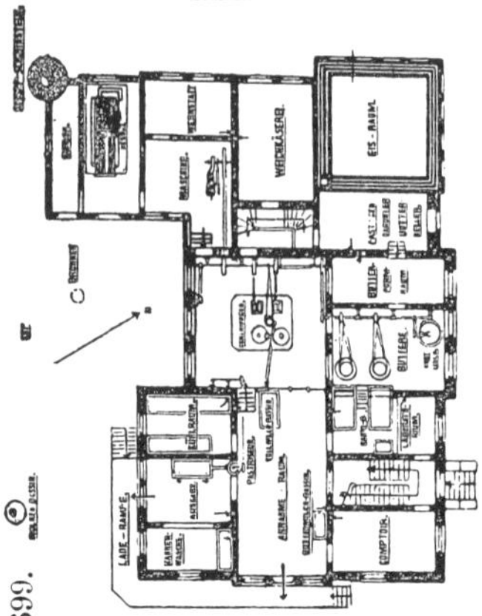

Fig. 699.

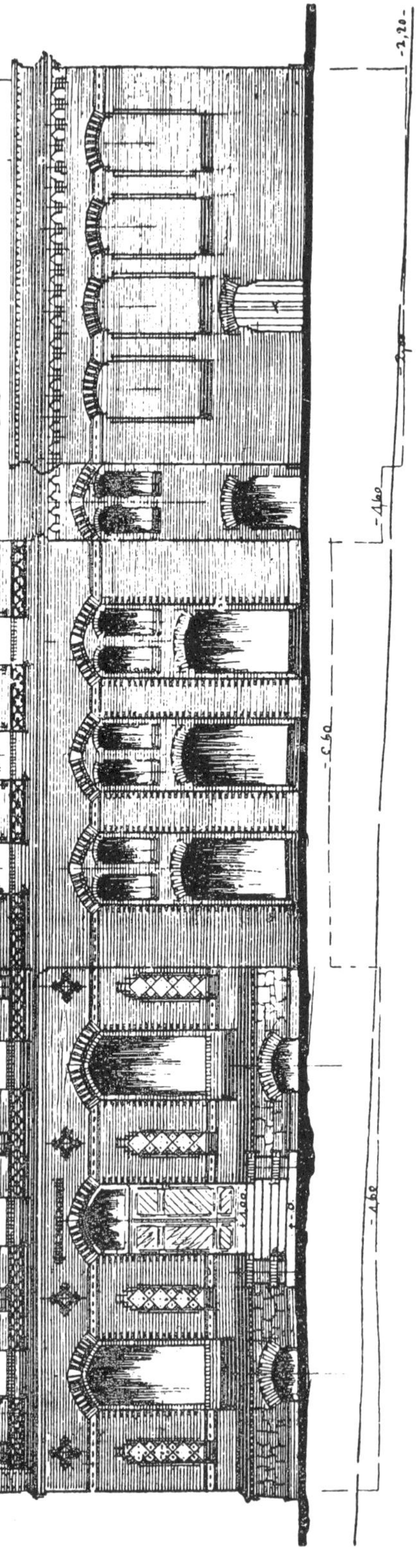

Fig. 698.

Genossenschafts Molkerei zu Rossleben

beitung von 6000 Liter Milch pro Tag eingerichtet. An Räumen wurden hierfür erforderlich: Ein großer Raum für Milchannahme und -Ausgabe (rt. 52 bis 53 qm) mit getrennten Eingängen, daran anschließend ein Treppenhaus mit Eingangstür für die obere Wohnung sowie ein Kontor, ein Separatorenraum (rt. 40 qm), eine Butterei (rt. 26 qm), eine Rahmstube (rt. 17,5 qm), ein Kühlraum (mit Vorraum, rt. 19 bis 20 qm), deren Umfassungswände mit doppelter Isolierschicht anzulegen sind. Hierzu kommen ein Kesselhaus nebst Maschinen- und Kohlenraum (rt. 53 bis 55 qm).

Die Maschinenkosten stellen sich auf 21590 Mk., die Baukosten auf 20600 Mk., mithin die Gesamtkosten auf 42190 Mk. (mit Kühlmaschine). Ueber den Verkehrsräumen links liegt eine Wohnung von 4 Zimmern, Küche und Speisekammer. Die eigentliche Molkereianlage ist einstöckig gehalten.

Fig. 700.

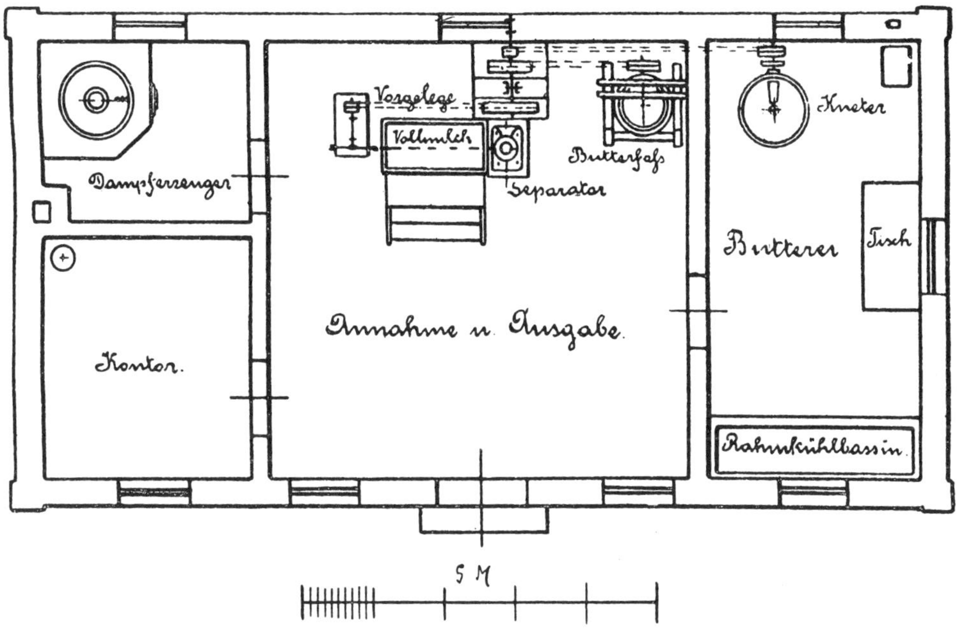

Fig. 704. 705. 706. Molkerei Alfeld a. d. Leine von der Firma Eduard Ahlborn-Hildesheim. Die Einrichtung dieser Molkerei entspricht einem täglichen Milchverbrauch von 20000 Litern. Die Milch wird zumeist zentrifugiert, zum kleinen Teile verkauft (Laden in Fig. 704). Der größte Teil der Magermilch wird verkäst oder verquarkt. Vor allen Dingen ist auf die Herstellung einer gesunden, einwandfreien und haltbaren Milch für den Stadtverbrauch Rücksicht genommen worden.

Das Erdgeschoß enthält in seinem vorderen Teile das Treppenhaus, das Kontor, ein Vorstandszimmer, einen Laden, eine Halle für Milchannnahme und -Ausgabe.

Im Kellergeschoß sind Käselager, Haushaltungskeller und Waschküche untergebracht.

Im Obergeschoß (bezw. Dachgeschoß) liegen eine Wohnung für den Direktor sowie Wohnräume für das Personal.

Das eigentliche Betriebsgebäude ist einstöckig durchgeführt. Nur über den Käseräumen befindet sich ein Obergeschoß mit Käsetrockenräumen und einem Lager für Reserveteile, Betriebsmittel und Bedarfsartikel. Die Käseräume sind für Lagerzwecke unterkellert und durch einen Fahrstuhl vom Keller bis zum Obergeschoß unter einander verbunden.

Fig. 701.

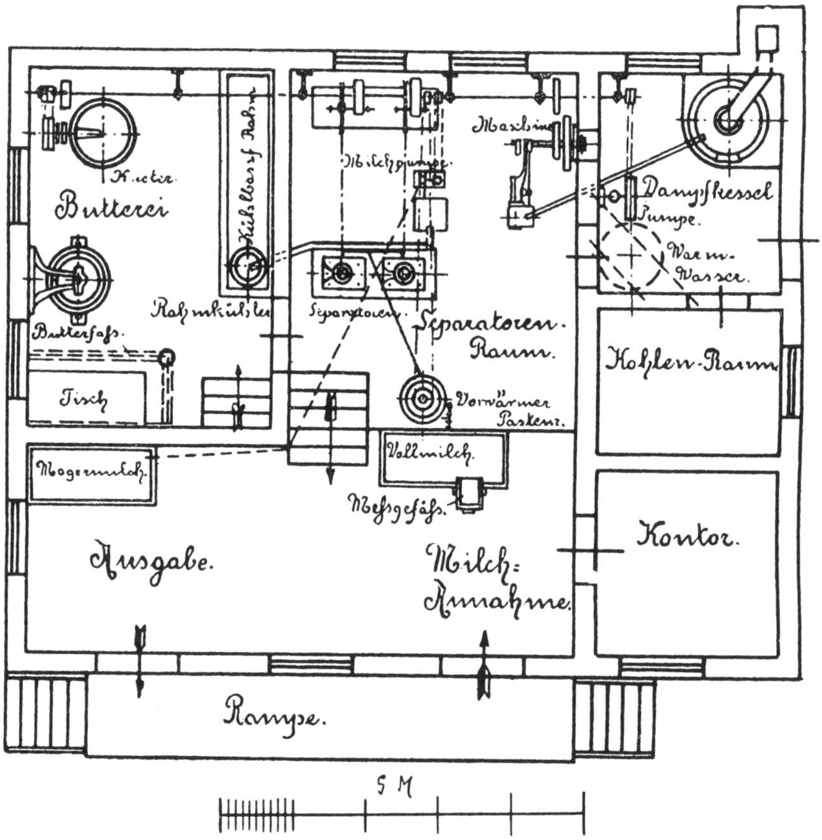

Zwischen Käserei und Molkerei ist als vorteilhafte Trennung die Treppe zum Käsekeller und zum Obergeschoß eingeschoben.

Hinter der Käserei liegt der Dampfkessel mit einem Raum für einen Reservekessel und einem solchen für die Kohlenlagerung.

Rechts im Grundriß (nach Norden) liegt ein Vorraum als Abfertigungsraum für die Milchkutscher, dann ein isoliertes und durch eine Kältemaschine gekühltes Milchlager. Unter dem Milchlager ist ein isoliertes Käselager an die Kühlmaschine angeschlossen. Es folgen weiter: die Rahmstube, die Butterei, ein Butterpackraum, ein isoliertes und künstlich gekühltes Butterlager und ein Raum für Oel und Werkzeuge sowie für die Kältemaschine.

Zentrifugenraum und Maschinenstube haben Oberlichtfenster mit regulierbaren Lüftungsklappen.

Hauptgewicht ist auf die zweckmäßige Uebersicht über die ganze Anlage gelegt, so daß man vom Kontor aus die Annahme- und Ausgabestelle, den Zentrifugenraum, die Maschinenstube und die Maschinen übersehen kann. Sämtliche Betriebsräume liegen im gleichen Niveau.

Fig. 702.

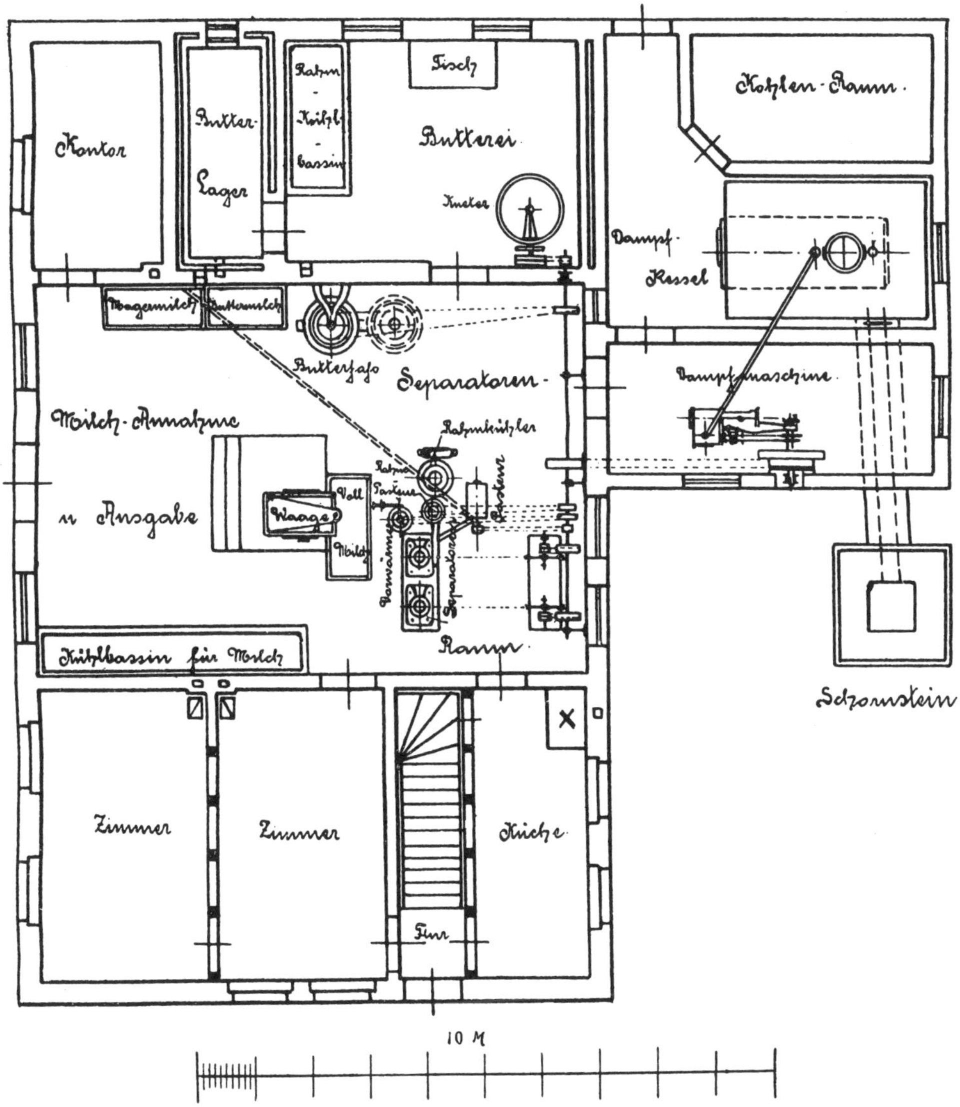

Fußböden und Wände sind mit Mettlacher Platten und Kacheln bekleidet.

Die Türen schlagen in eiserne Winkelrahmen, um einen guten Verschluß zu erzielen, und um ein Quellen und Werfen zu verhüten.

Fig. 703.

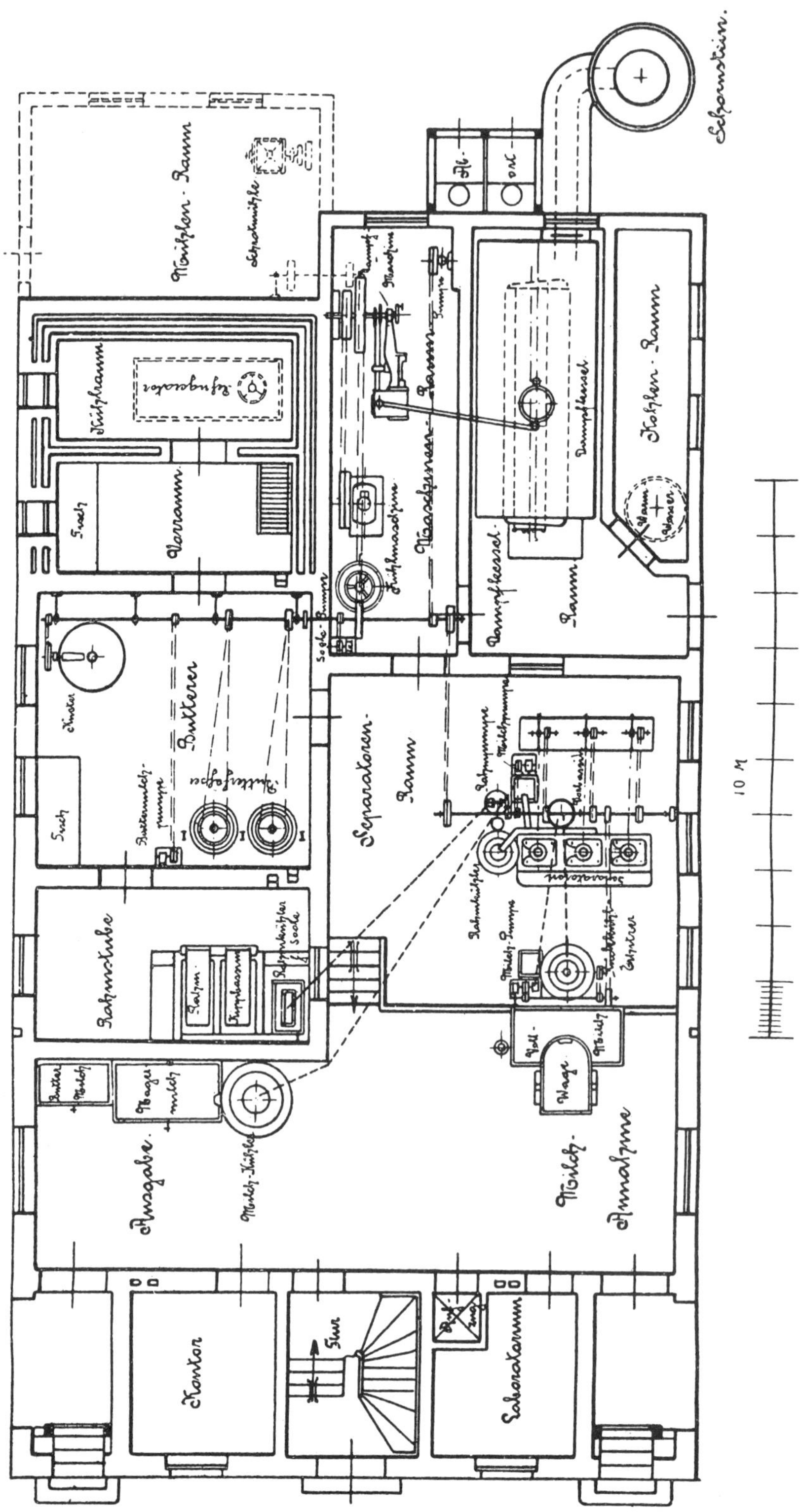
Schornstein
Kohlen-Raum
Dampfkessel
Dampfkessel-Raum
Maschinen-Raum
Kühlmaschine
Kühlraum
Vorraum
Butterei
Separatoren-Raum
Separatoren
Rahmstube
Ausgabe
Milch-Kühler
Milch-Annahme
Wage
Kontor
Flur
Laboratorium
10 M

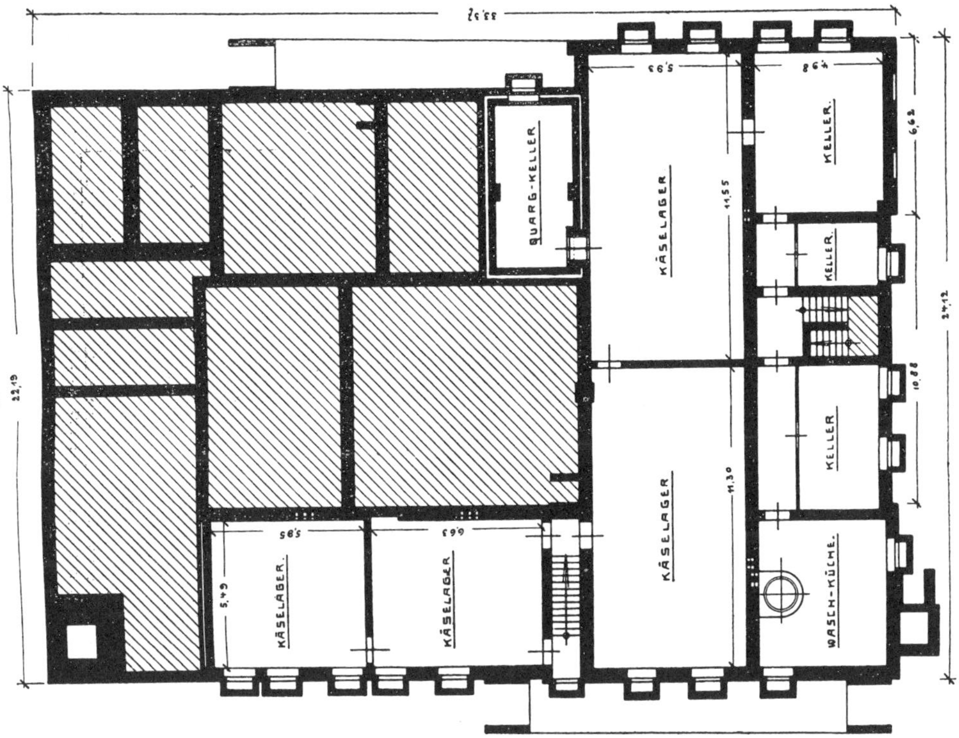

Fig. 705.

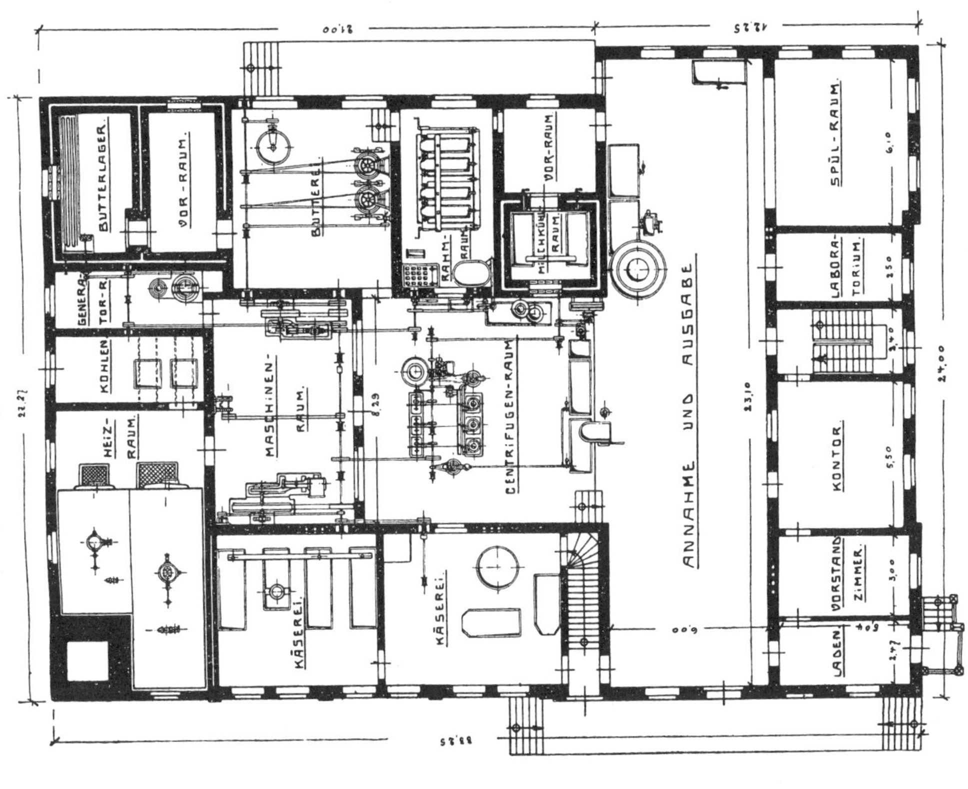

Fig. 704.

Die für den Betrieb erforderliche Wärme und Kraft wird durch einen Cornwall-Kessel mit 35 qm Heizfläche und mit einer 20pferdigen Dampfmaschine erzeugt.

Fig. 706.

Der Molkereibetrieb. Die vollen Milchkannen werden in der Annahmestelle in einen Wiegehälter einer Milchwage entleert, deren Form ein gründliches Durchmischen der Milch, und damit eine genaue Durchschnittsprobe auf ihren Fettgehalt hin ermöglicht. Je nach der Art ihrer späteren Verarbeitung, entweder für den städtischen Verkauf, oder für Entrahmung zu Butter und Verkäsung, kann die Milch von hier aus in besondere Behälter gelangen.

Die Butterbereitung. Die zu entrahmende Milch kommt zunächst in einen Vorwärmer, dann in die Entrahmungs-Maschinen, wo ein Rahmpasteur den Rahm hochgradig erhitzt. Eine Reformpumpe befördert ihn weiter in den Kühler. Der Rahmkühler ist ein Flächenkühler. Von dem Kühler wird der Rahm zur Reifung in Rahmkippwannen und nach der Säuerung von dort in die Butterfässer befördert. Die hier gewonnene Butter wird darauf durch eine Butterwanne auf einen Ahlbornschen Reform-Butterkneter gebracht und hier weiter bearbeitet, wobei die sogen. Buttermilch ausgeschieden wird. Ein Hebeapparat führt sie dem Buttermilch-Ausgabebassin zu.

Die Magermilch wird entweder in einem Dampfspar-Milcherhitzer erhitzt und durch eine Reformpumpe über den Magermilchkühler in das Magermilch-Ausgabebassin geleitet. Oder sie gelangt von den Entrahmungsmaschinen über den Kühler unmittelbar in die Käserei. Die Rückgabe der Magermilch geschieht durch eine automatische Milchwage.

Die Verkaufsmilch hat verschiedene Prozesse durchzumachen, wobei sie erwärmt und schließlich einer Dauererhitzung unterworfen wird. Man erreicht hierdurch ihre Keimfreimachung sowie eine große Haltbarkeit, ohne daß die Milch etwa den Kochgeschmack annimmt, vielmehr abrahmbar bleibt und leicht verdaulich wird. Ueber Flächenkühler gelangt sie zuletzt in das isolierte Milchlager, wo sie bei niedriger Temperatur bis zur Abgabe aufbewahrt bleibt.

Besonderes Augenmerk ist bei der Gesamtanlage einer Molkerei auf eine vorzügliche Kälteerzeugung zu richten. Sie wird hier bewirkt durch eine Ahlbornsche Kohlensäure-Kältemaschine. Dieselbe dient

1. zur Tiefkühlung der Verkaufsmilch,
2. zur Tiefkühlung des pasteurisierten Rahmes,
3. zur Temperierung des Rahmes durch Kunsteis,
4. zur Erzeugung von Kunsteis,
5. zur Kühlung des Butterlagers,
6. zur Kühlung des Milchlagers.

Die Kühlräume werden durch eine künstliche Luftzirkulation trocken gehalten, so daß Schimmelbildung hier ausgeschlossen erscheint.

Schließlich ist auch auf eine rationelle Abdampf-Ausnutzung Rücksicht zu nehmen, so daß der Abdampf für die Erhitzung von Milch und Wasser vollständig nutzbar gemacht wird.

Fig. 707 bis 711. Molkerei mit Milchverkauf und Vollbetrieb (von der Firma Eduard Ahlborn in Hildesheim). Bei Anlagen dieser Art ist auf zwei Dinge der größte Wert gelegt, nämlich einmal auf eine vorzügliche Kühleinrichtung und dann auf die Vermeidung von geschlossenen Leitungen zum Transport der Milch in die einzelnen Geräte. Es ist deshalb der Raum, in dem die Milch vorbehandelt wird, so hoch gelegt, daß sie von hier aus mit natürlichem Gefälle in die einzelnen Apparate gelangt. Vergl. Fig. 708.

Die Milchannahme- und Ausgabestelle ist durch den Raum für den Expedienten in zwei Teile geteilt. Von hier aus kann derselbe die Abfertigung und

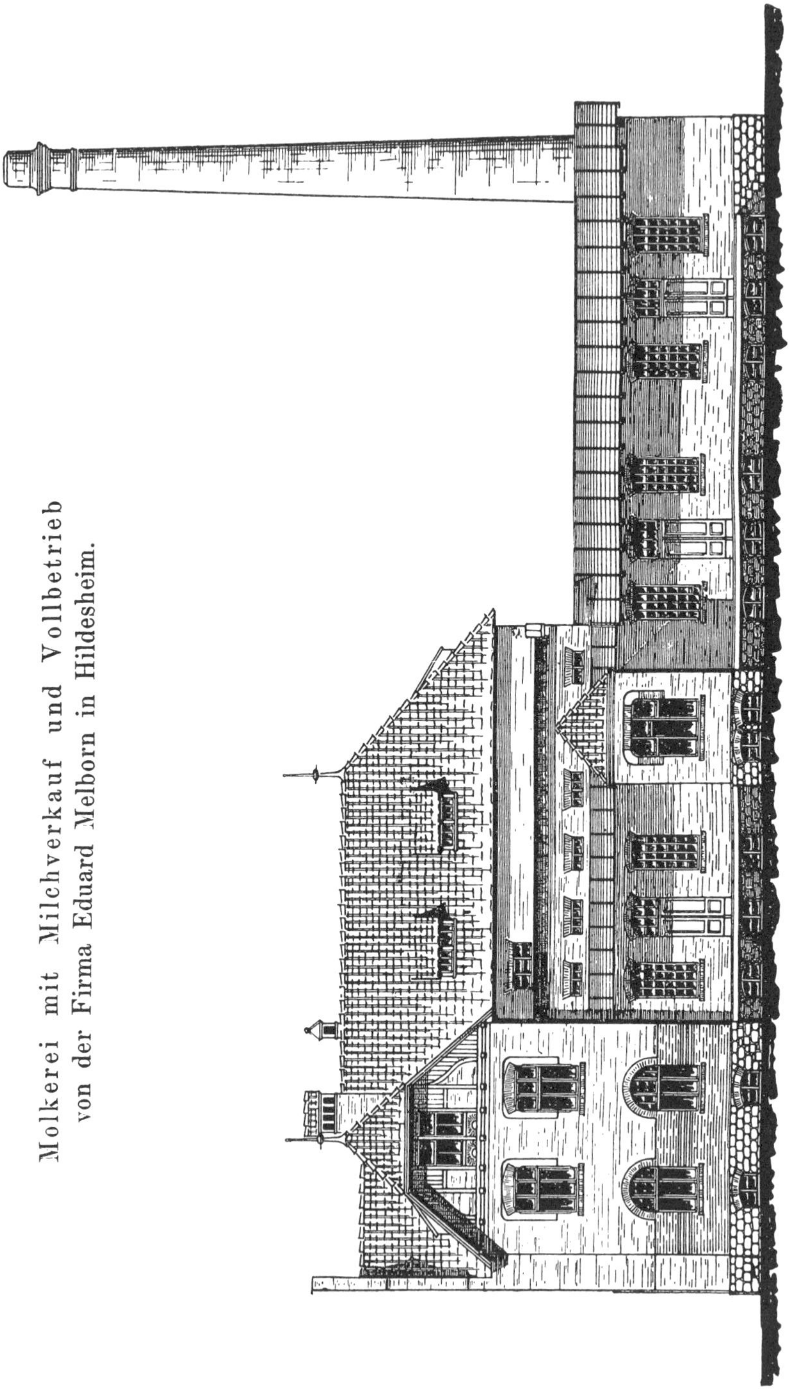

Fig. 707.

Molkerei mit Milchverkauf und Vollbetrieb von der Firma Eduard Melborn in Hildesheim.

die Kutscher bequem beaufsichtigen. Alle weiteren Räume liegen in gleicher Höhe, so daß der Verkehr hierdurch wesentlich erleichtert wird.

Die Galerie in der Halle hat den Zweck, daß die Kühler leicht zu bedienen und zu reinigen sind. Dieselben müssen aus naheliegenden Gründen höher als die Auffangbehälter stehen.

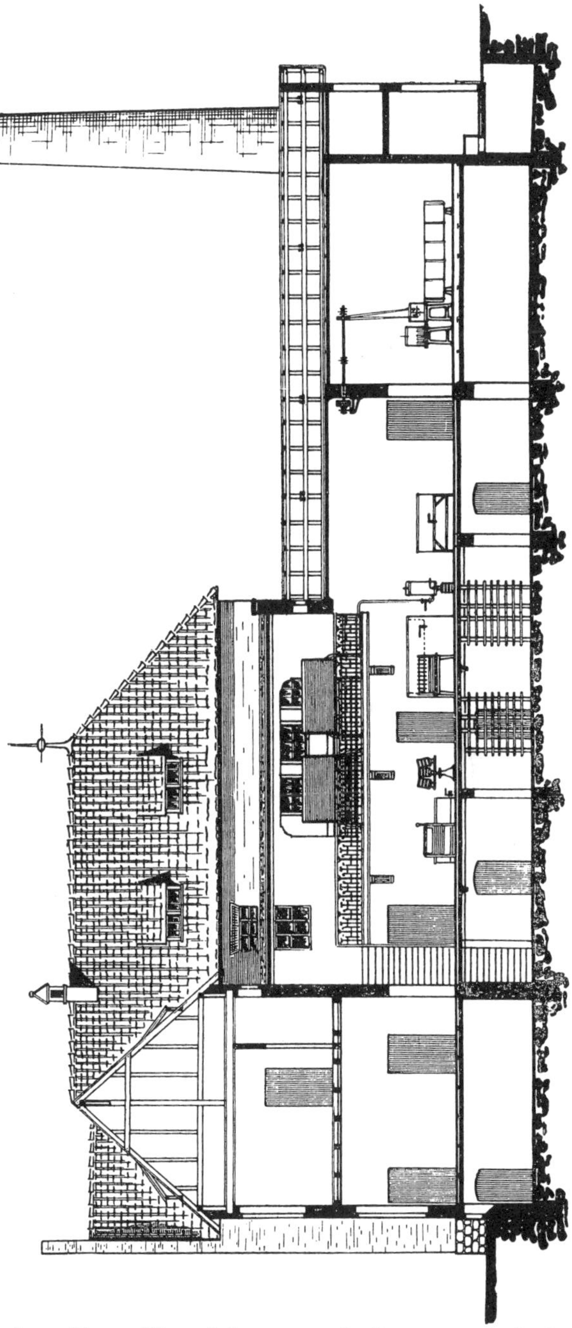

Fig. 708.

Die für den Betrieb notwendigen Maschinen und Geräte sind durch Zahlen bezeichnet. Es bedeutet:

1 und 1a Einflammrohr-Dampfkessel nebst Reservekessel, 2 Dampfmaschine mit Speisepumpe, 3 Dampfpumpe für die Wasserversorgung. 4 Kaltwasserbehälter,

5 Ahlborns Speise- und Spülwasser-Erhitzer, 6 Warmwasserbehälter, 7 Kompressor der Kälteanlage, 8 Eisbildner der Kälteanlage, 9 Berieselungs-Kondensator, 10 Regulier-Station der Kälteanlage, 10a Solepumpe. 11, 11a, 11b Kühlrohre im Butterlager, im Flaschenmilchraume und im Käsekühlkeller, 12 Lichtdynamo, 13 Schalt-

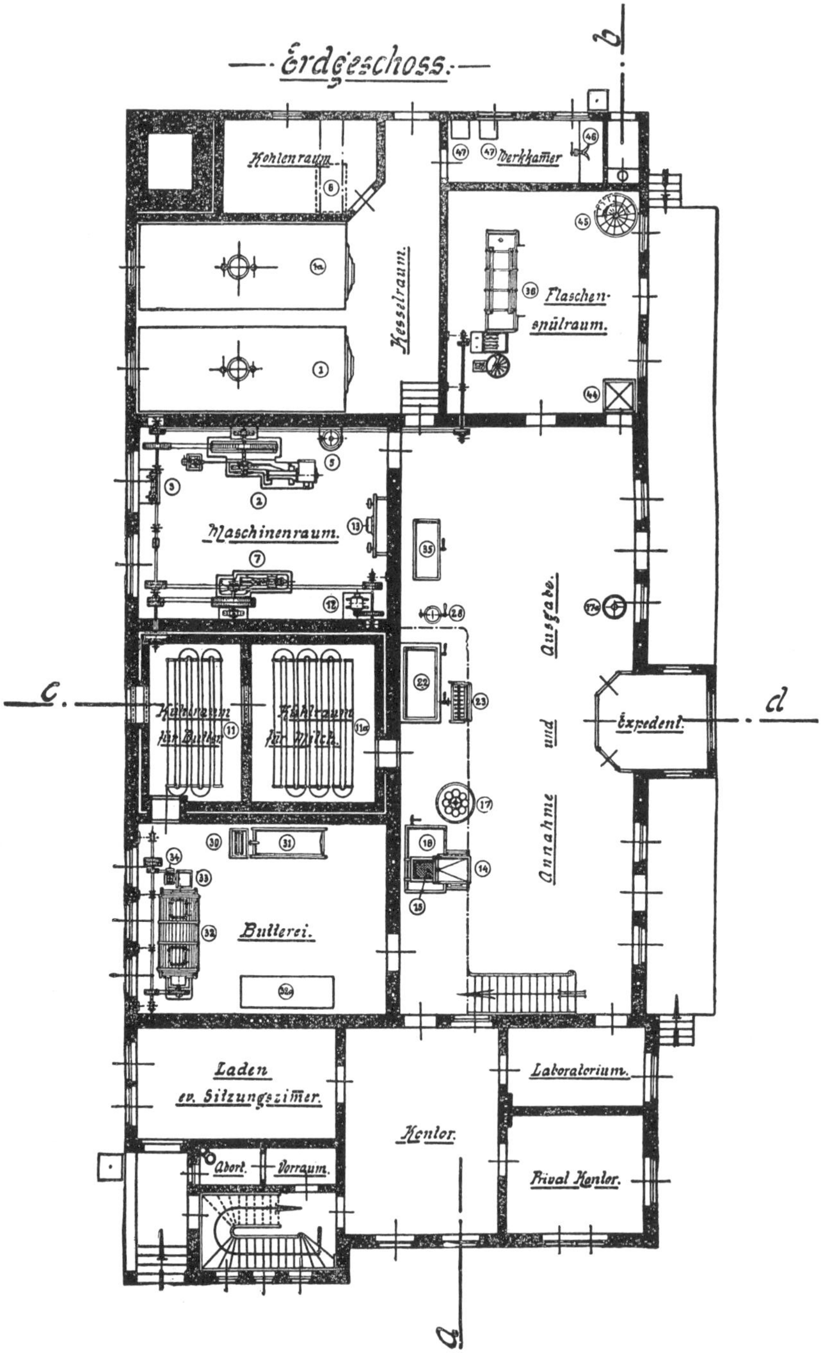

Fig. 709.

tafel der elektrischen Lichtanlage, 14 Stativ-Milchwage, 15 Doppelsieb, 16 Milchannahme-Behälter, 17 Kannen-Abtropfgestell, 17a Ahlborns Kannen-Spühlbock,

18 Ahlborns Reform-Milchpumpe, 19 Milchverteilungs-Behälter, 20 Milchreinigungs-Schleuder, 21 Vollmilch-Tiefkühler mit Süsswasser-Vor- und Sohle-Nachkühlung, 22 Vollmilch-Zapfbehälter mit Korksteinisolierung und Kachelbekleidung, 23 Flaschen-Abfüllgerüst, 24 Ahlborns Universal-Vollmilcherhitzer (Vorwärmer = 45° C., Erhitzer mit Rückkühlung für Pasteurisierung=85° C., Hochdruckerhitzung = 102° C.), 25 Entrahmungs-Maschinen, 26 Magermilchkühler, 27 Magermilch-Sammelbehälter, 28 Magermilch-Messgerät, 29 Rahm-Pasteur, 30 Rahmkühler für Süsswasser-Vor- und Sohle-Nachkühlung, 31 Rahmreifungswanne mit hydraulischer Hebevorrichtung, 32 Ahlbohrns vereinigtes Butter- u. Knetfass, 32a Buttertisch, 33 Auspumpgefäss für Buttermilch, 34 Ahlborns Reformpumpe für Buttermilch, 35 Buttermilchbehälter, 36 Milchflaschen-Reinigungsanlage, 37 Käsewanne, 38 Käsepressen, 39 Quarkpresse, 40 Molken-Sammelbehälter, 41 Salztisch, 42 Pökelbehälter, 43 Käse-Reifungs- und Lagerbörde, 44 Aufzug für Käse- und Flaschenvorräte, 45 Wendeltreppe zum Flaschenlager, 46 Feilbank, 47 Abfüllgeräte für Oel.

Fig. 710.

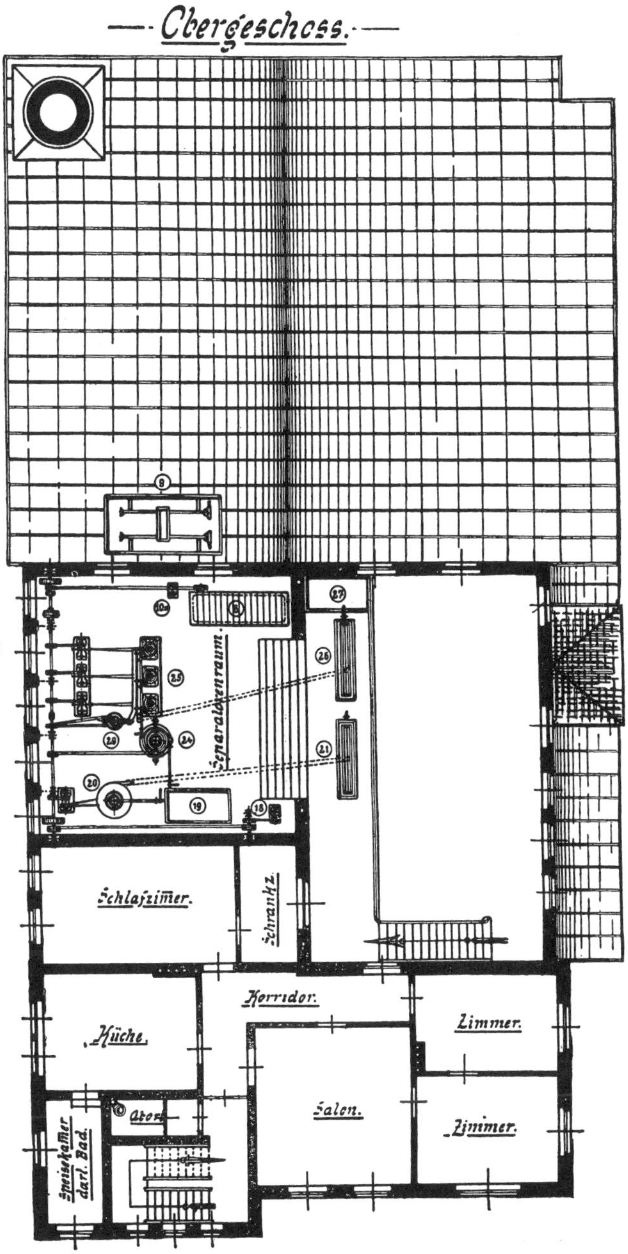

Die Baukosten: Bankett und Fundamente aus Bruchsteinen in Kalkmörtel, Außenmauern aus Verblendern II. Sorte, Innenwände und Hintermauerung aus Ziegelsteinen II. Sorte, Kellerdecke aus I-Trägern mit Koenen'scher

Voutendecke, Decken über den Betriebsräumen aus Eisenbeton mit Rundeisen-Einlage, Decke über dem Schleuderraume aus Eisenbeton, Hauptdach-Eindeckung mit roten, verglasten Falzziegeln, Dach über der Annahmehalle aus Holzzement, Dach über Kessel-, Kohlen- usw. Räumen aus Pappdach, Fußboden und Wandbekleidung in den Käseräumen (1,50 m hoch) sowie in sämtlichen Betriebsräumen mit gesinterten Fliesen. Angenommen sind Mittelpreise.

Gesamtbaukosten = 58400 Mk.

Arbeitsleistung für Entrahmung von 3000 Liter Milch pro Stunde mit 2 Schleudern und 1 Reformschleuder.

Maschinen- und Gerätekosten = 41200 Mk.

Hierzu kommen noch die Kosten für die elektrische Lichtanlage.

c) Erfordernis an Betriebsräumen für Molkereien.

Tägliche Verarbeitung von Milch:

500 bis 1000 Liter:

Ein Milch-Annahme- und Ausgaberaum (einschl. Separator), eine Butterei, ein Kontor, ein Dampferzeugungsraum (bei Göpelbetrieb).

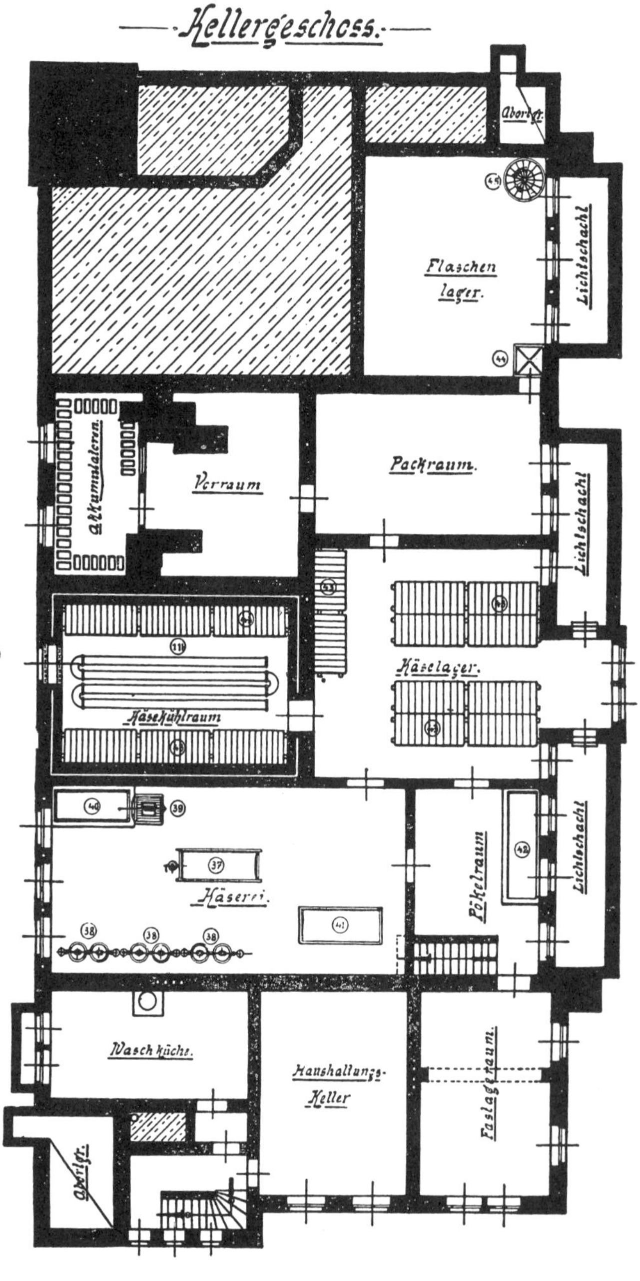

Fig. 711.

1000 Liter:

Ein Milch-Annahme- und Ausgaberaum, ein Kontor, ein Separatorenraum, eine Butterei.

2000 Liter:

Ein Milch-Annahme- und Ausgaberaum, ein Separatorenraum, eine Butterei, ein Butterlager, ein Kontor.

2 bis 3000 Liter: Dasselbe wie vorher, event. mit Eishaus.

4000 Liter:

Ein Milch-Annahme- und Ausgaberaum, ein Separatorenraum, eine Butterei, ein Butterlager, ein Eishaus, ein Kontor, ein Laboratorium.

6000 Liter:

Ein Milch-Annahme- und Ausgaberaum (event. mit getrennten Zugängen), ein Separatorenraum, eine Butterei, eine Rahmstube, ein Kühlraum (mit Vorraum), oder ein Butterlager mit Eishaus, ein Kontor, ein Laboratorium.

6000 bis 8000 Liter: Dasselbe wie vorher.

20000 Liter:

Ein Milchannahmeraum für sich, ein Ausgaberaum für sich, ein Separatorenraum, eine Butterei, eine Rahmstube, ein Kühlraum (nebst Vorraum). Im Kühlraum ein Raum für Standbutter, ein Refrigerator, ein Kontor, ein Laboratorium.

Für den maschinellen Betrieb sind dann für jede Anlage ein entsprechendes Kesselhaus nebst Maschinenraum, Kohlenlager usw. notwendig.

d) Kostenzusammenstellung von neueren Molkereien.

Wir folgen hierbei den Angaben des „Bergedorfer Eisenwerkes zu Bergedorf Akt.-Ges.“, wie sie uns freundlichst zur Verfügung gestellt wurden.

Die Maschinen und die Baupreise sind natürlich nur annähernd zu bestimmen. Die ersten richten sich nach der Größe der verlangten Maschinen, die letzten hängen von den jeweiligen Materialpreisen und Löhnen ab.

Tägliche Verarbeitung: Liter	Maschinenkosten Mark	Baukosten Mark	Gesamtkosten Mark	Bemerkungen.
500—1000	3360	3700	7060	mit Göpelbetrieb.
1000	6570	5200	11770	ohne Wohnung.
2000	9760	12000	21760	Wohnung unten.
2—3000	8250	12500	20750	Wohnung unten.
2—3000	8470	11900	20370	mit Sparmotor.
2—3000	9980	13900	23680	Wohnung oben.
4000	15440	20400	35840	mit Eishaus.
4000	11570	17300	28870	mit Eishaus.
6000	21590	20600	42190	mit Kühlmaschine.
6000	23100	23800	46900	mit Kühlmaschine.
6000	20250	26500	46750	mit Kühlmaschine.
6—8000	26240	39200	65440	mit Kühlmaschine.
6—8000	18990	30700	49690	mit Eishaus.
8000	26450	33600	60050	mit Kühlmaschine.
8000	20150	35300	55450	mit Eishaus.
6000	16600	30400	47000	mit Käserei.
20000	30540	43300	73840	mit Kühlmaschine.

2. Schmieden und Stellmachereien.

In großen landwirtschaftlichen Betrieben, die gewöhnlich von größeren Orten weit entfernt liegen, müssen die einfacheren Reparaturen an den Wagen und Maschinen auf dem Hofe selber vorgenommen werden können. Hierzu bedarf es besonderer Werkstätten, die entweder in einem Gebäude für sich, häufiger mit anderen Räumen vereinigt angeordnet werden. In den Fig. 714 bis 720 sind Stellmachereien nebst Schmiede mit dem Stalle für fremde Pferde zusammengelegt, darüber befindet sich die Kutscherwohnung. Die Anlage entstammt dem Gute Mönchhof und ist vom Architekten A. Karst in Kassel entworfen.

Fig. 712.

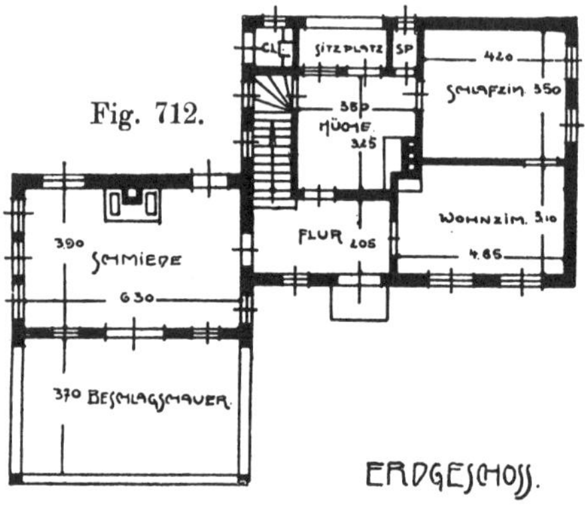

Fig. 713.

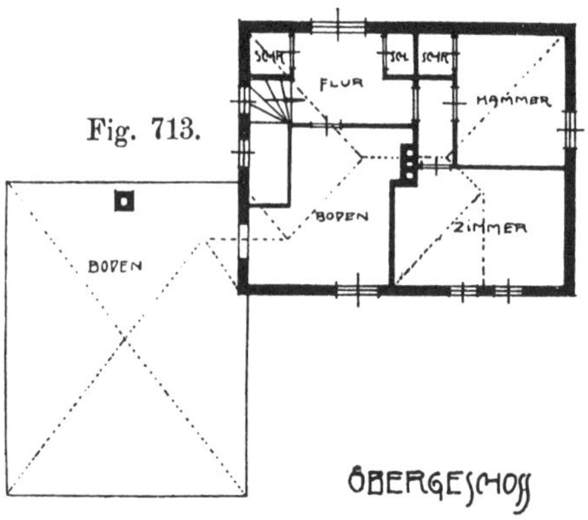

Im allgemeinen legt man Schmieden auf Gutsgehöften, der Feuersgefahr halber, abgesondert von den übrigen Gebäuden an.

Eine Schmiede enthält gewöhnlich drei Haupträume, nämlich den eigentlichen Arbeitsraum, den Beschlagschuppen und einen Materialienraum.

Im Arbeitsraum steht der Schmiedeherd. Derselbe ist 1,2 bis 1,5 m lang und breit und 0,80 bis 0,90 m hoch. Zur linken Hand befindet sich das Gebläse, zur rechten der Löschtrog. Unter dem Herde selber spart man Raum für Kohlen aus. Die Verbrennungsgase werden zumeist dicht über dem Schmiedefeuer durch eine kleine Blechkappe in einen seitlichen Schornstein geführt, der 40/40 cm lichte Weite haben und das Dach des Gebäudes um mindestens 1,60 m überragen muß.

In einer Entfernung von etwa 1,0 m vom Schmiedeherd wird der Amboß aufgestellt, der ein sicheres Fundament (Betonklotz) erfordert. Ferner sind im Arbeitsraum noch unterzubringen eine Feilbank mit zugehörigem Schraubstock, und zwar in der Nähe des Fensters, — ein Schleifstein, eine Drehbank, eine Bohrmaschine, eine Maschine zum Biegen und Schneiden usw. Allerdings dürfte damit schon der Betrieb einer kleinen Hilfswerkstatt überschritten und die Einrichtung einer öffentlichen Schmiede für Hufbeschlag getroffen sein.

Das Gebläse kann in der Schmiede selber auf dem Fußboden stehen, kann aber auch hinter dem Herde liegen. Jedenfalls darf der Arbeitsraum, um allen den vorgenannten Anforderungen zu genügen, nicht zu klein bemessen werden. Im allgemeinen werden aber 30 bis 40 qm Grundfläche bei an-

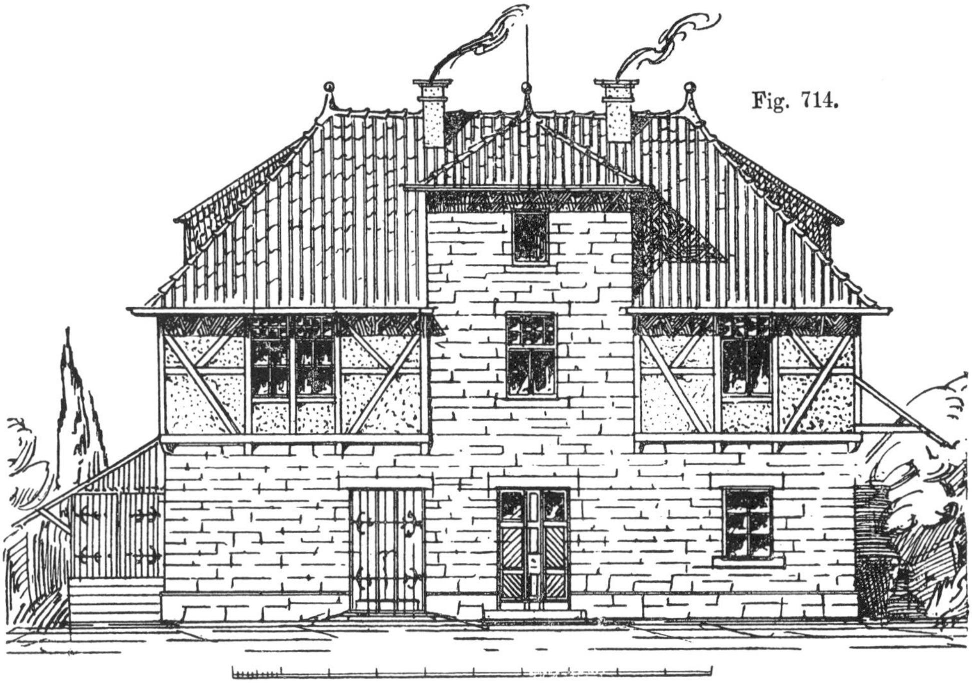

Fig. 714.

Fig. 715.

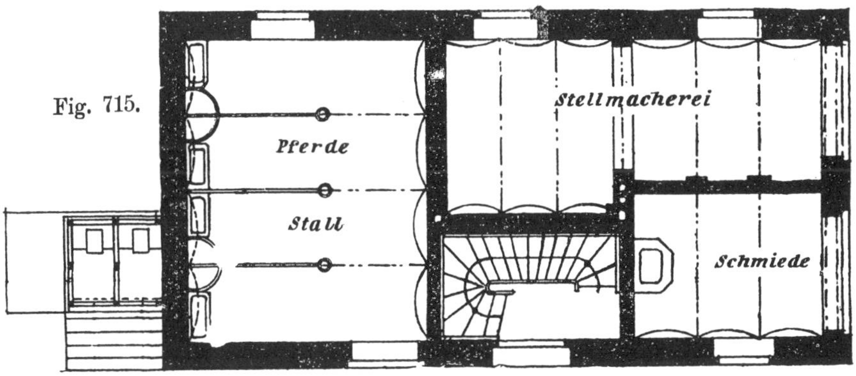

Fig. 716.

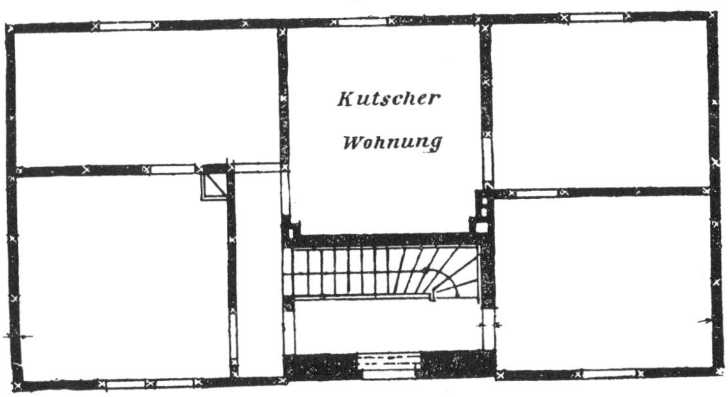

Fig. 717.

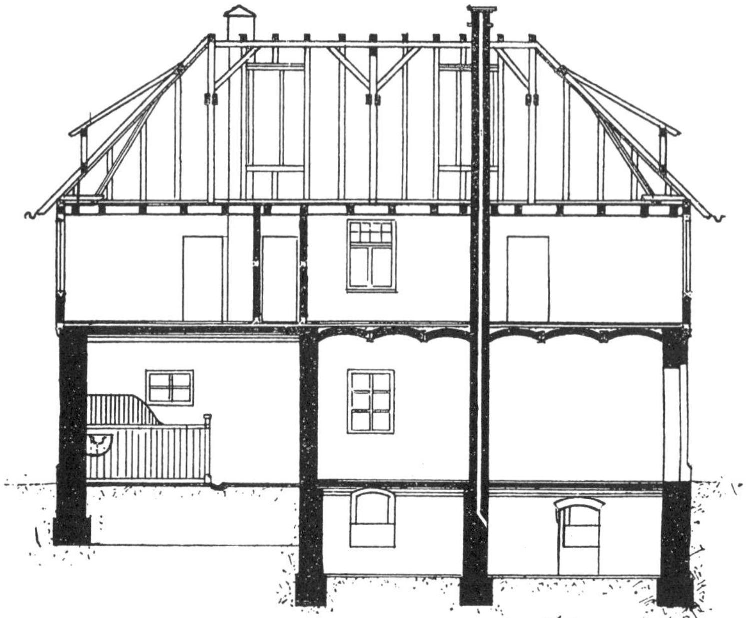

Fig. 718.

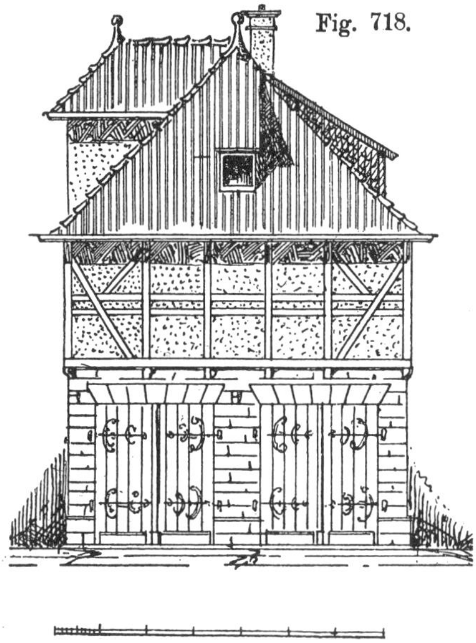

Fig. 719.

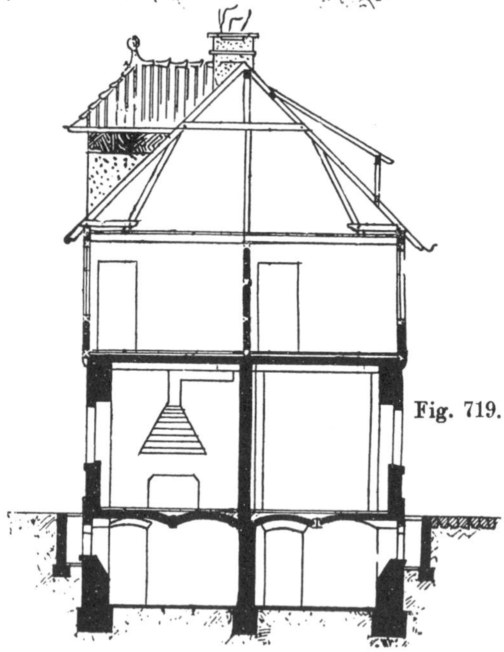

Fig. 720.

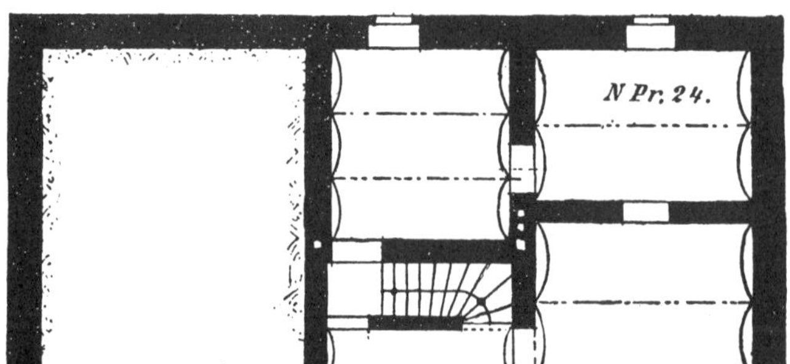

nähernd quadratischer Grundform auch für größeren Betrieb genügen. Als Höhe rechnet man etwa rund 3,0 m oder etwas weniger.

Der Beschlagschuppen, wenn ein solcher vorgesehen ist, erhält bei 6,0 m Breite etwa 3,0 m Tiefe. Er ist nach einer Seite hin offen zu lassen.

Der Materialraum kann neben dem Arbeitsraum oder auch über demselben angeordnet werden. In einem äußeren Anbau befindet sich dann noch eine sogen. Radreifen-Feuerung mit Schornstein für das Aufziehen der Radreifen auf die Wagenräder.

Die Umfassungswände sind am besten aus Ziegelsteinen herzustellen; der Fußboden ist zu pflastern und die Decken müssen feuersicher sein.

Als Beispiel für eine Dorfschmiede mögen die Fig. 712 und 713 dienen. Der Entwurf stammt vom Architekten L. O. Vogler, Kiel (nach Deutsche Bauhütte, Hannover). Der Arbeitsraum ist hier etwas klein bemessen. Für die Anordnung des Gesamtentwurfes spielt das aber keine Rolle, da derselbe je nach Anforderung mit Leichtigkeit tiefer gemacht werden kann.

Die Stellmacherei liegt in unmittelbarer Nähe der Schmiede. Sie erfordert einen ziemlich großen hellen Arbeitsraum als Werkstätte (vergl. Fig. 715), denn in der Stellmacherwerkstatt müssen die notwendigen Geräte an Hobel- und Schnitzbänken sowie ein Schleifstein und ein Hauklotz Platz finden, dazu natürlich auch die auszubessernden Gegenstände. Ihre Größe beträgt demnach nicht unter 30 bis 40 qm.

Blitzschutzanlagen.

Die Blitzschäden treten in den landwirtschaftlichen Betrieben besonders stark hervor, deshalb soll der Anlage und Prüfung von Blitzableitern eine sorgsame Beachtung zugewendet werden. Auf den königl. preuß. Domänen kommt bei Gebäuden, die zu 5000 Mk. und darüber veranschlagt sind, die Anlage von Blitzableitern in Frage.

Gerade die landwirtschaftlichen Gebäude benötigen nun des Blitzschutzes am meisten, und gerade an ihnen ist an Baukosten aus naheliegenden Gründen möglichst zu sparen. Dazu kommt noch, daß die heutige Blitzableitungsart eine äußerst sorgfältige Anlage in ihrer ganzen Wegführung erfordert, die an sich schon bedeutende Kosten bedingt. Man wird daher leicht jemandem, der sein Haus vor Blitzschlag schützen will, bei Abfassung von Kostenvoranschlägen unter Hinweis auf die vergrößerte Gefahr, die durch eine mangelhafte Ausführung der Anlage hervorgerufen werden kann, entweder zu ganz großen Opfern bewegen, oder von seinem Vorhaben ganz abschrecken, somit nach beiden Seiten hin der nur allzu notwendigen Verbreitung von Blitzschutzanlagen hinderlich sein.

Die leitenden Grundsätze für Blitzschutzanlagen sind nach dem neuesten Stande der Wissenschaft folgende:

Die Elektrizität verbreitet sich immer nur auf der Oberfläche der Körper, während ihr Inneres stets frei von elektrischer Spannung bleibt.

Jede an der Außenseite eines Bauobjektes befindliche Metallmasse wirkt in allererster Reihe für den Blitzstrahl leitend. Holzfachwerk z. B. mit Drahtgewebe verputzt, hat sich als besonders gefeit gegen Blitzgefahr erwiesen.

Alle sich im Innern befindenden Metallmassen müssen Anteil an der Außenfläche des Gebäudes haben. Alle an der Außenfläche befindlichen Metallteile werden untereinander leitend verbunden, ebenso die guten Elektrizitätsleiter im Innern des Gebäudes mit der Außenfläche.

Man erzielt hierdurch eine gut leitende Oberfläche von möglichst großer Ausdehnung, die an vielen Stellen durch schon zum Bau gehörige Metallteile oder durch Wasserabfallrohre wieder mit der Erde in leitende Verbindung gebracht werden kann. Auf ihr wird der einschlagende Blitz sich so rasch ausbreiten, daß er gar nicht nötig hat, Unterbrechungsstellen zu überspringen, wodurch ja einzig und allein die Möglichkeit einer Zündung geboten wird. Er findet Leitungswege genug, um nicht etwa erst durch das Innere des Gebäudes seinen Ausgleich mit der Bodenelektrizität zu vollziehen. Er muß daher seine zündende Kraft einbüßen. Es entfallen somit die Auffangstangen, also der kostspieligste Teil unserer bisherigen Blitzableitungsart, die außerdem zum Einschlagen geradezu herausfordert. Die Ausführung des Leitungsweges wird eben durch die Einbeziehung der schon vorhandenen Metallleitungen, wie der Blechverkleidungen der Dachfirste, der Giebelkanten, der Wasserabfallrohre und dergl. vereinfacht.

Um das Gebäude wird knapp unter der Erdoberfläche eine Drahtleitung herumgeführt, so daß sich der Elektrizitätsausgleich wirklich da vollzieht, wo die größte Ansammlung von Elektrizitätsmassen ist. Das ist auf der Erdoberfläche, — nicht im Innern. Die kupfernen Erdplatten fallen damit ebenfalls fort und die ganze Anlage wird wesentlich billiger.

Es genügt also für die gesamte Blitzschutzanlage:

1. eine Firstleitung,
2. eine Verbindung derselben mit allen Traufecken,
3. eine Ableitung, an die alle inneren und äußeren Metallmassen angeschlossen sind,
4. eine Erdleitung in Gestalt eines um das Gebäude herumgeführten wenig versenkten Kupferdrahtes.